Nordost-Ägäische Inseln
Seiten 124–157

Dodekanes
Seiten 158–203

Kreta
Seiten 244–281

VIS à VIS

GRIECHISCHE INSELN

ΣΠΑΡΤΑΚΟΣ

VIS À VIS

Griechische Inseln

Hauptautor: Marc Dubin

DK

DORLING KINDERSLEY
LONDON • NEW YORK • MÜNCHEN
MELBOURNE • DELHI
www.dk.com

EIN DORLING KINDERSLEY BUCH

www.travel.dk.com

TEXTE
Rosemary Barron, Marc Dubin, Stephanie Ferguson, Mike Gerrard, Andy Harris, Lynette Mitchell, Colin Nicholson, Robin Osborne, Barnaby Rogerson, Paul Sterry, Tanya Tsikas

FOTOGRAFIEN
Max Alexander, Joe Cornish, Paul Harris, Rupert Horrox, Rob Reichenfeld, Linda Whitwam, Francesca Yorke

ILLUSTRATIONEN
Stephen Conlin, Steve Gyapay, Maltings Partnership, Chris Orr & Associates, Mel Pickering, Paul Weston, John Woodcock

KARTOGRAFIE
Gary Bowes, Fiona Casey, Christine Purcell (ERA-Maptec Ltd), Emily Green, David Pugh

REDAKTION UND GESTALTUNG
Dorling Kindersley Ltd., London: Douglas Amrine, Gillian Allan, Georgina Matthews, Annette Jacobs, Jane Simmonds, Stephen Bere, Isabel Carlisle, Michael Ellis, Simon Farbrother, Claire Folkard, Marianne Petrou, Andrew Szudek, Jo Doran, Paul Jackson, Elly King, Marisa Renzullo, Joy Fitzsimmons, Georgia Gotsi

•

Titel der englischen Originalausgabe:
Eyewitness Travel Guide *The Greek Islands*
Zuerst erschienen 1997 in Großbritannien
bei Dorling Kindersley Ltd.
A Penguin Company

•

Aktualisierte Neuauflage 2009/2010

PROGRAMMLEITUNG Dr. Jörg Theilacker, Dorling Kindersley Verlag
PROJEKTLEITUNG Birgit Walter, Dorling Kindersley Verlag
ÜBERSETZUNG Claudia Magiera, Werner Geischberger, Pia Arras
REDAKTION Matthias Liesendahl, Berlin
SCHLUSSREDAKTION Philip Anton, Köln
SATZ UND PRODUKTION Dorling Kindersley Verlag
LITHOGRAFIE Colourscan, Singapur
DRUCK L. Rex Printing Co. Ltd, China

ISBN 978-3-8310-1523-8
6 7 8 9 10 12 11 10 09

Dieser Reiseführer wird regelmäßig aktualisiert. Angaben wie Telefonnummern, Öffnungszeiten, Adressen, Preise und Fahrpläne können sich jedoch ändern. Der Verlag kann für fehlerhafte oder veraltete Angaben nicht haftbar gemacht werden. Für Hinweise, Verbesserungsvorschläge und Korrekturen ist der Verlag dankbar.
Bitte richten Sie Ihr Schreiben an:
Dorling Kindersley Verlag GmbH
Redaktion Reiseführer
Arnulfstraße 124 • 80636 München

◁ **Fischer beim Entladen ihres Fangs im Hafen von Mýkonos-Stadt**
◁◁ **Umschlag: Kirche bei Thíra auf Santoríni *(siehe S. 238–241)***

Hafen von Réthymno, Kreta

INHALT

Der türkische Prinz Cem trifft auf Rhodos ein (15. Jh.)

DIE INSELN STELLEN SICH VOR

Antikes Griechenland

Ausflug auf dem Motorroller

Griechische Inseln

Gorgonenhaupt, Évia

Zu Gast auf den Inseln

Garídes saganáki, Garnelen mit Feta in Tomatensauce

Kámpos-Strand auf Ikaría, Nordost-Ägäische Inseln

Grund-informationen

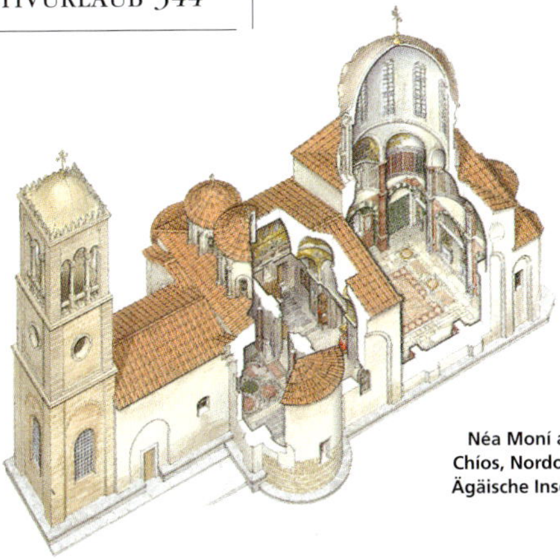

Néa Moní auf Chíos, Nordost-Ägäische Inseln

BENUTZERHINWEISE

Dieser Reiseführer ist der ideale Begleiter für Ihren Griechenland-Besuch. Der Abschnitt *Die Inseln stellen sich vor* beschreibt das Land und stellt historische Zusammenhänge dar. Das Kapitel *Antikes Griechenland* liefert Hintergrundinformationen zu den vielen Ruinen und Artefakten. Sieben Regionalkapitel und ein Kapitel über Athen beschreiben wichtige Sehenswürdigkeiten. Hotels und Restaurants werden im Kapitel *Zu Gast auf den Inseln* empfohlen. Die *Grundinformationen* helfen Ihnen mit vielen Tipps bei der Orientierung auf den Inseln.

GRIECHISCHE INSELN

Die Griechischen Inseln werden in sechs Gruppen bzw. Kapitel unterteilt. Kreta wird ein eigenes Kapitel gewidmet. Auf der vorderen Umschlaginnenseite finden Sie eine Übersichtskarte. Jede Inselgruppe ist mit einer Farbcodierung versehen.

1 Einführung
Hier werden Landschaft, Geschichte, Entwicklung und Charakter der Inselgruppen beschrieben.

Jede Inselgruppe kann anhand ihrer Farbcodierung schnell wiedergefunden werden.

Die Orientierungskarte zeigt Ihnen, wo die Inselgruppe liegt.

2 Regionalkarte
Sie bietet eine klaren Überblick über die Inselziele der Region. Fährrouten sind auf der Karte eingezeichnet.

Diese Übersicht (Inseln auf einen Blick) nennt alle Inseln in alphabetischer Reihenfolge. Jede Insel ist mit einem Seitenverweis versehen.

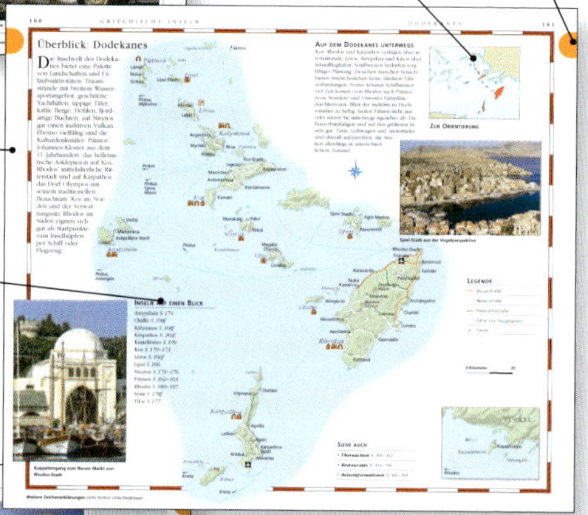

Die Hauptfährrouten, Straßen und Verkehrswege sind auf Karten markiert.

Die Orientierungskarte zeigt Ihnen, wo die Insel liegt.

3 Detaillierte Informationen
Alle Sehenswürdigkeiten der Inseln werden einzeln beschrieben. Dazu gehören Adresse, Telefonnummer, Öffnungszeiten und Informationen über Eintritt und Zugang für Rollstuhlfahrer.

Kästen beleuchten Wissenswertes einzelner Sehenswürdigkeiten.

Die Infobox enthält praktische Informationen, die für einen Besuch hilfreich sind, wie etwa zu Verkehrsmitteln und Festen.

4 Inselporträt

Eine Einleitung informiert über Geschichte, Charakter und Geografie jeder einzelnen Insel. Die wichtigsten Attraktionen lassen sich anhand von Nummern leicht auf der Karte finden. Auf den folgenden Seiten werden sie detailliert beschrieben.

Die Hauptfährrouten, Straßen und Verkehrswege sind auf übersichtlichen Karten eingezeichnet.

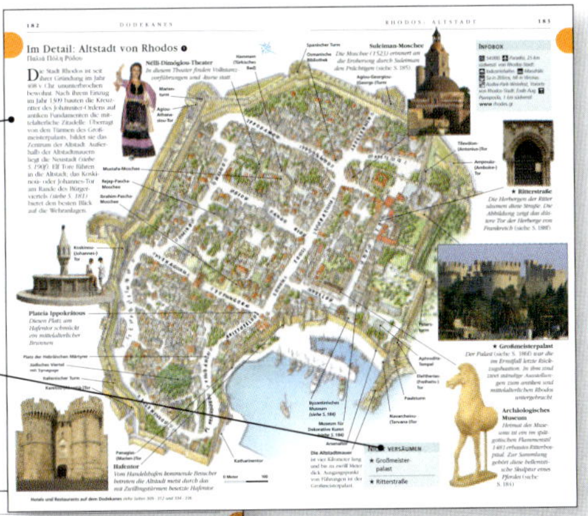

5 Detailkarte

Städte, Stadtteile und Attraktionen werden aus der Vogelperspektive dargestellt.

Sterne markieren herausragende Sehenswürdigkeiten, die Sie keinesfalls versäumen sollten.

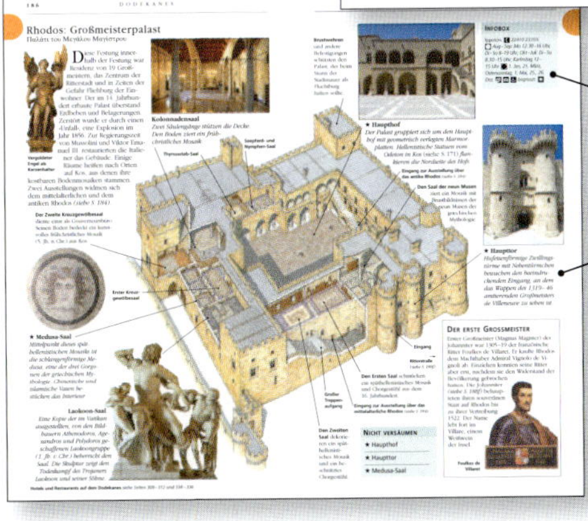

Die Infobox enthält praktische Informationen, die für einen Besuch hilfreich sind.

6 Hauptsehenswürdigkeiten

Den Highlights werden zwei Seiten gewidmet. Pläne und Rekonstruktionen antiker Stätten geben einen Einblick in die Antike.

Die Griechischen Inseln stellen sich vor

Die Griechischen Inseln entdecken

Nur auf den ersten Blick ähneln sich die zu Hunderten ums griechische Festland gruppierten Inseln. Stechen einem auch immer wieder terrassierte Felder, Olivenhaine und abgegraste Ziegenweiden ins Auge, so gleicht doch kein Eiland dem anderen. Ob nun Party-Resort, Luxushotel oder Künstlerkolonie, antike Tempel oder herrlich blühende Landschaften – hier findet jeder Urlauber etwas für seinen Geschmack. Im Folgenden sind die Inseln mit ihren Highlights zu sechs Gruppen zusammengefasst, Kreta wird in einem eigenen Abschnitt vorgestellt. Siehe auch *Inseltabelle* auf den Seiten 12f.

Affenknabenkraut, Kreta

Strand und Hafen von Agios Nikítas auf Lefkáda, Ionische Inseln

Ionische Inseln

- **Majestätische Landschaften**
- **Vitales Nachtleben, quirlige Ferienorte**
- **Venezianische Architektur**

Mit ihren goldene Stränden, den schattig-grünen Hügeln und dem hellblauen Wasser wirken diese Inseln wie Kulissen für einen Film.

Erkunden Sie wandernd Odysseus' mythenumrankte Felseninsel **Ithákí** *(siehe S. 86f)*, erforschen Sie per Boot die Blauen Grotten von **Zákynthos** *(siehe S. 90f)* oder die Höhlen von **Kefalloniá** *(siehe S. 88f)*.

Auf **Korfu** *(siehe S. 72–83)*, der größten und wohl malerischsten Ionischen Insel, tobt zur Hochsaison das Leben. Den Besucher erwarten endlose Strände, ein tolles Nachtleben, elegante Cafés und venezianische Architektur in Korfu-Stadt.

Das nahe winzige **Paxós** *(siehe S. 84)* ist ruhig und hübsch, während auf **Lefkáda** *(siehe S. 85)* die Windsurfer zu Hause sind.

Argo-Saronische Inseln

- **Schicke Hafenstädte**
- **Kýthiras abgeschiedene Schönheit**
- **Tagesausflüge nach Athen**

Auf den felsigen Argo-Saronischen Inseln erwarten den Besucher einige der einstmals reichsten griechischen Häfen, darunter **Aìgina** *(siehe S. 96–99)*, **Póros** *(siehe S. 100)* und das autofreie **Ydra** *(siehe S. 100f)*, wo klassizistische Herrenhäuser von jener großen Epoche zeugen.

Kýthira *(siehe S. 102f)* vor der Südostspitze des Peloponnes bietet einsame Strände, raue Küsten und verschlafene Dörfer – ideal für jene, die dem Treiben auf den großen Ferieninseln entfliehen wollen. Von der Insel gelangt man schnell aufs Festland. Fähren bringen Sie zur Akropolis und zu anderen Athener Sehenswürdigkeiten.

Sporaden und Évia

- **Erstklassiges Strandleben**
- **Traditionsreiches Skýros**
- **Naturbelassenes Évia**

Besonders beliebt sind die Inseln **Skiáthos** *(siehe S. 108f)* und **Skópelos** *(siehe S. 112f)* mit ihren zahlreichen Buchten, dem kristallklaren Wasser und den Häfen mit ihren schicken Yachten. Wassersport, Bootsverleihe, Bars und Tavernen sorgen hier für regen Betrieb.

Geradezu verträumt ist dagegen **Skýros** *(siehe S. 116f)*, Rückzugsort für Künstler, wo man noch landesübliche Kleidung, traditionelle Kultur und sogar Herden von Wildponys vorfindet. **Évia** *(siehe S. 118–121)* schließlich ist wildromantisch mit naturbelassenen Küstenstrichen und einem archaisch rauen, bergigen Hinterland.

Häuser aus dem 18. Jahrhundert säumen den Hafen von Ydra

◁ **Blick von Chóra, Sérifos, auf den Hafen von Livádi** ***(siehe S. 224f)***

Befestigte Türme des Großmeisterpalasts auf Rhodos

Nordost-Ägäische Inseln

- **Menschenleere Strände**
- **Antike und mittelalterliche Stätten**
- **Lésbos' östliche Einflüsse**

Vom Fremdenverkehr seltsam unberührt ist diese Inselgruppe, ungeachtet der vielen antiken Stätten und der herrlich ruhigen Strände.

Zu erleben gibt es einiges: das byzantinische Kloster Néa Moní auf **Chíos** *(siehe S. 146–153)*, antike Tempel und Wasserfälle auf **Samothráki** *(siehe S. 132f)*, die felsige Küste von **Ikaría** *(siehe S. 153)*, hübsche Dörfer auf **Thásos** *(siehe S. 128–131)* sowie Weinproben auf **Sámos** *(siehe S. 154–157)*.

Lésbos *(siehe S. 136–145)* verbreitet mit osmanischen Kuppeln und dem lebhaften Basar morgenländisches Flair. Versäumen Sie keinesfalls das Bad in der Naturtherme.

Dodekanes

- **Ideal für Inselhüpfer**
- **Johannes-Kloster**
- **Sehenswürdigkeiten, Sand und Sonne auf Rhodos**

Der Dodekanes ist in mehrfacher Hinsicht die heißeste Inselgruppe. Die Inselvielfalt und das Angebot beeindrucken. Besteigen Sie auf **Kos** *(siehe S. 170–173)* eine Fähre oder ein Tragflügelboot, und fahren Sie nach **Pátmos** *(siehe S. 162–165)*, dem »Jerusalem der Ägäis« mit dem Johannes-Kloster des 11. Jahrhunderts. Weiter geht es zu den ruhigen Flecken **Lipsí** *(siehe S. 166)*, **Sými** *(siehe S. 178f)* und **Tílos** *(siehe S. 177)*. Auf **Nísyros** *(siehe S. 174–176)* gibt es einen halbaktiven Vulkankrater.

Auf **Rhodos** *(siehe S. 180–197)* sollte man länger verweilen, sich die Akropolis in Líndos und den Großmeisterpalast in Rhodos-Stadt ansehen. Neben Ausflügen in die Historie erwarten den Besucher tolle Strände, ein vitales Nachtleben sowie 300 Sonnentage pro Jahr.

Kykladen

- **Hübsche Bergdörfer**
- **Schicke Bars und Clubs**
- **Antike Tempel auf Delos**

Die Kykladen sind ein vulkanisches Archipel mit weitem Horizont, weißen Dörfern, Windmühlen und Kirchen mit blauen Kuppeln. Sie sind prototypisch für ein »ideales« Griechenland und seine Vielfalt. Elegante Lebenskünstler treffen sich in stilvollen Hotels und schicken Nachtclubs auf **Mýkonos** *(siehe S. 214f)*, **Amorgós** *(siehe S. 233)* und **Santoríni** *(siehe S. 238–241)*. Natur- und Wanderfreunde kommen auf **Náxos** *(siehe S. 230f)* auf ihre Kosten, während es Schnorchler nach **Páros** *(siehe S. 226–229)* zieht. Mittendrin liegt das winzige **Delos** *(siehe S. 218f)*, eine wichtige archäologischen Stätte mit riesigem Freiluftmuseum.

Der minoische Palast von Knósós, Kreta, erbaut ca. 1700 v. Chr.

Kreta

- **Wunderbare Natur**
- **Minoische Paläste**
- **Samariá-Schlucht**

Kreta, Griechenlands größte Insel, lockt mit Sandstränden, Natur – im Frühling versinkt das Eiland in einem Blütenmeer, derweil die Fauna zum Leben erwacht – und vielen Freizeitangeboten. Die minoischen Paläste von **Knosós** *(siehe S. 272–275)* und **Phaestos** *(siehe S. 266f)* sollte man ebenso erkunden wie Hafenstädte und Museen.

Die **Samariá-Schlucht** *(siehe S. 254f)* ist für Wanderer ein Muss. 18 lange Kilometer gilt es zu durchqueren, bevor sich eine herrliche Berglandschaft eröffnet.

Kristallklares Wasser bei Síkinos, typisch für die Kykladen

Inseltabelle

Die Griechischen Inseln begeistern mit einem riesigen Angebot an Attraktionen und Unternehmungen. Ob Sie einen Aktivurlaub planen oder in die Geschichte eintauchen wollen oder aber einfach nur Erholung suchen – die Auswahl ist verwirrend groß. In der Tabelle auf diesen Seiten sehen Sie auf einen Blick, welche Insel Ihren Vorstellungen von einem Urlaubsziel entspricht.

Legende

- Ionische Inseln
- Argo-Saronische Inseln
- Sporaden und Évia
- Nordost-Ägäische Inseln
- Dodekanes
- Kykladen
- Kreta

Kajakvermietung auf Skiáthos, Sporades und Évia

Legende

★ empfehlenswert

• vorhanden

	Tauchen	Schnorcheln	Tagesausflüge	Wassersport
Ionische Inseln				
Korfu *(siehe S. 72–83)*	•	•	★	★
Paxós *(siehe S. 84)*				
Lefkáda *(siehe S. 85)*	•	•	★	★
Itháki *(siehe S. 86f)*				
Kefalloniá *(siehe S. 88f)*	•	•	•	•
Zákynthos *(siehe S. 90f)*	•	•		•
Argo-Saronische Inseln				
Salamína *(siehe S. 96)*			•	
Aígina *(siehe S. 96–99)*	•			
Póros *(siehe S. 100)*	•			
Ydra *(siehe S. 100f)*	•			
Spétses *(siehe S. 101)*	•			•
Kýthira *(siehe S. 102f)*	•			
Sporaden und Évia				
Skiáthos *(siehe S. 108f)*	•	•		•
Skópelos *(siehe S. 112f)*	•	•		•
Alónnisos *(siehe S. 114)*				
Skýros *(siehe S. 116f)*				
Évia *(siehe S. 118–123)*	•	•	•	•
Nordost-Ägäische Inseln				
Thásos *(siehe S. 128–131)*		•		
Samothráki *(siehe S. 132f)*				
Límnos *(siehe S. 134f)*				
Lésbos *(siehe S. 136–145)*				•
Chíos *(siehe S. 146–153)*				•
Ikaría *(siehe S. 153)*				
Sámos *(siehe S. 154–157)*			•	•
Dodekanes				
Pátmos *(siehe S. 162–165)*		•	•	•
Lipsí *(siehe S. 166)*				
Léros *(siehe S. 166f)*				
Kálymnos *(siehe S. 168f)*		•	•	•
Kos *(siehe S. 170–173)*			•	•
Astypálaia *(siehe S. 174)*				
Nísyros *(siehe S. 174–176)*				
Tílos *(siehe S. 177)*				
Sými *(siehe S. 178f)*		•	•	
Rhodos *(siehe S. 180–197)*	•	•	★	•
Chálki *(siehe S. 198f)*				
Kastellórizo *(siehe S. 199)*		★		
Kárpathos *(siehe S. 202f)*				•
Kykladen				
Andros *(siehe S. 208–210)*				
Tínos *(siehe S. 212f)*				
Mýkonos *(siehe S. 214f)*	•	•		•
Delos *(siehe S. 218f)*				
Sýros *(siehe S. 220–223)*				
Kéa *(siehe S. 223)*				
Kýthnos *(siehe S. 224)*				
Sérifos *(siehe S. 224f)*				•
Sífnos *(siehe S. 225)*		•		
Páros *(siehe S. 226–229)*	★	★	•	•
Náxos *(siehe S. 230–233)*				
Amorgós *(siehe S. 233)*	•	•		
Ios *(siehe S. 234)*				
Síkinos *(siehe S. 234f)*				
Folégandros *(siehe S. 235)*				
Mílos *(siehe S. 236f)*				
Santoríni *(siehe S. 238–241)*	•	•	•	•
Kreta *(siehe S. 244–281)*	★	★	★	•

Camping	Reiten	Strandsport	Schwimmen	Wandern	Angeln	Vogelbeobachtung	Segeln	Meeresleben	Radsport	Kajakfahren	Golf	Archäologie	Familienstrände	FKK-Strände	Nachtleben	Unberührte Inseln	Schwule Szene	Restaurants	Wein	Shopping	Top-Landschaften	Kurhotel	Kunstszene	Museen	Intern. Flughafen
★	•	•	•	★	•	•	•		•	•	★		★	•	★			★	•	•	•	•	•	•	•
				•						•			•	•											
•		•	•	•	★		•		•	•			•	•											
	•		•	•						•		•				•									
•	•	•	•	•			•		•	•			•	•	•				•		•				
•		•	•				•	•					•	•	•										
			•																						
•												•						•							
										•				•											
															•		•	•		•			★		
			•																						
		•	•	•			•		•				•								•				
•	•	•	•	•			•		•				•	•	•		•	•		•					
		•	•	•			•		•				•	•											
			•	•		•		•	•							•									
														•							•		•		
•		•	•	•	•	•	•		•				•	•				•			•				
•	•	•	•	•			•		•				•	•	•										
			•	•					•			•				•					•				
			•	•								•	•	•		•	•		•						•
•		•	•	•	•	★	•		•	•			•	•		★				•			•	•	•
•		•	•	•			•		•				•	•							•			★	•
				•					•					•		•									
		•	•	•			•		•				•	•					•		•			•	•
•		•	•	•	•		•		•				•	•							•				
•			•											•											
•			•	•					•					•											
		•	•	•			•						•	•											
•		•	•				•						•	•	•										•
•			•													•									
				•					•							•									
			•	•					•				•	•		•									
			•	•	•									•				•							
•	•	•	•	•			•		•	•	•	•	•	•	★		•	•	•	★		•		•	•
			•											•		•									
				•												•					•				
		•	•	•	•		•	•	•	•				•		•					★				
•			•	★					★	•			•	★											
•			•	•												•								•	
•		•	•				•						•	★	★		★	•		★		★	•		•
•												★				★									
			•	•			•		•					•		•									•
•				•			•				•					•									
•				•												•									
•			•	★			•							•		•									
•			•											•				•							
•	•	•	•	•	•		•		•	•			•	•	★		•	•							•
•		•	•	•					•				•	•	•						•				•
•			•	★										•	★						★				
•		•	•				•							•											
•			•													★									
•			•	•																					
•			•	•					•	★				•		•					★				•
•		•	•				•					★		★			★	•	•	★	★	★	•	★	•
★	★	•	•	★	•	★	•	•	★	•	•	★	★	★	★		•	★	★	•	★	★	★	★	•

Griechenland auf der Karte

Griechenland (Ελλάς; GR), das die Griechen Elláda (Ελλάδα) nennen, liegt an der Südspitze des Balkans. Auf 132 000 Quadratkilometern leben rund elf Millionen Menschen, davon ca. 3,8 Millionen im Großraum der Hauptstadt Athen (Athína). Das Land grenzt im Norden an Albanien, die ehemalige jugoslawische Republik Mazedonien und Bulgarien sowie im Osten an die Türkei.

Europa und Nordafrika
Norwegen
Schweden
Finnland
Estland
Russland
Lettland
Litauen
Dänemark
Irland
Gross-Britannien
Nieder-Lande
Deutsch-Land
Polen
Weissrussland
Belgien
Luxemburg
Tschech. Republik
Frankreich
Österreich
Slowakei
Ukraine
Moldau
Schweiz
Ungarn
Rumänien
Slowenien
Kroatien
BiH
Serbien
Montenegro
Kos.
Maze-donien
Bulgarien
Georgien
Portugal
Spanien
Italien
Albanien
Griechen-Land
Türkei
Athína
Zypern
Syrien
Tunesien
Marokko
Israel
Irak
Algerien
Libyen
Ägypten
Jordanien
Saudi-Arabien
L'viv
Dnister
Černivci
Ukraine
Moldau
Prut
Siret
Chişinău
Rumänien
Braşov
Galaţi
Bucureşti (Bukarest)
Constanţa
Olt
Dunărea
Varna
Iskŭr
Sofija (Sofia)
Burgas
Bulgarien
Néstos
Schwarzes Meer
Istanbul
Kavála
Alexandroúpolis
Thessaloníki
Enland
Ägäisches Meer
Vólos
Skiáthos
Lésbos
Évia (Euböa)
Athína (Athen)
Peireás (Piräus)
Sámos
Tínos
Mykonos
Pátmos
Kos
İzmir
Kuşadası
Bodrum
Marmaris
Dalaman
Ródos (Rhodos)
Thíra (Santorini)
Kárpathos
Chaniá
Iráklion
Kríti (Kreta)
Agios Nikólaos
Eskişehir
Ankara
Kizil Irmak
Türkei
Tuz Gölü
Konya
Antalya
Içel
Syrien
Al Ladhiqiyah (Latakia)
Zypern
Nicosia
Lárnaka
Páfos
Lemesós (Limassol)
Libanon
Bayrut (Beirut)
Hefa (Haifa)
Israel
Al Iskandariyah (Alexandria)
Ägypten
0 Kilometer 200

Ein Porträt der Griechischen Inseln

Griechenland gehört zu den meistbesuchten Ländern Europas. Der moderne griechische Staat, der an der Nahtstelle mehrerer Kulturen liegt, entstand erst 1830. Er vereint Eigenheiten des Balkans, des Nahen Ostens und des Mittelmeerraums.

Griechenlands große und kleine Inseln gehen in die Tausende. Nur etwa hundert sind ständig bewohnt. Auf ihnen leben knapp zehn Prozent der elf Millionen Einwohner des Landes. Seit Jahrhunderten wohnen viele »Insulaner« im Ausland. Derzeit gibt es mehr Auslandsgriechen als Bewohner in der Heimat. Die Unterstützung der Daheimgebliebenen aus dem Ausland ist ein Standbein der Inselökonomien. Neuerdings kehren zahlreiche Auslandsgriechen zurück. Ihren Einfluss auf Architektur und Küche bemerkt man schon vielerorts.

Griechischer Priester

Selbst in Sichtweite voneinander gelegene Inseln können sich höchst unterschiedlich entwickelt haben. Die meisten Archipele entlang der Levante spielten zwischen dem Zerfall des Byzantinischen Reiches und dem Entstehen des modernen Griechenland wichtige politische und kulturelle Rollen. Kreta, die Kykladen und die Ionischen Inseln standen unter venezianischer Kontrolle und italienischem Kultureinfluss. Die Inseln der Nordost-Ägäis und des Dodekanes wurden im Mittelalter von Genuesen und Kreuzfahrern beherrscht, die Argo-Saronischen Inseln wiederum von albanischen Christen neu besiedelt.

Das 20. Jahrhundert brachte zum Teil große Veränderungen des Insel- und Stadtlebens sowie Jahre der Besatzung und Kriege. Der Bürgerkrieg fand erst nach der Zeit der Militärjunta (1967–74) ein Ende.

Fischer beim Netzeflicken auf der Kykladen-Insel Páros

◁ **Seitenstraße in Anógeia, Kreta** ***(siehe S. 262f)***

Dorfcafé in Kretas Lasíthi-Hochebene

Inzwischen beschleunigen der Tourismus und der Beitritt zur EU die Entwicklung vieler Inseln von traditionellem Ambiente zu modernem Wohlstand. Die meisten Ägäischen Inseln besaßen vor 1970 weder befestigte Straßen noch andere Infrastruktur. Während die Verbindungen nach Athen und ins Ausland verbessert wurden, verkehrten selbst auf größeren Inseln nur ein Bus und einige Taxis.

Heiligenfresko des Johannes-Klosters, Pátmos

Religion, Sprache und Kultur

Die griechisch-orthodoxe Kirche bewahrte in den Jahrhunderten venezianischer und osmanischer Herrschaft *(siehe S. 40f)* durch Liturgie und Schulen Sprache und Identität der Griechen. *Eísai Orthódoxos?* (»Sind Sie orthodoxen Glaubens?«) heißt so viel wie *Ellinas eísai?* (»Sind Sie Grieche?«). Trotz der Säkularisierungsreformen der ersten demokratisch gewählten PASOK-Regierung (1981–85) ist die Kirche weiterhin eine tragende Kraft. Obwohl gesetzlich die standesamtliche Trauung genügt, verzichtet kaum ein griechisches Ehepaar auf den kirchlichen Segen. Die Sonntagsmessen sind gut besucht, vor allem von Frauen, denen Kirchen als Treffpunkt oft so viel bedeuten wie Männern ihre *kafeneía* (Cafés).

Viele Geistliche, zu erkennen an der zylinderförmigen Kopfbedeckung und dem langen Bart, heiraten und gehen oftmals auch Nebentätigkeiten nach – ein Grund für die konstante Zahl der Kirchenmitglieder. Zugleich erlebt das zölibatäre Mönchsleben, wohl als Reaktion auf den Materialismus der Nachkriegszeit, eine Renaissance.

Ausdruck nationaler Identität ist neben der griechisch-orthodoxen Kirche das subtile, wohlklingende Neugriechisch. Im Sprachenstreit unterlag

Traditionelle Häuser am Meer auf der Ionischen Insel Kefalloniá

Stiegenstraßen und Pastelltöne in Oía auf der Kykladen-Insel Santoríni

die altertümelnde, zur Zeit der Unabhängigkeit hastig entwickelte Schriftsprache *katharévousa* der *dimotikí*, der organisch entstandenen demotischen Sprache des Volkes.

Den Sieg der *dimotikí* erklärt nicht zuletzt die lange Erzähltradition. Das Geschichtenerzählen ist in Griechenland heute noch so beliebt wie zu Homers Zeiten: In den *kafeneía* etwa pflegt man auch die Kunst der Konversation. Die Bardentradition lebt fort durch Poeten wie Mános Eleftheríou, Nikos Gátsos und Apóstolos Kaldáras. Sie und andere Künstler schufen Volkslieder, die seit dem 19. Jahrhundert eine wesentliche Rolle spielen und zur Lebendigkeit der *dimotikí* beitragen.

Strand bei Plakiás auf Kreta

In den – nicht eben lange zurückliegenden – Zeiten der von Besatzungsmächten und Diktatoren verhängten Zensur waren Schriftsteller und Sänger sprudelnde Nachrichtenquellen und als Informanten von hoher Bedeutung.

Wirtschaft und Aussenpolitik

Verglichen mit den meisten Nachbarstaaten ist Griechenland wohlhabend und stabil, nach westlichen Maßstäben hingegen rangiert das Land hinsichtlich der Wirtschaftsdaten eher im unteren Mittelfeld. Zur chronisch defizitären Außenhandelsbilanz trägt der hohe Luxusgüterimport bei. Ihn nährt *xenomanía*, die Überzeugung von der Überlegenheit ausländischer Waren. Dies wird nicht zuletzt durch die Tatsache bestätigt, dass die Importleistungen die Exportzahlen um mehr als das Zweifache übersteigen.

Ausflug auf einem Motorroller, Kos

Dienstleistungs- und Agrarsektor tragen zwei Drittel zum Bruttosozialprodukt bei. Dies zeigt den Nachholbedarf in der Industrie. Wirtschaftliche Parallelen mit Ostblockstaaten treffen seit Griechenlands EU-Beitritt 1981 nicht mehr zu. Der Staat hat unrentable Betriebe veräußert, die Inflationsrate ist wieder einstellig.

Griechenland ist seit dem Jahr 2000 Mitglied der EU-Währungsunion. Der Euro hat die Drachme 2002 als Zahlungsmittel ersetzt.

Windmühle in Olympos auf der Insel Kárpathos, Dodekanes

Fremdenverkehr

Der Fremdenverkehr fährt den Großteil harter Devisen ein. Er entschädigt für die weltweite Schifffahrtskrise und die Konkurrenz von Agrarprodukten aus den anderen Mittelmeerländern der Europäischen Union. Eine maßgebliche Rolle spielt diese Lebensader vieler Inseln jedoch erst seit Ende der 1960er Jahre. Die Stillosigkeit vieler touristischer Einrichtungen geht überwiegend auf den unbedachten Übereifer während der Zeit der Militärjunta zurück. Die Anlagen aus jüngerer Zeit beziehen Natur und Umwelt viel stärker mit ein. Statt auf Massentourismus setzt man heute auf gehobenen Fremdenverkehr.

Kinder in Festgewand im Dorf Koskinoú auf Rhodos

Um aus anderen europäischen Ländern zahlungskräftige Besucher, orthodoxe Pilger sowie Individualurlauber anzulocken, wurde die Infrastruktur auf den Inseln verbessert. Man plant Badeorte, Yachthäfen, Flugplätze und moderne Kommunikationsverbindungen wesentlich bewusster.

Eine Eselsarbeit: Dreschen auf den Kykladen

Griechischer Staat

Der moderne griechische Staat ist noch keine 200 Jahre alt. Angesichts dieser Tatsache und der bis in jüngste Zeit währenden politischen Unruhen wundert es nicht, dass die Griechen den staatlichen Institutionen wenig vertrauen. Sie verlassen sich lieber auf ihr Netzwerk aus persönlichen Freundschaften und Beziehungen als auf staatliche Unterstützung. Rechte wie

Festtagsbrot vom Markt in Chaniá, Kreta

auch linke politische Fronten bildeten sich erst nach 1930.

Hafentreiben in Pythagóreio, Sámos

Die politisch dominierende Figur in der ersten Hälfte des 20. Jahrhunderts war Elefthérios Venizélos, ein antiroyalistischer, liberaler Staatsmann aus Kreta. Herausragende griechische Politiker nach dem Zweiten Weltkrieg waren Andréas Papandréou (1919–1996), der als Vorsitzender der von ihm gegründeten PASOK (Panhellenische Sozialistische Bewegung) dreimal zum Ministerpräsidenten gewählt wurde, sowie der 1998 verstorbene konservative Ministerpräsident und Staatspräsident Konstantínos Karamanlís.

Seit dem Ende des Kalten Krieges besinnt sich Griechenland seiner Balkan-Identität. Das Land wird heute zunehmend als bedeutende Regionalmacht wahrgenommen. Es sorgt für bessere Beziehungen zu den direkten Nachbarn, seit 1990 insbesondere zu Albanien, nachdem dort das kommunistische Regime zurücktreten musste. In Bulgarien hat es sich bereits zum Hauptinvestor entwickelt. Das Verhältnis Griechenlands zu Mazedonien indes ist durch den seit 1991 schwelende Namensstreit getrübt.

Mann mit Esel in der Stadt Mýkonos, Kykladen

Familienleben

Die soziale Kernzelle bildet weiterhin die Familie. Unter den traditionellen Besitz- und Arbeitsverhältnissen konnte eine Familie ganz ohne fremde Hilfe ihre Felder bestellen und ernten. Auch in den vielen Hafenstädten sind Familienbetriebe noch immer die Norm.

Arrangierte Ehen gibt es noch immer, wenn auch selten. Junge Leute wohnen bis zur Heirat meist bei ihren Eltern oder anderen Verwandten. Außerhalb großer Universitätsstädte, wie z.B. in Rhodos-Stadt, Irákleio und Mytilíni, leben Paare selten in »wilder Ehe«.

Fisch auf dem Markt von Réthymno, Kreta

Kinder, die zum Besuch höherer Schulen auf größere Inseln umziehen müssen, kommen oft bei Verwandten unter. Angesichts der großen Kinderliebe der Griechen mag die niedrige – in Europa nur von Italien und Spanien unterbotene – Geburtenrate erstaunen. Vor dem Zweiten Weltkrieg war sie mehr als doppelt so hoch.

Traditionelle Geschlechterrollen halten sich auf den Griechischen Inseln äußerst zäh. Viele Frauen verzichten auf eine berufliche Karriere, um Haus und Kinder zu hüten. In den Städten dagegen hat sich die Stellung der Frau deutlich gewandelt. Das Traditionsbewusstsein sorgt allerdings auch für den Erhalt des typisch griechischen Lebensstil, den man als Urlauber sehr schätzt.

Architektur

Selbst auf benachbarten Inseln unterscheiden sich die Bauweisen stark voneinander. Obwohl es also »den« Inselhaustyp nicht gibt, bestehen durchaus Gemeinsamkeiten, nicht nur innerhalb einer Inselgruppe. Auf den Kykladen, dem Dodekanes, den Ionischen Inseln und Kreta prägten die Venezianer, auf den Nordost-Ägäischen Inseln die Osmanen nachhaltig den von Einheimischen weiterentwickelten Baustil.

Ansicht der vom *kástro* überragten Stadt Chóra auf der Insel Astypálaia, Dodekanes

Venezianische Stadthäuser *kamen auf Kreta während der Herrschaft der Venezianer (15.–17. Jh.) auf. Sie umstehen oft einen Hof, das Erdgeschoss diente als Lager.*

Pýrgoi, *für Lésbos typische befestigte Wohntürme auf bäuerlichen Anwesen, wurden erstmals im 18. Jahrhundert gebaut. Die meisten Überreste, zu finden nahe der Stadt Mytilíni, stammen aus dem 19. Jahrhundert.*

Archontiká *(Stadthäuser) sieht man auf Sífnos vor allem in Kástro, Artemónas und Katavatí. Sie besitzen, anders als die einstöckigen Bauernhäuser, zwei Etagen.*

Kástro-Architektur

Das *kástro* der Kykladen-Insel Antíparos entstand im 15. Jahrhundert. Es stellt das unverfälschteste Beispiel einer von Venezianern geplanten, zum Schutz vor Piraten befestigten Siedlung dar.

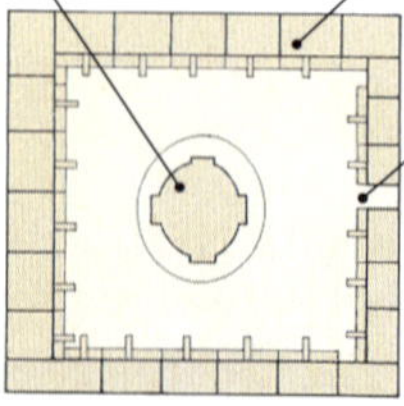

Anlage eines Hof-*kástro*

Häuser im Kástro- oder Kastellstil *besitzen an der Front rechtwinklige Außentreppen. Sie blicken auf einen Innenhof oder ein Netz schmaler Gassen. Seewärts sind winzige Fenster eingelassen. Beispiele finden sich auf Síkinos, Kímolos, Sífnos, Antíparos und Folégandros.*

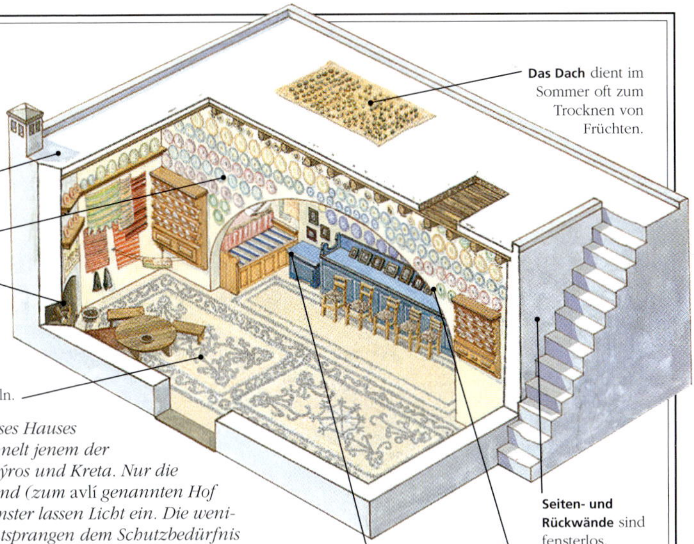

Das Flachdach *besteht aus festgestampfter Erde, Rohr und Tang.*

Ziertafeln an den Wänden

Eckkamin

Choklákia, Böden mit Kieselmosaik, sind charakteristisch für die Dodekanes-Inseln.

Das Dach dient im Sommer oft zum Trocknen von Früchten.

Seiten- und Rückwände sind fensterlos.

Unter dem erhöhten Schlafpodest bietet eine Kiste Stauraum.

Den hohen Bogen, der das Innere längs teilt, sieht man auch in Häusern auf Kreta.

Das Innere *dieses Hauses auf Rhodos ähnelt jenem der Bauten auf Skýros und Kreta. Nur die Eingangstür und (zum* avlí *genannten Hof hin offene) Fenster lassen Licht ein. Die wenigen Fenster entsprangen dem Schutzbedürfnis und ergaben mehr Nutzfläche an den Wänden.*

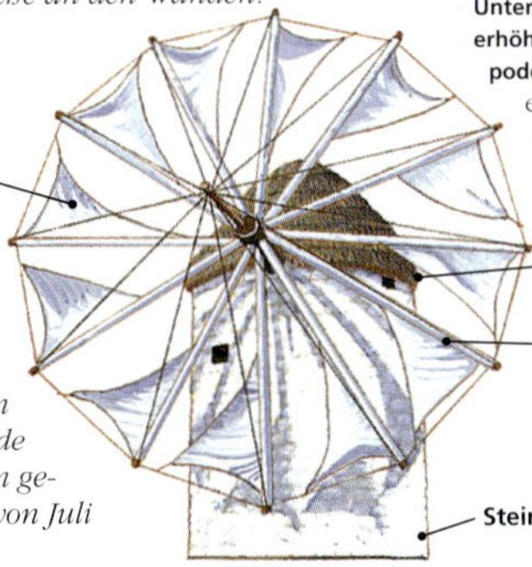

Die Segeltuchbespannung der Flügel wurde je nach Windstärke gestrafft.

Strohdach

Windrad und Dachkappe ließen sich je nach Windrichtung verstellen.

Steinwände

Windmühlen, *heute zumeist Museen, sieht man auf den Kykladen und dem Dodekanes dort, wo Getreide angebaut wurde. Sie waren gewöhnlich nach der Ernte, von Juli bis September, in Betrieb.*

Heimische Baumethoden und -materialien

Auf den vulkanischen Inseln Lésbos, Límnos, Nísyros und Mílos verwendet man zum Hausbau Lavagestein, auf den Kykladen Schiefer. Auf osmanischen Einfluss verweisen Lattenwerk und Gips – leichte, vornehmlich auf Sámos, Lésbos, den Sporaden und anderen nördlichen Inseln eingesetzte Materialien. Häuschen aus Lehm und Naturstein sieht man auf allen Inseln, ebenso *dóma*, flache Dächer aus Baumstämmen, gedeckt mit gebündeltem Rohr und einer Tang-Lehm-Schicht.

Mörtellose Wand aus Schieferplatten

Behauenes Vulkangestein

Schiefer- oder »Schuppen«-Dach

Dachpfannen, typisch für den Dodekanes

Flaches Lehmdach oder *dóma*

Gebogene Pfeiler zum Schutz vor Erdbeben

Meeresfauna und -flora

Trompetenschnecke

Gegenüber den Ozeanen wirken Mittelmeer und Ägäis wie ruhige Meeresbecken. Da die Gezeiten dieser fast vollkommen landumschlossenen Meere schwach ausgeprägt sind, legt die Ebbe wenige Meerestiere und -pflanzen bloß. Dafür entschädigt vielerorts der Reichtum der Küstenvegetation und Strandvögel. Wenn Sie in Strandnähe schnorcheln oder in die Küstengewässer abtauchen, dann tut sich vor Ihnen eine Welt auf, in der es von kleinen und großen Lebewesen nur so wimmelt.

Die Große Seenadel *sieht treibendem Seetang ähnlich, ist aber ein lang gestreckter Knochenfisch. Sie lebt in seichtem Gewässer zwischen Felsen, Geröll und Algen.*

Die stachelige Gespensterkrabbe *bewegt sich an Land plump, doch im Wasser erstaunlich flink und elegant, dank ihrer langen Beine selbst auf steinigem Grund.*

Der Oktopus, *der Gemeine Krake, erbeutet Krebse und kleine Fische mithilfe der Saugnäpfe, die in Reihen auf seinen acht Fangarmen sitzen. Er kann seine Körperfarbe wechseln.*

Schnorchelreviere

Schnorcheln ist an fast allen Küsten möglich. Am aufregendsten ist es in entlegeneren Gebieten.

- Kefalloniá und Zákynthos: Vor der Ostküste findet man Unechte Karettschildkröten *(siehe S. 91)*.
- Rhodos: Besonders artenreich sind die Fischbestände nahe Líndos.
- Évia: Im Meer vor der Westküste gedeihen Schwämme.
- Santoríni: Die Steilhänge der Caldera garantieren tolle Expeditionen.

Die Unechte Karettschildkröte *legt ihre Eier an Sandstränden ab. Der Badetourismus hat ihre Bestände stark dezimiert. Heute versucht man, die wenigen verbliebenen Brutplätze vor Störenfrieden zu schützen.*

Diese Qualle *»segelt mit dem Wind«. Sie benutzt organisches Treibgut, um sich vom Wind übers Meer tragen zu lassen. Badende seien gewarnt: Selbst die losen, fadendünnen Nesselschläuche mancher Quallenarten verursachen Hautbrennen.*

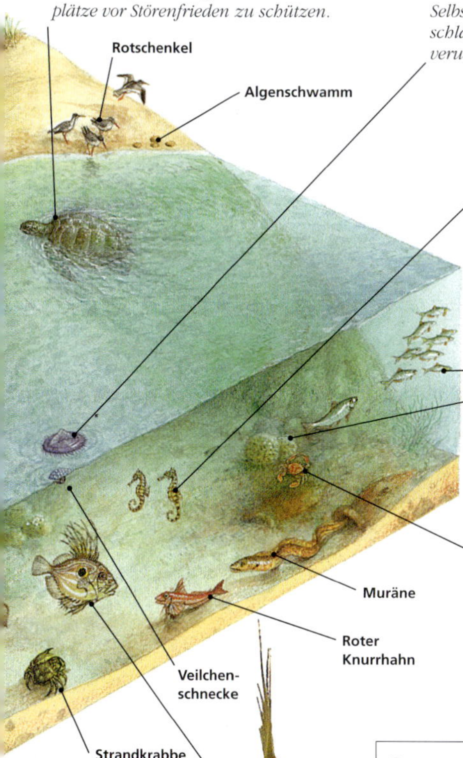

Seepferdchen *kommen in griechischen Gewässern in großer Zahl vor. Sie leben gern zwischen Seegraspolstern. Um die Pflanzen gewickelt, gibt der Schwanz ihnen Halt. Sie betreiben Brutpflege, was ungewöhnlich für Fische ist. Es sind die Männchen, die Eier und Junge im Brutbeutel tragen.*

Die Schwimmkrabbe *ist eine der aggressivsten Krabben. Das Schwimmen ermöglichen ihr die flachen, paddelähnlichen Enden der Hinterbeine.*

Der Heringskönig *geht in der küstennahen Felsenwelt majestätisch auf Patrouille. Er besitzt einen platten, ovalen Körper und an der Rückenflosse lange Stacheln. Er kann dort, wo Fischer ihn nicht verschrecken, sehr zutraulich, ja unverschämt neugierig sein.*

Sicherheitstipps für Schnorchler

- Stürme können über dem Mittelmeer urplötzlich aufziehen. Erfragen Sie die Witterungs- und Badebedingungen, ehe Sie auf Schnorcheltour gehen.
- Schnorcheln Sie nicht, wo Quallen vorkommen.
- Schnorchel und Maske müssen perfekt sitzen; achten Sie beim Kauf oder Ausleihen darauf.
- Schnorcheln Sie nie ohne Begleitung.
- Tragen Sie ein T-Shirt oder einen Taucheranzug.
- Meiden Sie die Nähe von Flussmündungen und Häfen. Dort sind die Gewässer trübe, Schiffe und Verunreinigungen bilden Gefahrenherde.
- Bleiben Sie stets in Strandnähe. Prüfen Sie immer wieder die Entfernung zum Ufer.

Die Geschichte des Landes

Alexander d. Gr., Bildnis des Volkskünstlers Theófilos

Die Griechische Geschichte ist die eines Volkes, nicht eines Landes: Mehr als die Geografie prägen Sprache, Religion, Abstammung und Brauchtum das griechische Nationalgefühl. Innere Kämpfe kennzeichnen die frühe Geschichte, von der bronzezeitlichen minoischen und mykenischen Kultur bis hin zur Epoche der im 1. Jahrtausend v. Chr. entstandenen Stadtstaaten.

Nachdem Philipp II. von Makedonien 338 v. Chr. bei Chaironeia das griechische Heer geschlagen hatte, ging Griechenland im Weltreich Alexanders des Großen auf. Mit dem Sieg der Römer über Makedonien im Jahr 168 v. Chr. wurde es Provinz im Römischen Imperium. Als Teil des Oströmischen oder Byzantinischen Reiches wurde es von Konstantinopel aus regiert und ein tragendes Element der neu geordneten byzantinischen Welt.

Die osmanische Eroberung Konstantinopels (1453) raubte Griechenland seine politische Einheit. Die Venezianer befestigten zügig Küsten und Inseln, um die Kontrolle der Handelsrouten im Ionischen und Ägäischen Meer gegenüber den Osmanen zu sichern. Durch Europas Unabhängigkeitsbewegungen angefacht und an die Demokratie des klassischen Athen erinnert, wagten die Griechen den Aufstand und 1821 den Freiheitskampf. 1830 stellten Europas Großmächte die Erbmonarchie Griechenland unter ihren Schutz. Dies markierte das Ende der Osmanenherrschaft.

1922, nach fast einem Jahrhundert der Grenzkonflikte, verlor Griechenland den Griechisch-Türkischen Krieg. Es folgten Metaxás' Diktatur und die Kriegsjahre (1940–44), die eine halbe Million Menschenleben forderten. Das heutige Staatsgebiet besteht seit Italiens Rückgabe des Dodekanes (1948). Nach 2000 Jahren Fremdherrschaft ist das moderne Griechenland eine gefestigte Demokratie in der Europäischen Union.

Griechenlandkarte aus Abraham Ortelius' Atlas *Theatrum orbis terrarum* (1595)

◁ Ritter des Johanniter-Ordens, Illustration einer Chronik (15. Jh.) der Belagerung von Rhodos

Frühzeit

Mykenische Goldbrosche

Während der Bronzezeit erblühten in Griechenland drei Zivilisationen: die kykladische im 3. Jahrtausend v. Chr., die minoische, welche von Kreta aus alle Ägäischen Inseln beeinflusste, sowie die mykenische Kultur, die auf dem Festland entstand und sich um 1450 v. Chr. auf Kreta ausbreitete, um dort die minoische Kultur abzulösen. Ihren Höhepunkt erreichte die minoische wie die mykenische Kultur im 2. Jahrtausend v. Chr. während der sogenannten Palastzeiten, in denen Religion und Bürokratie zentralistisch und straff organisiert waren.

Frühzeit

Besiedelte Gebiete (Bronzezeit)

Jungsteinzeitlicher Kopf *(3000 v. Chr.)* *Diese auf der Sporaden-Insel Alónnisos geborgene Figur stellt wohl eine Fruchtbarkeitsgöttin dar, durch deren Verehrung Bauern gute Ernten erhofften.*

Kykladische Figurine *Bronzezeitliche Marmorstatuetten wie diese zwischen 2800 und 2300 v. Chr. gefertigte fand man in Gräbern auf den Kykladen.*

Fehlende Schutzmauern als Zeichen des Mutes der Bewohner.

Mehrstöckige Häuser

Minoischer »Badewannen«-Sarkophag *Diesen Sargtypus (um 1400 v. Chr.) findet man nur in der minoischen Kunst. Vermutlich war er hochrangigen Personen vorbehalten.*

Zeitskala

7000 v. Chr. Neolithische Ackerbauern in Nordgriechenland

3200 v. Chr. Erste bronzezeitliche Kulturen auf Kreta und den Kykladen

2000 v. Chr. Die ersten Griechisch sprechenden Menschen treffen auf dem Festland ein

200 000 v. Chr.	5000 v. Chr.	4000 v. Chr.	3000 v. Chr.	2000

200 000 v. Chr. Nachweise paläolithischer Zivilisation in Nordgriechenland und Thessalien

»Bratpfannen«-Gefäß aus Sýros (2500–2000 v. Chr.)

2800–2300 v. Chr. Kéros-Sýros-Kultur auf den Kykladen

2000 v. Chr. Mit dem Bau von Palästen auf Kreta beginnt die Erste Palastzeit

Mykenische Totenmaske
Reiche Funde an Goldarbeiten machte man in Mykene, der Heimatstadt des homerischen Helden Agamemnon auf dem Peloponnes. Masken wie diese streifte man Verstorbenen über.

Frühzeit

Athens Museum kykladischer Kunst *(siehe S. 291)* besitzt Griechenlands größte Sammlung kykladischer Statuen. Das Archäologische Nationalmuseum *(S. 286)* zeigt mykenische Goldarbeiten. Auf der Kykladen-Insel Santoríni sind in Akrotíri *(S. 241)* bis zu dreistöckige minoische Häuser freigelegt. Auf Mílos konnte man in Phylakopí *(S. 237)* auf 1500 v. Chr. datierte mykenische Mauern sichern. Kreta, der Nabel der minoischen Kultur, hat die Paläste von Knosós *(S. 272–275)*, Phaestos *(S. 266f)* und Agía Triáda *(S. 263)* vorzuweisen.

Bewaldete Hügel

Die Bewohner zeigen sich den Besuchern gegenüber freundlich.

Segelboot mit Rudern

Zyklopen-Mauern
Mykenische Festungen wie diese in Tiryns waren von solch mächtigen Steinmauern bewehrt, dass spätere Zivilisationen sie für das Werk von Giganten hielten. Ob die Mauern tatsächlich der Verteidigung dienten, ist ungeklärt.

Minoische Meereslandschaft

Ende des 16. Jahrhunderts v. Chr. begrub ein Vulkanausbruch Santorínis Wandmalereien *(siehe S. 238–241)*. Dieser Ausschnitt zeigt von einer Küstenstadt ablegende Schiffe. Anders als jene der kriegerischen Mykener spiegelt die Kunst der Minoer eine stabile Gesellschaft wider, die sich in der Ägäis nicht durch Eroberung, sondern durch Handel behauptete.

Mykenischer Krakenkrug
Der Form angepasst ist das Dekor dieses Gefäßes (14. Jh.), dessen Schlichtheit sich von der Nonchalance minoischer Vorläufer abhebt.

1750–1700 v. Chr. Beginn der Zweiten Palastzeit und Goldenes Zeitalter der minoischen Kultur auf Kreta

1525 v. Chr. Ein Vulkanausbruch auf Santoríni verwüstet die Region

1250–1200 v. Chr. Zerstörung von Troja nach Entführung der Helena *(siehe S. 56)*

1450 v. Chr. Mykener erobern Knosós; Verwendung der Linear-B-Schrift

Helena von Troja

1800 v. Chr. | **1600 v. Chr.** | **1400 v. Chr.** | **1200 v. Chr.**

1730 v. Chr. Vernichtung der Paläste, Ende der Ersten Palastzeit

1600 v. Chr. Beginn der Blütezeit mykenischer Kultur

Minoische Figurine einer Schlangengöttin, 1500 v. Chr.

1200 v. Chr. Niedergang der mykenischen Kultur

1370–1350 v. Chr. Zweite Zerstörung des Palastes von Knosós auf Kreta

Dunkles Zeitalter und Archaische Zeit

Silbermünze aus Athen

Um 1200 v. Chr. begann für Griechenland eine Zeit, die bis heute mangels überlieferter Zeugnisse im Dunkeln liegt – daher der Ausdruck. Um 800 v. Chr. ging mit dem Entstehen von Stadtstaaten ein rasanter Aufschwung einher, der Kunst, Politik und Kriegführung neue Impulse gab. Im Zuge der Kolonisation besiedelten Griechen entfernte Regionen wie die Küsten des Schwarzen Meeres und des westlichen Mittelmeeres, das heutige Syrien und Nordafrika.

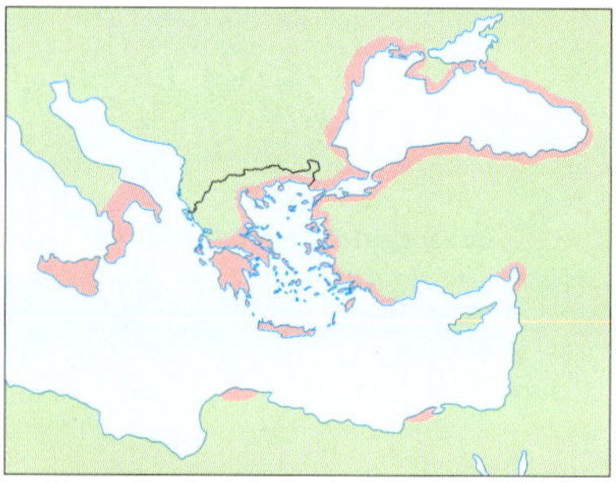

MITTELMEERRAUM, 479 V. CHR.

Gebiete unter griechischem Einfluss

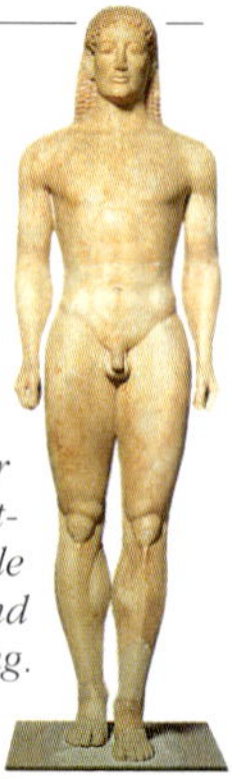

Koúros *(530 v. Chr.)* Koúroi, *Monumentalstatuen nackter Jünglinge, waren eher idealisierende als realistische Darstellungen. Ihrem Vorbild, der ägyptischen Plastik, entsprachen frontale Perspektive und Beinhaltung.*

Bronzener Brustharnisch

Der Doppelflötenspieler gab den Marschtakt an.

Bronzeschienen schützten die Beine.

HOPLITEN

Diese »Chigi«-Vase (um 750 v. Chr.) aus Korinth zeigt eine der frühesten Illustrationen der damaligen Innovationen in der Kriegskunst. Neu war u. a. der Einsatz schwer bewaffneter Fußtruppen, der Hopliten. Sie kämpften in geschlossenem Verband (Phalanx) für ihre Gemeinde, ein Phänomen, das mit dem Stadtstaat aufkam und im Gemeinschaftsgefühl der Hopliten begründet ist.

Solon *(640–558 v. Chr.)* *Solon, ernannt zum Archon, dem Inhaber des höchsten Amtes in Athen, läutete mit Gesetzesreformen die Demokratisierung ein.*

ZEITSKALA

Fragment einer Vase mit Bändern in geometrischem Linienmuster

900 v. Chr. Erste Keramikmalereien im geometrischen Stil

1100 v. Chr.	1000 v. Chr.	900 v. Chr.

1100 v. Chr. Völkerwanderungen in der gesamten griechischen Welt

1000–850 v. Chr. Bildung der homerischen Königreiche

Vase aus dem 6. Jahrhundert
In Kratern wie diesem mischte man Wasser und Wein. Das frühe Beispiel der Vasenmalerei ist mit Szenen aus Mythologie und Heldensagen verziert.

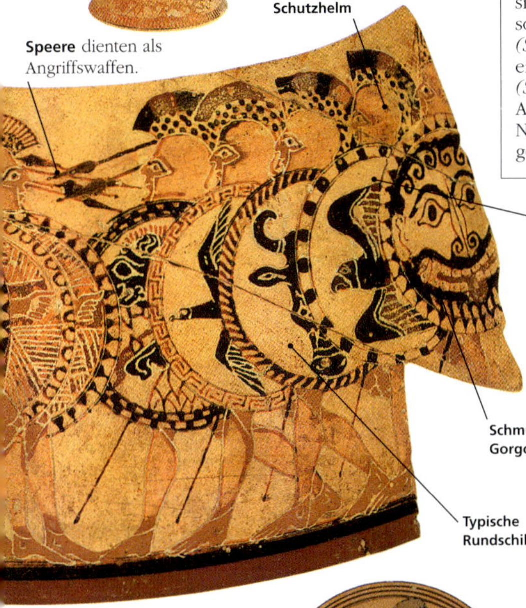

Bronzener Schutzhelm

Speere dienten als Angriffswaffen.

Die Phalangen rückten wie ein undurchdringlicher Schutzwall vor – eine neue, erfolgreiche Taktik.

Schmückendes Gorgonenhaupt

Typische Rundschilde

ARCHAISCHES GRIECHENLAND

Koúroi sind in Athens Archäologischem Nationalmuseum *(S. 286)* und dem Akropolis-Museum *(S. 290)* ausgestellt. Ersteres hütet auch die Landessammlung von Vasen des geometrischen, rot- und schwarzfigurigen Stils. Alte *koúroi* stehen im ehemaligen Marmorsteinbruch auf Náxos *(S. 230–233)*. Auf Sámos sind der Efpalíneio-Tunnel *(S. 155)* sowie eine Sammlung von *koúroi* *(S. 154)* zu bewundern, auf Delos eine Terrasse mit archaischen Löwen *(S. 218f)*, auf Aígina der dorische Aphaia-Tempel *(S. 98f)* und auf Nísyros die gewaltigen Befestigungen von Palaiókastro *(S. 175)*.

Darius I. *(reg. 521–486 v. Chr.)*
Dieses Relief aus Persepolis zeigt den Perserkönig, der das griechische Festland erobern wollte, aber in der Schlacht bei Marathon 490 v. Chr. unterlag.

Heimkehrender Jäger *(500 v. Chr.)*
Aristokraten betrieben die Jagd auf Hasen, Hirsche und Wildschweine als Sport. Sie jagten, wie auf dem Becher zu sehen, zu Fuß und mit Hunden.

800 v. Chr.

776 v. Chr. Überlieferte Datierung der ersten Olympischen Spiele

770 v. Chr. Griechen kolonisieren Italien, Ägypten und andere Regionen

750–700 v. Chr. Homer stellt die Epen *Ilias* und *Odyssee* zusammen

700 v. Chr.

675 v. Chr. Lykourgos gibt den Anstoß zu Spartas strenger Gesetzgebung

Votivfigur aus Sparta

630 v. Chr. Die Lyrikerin Sappho schreibt auf Lésbos

600 v. Chr.

600 v. Chr. Bau der ersten dorischen Säulen im Hera-Tempel, Olympia

Dorisches Kapitell

546 v. Chr. Perser unterwerfen die Ionier, Athen erblüht unter Peisistratos und seinen Söhnen

500 v. Chr.

490 v. Chr. Athen besiegt bei Marathon die Perser

480 v. Chr. Die Perser zerstören Athen und schlagen Sparta; die Griechen siegen in der Schlacht von Salamis

479 v. Chr. Athen, Sparta und deren Verbündete vernichten bei Plataiai das persische Landheer

Klassische Zeit

Handels-amphore

Die klassische Zeit gilt gemeinhin als Griechenlands Goldene Epoche. 150 Jahre außergewöhnlicher Kreativität in Philosophie, Literatur, Theater und anderen Künsten brachten Dramatiker wie Aischylos, Sophokles, Euripides und große Denker wie Sokrates, Platon und Aristoteles hervor. Aber es war auch eine Zeit blutiger Auseinandersetzungen: Das 5. Jahrhundert v. Chr. stand im Zeichen des Peloponnesischen Krieges, ausgetragen zwischen den Stadtstaaten Athen und Sparta und ihren Bündnispartnern. Im 4. Jahrhundert kämpften Athen, Sparta und Theben um die Vorherrschaft – und unterlagen allesamt 338 v. Chr. Philipp II. von Makedonien.

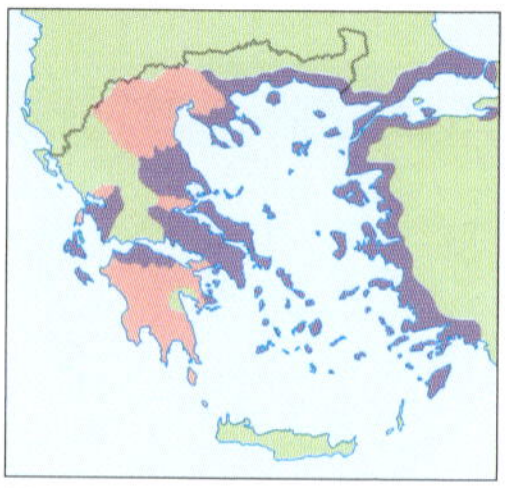

Klassik, 440 v. Chr.

Athen und Verbündete

Sparta und Verbündete

Fischgeschäft

Diese griechische Vase (4. Jh. v. Chr.) ist ein Fund aus Cefalù auf Sizilien. Griechen siedelten in weiten Teilen Siziliens. Kultur, Sprache und Religion waren ein einigendes Band.

Heiligtum von Delphi

Das in Mittelgriechenland gelegene Heiligtum erlangte im 5. und 4. Jahrhundert v. Chr. seine höchste politische Bedeutung. Diese beruhte auf dem Apollon-Orakel, das die Entscheidungen von Athen und Sparta stark beeinflusste. Die Staaten bedachten Apollon mit reichen Gaben, die in Schatzhäusern entlang der Heiligen Straße aufbewahrt wurden.

Perikles

Der herausragende Staatsmann stellte die griechische Marine auf. 450–430 v. Chr. ließ er Athen, u. a. die Akropolis, großartig ausbauen.

Zeitskala

462 v. Chr. Die Reformen des Ephialtes verstärken Athens demokratische Strukturen

Ausschnitt des Parthenon-Frieses

431–404 v. Chr. Peloponnesischer Krieg, nach dem Athen für 33 Jahre seine Vorherrschaft Sparta überlassen muss

um 424 v. Chr. Der Historiker und Chronist Herodot stirbt

475 v. Chr. | 450 v. Chr. | 425

478 v. Chr. Mit Bildung des Attisch-Delischen Seebundes gewinnt Athen die Kontrolle über Griechenlands Städte

451–429 v. Chr. Perikles lenkt Athens Geschicke und lanciert ein aufwendiges Bauprogramm

447 v. Chr. Beginn des Parthenon-Baus

Herodot-Büste, vermutlich aus hellenistischer Zeit

Vergoldeter Eichenkranz aus Vergína
Mitte des 4. Jahrhunderts hatte Philipp II. von Makedonien die griechische Welt unterworfen. Dieser Kranz war seinem Grab beigegeben.

KLASSISCHE ZEIT

Im Mittelpunkt von Athen steht die Akropolis mit ihren Mitte des 5. Jahrhunderts unter Perikles erbauten Kultstätten, darunter dem Parthenon *(siehe S. 288–290)*. Die Insel Delos, mythologischer Geburtsort von Artemis und Apollon, war Zentrum des Attisch-Delischen Seebundes, des ersten Attischen Seebundes. Dort sind zahlreiche Steinplastiken des 5. Jahrhunderts v. Chr. freigelegt worden *(S. 218f)*. Auf Rhodos ist bei Líndos der bedeutende Athena-Tempel *(S. 196f)* gut erhalten.

Junger Sklave
(400 v. Chr.)
Sklaven – hier die Darstellung eines Schuhputzers aus Afrika – waren ein wichtiger Wirtschaftsfaktor. Sie kamen oft aus anderen Kontinenten.

Athena Lemnia
Diese römische Kopie eines Werks von Pheidias (um 490–ca. 430 v. Chr.) – er war mit der Ausschmückung der Akropolis betraut – zeigt Athens göttliche Schutzherrin. Typisch für die Klassik ist der eher idealisierende als realistische Ansatz.

400 v. Chr. | **375 v. Chr.** | **350 v. Chr.**

399 v. Chr. Verurteilung und Hinrichtung des Sokrates

387 v. Chr. Platon gründet die Akademie in Athen

Platon-Skulptur

371 v. Chr. Thebens Sieg über Sparta in der Schlacht von Leuktra läutet ein Jahrzehnt thebanischer Hegemonie ein

359 v. Chr. Philipp II. wird König von Makedonien

338 v. Chr. Philipp II. von Makedonien schlägt in der Schlacht von Chaironeia die Griechen

337 v. Chr. Die Gründung des Korinthischen Bundes legitimiert die Vorherrschaft Philipps II. über die griechischen Stadtstaaten

336 v. Chr. Ermordung Philipps II. in Aigai, Thronfolger wird sein Sohn Alexander

Hellenistische Zeit

Alexander der Große

Alexander der Große von Makedonien setzte die Eroberungspolitik seines Vaters fort. Er unterwarf Persien und dehnte sein Großreich östlich bis Indien, südlich bis Ägypten aus. Die hellenistische Epoche erlebte die Ausbreitung der griechischen Sprache, Religion und Kultur über die von Alexander eroberten Gebiete. Sie dauerte über seinen Tod 323 v. Chr. hinaus bis zur Zerschlagung seines Imperiums durch die Römer (Mitte 2. Jh. v. Chr.). Makedoniens Vorherrschaft über Griechenland endete 168 v. Chr.

Heros-Relief *(um 200 v. Chr.)* *Die Verehrung von Helden war ein Teil der griechischen Religion. Alexander der Große wurde als Gott verehrt.*

Alexander besiegt Darius III. *Dieses pompejische Mosaik illustriert die Niederlage des Perserkönigs 333 v. Chr. bei Issos. Die langen Piken der Makedonier waren überaus wirksame Waffen.*

Terrakottastatue *Die Skulptur zweier Frauen (2. Jh. v. Chr.) belegt das Interesse der hellenistischen Kunst an der Darstellung von Menschen aus dem Volk.*

ZEITSKALA

333 v. Chr. Alexander der Große schlägt den Perserkönig Darius III. und erklärt sich zum König von Asien

323 v. Chr. Tod von Alexander und Diogenes

301 v. Chr. Die Schlacht von Ipsos zwischen Alexanders rivalisierenden Nachfolgern bewirkt den Zerfall des Imperiums in drei Königreiche

268–261 v. Chr. Chremonideischer Krieg, der mit Athens Kapitulation vor Makedonien endet

325 v. Chr. | 300 v. Chr. | 275 v. Chr. | 250 v. Chr.

322 v. Chr. Tod von Aristoteles

331 v. Chr. Alexander gründet nach Eroberung Ägyptens Alexandria

287–275 v. Chr. Im »Pyrrhussieg« schlägt König Pyrros von Epirus die Römer, erleidet aber hohe Verluste

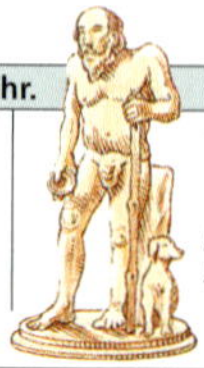

Der hellenistische Philosoph Diogenes

Verschmelzung westlicher und östlicher Religionen *Diese Plakette aus Afghanistan zeigt die griechische Göttin Nike und die kleinasiatische Göttin Kybele.*

Hellenistisches Griechenland

Im antiken Thíra auf Santoríni – von dort kontrollierten die Ptolemäer im 3. und 2. Jahrhundert v. Chr. die Ägäis – sind aus hellenistischer Zeit das Heiligtum des Artemídoros von Perge, die Königliche Säulenhalle und der Tempel Ptolemäus' III. *(siehe S. 240)* erhalten. Das Archäologische Museum *(S. 184)* von Rhodos-Stadt präsentiert eine beeindruckende Sammlung hellenistischer Plastiken. Das Asklepieíon auf Kos *(S. 172)* war Sitz eines Ordens von Ärztepriestern. Den Turm der Winde *(S. 287)* in Pláka bei Athen baute der Astronom Kyrrestes.

Susa, die Hauptstadt des Persischen Reiches, wurde 331 v. Chr. eingenommen. 324 v. Chr. fand eine Massenhochzeit zwischen Alexanders Offizieren und Asiatinnen statt.

Alexander wählte 327 v. Chr. aus einer Gruppe sogdischer Kriegsgefangener seine Frau Roxane.

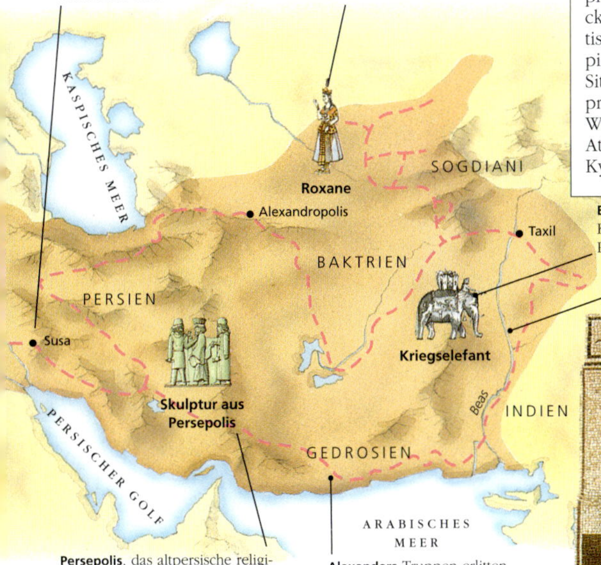

Elefanten wurden 326 v. Chr. im Krieg gegen den indischen König Poros eingesetzt.

Alexanders Heer kehrte am Fluss Beas um.

Persepolis, das altpersische religiöse Zentrum im heutigen Iran, fiel 330 v. Chr. an Alexander.

Alexanders Truppen erlitten in der Wüste von Gedrosien schwere Verluste.

Der Tod des Archimedes *Archimedes, der bedeutende Mathematiker und Physiker, wurde 212 v. Chr. von einem Römer erschlagen. Dieses Mosaik illustriert seinen Tod.*

Reich Alexanders des Grossen

Alexander legte bei seinen Kriegen gewaltige Entfernungen zurück. Nachdem er in Asien die Perser geschlagen hatte, zog er nach Ägypten. Zurück in Asien, schaltete er Darius, alsdann in Baktrien dessen Mörder aus. In Indien verweigerten 326 v. Chr. seine Truppen den Weitermarsch.

227 v. Chr. Ein Erdbeben zerstört den Koloss von Rhodos

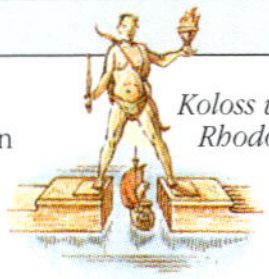

Koloss von Rhodos

197 v. Chr. Die Römer schlagen Philipp V. von Makedonien und erklären Griechenland für befreit

146 v. Chr. Die Römer zerstören Korinth, Griechenland wird römische Provinz

225 v. Chr. | 200 v. Chr. | 175 v. Chr. | 150 v. Chr.

222 v. Chr. Makedonien vernichtet Sparta

217 v. Chr. Friede von Náfpaktos: Appell an die Griechen, ihren Zwist beizulegen, ehe sich »die Wolke im Westen« (Rom) über ihnen verdichtet

Römische Münze (196 v. Chr.), geprägt zum Gedenken an den Sieg über die Makedonier

168 v. Chr. Makedonien unterliegt den Römern bei Pydna

Römische Zeit

Marcus Antonius

Mit der Eroberung von Korinth 146 v. Chr. war Rom endgültig Herrscher über Griechenland, das sich zum kulturellen Zentrum des Römischen Reiches entwickelte: Der römische Adel schickte seine Sprösslinge auf Athens Philosophenschulen. Die römischen Bürgerkriege wurden auf griechischem Boden ausgetragen und 31 v. Chr. mit der Schlacht bei Aktium in Thessalien entschieden. 324 n. Chr. erhob Kaiser Konstantin I. Konstantinopel zur Hauptstadt des Römischen Reiches, das in eine griechischsprachige Ost- und eine lateinischsprachige Westhälfte geteilt wurde.

Römische Provinzen, 211 n. Chr.

Mithridates IV. *Der expansionshungrige König von Pontus am Schwarzen Meer dirigierte ab 88 v. Chr. den Aufstand gegen Rom.*

Rekonstruktion des römischen Korinth
Korinth wurde 46 v. Chr. unter Julius Caesar wieder aufgebaut und Hauptstadt der Provinz Achaia. Die Römer errichteten die Agora, das Theater und Basiliken. Der Apostel Paulus arbeitete dort als Zeltmacher.

Notitia Dignitatum *(395 n. Chr.) Griechenland war in Provinzen aufgeteilt. Der Prokonsul der Provinz Achaia verwandte diese Insignien.*

Zeitskala

Münze mit Porträt der Kleopatra, Königin von Ägypten

49–31 v. Chr. Die römischen Bürgerkriege enden mit der Niederlage von Marcus Antonius und Kleopatra im griechischen Aktium

49–54 n. Chr. Der Apostel Paulus verkündet in Griechenland das Christentum

124–131 Kaiser Hadrian lässt Athen prachtvoll ausbauen

100 v. Chr. | 1 n. Chr. | 100

86 v. Chr. Der römische Feldherr Sulla nimmt Athen ein

46 v. Chr. Wiederaufbau von Korinth als Römerkolonie

Der predigende Apostel Paulus

66–67 Kaiser Nero bereist Griechenland

Mosaik
(180 n. Chr.) Dieses römische Mosaik im Haus der Masken auf Delos zeigt Dionysos auf einem Leoparden.

Römisches Griechenland

In Athen veranschaulicht das Theater des Herodes Atticus *(siehe S. 288)* zu Füßen der Akropolis die römische Architektur jener Zeit. Südwestlich der Akropolis steht neben dem Tempel des Olympischen Zeus als Übergang zwischen der römischen und alten griechischen Stadt noch der Hadriansbogen. Auf Sámos *(S. 155)* und Santoríni *(siehe S. 238–241)* sind Relikte römischer Bäder erhalten, auf Delos *(S. 218f)* Römerhäuser mit Mosaiken, besonders gut das Haus der Delfine und das Haus der Masken.

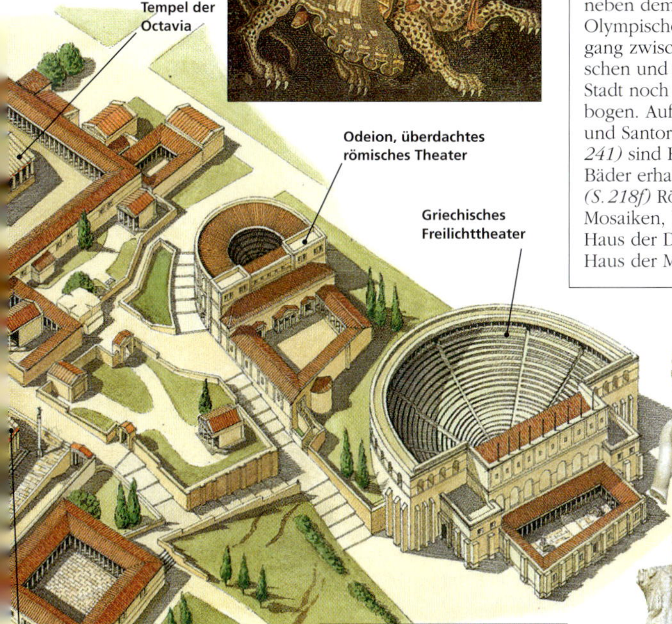

Apoll von Belvedere
Viele griechische Plastiken, wie diese Apollon-Statue, sind nur als römische Kopien erhalten.

Galerius-Bogen
Dieser Triumphbogen, errichtet zum Andenken an den Sieg Kaiser Galerius' über die Perser, steht in Thessaloníki. Das Relief zeigt Galerius in seinem Wagen.

170 Pausanias vollendet seine Beschreibung Griechenlands, einen »Reiseführer« für Römer

267 Goten plündern Athen

324 Konstantin I. erlangt die Alleinherrschaft und ruft Konstantinopel zur Reichshauptstadt aus

395 Goten verwüsten Athen und den Peloponnes

381 Kaiser Theodosius I. erhebt das Christentum zur Staatsreligion

200 | **300**

Münze mit dem Konterfei des römischen Kaisers Galerius

293 Unter Kaiser Galerius wird Thessaloníki die nach Byzanz (Konstantinopel) bedeutendste Stadt

393 Verbot der Olympischen Spiele

395 Theodosius I. stirbt; Teilung des Reiches in lateinisches West- und byzantinisches Ostrom

Byzanz und Kreuzfahrer-Zeit

Armbinde byzantinischen Hofgewands

Im Byzantinischen oder Oströmischen Reich, entstanden Ende des 4. Jahrhunderts durch die Teilung des Römischen Reiches, setzte sich das orthodoxe Christentum durch. Griechenland wurde in *themes* (Verwaltungsbezirke) zergliedert. 1204, nach der Einnahme Konstantinopels durch Kreuzfahrer, wurde Griechenland abermals aufgeteilt, hauptsächlich unter Venezianern und fränkischen Herrschern. 1261 fielen Mystrás und Konstantinopel zurück an das Byzantinische Reich, das die Türken 1453 endgültig auslöschten. Hinterlassenschaft jener Ära sind Hunderte von Kirchen und sakrale Kunst.

BYZANTINISCHES GRIECHENLAND, 10. JAHRHUNDERT

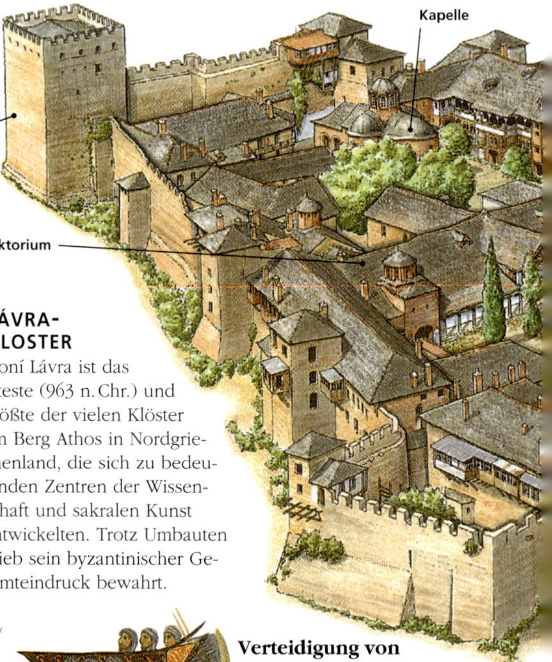

Doppeladler
Im Byzantinischen Reich war der Kaiser zugleich Kirchenpatriarch. Symbol seiner Doppelrolle war der zweiköpfige Adler.

LÁVRA-KLOSTER

Moní Lávra ist das älteste (963 n. Chr.) und größte der vielen Klöster am Berg Athos in Nordgriechenland, die sich zu bedeutenden Zentren der Wissenschaft und sakralen Kunst entwickelten. Trotz Umbauten blieb sein byzantinischer Gesamteindruck bewahrt.

Verteidigung von Thessaloníki
Thessaloníkis Einnahme durch die Sarazenen (904) erschütterte das Byzantinische Reich schwer. Danach wurden viele Städte Griechenlands befestigt.

ZEITSKALA

578–586 Awaren und Slawen fallen in Griechenland ein

Goldener Solidus der byzantinischen Kaiserin Irene (reg. 797–802)

400 | 600 | 800

529 Die Dominanz christlich-orientalischer Kultur bewirkt die Schließung der Philosophenschulen von Aristoteles und Platon

680 Bulgaren überqueren die Donau und errichten in Nordgriechenland ein Reich

726 Kaiser Leo III. entfacht den (843 beendeten) Bilderstreit

841 Parthenon wird eine christliche Kirche

Konstantin der Große
Konstantin I., hier mit seiner Mutter Helena, gründete 324 n. Chr. Konstantinopel und erkannte als erster oströmischer Kaiser das Christentum an.

Christus Pantokrátor
Dieses Fresko (14. Jh.) stellt Christus als Herrscher über die Erde dar. Es schmückt ein Kloster der Ruinenstadt Mystrás.

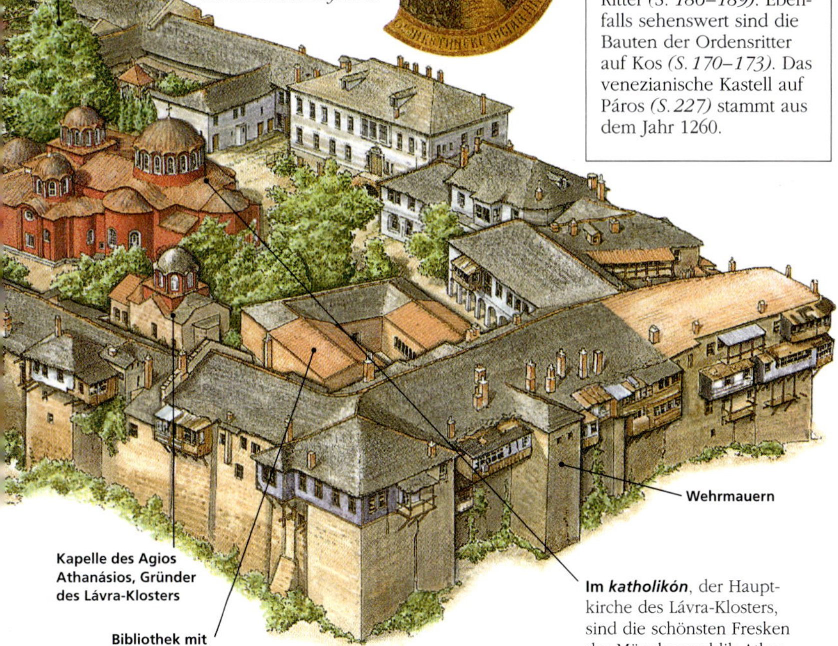

Byzanz und Kreuzfahrer-Zeit

Das Benáki-Museum *(siehe S. 291)* in Athen stellt Ikonen, Plastiken und Textilien aus jener Zeit aus. Das im Jahr 1088 gegründete Johannes-Kloster auf Pátmos *(S. 164f)* besitzt die nach Athos zweitreichste Schatzkammer, das Nonnenkloster Néa Moní auf Chíos *(S. 150f)* Mosaiken auf goldenem Grund. Auf Rhodos beeindruckt die mittelalterliche Architektur des Palastes der Großmeister und der Straße der Ritter *(S. 186–189)*. Ebenfalls sehenswert sind die Bauten der Ordensritter auf Kos *(S. 170–173)*. Das venezianische Kastell auf Páros *(S. 227)* stammt aus dem Jahr 1260.

1054 Der Patriarch von Konstantinopel und Papst Leo IX. exkommunizieren einander

1081–1149 Normannen überfallen Griechenland

Das fränkische Kastell Chlemoútsi

1354 Osmanische Türken fallen in Süditalien und Griechenland ein

1390–1450 Die Türken unterwerfen weite Teile des griechischen Festlands

1000 | **1200** | **1400**

Der byzantinische Kaiser Basileios II., der »Bulgarentöter« (956–1025)

1204 Die Kreuzfahrer erobern Konstantinopel, die Aufteilung in einzelne Besitztümer bedeutet den Zerfall des Byzantinischen Reiches

1210 Die Venezianer besetzen Kreta

1261 Mystrás entfaltet seine geistige und künstlerische Blüte

1389 Venezianer kontrollieren weite Teile von Griechenlands Festland und Inseln

Venezianische und osmanische Zeit

Venezianischer Löwe

Die osmanische Einnahme Konstantinopels 1453 und fast des gesamten übrigen griechischen Territoriums im Jahr 1460 war folgenschwer. Sie trug Griechenland 350-jährige Fremdherrschaft ein. Konstantinopel blieb auch als Hauptstadt des riesigen Osmanischen Reiches ein Sammelbecken der Griechen und wurde Brennpunkt griechischen Freiheitsstrebens. Im bevölkerungsarmen Griechenland machten sich Stagnation und Verarmung breit. Der Widerstand formierte sich in Rebellengruppen und Milizen. Die Ionischen Inseln, Kreta und einige Küstenenklaven waren in Händen der Venezianer, die ihren Einfluss stärker geltend machten als die teilweise wesentlich nachgiebigeren Osmanen. Dafür hinterließen jene aber ein reiches kulturelles und architektonisches Erbe.

Griechenland um 1493

- Venezianische Gebiete
- Osmanische Gebiete

Schlacht von Lepanto *(1571)*
Vor Náfpaktos besiegte die Flotte der Heiligen Liga unter Juan de Austria die Osmanen und gebot so der osmanischen Expansion nach Westen Einhalt.

Kretische Schule
Diese Ikone (15. Jh.) steht für die »Kretische Schule«, einen von Griechen entwickelten, bis zur osmanischen Eroberung Kretas 1669 florierenden Stil.

Prinz Cems Landung auf Rhodos

Prinz Cem, rebellischer Sohn von Mehmet II., floh 1481 nach Rhodos in die Obhut der Ritter des Johanniter-Ordens *(siehe S. 188f)*. 1522 nahmen die Osmanen nach längerer Belagerung Rhodos ein.

Zeitskala

1453 Mehmet II. erobert Konstantinopel und macht es unter dem türkischen Namen Istanbul zur Hauptstadt des Osmanischen Reiches

1456 Die Osmanen besetzen Athen

1460 Die Osmanen nehmen Mystrás ein

1500

1503 Die Osmanen kontrollieren den Peloponnes, Monemvasía ausgenommen

1522 Die Ritter des Johanniter-Ordens müssen Rhodos an die Osmanen abtreten

1550

Kretischer Kettenpanzer aus dem 16. Jahrhundert

1571 Eine venezianisch-spanische Flotte der Heiligen Allianz schlägt die Osmanen in der Schlacht von Lepanto

1600

Seehandel
Griechen trieben im gesamten Osmanischen Reich Handel. Um 1800 bestanden Handelsniederlassungen in Konstantinopel und fernen Orten wie London und Odessa. Den türkischen Einfluss auf griechische Gebrauchskunst zeigt diese Stickerei (19. Jh.).

VENEZIANISCHE UND OSMANISCHE ARCHITEKTUR

Besonders reich an venezianischen Baudenkmälern sind die Ionischen Inseln. Zwei venezianische Festungen beherrschen die Altstadt von Korfu *(siehe S. 74f)*. Die Venezianer bauten auch die Zitadelle auf Zákynthos *(siehe S. 90f)*. Zu Kretas venezianischen Bauten zählen der alte Hafen von Iráklio *(siehe S. 268f)* und die malerischen Seitenstraßen von Chaniá *(siehe S. 252f)*. Iráklios Festung hielt der Großen Belagerung von 1648 bis 1669 durch die Osmanen stand. Aus osmanischer Zeit haben auf Thásos *(siehe S. 128–131)* mehrere Häuser überlebt, in der Altstadt von Rhodos außer Moscheen profane Gebäude wie eine Bibliothek und das *hammam* (Bad; *siehe S. 182–185*).

Griechische Mahlzeit 1801
Die knapp 400-jährige osmanische Fremdherrschaft beeinflusste maßgeblich Griechenlands Kultur, ethnische Zusammensetzung und Alltag. Türkische Gerichte stehen bis heute auf der griechischen Speisekarte.

1687 Venezianer beschießen ein türkisches Munitionsdepot und beschädigen dadurch den Parthenon schwer

1715 Türken beherrschen wieder den Peloponnes

Ali Pascha (1741–1822), ein Statthalter des Osmanischen Reiches

1814 Die Briten gewinnen Kontrolle über die Ionischen Inseln

1650 | **1700** | **1750** | **1800**

Zerstörung des Parthenon

1684 Venezianer erobern den Peloponnes zurück

1778 Ali Pascha wird Wesir von Ioánnina und mächtiger Herrscher in Albanien und Nordgriechenland

1801 Elgin bringt Parthenon-Fries außer Landes

1814 Gründung der griechischen Unabhängigkeitsbewegung *Filikí Etaireía*

Griechenland als Staat

Fahne mit den Symbolen der *Filikí Etaireía*

Der griechische Freiheitskampf beendete die Osmanenherrschaft und begründete das ehrgeizige patriotische Ziel, alle Griechen unter einer Fahne *(Enosis)* zu einen. Griechenland expandierte zunächst erfolgreich. Im 19. Jahrhundert verdoppelte es sein Staatsgebiet, viele Inseln erhielten ihre Souveränität zurück. Den Versuch, nach dem Ersten Weltkrieg Konstantinopel bzw. Istanbul einzunehmen, bereute Griechenland bitter: Millionen Griechen wurden 1922 aus Smyrna (Izmir) im türkischen Anatolien vertrieben. Dies bedeutete das Ende von Jahrtausenden griechischer Besiedlung in Kleinasien.

Modernes Griechenland

- *Griechenland 1832*
- *1832–1923 gewonnene Gebiete*

Das Massaker von Chíos
Dieser Ausschnitt aus einem Gemälde von Delacroix illustriert die 1822 verübte Gewalttat der Türken als Antwort auf den griechischen Befreiungskampf.

Klephten, räuberische Freischärler in den Gebirgen, bildeten die Stütze der Unabhängigkeitsbewegung.

Die Waffen waren Familienerbstücke oder Spenden.

Verkündung der Verfassung in Athen
Die Verfassung wurde 1843 in Athens neoklassizistischem Parlament verkündet, das in den 1830er Jahren als Palast für Otto I., Griechenlands ersten König, erbaut worden war.

Zeitskala

1824 Der Dichter Lord Byron stirbt in Mesolóngi an Fieber

1831 Ioánnis Kapodístrias wird ermordet

1832 Die Großmächte stellen Griechenland unter Schutz und bestimmen Prinz Otto, Sohn Ludwigs I. von Bayern, zum König

1834 Athen löst Náfplio als Hauptstadt ab

Der Archäologe Heinrich Schliemann

1830 | 1840 | 1850 | 1860 | 1870

1827 Schlacht von Navaríno

1828 Ioánnis Kapodístrias wird erster Regent des unabhängigen Griechenland

1821 Die griechische Freiheitsfahne wird am 25. März gehisst; Griechen massakrieren Türken bei Tripolitsá

König Otto (reg. 1832–62)

1862 Eine Revolution vertreibt König Otto I. aus Griechenland

1864 Eine neue Verfassung bestimmt Griechenland zur »bekrönten Demokratie«, der orthodoxe Glaube wird Staatsreligion

1874 Heinrich Schliemann beginnt mit der Ausgrabung von Mykene (Mikínes)

Leben in Athen
Eine Kombination von griechischer Tracht und westlicher Mode prägte 1836 den städtischen Kleidungsstil. Auch die osmanische Mode, erkennbar am Fes der Männer, behauptete sich weiterhin.

19. Jahrhundert

Moní Arkadíou *(siehe S. 260)* auf Kreta war 1866 Schauplatz des heldenhaften Freitods von Freiheitskämpfern. Auf Kreta befindet sich auch das Grab von Venizélos *(S. 251)*. Auf Sýros zeigen Hafen und Umland *(S. 220–223)*, dass Griechenland im 19. Jahrhundert eine bedeutende Seemacht war.

Hissen der Freiheitsfahne 1821

1821 stachelte der Geheimbund Filikí Etaireía eine Revolte griechischer Offiziere an, die an vielen Stellen des Peloponnes Aufstände gegen die Türken nach sich zog. Erzbischof Germanós von Pátra soll am 25. März nahe Kalávryta (Peloponnes) die Flagge der Rebellen gehisst und damit das Fanal zum Unabhängigkeitskampf gegeben haben.

Kanal von Korinth
Diese Verbindung zwischen Ionischem und Ägäischem Meer wurde 1893 eröffnet.

Elefthérios Venizélos
Unter diesem kretischen Politiker, als Führer der liberalen Partei Ministerpräsident, verdoppelte Griechenland in den Balkankriegen (1912/13) sein Staatsgebiet.

1893 Eröffnung des Kanals von Korinth

1896 Die ersten Olympischen Spiele der Neuzeit in Athen

1908 Anschluss Kretas an Griechenland

1921 Griechische Vorstöße in Kleinasien

1917 Konstantin I. dankt ab, Griechenland tritt in den Ersten Weltkrieg ein

1922 Die Türken stecken Smyrna (Izmir) in Brand

1880 | 1890 | 1900 | 1910 | 1920

Spyrídon Louis, 1896 Marathon-Olympiasieger

1899 Arthur Evans beginnt mit den Ausgrabungen von Knosós

1912/13 Griechenland erweitert in den Balkankriegen sein Staatsgebiet

1920 Der Frieden von Sèvres bringt Griechenland Landgewinne

1923 Der Friedensvertrag von Lausanne legt einen Bevölkerungsaustausch von Griechen und Türken fest, Griechenland verliert gewonnene Territorien

20. Jahrhundert

Nach der Niederlage im Griechisch-Türkischen Krieg 1922 erlebte das griechische Volk leidvolle Jahre. Der Zustrom verarmter Flüchtlinge trug zur politischen Instabilität bei. Metaxás' Diktatur folgten Italiens Angriff, die Besetzung durch Italiener, Deutsche und Bulgaren sowie 1946–49 der Bürgerkrieg. Die 1950er Jahre waren von der Zypernfrage geprägt. Nach dem Ende der Militärjunta (1967–74) entwickelte sich Griechenland zu einem demokratischen Staat und wurde schließlich im Jahr 1981 Mitglied der Europäischen Union (damals EWG).

1947 Erste Ausstellung des international anerkannten, griechischen Künstlers Giánnis Tsaroúchis in Athens Romvoss-Galerie

1938 Tod des Bildhauers Giannoúlis Chalepás, besonders bekannt durch seine Grabfigur *Schlafendes Mädchen*

1933 Tod des Dichters Konstantínos Kaváfis

1946 Der »Weiße Terror« der Regierung gegen die Kommunisten setzt ein

1945 Níkos Kazantzákis' später verfilmter Roman *Alexis Sorbas* erscheint

1958 Die UdSSR droht für den Fall der Einrichtung von NATO-Basen wirtschaftliche Sanktionen an

1957 Im Palast Philipps II. (300 v. Chr.) in Pélla werden Mosaiken entdeckt

1967 Rechte Offiziere bilden die Junta, König Konstantin II. flieht ins Ausland

1925	1935	1945	1955	1965

1925	1935	1945	1955	1965

1932 Aristotélis Onássis ersteht sechs Frachter, Grundstein seines Reederei-Imperiums

1925 Geburtsjahr von Mános Chatzidákis, der die Filmmusik zu *Sonntags nie* (1960) komponierte

1939 Griechenland erklärt bei Ausbruch des Zweiten Weltkrieges seine Neutralität

1940 Italien greift Griechenland an, Griechenland tritt in den Zweiten Weltkrieg ein

1944 Churchill besucht Athen, um seine Unterstützung der Regierung gegen die Kommunisten zu demonstrieren

1948 Der Dodekanes fällt an Griechenland zurück

1951 Griechenland tritt der NATO bei

1955 Guerillakampf der Griechen auf Zypern gegen die britische Kolonialmacht

1946–49 Bürgerkrieg zwischen Regierung und den vom Bergland aus operierenden Kommunisten

1960 Zypern wird unabhängig

1963 Wahlsiege bringen die Zentrumsunion unter Geórgios Papandréou an die Macht

1973 Die Rebellion der Studenten in Athen gegen die Diktatur wird vom Militär niedergeschlagen, die Macht der Junta beginnt zu bröckeln

1988 Acht Millionen Menschen besuchen das Land. Der Tourismus expandiert weiter

1993 Andréas Papandréou gewinnt ein drittes Mal die Wahl

1981 Melína Merkoúri wird Kultusministerin, Kampagne zur Rückführung der von Elgin nach Großbritannien gebrachten Marmorskulpturen

1974 Nach der türkischen Invasion wird Zypern geteilt

1994 Athen leidet stark unter Smog *(néfos)* und beschränkt den Verkehr in der Innenstadt

2002 Der Euro ersetzt die Drachme

2004 Olympische Sommerspiele in Athen. Griechenland wird Fußball-Europameister

1975 | 1985 | 1995 | 2005 | 2010

1975 | 1985 | 1995 | 2005 | 2010

1975 Aristotélis Onássis stirbt

1974 Sturz der Junta, Konstantinos Karamanlís wird Ministerpräsident

1973 Griechische Bischöfe segnen die kurzlebige Präsidentschaft des Obristen Papadópoulos ab

1990 Die Néa Dimokratía gewinnt die Wahlen, Konstantínos Karamanlís wird Staatspräsident

1981 Beitritt Griechenlands zur Europäischen Union (damals EWG)

1994 Gipfeltreffen der EU auf Korfu unter griechischem Vorsitz

1998 Karamanlís stirbt; Nachfolger als Staatspräsident (seit 1995): Kostís Stefanópoulos

1997 Athen erhält den Zuschlag für die Olympischen Spiele 2004

2004 Kóstas Karamanlís (Néa Dimokratía) wird Ministerpräsident

seit 2005 Károlos Papoúlias Staatspräsident

1996 Andréas Papandréou stirbt, Nachfolger als Ministerpräsident wird Kóstas Simítis

Das Jahr auf den Griechischen Inseln

Der Rhythmus der Jahreszeiten prägt das Leben auf den Inseln. Glanzlichter sind die Feiertage der Heiligen und farbenfrohe religiöse Feste *(panigýria)*. Mit Abstand das bedeutendste Fest der orthodoxen Kirche ist Ostern. Der Fastenzeit gehen ausgelassene Karnevalsfeiern voran. Frömmigkeit und Vergnügen verbinden sich zu Enthusiasmus, mit dem die Griechen hohe Feierlichkeiten und kleinste Dorfjahrmärkte begehen. Einige Feste sind nichtchristlichen Ursprungs, andere feiern die Trauben-, Oliven- und Getreideernten, wieder andere werden dem Sieg des griechischen Freiheitskampfes gewidmet.

Gebinde zum Maifeiertag

Frühling

Frühling heißt im Neugriechischen *ánoixi* (Eröffnung). Auf den Inseln wird die Urlaubssaison eröffnet. Hoteliers und Ladenbesitzer kehren aus Athen oder Rhodos zurück. Im Frühling zeigen sich die Inseln von ihrer schönsten Seite: Obstbäume, Klatschmohn, Kamille und Veilchen blühen prachtvoll, die Fischerboote und Häuser sind frisch gestrichen, die Menschen besonders herzlich. Dem Karneval (Ende Februar/März) folgt die Fastenzeit und dieser der Höhepunkt des Frühlings, das Osterfest. Auf den nördlichen Inselgruppen kann es Ende April noch regnerisch sein, doch auf Kreta, dem Dodekanes und den Ost-Ägäischen Inseln ist es meist warm und sonnig.

Kinder in Nationaltracht am 25. März

März

Apókries, Karnevalssonntag *(letzter Sonntag vor der Fastenzeit)*. Auf vielen Inseln gipfeln die dreiwöchigen Karnevalsfeiern der Vorfastenzeit in diesem Sonntag. Mitreißend wird in Agiásos auf Lésbos und auf Kárpathos gefeiert. Auf Skýros wird ein Ziegentanz aufgeführt.

Katharí Deftéra, Sauberer Montag *(sieben Montage vor Ostern)*. Frühjahrsputz und *lagána* (ungesäuertes Brot) läuten die Fastenzeit ein. In Chalkída auf Évia findet ein prächtiger Wettbewerb im Drachensteigen statt.

Ostern in Griechenland

Das orthodoxe Osterfest fällt auf andere Termine (bis zu drei Wochen früher oder später) als das unsere. Dieses höchste religiöse Fest der Griechen vereint in der Karwoche die Familien. Urlaubern gibt es Gelegenheit, Prozessionen und Gottesdienste zu erleben und österliche Delikatessen zu kosten. Symbolik und Liturgie gründen in byzantinischen und älteren Riten. Höhepunkt ist die mitternächtliche Verkündung der Priester am Ostersamstag: »Christus ist auferstanden.« Dann begrüßen Feuerwerke den mit Essen, Musik und Tanz gefeierten Ostersonntag. Das Fleischmahl am Ostersonntag symbolisiert das Ende der Fastenzeit und die Hoffnung auf das im Frühjahr neu erwachende Leben. Die Prozessionen der Karwoche, die Abendmessen des Karfreitags und Ostersamstags faszinieren besonders in Olympos auf Kárpathos, auf Ydra und Pátmos sowie in fast allen kretischen Dörfern.

Priester im Talar mit Ikonen bei der Osterprozession

Särge *mit dem Abbild Christi und geschmückt mit Blumen werden am Abend des Karfreitags feierlich durch die Straßen getragen.*

Kerzen *leuchten am Ende der Ostersamstagsmesse. In tiefschwarzer Nacht werden mit einer Flamme die Kerzen der Gläubigen angezündet.*

Arbeiterdemonstration in Athen am 1. Mai, dem Tag der Arbeit

Unabhängigkeitstag und Evangelismós *(25. März).* Paraden und Tänze begleiten den Nationalfeiertag zum Gedenken an den Aufstand gegen die Osmanen 1821. Evangelismós (Mariä Verkündigung), eines der höchsten orthodoxen Feste und Namenstag von Evángelos und Evangelía, erinnert an Mariens Verkündigung zur Mutter Gottes durch den Erzengel Gabriel.

April

Megáli Evdomáda, Karwoche mit den Feiertagen *Kyriakí ton Vaïón* (Palmsonntag), *Megáli Pémpti* (Gründonnerstag), *Megáli Paraskeví* (Karfreitag), *Megálo Sávvato* (Ostersamstag) und zum Ausklang *Páscha* (Ostersonntag), dem höchsten orthodoxen Festtag.

Agios Geórgios, Tag des heiligen Georg *(23. Apr).* Feiertag zu Ehren des Schutzpatrons der Schafhirten und traditioneller Beginn der Weidejahreszeit.

Drachenwettbewerb in Chalkída auf Évia

Mai

Protomagiá, Maifeiertag und Tag der Arbeit *(1. Mai).* Nach altem Brauch hängen die Griechen zur Abwehr von Bösem Gebinde aus Wildblumen und Knoblauch auf.

Agios Konstantínos kai Agía Eléni *(21. Mai).* Feiertag zu Ehren von Konstantin dem Großen und seiner Mutter, der ersten orthodoxen (daher geheiligten) byzantinischen Herrscher.

Análipsi, Mariä Himmelfahrt *(40 Tage nach Ostern, meist im Mai).* Ein bedeutender orthodoxer Feiertag.

Tänze *ziehen nach dem Mittagessen am Ostersonntag Jung und Alt ins Freie.*

Osterbrötchen *bäckt man am Ende der Fastenzeit. Ein ebenfalls typisches Ostermahl ist die Suppe* mayerítsa *aus Lamminnereien, serviert am Morgen des Ostersonntags.*

Osterbrote, *aus süßem Teig gebacken, sind besteckt mit rot gefärbten Eiern, die das Blut Christi symbolisieren. Rote Eier schenkt man sich traditionell auch am Ostersonntag.*

Lamm, *traditionell im Freien an riesigen Spießen über Holzkohle gegrillt, kommt Ostersonntag zu Mittag auf den Tisch. Dazu gibt es jungen Retsina, als Nachspeise süßes Zimtgebäck.*

Gerstenernte im Juni auf der Insel Folégandros

Sommer

Wenn auf den Inseln große Trockenheit herrscht, ist die Urlaubssaison voll im Gang. An den Fähren bieten Dorfbewohner Rucksackreisenden private Zimmer an. Kühlung verschafft mitunter der *meltémi*, ein stürmisch über die Ägäis fegender Nordwind. Er bringt die Fährpläne durcheinander und versetzt Windsurfer in Spannung.

Der Juni ist der Monat der Getreideernte, der köstlichsten Kirschen, Aprikosen und Pfirsiche. Im Juli werden Kräuter gesammelt und getrocknet, die Feigen beginnen zu reifen. Im August, vor allem zu Mariä Himmelfahrt (15.8.), besuchen Athener die Inseln. Der Spätsommer bringt die ersten Trauben und steigende Temperaturen.

Juni

Pentikostí, Pfingstsonntag *(sieben Wochen nach dem orthodoxen Osterfest)*. Wichtiger orthodoxer, landesweit begangener Festtag.

Agíou Pnévmatos, Pfingstmontag *(tags darauf)*. Ein gesetzlicher Feiertag.

Athen-Festival *(Mitte Juni–Mitte September)*, Athen. Kulturveranstaltung mit Theater und Musik.

Klídonas *(24. Juni)*, Chaniá, Kreta *(siehe S. 252f)*. Das Fest erinnert an den Brauch der Gattenwahl durch Wasserorakel. Ein lustiges Lied begleitet den Tanz der Einheimischen.

Agios Ioánnis, Johannisfest *(24. Juni)*. Auf einigen Inseln entfacht man am Vorabend Freudenfeuer und übergibt Maikränze. Junge Leute springen über Flammen.

An kirchlichen Feiertagen gesegnetes Brot

Agioi Apóstoloi Pétros kai Pávlos, Peter und Paul *(29. Juni)*. Feiern in Petrus und Paulus geweihten Kirchen, u.a. in der Paulus-Bucht von Líndos auf der Insel Rhodos *(siehe S. 197)*.

Agioi Apóstoloi, Tag der Apostel *(30. Juni)*. Alle, die nach einem der zwölf Apostel heißen, feiern Namenstag.

Juli

Agios Nikódimos *(14. Juli)*, Náxos-Stadt. Ausgelassenes Volksfest mit Prozession zu Ehren des Schutzheiligen der Stadt.

Fest auf Tínos für Koímisis tis Theotókou, 15. August

Agía Marína *(17. Juli)*. In ländlichen Gebieten, u.a. auf Kreta und in der Stadt Agía Marína auf Léros, feiert man die als Erntepatronin und Heilerin von Schlangenbissen verehrte Heilige.

Profítis Bías, Prophet Elias *(18.–20. Juli)*. Wird auf den Kykladen, auf Rhodos und Évia in Bergkapellen gefeiert, die Elias geweiht sind. Sie wurden auf den Fundamenten ehemaliger Apollo-Tempel errichtet.

Agíou-Panteleïmonos-Fest *(25.–28. Juli)*, Tílos *(siehe S. 177)*. Dreitägige Gesänge und Tänze im Moní Agíou Panteleïmonos bei Taxiárchis, Megálo Chorió, gipfeln im »Koupa-Tanz« (Kelchtanz). Auch im Moní Panachrántou auf Andros *(siehe S. 209)* finden Feiern statt.

Simonídeia-Fest *(1. bis 19. Aug)*, Kea. Mit Theater, Tanz und Ausstellungen ehrt die Insel ihren berühmten Sohn, den Lyriker Simonídes (556–468 v. Chr.).

Réthymno-Festival *(Juli und Aug)*, Réthymno, Kreta. Zum Programm gehören ein Weinfest und ein Renaissance-Jahrmarkt.

August

Ippokráteia, Hippokrates-Festival *(ganzer Aug)*, Kos *(siehe S. 170–173)*. Umfangreiches Kulturprogramm mit Kunstausstellungen, Konzerten, Filmen und festlichem »Eid des Hippokrates« beim Asklepieion.

Eines der vielen sommerlichen Kirchenfeste, Pátmos

Dionysía-Fest *(erste Augustwoche)*, Náxos-Stadt. Festival mit Volkstänzen, kostenlosem Essen und reichlich Wein.

Metamórfosi, Verklärung Christi *(6. Aug)*. Wichtiger, landesweit begangener orthodoxer Festtag. Ausgelassen feiert man ihn auf dem Dodekanes, besonders auf Chálki. Achtung: Dort bewirft man einander mit Eiern, Mehl, Joghurt und Tintenfisch-Sekret.

Koímisis tis Theotókou, Mariä Himmelfahrt *(15. August)*. Dieser Feiertag ist das nach Ostern wichtigste orthodoxe Fest und zugleich Namenstag für Panayiota bzw. Panayiotis und Despina. Bei den Prozessionen nach der Abendmesse des 14. August küssen Gläubige das Marienbild. Die Feiern dauern oft mehrere Tage an und sind eine ausgezeichnete Gelegenheit, traditionelle Musik und spontane Tänze zu erleben. Beeindruckend ist das Fest vor allem in Olympos auf Kárpathos *(siehe S. 203)*, außerdem in Panagía Evangelístria auf der Insel Tínos *(siehe S. 212f)*.

Frauen in Festtagstracht, Kárpathos

Herbst

Die Winzermonate September und Oktober sind auf Kreta, dem Dodekanes und den Kykladen noch sehr warm, die See kann allerdings rau sein. Nördlich davon ist mit Regen zu rechnen. Der Oktober beschert den »kurzen Sommer des heiligen Dimitrios«, eine angenehme Hitzewelle, begleitet von den ersten Tropfen jungen Weins. Die Jagdsaison beginnt, Jäger schießen in den Bergen Tauben, Rebhühner und Wild. Die einsetzende Hochkonjunktur der Fischer setzt Leckerbissen wie Brassen und Seebarben auf die Speisekarten. Ende Oktober setzen viele Insulaner nach Athen über und wünschen einander *Kaló Chimóna* (einen guten Winter). Das traditionelle Inselleben geht trotzdem weiter: Oliven werden geerntet, für den Winter werden Tomaten, Knoblauch- und Zwiebelzöpfe getrocknet. Man treibt Schafherden von den Bergweiden hinunter und flickt die Fischernetze.

Junger Wein

September

Génnisis tis Theotókou, Mariens Geburtstag *(8. September)*. Wichtiger orthodoxer Feiertag. Im Hafen von Spétses *(siehe S. 101)* wird, abgerundet von einem Feuerwerk und einem Fest, die Schlacht von Spétses (1822) rekonstruiert.

Ypsosis tou Timíou Stavroú, Kreuzerhöhung *(14. September)*. Dieser Feiertag gilt, obwohl er in den Herbst fällt, als Sommerfest. Man feiert ihn auf Chálki.

Oktober

Agios Dimítirios *(26. Oktober)*. Ein populärer, weithin gefeierter Namenstag, an dem die ersten heurigen Weine ausgereift sind.

Ochi-Tag *(28. Oktober)*. Gesetzlicher Feiertag mit Tänzen und Paraden in den Städten. Er gedenkt des betonten »Nein« *(óchi)*, mit dem Metaxás 1940 auf Mussolinis Ultimatum zur Errichtung von Stützpunkten in Griechenland reagierte.

Griechische Veteranen, Ochi-Tag

November

Ton Taxiarchón Michaíl kai Gavriíl *(8. November)*. Viele den Erzengeln Michael und Gabriel geweihte Klöster, wie etwa das Panormítis-Kloster auf Sými *(siehe S. 179)*, feiern dieses Datum, das in ganz Griechenland als populärer Namenstag eine Rolle spielt.

Eisódia tis Theotókou, Mariä Opfer *(21. November)*. Dies ist eines der bedeutsamsten orthodoxen Hochfeste Griechenlands und außerdem Namenstag der auf María, Máry und Panagióta Getauften.

In der Herbstsonne trocknende Tomaten

Tauchen am Dreikönigstag (6. Januar)

Winter

Im Winter ist das Klima eher frisch. Es gehen teilweise heftige Winde, die See ist rau. In den *kafeneía* spielen die Männer hinter beschlagenen Fenstern Karten und Backgammon, während die Frauen daheim sticken und häkeln. Auf den Tisch kommen wärmende Eintöpfe und Suppen. Haben die Fischer ihren Schutzpatron Agios Nikólaos gefeiert, wird Weihnachten vorbereitet. Ab Heiligabend, Beginn der zwölftägigen Ferien, bis zur Vertreibung am Dreikönigstag treiben Kobolde, *kallikántzaroi*, ihr Unwesen. Für Weihnachten schlachtet man ein Schwein und fertigt Gebäck, das an die Windeln des Jesuskindes erinnern soll. Die Bescherung findet erst in der Silvesternacht statt. Im Neujahrskuchen *vasilópita* verbirgt man Münzen, die den Findern Glück versprechen.

Dezember

Agios Nikólaos *(6. Dezember)*. An diesem Festtag des Schutzheiligen der Seeleute finden in Hafennähe kirchliche Feiern, *panigýria*, sowie an den Stränden Paraden geschmückter Boote und Ikonen statt.

Agios Spyrídon *(12. Dezember)*, Korfu. Fest des Schutzpatrons der Insel mit feierlicher Prozession seiner Reliquien.

Christoúgenna, 1. Weihnachtstag *(25. Dezember)*. Gesetzlicher Feiertag. Obwohl den Osterfeierlichkeiten nachgeordnet, ist Weihnachten ein hohes Fest in Griechenland.

Sýnaxis tis Theotókou, 2. Weihnachtstag *(26. Dezember)*. Religiöser und gesetzlicher Feiertag im ganzen Land. Der 27. Dezember ist als Festtag des Agios Stéfanos Namenstag der auf Stéfanos und Stefanía Getauften.

Januar

Solches Mandelgebäck gibt es an Weihnachten und Ostern

Agios Vasíleios oder *Protochroniá* *(1. Januar)*. Gesetzlicher Feiertag zu Ehren dieses Heiligen, verbunden mit Neujahrsfeiern. Man tauscht Geschenke und den Gruß *Kalí Chroniá* aus.

Theofánia, Dreikönigstag *(6. Januar)*. Gesetzlicher und kirchlicher Feiertag. In vielen Küstenorten wird in eindrucksvollen, teilweise ausgelassenen Zeremonien das Wasser geweiht. Priester werfen in das Wasser am Hafen ein Kruzifix, das junge Taucher, begleitet von den Zurufen der Älteren, anschließend möglichst schnell zu bergen versuchen.

Feiertage

Agios Vasíleios Neujahr *(1. Jan)*
Evangelismós Unabhängigkeitstag *(25. März)*
Protomagiá Tag der Arbeit *(1. Mai)*
Megáli Paraskeví Karfreitag *(Apr)*
Páscha Ostersonntag *(Apr)*
Christoúgenna 1. Weihnachtstag *(25. Dez)*
Sýnaxis tis Theotókou 2. Weihnachtstag *(26. Dez)*

Februar

Ypapantí, Lichtmess *(2. Februar)*. Das überaus wichtige, landesweit begangene orthodoxe Fest Griechenlands erinnert an Marias Tempelbesuch mit dem Jesuskind in Jerusalem.

Priester im Festtalar an Ypapantí (2. Februar)

Namenstage

Früher feierten Griechen ihren Geburtstag nur bis zum zwölften Lebensjahr. Danach hatte der Namenstag, *giortí*, Vorrang, der Festtag des Heiligen, dessen Taufnamen man trägt. Die Namenswahl nimmt man in Griechenland sehr ernst. Gewöhnlich heißen Kinder nach ihren Großeltern. Neuerdings sind antike Namen aus Griechenlands Geschichte und Mythologie modern. An den Festen der Heiligen Georg und Helena scheint das ganze Land Namenstag zu feiern: Überall tauchen Besucher mit kleinen Geschenken auf, für die man sich mit Süßigkeiten und Getränken bedankt. An Namenstagen sagen sich Freunde: *Giortázo símera* (»Ich feiere heute«). Die traditionelle Antwort ist der Glückwunsch: *Chrónia pollá* (»Viele Jahre«). Heute wird meist auch der Geburtstag gefeiert.

Klima

Auf allen Inseln sind die Sommer eher lang und trocken, die Winter mild, doch regnerisch. Die küstennahen Gebiete auf Kreta, dem Dodekanes und den Kykladen werden vom trockenen Nordwind *meltémi* heimgesucht. Er kann zwischen Juni und September sehr heftig wehen und die Hitze mildern.

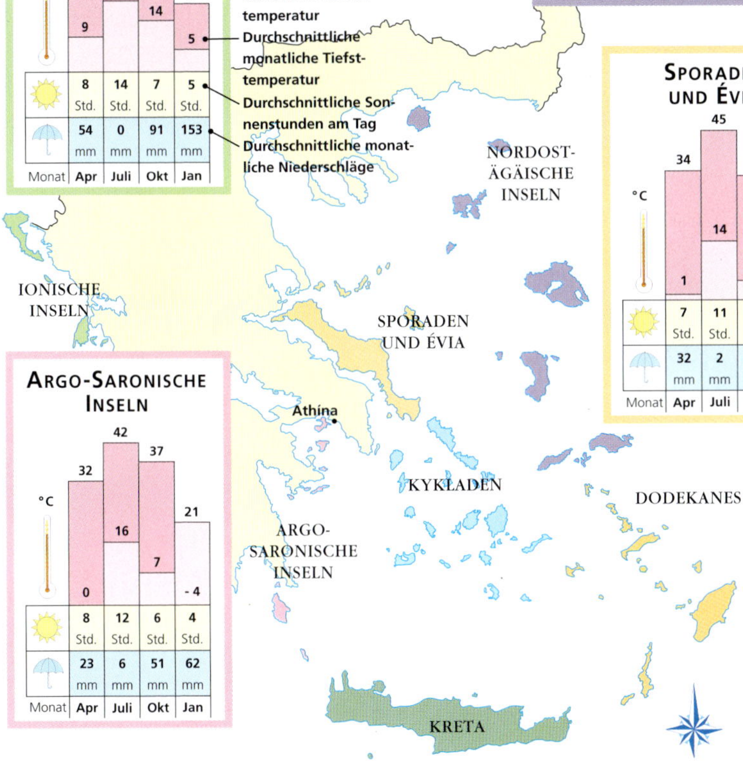

Durchschnittliche monatliche Höchsttemperatur

Durchschnittliche monatliche Tiefsttemperatur

Durchschnittliche Sonnenstunden am Tag

Durchschnittliche monatliche Niederschläge

Ionische Inseln

Monat	Apr	Juli	Okt	Jan
°C (max.)	24	37	29	17
°C (min.)	9	18	14	5
Sonne	8 Std.	14 Std.	7 Std.	5 Std.
Niederschlag	54 mm	0 mm	91 mm	153 mm

Nordost-Ägäische Inseln

Monat	Apr	Juli	Okt	Jan
°C (max.)	23	34	26	17
°C (min.)	5	17	10	0
Sonne	8 Std.	12 Std.	7 Std.	3 Std.
Niederschlag	28 mm	11 mm	50 mm	96 mm

Sporaden und Évia

Monat	Apr	Juli	Okt	Jan
°C (max.)	34	45	33	25
°C (min.)	1	14	4	-3
Sonne	7 Std.	11 Std.	6 Std.	3 Std.
Niederschlag	32 mm	2 mm	36 mm	41 mm

Argo-Saronische Inseln

Monat	Apr	Juli	Okt	Jan
°C (max.)	32	42	37	21
°C (min.)	0	16	7	-4
Sonne	8 Std.	12 Std.	6 Std.	4 Std.
Niederschlag	23 mm	6 mm	51 mm	62 mm

Kykladen

Monat	Apr	Juli	Okt	Jan
°C (max.)	27	33	29	19
°C (min.)	10	20	13	6
Sonne	6 Std.	13 Std.	6 Std.	3 Std.
Niederschlag	19 mm	2 mm	45 mm	91 mm

Kreta

Monat	Apr	Juli	Okt	Jan
°C (max.)	30	35	31	21
°C (min.)	8	18	12	5
Sonne	8 Std.	13 Std.	6 Std.	3 Std.
Niederschlag	26 mm	1 mm	64 mm	95 mm

Dodekanes

Monat	Apr	Juli	Okt	Jan
°C (max.)	31	40	33	22
°C (min.)	5	15	7	-4
Sonne	8 Std.	12 Std.	8 Std.	4 Std.
Niederschlag	25 mm	3 mm	61 mm	149 mm

Antikes Griechenland

Götter und Helden

Mündlich wurden die griechischen Mythen und Sagen bereits in der Bronzezeit überliefert. Seit ihrer ersten schriftlichen Fixierung im frühen 6. Jahrhundert v. Chr. sind sie fester Bestandteil der abendländischen Literatur. Sie spiegeln frühe religiöse Vorstellungen wider und den Versuch, das Wirken der Natur zu erklären. Sie erzählen die Schöpfungsgeschichte sowie von den Göttern und Sterblichen des »Goldenen Zeitalters«. Sie erzählen auch von der Ära der Heroen, den mythischen Helden wie Theseus und Herakles. Die Götter und Göttinnen sind keineswegs frei von menschlichen Begierden und Fehlschlägen. Sie sind Mitglieder einer Familie mit Zeus als höchstem Gott. Zeus zeugte zahlreiche Kinder, die allesamt in der mythischen Welt eine Rolle spielen sollten.

Hades und Persephone *herrschten als König und Königin über das Totenreich, die Unterwelt. Persephone war die Tochter der Demeter, der Göttin des Ackerbaus. Sie wurde von Hades entführt und durfte nur drei Monate des Jahres bei ihrer Mutter verbringen.*

Poseidon, *ein Bruder des Zeus, war Herrscher über das Meer. Symbol seiner Macht war der Dreizack. Er heiratete die Meeresnymphe Amphitrite, nahm es aber mit der Treue nicht allzu ernst. Diese Statue steht in Athens Archäologischem Nationalmuseum* (siehe S. 286).

Zeus war der Vater der Götter. Vom Berg Olympos aus regierte er über Götter und Menschen.

Eris war die Göttin des Streites.

Klymene, Tochter des Helios, war eine Nymphe. Ihr Sohn Prometheus erschuf den Menschen.

Hera, Schwester und Gemahlin des Zeus, war für ihre Eifersucht berüchtigt.

Athena entsprang in voller Rüstung dem Haupt ihres Vaters Zeus.

Paris sollte der schönsten von drei Göttinnen einen goldenen Apfel überreichen.

Paris' Hund half seinem Herrn, der auf dem Berg Ida aufwuchs, beim Hüten der Herde.

Göttlicher Schönheitswettbewerb

Die Szene auf dieser Vase spielt am Berg Ida. Als Hera, Athena und Aphrodite darum stritten, welche von ihnen die Schönste sei, ließ Hermes Paris, einen trojanischen Prinzen, entscheiden. Paris wählte Aphrodite. Sein Lohn war die Liebe der Helena. Paris raubte sie ihrem Gemahl, Menelaos von Sparta, und löste damit den Trojanischen Krieg aus *(siehe S. 56f)*.

Dionysos, *Gott der Fruchtbarkeit und des Weines, entsprang dem Oberschenkel seines Vaters Zeus. Auf diesem bemalten Becher (6. Jh. v. Chr.) ruht er in einem Schiff, dessen Mast ein Rebstock ist.*

◁ **Die Karyatiden (stützende Mädchenstatuen) des Erechtheion *(siehe S. 61 und 288)* in Athen**

Artemis, *Göttin der Jagd, war eine Tochter des Zeus und Zwillingsschwester des Apollon. Sie wird dargestellt mit Pfeil und Bogen, Jagdhunden und Nymphen, in deren Begleitung sie die Wälder durchstreifte. Obwohl der Keuschheit verschrieben, gilt sie auch als Göttin der Geburt.*

Glück, hier in Gestalt zweier Göttinnen, begrüßt den Sieger mit goldenen Lorbeerblättern. Lorbeerkränze zeichneten die Gewinner von Musik- und Sportwettbewerben aus.

Helios, der Sonnengott, lenkte täglich seinen mit vier Feuer speienden Rossen bespannten Wagen über den Himmel.

Aphrodite, die Liebesgöttin, hier abgebildet mit ihrem Sohn Eros, war geboren aus dem Schaum des Meeres.

Hermes war der Götterbote.

Apollon, *Sohn des Zeus und Zwillingsbruder der Artemis, war Gott der Heilkunst, der Sühne und der Musik. Zugleich verkörperte er das griechische Schönheitsideal.*

Die Taten des Herakles

Herakles (lat. Hercules) war ein Sohn des Zeus und der sterblichen Alkmene. Um die Unsterblichkeit zu erlangen, musste er im Dienst des Königs von Mykene, Eurystheus, die »Zwölf Arbeiten« ausführen. Mit übermenschlicher Kraft erledigte Herakles die Aufträge. Zunächst erlegte er den Nemeischen Löwen, dessen Fell er später trug.

Die Tötung der Lernäischen Hydra *war die zweite Arbeit des Herakles. Jedem abgeschlagenen Haupt dieser neunköpfigen Riesenschlange wuchsen zwei nach. Herakles bewältigte auch diese Aufgabe mit Athenas Beistand.*

Der Erymanthische Eber *wütete am Berg Erymanthos. Herakles' vierte Arbeit bestand darin, ihn einzufangen. Er überbrachte ihn lebend König Eurystheus.*

Die Stymphaliden, *Menschen fressende Ungeheuer mit eisernen Schnäbeln, trieben am See Stymphalía ihr Unwesen. Herakles hatte sie in seiner sechsten Arbeit zu vernichten. Er erlegte sie mit einer Steinschleuder.*

Trojanischer Krieg

Ajax mit dem Leichnam des Achilles

Die Entführung der Helena, der Gemahlin von Menelaos, dem König von Sparta, führte zum Zug der Griechen gegen Troja. Homers Epos *Ilias* (8. Jh. v. Chr.) liefert den ältesten Bericht von Teilen der Kämpfe des Trojanischen Krieges. Der römische Dichter Vergil knüpfte in seiner *Äneis* den Bogen zwischen dem Brand von Troja und der Gründung Roms. Die auf dem Gebiet der heutigen Türkei freigelegten Ruinen von Troja sprechen dafür, dass der Mythos nicht bloße Legende ist. Viele antike Stätten des Peloponnes, wie etwa Mykene und Pylos, werden mit in der *Ilias* genannten Städten gleichgesetzt.

Achilles verbindet die Wunden seines Freundes Patroklos

Versammlung der Helden

König Menelaos ist nicht gewillt, Paris' Entführung seiner Gattin Helena hinzunehmen *(siehe S. 54)*. Für den Feldzug schart er griechische Könige und Helden um sich. Oberster Befehlshaber der Streitkräfte wird sein Bruder Agamemnon, König von Mykene. In den Krieg zieht auch der junge Achilles.

In Aulis verhindert ungünstiger Wind das Auslaufen der Flotte. Als Agamemnon seine Tochter Iphigeneia opfert, können die Schiffe ablegen.

Kampf um Troja

Mit ihrer Schilderung der Kämpfe um Troja setzt die *Ilias* im zehnten Kriegsjahr ein: Die Griechen sind nach neun Jahren Belagerung ermüdet, doch siegesgewiss. Da spaltet sie der Zorn des Achilles über den Verlust seiner Sklavin Briseis an Agamemnon in zwei Lager.

Während Achilles in seinem Zelt grollend den Einsatz verweigert, drängen die Trojaner die Griechen zurück. Verzweifelt überredet ihn sein Freund Patroklos, ihm zumindest die Rüstung zu leihen. In dieser führt Patroklos, für die Trojaner getarnt als Achilles, dessen Truppen, die Myrmidonen, in die Schlacht. Er wendet das Blatt zugunsten der Griechen, wird aber von Hektor, dem Sohn Königs Priamos, getötet. Im Schmerz über den Tod des Freundes zieht Achilles zurück in den Kampf, um Rache zu üben.

In Bronzerüstung kämpfende Griechen und Trojaner

Priamos bittet Achilles um Freigabe der Leiche seines Sohnes

Achilles rächt Patroklos

Achilles erhört nicht das Flehen des sterbenden Hektor, ihn von den Schmerzen zu erlösen. Vielmehr bindet er ihn an den Knöcheln an seinen Wagen, schleift ihn um Trojas Mauern und zurück ins Lager der Griechen. Patroklos widmet er eine pompöse Trauerfeier mit riesigem Scheiterhaufen, Opfern von Tieren und trojanischen Gefangenen und Leichenspielen. Zwölf Tage noch schleift er Hektors Leichnam um Patroklos' Grabhügel, bis die Götter seiner Grausamkeit Einhalt gebieten.

Priamos bei Achilles

Auf Anraten des Zeus macht Priamos sich mit Geschenken zum Lager der Griechen auf, um die Leiche seines Sohnes auszulösen. Mit dem Beistand des Hermes erreicht er Achilles' Zelt. Er bittet Achilles, des eigenen Vaters zu gedenken und sich zu erbarmen. Achilles gestattet schließlich die Rückführung von Hektors Leichnam nach Troja.

Obwohl normalen Sterblichen überlegen, wurden die griechischen Helden nicht als unfehlbar dargestellt, sondern als Wesen mit menschlichen Zügen und Gefühlen.

Achilles tötet die Amazonenkönigin

Die Amazonen waren ein Volk kriegerischer Frauen. Es heißt, sie verstümmelten ihre rechte Brust, um den Bogen besser spannen zu können. Sie eilen zur Unterstützung Trojas herbei.

Achilles tötet im Zweikampf ihre Königin Penthesilea. Der Sage zufolge verlieben sich beide in dem Augenblick, in dem Achilles der sterbenden Penthesilea den Helm abnimmt, ineinander – eine Allianz von Liebe und Tod, die 2000 Jahre später Freud und Jung psychoanalytisch bewegen sollte.

Achilles tötet im Zweikampf Penthesilea

Trojanisches Pferd

Achilles stirbt in Troja, als Paris einen Pfeil in seine Ferse schießt. Diesen Verlust militärischer Schlagkraft versuchen die Griechen durch eine List wettzumachen. Sie bauen ein riesiges hölzernes Pferd und verbergen darin ihre besten Krieger. Dann verbreiten sie das Gerücht, das Pferd sei eine Weihegabe für Athena und dürfe nie in Trojas Mauern gelangen, da die Stadt durch den Schutz der Göttin uneinnehmbar würde. Sie täuschen den Rückzug vor. Nachdem göttliche Fügung Zweifel der Trojaner ausgeräumt hat, ziehen diese das Pferd in die Stadt. In der Nacht entsteigen die Griechen dem Pferd und brandschatzen Troja. Der Trojaner Äneas entkommt nach Italien. Dort gründen seine Nachfahren mit Rom ein Art zweites Troja. Die abenteuerliche Heimfahrt der griechischen Helden schildert die *Odyssee* *(siehe S. 87)*.

Frühe Darstellung des Trojanischen Pferdes (Tonvase, 7. Jh. v. Chr.)

Tod des Agamemnon

Während Agamemnons zehnjähriger Abwesenheit regierten in Mykene seine Gattin Klytemnestra und ihr Geliebter Aigisthos. Klytemnestra, verzehrt von Trauer über den Tod ihrer Tochter Iphigeneia, bereitet dem heimkehrenden Gatten einen triumphalen Empfang, um ihn dann im Bade zu ermorden. Agamemnons Tod war vorbestimmt, hängt doch über dem Geschlecht ein Fluch. Diesen heben die Götter erst auf, nachdem Orestes und Elektra ihre Mutter Klytemnestra und Aigisthos ermordet haben. Dass das Schicksal der gottähnlichen Helden und Sterblichen vom Willen der Götter abhängt, ist allen Mythen gemein.

Griechische Mythen in der Kunst

Seit der Renaissance haben die antiken Mythen und Sagen viele Künstler inspiriert. Könige und Königinnen ließen sich als Götter und Göttinnen – je nach Gusto der Liebe oder des Krieges – verewigen. Maler schöpften aus Themen der griechischen Mythologie, aus Vorbildern der »klassischen Antike«, insbesondere bei Akten und Halbakten. Das klassische Schönheitsideal regte u. a. den englischen Maler Frederic Leighton (19. Jh.) an, dessen Interpretation der Elektra rechts abgebildet ist.

Die trauernde Elektra am Grab ihres Vaters Agamemnon

Literaten und Philosophen

Die Dramatiker Aristophanes und Sophokles

Am Beginn der griechischen Literatur stehen Epen, in Versform gefasste Erzählungen über Kriege und Wirrnisse. Bestandteil der abendländischen Literatur wurden die Tragödie, die Komödie sowie die Prosadialoge des 5. und 4. Jahrhunderts v. Chr. Unser Wissen über die Welt der Griechen verdanken wir literarischen Quellen, über die weite Bereiche dieser Kultur erschlossen werden. Die von Pausanias verfasste Beschreibung Griechenlands liefert wertvolle Hinweise auf erhaltene wie verlorene Schätze.

Hesiod mit den neun Musen, die ihn zum Dichter weihten

Epische Dichtung

Schon im 2. Jahrtausend v. Chr., noch vor der Zeit der mykenischen Paläste, trugen Rhapsoden, wandernde Sänger, die griechischen Götter- und Heldensagen vor. Diese Verslieder wurden mündlich tradiert, dabei variiert und ausgeschmückt. Zu Großepen zusammengefasst wurden sie um 700 v. Chr. in der *Ilias* und der *Odyssee* *(siehe S. 87)*. Traditionell schreibt man beide Epen (die neuere Forschung nur die ältere *Ilias*) Homer zu, über dessen Leben nichts Verlässliches bekannt ist. Ebenfalls um 700 v. Chr. lebte Hesiod, besonders berühmt durch die *Theogonie*, eine Dichtung über die Herkunft der Götter, sowie *Werke und Tage*, ein Lehrgedicht über die rechte Lebensführung. Im Gegensatz zu Homer soll Hesiod seine Gedichte schriftlich fixiert haben, eine Theorie, die allerdings nicht eindeutig belegt ist.

Elegische Dichtung

Zum Vortrag bei privaten Anlässen, vor allem zur Unterhaltung bei Symposien (kultivierten Trinkgelagen), entstanden kurze Verslieder. Diese hatten einen individualistischen Ansatz. Sie betonten Gefühle wie Liebe und Hass, waren oft aber auch höchst politisch. Zu ihren Vertretern zählen Archilochos, Alkaios, Alkman, Hipponax und Sappho. Viele jener Gedichte sind nur durch Zitate späterer Schriftsteller bewahrt oder als Papyrusfragmente, die aus Privatbibliotheken des hellenistischen und römischen Ägypten geborgen wurden. Sie erlauben Einblicke in das Leben einer wettbewerbsbewussten Elite. Weiberhass ist ein häufiges Motiv, nahmen an Symposien doch nahezu ausschließlich Männer teil. Angesichts dieser männlich dominierten Literaturszene beeindruckt umso mehr, dass sich mit der Dichterin Sappho auch eine Frau Anerkennung verschaffen konnte. Auf Lésbos schrieb sie ihre – nur bruchstückhaft überlieferten – ausdrucksstarken Gedichte, aus denen tiefe Bewunderung für Frauen spricht.

Geschichtsschreibung

Bis zum 5. Jahrhundert bedienten sich nur wenige griechische Schriftsteller der Prosa – selbst die frühen Philosophen schrieben in Versen. Ende des 5. Jahrhunderts schilderten umfassende Geschichtswerke erstmals in Prosa jüngste oder aktuelle Geschehnisse. Als »Vater der Geschichtsschreibung« gilt Herodot (Heródotos). Er gab seiner die Jahre 490–479 v. Chr. abdeckenden Darstellung der Perserkriege ethnografische Beschreibungen des Persischen Reiches bei und bemühte sich bei der Erklärung des Konflikts zwischen Griechen und Persern um objektive Wiedergabe von Berichten. Thukydides konzentrierte sich in seiner Chronik des Peloponnesischen Krieges (431–404 v. Chr.) auf politische Fakten und deren Analyse mit dem Ziel, die »wahren« Kriegsursachen aufzudecken. Ihm eiferten spätere Geschichtsschreiber nach, doch nur wenige besaßen sein scharfes Einsichtsvermögen in das Wesen der Menschen.

Herodot, Chronist der Perserkriege

Außergewöhnlich: ein Frauen-Symposion, dargestellt auf einer Vase

Der Redner Demosthenes (Figurine aus Staffordshire, 1790)

Rhetorik

Die öffentliche Rede war schon im archaischen Griechenland ein wichtiger Bestandteil der politischen Kultur. Ab dem späten 5. Jahrhundert entwickelte sich die Rhetorik zur Kunstform. Einige Redner fixierten ihre Vorträge schriftlich, so zum Beispiel Lysias die Ansprache vor Gericht und Demosthenes die Rede vor einem politischen Gremium. Die erhaltenen Texte erhellen Athens öffentliches politisches, aber auch die Schattenseiten des privaten Lebens.

Den Reden des attischen Staatsmanns und Rhetors Demosthenes (4. Jh. n. Chr.) eiferten römische Politiker nach. Im Zuge des europäischen Klassizismus des 18. Jahrhunderts erfuhr Demosthenes erneut viel Bewunderung. Seine politischen Ideen wurden in dieser Epoche wieder intensiv diskutiert.

Drama

Fast alle überlieferten Tragödien stammen aus den Federn von Aischylos, Sophokles und Euripides. Alle drei wirkten im 5. Jahrhundert v. Chr in Athen. Die Werke von Sophokles und Euripides (z. B. *Medea*) wenden sich der psychologischen Charakterisierung zu. Die Komödie, im 5. Jahrhundert noch derbe Posse und polemische Kritik an Missständen der Zeit, entwickelt sich im 4. Jahrhundert zur »neuen« Komödie, die auf Situationskomik setzt.

Zwei kostümierte Schauspieler (Vasenmalerei um 370 v. Chr.)

Griechische Philosophen

Sokrates wirkte im späten 5. Jahrhundert v. Chr. als Sittenlehrer. Er selbst hinterließ keine Schriften. Überliefert ist seine Auffassung von Gerechtigkeit, Tugend und Mut durch die Sokratischen Dialoge seines Schülers Platon, der am Rande Athens die Platonische Akademie ins Leben rief. Platons Schüler Aristoteles gründete das Peripatos, eine Schule, die Athen zu einer der ersten Universitätsstädte machte. Raffael setzte mit dem Fresko *Schule von Athen* (1508–11) sein Bild der altgriechischen Denker um.

Aristoteles, Verfasser der *Nikomachischen Ethik*, versuchte, alle Wissenschaften einzubeziehen.

Euklid fixierte um 300 v. Chr. geometrische Regeln.

Platon sah »den Sitz der Ideen« im Himmel.

Epikur sah Freude als Sinn des Lebens.

Sokrates lehrte durch geschicktes Hinterfragen.

Diogenes, der Kyniker, lebte als Bettler.

Tempelarchitektur

Die bedeutendsten Gebäude des antiken Griechenland waren Tempel, bestimmte doch die Religion wesentlich die Alltagskultur. Allerdings untermauerten Tempel neben göttlicher auch politische Macht. Die frühesten entstanden im 8. Jahrhundert v. Chr. aus Holz und luftgetrockneten Ziegeln. Ab dem 6. Jahrhundert griffen Marmorbauten viele ihrer Merkmale auf.

Bildhauer Pheidias bei der Arbeit am Parthenon

Tempelbau

Diese Zeichnung illustriert Konstruktion und Funktion eines idealtypischen dorischen Tempels.

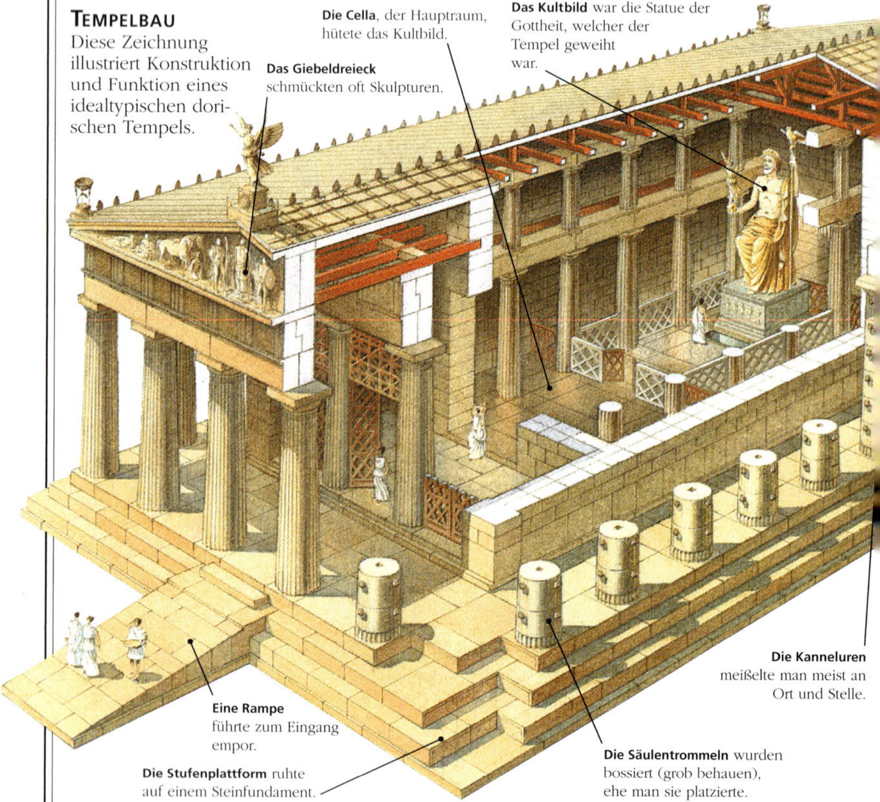

Zeitskala

522 Hera-Tempel auf Sámos (ionisch; *siehe S. 156*)

490 Aphaia-Tempel auf Ágina (dorisch; *siehe S. 98f*)

477–390 Attischer Apollon-Tempel auf Delos *(siehe S. 218f)*

447–405 In der Akropolis von Athen: Tempel der Athena Nike (ionisch), Parthenon (dorisch), Erechtheion (ionisch; *siehe S. 288–290*)

4. Jh. v. Chr. Tempel der Athena Lindia in der Akropolis von Líndos auf Rhodos (dorisch; *siehe S. 196f*)

Spätes 4. Jh. v. Chr. Heiligtum der Großen Götter auf Samothráki (dorisch; *siehe S. 132f*)

700 v. Chr. | **600 v. Chr.** | **500 v. Chr.** | **400 v. Chr.** | **300 v. Chr.**

Giebelfeld des Parthenon (Ausschnitt)

Die Dachfirst-Enden waren mit Figuren oder Akroterien geschmückt, hier Statuen der »geflügelten Siegerin« Nike. Von kaum einem Tempel sind die oberen Teile erhalten.

Das Dach ruhte auf Holzbalken. Die Deckung bestand aus Reihen von Tonziegeln mit vertikalen Stirnziegeln am First.

Die Steinblöcke fügte man exakt zusammen. Sicheren Halt verschafften Metallklammern und -dübel; Mörtel fand beim Tempelbau keine Verwendung.

Der Grundriss entsprach jenem des Megaron (Hauptraums) mykenischer Häuser: einem rechteckigen Einraum mit Säulenvorhalle.

Karyatiden *heißen die weiblichen Statuen, die – z.B. beim Erechtheion auf der Athener Akropolis – anstelle von Säulen das Gebälk stützen. Auf der Athener Agora* (siehe S. 287) *übernahmen Tritonen, dargestellt als Mischform aus Mensch und Fisch, die Funktion.*

ENTWICKLUNG DER TEMPELARCHITEKTUR

Die drei Stilrichtungen entstanden in chronologischer Folge. Ihr bestes Erkennungsmerkmal sind die Säulenkapitelle.

Dorischen Tempeln *waren stämmige Säulen ohne Basis und mit flachem Kapitell vorgesetzt.*

Dreieckiges, plastisch ausgeschmücktes Giebelfeld

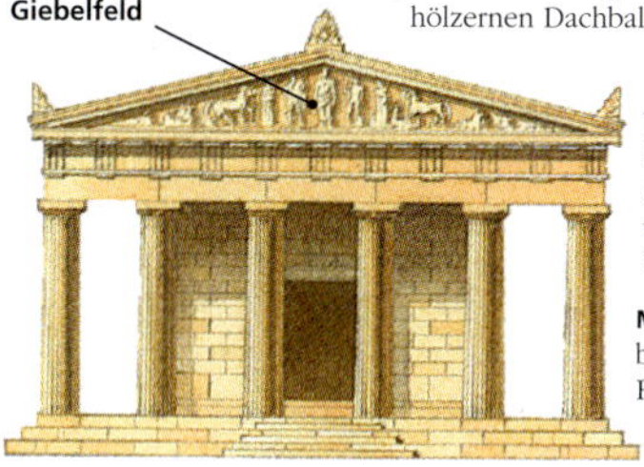

Guttae imitierten die Zapfen zum Befestigen der hölzernen Dachbalken.

Triglyphen ähnelten den Enden von Querbalken.

Metopen besaßen Reliefdekor.

Dorisches Kapitell

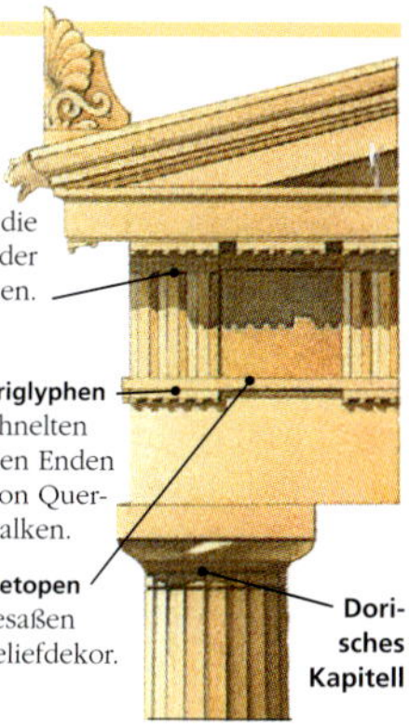

Ionische Tempel *besaßen meist mehr und anders geformte Säulen als dorische. Typisch für das Kapitell ist das Widderhörnern ähnliche Paar von Voluten.*

Der Fries war ein langes, zusammenhängend skulptiertes Band.

Der ionische Architrav war in drei abgetreppte Streifen gegliedert.

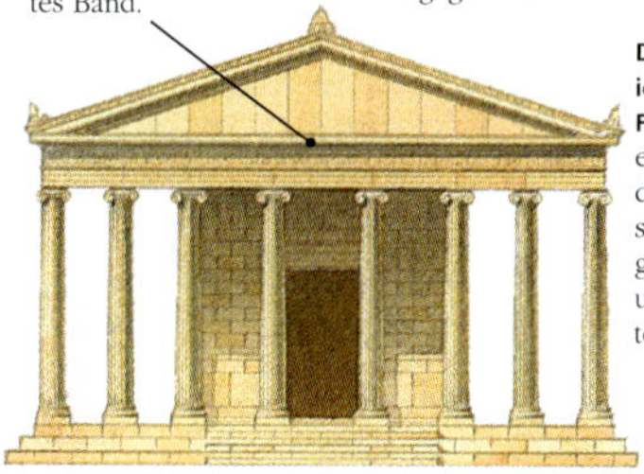

Die Akroterien an den Ecken des Daches ähnelten persischer Ornamentik.

Der ionische Fries ersetzte die dorischen Triglyphen und Metopen.

Ionisches Kapitell

Korinthische Tempel *wurden unter den Römern erbaut, und zwar nur in Athen. Schlanke Säulen und hohe Kapitelle mit kunstvollem Akanthusrelief sind ihre Erkennungsmerkmale.*

Akroterion in Gestalt eines Greifs

Der Eingang zur Cella befand sich an der Ostseite.

Das Kranzgesims war die vortretende Abdeckfläche über den Kapitellen.

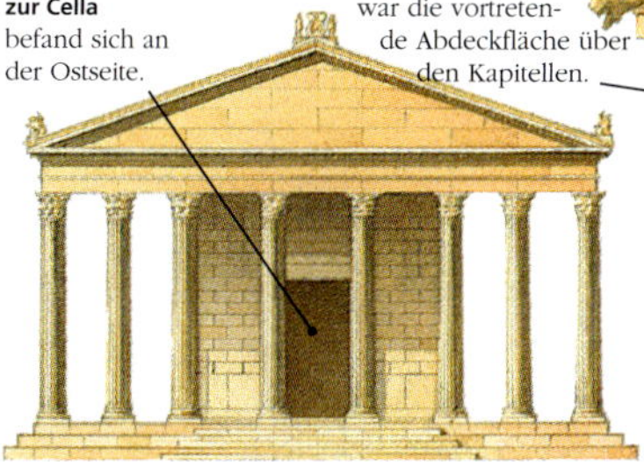

Das Giebelfeld zeigte diversen plastischen Dekor.

Kapitell mit Akanthusblatt-Dekor

Vasen und Vasenmalerei

Eselsbecher

Die Griechen pflegten die Kunst der Vasenmalerei von 1000 v. Chr. bis in die hellenistische Zeit. Hauptzentrum der Produktion war Athen, das seine schwarz- und rotfigurigen Keramiken im 6. Jahrhundert v. Chr. in alle Teile der altgriechischen Welt exportierte. Das Töpferviertel Kerameikós im Westen von Athen ist heute noch zu besichtigen. Die bemalten Vasen – ein Begriff für Keramiken verschiedenster Form – sind, obwohl zumeist für den täglichen Gebrauch hergestellt, herrliche Kunstwerke. Überdies vermitteln sie eine Vorstellung von den nicht erhaltenen Wandmalereien. Anders als diese sind Vasen in großer Zahl bewahrt, unversehrt oder aus Scherben zusammengesetzt.

Diese schwarzfigurige Vase *des 6. Jahrhunderts illustriert den täglichen Gebrauch von Keramikgefäßen. Dargestellt sind* hydriai, *mit denen Frauen aus Quellen und öffentlichen Brunnen Wasser schöpften.*

Der weißgrundige *lekythos*, *ein Salbgefäß mit schmalem Hals, kam im 5. Jahrhundert v. Chr. auf. Lekythen wurden an Gräbern geopfert und daher meist mit Trauerszenen verziert. Auf diesem Werk des Achilles-Malers schmückt eine Frau ein Grab mit Blumen.*

Bei der Nackten mit dem *kylix* in Händen handelt es sich vermutlich um eine Flötenspielerin oder Prostituierte.

Symposion

Bei diesen überwiegend männlichen Ess- und Trinkgelagen wurde gern *kottabos* gespielt. Auf diesem *kylix* halten Männer die Becher hoch, um die Neige auf ein Ziel zu schleudern.

Stilentwicklung der Vasenmalerei

Die Vasenmalerei erreichte ihren Höhepunkt im Athen des 6. und 5. Jahrhunderts v. Chr. Die Töpfer überließen das Verzieren der gebrannten Gefäße meist Malern. Archäologen konnten die Handschriften vieler Meister des rot- und schwarzfigurigen Stils identifizieren.

Die Bahre mit dem Leichnam wird von Trauernden getragen.

Das geometrische Muster ist eine Urform des späteren Mäander-Ornaments.

Wagen und Krieger bilden den Trauerzug.

Der geometrische Stil *bezeichnet die älteste Periode (ca. 1000–700 v. Chr.) mit Ornamenten aus Streifen geometrischer und figürlicher Muster. Diese über einen Meter hohe Vase (8. Jh. v. Chr.) stand auf einem Grab. Ihre Bemalung zeigt Totenbahre und Bestattungsriten für einen Mann.*

Augenbechern *wurden aufgrund der aufgemalten Augen nahezu magische Kräfte zugeschrieben.*

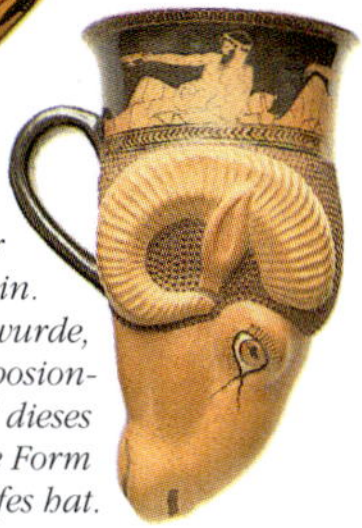

Aus dem *rhyton* *trank man mit Wasser verdünnten Wein. Wann es erhoben wurde, illustriert die Symposion-Szene am Rand dieses Exemplars, das die Form eines Widderkopfes hat.*

Diesen *kylix* hält eine *Kottabos*-Teilnehmerin am Henkel, um auszuholen und mit der Neige das Ziel zu treffen.

Dieser Trinkende hält eine Rebenranke empor – Symbol für die Anwesenheit des Dionysos.

Auf Kissen konnte man sich bequem zurücklehnen.

Das Trinkhorn wurde in seiner Form vom *rhyton* aufgegriffen.

Der schwarzfigurige Stil *entstand um 630 v. Chr. in Athen. Man versah die aus eisenoxidhaltigem Ton gebrannten, orangefarbenen Gefäße mit Figuren, die mit schwarzem Ton aufgemalt wurden. Diese Vase trägt die Signatur des Töpfers und Malers Exekias.*

Der rotfigurige Stil *begann ca. 530 v. Chr. Die Figuren erscheinen als Silhouetten in der rötlichen Farbe des Tons auf schwarzem Grund. Hier schenkt eine Frau aus einem Weinkrug ein.*

VASENFORMEN

Fast alle griechischen Vasen waren Gebrauchsgegenstände und ihre Formen der Funktion angepasst. Attische Töpfer kannten ungefähr 20 Gefäßformen. Unten sind einige der gebräuchlichsten Vasen und ihre Verwendungszwecke vorgestellt.

Die *amphora*, *ein bauchiges Gefäß mit zwei Henkeln, diente zum Aufbewahren von Wein und Öl, eingelegten und getrockneten Lebensmitteln.*

Im *krater*, *einem Krug mit weiter Öffnung und Henkeln (hier als »Voluten« eingerollt), mischte man Wasser und Wein.*

Mit der *hydria* *holte man Wasser vom Brunnen. Der Krug besaß drei Henkel, von denen einer zum Gießen vertikal, zwei zum Heben horizontal angebracht waren.*

Im *lekythos*, *zwischen drei Zentimetern und knapp einem Meter hoch, lagerte Speiseöl, er wurde aber auch als Salbgefäß in Gräber gelegt.*

Die *oinochoe*, *der gewöhnliche Weinkrug, besaß einen runden oder dreilappigen Ausguss und nur einen Henkel.*

Der *kylix*, *ein Trinkbecher mit zwei Henkeln, gehörte zu den Gefäßen, die man auch innen verzierte.*

Griechische Inseln

Die Inseln im Überblick

Griechenlands Inselwelt umfasst kleine unbewohnte Eilande aus Fels ebenso wie die großen Inseln Kreta und Évia. Im Lauf der Jahrhunderte landeten Siedler und Invasoren und beeinflussten die jeweilige Lebensweise nachhaltig. Heute kommen Jahr für Jahr Millionen Urlauber. Jede Insel hat ihren eigenen Charakter, bedingt durch Landschaft, Klima und kulturelles Erbe. Die Inseln sind reich an historischen Stätten, bieten ideale Voraussetzungen auch für ehrgeizige Wanderer und eine außergewöhnliche Vielfalt an Stränden.

Skópelos
Die Hauptstadt gleichen Namens (siehe S. 112f) *schlängelt sich malerisch vom hoch gelegenen* kástro *hinab zum Meer.*

Korfu
Das grüne, fruchtbare Korfu (siehe S. 72–83) *ist die meistbesuchte der Ionischen Inseln. Zwei venezianische Festungen thronen über der gleichnamigen Hauptstadt und ihrem Labyrinth schmaler Gassen.*

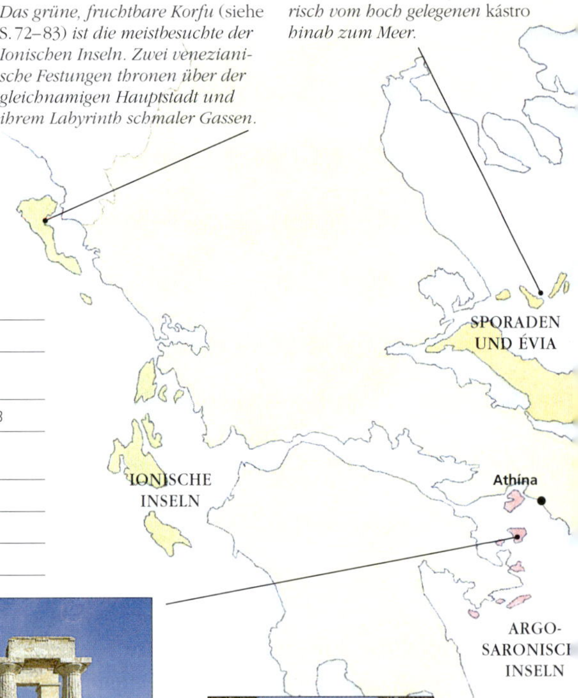

LEGENDE

- Ionische Inseln S. 68–91
- Argo-Saronische Inseln S. 92–103
- Sporaden und Évia S. 104–123
- Nordost-Ägäische Inseln S. 124–157
- Dodekanes S. 158–203
- Kykladen S. 204–243
- Kreta S. 244–281

Aígina
Aígina (siehe S. 96–99), *durch die Nähe zu Athen eine historisch besonders interessante Insel, beherbergt den großartigen, gut erhaltenen Aphaia-Tempel.*

Kreta
Historische Städte, minoische Paläste wie jener von Knosós und aufregende Landschaften wie die Samariá-Schlucht (rechts) machen die Reize von Kreta (siehe S. 244–281), *Griechenlands größter Insel, aus.*

◁ **Windmühlen im Dorf Olympos, Kárpathos** ***(siehe S. 202f)***

Delos
Diese winzige Insel (siehe S. 218f) *ist übersät von den Ruinen einer hochbedeutenden antiken Stadt. Vom Aufstieg zur Hochburg des Apollon-Kults um 1000 v. Chr. bis zur Zerstörung im 1. Jahrhundert v. Chr. war Delos ein blühendes Zentrum von Kultur und Religion.*

Chíos
Herrliche Mosaiken des byzantinischen Klosters Néa Moní im Zentrum dieser Insel (siehe S. 146–153) *haben das schwere Erdbeben von 1881 überlebt. Die Dörfer im Süden profitierten vom Mastix-Strauch und seinem Harz, einer im Mittelalter begehrten Handelsware.*

Pátmos
Auf der »heiligen Insel« Pátmos (siehe S. 162–165) *soll der Evangelist Johannes die Apokalypse oder Geheime Offenbarung verfasst haben. Das Johannes-Kloster, eine befestigte Anlage aus Kirchen und Höfen, ist heute noch eine Pilgerstätte.*

Rhodos
Die Ritter des Johanniter-Ordens bauten die mittelalterliche ummauerte Zitadelle, die das Bild von Rhodos-Stadt beherrscht. Die Insel bietet viele schöne Strände, im Inneren malerische Dörfer und abgelegene Klöster (siehe S. 180–197).

Ionische Inseln

Korfu · Paxós · Lefkáda · Itháki · Kefalloniá · Zákynthos

Zypressen und Olivenhaine prägen das Bild der Ionischen Inseln, Griechenlands größtem, grünstem und fruchtbarstem Archipel. Hier, vor der Westküste des Festlands, war der westeuropäische Einfluss von jeher bestimmend. Die Osmanen konnten sich nur auf der Insel Lefkáda durchsetzen.

Die Inselgruppe rühmt sich, Heimat des Odysseus zu sein. Sie wurde im 8. Jahrhundert v. Chr. von Korinthern besiedelt und stieg schnell zum florierenden Handelsposten auf. Im 5. Jahrhundert unterlag Korinth Korfu, das mit Athen den Peloponnesischen Krieg anstiftete.

Gorgo-Giebel im Archäologischen Museum von Korfu-Stadt

Urlaubsziel wurden die Ionischen Inseln schon zur Römerzeit, eine politische Einheit aber erst im Byzantinischen Reich. Von 1363 bis 1797 unterstanden sie Venedig. 1814, nach kurzer französischer Herrschaft, riss Großbritannien die Macht an sich. 1864 wurden die Inseln an Griechenland abgetreten. Viele Spuren der Besatzer blieben erhalten, am deutlichsten in der Stadt Korfu, wo italienische, französische und britische Baustile erkennbar sind.

Keine Insel gleicht der anderen: Olivenhaine prägen etwa das winzige Paxós, Felsen Itháki, Gebirge Korfu, wilde und zergliederte Landschaften Kefalloniá. Kýthira, historisch der Inselgruppe zugehörig, wird hier wegen der Verkehrsanbindung den Argo-Saronischen Inseln zugeordnet.

Die Inseln liegen entlang einer tektonischen Bruchlinie, die sich an Griechenlands Westküste nach Süden erstreckt. Starke Erdbeben richteten daher immer wieder schwere Schäden an, im Sommer 1953 insbesondere auf Kefalloniá und Zákynthos.

Das Klima ist auf den Ionischen Inseln im Sommer heiß und trocken, im übrigen Jahr mild. Die üppige Vegetation entspricht den hohen Niederschlägen. Das vielfältige Angebot für Strandurlauber reicht von Badeorten mit ausgeprägtem Nachtleben bis hin zu stillen, vom Fremdenverkehr kaum berührten Stränden.

Schiff beim Einlaufen in den Hafen von Sámi, Kefalloniá

◁ **Klosterinselchen Vlachérna, das mit Korfu durch einen Damm verbunden ist** ***(siehe S. 79)***

Überblick: Ionische Inseln

Die weit verstreuten Ionischen Inseln sind vom Festland aus leicht erreichbar und mittlerweile auch untereinander gut verbunden. Die nördlichen Inseln lassen sich am besten von Korfu, die südlichen von Kefalloniá aus bereisen. Antike Überreste gibt es recht wenige. Museen konzentrieren sich vorwiegend auf Brauchtum sowie historische und kulturelle Bande zu Europa. Die Hauptinseln sind groß genug, um Nachtschwärmer genauso zu befriedigen wie Gäste, die in familienfreundlichen Badeorten und Fischerdörfern Ruhe suchen. Auf kleineren Inseln wie Meganísi vor Lefkáda, Mathráki, Othonoí und Erikoúsa nördlich von Korfu sowie im Inneren der größeren Inseln ist die Lebensweise stark von Traditionen geprägt.

Inseln auf einen Blick

Itháki *S. 86f*
Kefalloniá *S. 88f*
Korfu (Kérkira) S. 72–83
Lefkáda *S. 85*
Paxós *S. 84*
Zákynthos *S. 90f*

Der Platz Plateía Dimarcheíou (links das Rathaus) in Korfu-Stadt

Siehe auch

- ***Übernachten*** S. 302–304
- ***Restaurants*** S. 330f
- ***Reiseinformationen*** S. 366–369

Typisches Haus auf dem Land, hier im Dorf Stavrós auf Itháki

Legende

- Autobahn
- Hauptstraße
- Nebenstraße
- Panoramastraße
- Fähre (nur Hauptsaison)
- Gipfel

0 Kilometer 25

Weitere Zeichenerklärungen *siehe hintere Umschlagklappe*

Die Gebirgslandschaft von Lefkáda

Zur Orientierung

Auf den Ionischen Inseln unterwegs

Bis auf Paxós sind alle Inseln mit dem Flugzeug erreichbar. Der Flughafen von Préveza bedient Lefkáda, das auch über eine Autobrücke mit dem Festland verbunden ist. Mit dem Wasserflugzeug kommt man von Korfu nach Pátra, Paxós, Kefalloniá, Lefkáda und Itháki. Während viele größere Fähren auf ihren Routen das Festland anlaufen, bieten kleinere oft direkte Inselverbindungen. Beachten Sie bei der Planung, dass viele Inseln mehrere Fährhäfen besitzen. Von den Hauptstädten aus erstreckt sich ein Busnetz über die Inseln. Vielerorts kann man Autos und Fahrräder mieten, allerdings sind die Straßen von höchst unterschiedlicher Qualität.

Einheimischer bei der Reparatur seines Bootes im Hafen von Gáïos, Paxós

Ferienunterkünfte in Fiskárdo, Kefalloniá

Korfu (Kérkira)

Κέρκυρα

Fassaden-detail, Rathaus von Korfu

Korfu hat viele Gesichter: traditionelle Bergdörfer, einsame Küstenstreifen sowie von Ferienanlagen beherrschte Strände. Die Insel war von 229 v. Chr. bis 337 n. Chr. römische Provinz. Den Herrschern des Byzantinischen Reiches entrissen Goten, Normannen und Angeviner die Macht. Aufgrund der Lage zwischen Italien und griechischem Festland hatte Korfu auch unter den Venezianern (1386–1797) hohe Bedeutung. In die Zeit der französischen Herrschaft (1807–14) fielen die Neubelebung der griechischen Sprache und die Gründung der Ionischen Schule. Die britische Herrschaft (1814–64) endete mit Korfus Anschluss an Griechenland.

Angelókastro, eine verfallene Festung (13. Jh.), erhebt sich gegenüber der Bucht von Palaiokastrítsa *(siehe S. 81)*.

Myrtiótissa gehört zu Korfus schönsten Stränden *(siehe S. 82)*.

Sidári

Bizarre, vom Meer überformte Sandsteinformationen verleihen dem Badeort Sidári malerischen Reiz. Der Legende nach bleiben Paare, die den Canal d'Amour durchschwimmen, bis ans Ende ihres Lebens zusammen. ❺

Vátos

Das traditionelle Bergdorf überragt die fruchtbare Rópa-Ebene. ❼

Korisíon-Lagune

Die durch einen schmalen Landstreifen mit schönen Stränden vom Ionischen Meer getrennte Lagune ist ein artenreiches Naturparadies. ❽

Palaiokastrítsa

Drei Hauptbuchten säumen hier eine dicht bewaldete Landzunge. Palaiokastrítsa ist eines der – besonders bei Familien – beliebtesten Urlaubsziele der Insel mit Wassersportangebot und freundlicher Atmosphäre. ❻

LEGENDE

Symbole siehe hintere Umschlagklappe

0 Kilometer 5

NICHT VERSÄUMEN

★ Korfu-Stadt

Kassiópi
Ein hübscher Kai mit Tavernen, Läden und Bars begrenzt die saubere Hafenbucht von Kassiópi. ❹

INFOBOX

113 000. 3 km südl. der Hauptstadt. Xenofóntos Stratigoú, Korfu-Stadt. Korfu-Stadt (26610 37520, eotcorfu@otenet.gr). *Infos zu Kultur-Events siehe* **www**.corfuvisit.net *und* **www**.corfu.gr

Pantokrátor
Von Korfus höchster Erhebung hat man einen herrlichen Blick über die Insel, an klaren Tagen bis nach Italien. ❸

Kalámi
Diesem hübschen Küstendorf verhalf der Schriftsteller Lawrence Durrell zu Bekanntheit. ❷

★ Korfu-Stadt
Hier werden die europäischen Einflüsse deutlich. Vom in der französischen Ära erbauten Liston, Brennpunkt der Cafészene, blickt man auf die von Venezianern angelegte Esplanade. ❶

Schloss Achílleion
Kaiserin Elisabeth (»Sisi«) ließ 1890–91 dieses Schlösschen erbauen. ❿

Benítses
Der Ort, ein beliebtes Ziel von Pauschalurlaubern, zieht vor allem junge Leute an. Attraktionen sind sein vibrierendes Nachtleben und sein breites Wassersportangebot. ❾

Die Festung Gardíki stammt aus dem 13. Jahrhundert. Auf dem Ruinenfeld entdeckte man altsteinzeitliche Relikte *(siehe S. 82)*.

Im Detail: Altstadt von Korfu-Stadt ❶

Πόλη της Κέρκυρας

Der Charme der Stadt Korfu hat im 20. Jahrhundert nicht gelitten. Er besteht in der harmonischen Mixtur europäischer Stilelemente: Die Venezianer hinterließen nach 400-jähriger Herrschaft elegante Gebäude mit Balkonen und Fensterläden, die Franzosen Arkadenhäuser, die Briten eine Fülle von Baudenkmälern und natürlich den Cricketplatz an der Esplanade oder Spianáda *(siehe S. 76f)*. Dieser Park ist Treffpunkt von Einheimischen wie Urlaubern. Östlich davon überwacht die Alte Festung *(siehe S. 78)* die Stadt, eine stolze Erinnerung daran, dass Korfu nie von den Osmanen eingenommen wurde. Seit 2007 gehört Korfu-Stadt zum UNESCO-Welterbe.

Blick von der Altstadt auf die Alte Festung

Neue Festung *(siehe S. 78)*

Die Kirche Mitrópoli, 1577 erbaut und seit 1841 Korfus orthodoxe Kathedrale, ist der heiligen Theodora geweiht. Sie hütet die Reliquien der Heiligen und sehenswerte Goldikonen.

Rathaus *(siehe S. 78)*

Das Banknotenmuseum zeigt eine Sammlung griechischen Papiergelds. Es erläutert Korfus Geschichte anhand seiner Währungen, aber auch die Herstellung moderner Banknoten *(siehe S. 77)*.

Archäologisches Museum *(siehe S. 78f)*

Nicht versäumen

- ★ Agios Spyrídon
- ★ Liston
- ★ Palast des St. Michael und St. Georg

★ Agios Spyrídon

Die Kirche aus dem Jahr 1589 besitzt den höchsten, von einer roten Kuppel gekrönten Glockenturm der Insel. Sie ist dem Schutzpatron der Insel geweiht; sein Sarkophag steht rechts neben dem Altar (siehe S. 76).

INFOBOX

39 000. 2 km südwestlich. Xenofóntos Stratigoú. Avramiou (in Korfu-Stadt), Plateia Theotóki (Vororte von Korfu-Stadt und Orte in der Nähe). 26610 37520. tägl., Neue Festung. Mon Repos 1,5 km südlich, Myrtiótissa 10 km westlich, Ypsos 11 km nordwestlich.
www.corfu.gr

LEGENDE

Routenempfehlung

Die Lesegesellschaft von Korfu hat in diesem Gebäude ihren Sitz. Sie wurde 1836 nach dem Vorbild der Genfer Lesegesellschaft ins Leben gerufen und ist die älteste Kulturinstitution des modernen Griechenland.

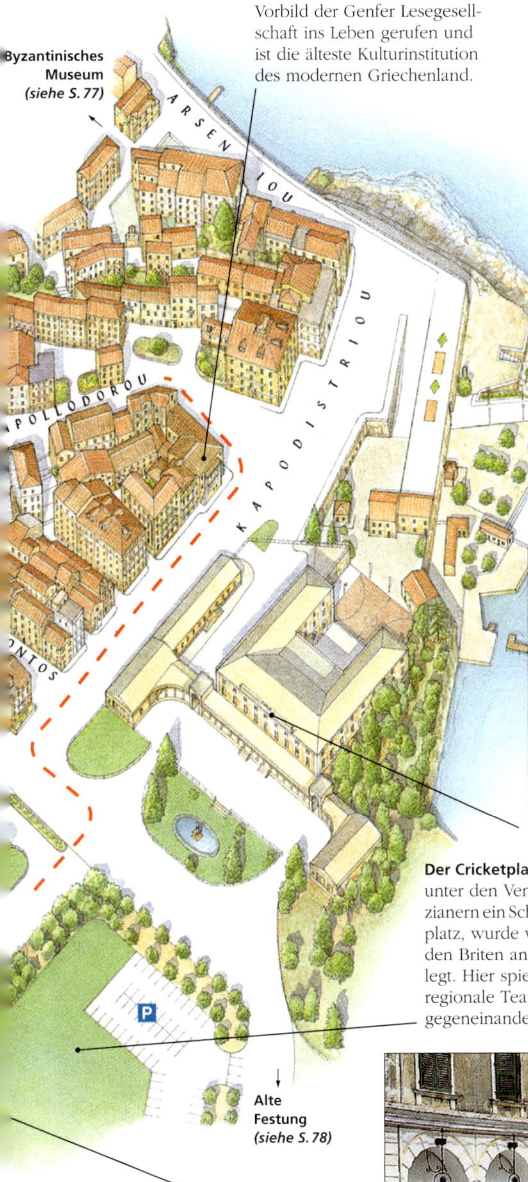

Der Cricketplatz, unter den Venezianern ein Schießplatz, wurde von den Briten angelegt. Hier spielen regionale Teams gegeneinander.

★ Palast des St. Michael und St. Georg

Der von den Briten 1819–24 errichtete Palast wurde später Residenz der griechischen Königsfamilie. Heute beherbergt er das Museum für Asiatische Kunst (siehe S. 77).

★ Liston

Für diese elegante, von Cafés gesäumte Zeile stand die Rue de Rivoli in Paris Modell. Hier können Sie Ihre matten Beine ausstrecken und dabei Korfus teuersten Kaffee trinken (siehe S. 76).

Überblick: Korfu-Stadt

Korfus schmale Altstadtstraßen quellen im Hochsommer vor Urlaubern über. Doch selbst dann finden sich immer irgendwo ruhige Fleckchen. Quer über die Straßen spannen sich von Balkon zu Balkon Wäscheleinen, im Labyrinth der Gassen verstecken sich die Läden von Silberschmieden und Holzschnitzern. Die Nikifórou Theotóki begrenzt im Süden die Altstadt. Sie wird streckenweise gesäumt von eleganten, unter den Franzosen erbauten Arkaden, hinter denen man Souvenirläden, Kapellen und Kirchen entdeckt. Selbst die teils moderne Neustadt besitzt Bausubstanz aus französischer und britischer Zeit.

Mit der Kutsche durch Korfu-Stadt

Agios Spyrídon

Agíou Spyrídonos. *26610 33059.* *tägl.*

Die Kirche, die heiligste Stätte der Insel, ist mit ihrem rot überkuppelten Turm von Weitem sichtbar. Sie bewahrt in einem kleinen Silbersarg die Mumie des heiligen Spyrídon, dessen Namen viele Korfioten tragen.

Spyrídon kam nicht aus Korfu, sondern wuchs als Schäfer auf Zypern auf. Er trat in die Kirche ein, stieg zum Bischof auf und bewirkte zu Lebzeiten zahlreiche Wunder. Solche schrieb man ihm noch nach seinem Tod 350 n. Chr. zu. Ihm soll u. a. zu verdanken sein, dass die Türken 1716 nach sechswöchiger Belagerung von der Insel vertrieben wurden. Seine Gebeine schmuggelte man 1453 kurz vor dem Einzug der Osmanen aus Konstantinopel heraus. Nach Korfu gelangten sie zufällig. 1589 baute man die Kirche als Hüterin der Reliquie.

Zu den Kirchenschätzen zählen zahllose Silberarbeiten, darunter Kandelaber, Ikonenrahmen und Weihgeschenke des unablässigen Pilgerstroms. Am Festtag des Heiligen, dem 12. Dezember, wird die Reliquie hoch über den Köpfen der Menge durch die Straßen getragen.

Esplanade

Was die Stadt Korfu so reizvoll macht, ist nicht zuletzt die Esplanade oder Spianáda. Halb Park, halb urbaner Platz, bietet sie im Sommer Erholung vom Gewühl in den engen Straßen. Ausspannen kann man auf einer Bank im Park oder mit Blick auf den Cricketplatz in einem eleganten Café des **Liston**.

Der Liston, eine Häuserzeile an der Esplanade, entstand 1807 nach Plänen des Franzosen Mathieu de Lesseps. Der Name geht zurück auf die »Liste«, das *Libro d'Oro* oder *Goldene Buch*, in dem die Venezianer Patrizierfamilien registriert waren. Nur wer darin verzeichnet war, durfte an der Esplanade promenieren.

Mehrere Denkmäler stehen am und um den Platz. Das marmorne **Enosis-Denkmal** nahe dem Brunnen – *énosis* bedeutet Vereinigung – erinnert an Großbritanniens Abtretung der Ionischen Inseln an Griechenland 1864. Die Reliefs des Denkmals zeigen die Symbole der Ionischen Inseln.

Eine Statue ehrt den Korfioten **Ioánnis Kapodístrias**, der 1827 als erster Grieche zum Regenten der jungen Nation ernannt wurde. Sie erhebt sich am Ende der nach ihm benannten, die Esplanade

Blick auf die Hauptkirche Korfus, Agios Spyrídon

Hotels und Restaurants auf den Ionischen Inseln *siehe Seiten 302–304 und 330f*

Cricketmatch an der Esplanade

flankierenden Straße. Kapodístrias wurde 1831 in Náfplio, Peloponnes, ermordet – eine Rachetat zweier Kreter, deren Onkel er inhaftiert hatte.

Gegenüber gedenkt die **Maitland-Rotunde** (1816) des persönlich wie politisch wenig beliebten Sir Thomas Maitland. Dieser amtierte nach Einrichtung des britischen Protektorats 1814 als erster Lord Hochkommissar.

Palast des St. Michael und St. Georg

Plateía Spianáda. *26610 30443.* *Di–So.* *Feiertage.*

Die Briten ließen den Palast des St. Michael und St. Georg 1819–24 aus Malteser Kalkstein errichten. Als ehemalige Residenz des Lord Hochkommissars Maitland ist er das älteste Amtsgebäude des modernen Griechenland. Nach dem Abzug der Briten 1864 aus Korfu diente er für kurze Zeit als Quartier der griechischen Königsfamilie.

Nach 1950 ließ der britische Botschafter Sir Charles Peake das lange ungenutzte, verfallene Gebäude sorgfältig renovieren. Heute beherbergt es die Verkehrspolizei, eine Bibliothek und mehrere Behörden. Auch Tagungen und Ausstellungen finden darin statt.

In den Palasträumen ist außerdem das **Museum für Asiatische Kunst** eingerichtet. Den Grundstock der Sammlung bilden 10 000 Objekte, die der Korfiote und Diplomat Grigórios Mános (1850–1929) auf Reisen zusammentrug. Mános vermachte seine Schätze dem Staat unter der Bedingung, aus dem Dienst ausscheiden und Kurator des zu gründenden Museums werden zu dürfen. Doch er starb, ehe sein Wunsch wahr wurde. Die Exponate umfassen Statuen, Rüstungen, Seiden- und Keramikarbeiten aus China, Japan, Indien und einigen anderen Ländern Asiens.

Vor dem Gebäude steht die **Statue Sir Frederick Adams**. Adam, 1824–31 britischer Hochkommissar auf Korfu, ließ die Villa Mon Repos *(siehe S. 79)* im Süden der Stadt bauen und trug zur Erschließung von Palaiokastrítsa *(siehe S. 81)* bei, das er als Ausflugsziel sehr schätzte.

Statue des Sir Frederick Adam

Byzantinisches Museum

Prosfórou 30 und Arseníou. *26610 38313.* *Di–So 8.30–14.30 Uhr.* *Feiertage.*

Die renovierte Kirche Panagía Antivouniótissa steuerte mehrere Kunstschätze zu den Beständen des Byzantinischen Museums bei, das 1984 in ihren Räumen eröffnete. Zu sehen sind u. a. 90 Ikonen des 15. Jahrhunderts, aber auch Werke der Kretischen Schule. Viele Vertreter dieses Stils arbeiteten und lebten auf der Insel Korfu, die vom 13. bis 17. Jahrhundert eine bedeutende Station an der Route Kreta–Venedig war.

Banknotenmuseum

Ionikí Trápeza, Plateía Iróon Kypriakoú Agóna. *26610 41552.* *Di, Do.* *Feiertage.*

Anhand einer umfassenden Sammlung griechischen Papiergelds beleuchtet das Banknotenmuseum die Zusammenhänge von sozialpolitischem Wandel und Währungsausgabe. Einheit von Korfus erstem Papiergeld war das britische Pfund, im Zweiten Weltkrieg waren deutsche und italienische Banknoten im Umlauf. Eine weitere faszinierende Ausstellung erklärt die Herstellung von Banknoten vom künstlerischen Entwurf bis zum Druck.

Die Maitland-Rotunde an der Esplanade

Die Alte Festung, Bollwerk zur See am Ostrand der Stadt Korfu

Alte Festung

26610 48310. Apr–Okt: tägl. 8–19 Uhr. Feiertage. außer So. begrenzt.

Die Ruinen der Alten Festung, des Palaió Froúrio, stehen auf einer Landzunge, die nach Meinung von Archäologen – die Ausgrabungen dauern noch an – spätestens ab dem 7. bis 8. Jahrhundert n. Chr. befestigt wurde. Die Alte Festung wurde 1550–59 von den Venezianern angelegt. Ihr höchster Punkt eröffnet eine tolle Sicht auf die Stadt und die malerische Ostküste der Insel. Die ehemalige britische Garnisonskirche St. Georg stammt aus dem Jahr 1840. Im Sommer ist die Festung Schauplatz von Konzerten und anderen Musik-Veranstaltungen. Eine Brücke verbindet die Festung mit der Stadt.

Neue Festung

Plateía Solomoú. *26610 44436. Apr–Okt: tägl.*

Um die Bewehrung der Stadt zu verstärken, begannen die Venezianer 1576 mit dem Bau eines zweiten Forts. Da dieses erst 1589, 30 Jahre nach der Alten Festung, fertiggestellt wurde, nannte man es Néo Froúrio, Neue Festung. Die Anlage ist heute Übungsgelände der Marine, ihr äußerer Graben bildet die Kulisse des Stadtmarkts.

Mitrópoli

Mitropóleos. *26610 39409. tägl.*

Die orthodoxe Kirche der Panagía Spiliótissa (Jungfrau von der Höhle) wurde 1577 erbaut. 1841 erweiterte man ihr Hauptschiff und erhob sie zu Korfus Kathedrale. Sie ist der byzantinischen Kaiserin Theodora geweiht. Ihre Gebeine – sie gelangten mit jenen des heiligen Spyrídon nach Korfu – ruhen in einem Silbersarg neben dem Altar.

Die katholische Kathedrale Agios Iákovos am Plateía Dimarcheíou

Plateía Dimarcheíou

Rathaus *26610 40402. tägl. Feiertage.*
Agios Iákovos *tägl.*

An diesem eleganten Platz beeindruckt vor allem das **Rathaus**. Es entstand unter den Venezianern 1663 als einstöckige *loggia*, Versammlungshaus des Adels. 1720 richtete man darin das San-Giacomo-Theater ein, das erste moderne Theater des Landes. Die Briten setzten 1903 den zweiten Stock auf und funktionierten es zum Rathaus um.

Die benachbarte katholische Kathedrale **Agios Iákovos**, auch unter ihrem italienischen Namen San Giacomo bekannt, wurde 1588 errichtet und 1633 eingeweiht. Nur ihr Glockenturm überstand 1943 unversehrt einen Bombenangriff. Messen finden täglich, sonntags dreimal, statt.

Archäologisches Museum

Vraïla 1. *26610 30680. Di–So. Feiertage.*

Vom Stadtzentrum führt ein Uferbummel nach Süden zum Archäologischen Museum. Die Sammlung ist nicht sehr umfangreich, doch der Besuch lohnt allein wegen des Gorgo-Frieses (6. Jh. v. Chr.). Der 17 Meter lange Fries stammt vom Westgiebel des Artemis-Tempels nahe der Villa Mon Repos. Das Museum präsentiert dieses Prunkstück geschickt am Ende des Rundgangs, der weitere Fund-

Das Gorgo-Fries im Archäologischen Museum in Korfu-Stadt

stücke vom Artemis-Tempel und der Ausgrabungsstätte bei der Villa Mon Repos vorstellt.

Umgebung: Die Stadt Korfu wird gesäumt von der Garítsa-Bucht. Wo diese in einer Halbinsel ausläuft, steht im Vorort Anemómilos die Kirche **Agion Iásonos kai Sosipátrou**. Sie ist den Heiligen Jason und Sassipatros geweiht, Schülern des Apostels Paulus, die im 1. Jahrhundert n. Chr. auf Korfu den christlichen Glauben lehrten. Das Innere schmücken Wandmalereien, darunter ein Fresko des 11. Jahrhunderts.

Die **Villa Mon Repos** südlich von Anemómilos ließ Sir Frederick Adam, zweiter Hochkommissar auf den Ionischen Inseln, 1824 für seine Frau errichten. Später gelangte sie in Besitz der griechischen Königsfamilie. Nahebei liegen die Ruinen des **Artemis-Tempels**, gegenüber jene der **Agía Kerkýra**, der Kirche (5. Jh.) der antiken Vorgängerin der Stadt Korfu.

Von Korfu-Stadt bringen Sie ein einstündiger Fußweg oder ein kurzer Bustrip nach Süden zur Halbinsel **Kanóni** mit den Inselchen **Vlachérna** und **Pontikonísi**. Nach Vlachérna mit dem berühmten kleinen Nonnenkloster führt ein Damm. Im Sommer setzen Boote zur »Mäuseinsel« Pontikonísi über. Der Legende zufolge ist sie das von Poseidon versteinerte Schiff des Odysseus. Poseidon ließ Odysseus auf Scheria stranden, der Insel der Phäaken, die viele mit Korfu identifizieren.

Villa Mon Repos
26610 41369. Apr–Okt: Di–So (Garten tägl.).

Die Kirche Agion Iásonos kai Sosipátrou

Korfus Norden

Der Norden der Insel, vor allem die Nordostküste, ist unübersehbar Korfus Ferienrevier. An der Küstenstraße reihen sich Badeorte aneinander, darunter Hochburgen wie Kassiópi und Sidári, aber auch ruhigere Dörfer wie Kalámi. Im Nordwesten liegt das malerische Geflecht der Buchten und Strände von Palaiokastrítsa. Der Gipfel des Pantokrátor zeigt an, dass sich auch Entdeckungsreisen ins Inselinnere lohnen.

Blick über den Strand der Kalámi-Bucht nach Süden

Kalámi ❷
Καλάμι

26 km nordöstl. von Korfu-Stadt.
18. *bis Kassiópi.*

Das Dorf Kalámi hat sein Flair trotz der vielen Besucher bewahrt. Eine Handvoll Tavernen säumt den Sand- und Kiesstrand, dahinter gedeihen Zypressen und Olivenbäume auf den unteren Hängen des Pantokrátor. Jenseits der Kalámi-Bucht, nur gut zwei Kilometer entfernt, sind Albaniens Hügel zu sehen.

Kalámi bezauberte 1939 Lawrence Durrell. An manchen Hochsommertagen, wenn die Ausflügler aus den Ferienorten einfallen, würde der Schriftsteller sein »friedvolles Fischerdorf« nicht wiedererkennen. Abends und außerhalb der Monate Juli und August herrscht beschauliches Alltagsleben.

Pantokrátor ❸
Όρος Παντοκράτωρ

29 km nördl. von Korfu-Stadt.
bis Petália.

Der Berg Pantokrátor, der »Allherrscher«, bestimmt das Bild von Korfus nordöstlicher Ausbuchtung. Er ragt so steil auf, dass sein Gipfel (906 m) keine drei Kilometer von den Badeorten Nisáki und Mparmpáti entfernt ist. Der leichteste Weg führt im Norden über eine holprige Straße hinauf zum kleinen Kloster am höchsten Punkt. Der Berg reizt Naturfreunde und Wanderer, doch machen Korfus jähe Wetterumschwünge Touren unter Umständen etwas riskant. Oben angekommen, wird man mit einem Panorama belohnt, das im Osten Albanien und Epirus, im Süden Korfu-Stadt und bei klarer Sicht in westlicher Richtung sogar Italien einfängt.

Kassiópi ❹
Κασσιόπη

37 km nördl. von Korfu-Stadt.
600. *Avláki, 2 km südl.*

Kassiópi ist zwar eines von Korfus betriebsamsten Ferienzentren, hat sich aber seinen Reiz und Charakter bewahren können. Zentrum des Ortes ist der von zwei bewaldeten Landzungen begrenzte Hafen. Dort treiben vor Tavernen und Souvenirläden Fischerboote und die Motorboote der vielen Wassersportschulen. Ein vitales Nachtleben für jüngere Urlauber gibt es zwar, nicht aber Hochhäuser, die den Anblick verschandeln.

Im 1. Jahrhundert n. Chr. soll Kaiser Nero den Jupiter-Tempel im Westen des Hafens besucht haben, an dessen Stelle sich nun die Kirche **Kassiopítissa** erhebt. Ein kurzer Spaziergang in westliche Richtung führt zu den Ruinen einer Burg aus dem 13. Jahrhundert.

Festgemachte Fischerboote im Hafen von Kassiópi, östlich der Burgruinen

Hotels und Restaurants auf den Ionischen Inseln *siehe Seiten 302–304 und 330f*

Mönch des Moní Theotókou, Palaiokastrítsa

Sidári 5

Σιδάρι

31 km nordwestl. von Korfu-Stadt. 300. Róda, 6 km östl.

Funde belegen, dass Sidári schon um 7000 v. Chr., also vor der Jungsteinzeit, besiedelt war. Damit gehört der viel besuchte Urlaubsort zu Korfus ältesten Siedlungen. Attraktiv sind vor allem seine Sandstrände und die bizarren Felsformationen. Erosion hat in den Sandstein Höhlen und Tunnel gefressen und zwischen zwei Felsen den legendenumrankten Canal d'Amour *(siehe S. 72)* geschaffen.

Palaiokastrítsa 6

Παλαιοκαστρίτσα

26 km nordwestl. von Korfu-Stadt. 600.

Palaiokastrítsa zählt zu Korfus beliebtesten Urlaubszielen. Drei Hauptbuchten und zahlreiche andere Strände säumen die bewaldete Küste. Das Schwimmen ist ungefährlich, daher reisen gern Familien an. Man kann Wassersport treiben und in Booten die nahen Grotten erforschen. Die Gegend war schon früh für ihre Schönheit bekannt, doch bis ins frühe 19. Jahrhundert schwer zugänglich. Der britische Hochkommissar Adam *(siehe S. 77)* ließ die Straße zwischen Palaiokastrítsa und Korfu-Stadt bauen.

Wo sich auf der größten Landzunge das **Moní Theotókou** aus dem 17. Jahrhundert erhebt, stand bereits 1228 ein Kloster. Beachtung verdient der Baum des Lebens an der Decke der Kirche.

Vom Kloster aus erblickt man über den Klippen westlich von Palaiokastrítsa das **Angelókastro**, die verfallene Festung (13. Jh.) des byzantinischen Despoten von Epirus, Michaíl Angelos Komninós II. Das Bollwerk wurde niemals eingenommen. 1571 schützte es die Einheimischen vor den Türken, als diese – wiederum vergeblich – die Insel Korfu zu erobern versuchten. Zu den Überresten zählen eine Bergkapelle, Zellen und Höhlen von Einsiedlern.

Vorgelagerte Inseln: Drei Inseln sind Korfu vorgelagert. Auf **Mathráki** ist der Lebensstil bis heute einfach. Herrliche Sandstrände machen **Ereíkoussa** zu einer beliebten Insel. **Othonoí**, die größte Insel, weist zwar die besten Einrichtungen auf, nicht aber die schönsten Strände.

Schriftsteller und Künstler auf Korfu

Der Dichter Dionýsos Solomós lebte von 1828 bis zu seinem Tod 1857 auf Korfu. Teile seines bekanntesten Werks, der *Hymne an die Freiheit*, wurden nach der Unabhängigkeit für die Nationalhymne übernommen. Zu den Schriftstellern, die sich auf Korfu inspirieren ließen, gehören ferner die Gebrüder Durrell sowie der englische Dichter und Maler Edward Lear (1812–1888). Beide Durrells schrieben über die Insel, Gerald in *Meine Familie und anderes Getier* über seine idyllische Kindheit in den 1930er Jahren, Lawrence in *Schwarze Oliven*. Das Buch verfasste Lawrence 1945 in Kalámi. Dort besuchte ihn Henry Miller, dessen *Koloss von Maroussi* (1941) eines der aufschlussreichsten und liebenswertesten Bücher über Griechenland ist.

Szenerie nahe Gastoúri an der Straße nach Benítses, Edward Lear

Korfus Süden

Korfus Süden ist weniger gebirgig, doch kontrastreicher als der Norden: In Benítses wimmelt es von Nachtschwärmern. In der Korisíon-Lagune finden scheue Tiere Schutz. Die Rópa-Ebene nördlich von Vátos liefert einen Großteil von Korfus Ernteprodukten. Südlich davon liegt Myrtiótissa. Die Busverbindungen sind gut, doch abseits der Hauptrouten benötigt man ein Auto.

Blick landeinwärts über die Süßwasserlagune Korisíon

Vátos ⑦

Βάτος

24 km westl. von Korfu-Stadt.
480. Myrtiótissa, 2 km südl., Ermones, 2 km westl.

Die weiß getünchten Häuser mit blumengeschmückten Balkonen davor sind ein griechisches Bilderbuchmotiv. Das Bergdorf Vátos pflegt einen sanften Tourismus. Ihm reichen zwei Tavernen und eine Handvoll Läden. Vom Ort führt ein steiler Aufstieg auf den Agios Geórgios (329 m). Zu Füßen liegen die fruchtbare Rópa-Ebene und der Strand von Ermones.

Umgebung: Zwei Kilometer südlich von Vátos breitet sich vor Zypressen und Olivenbäumen der goldene Sandstrand von **Myrtiótissa** aus. Seinen Namen verdankt er dem Panagía Myrtiótissa (Unserer Lieben Frau der Myrten) geweihten Kloster (14. Jh.) landeinwärts. Lawrence Durrell machte diesem Strand in *Schwarze Oliven* das Kompliment, »vielleicht schönster Strand der Welt« zu sein.

Südlich von Vátos liegt das malerische, noch ursprüngliche Dorf **Pélekas**. Seine alten Häuser reihen sich entlang den bewaldeten Hängen hinab zum kleinen, einsamen Strand. Kaiser Wilhelm II. zog es während seiner Aufenthalte im Schlösschen Achílleion oft hierher, um auf dem **Kaiserthron** am Gipfel den Sonnenuntergang zu erleben.

Korisíon-Lagune ⑧

Λίμνη Κορισσίων

42 km südl. von Korfu-Stadt.
Gardíki, 1 km nördl.

Einige von Korfus schönsten Dünen und Stränden trennen die fünf Kilometer lange Korisíon-Lagune vom Meer. Sie ist trotz des Jagdeifers der Griechen ein Tierparadies. Am Ufer tummeln sich Strandläufer, Säbelschnäbler, Silberreiher und Ibisse. Pflanzenliebhaber können Meeresstrandnarzissen und Jersey-Orchideen entdecken.

Zwei Kilometer nördlich findet man die Ruinen der im 13. Jahrhundert von Michaíl Angelos Komninós II. *(siehe S. 81)* erbauten **Festung Gardíki**. Reste der Türme und Außenmauern stehen noch. Auf dem Gelände barg man altsteinzeitliche Funde.

Benítses ⑨

Μπενίσες

14 km südl. von Korfu-Stadt.
1400. Benítses.

Benítses steht bei Pauschalreisenden hoch im Kurs. Wer Ruhe und authentisch griechische Atmosphäre sucht, ist hier fehl am Platz.

Im Hochsommer bevölkern Massen die Strände. Man kann jede Art von Wassersport betreiben und in den Bars und Diskotheken die Nächte durchmachen, um frühmorgens die heimkehrenden Fischer zu begrüßen.

Außer den Relikten eines römischen Bades nahe dem Hafenplatz weist Benítses so gut wie keine historischen Sehenswürdigkeiten auf.

Weiß getünchtes Haus im schmucken Bergdorf Vátos

Schloss Achílleion ⑩
Αχίλλειον

19 km südwestl. von Korfu-Stadt. 🚌
☎ *26610 56210.* **Schloss (nur Erdgeschoss) und Garten**
◯ *tägl.*

Das Schlösschen Achílleion besuchen Korfu-Urlauber gern im Rahmen eines Tagesausflugs. Kaiserin Elisabeth von Österreich (1837–1898) ließ es 1890/91 nach Plänen des italienischen Architekten Raphael Carita erbauen. Hier erholte sich »Sisi« vom aufreibenden Leben am Hof. Ihre Gesundheit war schwach und ihr Ehemann, Kaiser Franz Joseph I., ein notorischer Schürzenjäger. 1898 wurde sie Opfer des Attentats eines italienischen Anarchisten. Danach stand das Achílleion-Schloss leer, bis Kaiser Wilhelm II. es 1907 erwarb. Hier wurden Szenen des James-Bond-Streifens *In tödlicher Mission* gedreht.

Eingang zu den Achílleion-Gärten

Gärten
Vom Schlösschen fällt ein Hang 150 Meter bis zur Küstenstraße ab. An ihm sind üppige Terrassengärten angelegt, die nach Norden und Süden großartige Blicke über die zerklüftete Küste freigeben. Vor Mauern wuchern farbenprächtige Bougainvilleen und Palmen, im Grün verbergen sich Statuen. Da Elisabeth Achilles bewunderte und ihr Schloss nach ihm benannte, stößt man besonders häufig auf Bildnisse dieses Helden. Als Ausdruck ihrer Trauer über den Selbstmord ihres zweiten Sohnes, Erzherzog Rudolph, in Mayerling gilt das anrührende Bronzedenkmal *Sterbender Achill* des deutschen Bildhauers Ernst Herter. Auch Kaiser Wilhelm II. ließ es sich nicht nehmen, Achilles mit einer über fünf Meter hohen Statue aus Gusseisen zu huldigen.

Gemälde der Prinzessin Elisabeth von Bayern von Franz Xavier (19. Jh.)

Schloss
Manche bezeichnen die Architektur des Schlosses Achílleion als neoklassizistisch, andere als teutonisch. Lawrence Durrell schimpfte es ein »monströses Gebäude«. Auch die Kaiserin war mit dem Ergebnis nicht sonderlich zufrieden, aber angesichts ihrer Verbundenheit mit Korfu entschied sie sich zu bleiben.

Das Inventar des Schlosses allerdings ist durchaus sehenswert. Es umfasst eine große Anzahl historisch bedeutender Objekte. Zur Innenausstattung gehören Mobiliar der kaiserlichen Besitzer, einige gelungene Achilles-Gemälde sowie der sattelförmige Schreibtischstuhl Kaiser Wilhelms II., auf dem der Herrscher zu sitzen geruhte, wenn er sich seinen Verwaltungsaufgaben widmete.

Wer sich zum Abschluss des Besuchs einen guten Tropfen gönnen will, hat in der Kellerei und Brennerei Vasilákis gegenüber dem Eingang die Qual der Wahl zwischen diversen Korfu-Weinen, Ouzo und der Hausspezialität, einem Likör aus der Kumquat-Frucht.

Die Achilles-Sage
Achilles' Mutter Thetis badete ihren neugeborenen Sohn im Fluss Styx. Dadurch machte sie ihn unverwundbar – bis auf die Ferse, an der sie ihn festhielt. Achilles war es bestimmt, vor Troja zu fallen *(siehe S. 56f)*. Er war der größte Held der Griechen im Trojanischen Krieg, den Paris' Entführung der Helena, der Gattin des Königs Menelaos von Sparta, nach Troja ausgelöst hatte. Achilles tötete den trojanischen Helden Hektor, starb aber durch einen Pfeil von Paris in die Ferse.

Achilles schleift Hektors Leiche triumphierend um Trojas Mauern

Fischerboote im östlichen Teil des Hafens von Gáïos

Paxós
Παξοί

2700. Gáïos, Lákka. Gáïos. Gáïos (26620 32222). Mogonísi, 3 km südöstl. von Gáïos.

Einige Bauern- und Fischerdörfer zieren das grüne, waldige Paxós. Die dichten Olivenhaine stellen heute noch eine Haupteinnahmequelle dar. Der Mythologie zufolge schuf Poseidon die Insel für seine Geliebte Amphitrite. Paxós wurde 1864 zusammen mit den anderen Ionischen Inseln an Griechenland angeschlossen.

Gáïos

Der lebhafte kleine Ferienort hat zwei Häfen: Am Haupthafen legen Fähren an, den einen Spaziergang entfernten kleineren Hafen säumen Häuser aus dem 19. Jahrhundert mit Fensterläden und Balkonen im venezianischen Stil. Am Ufer ehrt eine Statue den Revolutionshelden und Politiker Constantínos Kanáris (1790–1877), der auf Psará geboren wurde. Im größten Haus residierte der britische Kommissar auf Korfu. Dahinter verlaufen alte Gassen mit urigen Tavernen.

Statue des *Pyropolitis* am Hafen von Gáïos

Inselerkundung

Eine Hauptstraße durchquert in Nord-Süd-Richtung die Insel. Es sind nur wenige Autos unterwegs. Am besten bewegt man sich mit Motorrad, Moped oder Fahrrad voran, denn oft führen reizvolle Pfade durch Wald auf hohe Klippen und zu abgeschiedenen Buchten. An der Nordküste, am Ende einer tiefen, fast kreisrunden Bucht, liegt vor einer Kulisse aus Olivenhainen und kiefernbestandenen Hügeln **Lákka**. Tagsüber wird das hübsche Städtchen von Ausflüglern aus Korfu-Stadt aufgesucht. Abends verwandelt es sich zurück in ein ruhiges Fischerdorf mit nur wenigen Fremdenzimmern, Restaurants und Cafés.

Östlich davon liegt **Pórto Longós**, ein Weiler mit Kiesstrand. Die hübscheste Siedlung der Insel besteht aus einigen Häusern, Läden und Ufertavernen. Das Eintreffen des Bootes, das alle paar Tage Obst und Gemüse liefert, ist ein Ereignis. Vom Ort führen Wege durch Olivenhaine zu stillen, zum Schwimmen geeigneten Buchten.

Vorgelagerte Inseln: Südlich von Paxós leben auf **Antípaxos** um die 100 Einwohner. Die meisten wohnen in Agrapidiá, die Übrigen im Inselinneren. Die Insel ist – ein seltener Fall – nicht vom Oliven-, sondern vom Weinbau geprägt und Lieferant guter, kräftiger Weine. Es gibt keine Unterkünfte. Zwar ziehen die Sandstrände Sommerurlauber aus Paxós an, doch hält sich der Tourismus in Grenzen. Vor Gáïos liegen die Inselchen Panagiá und Agios Nikólaos.

Blick über das Städtchen Lákka nach Süden

Hotels und Restaurants auf den Ionischen Inseln *siehe Seiten 302–304 und 330f*

Häuser an einem Hang nahe Kalamítsi

Lefkáda
Λευκάδα

25 000. *Nydrí, Vasilikí.* *Dimitroú Golémi, Lefkáda-Stadt.* *Lefkáda-Stadt (26450 29379).* *Lefkáda-Stadt: tägl.* **www**.lefkada.gr

Auf der abwechslungsreichen Insel findet man Bergdörfer ebenso vor wie Badeorte. Lefkáda hat eine bewegte Geschichte. 640 v. Chr. gründeten Korinther die gleichnamige Stadt. 1864 erfolgte der Anschluss an den griechischen Staat.

Lefkáda-Stadt
Erdbeben beschädigten wiederholt die Stadt. Doch immer noch kann man durch alte Seitenstraßen bummeln. Eine herrliche Ansicht bietet die Ruine der **Festung Sánta Mávra** (14. Jh.) auf dem Festland. Der Hauptplatz, die Plateía Agíou Spyrídona, wurde nach der Kirche (17. Jh.) mit ihren ausgefallenen Glockentürmen aus Metall benannt. Das nahe **Phonographische Museum** zeigt eine private Sammlung von Schallplatten und Grammophonen, das **Volkskundemuseum** Trachten und alte Fotografien der Insel. Das **Moní Faneroménis** oberhalb der Stadt wurde im 17. Jahrhundert gegründet. Der heutige Bau stammt jedoch wie die Panagía-Ikone aus dem 19. Jahrhundert.

Phonographisches Museum
Konstantínou Kalkáni 10. *tägl.* *Feiertage.*

Volkskundemuseum
Theódoro Strátou. *26450 33443.* *telefonisch erfragen.* *Feiertage.*

Glocke des Moní Faneroménis

Inselerkundung
Von Lefkáda-Stadt aus fahren Linienbusse, besser herum kommt man mit einem gemieteten Moped oder per Fahrrad. Der Badeort **Agios Nikítas** besitzt traditionelles Flair. Südlich davon liegt das typische Bergdorf **Kalamítsi**. Weiter im Süden hat sich **Agios Pétros** trotz der Nähe zum Windsurfer-Paradies **Vasilikí** sein bäuerliches Ambiente bewahrt. In **Nydrí**, dem Ferienzentrum an der Ostküste, besticht der Blick auf die vorgelagerten Inseln.

Vorgelagerte Insel: Die Insel **Meganísi** ist ländlich geprägt. Von Nydrí setzen Boote zum Haupthafen Vathý über. Am beiderseits von Kapellen begrenzten Hafen laden Tavernen ein. Das einzige Hotel der Insel befindet sich im kleinen Bergdorf Katoméri.

Legende

Symbole siehe hintere Umschlagklappe

0 Kilometer 5

Segelboote vor dem weißen Sandstrand von Vasilikí

Blick über die Pólis-Bucht an Ithákis Nordwestküste

Itháki
Ιθάκη

4000. Vathý. Vathý (26740 33733). Pólis-Bucht, 20 km nordwestl. von Vathý.

Die kleine, gebirgige Insel rühmt sich als Heimat des Odysseus. Funde belegen, dass sie schon um 4000 bis 3000 v. Chr. besiedelt war. In mykenischer Zeit war sie Zentrum eines Königreiches, zu dem auch die größere Nachbarinsel Kefalloniá gehörte.

Legende

Symbole siehe hintere Umschlagklappe

Vathý

Der auch Itháki-Stadt genannte Hauptort der Insel ist ein hübsches Hafenstädtchen. Seine braun gedeckten Häuser drängen sich um die tiefe Bucht. Die angrenzenden Hügel wurden zuerst, der Hafen im Mittelalter besiedelt. Hauptstadt wurde Vathý im 17. Jahrhundert. Der Wiederaufbau nach den schweren Zerstörungen des katastrophalen Erdbebens von 1953 orientierte sich am traditionellen Baustil, dem sich auch Neubauten anzupassen haben.

Das **Archäologische Museum** stellt überwiegend mykenische Vasen und Weihgaben aus. In der Kirche **Taxiárchis** findet man eine El Greco *(siehe S. 268)* zugeschriebene Christus-Ikone aus dem 17. Jahrhundert.

Archäologisches Museum
Hinter OTE-Büro. *26740 32200.* *Di–So.* *Feiertage.*

Inselerkundung

Die Insel besitzt nur einen Hauptort und wenige touristische Einrichtungen. Umso angenehmer ist es, sie zu entdecken. Zweimal (in der Saison viermal) täglich verbindet ein Bus Vathý mit den Dörfern im Norden. Einige Taxis sorgen für mehr Mobilität.

Stavrós, das größte Dorf im Norden, zählt nur etwa 300 Einwohner, ist aber ein lebhaftes Marktzentrum in den Bergen. Die nahe **Pólis-Bucht** gilt als der antike Hafen Itháki (Ithaka), ihre Nymphengrotte als ein Schauplatz der *Odyssee*. Oberhalb von Stavrós stand womöglich der **Palast des Odysseus**. Den Weg dorthin können Sie im örtlichen **Archäologischen Museum** erfragen. Der Kurator bietet mehrsprachige Führungen an. Präsentiert wird u. a. das Fragment einer Tonmaske mit einer Odysseus gewidmeten Inschrift.

Archäologisches Museum
Stavrós. *26740 23955.* *wechselnde Zeiten.* *Mo, Feiertage.*

Rot überkuppelte Kirche in Stavrós

Die Heimkehr des Odysseus nach Ithaka

Odysseus, König von Ithaka (Itháki), verließ widerwillig Gemahlin Penelope und Sohn Telemachos, um mit Agamemnon gegen Troja zu ziehen *(siehe S. 56f)*. Dort tat er sich durch Mut und List hervor. Seine Heimfahrt, die Odyssee, setzte ihn etlichen Gefahren aus, u.a. den einäugigen Zyklopen, der Zauberin Circe und der Nymphe Kalypso. Dass er all seine Gefährten verlor, war die Strafe des Meeresgottes Poseidon dafür, dass er den Zyklopen Polyphem geblendet hatte. Selbst Athena, die Schutzgöttin des Helden, war machtlos gegen Poseidons Zorn. Die Phäaker brachten den Gestrandeten nach zehn Jahren nach Ithaka zurück. Dort umwarben Freier Penelope. Mithilfe seines Sohnes und des Schweinehirten Eumaios tötete der verkleidete Odysseus die Freier und nahm wieder seinen Platz ein.

Die Heimkehr des Odysseus *ist Thema dieses Coracelli zugeschriebenen Gemäldes (15. Jh.). Odysseus war zuvor an der Phäakeninsel Scheria (Korfu) gestrandet.*

Penelope *wob, wie auf A. F. Gorguets Illustration (1920) zu sehen, ein Totenhemd für Odysseus' Vater Laertes. Sie gelobte, sich erst nach Vollendung der Arbeit erneut zu vermählen – und trennte nachts ihr Tagwerk wieder auf.*

Eumaios, *Odysseus' getreuer Schweinehirte, nahm seinen Herrn, ohne ihn zu erkennen, in der Nacht der Heimkehr auf. Im Gespräch lobte er Odysseus und schilderte die Lage auf Ithaka. Die Begebenheit ist auf dieser attischen Vase (5. Jh. v. Chr.) ins Bild gesetzt.*

Argos, *Odysseus' altersschwacher Hund, erkannte – wie die Amme Eurykleia – seinen verkleideten Herrn sofort wieder. Gleich darauf verendete er.*

Telemachos *forderte Penelopes Freier auf, Odysseus' Bogen zu spannen. Demjenigen, dem dies gelang, versprach er die Hand seiner Mutter. Doch alle versagten. Odysseus spannte vor der Freierschar den Bogen, gab sich zu erkennen und tötete alle Rivalen.*

Kefalloniá

Κεφαλλονιά

Archäologische Funde belegen, dass Kefalloniá bereits um 5000 v. Chr. besiedelt war. Nach ihrer Blüte in mykenischer Zeit blieb die Insel griechisches Territorium, um im 2. Jahrhundert v. Chr. im Römischen Reich aufzugehen. Zwischen 1500 und 1797 war die Insel ein venezianischer Stützpunkt. Kefalloniás Reize reichen von den Badeorten bis hin zum Nationalpark um den Aínos, den höchsten Berg der Ionischen Inseln.

Kirchturm zwischen Argostóli und Kástro

Argostóli

Kefalloniás große, geschäftige Hauptstadt liegt in fruchtbarer Landschaft auf einer Landzunge, von der die schmalen Straßen zur Bucht absteigen. Sie wurde nach dem verheerenden Erdbeben von 1953 mit finanzieller Unterstützung von Auswanderern vollkommen neu aufgebaut, leider nicht nach altem Vorbild. Das **Geschichts- und Volkskundemuseum** erläutert mit Fotos die Katastrophe und den Wiederaufbau, dazu sind landwirtschaftliche Geräte, Trachten und vieles mehr zu sehen.

Zu den Schätzen des **Archäologischen Museums** gehören Fundstücke vom Pan-Heiligtum im See der Melissáni-Höhle sowie ein in Sámi entdeckter männlicher Bronzekopf des 3. Jahrhunderts n. Chr. Blickfang am Ufer ist die 1813 unter den Briten erbaute **Drápanos-Brücke**.

Geschichts- und Volkskundemuseum
Ilía Zervoú 12. *26710 28835.*
Mo–Sa 9–14 Uhr. *Dez oder Jan; Feiertage.*

Archäologisches Museum
Rókkou Vergotí. *26710 28300.*
Di–So 8.30–15 Uhr.
Feiertage.

Inselerkundung

Man muss genügend Zeit mitbringen, um Kefalloniá, die größte der Ionischen Inseln, zu erkunden. Am umtriebigsten geht es in **Lássi** und den Ferienorten an der Südküste zu, andernorts findet man ruhige Dörfer und faszinierende Natur vor. Linienbusse verbinden Argostóli mit fast allen Teilen der Insel.

Kástro war bis 1757 Inselhauptstadt. Die geweißelten Häuser des wohlhabenden Dorfes liegen vor den Ruinen der byzantinischen Festung Agios Geórgios. Das 1504 von den Venezianern renovierte Fort wurde 1636, 1637 und 1953 durch Erdbeben zerstört. Das überwucherte Trümmerfeld ist heute ein von Schwalbenschwänzen wimmelndes Schmetterlingsparadies. Ein Nonnenkloster aus dem Jahr 1264 war Vorläuferin des **Moní Agíou Andréa**.

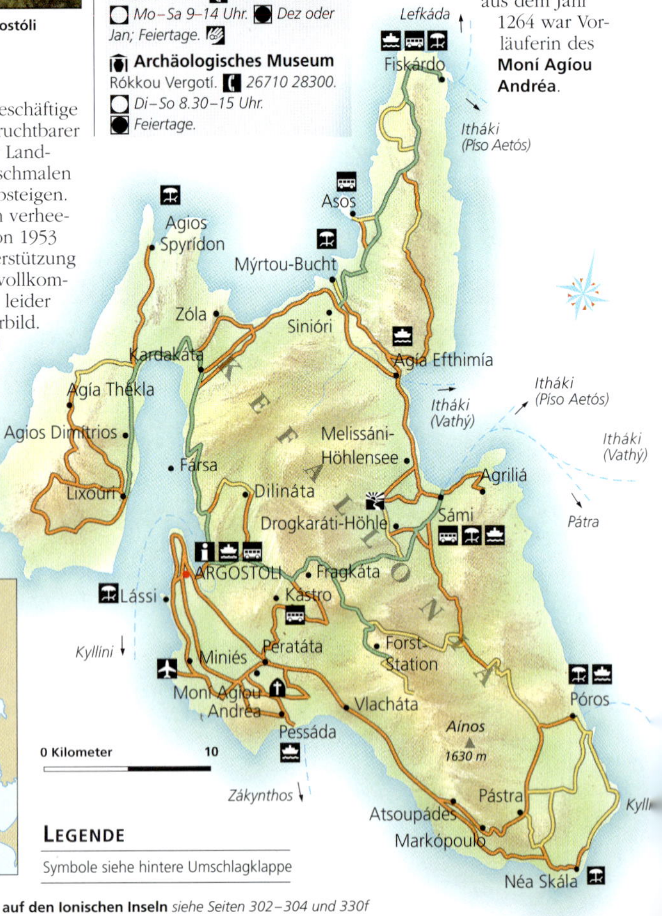

Leuchtend blaue See in der Melissáni-Höhle

In der alten, 1953 eingestürzten Kirche wurde ein Museum eingerichtet, in dem vom Erdbeben verschonte Fresken und Ikonen ausgestellt sind. Die neue Kirche hütet die heiligste Reliquie des Klosters, den angeblichen Fuß des Apostels Andreas.

Auf dem Gipfel des **Aínos** (1630 m) stand einst ein Heiligtum für Aenios Zeus. Heute streifen Wildpferde durch das als Nationalpark ausgewiesene Gelände, an den schroffen Hängen wächst die Kefalloniá-Tanne *(Abies cephalonica)*. Eine Straße, die sich nach kurzer Strecke zur Holperpiste entwickelt, führt auf die Spitze des Berges. Fähren verbinden **Sámi** an der Ostküste mit dem Peloponnes und Itháki. 3,5 Kilometer südlich von Sámi hängen Stalaktiten von der Decke der Tropfsteinhöhle **Drogkaráti** herab. Die Grotte wird wegen der ausgezeichneten Akustik auch als Konzertsaal genutzt. Zwei Kilometer nördlich von Sámi liegt die **Melissáni-Höhle** mit unterirdischem See. Durch die teils eingestürzte Kalksteindecke einfallendes Licht lässt sein Wasser tiefblau strahlen. Ein Kanal führt zum abgeriegelten Bezirk, bei dem sich ein mykenisches Pan-Heiligtum befand. Von Pan verschmäht, ertränkte sich dort der Sage zufolge die Nymphe Melissáni.

Der Apostel Andreas (Moní Agíou Andréa)

Infobox

31 000. 9 km südl. von Argostóli. Argostóli, Fiskárdo, Agía Efthimía, Sámi, Póros, Pessáda. Ioánnou Metaxá, Argostóli. Hafen in Argostóli (26710 22248). tägl., Argostóli. Panagía oder Schlangenfestival in Markópoulo: 15. Aug; Weinfest in Fragkáta: Sa nach dem 15. Aug.

Fiskárdo, Kefalloniás schönstes Dorf, blieb 1953 vom Erdbeben verschont. Pastellfarbene venezianische Häuser aus dem 18. Jahrhundert drängen sich um den Hafen. Die Bucht ist im Sommer Anlaufstelle von täglich verkehrenden Fähren und Ausflüglern aus anderen Teilen der bezaubernden Insel.

Steinterrassen sieht man noch im Umland von **Asos**, einem Dorf an der Westküste. Die Ruinen einer venezianischen Festung (1595) bedecken die Halbinsel gegenüber der Bucht von Asos.

Wegen des Mangels an Unterkünften ist Asos vornehmlich Ziel von Tagestouren. Südlich von Asos erstreckt sich die weite, bezaubernde **Mýrtou-Bucht**. Hier findet man einen der schönsten Strände der Insel.

Moní Agíou Andréa
Peratáta. 26710 69700.
tägl. nur für das Museum.

Blick über Asos im Nordwesten der Insel

Zákynthos
Ζάκυνθος

Zákynthos war von Achäern bewohnt, ehe die Athener die Insel im 5. Jahrhundert v. Chr. eroberten. Später wechselten die Herrscher einander ab, unter ihnen Spartaner, Makedonier, Römer, Byzantiner und von 1484 bis 1797 Venezianer. 1864 erfolgte der Anschluss an das unabhängige Griechenland. Bergdörfer, Klöster, fruchtbare Ebenen und reizvolle Aussichten lohnen einen längeren Aufenthalt auf der Insel.

Standbild des Dichters Solomós am Hauptplatz von Zákynthos-Stadt

Zákynthos-Stadt

Das Erdbeben, das 1953 die Ionischen Inseln erschütterte, zerstörte die Stadt völlig. Beim Aufbau bemühte man sich, ihre Schönheit wiederherzustellen. So säumen Straßen mit traditionellen Arkadenhäusern das Ufer, an dem die Fischer von Booten aus ihren Fang verkaufen. Ein Stück weiter legen Fähren und große Kreuzer auf ihren Rundreisen durch das Mittelmeer an.

Die beeindruckende Kirche **Agios Dionýsios** (1925) am Südende des Hafens überstand wie durch ein Wunder das Erdbeben. Sie bewahrt in einem Silbersarg die Gebeine des heiligen Dionýsios (1547–1622), des Schutzheiligen der Insel. Wie elegant die von den Venezianern angelegte Stadt vor dem Erdbeben aussah, zeigt ein Modell im **Byzantinischen Museum**. Dessen Sammlung von Fresken und Ikonen aus zerstörten Kirchen und Klöstern lohnt ebenfalls einen Besuch. Nördlich davon birgt das **Solomós-Museum** das Grab des Dichters und Texters der griechischen Nationalhymne, Dionýsios Solomós (1798–1857). Die Exponate bewahren das Andenken an Solomós und andere Bürger der Insel. Vom Stadtzentrum führt ein kurzer Fußweg auf den Aussichtshügel **Stráni**. Noch stärker beeindruckt der Blick auf das Festland bei der venezianischen Festungsruine über der Stadt. Innerhalb des Mauerrings entdeckt man die Überreste von Kirchen.

Byzantinisches Museum
26950 42714. Di–So. Feiertage.

Solomós-Museum
26950 48982. tägl. Feiertage.

Inselerkundung

Bis auf die Ferienzentren ist die Insel touristisch wenig erschlossen. Wegen der zumeist guten Straßen kann man sie in einem Tag umfahren, am

Legende

Symbole siehe hintere Umschlagklappe

0 Kilometer 5

Hotels und Restaurants auf den Ionischen Inseln *siehe Seiten 302–304 und 330f*

Unechte Karettschildkröten

Der Sandstrand der Bucht von Laganás gilt als einer der schönsten Griechenlands. Seit Jahrtausenden ist er einer der wichtigsten Mittelmeer-Brutplätze der aus Afrika kommenden Unechten Karettschildkröte *(Caretta caretta)*. Die mächtigen, bis zu 180 Kilogramm schweren Meeresschildkröten legen ihre Eier nachts am Strand ab und vergraben sie im Sand. Von den Lichtern der Hotels und Discos irritiert, gelingt nur noch wenigen die Fortpflanzung. Viele Eier werden von Fahrzeugen und Sonnenschirmen vernichtet. Umweltschützern ist es zu verdanken, dass einige Streifen Strand abgesperrt wurden. So könnte der Bestand dieser bedrohten Art wenigstens konstant bleiben.

bequemsten mit Leihwagen oder -motorrad. Zwischen Zákynthos-Stadt und Urlaubsorten wie Alykés, Tsiliví und Laganás pendeln relativ häufig Busse.

Durch die ungezügelte Entwicklung des Tourismus in der Bucht von **Laganás** wurde der Bestand der Unechten Karettschildkröte, die am weichen, 14 Kilometer langen Sandstrand ihre Eier ablegt, auf schätzungsweise 800 Exemplare dezimiert. Inzwischen versucht man, durch Schutzmaßnahmen das Überleben der Meeresschildkröten zu sichern. Beobachten kann man die in der Bucht lebenden Tiere durch den Glasboden von Booten. Schildkrötensouvenirs stapeln sich in den Läden, die ebenso zahlreich vertreten sind wie Bars und Diskotheken, in denen das Nachtleben erst mit dem Morgengrauen endet.

Ebenfalls lebhaft geht es in den nördlichen Badeorten **Tsiliví** und – Tipp für Windsurfer – **Alykés** zu. Das **Moní tis Panagías tis Anafonítrias** (16. Jh.) im Nordwesten ist ein von Einheimischen verehrter Ort, denn dort verbrachte Dionýsios, der Schutzheilige der Insel, als Abt seine letzten Lebensjahre. In jener Zeit, heißt es, nahm er einem Mörder die Beichte ab. Obwohl er – anders als der Beichtende – wusste, dass sein Bruder das Opfer war, erteilte er die Absolution. Fahndern gegenüber behauptete er, den Gesuchten nie gesehen zu haben. Dies war die einzige Lüge, die je über seine Lippen kam. Persönliche Hinterlassenschaften bestücken die erhaltene Zelle, in der Dionýsios wohnte. Die dreischiffige Kirche und die winzige Kapelle nebenan wurden, ein seltenes Glück, 1953 vom Erdbeben verschont. Am nördlichsten Inselrand schuf unermüdliche Brandung die Blauen Höhlen. Die Haupthöhle, die **Blaue Grotte** unterhalb des Leuchtturms am Kap Skinári, wurde 1897 entdeckt. Das glasklare blaue Wasser lockt seither Besucher an. Die Grotten werden vom Badeort Agios Nikólaos aus sowie bei den in den Ferienorten angebotenen Inselrundfahrten angelaufen.

Wappen im Moní tis Panagías tis Anafonítrias

Infobox

39 000. 4 km südl. von Zákynthos-Stadt. Zákynthos-Stadt; Agios Nikólaos. Zákynthos-Stadt. Tzouláti 2, Zákynthos-Stadt (26950 42064). Zákynthos-Stadtfest: Juli. **www**.zakynthos-alykes.com

Die Blauen Höhlen am Nordrand der Insel Zákynthos

Argo-Saronische Inseln

Salamína · Aígina · Póros · Ydra · Spétses · Kýthira

Die Argo-Saronischen Inseln bieten stellenweise noch das typische griechische Inselleben, obwohl auch hier der Fremdenverkehr zugenommen hat. Am Wochenende, wenn viele Athener kommen, können die Strände recht voll werden. Kýthira stand früher unter venezianischer und britischer Oberhoheit. Heute ist es offiziell dem Präfekturbezirk Piräus zugeordnet.

Terrakotta-Ornament

Ihre Nähe zu Athen trug den Inseln eine bewegte Geschichte ein. Aígina war im 7. Jahrhundert v. Chr. ein wohlhabender, Seehandel treibender Staat, der eigene Münzen prägte und den großartigen Aphaia-Tempel hinterließ. Salamína ging durch die Seeschlacht von Salamis (480 v. Chr.), in der die griechische Flotte die Perser schlug, in die Geschichtsbücher ein. Wie sehr Gesellschaft und Kultur der Inseln von der Handelsschifffahrt profitierten, erkennt man heute noch an Ydras geschmackvoller Architektur sowie an Aíginas prächtigen privaten und öffentlichen Bauten. Ydra und Spétses spielten eine entscheidende Rolle im Unabhängigkeitskrieg *(siehe S. 42f)*. Unter den tapferen Kämpfern dieser Region ragten die Heldin Laskarína Bouboulína und Admiral Andréas Miaoúlis hervor.

Salamína und Aígina sind nur einen Katzensprung von Athen entfernt und werden oft als Inselvororte der Hauptstadt bezeichnet. Póros wirkt kaum wie eine Insel, da es ein nur schmaler Kanal vom Peloponnes trennt. Trotz moderner Bebauung besitzen die Inseln noch ursprüngliche Flecken. Póros und Spétses sind üppig grün, bedeckt von Kiefern und Olivenhainen, ihre Schwestern karger und gebirgiger. Kýthiras Küste erinnert eher an die Ionischen Inseln. Auf dieser an antiken Schiffsrouten gelegenen Insel barg man wertvolle Funde wie den *Jüngling von Antikýthira*, der im Athener Archäologischen Nationalmuseum *(siehe S. 286)* zu sehen ist.

Hafen von Agios Nikólaos auf Aígina

◁ Póros-Stadt mit den Bergen des Peloponnes im Hintergrund *(siehe S. 100)*

Überblick: Argo-Saronische Inseln

Da sie vor Athens Haustür liegen, eignen sich die Argo-Saronischen Inseln für Stippvisiten ebenso wie für längere Aufenthalte. Ihre Vegetation ist üppig, überall findet man friedliche Buchten mit kristallklarem Wasser. Aígina, der ideale Ausgangspunkt, besitzt wie die anderen Inseln pittoreske Hafenorte mit gepflasterten Straßen und klassizistischen Gebäuden. Die vielen Bars und Läden verleihen den Inseln weltstädtisches Ambiente. Kajiken, traditionelle Segelboote, die in Häfen Gemüse feilbieten, und Pferdedroschken erinnern an frühere Zeiten. Auf Pferde setzen vor allem die für Autos gesperrten Städte Póros, Ydra und Spétses. Immer noch ein Geheimtipp ist, trotz ihrer hübschen Dörfer und einsamen Strände, die große Insel Kýthira.

Idyllischer Hafen von Aígina-Stadt

Inseln auf einen Blick

Siehe auch

• ***Übernachten*** S. 304–306
• ***Restaurants*** S. 331f
• ***Reiseinformationen*** S. 366–369

Legende

- Hauptstraße
- Nebenstraße
- Panoramastraße
- Fähre (nur Hauptsaison)
- Aussichtspunkt

Palaiochora (Kýthira) und seine raue Umgebung

0 Kilometer 20

Weitere Zeichenerklärungen *siehe hinter Umschlagklappe*

Zur Orientierung

Auf den Argo-Saronischen Inseln unterwegs

Fähren und Tragflügelboote verbinden die Argo-Saronischen Inseln mit Piräus' Häfen Kentrikó Limáni und Marína Zéas. Salamína wird zudem von Linienschiffen bedient. Aígina, Spétses und Póros sind klein genug, um sie mit öffentlichen Verkehrsmitteln, Taxis oder gemieteten Mopeds zu erkunden. Ydra-Besucher sind auf die eigenen Füße und Boote angewiesen. Kýthira wird täglich von Athen aus angeflogen. Fähren und Tragflügelboote verbinden es mit Piräus' Häfen sowie Neápoli und Gýtheio auf dem Peloponnes. Auf der Insel kann man Fahrräder und Mopeds mieten.

Salamína
Σαλαμίνα

38 000. Paloúkia und Selínia. Salamína-Stadt. Do in Salamína-Stadt, Sa in Aiánteio.

Die größte Insel des Saronischen Golfes liegt so nahe an Athen, dass die meisten Griechen sie dem Festland zurechnen. Bei ihr schlugen 480 v. Chr. in der Seeschlacht von Salamis die von Themistokles angeführten Griechen die Perser. Ungläubig beobachtete der Perserkönig Xerxes I., wie die wendigen Trieren der weit kleineren griechischen Flotte seine schweren Schlachtschiffe in der Bucht von Salamis besiegten. Heute bliebe sein Auge an der Mixtur aus Ferienhäusern, Kirchen und preiswerten Tavernen hängen, an der Ostküste aber auch an den Schrottplätzen und Stützpunkten der Kriegsmarine.

Die reizlose Inselhauptstadt **Salamína** erstreckt sich an der Westküste zu beiden Seiten einer von Weingärten bedeckten Landenge. Stadt und Insel trug ein Keks, dessen Form jener der Insel ähnelt, den Spitznamen Koúlouri ein.

Mehr Charakter besitzt **Agios Nikólaos** östlich von Salamína-Stadt. Villen aus dem 19. Jahrhundert säumen den Kai, an dem kleine Kajiken fangfrischen Fisch entladen. Ab Paloúkia windet sich eine Straße durch den Inselsüden zu den Dörfern Selínia, Aiánteio und Peristéria.

Im Nordwesten der Insel blickt das **Moní Faneroménis** (17. Jh.) über den schmalen Golf auf das antike Eleusis an Attikas Küste. Im Unabhängigkeitskrieg *(siehe S. 42f)* diente das Kloster Freiheitskämpfern als Versteck. Wandmalereien mit Szenen des *Jüngsten Gerichts* (18. Jh.) schmücken die byzantinische, von den Venezianern restaurierte Klosterkirche. Die Nonnen heißen Besucher willkommen und pflegen den Garten, durch den prächtige Pfauen stolzieren.

Fischerboote laufen in den Hafen von Aígina ein

Aígina
Αίγινα

14 000. Aígina-Stadt. Leonárdou Ladá, Aígina-Stadt (22970 27777).

Die zweitgrößte Saronische Insel liegt nur 20 Kilometer südwestlich von Piräus. Aígina ist seit über 4000 Jahren eine bedeutende Siedlung. Der Sage nach brachte Zeus seine Geliebte Aígina, Tochter des Flussgottes Asopós, hierher. Die Insel stieg im Lauf der Zeit zu einem reichen, Seehandel treibenden Staat auf. Dieser prägte im 7. Jahrhundert v. Chr. Europas erste Silbermünzen, ein in der ganzen griechischsprachigen Welt anerkanntes Zahlungsmittel. Aígina kontrollierte fast den gesamten Außenhandel des alten Griechenland. Seine Bewohner waren begnadete Seefahrer, die im Mittelmeer und im Schwarzen Meer kreuzten. Ihr Reichtum schürte den Neid der benachbarten Athener, welche 456 v. Chr. schließlich die Insel einnahmen. Bereits um 490 v. Chr. entstand der **Aphaia-Tempel** *(siehe S. 98f)*, die berühmteste Sehenswürdigkeit der Insel. Die Jahrhunderte, in denen Machtkämpfe der Türken und Venezianer sowie Überfälle von Piraten Aígina beutelten, führten zum Niedergang der Insel. Doch sollte Aígina-Stadt nochmals für kurze Zeit eine geschichtsträchtige Rolle spielen: 1828 war die Stadt Sitz der ersten neugriechischen Regierung unter dem Vorsitz von Ioánnis Kapodístrias.

Schrein gegenüber dem Moní Faneroménis

Ruine des venezianischen Pýrgos Markéllou, Aígina-Stadt

Aígina-Stadt
Die malerische Stadt beherbergt viele Kirchen, darunter die **Agía Triáda** (19. Jh.), die den Hafen überblickt. Am Ufer warten Pferdedroschken, die Gäste durch schmale Straßen mit klassizistischen Häusern zum venezianischen Turm **Pýrgos Markéllou** nahe der Kathedrale bringen. Die 1994 geweihte Kathedrale **Agios Nektários** gilt als zweitgrößte griechisch-orthodoxe Kirche nach der Agía Sofía in Istanbul. Oktopoden trocknen vor den Tavernen in den Straßen rund um den Fischmarkt. Nordwestlich, hinter den Läden, die Wasserkrüge

Legende

Symbole siehe hintere Umschlagklappe

Kathedrale Agios Nektários in Aígina-Stadt

und Pistazien verkaufen, liegen Reste des **Apollon-Tempels** (6. Jh. v. Chr.). Dort fand man die berühmte, im **Aígina-Museum** ausgestellte Sphinx von Aígina (6. Jh. v. Chr.).

Aígina-Museum
Kolóna 8. *22970 22637.*
Di–So. *Feiertage.*

Umgebung: In Livádi, nördlich von Aígina-Stadt, verweist eine Gedenktafel auf das Haus, in dem der Autor Níkos Kazantzákis *Alexis Sorbas* schrieb *(siehe S. 276)*.

Inselerkundung

Die nur acht Kilometer durchmessende Insel lässt sich bequem per Fahrrad erkunden. Östlich von Aígina-Stadt steht dicht an der Inselhauptstraße die byzantinische Kirche **Omorfi Ekklisá** (13. Jh.) mit schönen Fresken. Pilger reisen auf der Straße weiter zum Kloster **Agios Nektários**. Erzbischof Nektários (1846–1920) wurde 1961 heiliggesprochen. Besucher können die Wohnräume und Grabkapelle dieses jüngsten Heiligen der griechisch-orthodoxen Kirche besichtigen.

Am Hang gegenüber liegen die Ruinen von **Palaiochóra**.

Verstreute Ruinen byzantinischer Kapellen in der aufgegebenen Stadt Palaiochóra

Barbarossa (Chair Ad Din), unter Sultan Suleiman I. Oberbefehlshaber der türkischen Flotte, zerstörte 1537 die in byzantinischer Zeit gegründete Stadt. Ihre Umgebung wurde 1826 verlassen.

Von Aígina-Stadt führt eine reizvolle Küstenstraße im Schatten des **Oros**, der höchsten (530 m) Inselerhebung, durch Pistazienhaine und den Fischerhafen Fáros nach **Pérdika** im Südwesten der Insel. Das Fischerdorf hat gute Fischtavernen mit Hafenblick, in denen sich am Wochenende Ausflügler drängen.

Vorgelagerte Inseln: Kajiken segeln von Pérdika in 15 Minuten zur Insel Moní hinüber. Smaragdgrünes Wasser, abgeschiedene Buchten und versteckte Höhlen sind ihre Attraktionen.

Angístri ist von Aígina-Stadt aus mit Kajiken, von Piräus aus mit Fähren rasch erreicht. Deutsche haben sich die ursprünglich von Albanern besiedelte Insel zur zweiten Heimat erkoren: Im Dorf Metóchi über Skálas Hafen gehören ihnen fast alle Häuser. In Skála und in Mílos, dem zweiten Haupthafen, entstanden Hotels und Bars in großer Zahl. Andernorts ist die kiefernbestandene Insel noch unversehrt. Traditionelles Flair hat das Bauern- und Fischerdorf Liménaria im Süden.

Aígina: Aphaia-Tempel

Ναός της Αφαίας

Der Aphaia-Tempel, einer der besterhaltenen dorischen Tempel *(siehe S. 60f)* des Landes, liegt zwischen Kiefern auf einem Hügel oberhalb des Badeorts Agía Marína. Eine Kultstätte befand sich dort schon im 13. Jahrhundert v. Chr. Der deutsche Archäologe Adolf Furtwängler grub den um 490 v. Chr. erbauten Tempel aus. Eine 1901 geborgene Inschrift belegt, dass der Tempel nicht – wie angenommen – Athena, sondern der Göttin Aphaia geweiht war. Die Anlage ähnelt dem größeren, 30 Jahre jüngeren Zeus-Tempel in Olympia.

Innere Mauern
Die Innenmauern hatten eine verdickte Basis und, als Pendant zu jenen des Säulengangs, angedeutete Kapitelle.

Luftaufnahme der Südseite des Tempels

Das östliche Giebelfeld schmückten um Athena herum angeordnete Figuren. Sie ersetzten, anders als die archaischen Plastiken im westlichen Giebelfeld, ältere Skulpturen.

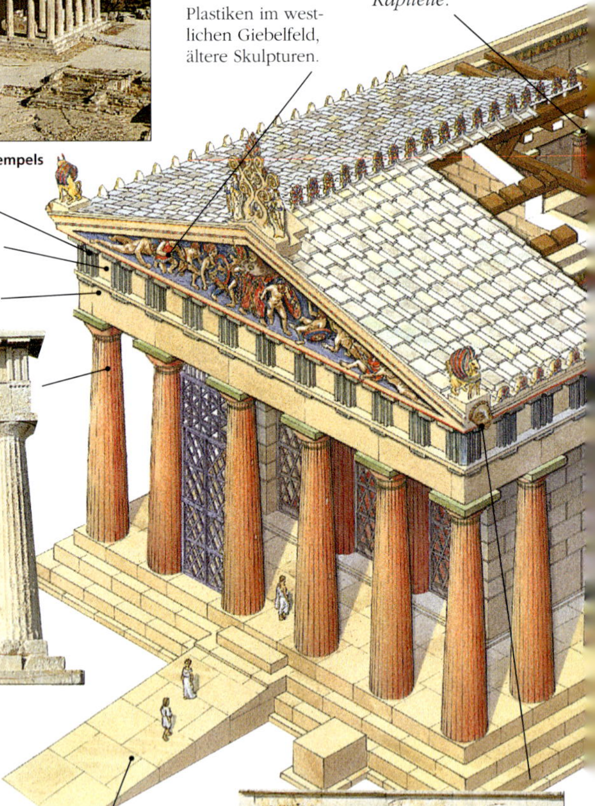

Ecksäulen
Da freier Hintergrund Säulen schmaler wirken lässt, platzierte man an den Ecken dickere Säulen.

Eck-Architrave
Auf dem glatten Architrav *(Tragebalken) liegt ein Fries mit verzierten* Triglyphen *(dreiteiligen Feldern) und* Metopen *(Zwischenfeldern) auf.*

Innensäulen
Die Cella umstehen doppelstöckige dorische Säulen. In den oberen Säulen setzt sich die Verjüngung der unteren fort.

Die Dachziegel bestanden aus gebranntem Ton, an den Kanten aus parischem Marmor.

Ophistodomos, die rückwärtige Vorhalle

Infobox

12 km östl. von Aígina-Stadt.
22970 32398.
Stätte *Apr–Okt: tägl. 8.15–19 Uhr; Nov–März: tägl. 8.15–17 Uhr.* **Museum** *Di–So 9–13 Uhr (Einlass nur 9, 11, 12, 13 Uhr).* *1. Jan, 25. März, Karfreitag, Ostersonntag, 1. Mai, 25., 26. Dez.*

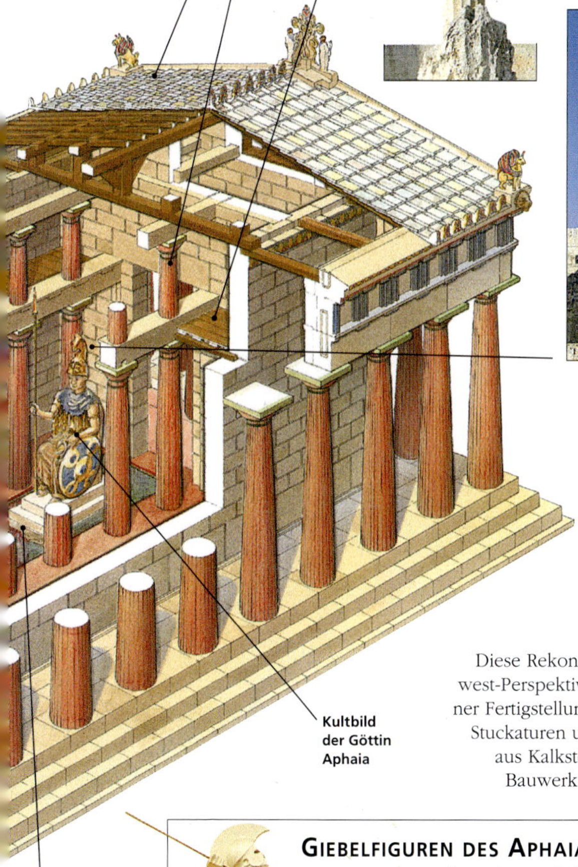

Cella
In der Cella, dem Innenraum, stand das Kultbild. Manche Tempel besaßen mehr als eine Cella, dann war der hintere Raum der Priesterin vorbehalten.

Kultbild der Göttin Aphaia

Rekonstruktion des Aphaia-Tempels

Diese Rekonstruktion zeigt aus der Nordwest-Perspektive, wie der Tempel nach seiner Fertigstellung um 490 v. Chr. aussah. Mit Stuckaturen und Anstrich verziert, bot das aus Kalkstein der Umgebung errichtete Bauwerk einen farbenfrohen Anblick.

Das Olivenölbecken diente der Aufnahme der vielen Trankopfer, die man der Göttin darbrachte.

Giebelfiguren des Aphaia-Tempels

Rekonstruktion der *Krieger*, einer Plastik des westlichen Giebelfelds

Eine Gruppe britischer und deutscher Architekten und Künstler, unter ihnen Baron Haller von Hallerstein, John Foster und C. R. Cockerell, entdeckte im April 1811 die berühmten Figuren der Giebelfelder des Aphaia-Tempels. Kronprinz Ludwig von Bayern ersteigerte die Skulpturen später für die Münchner Glyptothek, in der sie heute zu bewundern sind. Thema der Plastiken sind Heldenkämpfe der griechischen Sagenwelt. Die westlichen Giebelfiguren entstanden um 490 v. Chr. im spätarchaischen, die östlichen (gekennzeichnet durch fließendere Bewegungen und mehr Ausdrucksstärke) um 480 v. Chr. im frühen klassischen Stil.

Póros
Πόρος

4500. Póros-Stadt. Póros-Stadt (22980 22462). *Fr vormittags in Paidikí Chará.*

Ihren Namen verdankt die Insel der 400 Meter schmalen Passage *(póros)*, die sie von Galatás auf dem Festland trennt. Póros bestand ursprünglich aus zwei Inseln, die nun ein Damm vereint: der dicht von Kiefern bewachsenen Insel Kalávria im Norden und dem vulkanischen Inselchen Sfairía im Süden. Auf Sfairía liegt **Póros-Stadt**. Der freundliche Ort zieht sich an der viel befahrenen Meerenge dahin. Am Hang reihen sich Häuser aus dem 19. Jahrhundert bis hinauf zum Uhrturm.

Nordwestlich der Stadt und des Damms ankert vor der 1849 eingerichteten **Nationalen Marineschule** gewöhnlich ein altes Kriegsschiff, das der Kadettenausbildung dient.

Auf Kalávria steht das **Moní Zoödóchou Pigís** (18. Jh.) bei der einzigen Quelle der Insel. Auf dem Hügel nahe Kalávrias Zentrum liegt die frei zugängliche Ruine des **Poseidon-Tempels** (6. Jh. v. Chr.), der im Altertum auch für Troizen auf dem Peloponnes eine wichtige Kultstatt war. Dort vergiftete sich 323 v. Chr. der Redner Demosthenes, um nicht den Makedoniern in die Hände zu fallen.

Lebhafter Hafenkai von Ydra

Ydra
Ύδρα

3000. Ydra-Stadt. Ydra-Stadt (22980 52205). Mandráki, 1,5 km nordöstl. von Ydra-Stadt; Vlychós, 2 km südwestl. von Ydra-Stadt.

Die schmale Insel besteht aus einem kahlen Felsrücken. Ihre Geschichte beginnt im 16. Jahrhundert mit der Besiedlung durch orthodoxe Christen aus Albanien. Danach wandten sich die Einwohner der einträglichen Seefahrt zu. Die Stadt Ydra entstand in der kurzen Blüte des späten 18. und frühen 19. Jahrhunderts. Während der Napoleonischen Kriege durchbrachen Ydras Schiffe die Seeblockade und förderten damit den Reichtum der Insel. Nach der Unabhängigkeit fiel Ydra zurück in den Dornröschenschlaf. Nach 1960 restaurierten Feriengäste die alten Häuser und verwandelten Ydra in einen exklusiven Urlaubsort. Architektonisch hat dies der Insel nicht geschadet dank der Auflage, das Stadtbild der 1820er Jahre zu erhalten. Zudem sind Autos auf der Insel verboten. Stattdessen trotten Esel durch die steilen Treppenstraßen.

Glockenturm der Kirche Panagía, Ydra

Ydra-Stadt

Im Hafenviertel gibt es noch über ein Dutzend der drei- bis vierstöckigen *archontiká* oder Herrenhäuser. Sie stehen Besuchern allerdings nicht regelmäßig offen. Wandernde

Häuserdickicht von Póros-Stadt am Hang von Sfairía

Hotels und Restaurants auf den Argo-Saronischen Inseln *siehe Seiten 304–306 und 331f*

Handwerker bauten sie zwischen 1780 und 1820. Das Herrenhaus **Tsamadoú** an der östlichen Hafenseite beherbergt jetzt die Staatliche Schule der Handelsmarine, das Herrenhaus **Tompázi** die Akademie der Schönen Künste. Gleich hinter dem Zentrum des Kais ragt die zwischen 1760 und 1770 errichtete Klosterkirche **Panagía** auf. Der Poseidon-Tempel auf Póros lieferte ihr Baumaterial. Ihr marmorner Glockenturm gilt als Werk eines Steinmetzmeisters aus Tínos.

Inselerkundung

Besucher müssen Ydra erwandern oder sich an der Küste mit Wassertaxis voranbewegen. Südwestlich führt ein 15-minütiger Uferbummel nach **Kamíni**, dem Haupthafen der Fischer seit dem 16. Jahrhundert. Der Bauernweiler **Episkopí** im äußersten Südwesten der Insel war einmal Sommerzuflucht und Jagdrevier der Betuchten. Eine Stunde dauert der steile Aufstieg zum Kloster **Agía Efpraxía** – die Nonnen verkaufen eifrig Handarbeiten – oberhalb von Ydra-Stadt. Mönche leben im benachbarten Kloster **Profítis Ilías** (19. Jh.). Von dort erblickt man im Osten der Insel die drei unbewohnten Klöster aus dem 18. und 19. Jahrhundert. Sie säumen die lange Route zum **Moní Panagía**. Von dort ist es nicht weit zum Kap Zoúrvas im Nordosten der Insel.

Spétses

Σπέτσες

3900. Spétses-Stadt.
Spétses-Stadt (22980 73100).
Mi in Kokinária.

Pityoússa (»Kiefernharz«) lautet der alte Name der Insel Spétses. Ihre Geschichte ähnelt der von Ydra: Die Insel wurde 1220 von den Venezianern und 1460 von den Türken besetzt. Die Bevölkerung

Alter Hafen von Báltiza auf Spétses

kämpfte 1770 auf der Seite der Russen im Russisch-Türkischen Krieg und nahm schon früh an der Revolution von 1821 teil. Die Revolutionsheldin Laskarína Bouboulína stammte aus Spétses. Diese Insel besaß eine Flotte von 52 Schiffen mit gut ausgebildeter und erfahrener Besatzung. Während der Kämpfe kamen noch 27 Schiffe dazu. In den 1920er und 1930er Jahren war Spétses bei Engländern und anglophilen Griechen sehr beliebt. Motorfahrzeuge sind hier nicht komplett verboten: Man kann Mopeds mieten, Busse fahren die Strände an.

Statue der Bouboulína in Spétses-Stadt

Spétses-Stadt

Die Stadt Spétses zieht sich zwei Kilometer an der Küste entlang. Cafés säumen den viel besuchten Kai Ntápia. Im *archontiká* des Chatzi-Giánnis Méxis (1795) bewahrt das **Museum Chatzi-Giánnis Méxis** den Sarg der Bouboulína und Galionsfiguren ihres Schiffes. Das Haus der Heldin wurde in das private **Bouboulína-Museum** verwandelt. Südöstlich davon liegt in der Meerenge **Báltiza** der alte Hafen, in dem man noch auf herkömmliche Weise Holzboote baut. Kieselmosaiken schmücken die hübsche Kirche **Agios Nikólaos** (17. Jh.) oberhalb des Hafens, deren Glockenstuhl Handwerker aus Tínos fertigten.

Museum Chatzi-Giánnis Méxis
300 m vom Hafen entfernt.
22980 72994. Di–So.
Feiertage.

Bouboulína-Museum
Hinter Plateía Ntápia. *22980 72416. 25. März–28. Okt: tägl. 9.30–21 Uhr.*

Inselerkundung

Eine nur zum Teil asphaltierte Straße führt rund um die Insel. Es empfiehlt sich, ein Fahrrad oder Moped zu mieten. In der jetzt geschlossenen Privatschule Anargyreios-Korgialéneios lehrte nach 1950 kurze Zeit der britische Romanautor John Fowles. Später schrieb er den Roman *Der Zauberer*, der in Spétses spielt. Spétses besitzt die besten Kiesstrände der Argo-Saronischen Inseln, darunter jene von **Ligonéri**, **Vréllas** und **Agía Paraskeví**, sowie mit **Agioi Anárgyroi** einen einzigen Sandstrand.

Kieselmosaik in der Kirche Agios Nikólaos, Spétses-Stadt

Kýthira
Κύθηρα

Früher wurde Kýthira wie die Ionischen Inseln von den Venezianern und Briten regiert. Heute gehört die Insel zum Verwaltungsbezirk Piräus. In der griechischen Mythologie ist Kýthira einer der Geburtsorte der Aphrodite. Die Venezianer nannten die Insel Tserigo. Die vielen nach Australien ausgewanderten Bewohner, die ihre Heimat gern besuchen, brachten Kýthira den Beinamen »Känguru-Insel« ein. Auch Athener schätzen die Strände und die Ferienhäuser mit ihrer eigenwilligen Mixtur ägäischer und venezianischer Elemente.

Legende

Symbole siehe hintere Umschlagklappe

Abendansicht der an den Hang gebauten Häuser von Chóra

Blick von Chóra auf Kapsáli

Chóra

Chóra ist erst seit Zerstörung der Stadt Palaióchora 1537 Inselhauptstadt. Das **Kástro** entstand in zwei Bauphasen im 13. und 15. Jahrhundert. An seinem Fuß krönen Kuppeln eine intakte Zisterne, oben umringen alte Kanonen die Kirche **Panagía Myrtidiótissa**. Der Hang, an dem Festung und Stadt liegen, fällt fast senkrecht ab zum Meer und dem Inselchen Avgó, dem sagenhaften Geburtsort der Aphrodite – ein einzigartiges Motiv in der griechischen Inselwelt. Die reizvolle untere Stadt prägen solide Villen mit Flachdach aus dem 17. bis 19. Jahrhundert, die reiche Athener anziehen. Das **Archäologische Museum** am Stadtrand zeigt mykenische und minoische Fundstücke sowie Grabsteine aus der britischen Besatzungszeit (1809–64).

Archäologisches Museum

27360 31739. Juli–Sep: tägl. 10–20 Uhr. Feiertage.

Umgebung: Am Ostrand von Chóra legen im Hafen von **Kapsáli** Yachten, Tragflügelboote und manchmal auch große Fähren an. Der Strand ist nur mittelmäßig, aber belebt. Über dem Kiefernwald steht auf der Klippe das **Moní Agios Ioánnis sto Gkremó** (16. Jh.). Sieben Kilometer südlich von Kálamos liegt der Sandstrand von Chalkós. Acht Kilometer nordöstlich via Kálamos bei **Fyrí Ammos** findet man einen Kiesstrand mit Grotten.

Hotels und Restaurants auf den Argo-Saronischen Inseln *siehe Seiten 304–306 und 331f*

Weiß getünchtes Haus in Mylopótamos

Inselerkundung
Wegen der recht gebirgigen Landschaft der Insel sind auf Kýthira – eher als Mopeds – Autos das beste Fortbewegungsmittel. Im Sommer fährt einmal täglich ein Bus die Hauptorte der Strecke zwischen Agía Pelagía und Kapsáli an. Ein felsiger Küstenstreifen endet östlich bei **Avlémonas**, einem hübschen Fischerort mit Doppelhafen und gewölbten Lagerhäusern. Nahebei sank 1802 die *Mentor*, an Bord viele der von Lord Elgin abtransportierten Marmorskulpturen. Zu beiden Seiten von Kap Kastrí erstrecken sich schöne Strände. Hoch über Avlémonas thront die mit Bodenmosaiken verzierte Kirche Agios Geórgios (6. Jh.).

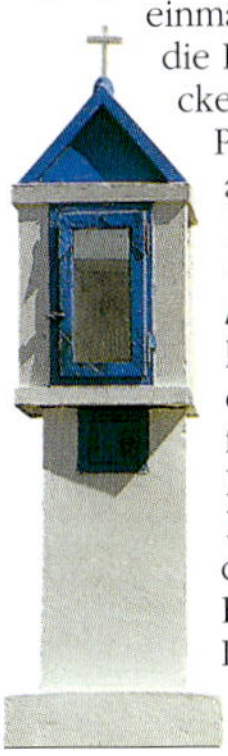

Schrein am Straßenrand auf Kýthira

Auf der anderen Seite der Insel führt von **Mylopótamos** ein Pfad westwärts zum Wasserfall Fónissa. Stromab entdeckt man eine Mühle und eine winzige Steinbrücke.

Durch seine Lage auf einer steil nach Nord und West abfallenden Klippe und die Ansammlung verschlossener Kapellen ähnelt das Kástro von **Káto Chóra** (1565) auf den ersten Blick Palaióchora. Das Bauwerk diente nicht militärischen Zwecken, sondern Bauern als Zuflucht in unruhigen Zeiten. Über dem Eingang wacht ein Markuslöwe, nahebei wird eine von Briten 1825 gebaute Schule restauriert.

2,5 Kilometer von Káto Chóra hat sich (150 m ü. d. M.) in schwarzem Kalkstein die Höhle **Agía Sofía** gebildet. Den Schrein am Eingang bemalte im 13. Jahrhundert ein Einsiedler mit Illustrationen der christlichen Kardinaltugenden. Auf einem 200 Meter hohen Felsen liegen die Ruinen von **Palaióchora**, nach 1248 byzantinische »Hauptstadt« der Insel. Sie war so angelegt, dass sie von See her kaum sichtbar war, wurde aber 1537 von Barbarossa, dem Oberbefehlshaber der türkischen Flotte, erspäht und zerstört. **Agía Varvára** (14. Jh.) ist die besterhaltene der sechs Kirchen. Nach Süden gelangt man zum **Moní Theodórou**, Sitz des Bischofs von Kýthira. Die Klosterkirche (12. Jh.) erlebte gravierende Veränderungen. Eine griechische Rarität ist das Barockrelief über dem Portal. Um den Haupthafen **Agía Pelagía** stehen einige Hotels. **Karavás** wirkt mit seinen an die Steilhänge eines Flusstals gebauten Häusern dagegen wie ein Oasendorf.

INFOBOX

3400. 22 km nordöstl. von Chóra. Agía Pelagía und Kapsáli. zwischen Agía Pelagía und Kapsáli sowie zwischen Diakófti und Kapsáli. 27360 33222. So in Potamós.

Agía-Sofía-Höhle
Mylopótamos. *27360 33754. Di–So. Nov–März. Juli, Aug.*

Vorgelagerte Inseln: Das kahle Eiland **Elafonísi** nördlich von Kýthira besitzt nach Ansicht der meist griechischen Besucher die schönsten Strände im Lande. Als bester Strand gilt Símos (5 km südöstlich des Hafenstädtchens) im Osten einer Halbinsel. Die Insel **Antikýthira** im Südosten hat kaum Einwohner und keine Strände.

Blick vom Palaióchora über eine Schlucht nach Osten

Sporaden und Évia

Skiáthos · Skópelos · Alónnisos · Skýros · Évia

Man ist erstaunt über das satte Grün von Évia und den Sporaden, wenn man nur Griechenlands karge, trockene Inseln, etwa die Kykladen, kennt. Die üppig von Kiefern bestandenen Berge, die Quellen und Flüsse, die schier endlosen Strände und geschützten Buchten dieser Inseln haben seit früher Zeit Siedler – und auch Piraten – angelockt.

Ihre Nähe zum Festland machte die Sporaden und Évia (Euböa) zur leichten Beute von Eroberern. Aus dem nahen Iolkos (Vólos) kamen in prähistorischer Zeit Siedler. Die Minoer führten den Oliven- und Weinanbau ein. Architektonisch spiegelt sich die wechselvolle Geschichte am stärksten auf Évia wider: Außerordentlich viele Bauten zeugen von den langen Jahren venezianischer und türkischer Besatzung. Von Piraten heimgesucht, lebten die Bewohner der Sporaden bis ins 19. Jahrhundert im Schutz befestigter Städte. Selbst Évias Einwohner wanderten, wenn das Leben in Küstendörfern wie Límni zu hart wurde, für einige Generationen nach Skiáthos aus. Die Insulaner befuhren Handel treibend das Ägäische Meer. Bis heute gelten sie als begabte Segler. Selbstversorgung und Wohlstand sicherte ihnen zudem die Landwirtschaft: Fruchtbare Felder und Haine, bewässert von Quellen und Flüssen, überziehen das Innere. Bäuerliche Bodenständigkeit hat vor allem auf der abgelegenen Insel Skýros einmalige Handwerkskünste und Bräuche hervorgebracht. Dank seiner unzugänglichen Küste ist Skýros weitgehend verschont von Hotelkomplexen, die auf Skiáthos und Skópelos wie Pilze aus dem Boden geschossen sind.

Seemannsfigur in Kárystos, Évia

Évia ist groß genug, sodass die Einheimischen auch im Sommer, wenn die Urlauberströme kommen, ihren Gewohnheiten nachgehen.

Rotes Kastell nahe Kárystos, Évia

◁ Der Hafen von Agnóntas auf Skópelos in der Abendsonne *(siehe S. 112f)*

Überblick: Sporaden und Évia

Die High Society war es, die zwischen 1960 und 1980 von ihren Yachten aus die einsamen Strände von Skiáthos, Skópelos und Alónnisos entdeckte. Inzwischen kommen zahlreiche Gäste aus dem In- und Ausland an die herrlichen Küsten. Zum Wassersport verlocken fast alle Strände. Auf Skópelos und Skiáthos findet man gepflegte Nachtclubs und Bars. Die ruhigeren, kulturell und landschaftlich vielfältigen Inseln Skýros und Évia sind ideal für Wanderferien, aufgelockert durch Besuche in volkskundlichen Museen und faule Tage an schönen Stränden.

Haus in Sténi, Évia, vor der Kulisse des Berges Dírfys

Hafen von Skiáthos-Stadt

Siehe auch

- ***Übernachten*** S. 306f
- ***Restaurants*** S. 332
- ***Reiseinformationen*** S. 366–369

Weitere Zeichenerklärungen *siehe hinter Umschlagklappe*

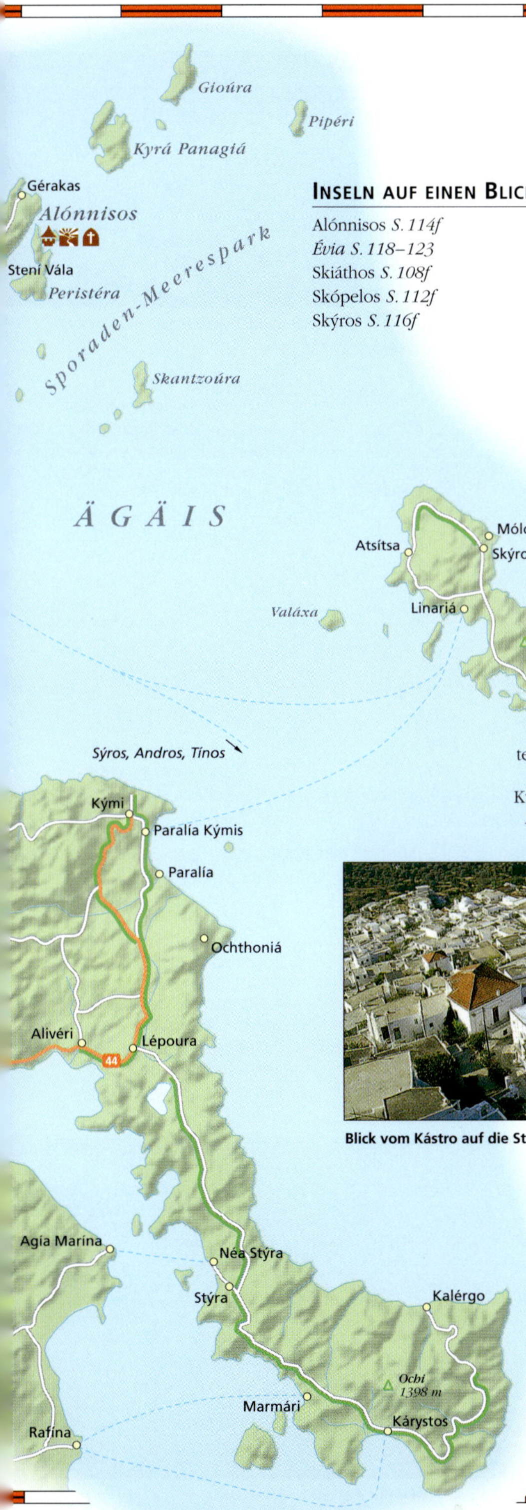

Inseln auf einen Blick

Zur Orientierung

Auf den Sporaden und Évia unterwegs

Inlandsflüge verbinden Skýros und Skiáthos mit Athen. Auf dem Flughafen von Skiáthos landen auch Chartermaschinen. Im Sommer ermöglichen Fähren und Tragflügelboote, die zwischen den Sporaden, Évia und dem Festland pendeln, bequemes Inselhüpfen. Auch die Kykladen und Thessaloníki sind mit Fähren erreichbar. Auf Évia sind die günstigsten Ausgangspunkte: zur Erkundung des Südens Kárystos, der Ostküste Kými, des Nordens Límni und Loutrá Aidipsoú. Das Straßennetz ist dicht, es gibt gute Busverbindungen.

Blick vom Kástro auf die Stadt Skýros

Legende

- Autobahn
- Hauptstraße
- Nebenstraße
- Panoramastraße
- Fähre (nur Hauptsaison)
- Gipfel

0 Kilometer 20

Skiáthos

Σκιάθος

Die weite Bucht von Koukounariés

Skiáthos ist seit je eine ausgesprochen hedonistisch geprägte Insel. In den 1960er Jahren entdeckte der Jetset die Traumstrände exklusiv für sich und seine Partys. Heute genießen Pauschalurlauber mit Kind und Kegel, Eimer und Schaufel das Badeparadies. Skiáthos ist kein exklusives Reiseziel mehr, seit es einen Flughafen besitzt, aber vor dem Strand von Koukounariés liegen immer noch Luxusyachten vor Anker. Der landschaftlichen Schönheit sowie der Idylle der Kirchen und Klöster konnte der Massentourismus nichts anhaben.

Legende

Symbole siehe hintere Umschlagklappe

0 Kilometer 2

Skiáthos-Stadt

Der Hauptort der Insel ist immer noch ein malerischer Fleck. Häuser mit roten Ziegeldächern und verwinkelte Pflastersträßchen bedecken seine zwei kleinen Hügel. Aus der Höhe überblicken die **Trión Ierarchón** und die kleinere **Panagía Limniá**, Kirchen aus dem 19. Jahrhundert, den lebendigen Hafen. Zwischen den Hügeln windet sich die Hauptstraße hinauf zum beschaulichen alten Viertel Limniá, in dem Bougainvilleen und an Spalieren gezogener Wein restaurierte Kapitänshäuser umwuchern. Der Ort ist ein Einkaufsparadies voller Bäckereien, schicker Boutiquen und Antiquitätenläden. Wer stöbert, findet hochwertiges Kunsthandwerk wie Keramiken, Ikonen, Schmuck und Stickereien.

Das kiefernbestandene Inselchen **Bourtzi**, durch einen schmalen Damm zur Halbinsel mutiert, teilt den Zwillingshafen der Stadt. Einst stand hier eine Festung. Heute ist Bourtzi ein kulturelles Zentrum und jeden Sommer Bühne für Konzerte, Tanz- und Theatervorführungen des Ägäis-Tanzfestivals. Blickfang ist das klassizistische Gebäude, vor dem eine Statue an den populären Erzähler Aléxandros Papadiámantis erinnert.

Das Leben in Skiáthos-Stadt konzentriert sich auf den Kai mit den vielen *kafeneía*, in denen es *loukoumádes* gibt, ausgebackene Honigkugeln. Dort genießt man beim Abendbummel die milde Luft und schaut tagsüber dem unablässigen Kommen und Gehen der Yachten und Fähren zu. Am Westende des Kais befinden sich ein schöner Fischmarkt, eine von Einheimischen frequentierte *ouzerí* sowie die kleinen Boote und Kajiken, die Tagesausflüge zu

Blick von der Kirche Profítis Ilías auf Skiáthos-Stadt

Fresko der Kirche Christós sto Kástro

INFOBOX

6000. 2 km nordöstl. von Skiáthos-Stadt. Hafen, Skiáthos-Stadt. 24270 23172. Ägäis-Tanzfestival, Skiáthos-Stadt: Juli. **www**.skiathos.gr

den schönsten Inselstränden, darunter Koukounariés und Lalária, sowie zu den nahen Inseln Tsougkriá und Argos unternehmen.

Hinter dem Hafen entführt das nach dem auf Skiáthos geborenen Schriftsteller benannte **Papadiamántis-Museum** in das Inselleben vor der Zeit des Fremdenverkehrs.

Papadiamántis-Museum
24270 23843. Mai–Okt.

Moní Agíou Charalámpou in den Hügeln über Skiáthos-Stadt

Inselerkundung

Während die Südküste touristisch voll erschlossen ist, verbergen sich im von Kiefern und Olivenbäumen dicht bewachsenen Norden einsame Klöster und Kirchen sowie Quellen und eine artenreiche Vogelwelt. Sogar verschwiegene Strände und Buchten findet man hier noch. Allerdings kann man sich an vielen, so **Kechriá** und **Mandráki**, nur im Rahmen von Inselrundfahrten für einige Stündchen absetzen lassen.

Von Skiáthos-Stadt führt die Straße gen Süden durch Fteliá. Kurz vor Troúllos zweigt sie westlich zum Strand von Asélinos und dem früher Panagiá Eikonístra genannten **Moní Kounístras** (17. Jh.) ab. Begründer des Klosters war ein Mönch, der in einem Baum eine wundersame, nun in der Kirche Trión Ierarchón von Skiáthos-Stadt bewahrte Ikone gefunden haben soll.

Vom Kloster steigt ein Pfad zwischen Kiefern steil auf zur Kirche **Agios Ioánnis**. Es ist Sitte, bei der Ankunft ihre Glocke zu läuten.

Sterne übersäen die blaue Decke der winzigen Kapelle **Panagía Kechriás**, die weiter nördlich hoch über der 1829 aufgegebenen Inselhauptstadt **Kástro** wacht. Neben Resten von 300 Häusern sind drei restaurierte Kirchen zu sehen, darunter die **Christós-Kirche** (17. Jh.) mit kunstvoller Ikonostase.

Auf der Skiáthos-Stadt nordwestlich verlassenden Straße gelangt man zur **Profítis Ilías**, einer Kirche mit Tonnengewölbe aus dem 20. Jahrhundert. Bei der nahen Taverne bieten sich einzigartige Blicke über die Stadt. Vorbei an ertragreichen Bauernhöfen und der Kirche **Agios Apóstolos** führt der Pfad weiter nach Norden und durch wuchernden Salbei und Adlerfarn hinab zum **Moní Agíou Charalámpou** (1809), in dem der Schriftsteller Aléxandros Moraïtidis nach 1920 als Mönch seinen Lebensabend verbrachte. Südlich liegt in nächster Nähe das von Mönchen des Berges Athos 1775 gegründete **Moní Evangelismoú**. Im Unabhängigkeitskrieg *(siehe S. 42f)* verbargen sich hier zahlreiche Freiheitskämpfer.

Auf dem Rückweg nach Skiáthos-Stadt stößt man südlich des Moní Agíou Charalámpou auf die mit kreuzförmigen Tafeln verkleidete Kirche **Taxiárchis**. Dort sprudelt aus einem Hahn das beste natürliche Mineralwasser der Insel.

ALÉXANDROS PAPADIAMÁNTIS

Aléxandros Papadiamántis, der berühmteste Sohn der Insel, zählt zu den herausragendsten Literaten des Landes. Er wuchs auf Skiáthos auf und ging zum Studium nach Athen. In der Hauptstadt begann seine schriftstellerische Laufbahn. In über hundert Novellen und Erzählungen setzte er sich mit dem Inseldasein auseinander. Zu den bekanntesten seiner Werke zählen *Die Mörderin*, ein psychologisch eindringliches Werk, *Zigeunerkinder* und *Der Emigrant*. 1908 kehrte Papadiamántis schließlich nach Skiáthos zurück, wo er 1911 im Alter von 60 Jahren starb.

Strand von Kalamáki, Skiáthos ▷

Skópelos

Σκόπελος

Angesichts der Nähe zu Skiáthos erstaunt, dass Skópelos nicht restlos vom Tourismus erschlossen ist. Die Minoer ließen sich um 1600 v. Chr. auf dieser Insel nieder, die im Byzantinischen Reich ein Ort der Verbannung war. Ab 1204 herrschten die Venezianer fast 300 Jahre lang. Skópelos war in der Antike für seinen Wein berühmt, heute dominiert die Obstproduktion. Es bietet viele Strände und im bewaldeten Inneren eine reizvolle Landschaft.

Weg zur Panagía tou Pýrgou über Skópelos-Stadt

Skópelos-Stadt

Der charmante Inselhauptort präsentiert sich stolz mit 123 Kirchen, zahlreichen attraktiven Villen und Süßwarenläden voll traditioneller Spezialitäten wie Honig und Trockenpflaumen. Vom Ufer schlängeln sich Pflastersträßchen den Hang hinauf, liebevoll verziert mit Mustern aus Kieseln und Muschelschalen. Etliche der Häuser bewahren mit ihren Holzbalkonen und den schuppenartig gedeckten Schieferdächern den alten urbanen Sporadenstil.

Ein Juwel der Oberstadt ist die kreuzförmig angelegte **Panagía Papameletíou** (1662), auch Koímisis tis Theotókou genannt. In der gepflegten Kirche sind sakrale Kunstschätze zu bewundern. Der Kreter Antónios Agorastós schnitzte ihre Ikonostase. Auf einer Klippe über der Stadt schimmert das Schuppendach der unübersehbaren **Panagía tou Pýrgou**, die von ihrem Hochsitz die gesamte Hafenanlage überblickt.

Eine verfallene venezianische **Festung** krönt Kástro, das alte Viertel oberhalb der neuen Stadt. Die Familie Ghisi erbaute sie im 13. Jahrhundert auf dem Gelände der Akropolis (5. Jh. v. Chr.) des antiken Skópelos. In nächster Nähe steht auf Fundamenten des 9. Jahrhunderts die Kirche **Agios Athanásios** (11. Jh.). Das Innere zieren Fresken aus dem 16. Jahrhundert. Hinter der Hafenanlage zeigt das **Museum für Volkskunst** in einem Herrenhaus aus dem 19. Jahrhundert traditionelle Möbel, Stickereien und Trachten.

Museum für Volkskunst
Chatzistamáti. Tel. 24240 23494.
Nov–Mai: tägl. 8.30–14.30 Uhr; Juni–Okt: tägl. 10.30–14.30, 18–22.30 Uhr.

Umgebung: In den Hügeln über Skópelos-Stadt befinden sich zahlreiche sehenswerte Klöster, zu erreichen über die östliche Ausfallstraße. Ihre Kirchen mit den geschnitzten Ikonostasen und Ikonen sind kleine Schmuckstücke. Zu den größten der Insel zählt das sehr hübsche, auch Moní

Blick vom Kástro auf die reizvolle Bucht von Skópelos-Stadt

Nachmittagsstimmung: Fischtavernen an der Agnóntas-Bucht

Infobox

5000. Skópelos-Stadt.
Hafen (24240 23221).
Panagía: 15. Aug.
www.skopelos.net

Evangelismós genannte **Moní Evangelistrías** (1712). Dort verkaufen die Nonnen selbst gefertigte Produkte wie Web- und Stickarbeiten sowie einige Delikatessen. Etwas weiter erreicht die Straße eines der ältesten Klöster (16. Jh.) der Insel, das **Metamórfosis tou Sotíros**. Hinter seinen Mauern lebt heute nur noch ein einziger Mönch.

Nördlich davon bietet das 1721 restaurierte **Moní Timíou Prodrómou** wunderbare Ausblicke auf die Stadt Skópelos zu seinen Füßen. Seit 1920 leben hier Nonnen, die ebenfalls reizende Handarbeiten verkaufen. Eine Holperpiste führt vom Kloster auf den Berg **Paloúki** (385 m) und von dort entlang den *sares*, den steilen Klippen gegenüber Alónnisos, zum verlassenen Kloster **Moní Taxiarchón**.

Inselerkundung

Über die Inselhauptstraße lässt sich Skópelos bequem erkunden. Sie führt durch den erschlossenen Süden und bis Glóssa im Nordwesten. Haine von Pflaumenbäumen, Kiefernwälder und *kalívia* (Bauernhäuser) ziehen auf der Fahrt durch das reizvolle Inselinnere vorbei. Einziger Störfaktor ist der Mangel an Wegweisern.

Eine Straße fällt steil ab zu den beliebten Stränden Stáfylos und Velóna südlich von Skópelos-Stadt. Ruhiger als die Inselhauptstadt ist der Hafen von **Agnóntas**, wo bei schlechtem Wetter die Fähren anlegen. Einheimische schätzen die Fischtavernen an seinem Kiesstrand. Zum zauberhaften, von azurblauem Wasser umspülten Kieselstrand des nahen **Limnonári** gelangt man mit Booten oder auf der schmalen, hoch auf den Klippen verlaufenden Straße.

Weiß verputzte Häuser mit bunten Türen und Fensterläden in Glóssa

Vor dem modernen Dorf Elios erreicht man die umtriebigen Badeorte Miliá und Pánormos. Schmal, dafür aber stiller und oft sogar menschenleer, ist der nahe Strand von **Adrína**. Gegenüber liegt das waldige Inselchen Dasiá, benannt nach einer vor langer Zeit hier ertrunkenen Piratin.

Direkt östlich von Skiáthos liegt **Glóssa**. Pittoreske Überreste venezianischer Türme und Häuser erinnern im zweitgrößten Ort der Insel an die venezianische Besatzung. Der reizlose Hafen **Loutráki** unterhalb von Glóssa ist neben Skópelos-Stadt wichtigste Anlegestelle für Fähren.

An der Nordküste pendeln Kajiken (Taxiboote) zwischen dem Kiesstrand von **Glystéri** und Skópelos-Stadt. Von Glystéri führt eine Straße zu den bewaldeten Osthängen des **Délfi**, der höchsten Erhebung. Folgt man den Wegweisern mit der Aufschrift *sentoukía* (»Kästen«), erreicht man nach kurzem Weg durch zauberhaften Kiefernwald vier künstliche Felsnischen, vermutlich Sarkophage aus der Jungsteinzeit. Von dort hat man einen tollen Blick über die Insel.

Kalívia

Im Inselinnern sieht man noch oft hübsche *kalívia*. Manche dieser traditionellen, aus Stein erbauten Bauernhäuser sind ganzjährig bewohnt, andere nur zu Erntezeiten oder an den festlich begangenen Namenstagen örtlicher Schutzheiliger. Typisch sind die im Freien stehenden Öfen zum Trocknen von Pflaumen, Erinnerung daran, dass Skópelos berühmt war für seine Dörrpflaumen. Die *kalívia* erhalten ein Stück ländlichen Lebensstils, der auf Nachbarinseln fast ausgestorben ist.

Traditionelles *kalívi* zwischen Olivenbäumen und Zypressen

Ein verfallenes und ein renoviertes Haus in Palaiá Alónnisos

Alónnisos
Αλόννησος

2800. Patitíri. Kokkinókastro, 6 km nördl. von Patitíri.

Alónnisos blickt auf eine wechselvolle Geschichte zurück. Wie die anderen Sporaden-Inseln wurde es von Barbarossa, dem Oberbefehlshaber der türkischen Flotte, angegriffen. Auch das Erdbebene 1965 hinterließ viel Leid. Der Fremdenverkehr hat die Insel nur zum Teil geprägt, v.a. in den beiden Hauptorten Patitíri und Palaiá Alónnisos.

Patitíri
Von Patitíris geschäftigem Hafen aus kann man mit Booten Tagesausflüge zu den Nachbarinseln unternehmen, am Felsstrand nordöstlich davon ausgezeichnet baden. Mit welch liebevollem Stolz die Griechen ihre Häuser pflegen, belegen in den malerischen Seitenstraßen blitzweiße Höfe und prangende Blumentöpfe. Drei bis vier Kilometer nördlich liegen Rousoúm und Vótsi, zwei ruhigere Orte mit natürlichen, von Klippen und Tavernen umrahmten Hafenanlagen.

Frachter und Fischerboote im Hafen von Patitíri

Inselerkundung
Die friedvolle Insel hat viele Strände und Buchten. Das Innere durchziehen Pisten und Pfade, die sich nur für Motorräder und Schafherden eignen. Hoch auf einem Fels liegt die frühere Inselhauptstadt **Palaiá Alónnisos**. Sie wurde beim Erdbeben 1965 zerstört und verlassen. Die meisten Bewohner ließen sich in Patitíri nieder, zunächst in Notunterkünften aus Beton. Seit deutsche und britische Familien die Häuser aufgekauft und restauriert haben, bietet Palaiá Alónnisos wieder das Bild eines traditionellen Sporaden-Dorfes. Eindrucksvolle Akzente setzen die Ruinen einer venezianischen Festung (15. Jh.) und die schuppenförmig gedeckte Kapelle Tou Christoú.

Nordöstlich von Patitíri durchquert die Straße fruchtbares Land mit Kiefern, Oliven- und Erdbeerbäumen. Rote Klippen und Kiefern umgeben den beliebten Kieselstrand von **Kokkinókastro**. Dort liegen die Überreste der antiken Stadt Ikos, deren Namen die Insel einst trug. An der Nordküste der Insel liegt das Dorf Stení Vála. Von hier erreicht man über eine kurvige Straße **Gérakas** an der Nordspitze der Insel. Am Strand unterhält die **HSSPMS** (Hellenische Gesellschaft zum Studium und Schutz der Mönchsrobbe) im Sommer ein Forschungszentrum. Ihren Hauptsitz hat die Organisation am Hafen von Patitíri.

Hellenische Gesellschaft zum Studium und Schutz der Mönchsrobbe (HSSPMS)
Patitíri. *24240 66350.* *Apr–Okt: tägl.; Nov–März: auf Anfrage.*

Taverne in Stení Vála

Zwei Exemplare der bedrohten Mönchsrobbe

Sporaden-Meerespark

Θάλασσιο Πάρκο

von Skiáthos, Skópelos, Alónnisos.

Nationaler Meerespark von Alónnisos und den Nördlichen Sporaden, so heißt das 1992 eingerichtete und in der Ägäis einzigartige Naturschutzgebiet offiziell. Es umfasst außer Alónnisos die unbewohnten vorgelagerten Inseln Peristéra, Skantzoúra und Gioúra. Tagestouren mit dem Boot sind nur mit Einschränkungen erlaubt.

Der Park dient dem Erhalt von Griechenlands größter Kolonie der vom Aussterben bedrohten Mittelmeer-Mönchsrobbe sowie dem Schutz des gesamten Ökosystems dieser Gewässer. Meeresbiologen der Universität Athen riefen 1988 die Hellenische Gesellschaft zum Studium und Schutz der Mönchsrobbe ins Leben. Dieser ist es gelungen, das Verhalten der scheuen Tiere wissenschaftlich zu erforschen. Mit weltweit weniger als 500 Exemplaren zählt die Mittelmeer-Mönchsrobbe zu den bedrohtesten Arten der Erde. Um die 300 Robben leben in der Ägäis, etwa 50 davon im Meerespark. Es scheint, als zahlten sich die Einschränkungen des Fischfangs und andere Schutzmaßnahmen allmählich aus.

Die Robben sichtet man im Park nicht immer. Der Zugang zu den auf Gioúra lebenden Wildziegen und den seltenen Audouin-Möwen und Eleonora-Falken bei den Klippen des Eilands Skantzoúra ist nur noch für Forschungszwecke gestattet.

Jedes Jahr im Frühling und Sommer finden im Meerespark zahlreiche Zugvögel einen geeigneten Rastplatz. Winzige Grasmücken, große elegante Weihen und viele andere Landvögel ziehen auf dem Weg von und zu ihren Nistplätzen im Norden von Europa in meist sehr großen Scharen durch das Gebiet.

Meeresfauna der Sporaden

Wer nach der Mönchsrobbe Ausschau hält, bekommt dabei viele andere Bewohner der Sporaden zu Gesicht. Graureiher und Eisvögel, von Besuchern aus Nordeuropa oft nur an süßen Gewässern vermutet, tummeln sich an den Küsten. Vor allem im Frühjahr und Sommer kann man mehrere Arten von Möwen und Seeschwalben sichten. Fährt man nahe an die Klippen heran, erspäht man Eleonora-Falken, die in unzugänglichen Simsen nisten und in der Luft ihre akrobatischen Flugkünste vorführen.

Achten Sie weiter draußen im Meer auf die Quallen. Vielleicht begleitet eine Gruppe Gemeiner Delfine eine Weile Ihr Boot. Sturmtaucher fliegen mit kräftigen Flügelschlägen dicht über den Wellen dahin und bei Einbruch der Nacht im Aufwind zum Ufer zurück. Im Dunkeln sehen Sie vermutlich an der Wellenoberfläche jenes Leuchten, das von mikroskopisch kleinen Meeresorganismen ausgestrahlt wird.

Sturmtaucher sieht man häufig in der Umgebung von Alónnisos dicht über dem Meer segeln.

Quallen, hier eine *Pelagia noctiluca*, leben in großer Vielfalt in den Gewässern der Sporaden.

Gemeine Delfine zeigen manchmal in kleinen Gruppen neben dem Boot beeindruckende Kunststücke oder ziehen im Kielwasser mit.

Mittelmeermöwen sind an den weißen Flügeln und den schwarzen Kappen ihres Sommergefieders einwandfrei auszumachen.

Skýros
Σκύρος

Skýros-Pony

Der Mythologie zufolge war Skýros das Versteck des Achilles *(siehe S. 83)* und Zuflucht des Helden Theseus. Historisch spielte die Insel immer eine wichtige Rolle. 476 v. Chr. wurde sie von Athen annektiert, später nahm sie begüterte Exilanten aus dem byzantinischen Konstantinopel auf. Heute ist sie militärischer Stützpunkt. Landschaftlich und architektonisch hat sie mehr mit den Dodekanes-Inseln gemein als mit den Sporaden.

Traditionelle Stickereien sind im Faltáits-Museum ausgestellt

Skýros-Stadt
Die Architektur der Inselhauptstadt, eine überaus fesselnde Mixtur kubischer Häuser, byzantinischer Kirchen und großzügiger Plätze, ist untypisch für die Inseln der Ägäis. Während lärmende Tavernen und Bars die Hauptstraße dominieren, kann man in vielen Seitenstraßen Blicke in alte, stolz mit Keramiken, Schnitzereien, Kupferwaren und Stickereien ausstaffierte Häuser werfen.

Über dem alten Kástro-Viertel mit seinen stattlichen Villen liegen auf dem Gelände der antiken Akropolis und späteren venezianischen Festung die Reste der **Burg des Lykomedes**. Steigt man durch den Tunnel unterhalb des weiß getünchten **Moní Agíou Georgíou** – sehenswert ist die Darstellung des Drachentöters St. Georg – hinauf, empfangen großartige Blicke über die Bucht. Nahebei entdeckt man die Ruinen zweier byzantinischer Kirchen und drei winzige, in zartem Rosa und Blau ausgemalte Kapellen. Die Stadt wartet mit zwei sehr guten Museen auf.

***Die Unsterbliche Poesie* an der Plateía Rupert Brooke**

Das **Archäologische Museum** stellt jungsteinzeitliche und mykenische Funde der Insel aus, darunter befinden sich auch Armbänder und Töpfereien. Das Museum zeigt außerdem ein traditionelles skyrisches Stadthaus mit typischem Inventar aus seiner Zeit.

Im Stammhaus der Familie Faltáits ist das ausgezeichnete, 1964 von Manos Faltáits eröffnete **Faltáits-Museum** eingerichtet. Seine umfangreiche volkskundliche Sammlung seltener Bücher, Handschriften, Fotografien und Gemälde gibt Aufschluss über Geschichte und Kultur der Insel. Man erfährt, wie das Handwerk byzantinische, venezianische und osmanische Einflüsse aufsog und das Aufkommen einer reichen Aristokratenschicht dazu beitrug, dass in Kunsthandwerken wie dem Holzschnitzen, Sticken, Kupferschmieden und Töpfern einmalige Stile entwickelt wurden.

Urlauber können sich in diesen Künsten selbst üben: Das **Skýros-Zentrum** bietet entsprechende Kurse an, auch in vielen anderen »Disziplinen« wie Yoga, kreativem Schreiben und Windsurfen. Eine Außenstelle liegt in Atsítsa an der Westküste.

Unsterbliche Poesie heißt die anfangs heftig umstrittene Statue an der Plateía Rupert Brooke, ein männlicher, von M. Tómpros geschaffener Akt. Sie wurde 1930 in Erinnerung an den englischen Dichter Rupert Brooke (1887–1915) aufgestellt, der auf der Insel verstarb.

Archäologisches Museum
Plateía Brooke. *22220 91327.*
Di–So. *Feiertage.*

Faltáits-Museum
Palaiópyrgos. *22220 91232.*
tägl.

Skýros-Zentrum
020-7267 4424 (Reservierung erforderlich). *Apr–Okt.*

Burg des Lykomedes hoch über Skýros-Stadt

Umgebung: Unterhalb der Stadt liegen die hübschen Badeorte **Mólos** und **Magaziá**. In ihrer Umgebung findet der Besucher zahlreiche zweckmäßige Hotels, einfache Tavernen und Privatpensionen. Ein kleines Stück weiter die Küste entlang erstreckt sich der zum Schnorcheln und Speerfischen ausgezeichnet geeignete Strand von **Pouriá**.

Am **Kap Pouría** wurde die Kapelle Agios Nikólaos in einer Höhle errichtet. Auf den nahen Inselchen Vrikolakonísia setzte man im 17. Jahrhundert unheilbar Kranke aus.

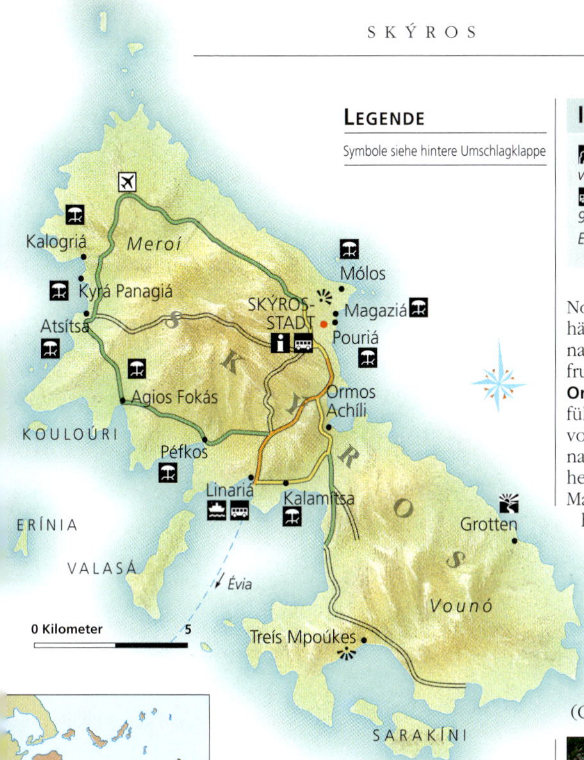

Legende

Symbole siehe hintere Umschlagklappe

Infobox

3000. 18 km nordwestl. von Skýros-Stadt. Linariá. Skýros-Stadt. 22220 91600. Insel-Karneval: Ende Feb – Anfang März.

Inselerkundung

Die Straße zwischen Skýros-Stadt und dem Hafen Linariá teilt Skýros in eine nördliche und eine südliche Inselhälfte. Auf Meroí, dem nördlichen Teil, leben die meisten Einwohner. Sie bewirtschaften die fruchtbaren Ebenen Kámpos und Trachý.

Die einzigartigen Skýros-Ponys wurden schon in der Antike auf dieser Insel gezüchtet. Manche vermuten, dass es sich bei den Pferden des Parthenon-Frieses *(siehe S. 290)* um diese Rasse handelt. Die Ponys streunen frei herum, vor allem im Süden in der Nähe des Grabs von Rupert Brooke.

In nördlicher Richtung führt die Inselstraße von Skýros-Stadt zum Flughafen und dann im Bogen durch Kiefernwälder westwärts zu den vor dem Nordwind *meltémi* geschützten Stränden von **Kalogriá** und **Kyrá Panagiá**. Danach erreicht sie das kleine Dorf **Atsítsa**, in dem ein kieferngesäumter Strand, einige Fremdenzimmer, eine gute Taverne und eine Niederlassung des auf Kreativurlaub spezialisierten Skýros-Zentrums zu finden sind. Weiter südlich folgen die Strände von **Agios Fokás** und **Péfkos**. Dann zieht die Straße eine Schleife zum Haupthafen der Insel, **Linariá**. Von dort steuern Kajiken die Meeresgrotten von Pentekáli und Diatrýpti an der Ostküste an. Den Übergang von der Nord- zur gebirgigen Südhälfte der Insel, Vounó genannt, bildet ein schmales, fruchtbares Tal südlich von **Ormos Achíli**. Die Inselstraße führt nach Süden zur Bucht von **Kalamítsa**, danach zum natürlichen, einst von Piraten, heute von der griechischen Marine genutzten Tiefwasserhafen **Treís Mpoúkes**. Über eine Piste erreicht man das in einen Olivenhain gebettete Marmorgrab von Rupert Brooke *(siehe S. 116)*. Der Dichter starb auf einem Lazarettschiff, das auf der Fahrt nach Gelibolu (Gallipoli) hier ankerte.

Der Strand von Péfkos mit azurblauem Wasser

Géros im Fellkostüm

Ziegentanz

Skýros ist bekannt für den Ziegentanz, einen der wenigen Bräuche des Landes, die keinen christlichen Ursprung haben. Beim Ziegentanz, dem Höhepunkt der ausgelassenen Vorfastenzeit, ziehen Gruppen kostümierter Männer lärmend durch die schmalen Straßen von Skýros-Stadt. Anführer jeder Gruppe sind drei Hauptfiguren: der *géros* (alter Mann), zu erkennen an der Lammfellmaske und dem traditionellen, mit bimmelnden Glocken behängten Schäfergewand, der *koréla* (junger Mann) in der Inseltracht der Frauen und der *frángos* (Fremde), eine komische, schäbig gekleidete Gestalt.

Évia
Εύβοια

Évia (Euböa) ist nach Kreta die zweitgrößte Insel Griechenlands und in weiten Teilen vom Tourismus kaum berührt. Sie fängt Griechenlands facettenreiche Geschichte und Landschaften wie ein Brennglas ein. Vom Einzug der Makedonier 338 v. Chr. bis zum Abzug der Türken 1833 kamen und gingen viele Besatzer. Chalkídas religiöse Vielfalt und die Nachfahren im 15. Jahrhundert eingewanderter Albaner, die bis heute einen eigenen Dialekt sprechen, zeugen von der bewegten Vergangenheit.

Kap Artemísio
Vor dem Kap fand 480 v. Chr. die Seeschlacht von Artemision statt. ❽

Istiaía, der Hauptort des Inselnordens, ist ein hübsches Marktstädtchen mit beschaulichen Plätzen *(siehe S. 123)*.

Límni
Das Fischerstädtchen scheint dem Bilderbuch entsprungen: Weiße Häuser, herausgeputzt mit Kaskaden bunter Blumen, säumen verwinkelte schmale Straßen. ❿

★ Loutrá Aidipsoú
Die heißen Quellen des liebenswert altmodischen Heilbads ziehen seit Jahrhunderten Kurgäste an. In der weiten Bucht gehen die Fischer ungerührt ihrem Gewerbe nach. ❾

Prokópi
Am Rand des friedlichen Dorfes liegt das weitläufige Kandíli-Gut, ein Besitz der englischen Familie Noel-Baker. ❼

Nicht versäumen

- ★ Kárystos
- ★ Loutrá Aidipsoú

Chalkída
Die Bevölkerung der Inselhauptstadt setzt sich aus Muslimen, Juden und Griechisch-Orthodoxen zusammen. Am Ufer herrscht lebhaftes Markttreiben. ❶

Stení
Sein mildes Klima macht Stení an den grünen Hängen des Berges Dírfys zur wohltuenden Sommerfrische und zum beliebten Ziel von Tagesausflügen. ❻

INFOBOX

220 000. Agiókampos, Erétria, Kárystos, Loutrá Aidipsoú, Marmári, Néa Stýra, Paralía Kýmis. Chalkída. Chalkída (22210 77777). Sommertheater-Festival in Chalkída: Mai–Sep.

Kými
Kými, in den 1880er Jahren ein florierender Hafen, ist ein stattlicher Ort. Das sehenswerte Volkskundemuseum zeigt traditionelles Kunsthandwerk wie diesen Bilderrahmen. ❺

Ochthoniá
Die Wind und Wellen ausgesetzten Strände um Ochthoniá sind oft menschenleer, ein angenehmer Gegensatz zum umtriebigen Dorf. ❹

Der Berg Dírfys, Évias höchste Erhebung, ist ein Wanderparadies *(siehe S. 122)*.

★ Kárystos
Der traditionelle Ferien- und Hafenort liegt am Fuß des Berges Ochi, der eine dramatische Kulisse bildet. ❸

Der Dýstos-See, ein ausgedehntes Sumpfgebiet, liegt an der Straße nach Néa Stýra *(siehe S. 121)*.

Das antike Erétria
Diese Plastik der Göttin Athena und andere Relikte des antiken Erétria sind im Archäologischen Museum der modernen Stadt zu sehen. ❷

Néa Stýra ist einer der kleineren Häfen mit Fährverbindung zum Festland *(siehe S. 121)*.

Der Berg Ochi bietet landschaftlich reizvolle Tagesmärsche mit herrlichen Ausblicken *(siehe S. 121)*.

LEGENDE

Symbole siehe hintere Umschlagklappe

0 Kilometer 15

Chalkída ❶

Χαλκίδα

Chalkída gehörte einst zu den großen griechischen Stadtstaaten. Es wurde 506 v. Chr. von Athen eingenommen, dem es bis 411 v. Chr. unterstand. Nach kurzer makedonischer Besatzung geriet die Stadt unter römische Kontrolle (um 200 v. Chr.). Wie auf den Sporaden lösten sich byzantinische, fränkische und venezianische Herrscher ab. Seit dem 6. Jahrhundert v. Chr. führt eine Brücke über den Evripos-Kanal. Aristoteles soll sich hier ins Wasser gestürzt haben, weil er das Rätsel der wechselnden Strömungen nicht lösen konnte.

INFOBOX

53 000. Athinón. Ecke Athanasíou Diákou und Frízi. 22210 77777. Mo–Sa. Agía-Paraskeví-Feierlichkeiten: 26. Juli–1. Aug.

Markt am Ufer von Chalkída

Überblick: Chalkída

Das Stadtbild ist vorwiegend modern geprägt und vom Geschäftsleben bestimmt. Einen Streifzug lohnen das Ufer des Evripos-Kanals und das alte Kástro-Viertel an den Hängen über der Meerenge.

Uferbezirk

Am Kanalufer stehen altmodische Hotels, Cafés und Restaurants. Bauern aus den Nachbardörfern verkaufen ihre Produkte auf dem abgegrenzten Markt, der im benachbarten Viertel mit dem türkischen Namen Pazári oft ein Verkehrschaos auslöst. Beim Bummel durch Pazáris schmale Straßen stößt man auf interessante Läden für den außergewöhnlichen Bedarf wie das Imkerfachgeschäft in der Neofýtou Nr. 6.

Kástro

Die faszinierende Architektur des ruhigen alten Kástro-Viertels südöstlich der Evripos-Brücke spiegelt eindrucksvoll die Stadtgeschichte wider. An die venezianischen und osmanischen Besatzer erinnern an vielen Fassaden hölzernes Gitterwerk und Marmorwappen. In diesem Stadtteil treffen sich Mitglieder von Griechenlands ältester jüdischer Gemeinde sowie Muslime, die nach 1980 aus Thrakien hierher kamen. Er besitzt daher eine ungewöhnliche Vielfalt sakraler Bauten, darunter die **Synagoge** aus dem 19. Jahrhundert in der Kótsou, die hübsche **Moschee Emir Zade** (15. Jh.) am Platz beim Zugang zum Viertel und die Kirche **Agía Paraskeví** nahe dem Volkskundemuseum. Die Moschee ist leider meist geschlossen, dafür ist der arabisch beschriftete Brunnen vor ihren Toren zu bewundern.

Die Agía Paraskeví erzählt wie kein anderes Gebäude der Stadt von Évias wechselvoller Geschichte. Die große Basilika aus dem 13. Jahrhundert erhebt sich über einer weit älteren byzantinischen Kirche. Das Äußere erinnert an eine gotische Kathedrale. Das Stilgemisch des Interieurs – marmorne Ikonostase, geschnitzte Holzkanzel, braune Steinwände, hohe Holzdecke – trägt die Handschriften der Eroberer, unter ihnen Franken und Türken. Gegenüber der Kirche ziert der geflügelte Markuslöwe, das Wappen von Venedig, eine Hausfassade.

Römischer Pferdekopf im Archäologischen Museum

Am höchsten Punkt des Kástro-Viertels beherbergen Gewölbe der venezianischen Festungsruine das **Volkskundemuseum**. Trachten, Gravuren, Schnitzereien und die Uniformen einer Blaskapelle, die samt Instrumenten von der Decke baumeln, bestücken die kunterbunte Sammlung. Systematischer präsentiert das **Archäologische Museum** in Kárystos und andernorts auf der Insel geborgene Funde. Zu den Exponaten gehören Grabsteine und Vasen aus dem 5. Jahrhundert v. Chr.

Volkskundemuseum
Skalkóta 4. 22210 21817. Mi–So.

Archäologisches Museum
Venizélou 13. 22210 76131. Di–So. Feiertage.

Die Moschee (15. Jh.) im Kástro-Viertel birgt byzantinische Relikte

Évias Umgebung

Kiefern- und Kastanienwälder, Flüsse und einsame Strände bestimmen die Szenerie des fruchtbaren Inselnordens. Der vom Norden durch das zentrale Bergmassiv getrennte Süden ist eher trocken und staubig. Dort wächst mageres Buschwerk, auf steinigen Feldern weiden Schafe. Die Straßen schlängeln sich über Klippen und die Hänge des Ochi.

Der pittoreske Hafen von Kárystos an den Hängen des Ochi

Antikes Erétria ❷

Αρχαία Ερέτρια

22 km südöstl. von Chalkída.

Nach 1890 begannen beim Städtchen Néa Psará die Ausgrabungen des antiken Erétria, das von den Persern 490 v. Chr. und den Römern 198 n. Chr. zerstört wurde. Sie belegen den hohen Stand der Zivilisation dieses Stadtstaates, der in seiner Blütezeit Kolonien in Italien und Kleinasien unterhielt. Der antike Hafen ist verlandet, doch lassen die am Rand der modernen Stadt gelegenen Überreste von Agora und Tempel, von Gymnasion, Theater und Isis-Heiligtum den aus dem Seehandel geschöpften Wohlstand ahnen.

Zu den Exponaten des **Archäologischen Museums** gehören Grabbeigaben, Weihgaben aus dem Apollon-Tempel, Goldschmuck und ein Gorgonenhaupt aus Terrakotta, entdeckt in einer makedonischen Villa des 4. Jahrhunderts v. Chr.

Im Museum erhalten Sie den Schlüssel zum restaurierten **Mosaikenhaus**, dessen Bodenmosaik ringende Löwen, Pferde, Sphingen und Panther darstellt.

Archäologisches Museum
An der Straße Chalkída–Alivéri.
22290 62206. Di–So 8.30–15 Uhr.

Umgebung: Ein mittelalterliches Kastell und ein hässliches Kraftwerk sind die Wahrzeichen von **Alivéri**. Jenseits davon, im Dorf **Lépoura**, gabelt sich die Straße. Am Hang wachen venezianische Türme, die sich auch um die Dýstos-Ebene, nördlich bis Kými und südlich bis Kárystos, verteilen. Eine Straße windet sich durch von Olivenbäumen umringte Dörfchen wie Stýra. Von den Badeorten Néa Stýra und Marmári gehen Fähren nach Rafína ab.

Gorgonenhaupt in Erétrias Archäologischem Museum

Kárystos ❸

Κάρυστος

130 km südöstl. von Chalkída.
5000.

Platanen umstehen die *kafeneía* des Dorfes Mýloi, das wie das Castello Rosso auf diese malerische Stadt herabblickt. Das moderne Kárystos entstand im 19. Jahrhundert unter König Otto. Fünf klassizistische Kommunalgebäude und die ausgezeichneten Fischtavernen am Ufer nahe dem kleinen venezianischen Fort Bourtzi zählen zu seinen Attraktionen. Das **Volkskundemuseum** veranschaulicht in einem traditionellen, mit kunstvollen Möbeln des 19. Jahrhunderts sowie Stickereien, Ölamphoren, Kupfertöpfen und -pfannen eingerichteten Haus die ländliche Kultur. Bekannt sind Kárystos' grün-weißer Marmor sowie die Dach- und Bodenplatten aus grünlichem Schiefer.

Volkskundemuseum
50 m vom Hauptplatz.
22240 22452.
Di, Do 8–22 Uhr.
Feiertage.

Umgebung: Südöstlich von Kárystos liegen an den Hängen des Ochi abgeschiedene Dörfer wie Platonistós und Amigdaliá. Von diesen bringen Boote Passagiere zu nahen Grotten mit ihren prähistorischen Relikten.

Drachenhäuser

Bei Stýra steigt von der Hauptstraße ein mit roten Pfeilen markierter Pfad zu den Drachenhäusern *(drakóspita)* an. Man glaubte, die Bauten aus mächtigen Steinplatten hätten nur Drachen vollbringen können. Während der Name damit geklärt ist, gehen die Theorien über die Entstehung auseinander. Die plausibelste Theorie knüpft daran an, dass es zwei ähnliche Stätten auf den Gipfeln des Ochi und des Ymittós in Attika gibt, und zwar ebenfalls in der Nähe von Marmorsteinbrüchen. Dort arbeiteten Sklaven aus Kleinasien (wo vergleichbare Bauten stehen), die um das 6. Jahrhundert v. Chr. solche Monumente als Tempel errichteten.

Die malerische Straße zwischen Ochthoniá und Avlonári führt durch Olivenhaine

Ochthoniá ❹

Οχθωνιά

90 km östl. von Chalkída.

1140.

Wie in Avlonári drängen sich Ochthoniás klassizistische Häuser um einen verfallenen venezianischen Turm – das Bild erinnert an befestigte umbrische Bergorte. Eine von fränkischen Eroberern angelegte Burg überwacht Ochthoniá, während am Westrand von Avlonári die Basilika Agios Dimítrios (14. Jh.), die größte byzantinische Kirche der Insel, auffällt. Um die Dörfer erstrecken sich fruchtbare Felder. Dahinter liegen romantische Strände, wie jene von Agios Merkoúris und Mourterí, bis hin zu den schroffen Klippen von Kap Ochthoniá.

Kými ❺

Κύμη

90 km nordöstl. von Chalkída.

4000. *Sa.* *Platána, 7 km südl.*

Kými liegt vier Kilometer hinter Paralía Kýmis und bietet einen weiten Blick über das Meer. Trotz seines zurückgezogenen Standorts war es, wie die eleganten klassizistischen Häuser in den schmalen Straßen belegen, im 19. Jahrhundert ein florierendes Städtchen. Es profitierte von der Seidenherstellung und dem Seehandel. 1880–90 befuhren 45 Schiffe aus Kými die Handelsrouten der Ägäis. Heute sprudeln Gewinne aus der nahen Heilquelle Choneftikó. Eine Statue am Hauptplatz ehrt Kýmis prominentesten Bürger, Geórgios Papanikoláou, den Entwickler des »Pap-Tests«, des Schleimhautabstrichs vom Gebärmutterhals. Das **Volkskundemuseum** präsentiert u.a. Kokonstickereien und Trachten. Die Straße nach Norden führt zu dem von Nonnen bewohnten, waghalsig an eine Klippe gesetzten **Moní Metamórfosis tou Sotíra** (17. Jh.).

Dr. Papanikoláou (1883–1962)

Volkskundemuseum
22220 22011. *nur nach Anmeldung.* *Feiertage.*

Stení ❻

Στενή

31 km nordöstl. von Chalkída.

1250.

Griechen schätzen die kühle Luft und reizvolle Natur dieser Bergzuflucht. Gipfelstürmer treibt es auf den Dírfys, die höchste Erhebung der Insel (1745 m). Ein faszinierendes Panorama belohnt für den Aufstieg. Wer sich nach einem stressfreien Ausflugstag sehnt, relaxt nach einem kräftigen Marsch mittags bei klassischer Gebirgskost, Grillfleisch und gebackenen Bohnen. Am Hauptplatz kann man sich mit Spezialitäten wie Wildkräutern und Bergtee eindecken.

Von Stení schlängelt sich die Straße durch Gebirge zur Nordküste. Enge Schluchten mit Wasserfällen und Kiefern an den Hängen und Kornfelder, die sich zum Meer senken, machen die Route zur Augenweide.

Bergkloster mit Meerblick: Moní Metamórfosis tou Sotíra nahe Kými

Prokópi 7

Προκόπι

52 km nordwestl. von Chalkída.
1200. So. Krýa Vrýsi, 15 km nördl.

Wachgerüttelt wird das verträumte Dorf nur von Pilgerbussen. Wallfahrtsziel ist die moderne Kirche Agíou Ioánnou tou Rósou. Sie bewahrt die Reliquien des heiligen Ioánnis o Rósos. Johannes der Russe war ein gebürtiger Ukrainer. Im 18. Jahrhundert nahmen ihn Türken fest und schafften ihn nach Prokópi in Kleinasien (heute Ürgüp in Kappadokien, Zentralanatolien). Während der Massenumsiedlung von 1923 brachten Griechen aus Kappadokien die Wunder wirkenden Gebeine des Heiligen mit. Mit Souvenirläden und Hotels rund um den Hauptplatz ist das Dorf auf Pilger eingestellt.

Mit Abstand größter Grundbesitzer ist die englische Familie Noel-Baker. Ihr gehört u. a. das nahe, einst piekfeine Kandíli-Gut. Sie hat zwar viel für die Region getan, doch ihr Einfluss und Reichtum waren den Einheimischen stets ein Dorn im Auge. Seit Kandíli in ein exquisites Ferienzentrum verwandelt ist und damit die Einnahmen steigen, haben viele ihren Groll begraben.

Umgebung: Die Straße von Prokópi nach Mantoúdi folgt dem Fluss Kiréa. Von ihr führt ein Pfad zu einem der ältesten Bäume Griechenlands. Über 2000 Jahre soll die riesige Platane (über 4,50 m Umfang) alt sein. Leider versinkt sie allmählich im Schlamm, den ein Bergwerk verursacht.

Front des Herrenhauses des Kandíli-Guts, Prokópi

Blick über den Strand des Kap Artemísio

Kap Artemísio 8

Ακρωτήριο Αρτεμίσιο

105 km nordwestl. von Chalkída.
bis Agriovótano. Agriovótano (22260 41720). Psaropoúli, 15 km südöstl.

Unterhalb des malerischen Dorfes Agriovótano ragt das Kap Artemísio ins Meer. Dort schlug die persische Flotte unter König Xerxes I. in der Schlacht von Artemision die Griechen. Vor der Küste bargen Fischer 1928 die berühmte, im Archäologischen Nationalmuseum in Athen *(siehe S. 286)* ausgestellte Poseidon-Bronzestatue.

Rüstiger alter Mercedes-Benz

Umgebung: Das 20 Kilometer entfernte **Istiaía** ist ein Marktstädtchen mit gemütlichen Plätzen, weißen Kapellen und ockerfarbenen Häusern.

Loutrá Aidipsoú 9

Λουτρά Αιδηψού

100 km nordwestl. von Chalkída.
3000. 22260 22456. Mo–Sa. Giáltra, 15 km südwestl.

Die schwefelhaltigen, vielerlei Beschwerden lindernden Thermalquellen dieses größten Heilbads des Landes sind seit der Antike bekannt. Sie sprudeln im gesamten Stadtgebiet. Viele Hotels sind über einer Quelle erbaut, um kurende Hausgäste versorgen zu können. Über den Felsenbecken der öffentlichen Bäder am Meer sieht man im Winter den Dampf, der die roten Felsen erhitzt. Im Luxushotel Thérmai Sýlla führen ein klappriger Lift und eine Marmortreppe zu den prächtigen Kurräumen im Untergeschoss. Vom Glamour des späten 19. Jahrhunderts zeugen auch die angestaubten klassizistischen Nobelhotels an der Uferpromenade. Heute ist das Flair des Kurorts entspannt und der Strand im Sommer von griechischen Familien besucht.

Umgebung: Im Sommer setzen Fähren regelmäßig nach **Loutrá Giáltron** am anderen Ufer der Bucht über. Thermalquellen wärmen dort das seichte Wasser vor dem ruhigen Strand.

Límni 10

Λίμνη

87 km nordwestl. von Chalkída.
2100. 22270 32111.

Límni, im 19. Jahrhundert durch die Seefahrt zu Wohlstand gelangt, bietet einen erfreulichen Anblick: stilvolle Häuser, Pflasterstraßen, eine reizende Uferpromenade. Unmittelbar südlich hängt an den Felsen des Berges Kandíli das byzantinische **Moní Galatáki**. Nach 1940 bezogen Nonnen das älteste Kloster der Insel. In der Kirche zeigt das Fresko des *Jüngsten Gerichts* Liebe zum Detail: Verzweifelt klammern sich Verdammte an die Himmelsleiter, andere stürzen in den Rachen des Drachen Leviathan.

Nordost-Ägäische Inseln

Thásos · Samothráki · Límnos · Lésbos
Chíos · Ikaría · Sámos

Die sieben größeren Nordost-Ägäischen Inseln sind, anders als bei anderen griechischen Archipelen, kaum zu vergleichen. Die Nachbarn verbindet zwar die Vergangenheit unter der Herrschaft Genuas und eine blühende Fischindustrie. Landschaften, Kulturen und Lebensstile sind jedoch höchst unterschiedlich.

Mariä Entschlafung von Theófilos (1873–1934), Byzantinisches Museum von Mytilíni, Lésbos

Nur wenig zeugt vom alten Glanz der Inseln Sámos und Chíos. Auf Chíos sind mit den Mastix-Dörfern und dem Néa Moní, einem byzantinischen Kloster, die beeindruckendsten mittelalterlichen Anlagen der Region erhalten. Auf Sámos hütet ein Museum Relikte des Heraion. In Límnos' Hauptstadt Mýrina sind das Kastell und die Wohnbauten lebendiges Erbe der genuesischen und osmanischen Besatzer.

Lésbos ist wie Límnos vulkanisch entstanden und befestigt, doch wirken seine Bauten und die Landschaft imposanter. Die südlichen Inseln Sámos, Chíos und Ikaría sind gebirgig, reich an Kiefern, Olivenbäumen und Zypressen. Auf Thásos vernichteten in den 1980er Jahren Waldbrände fast alle Kiefern. Samothráki ist unversehrt: Die wilde Natur mit dem hohen Berg Fengári, den heißen Quellen und Wasserfällen kontrastiert stark mit dem einst so bedeutenden Heiligtum der Großen Götter.

Strände gibt es in allen Größen, mit feinstem Sand oder melonengroßen schwarzen Steinen bedeckt. Mit Ausnahme von Thásos, Sámos und Lésbos wird der Norden mit seinen kürzeren Sommern vom Pauschaltourismus kaum beeinflusst. Wer Bäder in Mineralquellen und Strandwanderungen liebt, ist im wilden Ikaría, lange ein Mauerblümchen, am richtigen Fleck. Zum Faulenzen und Genießen laden die Strände und köstlichen Meeresfrüchte des vorgelagerten Inselchens Foúrnoi ein.

Hafen von Mólyvos, Lésbos, überragt vom genuesischen Kastell (14. Jh.)

◁ Breiter Sandstrand in der Nähe des Dorfes Kámpos, Ikaría *(siehe S. 153)*

Überblick: Nordost-Ägäische Inseln

Strände, antike Ruinen und der allgegenwärtige, berühmte weiße Marmor machen Thásos' Reiz aus. Samothráki zieht unternehmungslustige Naturliebhaber an, Límnos mit seinen malerischen Dörfern und gut erreichbaren Stränden erholungsbedürftige Urlauber. Die Erkundung von Lésbos, der landschaftlich abwechslungsreichsten, von Olivenbäumen übersäten Insel, verlangt Zeit und Unternehmungslust. Für Erstbesucher der östlichen Inseln ist Sámos der beste Ausgangspunkt. Für Chíos sprechen das mildere Klima und die guten Einkaufsmöglichkeiten seiner Hauptstadt. Wer Ursprünglichkeit und Ruhe sucht, kommt auf Ikaría, Psará und Foúrnoi noch auf seine Kosten.

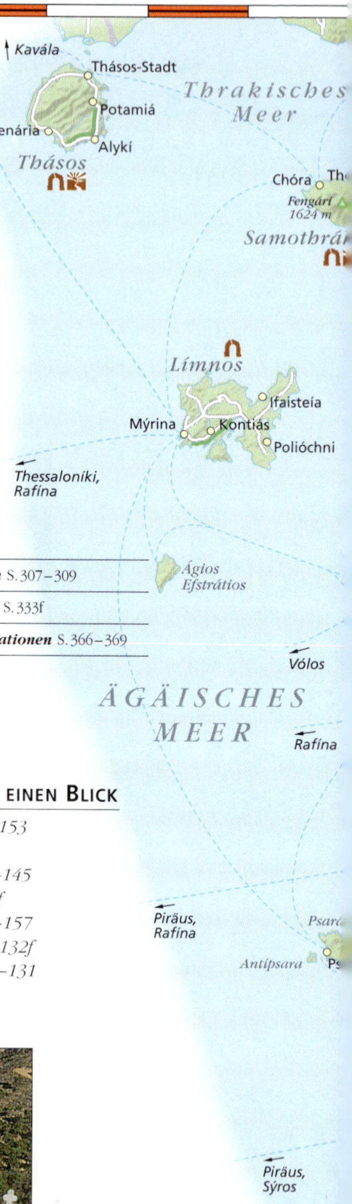

Fischerboot im Hafen von Mólyvos, Lésbos

Siehe auch

- ***Übernachten*** S. 307–309
- ***Restaurants*** S. 333f
- ***Reiseinformationen*** S. 366–369

Inseln auf einen Blick

Südwestansicht des byzantinischen Klosters Néa Moní, Chíos

Legende

- Autobahn
- Hauptstraße
- Nebenstraße
- Panoramastraße
- Fähre (nur Hauptsaison)
- Staatsgrenze
- Gipfel

Weitere Zeichenerklärungen *siehe hinter Umschlagklappe*

Vulkanlandschaft nahe Kontiás, Límnos

ZUR ORIENTIERUNG

AUF DEN NORDOST-ÄGÄISCHEN INSELN UNTERWEGS

Nach Thásos und Samothráki bringen Sie die Fähren von Alexandroúpoli oder Kavála auf dem Festland. Flugzeuge und Fähren verbinden Límnos und Lésbos mit Athen und Thessaloníki. Das Busnetz ist auf Límnos und Samothráki eher schlecht, auf Lésbos zufriedenstellend, auf Thásos sehr gut. Chíos, Ikaría und Sámos sind mit Athen durch Flüge, untereinander durch Fähren verbunden. Chíos bereist man trotz vorhandener Busse besser per Auto. Öfter verkehren Busse auf Sámos, das klein genug ist für Motorradtouren. Ikarías öffentlicher Verkehr steckt noch im Aufbau, die steilen Straßen erfordern geländegängige Fahrzeuge.

Sandstrand von Messaktí, Ikaría

Thásos
Θάσος

Die Insel ist seit der Steinzeit bewohnt. Im 7. Jahrhundert v. Chr. ließen sich Siedler aus Páros an der Ostküste nieder. Goldvorkommen nahe der heutigen Stadt Thásos und der Seehandel förderten das Entstehen eines wohlhabenden Reiches mit dem antiken Thásos als Hauptstadt. 462 v. Chr. verlor Thásos seine Unabhängigkeit an Athen. Im Römischen Reich erneut eine blühende Stadt, welkte Thásos im Mittelalter dahin. Von den Bodenschätzen ist nur der edle weiße Marmor geblieben. Besonders markante Steinbrüche prägen die Hänge südlich von Thásos-Stadt.

Blick von der Agora auf den Hafen von Thásos-Stadt

Thásos-Stadt 1
Λιμένας

3100. 25930 23111. tägl. Pachýs, 9 km westl.

In der seit fast 3000 Jahren besiedelten Küstenebene liegt Liménas, auch Thásos-Stadt genannt. Die Stadt wäre ein durchschnittlicher Urlaubsort, gäbe es nicht die Relikte der antiken Vorgängerin, die sich in das moderne Ortsbild einfügen: Die Fundamente einer byzantinischen Basilika nehmen einen Teil des Platzes im Zentrum ein, die Straße nach Panagiá passiert ein weitläufiges Herakles-Heiligtum, danach ein großes Tor.

Außenansicht des Archäologischen Museums, Thásos

Antikes Thásos
Stätte und Museum 25930 22180. Di–So. Feiertage.

Im Rahmen von Ausgrabungen, 1911 von den Franzosen begonnen, wurden Ruinen der antiken, im 7. Jahrhundert v. Chr. gegründeten Stadt Thásos freigelegt. Sie werden an mehreren Orten der modernen Stadt fortgesetzt. Das **Archäologische Museum** neben der Agora zeigt Ausgrabungsfunde.

Jenseits des antiken Militärhafens, des heutigen Limanáki- oder Fischerhafens, stößt man auf die **Agora**, erkennbar an den vier hellenistischen und römischen Säulenhallen. Obwohl mit nur wenigen Säulen rekonstruiert, sind die Kernstücke der Stadt leicht

Sehenswürdigkeiten auf einen Blick

Alykí 3
Kástro 6
Megálo Kazavíti 8
Moní Archangélou Michaïl 4
Potamiá 2
Sotíras 7
Thásos-Stadt 1
Theológos 5

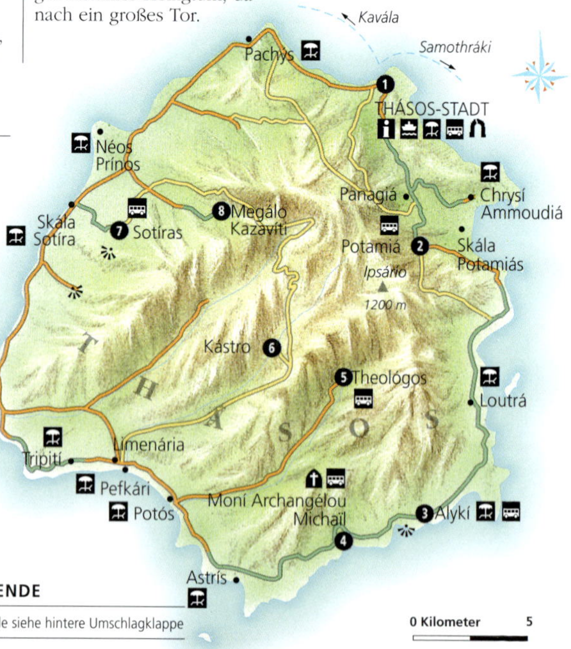

Legende

Symbole siehe hintere Umschlagklappe

Antikes Thásos

0 Kilometer 5

Sehenswürdigkeiten

Agora ②
Archäologisches Museum ①
Dionysos-Tempel ③
Pan-Heiligtum ⑧
Parmenon-Tor ⑨
Stadtmauer ⑥
Tempel der Athena Poliouchos ⑦
Theater ④
Zitadelle ⑤

auszumachen, darunter Tempel für Götter und vergötterte römische Kaiser, Heldendenkmäler und die weitverzweigte Kanalisation.

Bei den Fundamenten des **Dionysos-Tempels** – man barg dort einen Marmorkopf (3. Jh. v. Chr.) des Gottes – beginnt der Aufstieg zur Akropolis. Fantastische Meerblicke eröffnen sich beim hellenistischen **Theater**, in dem sich später die Römer an blutigen Schauspielen ergötzten. Die teils von Eichen überwachsene Anlage soll nach Beendigung der Ausgrabungen vollständig restauriert werden.

Venezianer und Byzantiner bauten im 13. Jahrhundert die alte **Zitadelle**, ehemals Standort eines Apollon-Tempels, wieder auf. Kaiser Manuel II. Palaiológos überließ die Burg 1414 der genuesischen Familie Gatelluzi. Diese erweiterte bis 1455 unter Verwertung antiken Baumaterials die Anlage, was am Südtor deutlich zu sehen ist. Im 5. Jahrhundert v. Chr. umgab eine über vier Kilometer lange Mauer die Stadt. Die Zerstörung der Abschnitte an der Küste geht hauptsächlich auf das Konto der Belagerungen von 492 und 462 v. Chr.

Unterhalb des Akropolis-Gipfels liegen die Fundamente eines **Tempels der Athena Poliouchos**, der Schutzherrin der Stadt, aus dem frühen 5. Jahrhundert v. Chr. Mächtige Mauern stützen seine Terrasse. Dahinter ist in einen Felsvorsprung das **Pan-Heiligtum** (3. Jh. v. Chr.) gehauen.

Infobox

16 000. Thásos-Stadt. Panagiá: 15. Aug.

Parmenon-Tor in der südlichen Stadtmauer

Ein verwittertes Relief zeigt Pan beim Flötenspiel.

Vom höchsten Punkt steigt auf der anderen Seite eine Treppe (6. Jh. v. Chr.) steil zum **Parmenon-Tor** in der Stadtmauer ab. Das samt Sturz erhaltene Tor heißt nach seinem Erbauer, der sich auf einer nahen Steintafel mit der Inschrift »Parmenon errichtete mich« verewigt hat.

Säulen der Agora vor der Kulisse der Stadtkirche

Überblick: Thásos

Plastik im Vágis-Museum

Die Insel ist gerade klein genug, um sie mit dem Motorrad zu erkunden. Die Küstenstraße wird gut von Bussen bedient, Tragflügelboote verbinden Thásos-Stadt täglich mit den Badeorten im Westen. Die besten Strände liegen im Süden und Osten. Die meisten Küstenorte entstanden nach Ausrottung der Seeräuberei im 18. Jahrhundert als Vorposten von Dörfern im Inselinneren.

Boote im beschaulichen Hafen von Skála Potamiás

Potamiá ❷

Ποταμιά

9 km südl. von Thásos-Stadt.
1000. tägl. Loutrá, 12 km südl.; Chrysí Ammoudiá, 5 km östl.

Im Tal außerhalb des Ortes führt der gleichnamige Fluss ganzjährig Wasser. Folgt man den Bulldozerspuren flussaufwärts, gelangt man zum Ausgangspunkt des Pfades, der Wanderer in sieben Stunden auf den 1200 Meter hohen Ipsário führt. Der Weg wurde vom griechischen Bergsteigerverein markiert, ist aber in schlechtem Zustand.

Potamiá ist der Geburtsort des Bildhauers und Malers Polýgnotos Vágis (1894–1965). Er wanderte früh in die USA aus, vermachte jedoch den Großteil seiner Kunstwerke dem griechischen Staat. Das **Vágis-Museum** im Ortszentrum zeigt seine Arbeiten: mythisch anmutende Vögel, Fische, Schildkröten und geisterhafte Gesichter, gemeißelt in große und kleine Steinblöcke.

Vágis-Museum
25930 61400. Di–So 10–13, 18–21 Uhr.

Umgebung: Viele Besucher verweilen und genießen drei Kilometer östlich von Potamiá in **Skála Potamiás** die traditionelle griechische Küche. Das meistbesuchte Bergdorf ist das zwei Kilometer nördlich, herrlich über einer Sandbucht gelegene **Panagiá** mit seinen gut erhaltenen Häusern aus dem 19. Jahrhundert.

Blau getünchtes Haus in Panagiá

Alykí ❸

Αλυκή

29 km südl. von Thásos-Stadt.
Astris, 12 km westl.

Die Halbinsel Alykí gehört wahrscheinlich zu den landschaftlich reizvollsten Flecken an der Küste von Thásos. Strände flankieren den schmalen Streifen, der die Landzunge mit der Hauptinsel verbindet. Um die westliche Bucht gruppiert sich das kleine Dorf Alykí. Der durchwegs gepflegte Zustand seiner Häuser aus dem 19. Jahrhundert geht auf die Ausweisung des Geländes als archäologisches Schutzgebiet zurück. Über der östlichen Bucht sind die Reste eines dorischen Tempels freigelegt, auf der Landzunge dahinter zwei frühchristliche Basiliken aus dem 5. Jahrhundert mit teilweise rekonstruierten Säulen.

Von Alykís antiken Steinbrüchen, in denen früher der kostbare Marmor abgebaut wurde, zeugen heute nur noch überwucherte Absenkungen.

Die »Badewannen«, in Meereshöhe in den Felsboden gehauene Gräben, dienten in früheren Zeiten dazu, aus dem Meer Salz zu gewinnen.

Das hoch auf eine Klippe gebaute Moní Archangélou Michaïl

Moní Archangélou Michaïl ❹

Μονή Αρχαγγέλου Μιχαήλ

34 km südl. von Thásos-Stadt.
25930 31500. tägl.

Drei Kilometer westlich von Alykí thront hoch über dem Meer das Kloster des Erzengels Michael. Ein Mönch namens Lukas gründete es im frühen 12. Jahrhundert bei einer auf Geheiß des Erzengels entsprungenen Quelle. Das Kloster ist heute eine Dependance des Moní Filothéou am Berg Athos in Nordgriechenland und wird seit 1974 von Nonnen bewohnt. Die heiligste Reliquie ist ein Nagel des Kreuzes Christi.

Haus in Theológos mit Schieferdach und charakteristischen Schornsteinkappen

Theológos ❺
Θεολόγος

50 km südl. von Thásos-Stadt. *900.* *tägl.* *Potós, 10 km südwestl.*

Theológos wurde zum Schutz vor Seeräubern landeinwärts angelegt. Unter den Osmanen war es Inselhauptstadt. Große Kamine und Schieferdächer kennzeichnen die Häuser. Weitläufige Gärten und Höfe lassen das Dorf grün und luftig wirken. Von der ursprünglichen, im 16. Jahrhundert von griechischen Flüchtlingen aus Konstantinopel gegründeten Siedlung verblieben am Hügel gegenüber ein verfallener Turm und einige Mauern.

Kástro ❻
Κάστρο

45 km südwestl. von Thásos-Stadt. *6.* *Tripití, 13 km westl. von Limenária.*

Noch sicherer vor Piraten als Theológos war seinerzeit das Bergdorf Kástro im Inselzentrum auf 500 Meter Höhe. Die Genuesen machten den 1403 vom byzantinischen Kaiser Manuel II. Palaiológos gegründeten Ort zu einem Stützpunkt. Sie befestigten den Hügel, auf dem sich nun der Friedhof erstreckt. Als Deutsche 1850 bei Limenária eine Bergwerkskonzession erhielten und Arbeit anboten, setzte der Exodus zur Küste ein.

Inzwischen wird der Weiler von Schafzüchtern wieder periodisch bewohnt. Er hat keinen Strom und nur ein Telefon, installiert im *kafeneío* im Erdgeschoss der ehemaligen Schule neben der Kirche.

Sotíras ❼
Σωτήρας

23 km südwestl. von Thásos-Stadt. *12* *Skála Sotíra, 3 km östl.*

Dem Sonnenuntergang zugewandt, wirkt Sotíras einladend wie kein anderes Dorf im Inselinneren – kein Wunder, dass ausländische Gäste es sich zur zweiten Heimat gemacht haben. Am mit Stühlen kleiner Tavernen vollgestellten Platz sitzt man unter schattigen Platanen wie auf einer Galerie. Die Ruine oberhalb der Kirche war Unterkunft deutscher Bergarbeiter. Wunden von Probeschürfungen klaffen am Kamm gegenüber.

Von Platanen beschattete Taverne im Dorf Sotíras

Traditionelle Steinhäuser mit Holzbalkonen, Megálo Kazavíti

Megálo Kazavíti ❽
Μεγάλο Καζαβίτι

22 km südwestl. von Thásos-Stadt. *1650.* *tägl.* *Néos Prínos, 6 km nordöstl.*

Der offiziell Ano Prínos genannte Ort ist von Grün umgeben und, auf Thásos eine Seltenheit, um einen zentralen Platz herum angeordnet. Seine Häuser liefern die besten Beispiele für Thásos' traditionelle, vom makedonischen Festland beeinflusste zweckmäßige Architektur. Zu ihren Merkmalen gehören Türen mit schmalem Rundbogen, Balkone, vorstehende Obergeschosse und der in allen Balkanländern früher übliche Verputz in Indigo-, Magenta- und Ockertönen.

Samothráki

Σαμοθράκη

2700. Kamariótissa. Pachiá Ammos, 15 km südwestl. von Kamariótissa.

Mit Ausnahme des Westkaps besitzt die vom mächtigen Berg Fengári dominierte Insel so gut wie keine flachen Stellen. Bewohner Thrakiens siedelten in der Bronzezeit auf Samothráki. Ihr Kult der Großen Götter floss um 700 v. Chr. in die Kultur der griechischen Siedler ein und hielt sich, gefördert von den Römern, bis ins 4. Jahrhundert n. Chr. Das unwirtliche Wetter und die erhabene, schroffe Bergszenerie lassen erahnen, warum der Glaube an die Großen Götter hier so lange überlebte.

Chóra

Die Inselhauptstadt Chóra liegt fünf Kilometer östlich des Haupthafens Kamariótissa in einer kiefernbestandenen Senke, die sie von den Einflüssen des Meeres abschirmt.

Der labyrinthische Basar, die verwinkelten Pflastersträßchen und die rustikalen, ziegelgedeckten Häuser machen Chóra zum hübschesten Dorf der Insel. Zwei Tavernen laden am großzügigen Platz ein, die Sicht auf das Meer hinter der genuesischen Burg zu genießen. Von der Burg, die ehemals ein byzantinisches **Fort** war, steht wenig mehr als das Tor. Bergab entdeckt man die besser erhaltenen Festungsanlagen von Chóras Vorgängerin **Palaiópoli**. Dort

Die Stadt Chóra wird von der genuesischen Burgruine überragt

Heiligtum der Großen Götter

Ερείπια του Ιερού των Μεγάλων Θεών

Nahezu ein Jahrtausend lang war das Heiligtum der Großen Götter Hauptkultstätte der antiken Regionen Äolien, Thrakien und Makedonien. Límnos und Ténedos besaßen zwar ähnliche Stätten, doch diese fanden weder solchen Zulauf, noch pflegten sie dieselben Riten. Dass allein die Lage Ehrfurcht gebietet, war vermutlich beabsichtigt. Die inzwischen überwucherte Anlage am Nordosthang des Fengári in einer Schlucht zu Füßen jäh ins Meer fallender Klippen beeindruckt heute noch. Die Überreste stammen vorwiegend aus hellenistischer Zeit, als die Stätte von den Nachfolgern Alexanders des Großen erweitert und verschönert wurde.

Nike-Brunnen

In der Brunnenmitte stand einst die berühmte Nike von Samothrake. Zu bewundern ist die von Franzosen 1863 entdeckte Marmorstatue der geflügelten Siegesgöttin im Louvre.

Die Stoa, die 90 Meter lange Säulenhalle, entstand im frühen 3. Jh. v. Chr.

Halle für Weihegeschenke

Im Theater wurden beim alljährlichen Fest im Juli heilige Schauspiele aufgeführt.

Hieron

Hier fand – bis 200 v. Chr. – die zweite Weihe, epopteia, *statt. Die Zeremonie bestand, ähnlich dem späteren christlichen Ritus, aus Bekenntnis, Absolution und anschließender Taufe im Blut eines Opferstieres oder -widders. Gesprochen wurde ein alter thrakischer Dialekt.*

Hotels und Restaurants auf den Nordost-Ägäischen Inseln *siehe Seiten 307–309 und 333f*

überragen drei Gatelluzi-Türme *(siehe S. 138)* von 1431 die weitläufig angelegten Mauern der alten Stadt.

Inselerkundung

Die Insel ist gut mit dem Moped oder wandernd zu erkunden. An ihrer Südwestflanke verstecken sich Dörfer zwischen Olivenbäumen und Pappeln. An der feuchteren Nordküste stehen an Flussufern Platanen, Kastanien und Eichen. Quellen sprudeln reichlich, Wasserfälle schießen bei Kremastá Nerá im Süden ins Meer. Stürmisches Wetter bedingt den Mangel an Häfen.

Thérma ist aufgrund seiner heißen Quellen und üppiggrünen Natur seit der Römerzeit der Haupturlaubsort der Insel. In den beiden rustikalen, holzüberdachten Freiluftbecken beträgt die Wassertemperatur 34 °C, in der modernen, sterilen Badeanlage 39 °C und in der Wanne des Badehäuschens 48 °C. Beim eineinhalb Kilometer östlich gelegenen **Krýa Váthra** findet man zum Baden geeignete Felsenteiche und kleine Wasserfälle, kältere und beeindruckendere fünf Kilometer östlich von Thérma nach 45-minütigem Aufstieg durch die Foniás-Schlucht.

Die Gatelluzi-Türme des antiken Palaiópoli

Die höchste Erhebung (1624 m) der Ägäis und weithin sichtbares Seezeichen ist der **Fengári**. Sein Gipfel eröffnet, obwohl oft wolkenverhüllt, eine großartige Aussicht. Poseidon soll von hier den Trojanischen Krieg verfolgt haben. Die meisten Wanderer besteigen den Fengári über die sechsstündige Route ab Thérma. Länger, aber leichter, ist der Weg, der im Dorf Profítis Ilías am Südwesthang beginnt.

Arsinoeion

Mit einem Durchmesser von über 20 Metern ist diese Rotunde der größte erhaltene griechische Rundbau. Sie wurde im 3. Jahrhundert v. Chr. den Großen Göttern geweiht.

INFOBOX

6 km nordöstl. von Kamariótissa. *bis Palaiópoli.* **Stätte u. Museum** *25510 41474.* *Di–So 8–19.30 Uhr (Stätte Mai–Sep: bis 20.30 Uhr).* *Feiertage.*

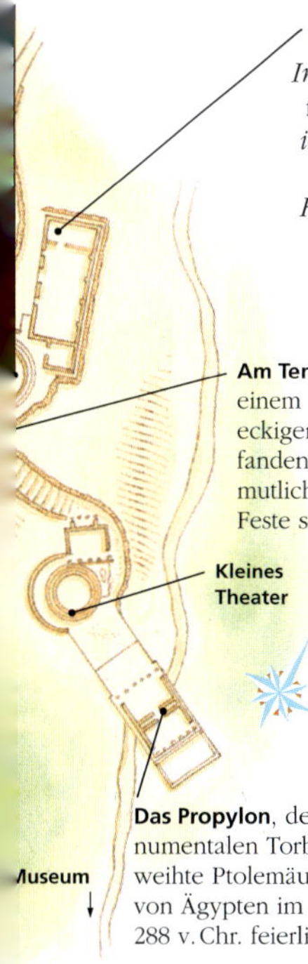

Heiligtum von Anaktoron

In diesem Gebäude wurde die myesis, *die erste Einweihung in die Riten, zelebriert. Dabei nahmen in den geheimen Kult bereits Eingeweihte Kontakt mit den* kabiri *auf.*

Am Temenos, einem rechteckigen Platz, fanden vermutlich die Feste statt.

Kleines Theater

Das Propylon, den monumentalen Torbau, weihte Ptolemäus II. von Ägypten im Jahr 288 v. Chr. feierlich ein.

Museum ↓

SAMOTHRÁKIS GÖTTER UND MYSTERIEN

Die Griechen, die 700 v. Chr. Samothráki besiedelten, nahmen dort verehrte Gottheiten in ihre olympische Götterwelt auf. Die thrakische Erdgöttin Axieros, die Große Mutter, setzten sie mit Demeter, Aphrodite und Hekate gleich. Axieros zeugte mit dem Fruchtbarkeitsgott Kadmilos Zwillinge, die Kabiren oder *kabiri* (ein aus dem Semitischen abgeleiteter Begriff mit der Bedeutung »Die Großen«, der bald die gesamte Götterfamilie bezeichnete). Diese wurden als Dioskuren, die göttlichen Zwillinge Kastor und Polydeukes (lat. Castor und Pollux), bekannt. Der Kult war für jedermann offen, gleich welchen Alters und Geschlechts, ob frei oder Sklave, Grieche oder »Barbar«. Wegen des Schweigegelübdes sind die Details immer noch mysteriös.

Kastor und Polydeukes

Límnos

Λήμνος

Der Legende zufolge prallte der von Zeus aus dem Olympos gestoßene Hephaistos auf Límnos auf. Als Gott der Schmiedekunst und des Feuers verband man Hephaistos mit dem Vulkanismus. Vulkanisch ist die Insel tatsächlich: Ihre wichtigsten Produkte, Wein und Kräuterhonig, verdankt sie dem fruchtbaren Lavaboden, der in den breiten Stränden ausläuft. Die Insel am Zugang zu den Dardanellen war unter Byzantinern und Osmanen wichtiger Außenposten und blühende Handelsstation.

INFOBOX

18 000. 22 km nordöstl. von Mýrina. Mýrina. Plateía Kída, Mýrina. Rathaus, am Hafen von Mýrina (22540 22996). 15. Aug.

LEGENDE

Symbole siehe hintere Umschlagklappe

0 Kilometer 5

Mýrina

Die Inselhauptstadt ist Nachfolgerin des antiken Mýrina, einst zweitbedeutendste Stadt der Insel. Mit nicht allzu vielen Besuchern, ihren Pflasterstraßen, stattlichen spätosmanischen Häusern und dem unprätentiösen Basar ist sie eine der angenehmeren Inselhauptstädte der Nordägäis.

Die prächtigsten Häuser konzentrieren sich hinter dem nördlichen Strand Romeíkos Gialós. Dort pulsiert das Nachtleben. Ein paar Tavernen blicken vom Kai auf den kleinen Fischerhafen, hinter dem sich der Südstrand Toúrkikos Gialós erstreckt. Köstliches Trinkwasser spendet am Platz Kída der mit Kalligrafien verzierte Brunnen, das einzige unverkennbar türkische Relikt.

Das **Archäologische Museum** ist in einer stattlichen Villa des 19. Jahrhunderts hinter Romeíkos Gialós untergebracht. Kürzlich umgestaltet, präsentiert es auf vorbildliche Weise Funde aus vier wichtigen antiken Städten auf Límnos. Da die Prachtstücke nach Athen gingen, besteht die Sammlung vorwiegend aus nur für Fachleute interessanten Tonscherben. Die beeindruckendste Keramik ist ein Votivlampenpaar in Gestalt von Sirenen aus dem Tempel von Ifaisteía. Die Metallarbeiten aus Polióchni umfassen Werkzeuge und Bronze-Zierrat.

Das verfallene **Kástro** überwacht auf einem Felsvorsprung Stadt und Meer. Wie andere Burgen der Region war es zunächst eine antike Akropolis, später ein byzantinisches Fort, umkämpft und umgestaltet von Venezianern und Genuesen, bis die Osmanen 1478 die Insel einnahmen. Der – am besten abends unternommene – Aufstieg zum Kástro lohnt sich v. a. wegen der Aussicht über den Westen der Insel.

Archäologisches Museum

Romeíkos Gialós. 22540 22990. Di–So. Feiertage.

Der Hafen von Mýrina erstreckt sich zu Füßen des Kástro

Hotels und Restaurants auf den Nordost-Ägäischen Inseln *siehe Seiten 307–309 und 333f*

Blick vom Dorf Kontiás auf die Vulkanlandschaft von Límnos

Inselerkundung
Zwar fahren im Sommer von Mýrina Busse zu fast allen Dörfern der Insel, doch sind Auto bzw. Motorrad die weit bessere Alternative – man kann sie in Mýrina mieten. Die Inselstraße führt von Mýrina südostwärts nach **Kontiás**. Der drittgrößte Ort ist zwischen zwei vulkanische Felsvorsprünge eingebettet, auf denen die einzigen erhaltenen Kiefernwälder der Insel stehen. Die Landschaft und die äußerst stabilen Häuser mit ihren roten Ziegeldächern, darunter Exemplare im Stil der Belle Époque, machen Kontiás zum schönsten Dorf im Inselinneren.

In der Bucht von **Moúdros** hatte das Commonwealth-Korps 1915 während der gescheiterten Gallipoli-Offensive sein Hauptquartier. Viele Verwundete kamen hierher ins Lazarett. Die Toten trug man östlich des Ortes Moúdros an der Straße nach Roussopoúli zu Grabe. Mit 887 Gräbern ist dies der größte Commonwealth-Soldatenfriedhof der Griechischen Inseln. Am anderen Ufer der Bucht wurden bei **Portianó** 348 englischsprachige Soldaten bestattet.

In der Nähe des Dorfes Kamínia liegt auf einer Klippe das Ausgrabungsgelände von **Polióchni**. Die befestigte Stadt wurde vor 3000 v. Chr. gegründet, früher als Troja (Truva) an der gegenüberliegenden kleinasiatischen Küste. Wie Troja, das womöglich eine Kolonie Polióchnis war, fiel sie 2100 v. Chr. einem Erdbeben zum Opfer. Die Bewohner konnten nicht mehr fliehen – inmitten der Ruinen fand man ihre Skelette. Die fortan aufgegebene Stadt war bekannt für ihre Schmiede, die Roherz aus Lagerstätten am Schwarzen Meer veredelten und bearbeiteten. Die Produkte wurden auf die Kykladen und nach Kreta verschifft. In einem Haus barg man ein (in Athen ausgestelltes) Goldschmuckdepot. Jeden Sommer setzen italienische Archäologen die Ausgrabungen fort. Bislang sind vier Siedlungsschichten freigelegt.

Am Ufer der Tigáni-Bucht wurde in **Ifaisteía**, der bis zur byzantinischen Zeit größten Stadt der Insel, Límnos' Schutzgott Hephaistos verehrt. Noch sind wenige Ruinen freigelegt und lediglich die Konturen des römischen Theaters, Teile einer Nekropolis sowie Fundamente des Hephaistos-Tempels zu sehen. Grabbeigaben und Keramiken zeigt Mýrinas Archäologisches Museum.

Reste des römischen Theaters von Ifaisteía

Weiter fortgeschritten sind die Ausgrabungen der Kultstätte **Kabeirio** (neugriechisch Kavírio), gegenüber von Ifaisteía auf der anderen Seite der Tigáni-Bucht. Wie auf Samothráki *(siehe S. 132f)* huldigte man auch auf Límnos den Kabiren. Leider haben von Schrein und Stoa nur Sockel und Stümpfe überdauert.

Unterhalb des Heiligtums führen Stufen zur Höhle des Philoktetes hinab. Hier soll der an einer hartnäckigen Beinwunde leidende Philoktetes, ein Held der *Ilias*, auf dem Weg nach Troja ausgesetzt worden sein. Jahre später holte Odysseus ihn nach Troja.

Vorgelagerte Insel: Die wohl einsamste der Nordägäischen Inseln ist **Agios Efstrátios**, benannt nach dem Heiligen, der hier in der Verbannung starb. Im Sommer verirren sich kaum Besucher hierher. Ein Erdbeben tötete 1967 Dutzende von Einheimischen und zerstörte den einzigen Hafenort; wenige erhaltene Bauten stehen über dem Fähranleger. Die menschenleeren Strände zu beiden Seiten des Hafens erreicht man zu Fuß in einer guten Stunde.

Lésbos

Λέσβος

Ouzo aus Plomári

Schon Reisende aus dem alten Rom liebten Lésbos. Die Osmanen priesen die Insel wegen ihrer Obsthaine und dichten Wälder im Süden als »Garten der Ägäis«. Sie nahmen Lésbos im Jahre 1462 ein, versklavten viele Einwohner oder deportierten sie nach Konstantinopel. Die Osmanen, aber auch die häufigen Erdbeben tilgten fast alle sichtbaren Spuren der genuesischen und byzantinischen Besatzer. Die Insel brachte eine Reihe von Künstlern hervor, darunter Sappho, die berühmte Dichterin des 7. Jahrhunderts v. Chr.

★ Mólyvos

Mólyvos ist die Urlauberhochburg der Insel. Den Hafen überwacht das genuesische Kastell. 6

Pétra

Der Felsen, der mitten in diesem beliebten Badeort steil aufragt, gab Pétra seinen Namen. Stufen führen zur Kirche (18. Jh.). 7

Kalloní

Vor der Küste des nahen Skála Kallonís werden die berühmten Sardinen von Kalloní gefangen. Der Ort ist Knotenpunkt vieler Buslinien. 8

Antissa

Antissa ist das größte Dorf der Umgebung. Mächtige Platanen beschatten den Hauptplatz, an dem mehrere ausgezeichnete kafeneía *einladen.* 9

Moní Ypsiloú

Das Kloster (12. Jh.) steht auf dem Gipfel eines erloschenen Vulkans am Rand eines versteinerten Waldes. Sein Museum stellt Kirchenschätze aus. 10

Sígri

Nahe dem westlichsten Punkt der Insel, am Rand des Dorfes Sígri, steht diese kleine Kapelle an der Küste. 11

Skála Eresoú

Dies ist einer der Hauptferienorte auf Lésbos. Der Strand liegt einen kurzen Fußweg entfernt von Eresós, dem Geburtsort der Lyrikerin Sappho. 12

Hotels und Restaurants auf den Nordost-Ägäischen Inseln *siehe Seiten 307–309 und 333f*

Mantamádos
Attraktionen des reizenden Dorfes sind seine Töpferwaren und die »schwarze« Ikone des imposanten Moní ton Taxiarchón. ❹

INFOBOX

90 000. ✈ 8 km südl. von Mytilíni. Pávlou Kountourióti, Mytilíni. Mytilíni (um die ganze Insel). ℹ Mytilíni (22510 42512, eotpytva@otenet.gr). Panigýri in Agiásos: 15. Aug.

Sykaminiá
Der Hafen dieses Städtchens, Geburtsort des Schriftstellers Strátis Myrivílis (1890–1969), ist einer der malerischsten des Landes. ❺

★ Mytilíni
In einem Vorort der Stadt widmet sich ein Museum dem Werk des Malers Theófilos Chatzimichaïl. ❶

Plomári
Der Badeort mit der Varvagiánnis-Destillerie ist die Ouzo-Hauptstadt der Insel. ❷

Agiásos
Agiásos gilt als hübschestes Bergdorf der Insel. Der heilige Lukas soll die Ikone seiner Hauptkirche gemalt haben. ❸

NICHT VERSÄUMEN

★ Mólyvos

★ Mytilíni

LEGENDE

Symbole siehe hintere Umschlagklappe

Mytilíni ❶

Μυτιλήνη

Osmanische Inschrift über dem Burgtor

Das moderne Mytilíni liegt auf dem Gelände der gleichnamigen antiken Stadt an den Hängen einer von zwei Häfen eingerahmten Landzunge. Die Straße Ermoú durchschneidet das Zentrum eines Basars. Am Südende breitet der Fischmarkt sein ausgefallenes Sortiment aus, am Nordende markiert die Moschee Gení Tzamí die Grenze des ehemaligen türkischen Viertels. An die osmanische Besatzungszeit (1462–1912) erinnern die Häuser in den schmalen Gassen zwischen der Ermoú und dem Burgberg. Ziegeldächer prägen die Stadtsilhouette gemeinsam mit den Türmen von Agioi Theódoroi, Agios Therápon und anderen Belle-Époque-Kirchen.

Kuppeldach der Agios Therápon

Kástro Mytilónis
22510 27970. Di–So. Feiertage.
Das von Kiefern umgebene Kástro entstand unter Kaiser Justinian I. (reg. 527–565). Mit seinen gewaltigen Außenmauern beeindruckt es selbst als Ruine. Weit größer noch war die Anlage unter den Genuesen. Die osmanischen Invasoren schleiften 1462 viele Wälle und Türme. Eine osmanische Inschrift ist am Südtor zu sehen. Über dem inneren Tor stehen die Initialen der María Palaiologína und ihres genuesischen Gatten Francesco Gatelluzi, der Johannes VIII. Palaiológos zurück auf den byzantinischen Kaiserthron verhalf. Zu den Ruinen zählen der Gatelluzi-Palast, eine islamische Medrese (Theologische Schule), eine Derwischzelle sowie die byzantinische Zisterne am Nordtor.

Archäologisches Museum
Argýris Eftaliótis. **Neuer Trakt:** Ecke 8 Noemvríou und Melínas Merkoúri. *22510 28032. Di–So. Feiertage. (nur Neuer Trakt).*
Das Museum präsentiert in einer Belle-Époque-Villa und einem Gartengebäude Ausgrabungsfunde der Insel, darunter von Briten 1929–33 nördlich der Stadt bei Thermí geborgene jungsteinzeitliche Relikte und Grabstelen. Seine kostbarsten Exponate sind römische Mosaiken. Ein neues Gebäude hat zusätzlichen Ausstellungsraum geschaffen.

Byzantinisches Museum
Agios Therápon. *22510 28916. Mitte Mai–Mitte Okt: Mo–Sa 9–13 Uhr.*
Ikonen bilden den Schwerpunkt des auf sakrale Kunst spezialisierten Museums. Sie entstammen dem 13. bis 18. Jahrhundert. Eine naive Ikone von Theófilos Chatzimichaïl gibt ein Beispiel neugriechischer Kunst.

Umgebung: Das **Theófilos-Museum** zeigt drei Kilometer südlich in Vareiá in vier Räumen Gemälde des in Mytilíni geborenen Theófilos Chatzimichaïl (1870–1934). Es sind Werke, die Theófilos' Mäzen Tériade 1927 in Auftrag gab und die in den letzten sieben Lebensjahren des Malers entstanden. Sie illustrieren das ländliche Leben auf Lésbos. Theófilos schuf treffende Porträts von Menschen, denen er auf seinen Reisen begegnete. Bei historischen Ereignissen und Landschaften, die er nicht aus eigener Anschauung kannte, schöpfte er aus seiner Fantasie. Einziger Hinweis auf die Moderne sind zuweilen im Hintergrund versteckte Flugzeuge und Dampfschiffe.

In derselben Straße zeigt das **Tériade-Museum** die Sammlung von Stratís Eleftheriádis. Er wanderte Anfang des 20. Jahrhunderts nach Paris aus und nahm den Namen Tériade an. Als Sammler und Verleger förderte er u.a. Miró, Chagall und Picasso.

Theófilos-Museum
Mikrás Asías, Vareiá. *22510 41644. Di–So 10–16 Uhr. Feiertage.*

Tériade-Museum
Vareiá. *22510 23372. tägl. 9–14, 17–20 Uhr. Feiertage.*

INFOBOX

36 000. 8 km südl.
Pávlou Kountourióti.
Aristárchou 6 (22510 42512).
Agios Ermogénis, 12 km südl.; Charamída, 14 km südl.
15. Juli–15. Aug.

Daphnis und Chloe von Marc Chagall (1887–1985), Tériade-Museum

Hotels und Restaurants auf den Nordost-Ägäischen Inseln *siehe Seiten 307–309 und 333f*

Olivenanbau in Griechenland

Die Minoer auf Kreta sollen um 3800 v. Chr. als Erste Ölbäume kultiviert haben. Um 700 v. Chr. war Olivenöl ein einträglicher Exportartikel. Zu jener Zeit wurden die Olivenhaine angelegt, die bis heute ein Wahrzeichen des Landes sind. Die Olive ist in Griechenland ein Friedenssymbol – schließlich soll Athena, Göttin des Krieges wie des Friedens, in Athens Akropolis den ersten Ölbaum gepflanzt haben. Die Früchte von Lésbos' elf Millionen Olivenbäumen gelten als die ölreichsten der griechischen Inseln. Zwar produziert Kreta mehr und hochwertigeres Öl, doch prägt der Olivenanbau auf keiner Insel die Landschaft so sehr wie hier. Die erste Pressung liefert Speiseöl, die Pressung der Rückstände wiederum Öl zur Herstellung von Seifen und Lampenbrennstoff. Der Presskuchen ergibt guten Dünger.

Zweig mit reifen-den Oliven

In der Mythologie *ist der Ölbaum der heilige Baum der Göttin Athene. Die Ernte seiner Früchte liefert seit der Antike Stoff für Dichter und Sänger. Auf dieser Vase schütteln drei Männer die Oliven eines Baumes ab, während ein vierter die Früchte in einen Korb füllt.*

Die Olivenhaine *von Lésbos bestehen meist aus Bäumen, die nach dem harten Frost von 1851 neu gezogen wurden. Die Plantagen zwischen Plomári und Agiásos liefern die besten Oliven. Die Landwirte legten sie im 18. Jahrhundert auf unwegsamem Gelände an.*

Griechisches Olivenöl *ist nach der Pressung grüngelblich. Die Griechen halten es für hochwertiger als seine spanische und italienische Konkurrenz. Als Grund nennen sie den wegen der heißeren Sommer niedrigeren Säuregehalt der Oliven.*

Die Olivenernte *findet von Ende November bis Ende Dezember statt. Die Bauern bringen die Früchte binnen 24 Stunden zur nächsten Ölmühle. Dort werden die Lieferungen gepresst und ihre Qualitäten bewertet.*

Olivensorten

Mit ihrer Vielfalt – von den milden ionischen bis zu den ölreichen kretischen Früchten – sind die Griechischen Inseln ein Oliven-Paradies.

Elítses heißen die kleinen, süßlichen Oliven aus Kreta.

Tsakistés werden jung gepflückt, leicht zerquetscht und in Salzwasser eingelegt.

Throúmpes sind eine Delikatesse und mit Olivenölbrot eine schlichte, doch köstliche *mezés* (Vorspeise).

Kalamáta, die bekannteste griechische Olive, ist glänzend schwarz und mandelförmig. Sie wird in Rotweinessig eingelegt.

Thásos' salzig eingelegte Oliven haben ein kräftiges Aroma und schmecken gut zu Käse.

Ionische Oliven sind grün und von mildem Geschmack. Man konserviert sie in leichtem Salzwasser.

Lésbos' Osten

Wundertätige Ikone von Agiásos

Zwei Gipfel gleicher Höhe (968 m) beherrschen den Osten der Insel: der Lepétymnos im Norden und der Olympos im Süden. Im Osten liegen die meisten Kiefernwälder und Olivenhaine, ebenso die nach dem Hafen und Hauptort einwohnerstärksten Dörfer sowie die beiden Ferienzentren. Hinzu kommen Thermalquellen, deren wohltuendsten in Loutrá Eftaloús nahe Mólyvos sprudeln. Alle wichtigen Siedlungen bieten Busverbindungen nach Mytilíni. Wer dort zeitig aufbricht, kann den Osten der Insel an einem Tag erkunden.

Ouzo

Ouzo ist der griechische Name für Anisbranntwein. Er wird wie Raki aus dem vom Weinkeltern verbliebenen Traubentrester durch Aufkochen im kupfernen Destillierapparat gewonnen. Der Name Ouzo leitet sich möglicherweise aus dem italienischen *uso Massalia* ab, der Aufschrift von Frachten, die vom Osmanischen Reich nach Marseille verschifft wurden. Heute bezeichnet Ouzo einen auf der Grundlage von Raki mit Sternanis oder Fenchel aromatisierten Schnaps. Guter Ouzo enthält mindestens 44 Prozent Alkohol. Die Zugabe von Wasser bindet das in Anis und Fenchel enthaltene Anethol und färbt den Schnaps milchig weiß.

Plomári ❷

Πλωμάρι

42 km südwestl. von Mytilíni.
3400. *Mo–Sa.*
Agios Isídoros, 3 km nordöstl.; Melínta, 6 km nordwestl.

Plomáris schmucke Häuser sind an den Hang über dem Hafen gebaut. Sie verteilen sich bis an die Ufer des meist ausgetrockneten Sedoúntas, dessen Bett das Geschäftsviertel durchquert. Die meisten Bauten entstanden im 19. Jahrhundert, als der Schiffbau Plomári zu Wohlstand verhalf. Plomári gilt als die »Ouzo-Hauptstadt« der Insel. Die bekannteste der fünf Brennereien ist die Varvagiánnis-Destillerie.

Agiásos ❸

Αγιάσος

28 km westl. von Mytilíni.
3200. *Mo–Sa.*
Vaterá, 31 km südl.

Das vielleicht schönste Bergstädtchen der Insel liegt in einer waldigen Schlucht unterhalb des Olympos. Es entstand im 12. Jahrhundert mit der Klosterkirche **Panagía Vrefokratoússa**, erbaut als Hüterin einer wundertätigen, angeblich vom Evangelisten Lukas gemalten Ikone.

Im 18. Jahrhundert befreite der Sultan den Ort von den Steuern. Dies löste einen gewaltigen Zustrom Not leidender Griechen aus anderen Teilen der Insel aus. Das von ziegelgedeckten Häusern und schmalen Pflastergassen geprägte Ortsbild hat sich in jüngster Zeit kaum verändert. Hinzu kamen lediglich die Souvenirläden, die am Weg zur Kirche heimisches Kunstgewerbe anbieten. Der Glockenturm der Kirche ragt inmitten eines Basars auf. Läden auf Kirchengrund, die mit Pachtzahlungen den Erhalt des Gotteshauses unterstützen, sind eine alte Einrichtung. Sie förderten den Jahrmarktcharakter der ländlichen *panigýria*, der religiösen Feste, die Pilgern zugleich Gelegenheit zum Kaufen und Verkaufen verschafften. Agiásos' Fest der Entschlafung Mariens (Mariä Himmelfahrt) am 15. August gilt als eines der lebhaftesten des Landes. Dabei beweisen die Musiker des Ortes ihr Können. Der Karneval vor der Fastenzeit ist überaus farbenfroh.

Blick von der langen Mole auf Plomári

Mantamádos ❹

Μανταμάδος

36 km nordwestl. von Mytilíni.
1500. *Mo–Sa.*
Tsónia, 12 km nördl.

Das attraktive Dorf ist für seine Töpfereien und das nahe **Moní Taxiarchón** bekannt. Der jetzige Klosterbau entstammt dem 17. Jahrhundert. Die darin aufbewahrte schwarze Ikone des Erzengels Michael wurde angeblich aus Lehm und dem Blut von Mönchen angefertigt, die bei einem Überfall der Osmanen umkamen. Am dritten Sonntag nach Ostern wird ein Stier geopfert, dessen Fleisch einem Gemeindefestschmaus dient. Ähnliche Zeremonien finden zu späteren Terminen an anderen Orten der Insel

Fischerboote im Hafen von Mólyvos vor der Burgkulisse

statt. Keramiken stellt man in Mantamádos her, von kleinen *koumária* (Wasserkrügen) bis hin zu riesigen *pythária* (Olivenölgefäßen).

Sykaminiá 5
Συκαμινιά

46 km nordwestl. von Mytilíni.
300. Mo–Sa. Kagiá, 4 km östl.; Skála Sykaminiás, 2 km nördl.

Kein Dorf an den Hängen des 968 Meter hohen Lepétymnos liegt so fantastisch wie Sykaminiá, das zwischen den Flanken einer tiefen Klamm auf die Meerenge zwischen Lésbos und Kleinasien blickt. Nahe dem Hauptplatz wurde der Schriftsteller Efstrátios Stamatópoulos (1890–1969), bekannt als Strátis Myrivílis, geboren. An der Mole von Skála Sykaminiás steht jene Kirche, die ein Schauplatz seines Romans *Die Madonna mit dem Fischleib* ist. Eine von Skálas Tavernen heißt nach dem *mouriá* (Maulbeerbaum), auf dem Myrivílis in heißen Sommernächten schlief.

Mólyvos (Míthymna) 6
Μόλυβος (Μήθυμνα)

61 km nordwestl. von Mytilíni.
1500. 22530 71347. Mo–Sa.

Die Weingärten im Umland von Mólyvos, dem meistbesuchten und malerischsten Städtchen der Insel, waren in der Antike berühmt. Hier wurde Arion, ein Lyriker und Sänger des 7. Jahrhunderts, geboren. Der Legende zufolge trug hier auch Achilles den achäischen Krieger Palamedes zu Grabe. Achilles belagerte vergebens die Stadt, bis die Königstochter sich in ihn verliebte und die Tore öffnete – ein Verrat, für den Achilles sie tötete. Von der antiken Stadt ist bis auf freigelegte Gräber nahe dem Fremdenverkehrsamt wenig verblieben. Eine Renaissance erfährt seit einigen Jahren ihr Name Míthyma als Alternative zu Mólyvos, einer Hellenisierung des türkischen »Molova«. Das Archäologische Museum in Mytilíni zeigt Artefakte aus dem antiken Míthymna *(siehe S. 138)*.

Vor dem Jahr 1923 stellten Muslime ein Drittel der Bevölkerung. Gebildet und reich an Grundbesitz, trugen sie der Stadt ihre vornehmen dreistöckigen Häuser und ein Dutzend, teils noch mit originalen Kalligrafien geschmückte Brunnen ein. Die *archontiká* genannten Herrenhäuser sind deutlich orientalisch inspiriert: Die Gruppierung der oberen Wohnräume um den zentralen Treppenschacht entspricht dem – die Ordnung des Kosmos symbolisch aufgreifenden – Vorbild türkischer Villen. Der Ort mit seinem pittoresken Hafen und den von verwinkelten Pflastergassen getrennten Häuserblocks steht unter Denkmalschutz. Neubauten müssen sich zwigend dem alten Stadtbild anpassen.

Über der Stadt gibt das 1995 restaurierte byzantinische **Kástro** großartige Blicke auf die türkische Küste frei. Die 1373 von dem Genuesen Gatelluzi *(siehe S. 138)* umgestaltete Burg fiel 1462 bei einem Feldzug Muhammads des Eroberers (Muhammad II. Fatih) an die Osmanen. Über dem mittelalterlichen Tor ist eine osmanische Inschrift zu lesen. Jedes Jahr im Sommer erfüllen Konzert- und Theatervorführungen die Burg mit Leben.

Am Fischerhafen erinnert eine noch betriebene Werft daran, dass Mólyvos einst zu Lésbos' wichtigsten Handelshäfen zählte.

Kástro
22530 71347.
Mai–Okt: Di–So 8.30–15 Uhr; Juni–Sep: Di–So 8–19 Uhr.
Feiertage.

Farbenfroh restaurierte, osmanisch geprägte Häuser in Mólyvos

Häuserreihen am Hang über dem malerischen Hafen von Mólyvos ▷

Lésbos' Westen

Der felsige, vorwiegend baumlose Westen der Insel ist von herber Schönheit. Hier werden die berühmten Pferde von Lésbos gezüchtet. Drei der bedeutendsten Klöster der Insel sind hier beheimatet. Im Inneren gibt es sehenswerte Dörfer, an der Küste Badeorte. Wo Flüsse ihr in Tälern angesammeltes Wasser ins Meer gießen, wuchern Schilfoasen, im Frühjahr ein Eldorado für Vogelbeobachter. Da Linienbusse zu selten verkehren, sollte man besser in Mólyvos ein Auto mieten.

An den Hang geschmiegte Häuser des Dorfes Skalochóri

Pétra ❼

Πέτρα

55 km nordwestl. von Mytilíni.
3700. *Anaxos, 3 km westl.*

Mitten im Dorf ragt ein Monolith aus Vulkangestein auf, der Pétra (»Fels«) seinen Namen gab. An seinem Fuß steht die Basilika **Agios Nikólaos** (16. Jh.) mit original erhaltenen Fresken, auf seiner Spitze am Ende von 103 Stufen die Kirche **Panagía Glykofiloúsa** (18. Jh.). Zu den wenigen erhaltenen osmanischen Wohnhäusern *(siehe S. 141)*, die auf Lésbos einst weitverbreitet waren, gehört das **Archontikó Vareltzídainas** (18. Jh.).

Archontikó Vareltzídainas
Sapphous. *22530 41510.*
Di–So. *Feiertage.*

Umgebung: 1527 gründete der Abt Ignatios das weitläufige **Moní Leimónos**, das zweitwichtigste Mönchskloster der Insel. Man kann seine geheiligte Zelle besichtigen. Innenarkaden und eine beschnitzte Holzdecke zieren die Kirche, in der eine heilige Quelle rieselt. Zu den Klostereinrichtungen zählen Pflegestätten für Gebrechliche, ein Minizoo, ein Volkskunde- und ein Kirchenmuseum.

Moní Leimónos
5 km nordwestl. von Kalloní.
22530 22289. **Kirchenmuseum** *tägl.* **Volkskundemuseum** *auf Anfrage.*

Kalloní ❽

Καλλονή

40 km nordwestl. von Mytilíni.
1600. *Mo–Sa.*
Skála Kallonís, 2 km südl.

Der wichtige Verkehrsknoten und Markt Kalloní liegt zwei Kilometer landeinwärts. Netzfischer fangen am Strand von **Skála Kallonís** Sardinen.

Antissa ❾

Αντισσα

76 km nordwestl. von Mytilíni.
1410. *tägl.*
Kámpos, 4 km nördl.

Antissa ist das größte Dorf in diesem Teil der Insel. Es lohnt allein wegen seines reizvollen Hauptplatzes eine Rast. Im Schatten dreier mächtiger Platanen laden alteingessene Cafés und Tavernen zum Verweilen ein. Die Straße führt hinab zu den acht Kilometer entfernten Ruinen der gleichnamigen, von den Römern 168 v. Chr. zerstörten antiken Stadt. Östlich des Fischerhafens Gavathás und des langen Sandstrands von Kámpos stößt man am Ufer auf Überreste des genuesischen Kastells **Ovriókastro**.

Umgebung: Schönstes Dorf der Region ist das zehn Kilometer entfernte **Vatoússa**. Sicht auf die Nordküste bieten die drei Kilometer nördlich an den Hang geschmiegten Häuser von **Skalochóri**. Die Moschee des Dorfes verfiel nach dem Frieden von Lausanne 1923 *(siehe S. 43)*.

Drei Kilometer östlich von Antissa verbirgt sich in einem Obsthain am Flussufer das **Moní Perivolís** (16. Jh.). In der Kirchenvorhalle wurden nach 1960 Fresken aus dem 16. Jahrhundert restauriert: die apokalyptische Vision *Erde und Meer entlassen ihre Toten*, der *Reuige Sünder von Golgatha* und die *Heilige Jungfrau*. Da nur Tageslicht das Innere erhellt, sollte man die Klosterquelle besuchen, bevor es dunkel wird.

Fresken in der Kirchenvorhalle des Moní Perivolís

Moní Ypsiloú ⑩

Μονή Υψηλού

62 km nordwestl. von Mytilíni.
22530 56259. *tägl.*

Nur vier Mönche leben noch im Moní Ypsiloú (12. Jh.) auf dem 511 Meter hohen, erloschenen Vulkan Ordymnos. Beachtung verdienen das Doppelportal des Bauwerkes, die filigrane Holzdecke des *katholikón* (Hauptkirche), die nebenan ausgestellten Schätze sakraler Kunst und die Bruchstücke versteinerter Bäume im Außenhof. Schutzpatron dieses Klosters – und vieler anderer religiöser Gemeinschaften, die in unwirtlichen Gegenden zurückgezogen leben – ist der Evangelist Johannes, der (umstrittene) Verfasser der *Geheimen Offenbarung.*

Drillingsglockenturm, Moní Ypsiloú

Umgebung: Westlich des Klosters befindet sich der Haupteingang zum **versteinerten Wald**. Ein Ausbruch des Ordymnos vor etwa 15 bis 20 Millionen Jahren begrub zahllose Mammutbäume unter Vulkanasche, wo sie im Lauf der Zeit versteinerten.

Sígri ⑪

Σίγρι

93 km nordwestl. von Mytilíni.
400.

Ein osmanisches **Kastell** (18. Jh.) und die Kirche **Agía Triáda** bewachen den Hafen, den das Inselchen Nisópi vor dem offenen Meer abschirmt. Sígri ist Marinestützpunkt, touristisch daher wenig erschlossen. Es gibt jedoch mehrere kleine Strände, abgelegenere Badegelegenheiten erreicht man nach kurzer Fahrt.

Der ruhige Hafen von Sígri

Skála Eresoú ⑫

Σκάλα Ερεσού

89 km westl. von Mytilíni.
1500.

Attraktion dieses drittgrößten Ferienorts der Insel ist der Strand, der sich unterhalb der Akropolis des antiken Eresós dahinzieht. Besteigt man den Akropolis-Hügel, erkennt man die im Fischerhafen versunkene antike Mole. Von der antiken Stadt am Hügel sind Reste erhalten. Aus byzantinischer Zeit stammen die Fundamente der **Agios Andreás** in ihrem Zentrum; die Restaurierung der Mosaiken (5. Jh.) ist geplant.

Umgebung: Das Dorf **Eresós** wurde im Mittelalter als Zuflucht vor Seeräubern elf Kilometer landeinwärts, jenseits einer weiten, fruchtbaren Ebene, angelegt. Es gilt als Geburtsort des Philosophen Theophrastos, eines Schülers des Aristoteles (*siehe S. 59*), und der Sappho, der größten Lyrikerin des Altertums.

Sappho, die Dichterin von Lésbos

Die Dichterin Sappho (um 615–562 v. Chr.) hat einen festen Platz in der Weltliteratur. Die vermutlich in Eresós geborene Tochter einer Adelsfamilie bewegte sich in einem Umfeld, das Frauen beachtliche Freiheiten einräumte. Ihre Gedichte waren schon zu ihren Lebzeiten im Mittelmeerraum bekannt, wurden aber in der späten Antike von der Kirche unterdrückt und sind nur bruchstückhaft überliefert, als Zitate und auf Papyrusfragmenten. Da Sappho viele Verse Frauen widmete, geriet ihr Werk später in den Ruf einer »lesbischen Lyrik« – das »Unsittliche« darin vermochte allerdings erst eine spätere Epoche zu erkennen. Noch weniger überzeugend und zugleich widersprüchlich zur »lesbischen« Theorie ist die um Sapphos Tod gesponnene Sage. Dieser zufolge setzte Sappho einem Jüngling bis zur Insel Lefkáda nach und stürzte sich dort von einem Felsen ins Meer – im Glauben, der Sprung von der Klippe heile die Schmerzen einer nicht erwiderten Liebe.

Chíos

Χίος

Wirtschaft und Kultur dieser Insel blühten schon in der Antike, doch prägte das Mittelalter Chíos weit stärker. Unter den Genuesen, die den Handel mit dem Harz des Mastix-Strauches *(siehe S. 148f)* kontrollierten, stieg Chíos zu einer der reichsten Inseln im Mittelmeer auf. Die Blüte dauerte unter den Osmanen an, um im März 1822 durch eines der blutigsten Massaker *(siehe S. 151)* des griechischen Freiheitskampfes jäh zu enden. Chíos hatte sich kaum erholt, als 1881 ein Erdbeben schwere Schäden anrichtete.

Laden im Basar von Chíos-Stadt

Chíos-Stadt ❶

Χίος

24 000. Polytechniou (um die Insel), Dimokratías (Umgebung). Kanári 18 (22710 44389). Mo–Sa. Karfás, 7 km südl.

Chíos-Stadt wurde wie die übrige Insel in der Bronzezeit, dann im 9. Jahrhundert v. Chr. von Ioniern aus Kleinasien besiedelt. Für den Standort sprach die Nähe zur türkischen Küste, weniger der Hafen, den die Bewohner immer wieder mit langen Wellenbrechern sichern mussten. Da nur wenige Bauten das Erdbeben von 1881 überstanden, ist die Inselhauptstadt modern geprägt. Einige Spuren ihrer bewegten Vergangenheit aber sind sichtbar. Mehrere Museen lohnen einen Besuch. Interessanteste Stationen eines Streifzugs sind das Kástro, der turbulente Basar am oberen Ende der Straße Roïdou und der osmanische Brunnen (1768) an der Kreuzung der Straßen Martýron und Dimarchías.

Kástro

Maggiora. 22710 22819. tägl.

Markantestes mittelalterliches Denkmal ist das ursprünglich byzantinische, von den Genuesen nach Einnahme der Insel 1346 ausgebaute Kástro. Sein südöstlicher Seewall wurde beim Wiederaufbau der Stadt nach dem Erdbeben von 1881 abgetragen. Vom prächtigsten Tor, der Porta Maggiora im Südwesten, zieht sich ein tiefer Trockengraben zur nordwestlichen Außenmauer. Innerhalb der Mauern säumen osmanische Häuser die engen Gassen des ehemaligen islamischen und jüdischen Viertels. Orthodoxe und andere Christen mussten nach der osmanischen Eroberung 1566 außerhalb der Mauern wohnen. Im Mauerring stößt man auf eine ungenutzte Moschee, Ruinen türkischer

LEGENDE

Symbole siehe hintere Umschlagklappe

SEHENSWÜRDIGKEITEN AUF EINEN BLICK

Avgónyma ❹
Chíos-Stadt ❶
Mastix-Dörfer ❷
Moní Moúndon ❻
Néa Moní ❸
Volissós ❺

Uferstraße von Chíos-Stadt mit der Kuppel der Mecidiye-Moschee

Bäder sowie einen osmanischen Friedhof mit dem Grab von Admiral Kara Ali. Dieser hatte beim Massaker von 1822 das Oberkommando. Er starb an Bord seines vom griechischen Kapitän Kánaris zerstörten Flaggschiffs.

Die Porta Maggiora, der Südwesteingang zum Kástro

Justiniani-Museum

Kástro. *22710 22819.* *Di–So 8–14.30 Uhr.* *Feiertage.*

Das Museum für sakrale Kunst zeigt u. a. ein Bodenmosaik (5. Jh.), das aus einer verfallenen Kapelle der Insel gerettet wurde. Zu den abgebildeten Heiligen zählt Isídoros, der die Insulaner gelehrt haben soll, wie man aus Mastix *(siehe S. 148f)* Likör gewinnt. Auch Matrona ist dargestellt, eine Märtyrerin aus dem römischen Ankyra (Ankara). Kleinasiatische Flüchtlinge führten nach 1923 ihren Kult ein.

Byzantinisches Museum

Plateía Vounakíou. *22710 26866.* *Di–Sa.*

Das Byzantinische Museum mutet wie eine archäologische Lagerhalle oder eine Restauratorenwerkstatt an. Es hat seinen Sitz in der einzigen unversehrten Moschee der Ost-Ägäis, der ehemaligen, samt Minarett erhaltenen Mecidiye Cami. Im Hof erinnern Grabsteine von Juden, Türken und Armeniern an die heterogene ethnische Zusammensetzung der Inselbevölkerung während des Mittelalters.

Philip-Argéntis-Museum

Koraïs 2. *22710 44246.* *Mo–Fr 8–14 Uhr (auch: Di 17–20, Fr 17–20.30, Sa 8–12.30 Uhr).*

Ein Mitglied einer reichen chiotischen Familie stiftete 1932 die über der Koraïs-Bibliothek ausgestellte Sammlung. Außer ländlichen Gerätschaften aus Holz, traditionellen Stickereien und Trachten sind Porträts der Familie Argéntis, seltene Stiche sowie viele Kopien des *Massakers von Chíos* zu sehen. Dieses Gemälde von Delacroix (1798–1863) weckte zusammen mit Reportagen in Westeuropa Sympathie für den Freiheitskampf der Griechen *(siehe S. 42f)*. Bücher und Handschriften aus dem Nachlass des Intellektuellen und kulturellen Erneuerers Adamántios Koraïs (1748–1833), darunter Geschenke Napoléons, bilden den Grundstock der im Erdgeschoss untergebrachten Koraïs-Bibliothek.

Infobox

53 000. *4 km südl. von Chíos-Stadt.* *Chíos-Stadt.* *Chíos-Stadt (22710 44389).* **www**.chios.gr

Umgebung: Die fruchtbare **Kámpos**-Ebene erstreckt sich sechs Kilometer südlich von Chíos-Stadt. Sie ist durchzogen von unbeschilderten Wegen, an denen hohe Mauern mit reich verzierten Portalen Einsicht in Grundstücke verwehren. Mit Glück erhascht man durch offene Tore Blicke auf die mittelalterlichen Sommersitze des chiotischen Adels.

Manche dieser Residenzen wurden bei dem Erdbeben von 1881 zerstört, doch einige hat man danach wieder restauriert. Ihr Mauerwerk besteht aus Sandsteinquadern in wechselnden Farbtönen. Viele besitzen noch die Wasserräder, mit denen man Wasser aus 30 Meter tiefen Brunnen zu offenen, von Pergolen beschatteten Zisternen beförderte, in denen sich Fische tummelten.

Diese Süßwasserspeicher dienen immer noch zum Bewässern der berühmten Orangen-, Zitronen- und Mandarinengärten der Kámpos-Ebene, auch wenn Elektropumpen inzwischen die Eselskraft abgelöst haben.

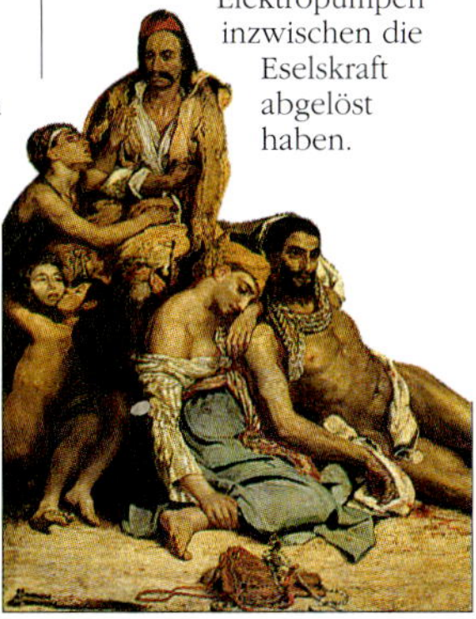

***Massaker von Chíos* (1824, Ausschnitt) von Delacroix, Philip-Argéntis-Museum**

Mastix-Dörfer ❷

Μαστιχοχώρια

Keramik aus Armólia

Die zwanzig »Mastix-Dörfer«, *mastichochória*, im Süden der Insel Chíos sind nach dem hier gewonnenen, im Mittelalter teuer bezahlten Mastix benannt. Die Dörfer entstanden unter den Genuesen im 14. und 15. Jahrhundert. Sie wurden zum Schutz vor Piraten im Inselinneren errichtet und, nicht zuletzt wegen Chíos' Nähe zum türkischen Festland, aufwendig befestigt. Ihre Anlage ist in Griechenland einzigartig. Diese Dörfer überstanden zwar als einzige das Blutbad des Jahres 1822 *(siehe S. 151)* unbeschadet, nicht jedoch Erdbeben und eine unsensible Modernisierung.

Wichtigste Mastix-Dörfer

Véssa

Nur bei diesem Dorf ist der regelmäßige Straßenverlauf von oben deutlich zu erkennen, z.B. beim Abstieg von Agios Geórgios Sykoúsis oder Eláta.

Pyrgí

Pyrgís Attraktion sind seine hellen Häuser mit dem xystá genannten Kratzputz-Dekor. Hierfür werden die Fassaden mit schwarzem Sand verputzt und weiß überkalkt. Dann kratzt man geometrische, den schwarzen Untergrund freilegende Muster heraus. Auf diese Weise ist auch die Kirche Agioi Apóstoloi verziert, in der mittelalterliche Fresken zu bewundern sind.

Armólia

Als eines der kleinsten und bescheidensten mastichochória *ist Armólia bekannt für seine Töpferwaren.*

Olýmpoi
Der Turm im Zentrum des quadratisch angelegten Dorfes ist fast vollständig erhalten. Zwei Cafés befinden sich im Erdgeschoss. In Olýmpoi sieht man noch Männer und Frauen beim »Ernten« von Mastix.

Infobox

28 km südwestl. von Chíos-Stadt. *Pyrgí: 1200; Mestá: 400; Olýmpoi: 350. Mestá. Mávra Vólia und Kómi, 5 km südöstl. von Pyrgí.*

Vávyloi
Die byzantinische Kirche Panagía tis Krínis (13. Jh.) am Dorfrand ist bekannt für ihre Fresken und die Ornamentik aus Steinen und Ziegeln.

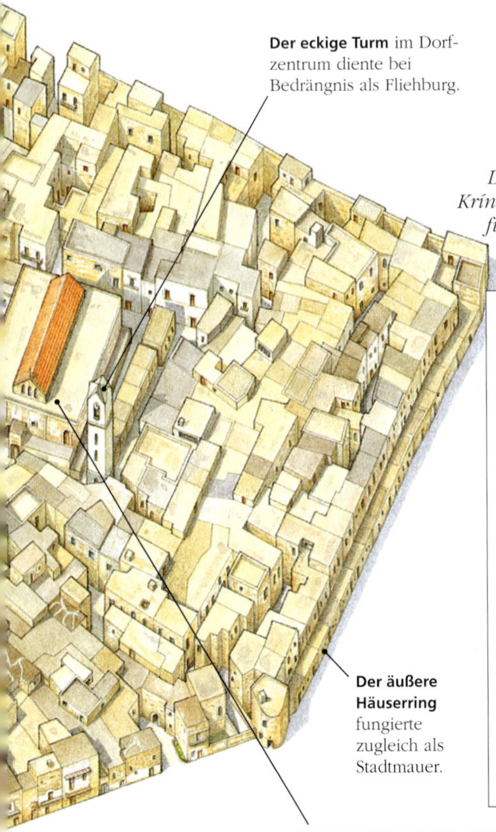

Mestá

Paradeexemplar eines Mastix-Dorfes ist Mestá, hier von Südwesten aus betrachtet. Die Hausdächer sind annähernd gleich hoch. Die Ecktürme der Außenmauer stehen noch.

Mastix-Gewinnung

Mastix, das Sekret des Mastix-Strauches, wurde zur Produktion von Farben, Kosmetika und Arzneien verwendet. Erdölhaltige Produkte haben seinen Wert gemindert, aber man nutzt das Harz weiterhin, etwa für die Herstellung von Kaugummi, Spirituosen und Zahnpasta. Jeden Sommer werden etwa 300 Tonnen Mastix geerntet. Um die Harztropfen gewinnen zu können, wird die Rinde angeritzt.

Rinde und Harztropfen des Strauches

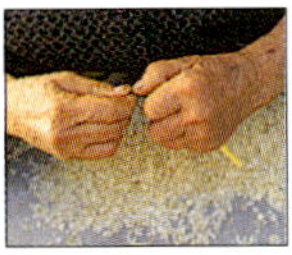

Von der Rinde gelöste Harztropfen

Kirche Taxiárchis
Die größte Kirche (19. Jh.) der Insel mit einer kunstvoll geschnitzten Ikonostase beherrscht Mestás Hauptplatz.

Néa Moní ❸

Νέα Μονή

St.-Anna-Mosaik der inneren Vorhalle

Elf Kilometer westlich von Chíos-Stadt liegt in einem bewaldeten Tal das im 11. Jahrhundert erbaute Néa Moní. Die Mosaiken aus jener Zeit zählen zu den schönsten des Landes. Der byzantinische Kaiser Konstantin IX. Monomáchos ließ es 1042 als Mönchskloster an der Stelle gründen, an der drei Einsiedler eine Marien-Ikone entdeckt hatten. Den Zenit seiner Macht erlangte das Kloster nach Untergang des Byzantinischen Reiches. Es behauptete seinen Einfluss bis zum Massaker der Osmanen 1822. Seit Jahrzehnten leben Nonnen dort. Wenn die letzte verstorben sein wird, soll es wieder ein Mönchskloster werden.

Westansicht des Néa Moní

Die Vorhalle
Die aufwendigsten Mosaiken schmücken die Vorhalle, hier abgebildet vor dem Hintergrund der Kuppel der Hauptkirche. Sie zeigen 28 Heilige, darunter die heilige Anna *als einzige Frau. Die* Jungfrau mit dem Kind *ziert die Mittelkuppel.*

Der Glockenturm wurde nach dem Erdbeben von 1881 hinzugefügt.

St.-Joachim-Mosaik

Marmorintarsien wurden im Byzantinischen Reich als Schmuckwerk sehr geschätzt.

★ Jesu Fußwaschung
Jesus wäscht die Füße des Jüngers Petrus, der ihm bedeutet, auch Kopf und Hände zu waschen.

NICHT VERSÄUMEN

★ Anástasis

★ Jesu Fußwaschung

★ Anástasis
Vor seiner Himmelfahrt rettet der auferstandene Christus Adam und Eva aus der Hölle.

INFOBOX

11 km westl. von Chíos-Stadt.
22710 79391.
Apr–Okt: tägl. 7–12, 16–19 Uhr; Nov–März: tägl. 7–12, 16–18 Uhr. *begrenzt.*

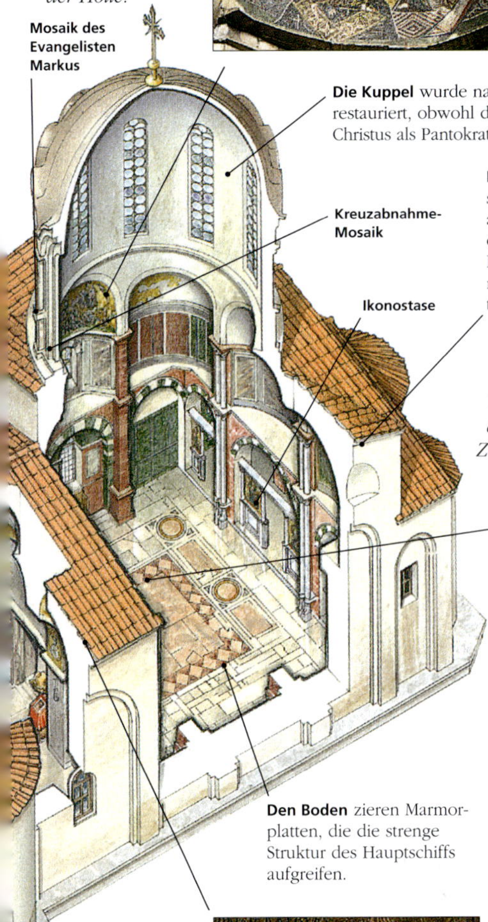

Mosaik des Evangelisten Markus

Die Kuppel wurde nach dem Erdbeben von 1881 restauriert, obwohl die herrliche Darstellung von Christus als Pantokrator abhandengekommen war.

Kreuzabnahme-Mosaik

Die Hauptapsis ist geschmückt mit einem hoch angebrachten Wandmosaik, das die Muttergottes und Illustrationen irdischer Themen zeigt. In der Kuppel thront Christus.

Ikonostase

Den Boden zieren Marmorplatten, die die strenge Struktur des Hauptschiffs aufgreifen.

Byzantinische Uhr
Neben dem Mosaik Kreuzigung Christi *steht diese auf byzantinische Zeit eingestellte Uhr, eine armenische, vor 1923 in Smyrna (Izmir) angefertigte Arbeit.*

Verrat im Garten Gethsemane
Auf einer Szene dieses Mosaiks schneidet Petrus nach dem Verrat an Jesus im Garten Gethsemane dem Malchus, Diener des Hohepriesters, das Ohr ab. Leider ist der Judaskuss *nicht erhalten.*

MASSAKER VON CHÍOS

Nach 250 Jahren osmanischer Besatzung schlossen sich die Chioten im März 1822 samiotischen Freiheitskämpfern an. Der Sultan antwortete mit einer Strafexpedition: 30 000 Chioten wurden dabei getötet, fast doppelt so viele versklavt, Häuser und Klöster verwüstet. Viele Chioten suchten Schutz im Néa Moní – vergebens: Auch sie wurden umgebracht und mit ihnen fast alle der 600 Mönche. Eine Kapelle am Haupteingang des Klosters bewahrt die Gebeine der Opfer. Von der Grausamkeit der Mörder zeugen Spuren von Axthieben an vielen Schädeln.

Vitrine mit den Schädeln chiotischer Opfer des Blutbads von 1822

Überblick: Chíos

Deckendetail, Moní Moúndon

Chíos ist eine der schönsten Inseln der Ägäis: üppig bewachsen, in Teilen gebirgig, im Süden von Felsklippen, im Nordwesten von Sandstränden begrenzt. Von Chíos-Stadt führen Straßen und öffentliche Verkehrsmittel in alle Himmelsrichtungen. Die dicht besiedelte Südostküste ist am besten mit Bussen erschlossen. Bei Erkundungen in andere Teile ist man auf Taxis, Leihwagen oder Motorräder angewiesen.

Avgónyma ❹

Αυγώνυμα

20 km westl. von Chíos-Stadt.

15. *Elínta, 7 km westl.*

Dieses Dorf, nächster Nachbar des Néa Moní *(siehe S. 150f)*, ist das reizvollste im Hinterland von Chíos. Weniger labyrinthartig verwinkelt angelegt als die Mastix-Dörfer, hat es mit Häusern, die eleganter sind als im Norden der Insel, einen ganz eigenen Stil. »Eiernest« heißt es übersetzt wohl deswegen, weil es beim Blick vom Bergkamm wie ein dichtes Häuflein erscheint. Von hier abstammende US-Bürger haben in den vergangenen Jahren fast alle Häuser geschmackvoll restauriert. Im mittelalterlichen *pýrgos* (Turm) lädt eine ausgezeichnete Taverne zur Rast.

Umgebung: Im vier Kilometer nördlich gelegenen Dorf **Anávatos** scheint, anders als in Avgónyma, die Zeit seit Jahrzehnten stillzustehen. Kaum ein Ort der Insel bietet von ferne einen beeindruckenderen Anblick: Die teils verfallenen Häuser scheinen mit dem steilen Fels verwachsen zu sein und blicken auf Pistazienhaine.

Der Ort war während des Massakers von 1822 *(siehe S. 151)* Schauplatz eines Massenfreitods: Etwa 400 Griechen sprangen vom Felsvorsprung über dem Dorf in eine 300 Meter tiefe Schlucht, um den türkischen Besatzern zu entgehen.

Volissós ❺

Βολισσός

40 km nordwestl. von Chíos-Stadt.

500. *Mánagros, 2 km südwestl.*

An Volissós' wirtschaftliche Geltung als Marktzentrum der 20 kleineren Dörfer im Nordwesten erinnert in heutiger Zeit nur mehr eine Sattlerei am Ortsrand. Seine strategische Bedeutung im Mittelalter belegt die byzantinische Bergfestung aus dem 11. Jahrhundert. Sie wurde im 14. Jahrhundert von den Genuesen ausgebaut, ist heute jedoch eine Ruine. Der Ort breitet sich unterhalb davon über den Süd- und Osthang aus. Viele seiner Bewohner sind inzwischen ins Ausland abgewandert, haben aber mittlerweile Häuser aufgekauft und restauriert.

Eines der vielen restaurierten Steinhäuser von Avgónyma

Umgebung: Von Volissós fahren Busse zum 26 Kilometer nordwestlich gelegenen Dorf **Agio Gála**. In diesem Ort erhält man den Schlüssel zu den beiden Höhlenkapellen (15. Jh.) nahe dem Gipfel eines Felsens. Kleiner, doch wesentlich interessanter ist die hintere, fast vollständig in die tiefe Grotte zurückgezogene Kapelle. Mystisch mutet das überaus kunstvolle Fresko der *Jungfrau mit dem Kind* in ihrer Apsis an. Eine feine Schnitzarbeit ist die Ikonostase *(témblon)* der größeren Kapelle am Höhleneingang.

Das fast vollständig verlassene Anávatos mit den wenigen bewohnten Häusern im Vordergrund

Moní Moúndon 6

Μονή Μούνδων

35 km nordwestl. von Chíos-Stadt. 22740 21230. nach Volissós. *tägl. (bitten Sie im ersten Haus des Dorfes Diefha um den Schlüssel).*

Das einst nach dem Néa Moní *(siehe S. 150f)* zweitwichtigste Kloster der Insel entstand im späten 16. Jahrhundert. Im *katholikón*, der Hauptkirche, faszinieren spätmittelalterliche Wandmalereien. Die *Seelenrettung am Tag des Jüngsten Gerichts* zeigt die an die Himmelsleiter geklammerten auferstandenen Toten. Offen ist die Kirche nur beim Klosterfest (29. Aug), ein Besuch lohnt aber schon wegen der Lage am Berghang.

Moúndons Fresko der *Seelenrettung am Tag des Jüngsten Gerichts*

Vorgelagerte Inseln: Dass das beschauliche, wenige Seemeilen östlich von Chíos-Stadt entfernte Inselchen **Oinoússes** Griechenlands reichstes Territorium ist, wird an der Architektur nicht ersichtlich. Zu beiden Seiten des Hafens findet man schöne Strände, im Nordwesten das Nonnenkloster Evangelismoú.

Weite Teile der Insel **Psará**, 71 Kilometer vor der Westküste, wurden im Freiheitskampf *(siehe S. 42f)* niedergebrannt. Der einzige Ort der Insel, architektonisch eine Mixtur von Inselstilen, wurde in den vergangenen 100 Jahren aufgebaut. Die Landschaft ist kahl und unfruchtbar. Die schönen Strände östlich des Hafens und das abgelegene Moní Koímisis tis Theotókou im Norden lohnen den Ausflug.

Überreste eines hellenistischen Turms nahe Fanári, Ikaría

Ikaría

Ικαρία

8300. Agios Kírykos. 22750 22202. Fanári, 16 km nordöstl. von Agios Kírykos.

Die von Chíos 245 Kilometer südlich liegende Insel ist nach dem sagenhaften Ikaros benannt. Dieser soll hier abgestürzt sein, als er der Sonne zu nahe kam und das Wachs schmolz, mit dem seine Flügel befestigt waren.

Der Hauptort und -hafen **Agios Kírykos** ist ein angenehmes Städtchen, flankiert von zwei Heilbädern. Ein kurzer Fußweg führt ins nordöstliche, schon bei den Römern beliebte **Thérma**, dessen Thermalbäder vor allem ältere griechische Kurgäste aufsuchen. Im südwestlichen **Thérma Lefkádas** entspringen die heißen Quellen zwischen Felsen am seichten Meeresufer.

Einen Hafen bietet auch das Dorf Evdilos an der Nordküste, einen Sandstrand **Kámpos** zwei Kilometer westlich mit seiner Ruine einer Kirche des 12. Jahrhunderts. Im Byzantinischen Reich war die Insel einer der gnädigeren Verbannungsorte für unliebsame Adlige. Von Kámpos' großer Exilantensiedlung sind die Überreste einer Villa erhalten. Ein kleines Museum stellt Funde aus Oinoe, der antiken Vorgängerin der Stadt, aus.

Einen Pass an der Straße nach Oinoe bewachte einst das byzantinische Kastell **Nikariás** (10. Jh.) über dem fünf Kilometer landeinwärts gelegenen Kosoíki. Der außer der Burg einzige gut erhaltene Wehrbau ist der **hellenistische Turm** (**Drakánou**; 3. Jh. v. Chr.) nahe Fanári. Er diente in der Antike als Leuchtturm. Schöne Strände wie Livádi und Messaktí im Osten haben den von Wäldern umgebenen Weiler **Armenistís** zu Ikarías Ferienzentrum gemacht. Die Fundamente eines Tempels für Artemis Tavropólos (Artemis als Schutzherrin der Stiere) sind vier Kilometer westwärts freigelegt.

Erstaunlich bevölkert und lebhaft ist das östlich vorgelagerte Eiland **Foúrnoi**, die Fischerinsel der Ost-Ägäis. Die von Maulbeerbäumen gesäumte Hauptstraße des Hafenstädtchens führt vom Kai zu einem eckigen Brunnen. Dort flankieren zwei Cafés einen antiken Sarkophag. Die Strände Kampí und Psilí Ammos sind zu Fuß zu erreichen.

Ikarías Hauptort, das Küstenstädtchen Agios Kírykos

Sámos

Σάμος

Natürliche Reichtümer und die Nähe zu Kleinasien lockten früh Siedler nach Sámos. Im 7. Jahrhundert steig die Insel zur Seemacht auf, unter Polykrates (reg. 538–522 v. Chr.) erlebte sie ihr Goldenes Zeitalter. Nach dem Niedergang von Byzanz vertrieben Piraten die Bewohner. Erst 1562 siedelte der osmanische Admiral Kiliç Ali wieder ehemalige Samioten und andere orthodoxe Christen an. Tabakhandel und Seefahrt belebten im 19. Jahrhundert die Wirtschaft. 1912 erfolgte der Anschluss an das unabhängige Griechenland.

Infobox

34 000. 4 km westl. von Pythagóreio. Vathý, Karlóvasi, Pythagóreio. Vathý (22730 28582). Weinfest: August; Fest der Fischer, Pythagóreio: Juni oder Juli.

Fischer im Hafen von Vathý

Sehenswürdigkeiten auf einen Blick

Berg Kerketéfs 8
Efpalíneio Orygma 2
Heraion 5
Karlóvasi 7
Kokkári 6
Moní Megális Panagías 4
Pythagóreio 3
Vathý 1

Vathý 1

Βαθύ

3000. Ioánnou Lekáti. 25 Martíou 4 (22730 28582). tägl. Psilí Ammos, 8 km südöstl.; Mykáli, 6 km südl.

Das alte Ano Vathý entstand kurz nach 1600, das Hafenviertel der Neustadt erst nach Erhebung des Ortes zur Inselhauptstadt 1832. Geschäfts- und Ferienzentrum ist die überschaubare Unterstadt mit ihrem Basar, während Ano Vathýs Pflastergassen sich jeder Hektik verweigern.

Ausgrabungsfunde des Heraion *(siehe S. 156)* bestücken das **Archäologische Museum**. Da das Hera-Heiligtum Pilger von weit her anzog, ist die Sammlung der kleinen Votivgaben eine der vielfältigsten des Landes. Sie zeigt u. a. die Bronzestatuette einer urartäischen Gottheit, assyrische Figurinen sowie eine Perseus und Medusa darstellende Elfenbeinminiatur. Prunkstück ist die fünf Meter hohe Koúros-Marmorstatue. Sie ist das größte erhaltene Standbild des antiken Griechenland. Die auf 580 v. Chr. datierte Figur war Apollon geweiht.

Assyrisches Bronzepferdchen, Archäologisches Museum Vathý

Archäologisches Museum

Kapetán Gymnasiárchou Katevéni. *22730 27469. Di–So. Feiertage.*

Überblick: Sámos

Eine Asphaltstraße umrundet die Insel, doch nur zwischen Pythagóreio und Karlóvasi verkehren häufig Busse (via Vathý). Mietwagen gibt es genügend. Viele Orte sind nur mit Jeep oder zu Fuß erreichbar. Vorsicht ist geboten auf den Holperpisten im Süden und Westen.

Efpalíneio Orygma ❷
Ευπαλίνειο Όρυγμα

15 km südwestl. von Vathý. *22730 61400.* *Di–So.* *Feiertage.*

Efpalíneio Orygma, Tunnel des Eupalinos, heißt der 1040 Meter lange unterirdische Aquädukt, den Hunderte von Sklaven 529–524 v. Chr. unter Aufsicht des Architekten Eupalinos von zwei Seiten durch einen Berg trieben – so akkurat, dass die beiden Stollen ohne Abweichung aufeinandertrafen. Das Meisterwerk antiker Ingenieurkunst sollte die Wasserversorgung auch in Belagerungszeiten sichern. Es führte bis ins 20. Jahrhundert Trinkwasser herbei.

Besucher können über den Wall spazieren, der beim Graben des tief darunter liegenden Tunnels aus Schutt aufgehäuft wurde. Der mit Gittern abgesicherte Tunnel ist auf halber Länge begehbar.

Pythagóreio ❸
Πυθαγόρειο

13 km südwestl. von Vathý. *1300.* *Lykoúrgou Logothéti (22730 61389).* *Potokáki, 3 km westl.*

Die von Pflasterstraßen durchzogene Stadt, benannt nach dem 580 v. Chr. hier geborenen Philosophen Pythagoras, ist ein Besuchermagnet. Aus Achtung vor den Fundamenten und Stadtmauern ihrer antiken Vorgängerin Sámos fehlen Hochhausbauten. Einziges Hochhaus ist der Wohnsitz (19. Jh.) des Freiheitskämpfers **Lykoúrgos Logothétis**, der am 6. August (dem Fest der Verklärung Christi) des Jahres 1824 eine siegreiche Seeschlacht gegen die Türken anführte. Zur Feier des Triumphs wurde nebenan die Kirche **Metamórfosis** errichtet. Am entgegengesetzten Westrand der Stadt stößt man

Pythagoras-Statue von Nikoláos Ikaris, Pythagóreio

auf die Ruinen der **Römischen Bäder** mit zum Teil noch erhaltenen Toren. Weiter westlich erhebt sich der noble Hotelkomplex Dorissa Bay über dem Hafen, der bis auf den Glyfáda-See verlandet ist.

Römische Bäder
Westl. von Pythagóreio.
22730 61400. *variabel.*

Umgebung: Polykrates, der Tyrann von Sámos, ließ Pythagóreio mit einem über sechs Kilometer langen, mit zwölf Toren versehenen Mauerring um den Hügel Kastrí befestigen. Die Athener zerstörten die Mauer bei ihrer Belagerung 439 v. Chr. Die besterhaltenen Reste, u. a. ein Turm, liegen oberhalb von Glyfáda. Über dem antiken Theater steht das **Moní Panagías Spilianís**, zu dem ein Marienschrein in einer 100 Meter langen Höhle gehört.

Moní Megális Panagías ❹
Μονή Μεγάλης Παναγίας

27 km westl. von Vathý. *Mai–Okt: tägl.*

Sámos' zweitältestes, 1586 von zwei Einsiedlern aus Kleinasien namens Nílos und Dionýsios gegründetes Kloster besitzt die aus damaliger Zeit besterhaltenen Fresken der Insel. Die Hauptkirche kreuzt diagonal das restaurierte Rechteck der Mönchszellen. Sie entstand vermutlich über einem Artemis-Tempel. Leider wütete 1990, kurz nach dem Tod des letzten Mönches, in dem Gebiet ein Feuer. Die Besuchszeiten des Klosters hängen von der Laune des Hausmeisters ab.

***Jesu Fußwaschung*, Fresko im Moní Megális Panagías**

Einzig erhaltene Säule vom Heraion des Polykrates

Heraion ❺

Ηραίον

21 km südwestl. von Vathý.
22730 95277. *Iraío.*
Di–So. *Feiertage.*

Seit der Jungsteinzeit verehrte man hier eine Fruchtbarkeitsgöttin. Erst die mykenischen Siedler *(siehe S. 28f)* mit ihrem olympischen Götterkult setzten sie mit Hera gleich. Das Heiligtum war den Fluten ausgesetzt. Dies sollte die Legende untermauern, dass die unter einer heiligen Korbweide am Ufer des Imvrasos geborene Hera hier, während der Herrschaft des Titanen Kronos, ihre Hochzeit mit Zeus unter Weiden feierte.

Im 8. Jahrhundert v. Chr. wurde Hera ein 30 Meter langer Holztempel erbaut. Im 6. Jahrhundert v. Chr. ersetzte ihn der samiotische Architekt Rhoikos durch einen ionischen Steintempel, der aufgrund von Erdbeben oder Konstruktionsfehlern zur Regierungszeit des Polykrates einstürzte. Dieser gab bei Rhoikos' Sohn Theodoros einen Neubau in Auftrag. Theodoros begann 525 v. Chr. am 40 Meter nach Westen verlagerten Standort mit dem Bau, wobei er Altmaterial verwertete. Die immer wieder unterbrochenen Bauarbeiten dauerten Jahrhunderte, doch vollendet wurde der Bau nie.

In der Hochblüte des Heiligtums (8.–6. Jh. v. Chr.) glich das von Weihgaben überquellende Innere laut zeitgenössischen Quellen einer herrlichen Kunstgalerie. Aus jener Zeit stammen die meisten im Archäologischen Museum von Vathý *(siehe S. 154)* ausgestellten Funde. Im Gelände standen Tempel für diverse Gottheiten, doch nur Hera war ein heiliger Altar vorbehalten. Pilger näherten sich der Stätte auf der 4800 Meter langen Heiligen Straße, die das Heraion mit der antiken Stadt Sámos verband.

Vom Heraion des Polykrates verbliebene Plinthe

Deutsche Archäologen legten die Stätte sorgfältig frei. Trotzdem benötigt man für den Rundgang viel Fantasie, denn byzantinische und mittelalterliche Steinmetze haben sich reichlich am Mauerwerk bedient. Nur eine Säule ließen sie stehen. Die Christen bauten im 5. Jahrhundert östlich des Großen Tempels der heiligen Maria eine Kultstätte.

Kokkári ❻

Κοκκάρι

10 km westl. von Vathý. *1000.*
Agíou Nikoláou (22730 92333). *Tsamadoú und Lemonákia, 2 km westl.*

Der reizende kleine Hafenort erstreckt sich auf und hinter einer doppelten Landzunge. Seinen Namen verdankt er den schalottenähnlichen Zwiebeln, die man einst landeinwärts anbaute. Heute ist er nach Vathý und Pythagóreio meistbesuchter Ferienort auf Sámos. An seinen beiden Kiesstränden schlagen die Wellen oft hoch. Sie sind ein

HERA-KULT

Viele griechische Städte, darunter Argos auf dem Festland, hingen dem Hera-Kult an. Die Tempel lagen stets vor der Stadt. Vor dem 1. Jahrtausend v. Chr. bestand das Hera-Kultbild aus einer schlichten Holztafel, später zierte diese eine Kupferstatue.

Samiotische Münzen mit der von Pfauen geleiteten Hera

An die vereitelte Entführung der Hera-Holzfigur durch argivische und etruskische Piraten erinnerte die alljährliche Zeremonie Tonaia. Dabei trug man das Kultbild auf einer Sänfte aus Zweigen von Korbweiden, dem heiligen Symbol der Hera, zur Flussmündung, wusch es im Meer und drapierte es mit Gaben. Konzerte und sportliche Wettspiele begleiteten die ebenfalls jährliche Heraia-Zeremonie zu Ehren der Vereinigung von Hera und Zeus, für die man die Kupferstatue als Braut gewandete. Ab dem 8. Jahrhundert stand das Kultbild in einem Schrein, umgeben von lebenden Pfauen und Korbweidenzweigen. Mit diesen Symbolen und festlich gekleidet ist Hera auf samiotischen Münzen der Römerzeit abgebildet.

Kokkáris von zwei Landzungen flankierter Strand und Hafen

Paradies für Windsurfer. In den Cafés und Tavernen am gepflasterten Kai werden die Nächte oft lang.

Umgebung: Viele Bergdörfer von Sámos sind zunehmend von Abwanderung betroffen, ein Schicksal, vor dem Obst- und Weingärten **Vourliótes** bewahren. Vier Tavernen laden hier zu einem Imbiss ein. Sie rücken ihre Stühle auf den malerischen Hauptplatz, einen der schönsten der Insel. Beim Dorf kreuzen sich viele Wanderwege. Pfade führen von Kokkári herauf, steigen ab nach Agios Konstantínos und wieder auf nach Manólates, wo der fünfstündige Rundweg über den Gipfel des Ampelos beginnt.

Karlóvasi ❼

Καρλόβασι

33 km nordwestl. von Vathý. 5500. Potámi, 2 km westl.

Das weitläufige Karlóvasi, das Tor zum Westen und die zweitgrößte Stadt der Insel, gliedert sich in vier deutlich unterscheidbare Bezirke. Néo Karlóvasi war zwischen den Weltkriegen ein Zentrum der Lederindustrie. Vom aus der Schuhfabrikation geschöpften Reichtum zeugen stattliche Villen und aufgegebene Gerbereien am Hafen. Auf einem Hügel jenseits des Flusses liegt das schmuckere Meséo Karlóvasi. Der Hafen von Limín zieht mit seiner Atmosphäre und den Tavernen Besucher an. Von dort verläuft im Schutz einer Schlucht Ano oder Palaió Karlóvasi den Hügel hinauf, überragt von der Kirche **Agía Triáda**.

Umgebung: Von Ano Karlóvasi führt ein einstündiger Marsch zu einer mittelalterlichen Siedlung im Hinterland des Potámi-Strands. Zu den eindruckvollsten Resten zählen die Kirche **Metamórfosis**, das älteste (11. Jh.) Gotteshaus der Insel, und die byzantinische Festung darüber.

Berg Kerketéfs ❽

Όρος Κερκετευς

50 km westl. von Vathý. nach Marathókampos. Votsalákia, 2 km südl. von Marathókampos; Limniónas, 5 km südwestl. von Marathókampos.

Der 1437 Meter hohe Kerketéfs, der nach dem Sáos auf Samothráki zweithöchste Gipfel der Ägäis, beherrscht den westlichen Teil der Insel. Er besteht zum Teil aus magmatischem Gestein, aufgeworfen zu schroffen Felsen mit tief eingeschnittenen Schluchten.

Die ältesten Berichte über den Kerketéfs stammen aus byzantinischer Zeit. Nicht ahnend, dass Einsiedlermönche dort Grotten bewohnten, deuteten Seeleute den nächtlichen Schein als Lichtaura von Seelen verstorbener Heiliger und der Entdeckung harrender Ikonen. Zwei Bergklöster gibt es heute noch: hoch an der Südflanke das **Moní Evangelistrías** (16. Jh.) und verborgen in einem Tal am Nordosthang das Kloster **Moní tis Theotókou** (1887).

Trotz Waldbränden und des Ausbaus der Straße zu den Dörfern westlich des Gipfels zeigt sich der Kerketéfs immer noch als großartige, an Wandermöglichkeiten reiche Berglandschaft. In der Seïtáni-Bucht an der Nordküste schützt ein Meerespark die Mittelmeer-Mönchsrobbe *(siehe S. 115)*.

Blick von der Insel Ikaría auf den Berg Kerketéfs

DODEKANES

PÁTMOS · LIPSÍ · LÉROS · KÁLYMNOS · KOS · ASTYPÁLAIA · NÍSYROS
TÍLOS · SÝMI · RHODOS · CHÁLKI · KASTELLÓRIZO · KÁRPATHOS

Die Inseln des Dodekanes, Griechenlands südlichstem Archipel, liegen vor der türkischen Küste. Sie wurden als letztes Territorium dem modernen griechischen Staat eingegliedert. Ihre Reize sind die orientalisch inspirierte Architektur und, von Urlaubern geschätzt, reichlich Sonnenschein und schöne Strände.

Fern von Athen und dem griechischen Festland, war der Dodekanes Beute wechselnder Eroberer, die überall deutliche Spuren hinterließen. Die Dorer bauten die dorischen Tempel auf Rhodos. Dessen bekannteste Fremdherrscher waren ab dem Jahr 1309 die Kreuzritter des Johanniter-Ordens, bis 1522 Suleiman der Prächtige einzog.

Statue im Hafen von Mandráki, Rhodos

Die Osmanen prägten die Architektur der reicheren Inseln. Jahrhundertelang waren sie die Oberherren, bis sie 1912 den Italienern unterlagen. Danach begann eine Zeit der Verfolgung. Unter Mussolini entstanden vor allem in Lakkí auf Léros Repräsentationsbauten. Erst 1948 wurde der Dodekanes Griechenland zugesprochen.

Landschaftlich unterscheiden sich die Inseln stark: Einige, so Chálki und Kásos, sind trocken, kahl und rau, Tílos und die Vulkaninsel Nísyros fruchtbar und grün. Kykladisch wirken Astypálaia und Pátmos mit ihren geweißelten Häusern, die in Chóra auf Pátmos effektvoll mit dem dunklen Johannes-Kloster kontrastieren. Rhodos-Stadt ist Verwaltungshauptstadt des Dodekanes. Die Insel Rhodos ist wegen ihrer langen Sandstrände und vielen Kulturdenkmäler eines der beliebtesten Reiseziele des Landes.

Sommerlich heiß ist es auf den Inseln bis weit in den Herbst hinein, und entsprechend lang dauert die Badesaison. Es gibt Strände aller Art: mit groben, schwarzen Kieseln, feinem Kies oder silberweißem Sand, total überlaufen oder in einer einsamen Bucht.

Eine Fortbewegungsart der Mönche auf der heiligen Insel Pátmos

◁ **Fassade an der Hafenpromenade von Sými-Stadt** ***(siehe S. 178f)***

Überblick: Dodekanes

Die Inselwelt des Dodekanes bietet eine Palette von Landschaften und Urlaubsaktivitäten: Traumstrände mit breitem Wassersportangebot, geschützte Yachthäfen, üppige Täler, kahle Berge, Höhlen, fjordartige Buchten, auf Nísyros gar einen inaktiven Vulkan. Ebenso vielfältig sind die Kulturdenkmäler: Pátmos' Johannes-Kloster aus dem 11. Jahrhundert, das hellenistische Asklepieion auf Kos, Rhodos' mittelalterliche Ritterstadt und auf Kárpathos das Dorf Olympos mit seinem traditionellen Brauchtum. Kos im Norden und der Verwaltungssitz Rhodos im Süden eignen sich gut als Startpunkte zum Inselhüpfen per Schiff oder Flugzeug.

Kuppeleingang zum Neuen Markt von Rhodos-Stadt

Inseln auf einen Blick

Auf dem Dodekanes unterwegs

Kos, Rhodos und Kárpathos verfügen über internationale, Léros, Astypálaia und Kásos über Inlandsflughäfen. Schiffsreisen bedürfen sorgfältiger Planung: Zwischen manchen benachbarten Inseln bestehen keine direkten Fährverbindungen. Ferner können Schiffsreisen viel Zeit kosten (von Rhodos nach Pátmos neun Stunden) und Unwetter Fahrpläne durchkreuzen. Bläst der *meltémi* im Hochsommer zu heftig, laufen Fähren nicht aus oder setzen Sie unterwegs irgendwo ab. Die Busverbindungen sind auf den größeren Inseln gut. Taxis, Leihwagen und -motorräder sind überall aufzutreiben, die Straßen allerdings in unterschiedlichem Zustand.

Zur Orientierung

Sými-Stadt aus der Vogelperspektive

Legende

- Hauptstraße
- Nebenstraße
- Panoramastraße
- Fähre (nur Hauptsaison)
- Gipfel

0 Kilometer 25

Siehe auch

- ***Übernachten*** S. 309–312
- ***Restaurants*** S. 334–336
- ***Reiseinformationen*** S. 366–369

Pátmos

Πάτμος

Pátmos' Ruf als »Jerusalem der Ägäis« gründet sich auf den Evangelisten Johannes, der 95 n. Chr. auf die Insel verbannt worden sein soll, und das seit 1088 bestehende Johannes-Kloster *(siehe S. 164f)*. Die Insulaner verdienten durch Schiffbau und Handel, das Kloster indes verlor an Macht und teilte sich 1720 schließlich den Landbesitz mit Laien. Heute sind Urlauber und Pilger Pátmos' Haupteinnahmequellen.

Skála

Fähren, Yachten und Kreuzfahrtschiffe legen in Pátmos' Hafen und Hauptstadt Skála an. Exklusive Boutiquen und Souvenirläden geben dem um die weite, geschützte Bucht gelegenen Ort ein angenehmes, gepflegtes Ambiente.

Am Hafen konzentriert sich das Treiben. Am Kai findet man Reisebüros, Reedereien sowie in einem neoklassizistischen Bau die Cafébar *Aríon*, der Nabel des Geschehens. Dort trifft man sich, wartet auf Fähren und beobachtet die Kajiken und Ausflugsschiffe, die täglich Pátmos' wichtigste Strände ansteuern.

Umgebung: Der Sandstrand der Stadt ist oft stark überlaufen. Nördlich, jenseits der Bucht, bietet der Kieselstrand von **Melói** Schatten, einen ausgezeichneten Campingplatz, eine gute Taverne und Wassertaxis für die Rückfahrt nach Skála. Oberhalb von Skála liegen hellenistische Mauerreste der Akropolis von **Kastélli**. Einen beeindruckenden Sonnenuntergang erlebt, wer von der Mérichas-Bucht zur Kapelle **Agios Konstantínos** am Gipfel aufsteigt.

Chóra

Von Skála führt ein alter Pflasterweg zum Johannes-Kloster *(siehe S. 164f)* am höchsten Punkt von Chóra. Den langen Aufstieg belohnen die Panoramen von Sámos und Ikaría. Chóra ist ein Juwel byzantinischer Architektur. Im schneeweißen Häuserlabyrinth verbergen sich über 40 Klöster und Kapellen. An vielen Fenstern fallen mit dem griechischen Kreuz verzierte Umrahmungen *(mantómata)* auf. Dass sich hinter manchen Eingängen Herrenhäuser *(archontiká)* von Kapitänen auftun, ahnt man nicht – Heimlichtuerei zur Irreführung plündernder Piraten.

Blick vom Johannes-Kloster auf Skála

Hotels und Restaurants auf dem Dodekanes *siehe Seiten 309–312 und 334–336*

Souvenirverkäufer am Weg zum Johannes-Kloster

Beim Abstieg nach Skála leiten vom alten Treppenweg blumengeschmückte Stufen hinab zur **Agía Anna** (1090). Die Mariens Mutter geweihte Kirche beherbergt die heilige **Höhle der Apokalypse**, in der Johannes nach christlicher Legende seine von Feuer und Schwefel begleitete Weltuntergangsvision erfuhr und seinem Schüler Próchoros die Apokalypse oder *Geheime Offenbarung* diktierte. Besucher sehen den Stein, der als Schreibtisch diente, die Einbuchtungen, auf die Johannes sein Haupt lagerte, und den dreigeteilten Fels (Symbol der Dreifaltigkeit) mit dem Spalt, aus dem Gottes Stimme zu Johannes gesprochen haben soll. Fresken des 12. Jahrhunderts und vom Kreter Thomás Vathás 1596 gemalte Ikonen der Heiligen Johannes und Christodoulos *(siehe S. 164)* schmücken die bescheidene Grotte.

Der Kaufmann Aglaïnós Mousodákis erbaute 1625 das **Simantíris-Haus** nahe der Plateía Xánthou. Das *archontikó*, heute ein Volkskundemuseum, beherbergt Originale wie Himmelbetten und Samoware, die Mousodákis aus Russland mitbrachte.

Wertvolle Fresken und Ikonen besitzt das von einem Garten umgebene Kloster **Zoödóchou Pigís** (1607).

Höhle der Apokalypse
Zwischen Skála und Chóra.
22470 31234. tägl.

Simantíris-Haus
Chóra. tägl.

Votivgaben von Pátmos-Wallfahrern

Inselerkundung

Im Innern der Insel findet man fruchtbare Täler, an der Küste einige ruhige Strände. Busse fahren von Skála nach Kámpos, Gríkos und Chóra, Ausflugsboote zu den meisten Stränden. Pátmos' Ferienzentrum **Gríkos** liegt in einer traumhaften Bucht östlich von Chóra. Fischerboote treiben vor dem Kiesstrand, der Wassersportmöglichkeiten und einige Tavernen offeriert.

Von dort schwingt sich die Bucht am unbewohnten Eiland Tragonísi vorbei zum Felsen Kallikatsoús, benannt nach der kormoranähnlichen Form der Landzunge, die er besetzt. Die – vermutlich im 4. Jahrhundert von Mönchen – in den Fels getriebenen Wohnhöhlen sind womöglich identisch mit der von Christodoulos erwähnten Einsiedelei des 11. Jahrhunderts. An der Südwestküste erstreckt sich **Psilí Ammos**, beliebt bei Campern und wegen seines feinen Sandes und der sanften Dünen der schönste (und inoffizielle FKK-) Strand der Insel. Gegenüber der Bucht markiert eine rote Boje den Genoúpas-Felsen, wo der Legende nach der Magier Genoúpas den heiligen Johannes zu einem Wunderwettbewerb herausforderte. Als er im Meer nach Bildern von Toten tauchte, verwandelte Gott ihn zu Stein. In einer Grotte am Kap Genoúpas soll der Zauberer gehaust haben.

Über das Bergdorf Kámpos im fruchtbareren Agrarland des Nordens kommt man zum Strand **Kámpos** mit seinem Wassersportangebot und einigen Tavernen. Von dort führt ein Weg ostwärts zu den schönen Kiesstränden **Vagiá Geranoú** und **Livádi**.

Von Christós oberhalb von Kámpos kann man zum von bunten, gemusterten Kieseln übersäten Nordküstenstrand **Lámpi** wandern. Hinter dem Schilf liegen zwei Tavernen und eine Kapelle.

Infobox

3000. Skála. Skála.
Skála (22470 31666).
Niptír im Johannes-Kloster: Gründonnerstag; Panagía in Kámpos: 15. Aug.

Höhle der Apokalypse, Wohn- und Arbeitsort des Evangelisten Johannes

Pátmos: Johannes-Kloster

Μονή του Αγίου Ιωάννου του Θεολόγου

Das Johannes-Kloster gehört zu den bedeutendsten Kultstätten orthodoxer wie römisch-katholischer Christen. Der später heiliggesprochene Mönch Christodoulos gründete es 1088 zu Ehren des Evangelisten Johannes, des (umstrittenen) Verfassers der *Geheimen Offenbarung*. Das Kloster stieg zu einem der reichsten und mächtigsten in Griechenland auf. Seine Türme und Zinnen lassen es wie eine Märchenburg erscheinen, hatten aber den profanen Zweck, die sakralen Schätze zu hüten, die heute Hauptattraktion der Besucherscharen sind.

Johannes-Kloster oberhalb von Chóra

Abrahams Gastfreundschaft
Nach einem Erdbeben im Jahr 1956 legte man in der Panagía-Kapelle übermalte Fresken des 12. Jahrhunderts frei, darunter dieses besonders kunstvolle Motiv.

Im Refektorium der Mönche stehen zwei Marmortische aus dem Artemis-Tempel, der vorher auf dem Gelände stand.

Die Christodoulos-Kapelle birgt das Grab und den silbernen Reliquienschrein des heiligen Christodoulos.

★ Johannes-Ikone
Diese Ikone aus dem 12. Jahrhundert genießt höchste Verehrung. Sie ist im katholikón *aufbewahrt, der Hauptkirche des Klosters.*

NICHT VERSÄUMEN

- ★ Haupthof
- ★ Johannes-Ikone

Hotels und Restaurants auf dem Dodekanes *siehe Seiten 309–312 und 334–336*

Heilig-Kreuz-Kapelle
Das Kloster besitzt zehn Kapellen, um die Vorschrift zu befolgen, dass nur einmal täglich die Messe in derselben Kapelle stattfinden darf.

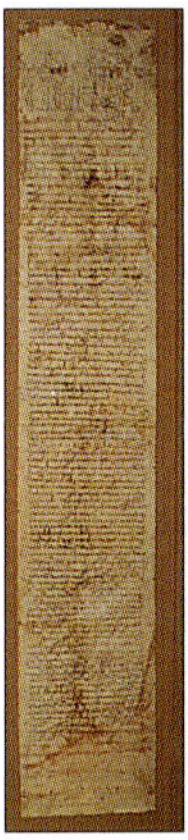

Goldbulle
Die Schatzkammer bewahrt die Gründungsurkunde aus dem Jahr 1088, eine Schriftrolle mit dem Goldsiegel des byzantinischen Kaisers Alexios I. Komnenos.

Infobox

Chóra, 4 km südl. von Skála.
22470 31398. **Kloster und Schatzkammer** *tägl. 8–13.30 (Do, Sa auch 16–18 Uhr).*
nur für die Schatzkammer.
www.monipatmou.gr

Die Schatzkammer hütet mehr als 200 Ikonen, 300 Silberarbeiten und kostbaren sakralen Schmuck.

★ Haupthof
Fresken (18. Jh.) mit Szenen aus dem Leben des heiligen Johannes schmücken den äußeren Narthex des katholikón, *dessen Arkaden Teil des Hofes sind.*

Die Apostelkapelle liegt vor dem Klostertor.

Beim Haupteingang sind Schlitze eingelassen, durch die man Angreifer mit heißem Öl übergießen konnte. Durch dieses Tor (17. Jh.) gelangt man zum Haupthof.

Niptír-Zeremonie

Patmos' orthodoxe Osterzeremonien zählen zu den feierlichsten im Lande. Bei der Niptír-Zeremonie am Gründonnerstag wäscht der Abt des Johannes-Klosters in Chóra vor Hunderten von Zuschauern zwölf Mönchen die Füße. Das Ritual erinnert daran, dass Jesus vor dem Letzten Abendmahl seinen Jüngern die Füße wusch. Die byzantinischen Fürsten und Bischöfe vollzogen es als Symbol demütiger Dienstbereitschaft.

Die Stickerei illustriert Jesu Fußwaschung

Kirche Agios Ioánnis im Dorf Lipsí

Lipsí
Λειψοί

700. Lipsí-Stadt. Rathaus, Lipsí (22470 41185). Platýs Gialós, 4 km nördl. von Lipsí-Stadt.

Grüne Hügel, betupft mit blau-weißen Kapellen, bunt angestrichene Häuser und ausgezeichnete Strände tragen zum Charme von Lipsí bei. Die Insel, seit byzantinischer Zeit Besitz des Klosters auf Pátmos, ist beliebtes Ziel von Tagesausflüglern aus Pátmos und Kálymnos. Nicht als Einzige behauptet sie, hier habe Kalypso Odysseus umgarnt.

Auf Lipsís nur zehn Quadratkilometern lebt traditionelle Lebensweise fort, sinnlich abgerundet durch gute Weine und Käse.

Der Hauptort **Lipsí-Stadt** umrahmt den Hafen, von dem Schilder zu den Sehenswürdigkeiten führen. Berühmt ist die Ikone des heiligen Johannes in der blau überkuppelten Kirche **Agios Ioánnis**: Die Lilien in ihrem Rahmen erblühen zu Mariä Verkündigung (23. August). Im Rathaus präsentiert das **Nikofóreion-Kirchenmuseum** seine von sauber beschrifteten Weihwassergefäßen bis hin zu Trachten reichenden Ausstellungsstücke.

Den Transport vom Hafen zu den entfernteren Stränden und Buchten von **Platýs Gialós** und **Monodéntri** sowie zu den Sandbuchten von **Katsadiás** übernehmen private Taxis.

Nikofóreion-Kirchenmuseum
Mai–Sep: tägl. vormittags.

Léros
Λέρος

8000. Parthéni. Lakkí, Agía Marína. Plateía Plátanos, Plátanos. Hafen, Lakkí (22470 22109).

Einst galt Léros als Insel der Artemis. Wegen der Internierungslager während der Militärdiktatur und der heute hier ansässigen psychiatrischen Klinik spielt der Tourismus nur eine kleine Rolle. Die Klinik ist der größte Arbeitgeber der freundlichen traditionsbewussten Insulaner.

Die Insel wurde 1309 von den Johannitern, 1522–1831 von den Osmanen, 1912 von Italien, das seine Marine in der Bucht von Lakkí stationierte, und 1943 von deutschen Truppen besetzt und 1948 Griechenland angeschlossen. Die Militärjunta (1967–74) inhaftierte auf Léros politische Gegner. Léros legt heute Wert auf die Pflege seines kulturellen Erbes. Für den Erhalt der reichen musikalischen, dichterischen und tänzerischen Kultur engagiert sich der Jugendverband Artemis.

Neoklassizistische Fassade der Maliamate-Villa, Agía Marína

Lakkí
Der Haupthafen Lakkí war früher die Inselhauptstadt. Den natürlichen Hafen, einen der besten der Ägäis, nutzten Italiener, Deutsche und Briten als Flottenbasis. Wie pompöse Fassaden einer Filmkulisse wirken die unter Mussolini aufgezogenen Art-déco-Verwaltungsbauten. Tagsüber eine Geisterstadt, erwacht Lakkí abends in den Cafés an der Hafenpromenade zu Leben. Jenseits der Bucht, bei Lépida, beherbergt das einstige Quartier der italienischen Marine die staatliche psychiatrische Klinik und eine ehemalige Sommervilla des Duce. Lépidas Kirche des Evangelisten Johannes, die **Agios Ioánnis Theológos** (11. Jh.), erbaute der heilige Christodoulos *(siehe S. 164)* über einer byzantinischen Vorgängerin.

Lakkís Art-déco-Bauten
1923 krempelten italienische Architekten und Stadtplaner die Ärmel hoch, um mit der Inselhauptstadt Lakkí Mussolinis faschistischem Traum von einem neuen römischen Imperium ein Denkmal zu setzen. Sie schufen eine imposante Stadt mit breiten, von Sardeli und dem Österreicher Caesar Lois angelegten Boulevards. Runde Linien prägen die Art-déco-Bauten, so die untertassenförmige, mit Uhrturm ausgestattete Markthalle (1936) und das zylindrische Rathaus (1933/34). 1937 wurden das Kino, das Theater und als Absteige für italienische Schauspieler die luxuriöse Albergo Romana, das spätere Léros Palace Hotel, hinzugefügt. Heute befinden sich die meisten Bauten allerdings in einem vernachlässigten Zustand.

Art-déco-Kino in Lakkí

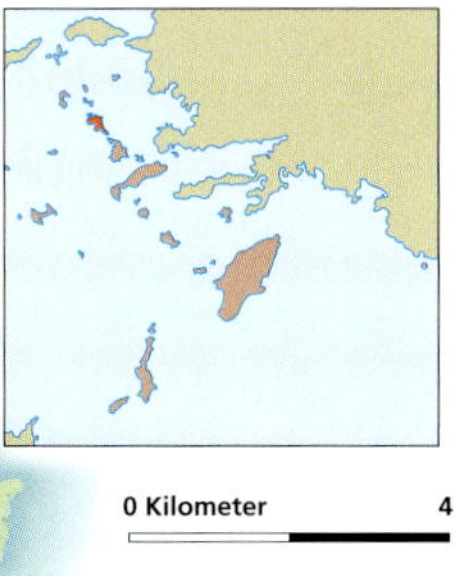

LEGENDE

Symbole siehe hintere Umschlagklappe

Inselerkundung

In die Küste sind tiefe Buchten, Léros' »vier Meere«, eingeschnitten. Mit ihren zerklüfteten Hügeln und fruchtbaren Tälern reizt die ansprechende Insel zum Wandern.

Aus Protest gegen die italienischen Besatzer verließen die Insulaner Lakkí und machten das Dorf **Plátanos** zur Hauptstadt. Die Häuser reichen vom Hügelhang hinab zum kleinen Hafenort Pantéli und dem Fischerdorf Agía Marína.

Ein guter Aussichtsplatz ist das byzantinische, von Venezianern und Johannitern ausgebaute Kástro oberhalb von Plátanos. Dort hütet die Kirche der Madonna von der Burg, **Megalóchari or Kyrátou Kástrou**, eine Wunder wirkende Ikone. Das nahe gelegene Fischerdorf Pantéli hat einen Hafen und einen schattigen Strand. Stattliche, 1880 bis 1920 entstandene neoklassizistische Herrenhäuser säumen die Straße zum nördlichen **Agía Marína**, der Hauptanlegestelle von Tragflügelbooten. Nördlich davon führt die Küstenstraße nach Krithóni und zum **Britischen Soldatenfriedhof**. Er wird von den Angehörigen der im Jahr 1943 in der Schlacht von Léros Gefallenen besucht.

Die Weiterfahrt nach Norden führt vorbei an Stränden zum Haupturlaubsort **Álinda** mit zahlreichen Cafés und Wassersportmöglichkeiten am langen Strand. Der Auslandsgrieche Paríssis Bellínis baute das mit Zwillingstürmen besetzte Bellínis-Schloss, Domizil von Álindas **Geschichts- und Volkskundemuseum**. An den bedeutenden Artemis-Tempel – heute mit Blick auf den Flughafen von Parthéni – erinnern nur einige behauene Steine und Säulenfragmente.

Als dauerhafter hat sich das matrilineare Erbrecht erwiesen, eine Nachwirkung des Artemis-Kults.

In der Umgebung entstanden mehrere frühchristliche Basiliken. Für die aus dem 11. Jahrhundert stammende Kirche **Agios Geórgios** südlich des Flughafens verwendete ihr auf einem Fresko abgebildeter Begründer, der heilige Christodoulos *(siehe S. 164)*, Tempelsäulen.

Über der sandigen Goúrnas-Bucht an der Westküste wacht die Kirche **Agios Isídoros**. Zu ihr gehört auch die weiße Kapelle auf dem über einen schmalen Damm erreichbaren Inselchen.

Auf Buchten und eine Oleanderschlucht trifft man bei Drymónas. Aus einer Kapelle des 11. Jahrhunderts erstand im Jahr 1327 die Kirche der **Panagía Gourlomáta**, der »Kulleräugigen Madonna«, so genannt wegen der auffällig großen Augen eines Marienfreskos.

Der reizende Badeort **Xirókampos** liegt in einer Bucht im Süden zu Füßen des antiken Palaiókastro. Im Ruinenfeld der Festung (3. Jh.), die Lépida bewachte, ist außer den Zyklopenmauern die mit überaus feinen Mosaiken dekorierte Kirche Agía Panagía eine viel besuchte Attraktion.

Geschichts- und Volkskundemuseum
Bellínis-Schloss, Álinda.
Mai–Sep: tägl.

Das Dorf Plátanos, überragt vom Kástro

Kálymnos

Κάλυμνος

Funde in Vothýnoi nahe Póthia beweisen, dass Kálymnos, bekannt als Insel der Schwammfischer, schon zur Jungsteinzeit bewohnt war. Kretas Verwüstung im Jahr 1450 v. Chr. bewirkte die konsequente Besiedlung. Im 11. Jahrhundert verübten die Seldschuken in Kastélli ein Massaker. Seither gelten die Insulaner als zähes Volk.

Legende

Symbole siehe hintere Umschlagklappe

0 Kilometer 5

Póthia

Der geschäftige Hafen der Inselhauptstadt Póthia ist der größte von Kálymnos. Bunte Häuser rahmen zwischen zwei Bergen die weite Bucht.

Póthia ist Heimat von Griechenlands letzter Schwammfischerflotte. Eine Schule am östlichen Hafenufer lehrt die Kunst des Schwammtauchens. Blickfang am von Cafés geprägten Kai sind rosafarbene, italienisch inspirierte Kuppelbauten wie der zur Markthalle umfunktionierte **Gouverneurspalast** und die silbern überkuppelte Kathedrale **Agios Christós** (19. Jh.) mit einem Altaraufsatz von Giannoúlis Chalepás *(siehe S. 44)*. Die hier tätigen Bildhauer Irene und Michális Kókkinos stifteten ihrer Heimatinsel die *Seejungfrau* am Hafen und 42 weitere Werke.

Das aufwendig renovierte **Archäologische Museum** präsentiert in einer neoklassizistischen Villa bis in die Bronze- und Jungsteinzeit datierte Funde. Viel Interessantes über die Schwammfischerei kann man in der **Schwammfabrik** nahe der Plateía Eleftherías erfahren.

Archäologisches Museum
Nahe Plateía Kýprou. ☎ *22430 23113.* ◯ *Di–So.* ● *Feiertage.*

Schwammfabrik
Nahe Plateía Eleftherías. ☎ *22430 28501.* ◯ *tägl.* 📷

Inselerkundung

Gute Busverbindungen und Taxis sorgen für müheloses Reisen. Das Inselinnere wird von drei Bergketten durchzogen. Tiefe, fjordartige Buchten bilden einen starken Kontrast.

Nordwestlich von Póthia liegt Mýloi. Der Vorort verwächst mit der hübschen weißen Häuserkulisse von **Chorió**, der einstigen Inselhauptstadt. An der Strecke ragt links die **Kreuzritterburg** auf, darüber das Péra Kástro, zu dem in Chorió Stufen aufsteigen. Das befestigte Chorió diente nach einem der vielen Einfälle von Osmanen vom 11. bis 18. Jahrhundert als Fluchtburg. Die von neun weißen Kapellen besetzten Felsen geben weite Blicke frei. An den Nymphenkult erinnert die **Höhle der sieben Jungfrauen** (Eptá Parthénon), in die laut einer Sage sieben Jungfrauen vor Piraten flohen, um auf ewig in den unterirdischen Fluten zu entschwinden.

Seejungfrau am Hafen von Póthia

Ansicht der Hafen- und Hauptstadt Póthia

Die lang gezogene, beim Hafenort Rína endende Bucht von Vathý

Infobox

16 000. Póthia. hinter dem Marktplatz, Póthia. Plateia Taxi, Póthia (22430 59141). Póthia: Mo–Sa. Osterfeierlichkeiten auf der Insel: Ostersamstag; Schwammwoche in Póthia: Woche nach dem Osterfest.

Die Urlaubszentren verteilen sich über die Westküste. Wie der Nachbarort Masoúri ist **Myrtiés** eine lebhafte Ferienhochburg, doch am Ortsausgang Richtung Armeós etwas ruhiger. Ein ungetrübtes Erlebnis beschert Myrtiés mit dem Sonnenuntergang über dem Inselchen Télendos. Im nördlichen **Kastélli** versuchten im 11. Jahrhundert die Insulaner, den Osmanen zu entkommen. Von dort führt die aufregende Fahrt an Fischfarmen und Meerengen vorbei zur fjordartigen Badebucht von **Arginónta.** Einen Tagesausflug lohnt der nördlichste Fischerweiler **Emporeiós.** Sein Hinterland lädt ein zu einer Wanderung nach **Kolonóstilo** – wegen der mächtigen Stalaktiten »Zyklopenhöhle« genannt.

Am reizvollsten ist der Südosten der Insel. Im üppigen, in eine tiefblaue Meerenge mündenden Vathý-Tal findet man drei Siedlungen: Im Hafen des kleinen **Rína** – Namenspatronin ist die heilige Irene – liegen Boote, dahinter Zitrushaine. Die Platane des Nachbardorfs **Plátanos** wirkt fast so gigantisch wie die Reste seiner Zyklopenmauern. Von dort wandert man in drei Stunden Richtung **Metóchi**, dem dritten Dorf des Vathý-Tals, durch das Inselinnere nach Arginónta. Von Rína segeln Kajiken zur **Daskalió-Grotte** und zu den Stränden von Armiés, Drasónia und Palaiónissos an der Ostküste.

Vorgelagerte Inseln: Von Póthia fahren Boote täglich nach **Psérimos** und zum Eiland **Nerá.** Attraktion von Nerá ist das Moní Stavroú, von Psérimos der Sandstrand und am 15. August die Feier von Mariens Entschlafung.

Von Myrtiés kann man nach **Télendos** fahren, eine Insel mit Kiesstränden, Gästezimmern und Tavernen, Römerruinen, den mittelalterlichen Resten einer Burg und des Moní Agiou Vasileíou. Aus byzantinischer Zeit stammt das Moní Agios Konstantínos.

Schwammfischerei auf Kálymnos

Schwamm

Die Schwammfischerei ist auf Kálymnos ein alter Erwerbszweig. Schwammfäule sowie Fangbeschränkungen erschweren den einst lukrativen Handel mit den Schwämmen, die von Haremsdamen des Sultans geschätzt wurden, Rüstungen polsterten und heute u. a. industriell verarbeitet werden. Vor der Erfindung moderner Taucheranzüge beschwerten sich die Taucher mit Gewichten. Viele ertranken oder starben an der Taucherkrankheit. Jährlich steigt vor dem Auslaufen der Fangflotte die einwöchige *Ipogros*-Feier, bei der mit Festessen und Volkstänzen die Schwammtaucher verabschiedet werden.

Diese schwarzfigurige Vase *wurde um das Jahr 500 v. Chr. in Griechenland angefertigt. Dargestellt ist ein Taucher kurz vor dem Sprung vom Bug des Bootes ins Meer, um nach Schwämmen zu suchen.*

Ein Steingewicht beschwerte die den Meeresboden absuchenden Taucher.

Die Taucherausrüstung *änderte sich im Lauf der Zeit sehr. Alte, aus Gummi und Segeltuch hergestellte Anzüge mit riesigen Helmen sind in der Schwammfabrik von Póthia und an Verkaufsständen der Schwammtaucher zu sehen.*

Kos
Κως

Die zweitgrößte Insel des Dodekanes mit ihrem angenehmen Klima und fruchtbarem Boden ist seit etwa 3000 v. Chr. besiedelt. Hippokrates' Lehren machten Kos weltbekannt. Mit der Eroberung durch die Römer um 130 v. Chr. erfuhr die einstmals bedeutende Handelsmacht ihren Niedergang. Kreuzritter regierten auf Kos ab 1315, die Türken waren 1522–1912 an der Macht. Italienische und deutsche Besatzer folgten. 1948 wurde die Insel Griechenland zugesprochen.

LEGENDE

Symbole siehe hintere Umschlagklappe

Yachten im Hafen von Kos-Stadt

Kos-Stadt ❶
Κως

18 000. Akti Koudouriotou. Vasiléos Georgíou 1 (22420 28724). tägl. Kos-Stadt.

Die alte, von einer Kreuzritterburg überragte Stadt Kos wurde 1933 bei einem Erdbeben zerstört. Dabei wurden allerdings antike Bauten freigelegt, die in der Folge von italienischen Wissenschaftlern restauriert wurden.

Im Hafen wimmelt es von Yachten und Ausflugsbooten, zahlreiche Cafés säumen die Straßen. In der Hochsaison herrscht großer Trubel. Palmen, Pinien und Jasmingärten entzücken die Sinne. Altes und Neues liegt hier dicht beieinander: Nafklírou, die »Straße der Bars«, befindet sich dicht bei der antiken Agora. Die Platane des Hippokrates in der Plateía Platánou soll von ihm selbst vor 2400 Jahren gepflanzt worden sein. Trotz seines stattlichen Durchmessers von 14 Metern ist der Baum erst 560 Jahre alt und

Brunnen nahe der Platane des Hippokrates

somit wohl eher ein Ableger des Originals. Den Brunnen, dessen Wasser sich in einen Marmorsarkophag ergießt, ließ 1792 der türkische Statthalter Hadji Hassan errichten.

Kreuzritterburg
Platánou. *22420 27927.* *Juni–Sep: tägl. 8–19.30 Uhr; Okt–Mai: 8–14.30 Uhr.*

Die Burg (16. Jh.) ist verziert mit Wasserspeiern und dem alten Wappen des Fernández de Heredia, Großmeister der Kreuzritter. Hauptturm und Zinnen wurden zwischen 1450 und 1478 aus Stein und Marmor erbaut, man verwendete auch Blöcke des Asklepieíons *(siehe S. 172)*. Die Festung diente den Kreuzrittern von Rhodos als Schutz gegen osmanische Angriffe.

Antike Agora
Südlich der Plateía Platánou.

Die Stätte besteht aus Relikten, die von der hellenistischen bis in die byzantinische Zeit reichen. Von den Kreuzrittern überbaut, wurden die Überreste durch das Erdbeben 1933 freigelegt. Sehenswert sind die Stoa Kamára tou

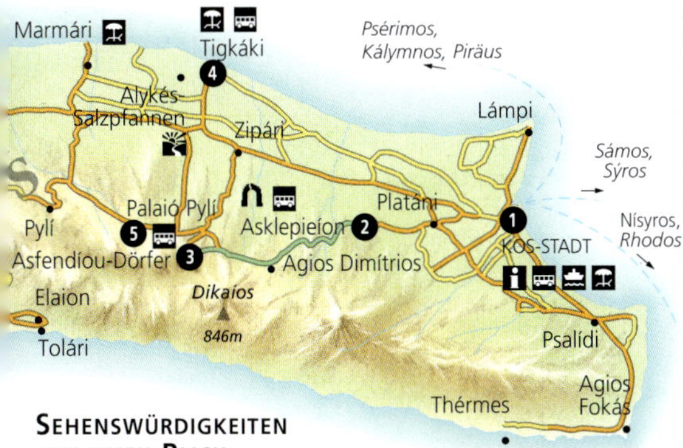

Infobox

31 000. 27 km westl. von Kos-Stadt. Aktí Koudouriótou, Kos-Stadt. Kos-Stadt. Kos-Stadt (22420 28724, kosinfo@kos.forthnet.gr). Hippokrates-Kulturfest: Juli–Sep; Panagía in Kardámaina: 8. Sep; Agios-Geórgios-Fest in Palaió Pylí: 23. Apr.

Sehenswürdigkeiten auf einen Blick

Antimácheia 7
Asfendíou-Dörfer 3
Asklepieíon 2
Kamári 8
Kardámaina 6
Kos-Stadt 1
Palaió Pylí 5
Tigkáki 4

Fórou (3. Jh. v. Chr.), der Herakles-Tempel (3. Jh. v. Chr.), Mosaikböden, die Orpheus und Herakles zeigen, und die Ruine des Pándemos-Aphrodite-Tempels. Man entdeckte auch eine christliche Basilika und die römische Agora.

Archäologisches Museum

Plateía Eleftherías. 22420 28326. Di–So.

Eine ausgezeichnete Sammlung hellenistischer und römischer Funde bietet dieses Museum. Besonders sehenswert ist eine Marmorstatue (4. Jh. v. Chr.), die Hippokrates darstellt. In der Haupthalle sind ein Asklepios-Mosaik (3. Jh. v. Chr.) sowie Statuen des Dionysos (2. Jh. v. Chr.) zu bewundern. Im Ostflügel sind römische Statuen ausgestellt. Der Nordflügel zeigt hellenistische Funde, der Westflügel übergroße Statuen.

Römische Überreste

Grigoríou E. Di–So.

Am beeindruckendsten ist die Ruine der Casa Romana im pompejanischen Stil. Sie hatte drei Wasserbecken und 26 Zimmer. Das Atrium war mit ionischen und korinthischen Säulen geschmückt. Mosaiken zeigen Delfine, Löwen und Leoparden. Der Speisesaal hatte verzierte Marmorwände, viele andere Räume sind mit Wandmalereien ausgestattet. Im unteren Teil grub man eine Therme und Teile der römischen Hauptstraße aus. Nahebei stößt man auf das Odeion (Theater) mit Marmorbänken für die Reichen und Sitzen aus Kalkstein für das »einfache Volk«.

Gemüsestand auf dem Markt, Plateía Eleftherías

Gegenüber fand man Überreste verschiedener Epochen. Neben mykenischen Objekten wurden auch einen Grabstein der geometrischen Periode sowie römische Häuser mit Mosaiken freigelegt. Den stärksten Eindruck hinterlässt indes die Gymnastikhalle *(xystó)* mit 17 restaurierten dorischen Pfeilern.

Reiche römische Besucher saßen im Odeion zum Teil auf Marmorbänken

Überblick: Kos

Relief am Asklepieíon

Die fruchtbare, vorwiegend flache Insel trägt den Beinamen »Schwimmender Garten«. Sie ist übersät von Ruinen aus hellenistischer und römischer, byzantinischer und venezianischer Zeit. Doch es sind vor allem die Sandstrände, die Besucher anlocken. Jene im Südwesten zählen zu den schönsten des Dodekanes, die Buchten im Nordwesten sind Wassersportparadiese. Die Küste ist weitgehend erschlossen, im Hinterland wird noch traditioneller Lebensstil gepflegt.

Sieben restaurierte Säulen des Apollon-Tempels, Asklepieíon

Asklepieíon ❷
Ασκληπιείο

4 km nordwestl. von Kos-Stadt.
22420 28763. *Juli–Okt: Di–So 8–19 Uhr; Nov–Juni: Di–So 8.30–15 Uhr.*

Im Asklepieíon, einer der bedeutendsten Kultstätten Griechenlands, sollten Kranke Erholung finden. Die weißen Marmorterrassen geben einzigartige Aussichten frei.

Die im 4. Jahrhundert v. Chr. nach dem Tod des Hippokrates entstandene Einrichtung mit Tempel, Schule und Sanatorium war die berühmteste der 300 dem Asklepios (Äskulap) geweihten *asklepieía* im antiken Griechenland. Die Ärzte, Priester des Asklepios-Kults, wandten Hippokrates' Behandlungsmethoden an. Symbol des Kults war die Schlange, die Heilkräuter finden half. Sie umrankt noch heute den Äskulapstab, Symbol des Ärztestandes.

Eine Treppe verbindet die drei Ebenen. Auf der unteren Terrasse liegen eine Vorhalle (3. Jh. v. Chr.) und römische Bäder (1. Jh. n. Chr.), auf der mittleren Apollon-Altar (4. Jh. v. Chr.) und Apollon-Tempel (2.–3. Jh. n. Chr.), auf der obersten der dorische Asklepios-Tempel (2. Jh. v. Chr.).

Asfendíou-Dörfer ❸
Χωριά Ασφενδίου

14 km westl. von Kos-Stadt.

Die Region Asfendíou an den waldigen Hängen des Dikaíos besteht aus fünf malerischen Dörfern – Zía, Asómatos, Lagoúdi, Evangelístria und Agios Dimítrios. Mit ihren geweißelten Häusern und schmucken byzantinischen Kirchen verströmen sie ursprüngliches Flair. Als Inbegriff eines traditionell griechischen Dorfes gilt – zumindest den vielen Veranstaltern von Busreisen – **Zía**, die höchstgelegene Siedlung. Der holprige Weg, der vom Asklepieíon über das winzige Asómatos nach Ziá führt, lässt sich freilich auch auf eigenen Faust bewältigen. Beim weniger überlaufenen **Lagoúdi**, dem untersten Dorf, zweigt eine Straße nach Palaió Pylí ab.

Tigkáki ❹
Τιγκάκι

12 km westl. von Kos-Stadt.
Tigkáki.

Lange weiße, für Windsurfer geeignete Sandstrände haben Tigkáki und das benachbarte Marmári zu beliebten Badeorten gemacht. In Tigkáki laufen Boote nach Psérimos aus. Vogelbeobachter sind von den nahen **Salzpfannen von Alykés** fasziniert. Sie bieten Lebensraum für Säbelschnäbler wie den Stelzenläufer, zu erkennen an schwarzen Flügeln und hohen roten Beinen, sowie viele andere kleine Wasservögel.

Hippokrates

Der 460 v. Chr. auf Kos geborene und um 370 in Larissa, Thessalien, verstorbene Hippokrates, der Vater der westlichen Schulmedizin, vertrat eine im Ansatz rationale, ganzheitliche Methode. Der Legende zufolge stammte er aus einer halb göttlichen Arztfamilie. Sein Vater war in direkter Linie mit Asklepios, dem Gott der Heilkunst, seine Mutter mit Herakles verwandt. Hippokrates klassifizierte als erster westlicher Mediziner Krankheiten und entwickelte neue Diagnose-, Prophylaxe- und Heilverfahren. Er lehrte auf Kos und verfasste den hippokratischen Eid, dem Ärzte sich heute noch verpflichten.

Hotels und Restaurants auf dem Dodekanes *siehe Seiten 309–312 und 334–336*

Die Burg von Palaió Pylí krönt einen schroffen Felsen

Palaió Pylí ❺

Παλαιό Πυλί

15 km westl. von Kos-Stadt.
nach Pylí.

Die verlassene byzantinische Siedlung Palaió Pylí thront vier Kilometer abseits des Bauerndorfs Pylí auf einem hohen Felsen, mit dem die Burgruine verwachsen zu sein scheint. Im 11. Jahrhundert, ehe er sich nach Pátmos begab, baute der heilige Christodoulos *(siehe S. 164)* hier die Kirche Ipapandís (Mariä Reinigung). In Pylí liegt das Grab des mythischen Heldenkönigs Charmýlos, ein Rundbau *(thólos)* mit zwölf Krypten, den die Stavrós-Kirche überlagert.

Kardámaina ❻

Καρδάμαινα

26 km südwestl. von Kos-Stadt.
Kardámaina.

Das einst verträumte, für seine Keramiken bekannte Fischerdorf ist »der« Ferienort von Kos: hektisch, laut, überlaufen von zahlreichen Urlaubern, die sich am kilometerlangen Strand von nächtlichen Vergnügungen erholen. Etwas mehr Ruhe und noblere Etablissements findet man weiter südlich, außerdem eine byzantinische Kirche und Reste eines hellenistischen Theaters.

Antimácheia ❼

Αντιμάχεια

25 km westl. von Kos-Stadt.

Wahrzeichen dieses Dorfes sind die Windmühlen und, in der Nähe des Flughafens, ein Venezianerkastell mit mächtigen, zinnenbesetzten Brustwehren und einem gedrungenen Turm. Piraten nahmen die im 14. Jahrhundert von den Johanniter-Rittern von Rhodos *(siehe S. 188f)* als Gefängnis genutzte Feste mehrfach unter Beschuss. Vom Kastell bieten sich beeindruckende Blicke auf eine Militärbasis und Kardámaina. Am Innentor entdeckt man das Wappen des Großmeisters Pierre d'Aubusson (1476–1503), im Mauerring zwei kleine Kapellen.

Zinnenmauern der Burg von Antimácheia

Umgebung: Von Antimácheia führt die Straße in das nördliche **Mastichári** mit ansprechendem Hafen und guten Fischtavernen. Auf dem Weg zu den Dünen am Westende des langen Sandstrands stößt man auf die Ruine einer frühchristlichen Basilika mit gut erhaltenen Mosaiken.

Bars und Diskotheken im Ferienort Kardámaina

Kamári ❽

Καμάρι

15 km südwestl. von Kos-Stadt.
Paradise, 7 km östl.

Kamári eignet sich als Ausgangspunkt für Erkundungen der Westküste. Zu den besten Stränden muss man meist von der Straße aus hinabklettern. Besonders beliebt ist der weiße Paradise Beach. Der Strand von Kamári führt zur frühchristlichen Basilika Agios Stéfanos (5. Jh.) mit Mosaiken und ionischen Säulen.

Umgebung: Im Rücken von Kamári liegt auf der gebirgigen Halbinsel **Kéfalos**, bekannt für aromatischen Thymian, Honig und Käse. In der verfallenen Kreuzritterburg soll die von Artemis in einen Drachen verwandelte Tochter des Hippokrates immer noch auf den Kuss eines Ritters warten, der ihr wieder Menschengestalt verleiht. Oberhalb von Kéfalos trifft man auf die Windmühle von Papavasílis, in Palátia auf die Ruinen von Hippokrates' Geburtsort **Astypálaia** und nahebei auf die Höhle Aspri Pétra, eine archäologische Fundstätte. Durch großartige Landschaften gelangt man zum **Moní Agíou Ioánni** sechs Kilometer südlich von Kéfalos und zum Strand von Agios Ioánnis Theológos.

Chóra überragt den Hafen Skála auf Astypálaia

Astypálaia
Αστυπάλαια

1200. 11 km östl. von Astypálaia-Stadt. Astypálaia-Stadt. nahe Kástro, Astypálaia-Stadt (22430 61778).

Das im klassischen Zeitalter unbedeutende Eiland Astypálaia blühte 1207–1522 unter der Herrschaft der venezianischen Familie Quirini auf. Die abgelegene Insel ist die westlichste des Dodekanes, im Inneren gebirgig, an den Ufern umrahmt von hohen Klippen und teils sandigen Buchten, in denen einst Malteser Piraten ankerten. Den Reiz der Insel macht neben der malerischen Küste auch die befestigte frühere Hauptstadt Chóra mit ihren blitzweißen Häusern aus.

Heute ist Chóra die verwinkelte Oberstadt von **Astypálaia-Stadt**. Auf dem Gelände einer antiken Akropolis imponiert das venezianische Kástro der Familie Quirini, deren Wappen das Burgtor ziert. Im aus Wohnhäusern gefügten Mauerring sind vor allem zwei Kirchen (14. Jh.) sehenswert: die an der Silberkuppel erkennbare Panagía Portaïtissa (»Madonna der Burgtore«) und die einen antiken Tempel überlagernde Agios Geórgios.

Eine zweistündige Wanderung führt von Chóra an aufgegebenen Windmühlen vorbei nach Westen zur **Agios Ioánnis**, bei der ein Wasserfall schäumt. In Chóras Süden erstrecken sich ein fruchtbares, mit Zitrusbäumen und Getreide bepflanztes Tal und der lange Strand des Hauptferienorts **Livádi**. Etwas weiter südlich, bei **Tzanáki**, wird dem FKK-Kult gefrönt. Von Livádi kann man in eineinhalb Stunden zur Bucht **Agios Andréas** im Norden wandern.

Am schnellsten entwickelt sich der Fremdenverkehr in **Maltezána** (auch Análipsi genannt) nördlich von Chóra. Der Ortsname verweist auf die Piraten, die an der schmalen Nahtstelle der Inselhälften geballt ihr Unwesen trieben. 1827 setzte hier der französische Kapitän Bigot sein Schiff lieber in Flammen, statt es in fremde Hände fallen zu lassen.

Einsam in einer tiefen Bucht des Nordostens, der »Verlassenen Lagune«, liegt der Weiler **Vathý**, drei Kilometer südlich die im Jahr 1912 von den Italienern angelegte Festung Kastellano. Von Vathý fahren Boote zu den Grotten von Drákou und Negrí.

Typische Hausfassade in Mandráki, Nísyros

Nísyros
Νίσυρος

1000. Mandráki-Hafen. 22420 31203. Gialiskári, 2 km östl. von Mandráki; Páloi, 4 km östl. von Mandráki.
www.nisyros.gr

Die fast kreisrunde Insel Nísyros besteht aus einem 1400 Meter hohen Vulkanberg an der tektonischen Bruchlinie, die Aígina, Póros, Mílos und Santoríni durchquert. 1422 schuf ein heftiger Ausbruch ihre weite Caldera *(siehe S. 176)*. Der Lavaboden ist äußerst fruchtbar, manche Pflanzen- und Tierarten kommen nur hier vor.

Der Legende zufolge entstand Nísyros, als Poseidon, um den Giganten Polybetes zu vernichten, einen aus Kos gebrochenen Fels auf den Riesen schleuderte, der seit jener Zeit Feuer und Rauch spuckend unter der Last stöhnt. In der Antike war die Insel bekannt für ihre Mühlsteine, die »Steine von Nísyros«. Heute profitiert sie vom Bimsabbau auf dem nördlich vorgelagerten Inselchen Gyalí.

Mandráki
Schiffe liegen am Kai der Hauptstadt Mandráki, Tavernen bieten einen Imbiss. Agenturen bieten Fahrten zum Vulkankrater an. Bunte Holzbalkone, an denen Tomaten- und Zwiebelzöpfe trocknen, hängen vor den schmalen, zweistöckigen Häusern. Ein Kriegerdenkmal mahnt an der Plateía Iróön, der Kreu-

zung eines Gassenlabyrinths. Andere Sträßchen verlaufen landeinwärts nach Süden, vorbei am *kípos* (Gemeindegarten) und münden in den Hauptplatz, die Plateía Ilikioménon. Abends geht es dort hoch her: Alle Läden, als solche nur an den traditionellen Schildern auszumachen, haben geöffnet. Zum mittelalterlichen Chóra-Viertel hin verwinkeln sich die Gassen, im Langádi-Viertel scheinen gegenüberliegende Balkone fast zusammenzustoßen.

Mandrákis Hauptsehenswürdigkeiten sind das Kloster und das von den Johannitern *(siehe S. 188f)* 1325 hoch an den Fels gebaute Kástro. Im Burggelände liegt das **Moní Panagías Spilianís** (um 1600). Prunkstück der Ikonostase seiner Kirche ist die von Gold und Silber überzogene, russisch inspirierte Ikone der Jungfrau mit dem Kind. Zum besonderen Ruf des Klosters trug bei, dass die Sarazenen seinen Silberschatz nicht fanden – er war als Dekor byzantinischer Ikonen »versteckt«. Die Bibliothek hütet seltene

***Choklákia*-Mosaik am Hauptplatz von Nikiá**

Schriften und andere sakrale Schätze. Im **Geschichts- und Volkskundemuseum** sind eine rekonstruierte traditionelle Küche, hübsche Stickereien und eine beachtliche Fotosammlung zu sehen.

Boote bieten Trips zu den weißen Sandstränden von **Gyalí** und dem entfernteren Eiland **Agios Antónios** an.

Geschichts- und Volkskundemuseum
Kástro. *Mai–Sep: tägl.*

LEGENDE

Symbole siehe hintere Umschlagklappe

Inselerkundung

Mit dem üppigen Grün der Insel, den mit Oliven-, Feigen- und Mandelbäumen bepflanzten Terrassen, kontrastiert Nísyros' Hauptattraktion, die grau-gelbe von Kratern durchsetzte Mondlandschaft. Tagsüber bevölkern Besucher aus Kos die Insel, doch mit dem Ablegen der Ausflugsboote kehrt Ruhe ein.

Oberhalb von Mandráki liegen bei **Palaiókastro** die 2600 Jahre alten Ruinen der antiken Akropolis, darunter dorische Säulen und Zyklopenmauern aus vulkanischen Steinquadern.

Nísyros ist ein angenehmes Wanderrevier. Beim Ausflug zum Krater sollte man unbedingt **Nikiá** *(siehe S. 176)*, ein hübsches Dorf mit *Choklákia*-Mosaik am runden Hauptplatz, und das verlassene **Emporeiós** am Kraterrand besuchen.

Das reizende Fischerdorf **Páloi** östlich von Mandráki besitzt gemütliche Tavernen und eine Reihe von dunklen Sandstränden, das zwei Kilometer westlich entfernte **Loutrá** eine ausgediente Thermalbadeanlage.

In der Hauptsaison fegt der *Meltémi*-Wind heftig über Nísyros hinweg. Dann ähneln die Strände östlich von Páloi leider oft Schutthalden.

Blick auf Mandráki, die Hauptstadt der Insel Nísyros

Geologie von Nísyros

Kristalle im Vulkanschlot

Ein Vulkanausbruch formte den weiten Krater, die Caldera, im Inselinneren. Bewegungen in der Erde lassen noch Schwefeldämpfe aufsteigen. Vor etwa 24 000 Jahren ausgeflossenes Magma erstarrte an den oberen Hängen der Insel zu einer 100 Meter dicken Schicht aus Bimsstein. Anfänglich durchmaß die Caldera drei Kilometer. Heute liegen in ihr zwei Krater und fünf erstarrte Lavakegel – der Profítis Ilías ist der größte Europas –, die in den vergangenen Jahrtausenden entstanden. 1873 schütteten weitere Ausbrüche 100 Meter hohe Aschenkegel auf.

Steile Wege *führen zum Kraterboden. Der Grund ist so heiß, dass Gummisohlen schmelzen. Aus Spalten entweichen 98 °C heiße Dämpfe unter der Erdkruste brodelnder Flüssigkeiten.*

Pfade führen um die Caldera herum.

Profítis Ilías ist ein 700 Meter hoher Vulkan.

Die Aschenkegel der Caldera entstanden in jüngerer Zeit.

Ursprünglicher Rand der Caldera

Lavakegel

Der Stéfanos-Krater (300 m Durchmesser und 25 m Tiefe) entstand durch Explosion überhitzter Gase und Dämpfe.

Caldera von Nísyros

In der Caldera liegen mehrere kleine Krater, deren Grund von Wasser bedeckt ist. Größter ist der postvulkanisch aktive Stéfanos-Krater mit blubbernden Schlammlöchern, austretenden heißen Quellen und Gasen. Beißender Schwefelgeruch hängt in der Luft, Hobby-Gesteinskundler sammeln Schwefelkristalle.

Nikiá *ist mit seinen bunt gestrichenen Häusern und aus Kieseln gelegten* Choklákia-*Mosaiken das hübschere der beiden Dörfer am Kraterrand. Es eröffnet herrliche Blicke über die Caldera, zu der ein Pfad absteigt.*

Die Vulkanite *der Insel Nísyros sind bis zu 200 000 Jahre alt. Um die Caldera gibt es reiche Vorkommen von Bimsstein, Sulfidmineralen und Kaolin.*

Sulfidmineral

Kaolin

Bimsstein

Tílos

Τήλος

500. Livádia. Megálo Chorió (22460 44212). Erystós, 10 km nordwestl. von Livádia.

Die entlegene, ruhige Insel ist ein geeignetes Revier zum Beobachten rastender Zugvögel und zum Wandern. Aus der weitgehend kargen Landschaft sticht das grüne Zentrum hervor, hier kultivieren Kleinbauern Tabak, Mandelbäume und vieles mehr. Auf den Hügeln stehen Kapellen und Ruinen von Burgen der Johanniter, die Tílos von 1309 bis 1522 regierten.

Musik und Dichtkunst haben auf Tílos eine sehr lange Tradition: Im 4. Jahrhundert v. Chr. kam hier die Lyrikerin Erinna, berühmt für ihr Werk *Die Spindel*, zur Welt. Im 18. und 19. Jahrhundert pries man die Webstoffe der Frauentrachten, die einige Insulanerinnen heute noch tragen.

Livádia

Ein von Bäumen umrahmter Kieselstrand schwingt sich um die Bucht des Hauptorts Livádia. Am Hafen fällt die Kirche **Agios Nikólaos** ins Auge. Ihre Ikonostase schnitzte 1953 der Rhodier Katasáris. Ein hübsches Bodenmosaik ziert die frühchristliche Basilika **Agios Panteleïmon kai Polýkarpos** an der Uferstraße.

Weitläufiger Kieselstrand von Livádia

Inselerkundung

Busse verbinden Livádia mit Megálo Chorió und Erystós. Außerdem können Sie Mopeds mieten oder sich zu Fuß auf den Weg machen.

Oberhalb von Livádia, acht Kilometer entfernt, besetzt **Megálo Chorió** das Gelände der antiken Stadt Telos. Die Venezianer trugen für ihr Kástro Steine der Akropolis ab und gliederten ihm ein klassisches Tor ein. Das **Paläontologische Museum** zeigt bei Misariá entdeckte Zwergelefanten-Knochen und den einem hellenistischen Grab beigegebenen Goldschatz.

Detail des Kriegerdenkmals, Livádia

Vor den Burgmauern steht die 1827 erbaute Kirche Archángelos Michaïl. Sie hat eine vergoldete Ikonostase (19. Jh.) und silberne Ikonen der alten Taxiárchis-Kirche, von der Fresken (16. Jh.) erhalten sind.

Südlich von Megálo Chorió erstreckt sich der Sandstrand von **Erystós**. Die »Strandfelsen« des Strandes **Agios Antónis** sind versteinerte Menschenknochen, vermutlich von Seeleuten, die beim Ausbruch des Nísyros-Vulkans 600 v. Chr. von Lava begraben wurden.

Tílos' Glanzlicht ist das byzantinische Kloster **Moní Agíou Panteleïmonos** (1470). Seine roten Ziegeldächer verstecken sich zwischen Bäumen an einem Felshang der Westküste – bei Sonnenuntergang ein Logenplatz. Die Anlage umfasst runde Kapellen, einen mosaikverzierten Hof und mittelalterliche Mönchszellen. In der Kirchenkuppel regiert *Christus als Pantokrator* (1776) von Gregor von Sými. Beachtung verdienen u. a. die das Paradies und die Apostel darstellenden Fresken (15. Jh.) und die Ikonostase (1714).

Die Burgruine von Misariá markiert die in einer Schlucht gelegene **Charkadió-Höhle**, in der man fossile Reste von Zwergelefanten (7000 v. Chr.) entdeckte. Verlassen und verfallen ist **Mikró Chorió** unterhalb von Misariá. Bei etwa 220 Häusern fehlt das Dach: Wer ein Steindach besaß, nahm es mit beim Exodus nach Livádia, der nach 1950 einsetzte. Im tagsüber eher stillen Dorf gehen abends die Lichter an: Ein Haus ist als Bar restauriert. Überdauert haben die mit Fresken (18. Jh.) dekorierte Kirche **Timía Zóni** (Mitte des 17. Jh.) sowie die im 15. Jahrhundert ausgemalten Kapellen **Sotíras**, **Agios Eleoúsas** und **Prodrómou**.

Paläontologisches Museum
Megálo Chorió. *tägl.; fragen Sie im Rathaus nach dem Schlüssel.*

Einer von Tílos' vielen Mandelbaumhainen

Sými
Σύμη

Betender in einer Flasche, Moní Taxiárchi

Die felsige, kahle Insel Sými lebte schon im Altertum von Schwammfischerei und Schiffbau. Jährlich liefen 500 Schiffe vom Stapel. Im 17. Jahrhundert war Sými die drittreichste Insel des Dodekanes. Mit der italienischen Eroberung 1912 und dem Aufkommen von Kunstschwämmen setzte der Niedergang ein: Bis zum Zweiten Weltkrieg sank die Einwohnerzahl von 23000 auf 6000. Die einst stattlichen Häuser begannen zu verfallen.

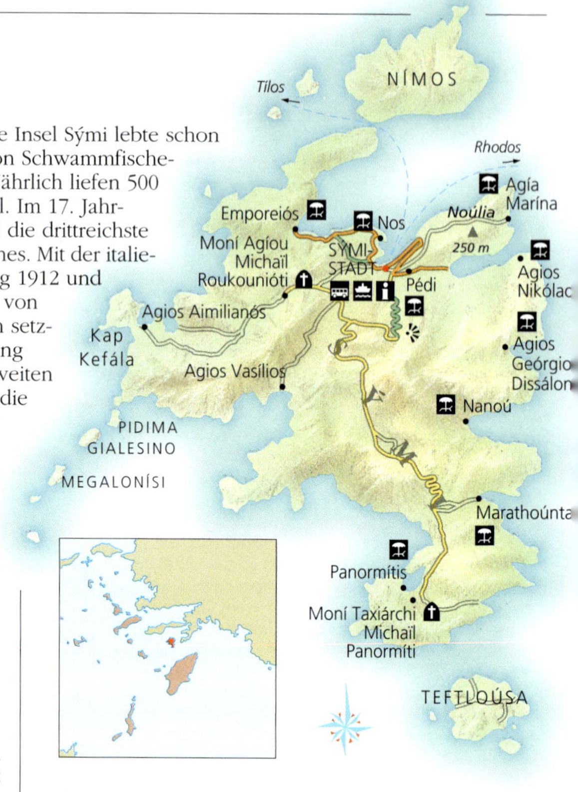

Sými-Stadt

Das Hafenviertel Gialós zählt mit seinen an den Hang gebauten neoklassizistischen Häusern und schönen Kirchen zu den schönsten im Lande. Oft wimmelt es von Besuchern des Klosters Panormítis. Die Fähren legen vor dem Uhrturm (1884) an der westlichen Hafenseite an. Noch weiter westlich schließt sich die kiesige Badebucht von Nos an. Neben dem Rathaus erläutert das **Meeresmuseum** Sýmis spannende Seefahrtsgeschichte.

375 Stufen und eine Straße verbinden Gialós mit Chorió, der Oberstadt. Viele der schmucken Häuser besitzen ihr altes Interieur. Das Kieselmosaik der **Agios Geórgios** aus dem späten 19. Jahrhundert zeigt zornige Meerjungfrauen, die im Volksglauben die von Seeleuten gefürchteten Stürme entfesselten. Das **Sými-Museum** hoch oben in Chorió zeigt eine kleine heimatkundliche Sammlung. Zu den Exponaten gehören etwa Trachten. Oberhalb davon liegt das verfallene byzantinische **Kástro**. Schmuckstück der ummauerten Burg ist die Kirche Megáli Panagía und deren Juwel, eine von Geórgios Klontzás im 16. Jahrhundert gemalte Ikone, die das *Jüngste Gericht* illustriert.

Meeresmuseum
Plateía Ogdóis Maïou. *22460 72363. Apr–Okt: tägl. Nov–März.*

Sými-Museum
Chorió. *22460 71114. Di–So. Feiertage.*

Pastellfarbene Häuser von Chorió auf der Akropolis über dem Hafen von Sými

Hotels und Restaurants auf dem Dodekanes *siehe Seiten 309–312 und 334–336*

Traditionelle Schiffbaukunst in Sými-Stadt

Umgebung: Die Straße von Gialós nach Chorió führt über den **Noúlia** oder Pontikókastro genannten Hügel. Dort stößt man auf 20 verfallene Windmühlen und ein vermutlich 412/411 v. Chr. von Spartanern errichtetes Grabmal.

Inselerkundung

Nur wenige befestigte Straßen, aber viele Pisten erschließen die Insel. Östlich von Sými-Stadt führt eine Eukalyptusallee durch Agrarland hinab zum Strand in der **Pédi**-Bucht, wo viele Einheimische baden. Von dort gelangt man mit Wassertaxis zum Strand von **Agios Nikólaos**. Auch Pfade führen zu den Buchten von Agios Nikólaos und **Agía Marína**.

Wie ein Wüstenfort mit gotischen und anderen Stilelementen erscheint die Kirche (18. Jh.) des **Moní Agíou Michaïl Roukounióti** drei Kilometer westlich von Sými-Stadt. Sie besitzt Fresken aus dem 14. Jahrhundert. Die halbrunde Ikone (15. Jh.), ein Werk von Stylianós Génis, stellt *Abrahams Gastfreundschaft* dar.

Die weißen Bauten des **Moní Taxiárchi Michaïl Panormíti** (18.–20. Jh.), Týmis Attraktion und Pilgerstatt griechischer Seeleute, säumen das Ufer der Panormítis-Bucht. Am hufeisenförmigen Hafen ragt der elegant verspielte Glockenturm (1905) auf, modelliert nach dem berühmten Vorbild der Agía Foteiní im türkischen Izmir.

Kostbarstes Stück ist die Ikone des Erzengels Michael, des Schutzpatrons der Insel und der Seeleute. Sie wurde nach Gialós gebracht, fand aber auf wundersame Weise zurück nach Panormítis. Daraufhin wurde das Kloster gegründet. Die einschiffige Hauptkirche ersetzte 1783 eine frühbyzantinische, dem heiligen Michael geweihte Kapelle.

Da der Heilige Wünsche nur erhört, wenn man ihm

Verspielter Glockenturm des Moní Taxiárchi Michaïl Panormíti

Infobox

2500. Gialós, Sými-Stadt. Sými-Stadt (22460 72100). Orthodoxe Osterfeierlichkeiten auf der ganzen Insel; Parade anlässlich des Dodekanes-Vertrages in Gialós: 8. Mai.

Lohn verspricht, quillt die Kirche über von *támata*, Weihgaben der Pilger, u. a. goldene und silberne Schiffchen.

Mastrodiákis Taliadoúros schnitzte die Ikonostase. Rußgeschwärzte, von den sýmiotischen Brüdern Nikítas und Michaïl Karakostís gemalte Fresken (18. Jh.) bekleiden Wände und Decke.

In der Sakristei hütet das Museum seine Schätze, z. B. das nachbyzantinische Gemälde der Agioi Déka (zehn Heiligen) des Kreters Theódoros Poulákis. Angesammelt ist in Panormítis angelandete »Flaschenpost«: Flaschen mit betenden Figuren und Geldspenden frommer Seeleute im Bauch. Eine Arkadengalerie umläuft den Kreuzgang, dessen Hof mit einem *choklákia* (Bodenmosaik aus Kieseln, *siehe S. 198*) ausgelegt ist.

Westlich des Klosters erinnert ein Denkmal an einen Abt, zwei Mönche und zwei Lehrer, die 1944 von Deutschen hingerichtet wurden. Panormítis bietet auch einen Strand und nach **Marathoúnta** führende Waldwege.

Moní Taxiárchi Michaïl Panormíti
Panormítis-Bucht. *Di–So.*

Befreiung des Dodekanes

Vor dem Restaurant Les Katerinettes am Kai von Gialós gedenkt eine Tafel des Endes des Zweiten Weltkriegs. Nach Abzug der Wehrmacht verwalteten die Alliierten den Dodekanes, den Italien seit 1912 besetzt hielt und durch den Pariser Friedensvertrag 1947 an Griechenland abzutreten hatte. Der offizielle Anschluss erfolgte am 7. März 1948. An die Befreiung der Inseln erinnert das Flachrelief eines antiken Schiffs, eine Kopie des Reliefs an der Akropolis von Líndos auf Rhodos (*siehe S. 196f*).

Relief einer Triere, eines antiken Kriegsschiffs, am Kai von Sými-Stadt

Rhodos

Ρόδος

Rhodos, der Verwaltungssitz des Dodekanes, war vom 5. bis zum 3. Jahrhundert v. Chr. ein bedeutendes Handelszentrum, später Teil des Römischen und Byzantinischen Reiches. Von 1306 bis 1522 herrschten auf Rhodos die Kreuzritter des Johanniter-Ordens. Sie erbauten die Altstadt – heute die Hauptattraktion von Rhodos-Stadt. Den Rittern folgten osmanische und italienische Besatzer. Urlauber werden von den Stränden, den Wandermöglichkeiten und dem Nachtleben angelockt.

Legende

Symbole siehe hintere Umschlagklappe

Antikes Kámeiros

Zu den eindrucksvollen Ruinen der einst blühenden Stadt zählen die Reste eines Tempels der Athena Polias (6. Jh. v. Chr.). ❺

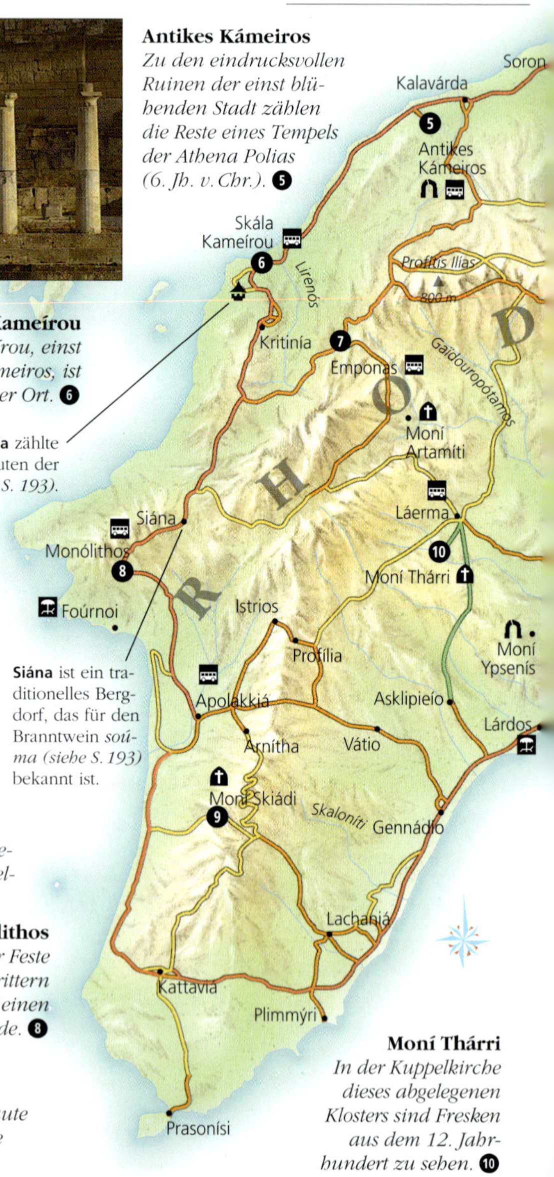

Skála Kameírou

Das attraktive Skála Kameírou, einst Hafen der antiken Stadt Kámeiros, ist ein angenehmer, erholsamer Ort. ❻

Das Kastell von Kritinía zählte zu den größeren Wehrbauten der Johanniter *(siehe S. 193).*

Siána ist ein traditionelles Bergdorf, das für den Branntwein *soúma (siehe S. 193)* bekannt ist.

Emponas

Seit den 1920er Jahren baut die Weinkellerei Emery an den umliegenden Hängen dieser traditionellen Ortschaft Wein an. ❼

Monólithos

Das Dorf wird von der Feste überragt, die von Kreuzrittern im 15. Jahrhundert auf einen Monolith gesetzt wurde. ❽

Moní Skiádi

Das im 18./19. Jahrhundert erbaute Kloster birgt eine berühmte Ikone der Muttergottes. ❾

Moní Thárri

In der Kuppelkirche dieses abgelegenen Klosters sind Fresken aus dem 12. Jahrhundert zu sehen. ❿

Petaloúdes
Der Name der Schlucht bedeutet »Schmetterlingstal«: Im Sommer tummeln sich darin Tausende von Faltern. ❹

Moní Filerímou
Die Hauptkirche dieses Klosters an den reizvollen Hängen des Filerímou stammt aus dem 14. Jahrhundert. ❸

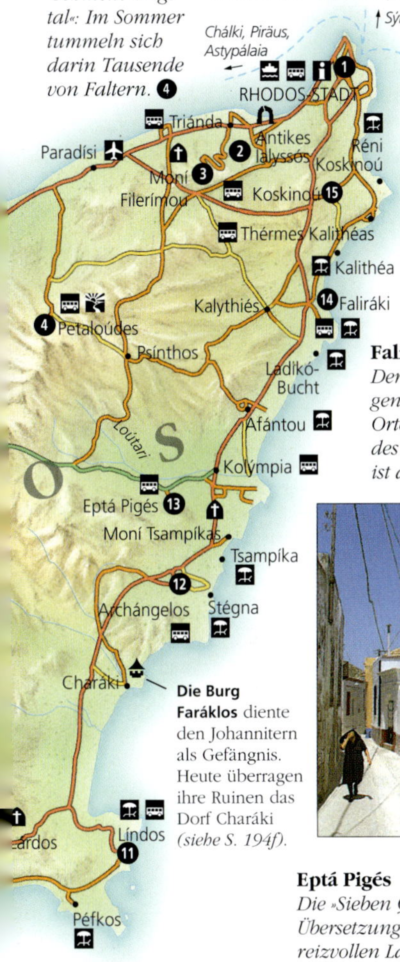

Die Burg Faráklos diente den Johannitern als Gefängnis. Heute überragen ihre Ruinen das Dorf Charáki *(siehe S. 194f).*

Antikes Ialyssós
Die Geschichte der Siedlung reicht bis 2500 v. Chr. zurück. Die Ruinen des Ortes und der Akropolis (3. Jh. v. Chr.) liegen auf einem Plateau. ❷

Faliráki
Der Strand des von jungen Leuten bevorzugten Ortes ist ein Zentrum des Wassersports. Nachts ist allerhand los. ⓮

Infobox

125 000. 25 km südwestl. von Rhodos-Stadt. Industriehafen, Rhodos-Stadt. Rhodos-Stadt (22410 23655). Rodíni-Park-Weinfest, Vororte von Rhodos-Stadt: Ende Aug.
www.rhodes.gr

★ Rhodos-Stadt
Der Hafen Mandráki stößt an das Zentrum von Rhodos-Stadt, einem der meistbesuchten Ziele Griechenlands. ❶

Koskinoú
Dieses Dorf besticht durch traditionelle Architektur und die choklákia *genannten Kieselmosaike.* ⓯

Eptá Pigés
Die »Sieben Quellen«, so die Übersetzung des Namens der reizvollen Landschaft, speisen das größte Süßwasserreservoir der Region. ⓭

Nicht versäumen

- ★ Líndos
- ★ Rhodos-Stadt

Archángelos
Der ländlich gelegene Ort ist beliebt für Tagesausflüge. Hier werden altüberlieferte Handwerkskünste gepflegt. ⓬

0 Kilometer 10

★ Líndos
Die Akropolis von Líndos – einer der meistbesuchten Orte der Insel – thront auf einem Felsen über der Stadt. ⓫

Im Detail: Altstadt von Rhodos ❶

Παλιά Πόλη Ρόδου

Die Stadt Rhodos ist seit ihrer Gründung im Jahr 408 v. Chr. ununterbrochen bewohnt. Nach ihrem Einzug im Jahr 1309 bauten die Kreuzritter des Johanniter-Ordens auf antiken Fundamenten die mittelalterliche Zitadelle. Überragt von den Türmen des Großmeisterpalasts, bildet sie das Zentrum der Altstadt. Außerhalb der Altstadtmauern liegt die Neustadt *(siehe S. 190f)*. Elf Tore führen in die Altstadt. Das Koskinoú- oder Johannes-Tor am Rande des Bürgerviertels *(siehe S. 185)* bietet den besten Blick auf die Wehranlagen.

Nélly-Dimóglou-Theater
In diesem Theater finden Volkstanzvorführungen und -kurse statt.

Plateía Ippokrátous
Diesen Platz am Hafentor schmückt ein mittelalterlicher Brunnen.

Hafentor
Vom Handelshafen kommende Besucher betreten die Altstadt meist durch das mit Zwillingstürmen besetzte Hafentor.

INFOBOX

54 000. Paradísi, 25 km südwestl. von Rhodos-Stadt. Industriehafen. Mandráki. Sa in Zéfiros, Mi in Víronas. Rodíni-Park-Weinfest, Vororte von Rhodos-Stadt: Ende Aug. Psaropoúla, 1 km südwestl. **www**.rhodes.gr

Suleiman-Moschee
Die Moschee (1523) erinnert an die Eroberung durch Suleiman den Prächtigen (siehe S. 185).

★ Ritterstraße
Die Herbergen der Ritter säumen diese Straße. Die Abbildung zeigt das düstere Tor der Herberge von Frankreich (siehe S. 188f).

★ Großmeisterpalast
Der Palast (siehe S. 186f) *war die im Ernstfall letzte Rückzugsbastion. In ihm sind zwei ständige Ausstellungen zum antiken und mittelalterlichen Rhodos untergebracht.*

Archäologisches Museum
Heimat des Museums ist ein im spätgotischen Flammenstil 1481 erbautes Ritterhospital. Zur Sammlung gehört diese hellenistische Skulptur eines Pferdes (siehe S. 184).

Die Altstadtmauer ist vier Kilometer lang und bis zu zwölf Meter dick. Ausgangspunkt von Führungen ist der Großmeisterpalast.

NICHT VERSÄUMEN

★ Großmeister-palast

★ Ritterstraße

Überblick: Altstadt von Rhodos

Elf Tore führen in die von einer vier Kilometer langen Mauer umwehrte mittelalterliche Festungsstadt, die vom Großmeisterpalast beherrscht wird. Ritter und Bürger lebten getrennt in zwei Stadtteilen, die Ritter in der Collachium genannten, 1309 angelegten Ritterstadt, die übrige Bevölkerung, darunter Juden, Türken und Griechen, in der Bürgerstadt namens Bourg. In ihrer Geschlossenheit ist die Altstadt ein als Welterbe geschütztes Denkmal mittelalterlicher Festungsarchitektur.

Gewölbestraße in der Altstadt

Majestätisches Amboise-Tor

Ritterstadt

In diesem Stadtteil, dem Collachium, sind Ritterstraße *(siehe S. 188f)* und Großmeisterpalast *(siehe S. 186f)* zu finden. Von der Neustadt gelangt man durch zwei Haupttore hinein: Das 1512 vom Großmeister d'Amboise erbaute Amboise-Tor führt von der Dimokratías-Straße zum Palast, das von den Italienern errichtete Eleftherías-(Freiheits-)Tor von der Eleftherías-Straße zur Plateía Sýmis und von dort ein Torweg zum Byzantinischen Museum.

Archäologisches Museum

Plateía Mouseíou. *22410 25500.* *Di–So 8.30–19 Uhr.* *Feiertage.*

Prunkstück des Museums im gotischen Ordenshospital (1440–81) ist die Marmorfigur der *Aphrodite von Rhodos* (1. Jh. v. Chr.). Aus dem Helios-Tempel am nahen Monte Smith stammt der Kopf der Statue des Sonnengotts Helios (2. Jh. v. Chr.). Eine Ahnung vom Leben im 5. Jahrhundert v. Chr. vermitteln die Grabstelen der Nekropole von Kámeiros. Münzen, Schmuck und Keramiken aus mykenischen Gräbern des nahen Ialyssós zählen zum reichen Museumsschatz.

Aphrodite von Rhodos, Archäologisches Museum

Museum für Dekorative Kunst

Plateía Argyrokástrou. *22410 25500.* *Di–So.* *Feiertage.*

In dem hervorragenden Museum sind Teller und Kacheln aus Líndos, Inseltrachten und ein rekonstruiertes rhodisches Haus zu bewundern.

Ausstellungen zum antiken und mittelalterlichen Rhodos

Großmeisterpalast. *22410 23359.* *Di–So.* *Feiertage.*

Diese ständigen Ausstellungen werden im Großmeisterpalast *(siehe S. 186f)* präsentiert. Die mittelalterliche Ausstellung gibt mit byzantinischen Ikonen, Kriegsausrüstung, italienischen und spanischen Keramiken einen genauen Einblick in den Handel und den Alltag in der Zeit vom 4. Jahrhundert n. Chr. bis zur osmanischen Eroberung im Jahr 1522. Neben dem Innenhof präsentiert die zweite Ausstellung unter dem Motto »Antikes Rhodos: 2400 Jahre« herrliche, von Archäologen innerhalb von 45 Jahren ans Licht geholte Funde.

Byzantinisches Museum

Apéllou. *22410 27657.* *Di–So.* *Feiertage.*

Dieses Gebäude, im 11. Jahrhundert als byzantinische Kirche entstanden, wurde unter den Johannitern zur Kathedrale und unter den Osmanen zur Enderum-Moschee. Im Volksmund wird das Bauwerk »Rote Moschee« genannt. Es beherbergt heute erlesene Ikonen und Fresken. Aus dem Moní Thárri *(siehe S. 194)* stammen ungewöhnlich dynamische Arbeiten aus dem 12. Jahrhundert im komnenischen Stil. Wertvoll sind auch die in das späte 14. Jahrhundert datierten Fresken aus der aufgegebenen Kirche Agios Zacharías auf der Dodekanes-Insel Chálki.

Hof des Ordenshospitals, heute Archäologisches Museum

Mittelalterliche Stadtmauer
Führungen beginnen am Großmeisterpalast.
Di, Fr 14.45 Uhr.
Die vier Kilometer lange Mauer ist ein Meisterwerk mittelalterlicher Militärarchitektur. Sie trägt 151 Wappen von Großmeistern und Rittern.

Uhrturm der Bürgerstadt

Bürgerstadt
Ein glänzender Aussichtspunkt ist der restaurierte Uhrturm, der 1852 einen byzantinischen Turm ersetzte. Er markiert nahe dem Amboise-Tor die Grenze der Ritterstadt. Lebensader des Bourg-Viertels, der Bürgerstadt, ist die von Läden gesäumte Sokrátous-Straße, *die* Einkaufsmeile. In den Seitengassen laden Straßencafés und Tavernen ein. Die Architektur vermengt neoklassizistische, mittelalterliche und levantinische Elemente. Balkone hängen vor den Häusern, in deren Gewirr sich Moscheen verbergen.

Sehenswert sind außer den nachstehend vorgestellten Attraktionen die Herberge der italienischen »Zunge« oder Nationalität sowie die Kirche der siegreichen Madonna, Panagía tis Níkis, nahe dem Katharinentor. Diese wurde 1480 nach einem Sieg über die Osmanen erbaut, den die Ritter auf eine Marienerscheinung zurückführten.

Moschee Suleimans des Prächtigen
Orféos Sokrátous.
für die Öffentlichkeit.
Die rosafarbene, im Jahr 1522 zur Feier des Sieges über die Ritter entstandene und 1808 originalgetreu rekonstruierte Moschee ist ein Wahrzeichen der Stadt. Ihr herrliches, doch baufälliges Minarett wurde 1989 abgetragen. Nun harrt die einst prächtige, zumeist leider verschlossene Moschee ihrer Renovierung.

Ahmet-Havuz-Bibliothek
Orféos Sokrátous 44. *22410 74090. März–Okt: Mo–Sa 9.30–16 Uhr. Nov–Feb; Feiertage.*
Die Bibliothek (1793) bewahrt die Chronik der Eroberung von 1522. Ihre Sammlung arabischer und persischer Handschriften umfasst kunstvoll illustrierte Koranausgaben des 15. und 16. Jahrhunderts. Diese wurden Anfang der 1990er Jahre gestohlen, tauchten in London auf und wurden vor Kurzem zurückgebracht.

Kuppel der Moschee Suleimans des Prächtigen

Nélly-Dimóglou-Theater
7 Andrónikou. *22410 20157.*
Mitte Mai–Mitte Okt: Mo, Mi, Fr. Vorstellungen Mo–Fr 21.30 Uhr.
Das Theater bietet auch Volkstanzkurse an. In seinem Garten kann man sich ganztägig erfrischen.

Hammam
Plateía Aríonos. *22410 27739.*
Mo–Fr 10–17, Sa 8–17 Uhr.
Mustafa Pascha ließ 1765 das türkische Bad einrichten. Früher exklusive Oase der osmanischen Oberschicht, wird es nun von Griechen, Urlaubern und der türkischen Minderheit frequentiert. Männer und Frauen baden von jeher getrennt. Seife und Handtücher sind mitzubringen.

Ibrahim-Pascha-Moschee
Plátanos. *22410 73410.*
tägl. Spende erbeten.
Diese 1928 renovierte Moschee (1531) nahe der Sofokléous-Straße besticht durch ihr exquisites Interieur.

Rejep-Pascha-Moschee
Ekátonos. *für die Öffentlichkeit.*
Diese Moschee (1588), eine der eindrucksvollsten der 14 Moscheen der Altstadt, hütet den Sarkophag des Rejep Pascha. Byzantinische und mittelalterliche Kirchensäulen lieferten Material für ihren Brunnen. Nahebei steht die winzige byzantinische Kirche Agios Fanoúrios.

Jüdisches Viertel
In der Bürgerstadt, östlich des Hippokrates-Platzes, liegt Ovriakí. Dies war vom 1. Jahrhundert n. Chr. an das Viertel der Juden, bis diese 1944 von den deutschen Besatzern deportiert wurden. An die in Konzentrationslagern umgekommenen Juden erinnert an der Ostseite der Aristotélous-Straße die **Plateía Evraíon Martýron** (Platz der Hebräischen Märtyrer). In der Mitte des Platzes steht der bronzene Seepferdchen-Brunnen, nördlich der mittelalterliche Admiralspalast und in der Simíou-Straße die Synagoge.

Rhodos: Großmeisterpalast

Παλάτι του Μεγάλου Μαγίστρου

Vergoldeter Engel als Kerzenhalter

Diese Festung innerhalb der Festung war Residenz von 19 Großmeistern, das Zentrum der Ritterstadt und in Zeiten der Gefahr Fliehburg der Einwohner. Der im 14. Jahrhundert erbaute Palast überstand Erdbeben und Belagerungen. Zerstört wurde er durch einen »Unfall«, eine Explosion im Jahr 1856. Zur Regierungszeit von Mussolini und Viktor Emanuel III. restaurierten die Italiener das Gebäude. Einige Räume heißen nach Orten auf Kos, aus denen ihre kostbaren Bodenmosaiken stammen. Zwei Ausstellungen widmen sich dem mittelalterlichen und dem antiken Rhodos *(siehe S. 184)*.

Kolonnadensaal
Zwei Säulengänge stützen die Decke. Den Boden ziert ein frühchristliches Mosaik.

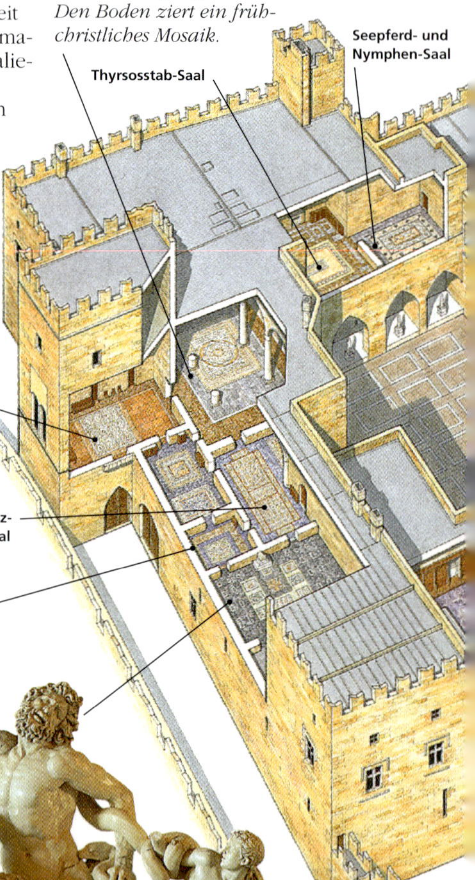

Der Zweite Kreuzgewölbesaal diente einst als Gouverneursbüro. Seinen Boden bedeckt ein kunstvolles frühchristliches Mosaik (5. Jh. n. Chr.) aus Kos.

★ Medusa-Saal
Mittelpunkt dieses späthellenistischen Mosaiks ist die schlangenförmige Medusa, eine der drei Gorgonen der griechischen Mythologie. Chinesische und islamische Vasen bestücken das Interieur.

Laokoon-Saal
Eine Kopie der im Vatikan ausgestellten, von den Bildhauern Athenodoros, Agesandros und Polydoros geschaffenen Laokoongruppe (1. Jh. v. Chr.) beherrscht den Saal. Die Skulptur zeigt den Todeskampf des Trojaners Laokoon und seiner Söhne.

Brustwehren und andere Befestigungen schützten den Palast, der beim Sturm der Stadtmauer als Fluchtburg halten sollte.

INFOBOX

Ippotón. 22410 23359. *Aug–Sep: Mo 12.30–16 Uhr, Di–So 8–19 Uhr; Okt–Juli: Di–So 8.30–15 Uhr; Karfreitag 12–15 Uhr. 1. Jan, 25. März, Ostersonntag, 1. Mai, 25., 26. Dez.* *begrenzt.*

★ Haupthof
Der Palast gruppiert sich um den Haupthof mit geometrisch verlegten Marmorplatten. Hellenistische Statuen vom Odeion in Kos (siehe S. 171) *flankieren die Nordseite des Hofs.*

Eingang zur Ausstellung über das antike Rhodos *(siehe S. 184)*

Den Saal der neun Musen ziert ein Mosaik mit Brustbildnissen der neun Musen der griechischen Mythologie.

★ Haupttor
Hufeisenförmige Zwillingstürme mit Nebentürmchen bewachen den beeindruckenden Eingang, an dem das Wappen des 1319–46 amtierenden Großmeisters de Villeneuve zu sehen ist.

Eingang

Ritterstraße → *(siehe S. 188f)*

Den Ersten Saal schmücken ein späthellenistisches Mosaik und Chorgestühl aus dem 16. Jahrhundert.

Großer Treppenaufgang

Eingang zur Ausstellung über das mittelalterliche Rhodos *(siehe S. 184)*

Den Zweiten Saal dekorieren ein späthellenistisches Mosaik und ein beschnitztes Chorgestühl.

NICHT VERSÄUMEN

★ Haupthof

★ Haupttor

★ Medusa-Saal

DER ERSTE GROSSMEISTER

Erster Großmeister (Magnus Magister) der Johanniter war 1305–19 der französische Ritter Foulkes de Villaret. Er kaufte Rhodos dem Machthaber Admiral Vignolo de Vignoli ab. Einziehen konnten seine Ritter aber erst, nachdem sie den Widerstand der Bevölkerung gebrochen hatten. Die Johanniter *(siehe S. 188f)* behaupteten ihren souveränen Staat auf Rhodos bis zu ihrer Vertreibung 1522. Der Name lebt fort im Villare, einem Weißwein der Insel.

Foulkes de Villaret

Rhodos: Ritterstraße

Zwischen Hafen und Großmeisterpalast *(siehe S. 186f)* verläuft die mittelalterliche Ritterstraße (Odos Ippotón), eine der berühmtesten Sehenswürdigkeiten der Altstadt. Auf beiden Seiten stehen die Herbergen der »Zungen« oder Nationalitäten der Johanniter-Ritter. Sie wurden ab dem 14. Jahrhundert als Versammlungsstätten im spätgotischen Stil erbaut und die meisten im frühen 20. Jahrhundert von den Italienern restauriert. Wo die deutsche Herberge lag, ist unbekannt.

Diese Residenz wurde für den Meister der Zunge von Aragon, Diomede de Vilaragut, erbaut.

Durchgang zum osmanischen Garten

SÜDSEITE

← **Zur englischen Herberge**

Das Archäologische Museum *(siehe S. 184)* ist im ehemaligen Neuen Ordenshospital untergebracht.

Die Herberge der Provence *trägt am Eingang die Wappen des Kreuzritter-Ordens der Johanniter, des französischen Königshauses, des Großmeisters del Carretto und des Ritters de Flota.*

Agía Triáda oder Französische Kapelle

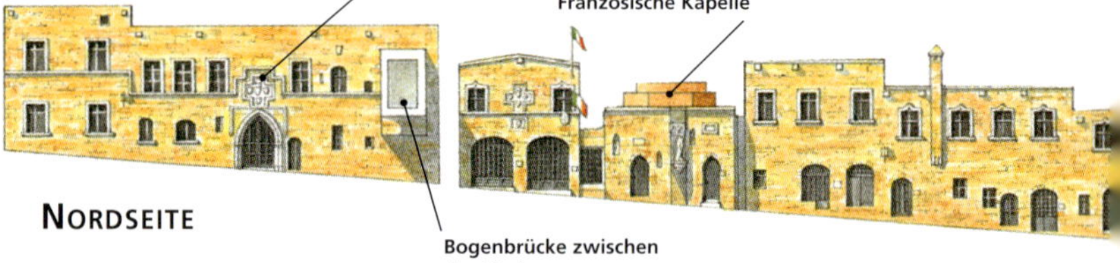

NORDSEITE

Großmeisterpalast ←

Bogenbrücke zwischen den Herbergen von Spanien und der Provence

Die Ritter des Johanniter-Ordens

Wappen des Großmeisters Foulkes de Villaret

Händler aus Amalfi gründeten im 11. Jahrhundert den Ritterlichen Orden Sankt Johannis vom Spital zu Jerusalem, der dort das Heilige Grab bewachte und Kranke pflegte. Nach dem Ersten Kreuzzug (1096–99) wurde daraus ein Militärorden. 1291, das Heilige Land war an die Muslime verloren, richteten sich die Johanniter auf Zypern ein. 1306 kauften sie dem genuesischen Freibeuter Admiral Vignoli Rhodos ab, in das sie 1309 einzogen. Oberhaupt des aus sechs »Zungen« – Frankreich, Italien, England, Provence, Auvergne und Spanien – bestehenden Ordens war der auf Lebenszeit gewählte Großmeister. Jede »Zunge« bewachte eine Kurtine, einen Abschnitt der Stadtmauer. Die Ritter schufen auf dem Dodekanes, den sie mit 30 Burgen befestigten, Meisterwerke mittelalterlicher Militärarchitektur.

Die Ritter *kamen aus römisch-katholischen Adelsfamilien. Das Ordensgelübde der Johanniter verpflichtete sie zu Keuschheit, Gehorsam und Armut. Die Ritter besetzten die hohen Ämter, waren aber Laienbrüder.*

Die Odos Ippotón, *die Ritterstraße, folgt einer antiken Straße, die zum Hafen hinabführte. Hier sammelten sich die Ritter bei Angriffen zum Kampf.*

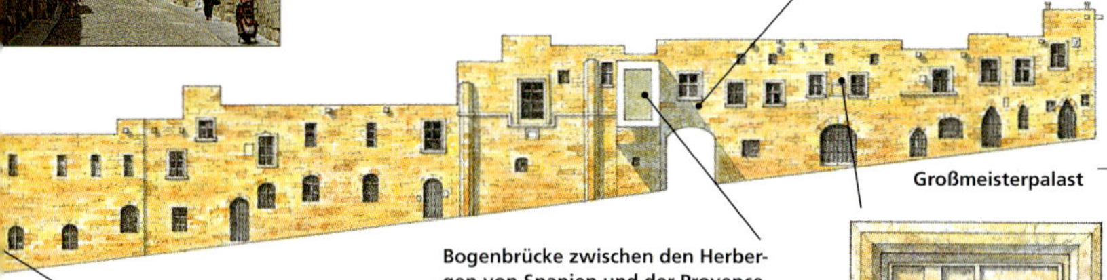

Die Herberge von Spanien *ist einer der größten Ritterpaläste. Ihr Versammlungssaal maß über 150 Quadratmeter. Außen ist ein kleines, schlichtes Wappen der spanischen »Zunge« angebracht.*

Die Herberge von Frankreich *trägt das königliche Wappen der Bourbonen mit drei Lilien und das Wappen des Großmeisters Petrus d'Amboise.*

Die Herberge von Italien *ist mit dem marmornen Wappen des Großmeisters Fabricius del Carretto geschmückt.*

Die Belagerung von Rhodos *1522 endete mit der Niederlage der Johanniter. Die Osmanen ließen die 180 Überlebenden der 650 Mann starken Rittergarnison abziehen, töteten aber die Rhodier, die auf Seiten der Ritter gekämpft hatten. Sieben Jahre später fanden die Johanniter auf Malta ein neues Asyl. Dort beendete Napoléon 1798 die Herrschaft des Ordens, der heute in die katholischen Malteser und die evangelischen Johanniter gespalten ist.*

Unter Pierre d'Aubusson, *1476–1503 Großmeister und links Hauptfigur einer Marktszene, wurde in Rhodos eifrig gebaut. Damals entstand das Ordenshospital, in dem heute das Archäologische Museum untergebracht ist.*

Überblick: Neustadt von Rhodos

Die Neustadt ist im vergangenen Jahrhundert stetig gewachsen. Prestige verliehen ihr die öffentlichen Prunkbauten, die nach 1920, zur Zeit des italienischen Faschismus, entstanden. Seinen Einfluss behauptet Italien in den östlichen Vierteln, vor allem in Néa Agora und Mandráki, mit quirligen Pizzerien und schicken Markenboutiquen. Das Westufer der Neustadt mit seinen umtriebigen Straßen und dem weitläufigen Strand zieht zahlreiche Urlauber an.

Von zwei Hirschstatuen flankierte Einfahrt des Mandráki-Hafens

Mandráki-Hafen

Der Hafen ist die Alt- und Neustadt verbindende Lebensader der Stadt: Hier unternehmen Einheimische ihren Abendbummel *(vólta)*, hier liegen Yachten und Ausflugsboote dicht beieinander.

Die Bronzebilder eines Hirsches und einer Hirschkuh flankieren die Einfahrt, über der angeblich breitbeinig der »Koloss von Rhodos« gestanden haben soll. Drei mittelalterliche Windmühlen ragen auf der Mole empor, die beim Leuchtturm der Festungsruine **Agios Nikólaos** aus dem 15. Jahrhundert endet.

Am Kai stehen elegante, von den Italienern 1920–30 errichtete öffentliche Gebäude, u.a. Post, Polizeiwache, Gericht, Rathaus und das **Nationaltheater**, in dem oft rhodische Volksstücke aufgeführt werden.

An der nahe gelegenen Plateía Eleftherías beeindruckt die Verkündigungskirche oder

Regierungspalais, vormals italienischer Gouverneurspalast

Evangelismós, eine Rekonstruktion (1925) der Ordenskirche St. Johannes mit aufwendigem Interieur. Neben dem benachbarten Erzbischöflichen Palast sprudelt ein monumentaler, der Fontana Grande im italienischen Viterbo nachgebildeter Brunnen. Nicht zugänglich ist ein Stück weiter das **Regierungspalais** (Nomarchía), dessen elegante Fassadenornamentik und Laubengänge an gotische Bauwerke in Venedig erinnern.

Am Nordende der Plateía Eleftherías steht die **Murad-Reis-Moschee** mit ihrem grazilen Minarett. Sie heißt nach einem Admiral Suleimans des Prächtigen, der 1522 bei der Belagerung von Rhodos fiel. Ihr Gelände beherbergt die Villa Kleoboulos, in der 1945–47 der britische Schriftsteller Lawrence Durrell wohnte, und einen alten osmanischen Aristokratenfriedhof.

Minarett der Murad-Reis-Moschee

Vom Mandráki-Hafenviertel führt ein angenehmer Uferspaziergang am oft überfüllten Elli-Strand vorbei zum nördlichsten Teil der Neustadt. Dort ist im Hydrobiologischen Institut das einzige größere **Aquarium** des Landes eingerichtet. Seine lebendigen Meeresbewohner tummeln sich in einer unterirdischen Grotte in knapp 40 Becken.

Aquarium Beach an der anderen, nördlichen Seite der Inselspitze ist ein gutes Revier für Windsurfer und Paraglider.

Aquarium
Hydrobiologisches Institut, Kássou.
22410 27308. tägl. Feiertage.

Koloss von Rhodos

Der Koloss, 1700 gemalt von Fischer von Erlach

Die rund 40 Meter hohe Bronzestatue des Sonnengottes Helios war eines der sieben Weltwunder. Die Stadt Rhodos gab ihn im Jahr 305 v.Chr. nach der Abwehr des Makedonen Demetrios I. Poliorketes als Siegeszeichen in Auftrag. Der Koloss, für den Waffen eingeschmolzen wurden, kostete zehn Tonnen Silber und den Bildhauer Chares von Líndos zwölf Jahre Arbeit. Entgegen der Überlieferung stand er nicht an der Mandráki-Hafeneinfahrt, sondern wohl beim Apollon-Tempel an der Stelle des Großmeisterpalasts *(siehe S. 186f)*. 227 v.Chr. ließ ein Erdbeben ihn einstürzen.

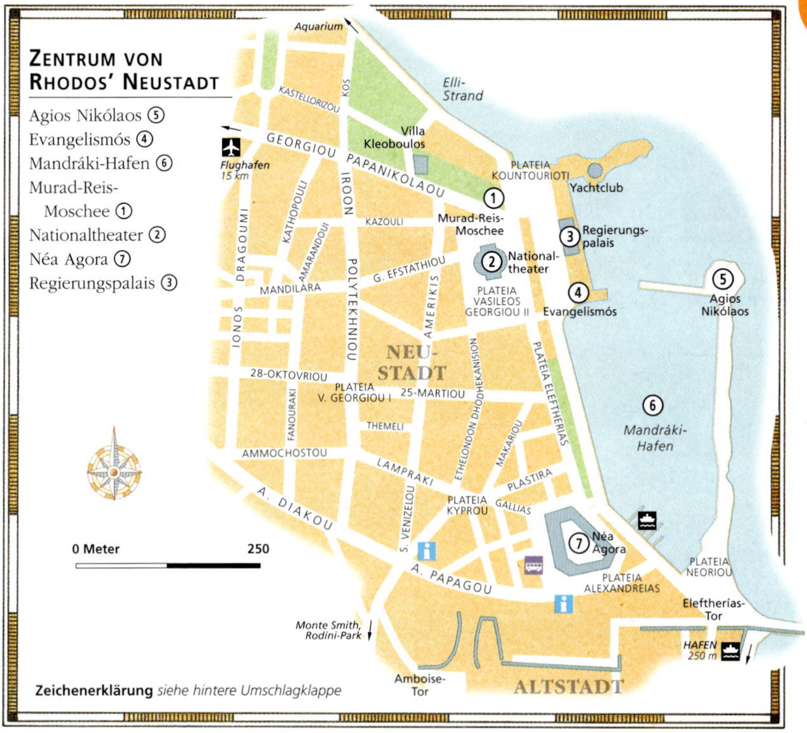

Néa Agora
Hinter dem Hafen liegt, geprägt von maurischen Kuppeln und munteren Cafés, das Viertel um die Néa Agora, den Neuen Markt. Mit ihren Imbissständen, Souvenirläden, *Souvláki*-Bars und Cafés ist die Markthalle beliebter Treff von Besuchern der umliegenden Dörfer und Inseln. Dahinter, auf dem Grundstück des Großmeisterpalasts, inszeniert eine Ton- und Lichtschau täglich (jeweils in einer von vier Sprachen) Rhodos' Einnahme durch Suleiman den Prächtigen 1522.

Blick vom Mandráki-Hafen a… …ralen Kuppelbau der Néa Agora

Monte Smith
Dieser auch Agios Stéphanos genannte Hügel im Westen der Stadt eröffnet herrliche Panoramablicke über Rhodos-Stadt und die Küste. Monte Smith heißt er, weil der englische Admiral Sir Sydney Smith im Jahre 1802 hier nach Napoléons Flotte Ausschau hielt.

Am Hügel gruben die Italiener die hellenistische Stadt Rhodos aus. Sie restaurierten Stadion (3. Jh. v. Chr.), Akropolis (2. Jh. v. Chr.) und das kleine, wegen seiner eckigen Anlage außergewöhnliche Theater oder Odeion, das als Sommerbühne klassischer Theatervorführungen dient. Vom mächtigen Tempel des Apollon Pythios zeugen nur mehr drei Säulen, von den Tempeln der Athena Polias und des Zeus einige wenige Ruinen. In der Nähe, an der Voreíou Ipeírou, liegen Reste des Asklepieíon, des Tempels des Asklepios genannten Gottes der Heilkunde.

Rodíni-Park
Dieser äußerst reizvolle Park, Schutzgebiet von Rhodos' Wappentier, dem Hirsch, lässt den Betrieb der nur drei Kilometer nördlich entfernten Stadt Rhodos vergessen. Hier zogen die Johanniter Kräuter, hier gründete der Redner Aischines 330 v. Chr. die u. a. von Julius Caesar und Cassius besuchte Rhetorikschule. Von ihr ist nichts mehr zu sehen, dafür eine Nekropole (3. Jh. v. Chr.) mit dorischen Felsengräbern und einem Ptolemäer-Grab.

Rhodos' Westen

Ikone der Kirche des Moní Filerímou

Hotels, Bars und Restaurants säumen zwischen Rhodos-Stadt und dem Flughafen bei Paradísi die Kieselstrände der windigen Westküste. Im Süden ist das Land grün und fruchtbar. Traditionelle Bauerndörfer verstecken sich zwischen Weingärten und an waldigen Berghängen. Zu den Sehenswürdigkeiten des Westens zählen das Moní Filerímou, das antike Kámeiros, das Weindorf Emponas und das bezaubernde Tal von Petaloúdes, das Rhodos den Beinamen »Insel der Schmetterlinge« eintrug. Weiter südlich beeindrucken hohe befestigte Felsen und die Aussicht auf die Inseln Chálki und Alimiá.

Antikes Ialyssós 2

Αρχαία Ιαλυσός

15 km südwestl. von Rhodos-Stadt. *nach Triánda. Di–Sa 8–19.10, So 8.30–14.40 Uhr. Feiertage.*

Ialyssós, benannt nach einem Enkel des Sonnengottes Helios, und die beiden anderen dorischen Stadtstaaten der Insel, Líndos und Kámeiros, gründeten 408 v. Chr. als gemeinsame Hauptstadt Rhodos. Der Aufstieg der Metropole ging auf Kosten der drei alten Städte. Strategisch wichtig blieb Ialyssós aber weiterhin. Hier entmachteten die Genuesen 1248 die byzantinischen Statthalter, von hier eroberten die Johanniter *(siehe S. 188f)* 1309 Rhodos, die Osmanen wiederum 1522 den Ritterstaat. Im Zweiten Weltkrieg errichteten die Italiener hier Geschützstellungen. Von der Akropolis sind nur Reste des **Tempels der Athena Polias und des Zeus Poliefs** (3. Jh. v. Chr.) zu sehen. Südlich steht ein restaurierter Löwenkopf-Brunnen (4. Jh. v. Chr.).

Moní Filerímou 3

Μονή Φιλερήμου

15 km südwestl. von Rhodos-Stadt. *22410 92202. nach Triánda. Di–Sa 8–19.10 Uhr, So 8.30–14.40 Uhr.*

Die von Zypressen und Kiefern bestandenen Hänge des Filerímos zählen zu den schönsten Flecken der Insel. Mitten im Wald liegen die Kuppelkapellen des Moní Filerímou, verziert mit dem Kreuz der Johanniter und dem Wappen des Großmeisters Pierre d'Aubusson. Der Ort ist seit 2000 Jahren eine Kultstätte, an der Phönizier wie Byzantiner, Orthodoxe wie Katholiken Spuren hinterließen.

Hauptattraktion ist die von den Johannitern erbaute, von den Italienern restaurierte Kirche Unserer Lieben Frau von Filerímos (14. Jh.). Sie besteht aus einer Hauptkapelle und drei Nebenkapellen. Ein byzantinisches Bodenmosaik ziert die innerste Kapelle.

Die Italiener legten den Kreuzweg an: vom Klostereingang durch eine Allee mit den auf Tafeln dargestellten Stationen bis zum 18 Meter hohen Kreuz am »Kalvarienberg« auf der Landspitze.

Das von Wald umgebene Moní Filerímou

Petaloúdes 4

Πεταλούδες

26 km südwestl. von Rhodos-Stadt.

Ein von Holzbrücken überspannter Bach zieht sich durch die schmale grüne Schlucht Petaloúdes, das »Tal der Schmetterlinge«. Die Schmetterlinge sind Gepunktete Harlekine, eine zu den Nachtfaltern zählende Bärenspinnerart. Das Harz der Amberbäume, dessen Vanilleduft u. a. Weihrauch parfümiert, lockt die Falter von Juni bis September zu Tausenden an – und das kühle Tal echte und vorgebliche Schmetterlingsforscher und Wanderer; am ruhigsten ist es morgens, ehe die Busse kommen.

Schöne Aussicht und Stille beschert der Aufstieg vom Tal zum **Moní Panagías Kalópetras** mit seiner ländlichen Klosterkirche (1782).

Gepunkteter Harlekin

Antikes Kámeiros 5

Αρχαία Κάμειρος

36 km südwestl. von Rhodos-Stadt. *22410 40037. Di–So. Feiertage. nur zu den unteren Bereichen.*

Archäologen fanden 1859 die dorische, von Althaemenes aus Kreta gegründete Stadt, die im 5. Jahrhundert v. Chr. ihre Blüte erlebte. Sie wurde vermutlich 142 v. Chr. durch ein Erdbeben zerstört, zählt jedoch zu den besterhaltenen klassischen Städten. Zu sehen sind Ruinen eines dorischen Tempels (3. Jh. v. Chr.), eines Helios-Altars, Bäder und eine Zisterne (6. Jh. v. Chr.), die 400 Familien mit Wasser versorgte. Auf der obersten Terrasse sieht man Reste des Tempels der Athena Polias (6. Jh. v. Chr.), z. B. die 26 Meter lange dorische Stoa.

Hotels und Restaurants auf dem Dodekanes *siehe Seiten 309–312 und 334–336*

Auf waghalsigem Hochsitz mit Blick übers Meer gelegen: das Kastell von Monólithos

Skála Kameírou 6

Σκάλα Καμείρου

50 km südwestl. von Rhodos-Stadt. *100.*

Der Fischerort, einst Hafen des antiken Kámeiros, ist ein guter Tipp fürs Mittagessen. Von der dorischen Stadt sind am Felshang Konturen eines lykischen Grabes auszumachen. Nahebei erhebt sich eine Burgruine der Johanniter, das gewaltige **Kastell von Kritinía**, dessen drei Ebenen unter diversen Großmeistern entstanden. Am Hang drängen sich die weißen Häuser des Dorfes **Kritinía**.

Emponas 7

Έμπωνας

55 km südwestl. von Rhodos-Stadt. *1500.*

Das stimmungsvolle Dorf an den wilden Flanken des Attávyros ist seit den 1920er Jahren Sitz der Weinkooperative Cair und bekannt für seine Fest- und Volkstanztradition. Trotz der Beliebtheit bei den Teilnehmern organisierter »griechischer Abende« halten die Bewohner am alten Lebensstil fest.

Monólithos 8

Μονόλιθος

80 km südwestl. von Rhodos-Stadt. *250.* *Foúrni, 5 km südwestl.*

Der 235 Meter hohe, jäh zum Meer abfallende Felsmonolith gab der wichtigsten Siedlung im Südwesten ihren Namen.

Das Dorf liegt zu Füßen des Berges Akramýtis, zwei Kilometer entfernt vom **Kastell von Monólithos** (15. Jh.). Der Großmeister d'Aubusson ließ die Feste in uneinnehmbarer Lage auf den Gipfel des markanten Felsens setzen. Die wuchtigen Mauern umschließen zwei freskenverzierte Kapellen aus dem 15. Jahrhundert, Agios Panteleïmon und Agios Geórgios. Die Aussicht ist atemberaubend, der Blick in den Abgrund beängstigend.

Im Süden der Burg führt eine Piste hinab zum Strand **Foúrni** mit einer (nicht ganzjährig geöffneten) Taverne.

Umgebung: Spezialitäten von Siána, einem hübschen Bergdorf mit lehmgedeckten Häusern zwischen Emponas und Monólithos, sind sein Honig und *soúma*, ein dem kretischen Raki ähnelnder Traubenbranntwein. Seine Brennereilizenz verdankt das Dorf den Italienern. In den Straßencafés können Sie beides kosten, den himmlischen Honig und das höllische Feuerwasser. In der Kuppelkirche **Agios Panteleïmon** sind Fresken (18. Jh.) zu bestaunen.

Sonnenuntergang über Emponas und dem Berg Attávyros

Moní Skiádi 9

Μονή Σκιάδι

8 km südl. von Apolakkiá. *22440 46006.* *nach Apolakkiá.* *tägl. 9–18 Uhr.*

Eine wundertätige Ikone der Panagía (Muttergottes) ist die Attraktion dieses Klosters. Mariens Wange zeigt braune Flecken – geronnenes Blut, heißt es, das hervorquoll, als im 15. Jahrhundert ein Ketzer darauf einstach.

Das jetzige Kloster wurde im 18. und 19. Jahrhundert um die Kirche Agios Stavrós (Heiliges Kreuz) angelegt. An Ostern trägt man die Ikone von Dorf zu Dorf und setzt sie abschließend für einen Monat auf der Insel Chálki ab.

Rhodos' Osten

Brunnen im Dorf Lárdos

Strände und Felsbuchten säumen kilometerlang die geschützte Ostküste. Von den Ferien-Tummelplätzen Faliráki und Líndos heben sich wohltuend die einsamen Sandstrände des Südostens ab. Die Erkundung des Ostens teilt sich in die Strecke zwischen Prasonísi am südlichsten Inselrand und Péfkoi sowie den Nordabschnitt zwischen Líndos und Rhodos-Stadt. Die Landschaft ist bunt und vielfältig, mit der grünen Oase Eptá Pigés, den Orangenhainen um Archángelos, zerklüfteten Küstenstreifen und Sandbuchten.

Moní Thárri ⑩

Μονή Θάρρι

40 km südl. von Rhodos-Stadt.

nach Láerma. *tägl.*

Vom Urlaubsort Lárdos im Hinterland führen Schilder nach Láerma. Unmittelbar südlich davon liegt das Moní Thárri. Die für ihre alten Fresken gerühmte Kuppelkirche wurde zum Schutz vor Seeräubern im Waldversteck angelegt, der Legende nach im 9. Jahrhundert von einer todkranken byzantinischen Prinzessin, die sodann auf wundersame Weise genas.

Einige Spuren zeugen vom Gebäude aus dem 9. Jahrhundert. Auf das 12. Jahrhundert gehen die Mauern im Norden und Süden zurück. Bis zu vier Schichten – die unterste wird auf 1100 datiert – von Wandmalereien überziehen Hauptschiff, Apsis und Kuppel. In der Apsis mit ihren nur drei, dafür besser erhaltenen Freskenschichten (12.–16. Jh.) erkennt man Propheten und einen Pferdekopf. Das Kloster bietet einfache Unterkünfte für Besucher.

Das Dorf Asklipieío

Auf einer anspruchsvollen Piste gelangt man zum acht Kilometer südlich entfernten **Asklipieío**, einem hübschen Dorf mit der Kirche Kímisis tis Theotókou, die von Fresken geschmückt wird.

Líndos ⑪

siehe S. 196f.

Archángelos ⑫

Αρχάγγελος

33 km südl. von Rhodos-Stadt.

6000. *Stégna, 3 km östl.*

Das größte Dorf der Insel liegt im Tal von Aíthona. Das Tal ist bekannt für seine Orangen, der Ort für Töpferarbeiten, handgewebte Teppiche und Lederstiefel. Früher trug man die Stiefel – der Fußteil aus festem Rinds-, der lange Schaft aus weichem Ziegenleder – zum Schutz vor Schlangen bei der Feldarbeit. Die Einheimischen pflegen ihren Dialekt und Patriotismus, Letzteren noch auf dem Friedhof: Manche Grabsteine sind blau-weiß gestrichen.

Das Zentrum dominiert der gestufte Glockenturm der Kirche **Archángeloi Michaïl tis Gavriíl**. Den Hof der Kirche schmückt ein Kieselmosaik.

Das massive **Johanniter-Kastell** oberhalb des Ortes wurde unter dem Großmeister Orsini 1467 zur Abwehr der Osmanen erbaut. Im Ruinengelände steht die Kapelle Agios Geórgios, in der auf einem modernen Fresko St. Georg den Drachen bekämpft. Östlich des Ortes endet eine kleine Straße beim ruhigen, geschützten Sandstrand der **Stégna-Bucht**.

Umgebung: Südlich gelangt man via Malónas zum **Kastell Faraklós**. Dort verschanzten sich Piraten, bis die Johanniter ihnen den Garaus und die Feste zum Gefängnis mach-

Das Dorf Charáki, überragt vom Kastell Faraklós

Hotels und Restaurants auf dem Dodekanes *siehe Seiten 309–312 und 334–336*

Sandstrand von Tsampíka

ten. Die Ruine blickt auf Charáki, ein hübsches Fischerdorf, das sich zum Ferienort entwickelt hat.

Eptá Pigés ⓭

Επτά Πηγές

26 km südl. von Rhodos-Stadt. *nach Kolýmpia.* *Tsampíka, 5km südöstl.*

Das waldige Eptá Pigés, »Sieben Quellen«, ist einer der reizvollsten Flecken der Insel. Die sieben Quellen bewässerten die Orangenhaine von Kolýmpia im Osten und speisen heute einen Stausee. Pfauen stolzieren um Wasserläufe und -fälle herum. Besucher können den See trockenen Fußes auf einem Waldweg erreichen oder durch einen 185 Meter langen Tunnel, in dem das Wasser knöchelhoch steht.

Pfau bei Eptá Pigés

Umgebung: Weiter östlich balanciert auf einem 300 Meter hohen Küstenfelsen das byzantinische **Moní Tsampíkas**. Die Ikone (11. Jh.) in der Kapelle fand ein Ehepaar, dessen Kinderwunsch sich daraufhin endlich erfüllte. Seither pilgern kinderlose Frauen barfüßig zur Ikone und versprechen, zum Dank den Nachwuchs auf die – nur auf Rhodos üblichen – Namen Tsampíka oder Tsampíkos zu taufen.

Herrlich, doch zur Hauptsaison dicht bevölkert ist der Sandstrand von **Tsampíka** zu Füßen des Klosters. Auch Wassersportler kommen hier auf ihre Kosten.

Faliráki ⓮

Φαληράκι

15 km südl. von Rhodos-Stadt. *400.*

Lange Sandstrände, dahinter weiße Fassaden von Hotels, Ferienwohnungen und Restaurants machen Faliráki zu einem der wichtigsten Badeorte von Rhodos. Faliráki ist schrill, Faliráki ist laut – genau das, was seine meist jüngeren Besucher wollen. In dem bei Gästen jeden Alters beliebten **Faliráki Water Park** werden alle Arten von Wassersport geboten sowie Bars, Diskotheken, Fish and Chips, Chinafood und etliches mehr, etwa Bungee-Springen.

Faliráki Water Park
Faliráki. *22410 84403.*
Mai–Okt: tägl.
www.water-park.gr

Umgebung: Traditionelleres Ambiente kann man nach einem Katzensprung ins Hinterland in **Kalythiés** schnuppern und die Fresken seiner schmucken byzantinischen Kirche **Agía Eleoúsa** bewundern. Einen Ausflug lohnt die felsige **Ladikó-Bucht** im Südosten, die als Kulisse bei der Verfilmung von *Die Kanonen von Navarone* diente.

Aprikosenhaine umstehen **Afántou**, das »versteckte Dorf«. Seine Attraktionen sind ein 18-Loch-Golfplatz, kiesselige Strände und Buchten, Bootsausflüge nach Rhodos-Stadt und die berühmten handgewebten Teppiche.

Koskinoú ⓯

Κοσκινού

10 km südl. von Rhodos-Stadt. *1200.* *Réni Koskinoú, 2 km nordöstl.*

Traditionelle rhodische Häuser mit *choklákia*, Kieselmosaiken, in Innenräumen und Höfen prägen das alte Dorf Koskinoú. Ein Schmuckstück ist auch die Kirche **Eisódia tis Theotókou** mit ihrem gestuften Glockenturm. Das nahe gelegene **Réni Koskinoú** bietet gute Hotels, Restaurants und Strände.

Umgebung: Südlich von Koskinoú, in einem von Kiefernwald abgeschirmten Park, liegt das einst beliebte Heilbad **Thérmes Kalithéas**. Der Charme seiner Kuppelpavillons, rosafarbenen Marmorsäulen und maurischen Bogengänge fasziniert immer wieder Filmregisseure. Inzwischen sorgt ein Strandbad für frischen Wind. Taucher und Schnorchler wissen die felsigen Buchten zu schätzen.

Kirche mit gestuftem Glockenturm im Dorf Koskinoú

Líndos ⓫

Λίνδος

Behauene Steine der Stoa

Líndos wurde erstmals um 3000 v. Chr. besiedelt. Durch den Zwillingshafen war es als Seemacht den anderen Stadtstaaten, Kámeiros und Ialyssós, überlegen. Die Stadt erblühte im 6. Jahrhundert v. Chr. unter dem Tyrannen Kleoboulos, einem der Sieben Weisen, und scheffelte Reichtümer aus Kolonien. Heute steht sie als Reiseziel an zweiter Stelle hinter Rhodos und unter Denkmalschutz, sodass nichts das Bild der vom Tafelberg mit Akropolis und Johanniter-Burg überragten Häuser verfälscht.

Hauseingang in Líndos

Überblick: Líndos

Líndos ist das nach Rhodos-Stadt meistbesuchte Ziel der Insel. Man steuert den Ort am besten per Schiff an. Bevorzugte Reisezeiten sind Frühling oder Herbst, nicht der Hochsommer, in dem sich Urlaubermassen durch die Gassen wälzen und die Sonne erbarmungslos brennt: Bei Hitzerekorden liegt Líndos immer vorn. Im Winter dagegen wirkt die Stadt beinahe verlassen.

Motorfahrzeuge sind aus Líndos verbannt. Das kommt dem Charme des Dorfes zugute – ob den Eseln, die Besucher zur Akropolis hieven (Achtung: In entgegengesetzter Richtung legen sie deutlich an Tempo zu), sei dahingestellt. Modernem Kommerz jedenfalls schadet es nicht, wie der Souvenirbasar und der Fast-Food-Tempel beweisen. Glücklicherweise behaupten sich daneben gute Tavernen und, entsprechend teuer, schicke Restaurants mit internationaler Küche. Wer ein wenig sucht, findet einige verschwiegene Plätzchen mit Aussicht auf die Bucht und das Meer.

In den gewundenen Gassen führen stattliche Eingänge in die blumengeschmückten Höfe der einzigartigen lindischen Häuser. Die meisten *archontiká*, Herrenhäuser, wurden vom 15. bis 18. Jahrhundert von reichen Kapitänen erbaut. Sie gruppieren sich, an den Fassaden mit nautischen Motiven wie Schiffskabeln und -ketten geschmückt (wobei die Anzahl der Kettenglieder vermutlich der der Schiffe entspricht), um runde Innenhöfe mit *choklákia*, Bodenmosaiken aus Kieseln *(siehe S. 198)*. Ältere *archontiká* weisen byzantinische und arabische Elemente auf, manche kleine Kapitäns-»Kajüten« über dem Eingang. Einige der Häuser haben die heutigen Besitzer inzwischen in Apartments und Restaurants verwandelt.

Ein anmutiger Glockenturm und mit Dachpfannen gedeckte Kuppeln prägen die byzantinische, im 10. Jahrhundert gegründete und 1489/90 wieder aufgebaute Kirche **Panagía** im Zentrum von Líndos. Gregor von Sými schuf 1779 die Fresken.

Am Weg zur Akropolis bieten einheimische Frauen zum Teil kunstvolle Spitzenarbei-

Spitzenverkäuferinnen an den Stufen zur Akropolis von Líndos

Lindische Stoa
Diese Stoa oder Säulenhalle entstand in hellenistischer Zeit um 200 v. Chr.

Die Festungsmauern wurden im 13. Jahrhundert von den Johannitern aufgezogen.

Eine Triere, ein antikes Kriegsruderschiff, ist in den Fels gemeißelt.

Akropolis von Líndos

Die Akropolis thront auf einem 125 Meter hohen Tafelberg über dem Dorf Líndos. Am höchsten Punkt zeichnen sich gegen den Horizont die rekonstruierten Säulen des Tempels der Athena Lindia (4. Jh. v. Chr.) ab. Der Tempel zählte zu den bedeutendsten Kultstätten der Antike; Alexander der Große besuchte ihn, angeblich auch Helena von Troja und Herakles. Im 13. Jahrhundert befestigten die Johanniter den Ort mit höheren Mauern.

Die über die Häuser und das Meer blickende Akropolis von Líndos

ten feil. Gestickte Spitzen aus Líndos sind in Museen in aller Welt ausgestellt. Sie schmückten einen Umhang Alexanders des Großen. Nördlich des Dorfes umrahmt der Hauptstrand **Mégalos Gialós** die Bucht von Líndos. In der Antike diente die Bucht als Ankerplatz der lindischen Flotte. Der Strand ist im Sommer reichlich gefüllt, er ist auch für Familien ideal und bietet vielfältige Wassersportmöglichkeiten und zahlreiche Tavernen.

INFOBOX

1 km östl. vom Dorf Líndos.
22440 31900.
Juli–Sep: Di–So 8–19, Mo 12–19 Uhr; Okt–Juni: Di–So 8.30–15.20 Uhr. *Feiertage.*
www.lindosvisitor.com

Umgebung: Von Líndos' Hauptstrand führt ein Fußweg zum winzigen Strand **Pallás**. Nudisten pilgern zur azurblauen, fast vollständig umschlossenen **Paulus-Bucht** an der südlichen Landzunge. Eine Kapelle ist dem Apostel Paulus geweiht, der 43 n. Chr. in der Bucht gelandet und das Christentum nach Rhodos gebracht haben soll. Jedes Jahr am 28. Juni findet ein Fest zu seinen Ehren statt.

Im **Kleoboulos-Grabmal** am Vorsprung nördlich der Bucht von Líndos ruht, entgegen dem Namen, nicht der weise Tyrann, sondern eine noch unbekannte Größe. Das Rundmausoleum aus mächtigen Steinblöcken entstand um das 1. Jahrhundert v. Chr. herum, mehrere Jahrhunderte nach Kleoboulos' Tod. Es wurde im Frühchristentum zur Kirche Agios Aimilianós umgewandelt.

Kiefern säumen drei Kilometer südlich von Líndos die kleinen Sandstrände von **Péfkos**, das sich zügig zum Ferienzentrum entwickelt.

Landeinwärts, sieben Kilometer westlich von Líndos, begrenzt Schilf die Sanddünen des ruhigen Dorfes **Lárdos**, das mittlerweile Standort einiger gepflegter Landhotels geworden ist.

REKONSTRUKTION DER AKROPOLIS (UM 300 N. CHR.)

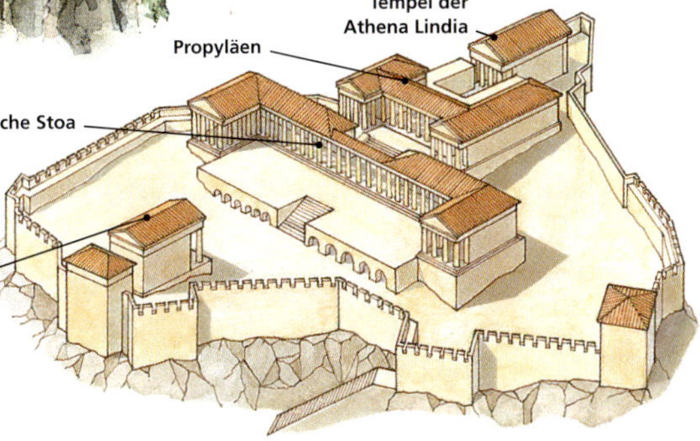

Häuser in Nimporió mit der steil aufragenden Agios Nikólaos

Chálki
Χάλκη

300. Nimporió. Piátsa, Nimporió (22460 45333). Chorió: Panagía, 15. Aug. Nimporió.
www.chalki.gr

Chálkis Bewohner lebten von der Schwammfischerei. Anfang des 20. Jahrhunderts, als die Nachfrage abnahm, wanderten fast alle auf der Suche nach Arbeit nach Florida aus. Seit Chálki wieder aufpoliert wird, steigen die Besucherzahlen. Schafe und Ziegen weiden an den Hängen der kahlen Insel. Der einst fruchtbare Boden liegt weitgehend brach, denn das Grundwasser ist unter den Meeresspiegel gesunken und versalzt. Tankschiffe liefern Trinkwasser, Lebensmittel kommen aus Rhodos.

Nimporió

Der Hafenort, Chálkis einzige Siedlung, ist ein malerisches Dorf mit neoklassizistischem Touch. Seine Hauptattraktion, die Kirche **Agios Nikólaos**, besitzt einen wie eine Hochzeitstorte geschichteten Glockenturm, den höchsten des Dodekanes. Die schwarz-weißen *choklákia* stellen Vögel und den Baum des Lebens dar. Das Auge über dem Portal soll Böses abwehren.

Blickfang am Hafen sind das italienisch inspirierte Rathaus und das Postamt mit dem schmucken Uhrturm. Darüber reihen sich verfallene Windmühlen aneinander. Der nahe Strand **Póntamos** bietet Ruhe, Sand und seichtes, für Kinder geeignetes Wasser.

Inselerkundung

Da kaum Motorfahrzeuge verkehren, ist das Wandern eine ungetrübte Freude. Von Nimporió führt ein einstündiger Aufstieg zum verlassenen früheren Hauptort **Chorió**. Die Kreuzritter des Johanniter-Ordens *(siehe S. 188f)* errich-

Ziegenzüchter auf dem Heimweg, Chálki

Choklákia-Mosaiken

Diese für den Dodekanes typischen Mosaiken dienen seit byzantinischer Zeit als ebenso dekorativer wie praktischer Bodenbelag. Sie sind aus verkeilten, meist schwarzen und weißen, zuweilen auch rötlichen Meereskieseln zusammengefügt. Hielt man sie feucht, linderte ihre Verdunstungskälte die Hitze in den Häusern.

Frühe Mosaiken zeigen vorwiegend geometrische Muster wie Kreise. Später entwickelte sich eine reichere Ornamentik aus Blumenmotiven und Bildern wie Schiffen, Fischen und Bäumen, die Hinweise auf die Hausbesitzer lieferten. Besonders feine Mosaiken findet man außer auf Chálki in den Häusern von Líndos *(siehe S. 196f)*. Das Mosaik in der Kirche Agios Geórgios *(siehe S. 178)* auf Sými zeigt eine Meerjungfrau, die über einem Schiff Sturmwogen auftürmt.

Kieselmosaik vor dem Moní Taxiárchi, Sými

Rund ausgelegtes *choklákia* auf Chálki

teten hoch auf dem Fels auf einer Akropolis aus antikem Baumaterial eine Festung. An klaren Tagen sieht man bis nach Kreta. In der Burgruine sind ein Wappen, in ihrer Kapelle byzantinische Fresken auszumachen.

Interessante Fresken weist unterhalb des Kastells auch die Kirche **Panagía** vor, am 15. August Mittelpunkt eines aufwendigen Festes. Gegenüber klebt die Kirche **Stávros** (Kreuzkirche) am Hang.

Von Chorió führt eine neue Straße westwärts zum **Moní Agíou Ioánnou Prodrómou**; die Fahrt dauert eine, die Wanderung drei bis fünf Stunden. Im byzantinischen Kloster spendet ein Hof Schatten. Man besucht es am besten frühmorgens oder übernachtet in einer Zelle.

Die Strände **Kánia** und **Gialí** erreicht man zu Fuß oder mit Wassertaxis.

Innenansicht des Moní Agíou Ioánnou Prodrómou

Vorgelagerte Insel: In Nimporió werden Ausflüge nach Alimiá im Osten angeboten, wo die Italiener im Zweiten Weltkrieg U-Boote stationierten. Hier findet man Kapellen und eine Burgruine.

Kastellórizo
Καστελλόριζο

250. *2,5 km südl. von Kastellórizo-Stadt.* *Kastellórizo-Stadt.* *500 m nördl. vom Hafen (22460 49333).*

Kastellórizo ist Griechenlands abgelegenste Insel, von der Türkei nur zweieinhalb Kilometer, von Rhodos 120 Kilometer entfernt. Seit Eröffnung des Flughafens 1987 gedeiht der Inseltourismus. Strände hat Kastellórizo nicht, aber klares, zum Schnorcheln ideales Wasser mit einer reichen Flora und Fauna, darunter Mönchsrobben. Als größte von 14 kleinen Inseln ist Kastellórizo auch unter dem Namen Megísti (»die Größte«) bekannt.

Nach 1920 litten die Insulaner schwer unter den italienischen Besatzern. Im Zweiten Weltkrieg wurde die Insel bombardiert, geplündert und evakuiert. Dies trug dazu bei, dass die Bevölkerung von 15000 im 19. Jahrhundert auf etwa 250 Einwohner gesunken ist. Der unbeugsame Wille der Bewohner dieses kargen, eigentümlich zeitvergessenen Eilands ist im ganzen Land berühmt. Vom harten Alltag ahnt man nichts am quicklebendigen Hafen, wo in den Tavernen oft spontan musiziert und getanzt wird.

Der natürliche Hafen von **Kastellórizo-Stadt**, der einzigen Siedlung der Insel, gilt als bester zwischen Piräus und Beirut. Beim verfallenen **Kástro** über dem Ort tun sich Blicke bis zur türkischen Küste auf. Die Insulaner halten an dem Namen fest, den die Johanniter der Festung aus rotem Stein gaben: Castello Rosso, Rotes Kastell. Im **Burgmuseum** sind Trachten, Fresken und Fotos zu bewundern, nahebei Griechenlands einziges **Lykisches Felsgrab**, ein mit dorischen Säulen verziertes Denkmal der lykischen Kultur des antiken Kleinasien.

Traditionelle Hausfassade in Kastellórizo-Stadt

Die meisten neoklassizistischen Häuser haben Erdbeben und Bomben des Zweiten Weltkriegs zerstört. Im Zuge des Tourismus beginnt die Restaurierung.

Zu den Sehenswürdigkeiten zählt die elegante Kathedrale **Agios Konstantínos kai Eléni**. Ihre Granitsäulen entstammen dem Apollon-Tempel im anatolischen Patara.

Vom Ort steigt ein Pfad auf zu vier weißen Kirchen und der dorischen Akropolis und Festung **Palaiókastro** mit einer auf Megísti bezogenen Torinschrift (3. Jh. v. Chr.).

Zu empfehlen ist ein Bootsausflug von Kastellórizo-Stadt zur **Perastá-Grotte**, berühmt für ihre Stalaktiten und die faszinierenden Lichtspiele auf dem strahlend blauen Wasser.

Burgmuseum
Kastellórizo-Stadt. *22460 49283.* *Di–So 8.30–14.30 Uhr.* *einige Feiertage.*

Kastellórizo-Stadt mit der türkischen Küste im Hintergrund

ΞΕΝΟΔΟΧΕΙΟΝ Ο ΠΟΣΕΙΔΩΝ
POSIDON PENSION

Kárpathos
Κάρπαθος

Volkstümliche Skulptur an einer Taverne in Diafáni

Die drittgrößte Insel des Dodekanes ist von wilder, zerklüfteter Schönheit und trotz sprunghaft gestiegener Besucherzahlen noch weitgehend unberührt. Wie auf den meisten Dodekanes-Inseln kamen und gingen die Herren, darunter die Römer und viele Lokalherrscher der byzantinischen Zeit. Früher hieß die Insel nach dem hier erzeugten roten Farbstoff Porfiris. Ihr heutiger Name soll sich von *arpakatós* (»Raub«) ableiten – eine Erinnerung daran, dass Kárpathos im Mittelalter ein weithin berüchtigtes Piratennest war.

LEGENDE

Symbole siehe hintere Umschlagklappe

Kárpathos-Stadt

Der auch Pigádia genannte Hauptort und -hafen liegt geschützt im Südosten der einst stillen, nun von Hotels umwucherten Vróntis-Bucht. Am Ufer wimmelt es von Straßencafés und Restaurants mit internationalen Speisekarten. Gegenüber dem italienisch beeinflussten Rathaus beherbergt der **Kárpathos-Park** eine Freilichtausstellung antiker Fundstücke der Insel, darunter ein frühchristliches Taufbecken aus Marmor und mykenische Grabbeigaben des 5. Jahrhunderts v. Chr.

Umgebung: Von Kárpathos-Stadt führt ein hübscher Fußweg durch Olivenhaine nach **Amoopí**, dem sieben Kilometer südlich gelegenen, beliebtesten Badeort mit seinen Sandstränden. Oberhalb liegt auf 350 Meter Höhe an den Hängen des Profítis Ilías das Dorf **Menetés**. Mit den weinumrankten Sträßchen, den pastellfarbenen Häusern mit ihren schmucken Höfen und Gärten und der Dorfkirche – sehenswert ist hier die geschnitzte Ikonostase – bietet das Dorf ein stimmungsvolles Bild.

Inselerkundung

Ein Bergkamm teilt die Insel in den schroffen Norden und den sanfteren Süden. Der beliebte Ferienort **Arkása** liegt westlich von Menetés. 1923 entdeckte man im Dorf die Kirche Agía Anastasía (4. Jh.). Ihre zarten frühbyzantinischen Mosaiken – das schönste zeigt zwei in einen Wasserkrug äugende Hirsche – zeigt das Archäologische Museum in Rhodos-Stadt *(siehe S. 184)*.

Am Berg Kalí Límni liegt auf 300 Meter Höhe, acht Kilometer nördlich von Kárpathos-Stadt, **Apéri**, bis 1892 Inselhauptstadt und eines der wohlhabendsten Dörfer Griechenlands – angesichts der Brunnen, stilvollen Gärten und stattlichen Häuser aus dem frühen 19. Jahrhundert gewiss zu Recht.

Apéris westliches Nachbardorf **Othos** ist die höchstgelegene (450 m) und zugleich eine der ältesten Ortschaften

Am Hang dicht gedrängte weiße Villen von Apéri

◁ Lebendes Museum: das hoch gelegene Bergdorf Olympos im Norden von Kárpathos

Windmühlen im alten Dorf Olympos

Infobox

5000. 17 km südl. von Kárpathos-Stadt. Kárpathos-Stadt, Diafáni. Ecke 28. Oktovríou und Dimokratías, Kárpathos-Stadt. Kárpathos-Stadt (22450 22222). Panagía in Olympos: 15. Aug.

der Insel. In einem traditionellen kárpathischen Haus zeigt das **Volkskundemuseum** Textil- und Töpferarbeiten, einen alten Webstuhl und herkömmliches Werkzeug.

Wegen seiner drei hufeisenförmigen, von weißem Sand gerahmten Buchten rühmen Kárpathioten **Lefkós** an der Westküste als *das* Urlaubsquartier. Auch **Kyrá Panagiá** an der Ostküste weist eine bezaubernde Bucht mit feinem, weißem Sand vor, zudem eine Kirche mit rosiger Kuppel. Daran schließt sich der Bilderbuchstrand von **Apélla** an.

An der Nordostküste bietet das lebhafte **Diafáni** Sand- und Kiesstrände, eine Handvoll Tavernen und Hotels. Per Bus erreicht man in 20 Minuten **Olympos** am Steilhang eines 600 Meter hohen Hügels. Die Lage im Norden schottete das 1420 gegründete Dorf jahrhundertelang vor Außeneinflüssen ab. Heute vermengen sich bizarr Mittelalter und Moderne. Durch das dichte Labyrinth bunter Häuser verlaufen Stufen und Gassen, gerade breit genug für Maultiere und Esel. Ein traditionelles Haus mit nur einem, mit Zierrat dekoriertem Raum steht Besuchern offen. Das Dorf pflegt sein Brauchtum. Ältere Frauen tragen noch Tracht und backen Brot in Öfen, die im Freien stehen.

Von Olympos führt ein Holperweg in das nördliche, nur zur Erntezeit von Bauern bewohnte Dorf **Avlóna** und eine kurze Wanderung weiter nach **Vroukoúnda**. An dieser verlassenen Ecke der Insel kann man Reste von Wehrmauern und Grabkammern einer Stadt besichtigen, die in das 6. Jahrhundert v. Chr. zurückreicht.

Volkskundemuseum
Othos-Dorf. 22460 49283. Apr–Okt: Di–So. Nov–März.

Vorgelagerte Inseln: Ausflugsboote fahren von Diafáni zum unbewohnten Inselchen **Sariá**, nördlich von Avlóna mit den Ruinen der antiken Stadt Nísyros.

Kaum touristisch berührt ist **Kásos** vor der Südküste von Kárpathos. Im Hauptort Frý gedenkt eine Feier am 7. Juni des Blutbads, das die Türken hier 1824 anrichteten. Nahe dem Dorf Agía Marína faszinieren die Stalaktiten und Stalagmiten der Tropfsteinhöhlen Ellinokamára und Selláï. Sonnenhungrige zieht es zur Chélathros-Bucht sowie zu den Stränden des Eilands **Armáthia**.

Brauchtum in Olympos

Die Tracht der Frauen von Olympos besteht aus weißen Hosen und einer bestickten Tunika oder einem dunklen Hemd mit gemusterter langer Schürze. Die Stoffe sind in Limonengrün, Silber und leuchtendem Rosarot bestickt. Halsbänder aus Goldmünzen verraten den Status unverheirateter Frauen. Einst herrschte striktes Matriarchat, heute beerbt die älteste Tochter die Mutter, der Sohn den Vater, sodass beiden Linien der persönliche Besitz erhalten bleibt.

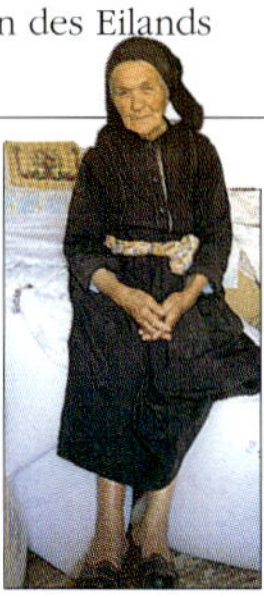

Wächterin der Windmühlen von Olympos

Viele alte Häuser besitzen verzierte Balkone, über dem Eingang sind die eingemeißelten Initialen ihrer Besitzer zu sehen. Sie bestehen aus einem einzigen, liebevoll mit »Nippes« dekorierten Raum mit einem Pfeiler in der Mitte und einer tagsüber geräumten Schlafstatt. Alljährlich kommen zu Mariä Himmelfahrt am 15. August Besucher aus aller Welt. In Olympos dauert das mit Musik und Tanz begangene Fest, eines der wichtigsten der griechisch-orthodoxen Kirche, drei volle Tage. Zu diesem Fest erklingen die *lyra*, ein schon in der Antike bekanntes Saiteninstrument, *tsampourás*, eine dudelsackähnliche Sackpfeife aus Ziegenleder, und die der Mandoline verwandte *laoúto*.

Interieur eines Hauses in Olympos

Hotels und Restaurants auf dem Dodekanes *siehe Seiten 309–312 und 334–336*

KYKLADEN

ANDROS · TÍNOS · MÝKONOS · DELOS · SÝROS · KÉA
KÝTHNOS · SÉRIFOS · SÍFNOS · PÁROS · NÁXOS · AMORGÓS
IOS · SÍKINOS · FOLÉGANDROS · MÍLOS · SANTORÍNI

Die Kykladen – von kyklos *(»Kreis«, da sie um die heilige Insel Delos einen Kreis bilden) – sind die meistbesuchte Inselgruppe des Landes. Genau so stellt man sich griechische Inseln vor: strahlend weiße Häuser, gewundene Pflasterstraßen, blaue Kirchenkuppeln, malerische Windmühlen und herrliche Strände.*

Die Inseln brachten die Kykladenkultur (3000–1000 v.Chr.) hervor. Sie entstand in der Bronzezeit und hat seither mit ihren einzigartigen Marmorplastiken Künstler aller Epochen inspiriert. Die Minoer von Kreta kolonisierten die Inseln und machten Akrotíri auf Santoríni zum wichtigen Handelszentrum. Gegen Ende der Kykladenkultur dominierten die Mykener, Delos wurde zum religiösen Zentrum. Mit dem Einfall der Dorer im 11. Jahrhundert v.Chr. begann der Niedergang dieser Kultur.

Die Herrschaft Venedigs (1204–1453) hinterließ nachhaltige Spuren wie die zahlreichen mittelalterlichen *kástra* oder die katholischen Gemeinden auf Tínos, Náxos und Sýros.

Traditionelles Transportmittel

Von den 56 Kykladeninseln sind 24 bewohnt. Sowohl die kleinen, abgeschiedenen Inseln als auch die berühmten Urlaubsziele bieten Sonne, Sand und Meer, mit regem Nachtleben auf Mýkonos und Ios. Das politische und wirtschaftliche Zentrum Sýros zählt zu den wenigen Inseln, die nicht vornehmlich vom Tourismus leben. Das Leben auf den Kykladen spielt sich im Allgemeinen in den Dörfern mit ihren zwei Zentren ab: dem Hafen und der Oberstadt (Chóra) mit ihrem *kástro*.

Die meisten Inseln sind felsig und trocken, nur Andros, Kéa und Náxos sind von Wäldern und saftigen Tälern durchzogen. Diese Vielfalt lockt Künstler, Wanderer und Erholungsuchende gleichermaßen an.

Sandige Bucht von Kolymbíthres auf Páros

◁ **Weiß gekalkte Häuser von Triandáros auf Tínos** *(siehe S. 212f)*

Überblick: Kykladen

Die Kykladen sind berühmt für ihre Strände und die weißen Dörfer auf den Klippen mit ihrer atemberaubenden Aussicht. Bekanntestes Beispiel ist Firá auf Santoríni. Mýkonos und Ios zählen zu den beliebtesten Strandurlaubszielen, aber auch abgelegenere Inseln wie Mílos und Amorgós bieten schöne Sandstrände. Im Sommer sind die Inseln meist trocken und überfüllt, im Frühjahr jedoch blumenübersät und grün. Jede Insel hat ihren eigenen Charakter: ruhig und ursprünglich wie Síkinos oder touristisch mit regem Nachtleben wie Ios. Zudem finden sich auf den Kykladen reiche Zeugnisse der Antike, wie z. B. auf Delos.

Auf den Kykladen unterwegs

Verkehrszentren sind Pátros und Sýros. Von hier gibt es Verbindungen zu den meisten Kykladeninseln, nach Kreta und zu den Dodekanes-Inseln. Von Juli bis September werden die Kykladen vom *meltémi*, einem starken Wind, heimgesucht, der zwar Kühle bringt, aber auch die Fahrpläne der Fähren durcheinanderwirbelt. Mýkonos und Santoríni haben internationale Flughäfen, Sýros, Mílos, Páros und Náxos nationale.

Siehe auch

- ***Übernachten*** S. 313–317
- ***Restaurants*** S. 336–338
- ***Reiseinformationen*** S. 366–369

Bootshäuser in Mandrákia, Mílos

Legende

- Nebenstraße
- Panoramastraße
- Fähre (nur Hauptsaison)

Inseln auf einen Blick

Zur Orientierung

Stadt auf den Klippen: Firá auf Santoríni

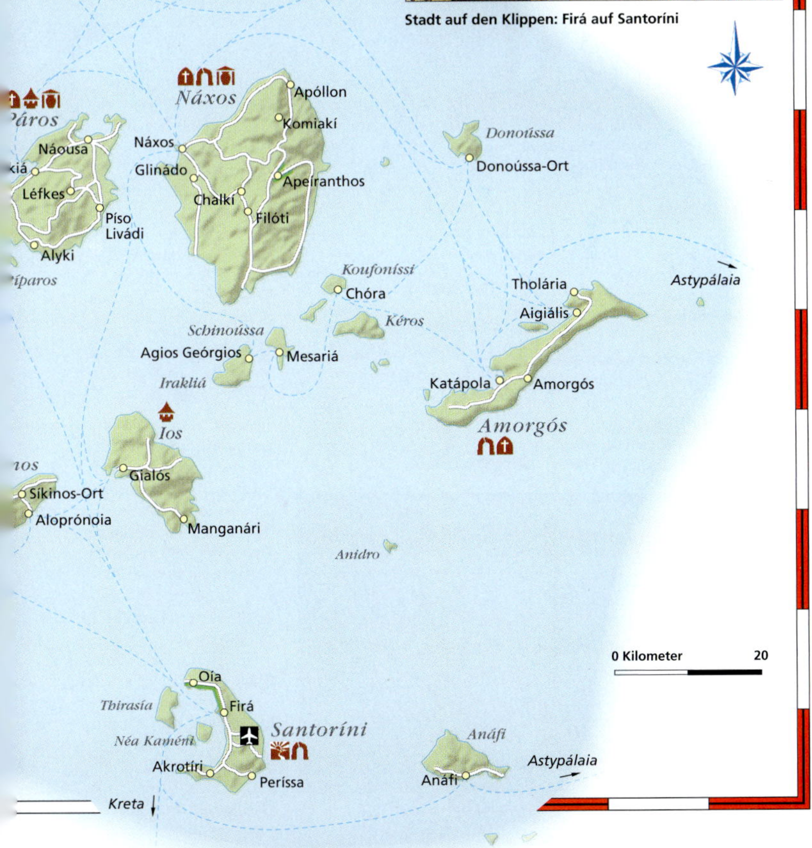

Andros

'Ανδρος

Andros, die nördlichste Kykladeninsel, ist im Süden saftig und grün, im Norden karg und unfruchtbar. Typische Steinmauern trennen die Felder. Die Insel wurde 1000 v. Chr. von den Ioniern kolonisiert. Im Peloponnesischen Krieg *(siehe S. 32)* im 5. Jahrhundert v. Chr. stand Andros an der Seite Spartas. Nach der venezianischen Herrschaft waren die Türken von 1566 bis zum Unabhängigkeitskrieg an der Macht. Andros ist beliebtes Urlaubsziel reicher Reederfamilien aus Athen.

Andros-Stadt ❶

Χώρα

1680. Plateía Agías Olgas. 22820 22316.

Der Hauptort der Insel (auch Chóra genannt) liegt an der Ostküste, rund 20 Kilometer vom Haupthafen Gávrio entfernt.

In der eleganten Stadt mit ihren herrlichen neoklassizistischen Bauten wohnen einige der reichsten Reeder Griechenlands. Die Fußgängerzone im Zentrum mit ihrem Marmorpflaster wird von alten Stadtpalais, *kafeneía* und kleinen Läden gesäumt.

Der *Hermes von Andros* im Archäologischen Museum

Plateía Kaïri

Am Hauptplatz des Ríva-Bezirks findet sich das 1981 erbaute **Archäologische Museum**. Berühmtestes Exponat ist der *Hermes von Andros* aus dem 2. Jahrhundert v. Chr., eine schöne Marmorkopie des Bronzeoriginals (4. Jh. v. Chr.). Außerdem: die *Herrin von Herkulaneum*, die zusammen mit dem *Hermes* gefunden wurde, Funde aus Zagorá (10. Jh. v. Chr.) und dem antiken Palaiópoli *(siehe S. 210)* in der Nähe von Mpatsí, architektonische Darstellungen und eine umfangreiche Keramiksammlung.

Das von der Familie Goulandrís gestiftete **Museum moderner Kunst** verfügt über eine ausgezeichnete Sammlung von Werken des 20. Jahrhunderts, darunter Picasso, Braque und führende griechische Künstler wie Alékos Fasianós. Im Garten der Skulpturen stehen Werke von Michális Tómpros (1889–1974).

Archäologisches Museum
Plateía Kaïri. 22820 23664.
Di–So. Feiertage.

Museum moderner Kunst
Plateía Kaïri. 22820 22444.
Mi–Mo. Feiertage.
außer So.

Typische Häuser und eine kleine Kirche in Káto Kástro

Káto Kástro und Plateía Ríva

Von der Plateía Kaïri führt ein Bogengang in das Straßenlabyrinth des mittelalterlichen Stadtteils Káto Kástro, der sich zwischen den Buchten von Parapórti und Nimporió ausbreitet. Die engen Gassen führen zur Plateía Ríva am Ende der Halbinsel, auf der das Denkmal des *Unbekannten Matrosen* von Michális Tómpros steht. Darunter führt eine Steinbrücke zum gegenüberliegenden Felsvorsprung mit der venezianischen Burg **Mésa Kástro** (1207–33). Im Rathaus gibt es ein **Schifffahrtsmuseum** mit Schiffsmodellen und Fotos.

Auf dem Rückweg zum Stadtzentrum kommt man an der Kirche **Panagía Theosképasti** (1555) vorbei, die Maria geweiht ist. Der Legende nach konnte der Priester das Holz für das Kirchendach nicht bezahlen, und so setzte das Schiff mit dem Holz wieder Segel, geriet aber in einen Sturm. Die Mannschaft flehte bei der Gottesmutter um Hilfe und gelobte, das Holz auch ohne Geld zu liefern. Die See beruhigte sich auf wunderbare Weise, und die Kirche erhielt den Namen Theosképasti, »von Gott errettet«.

Der Unbekannte Matrose

Schifffahrtsmuseum
Plateía Ríva. 22820 22275.
Di–So. Feiertage.

Umgebung: Steniés, sechs Kilometer nordwestlich von Andros-Stadt, ist ein schöner Ort, beliebt vor allem bei vermögenden Reederfamilien. Der Turm Mpístis-Mouvelás, 15 Gehminuten südwestlich von Steniés, ist ein gutes Beispiel der andriotischen Baukunst.

Unterhalb von Steniés liegt **Giália** mit seinem schattigen Strand und einer Fischtaverne. In **Apoíkia**, drei Kilometer westlich, wird Mineralwasser der Sáriza-Quelle abgefüllt. Das Wasser kann an der Quelle getrunken werden.

Überblick: Andros

Brunnen mit Löwenköpfen in Ménites

Trotz des internationalen Publikums hat sich die wohlhabende Insel mit ihren vielen weißen, von den Venezianern eingeführten Taubentürmen ihren ursprünglichen Charme erhalten. Man findet ansprechende Strände, Wassersportangebote, wilde Berge und zahlreiche Wanderwege. Weniger überzeugte Wanderer sollten sich unbedingt ein Fahrzeug mieten, da die Busverbindungen unzureichend sind.

Mesariá ❷
Μεσαριά

8 km südwestl. von Andros-Stadt.
850.

Von Andros-Stadt führt die Straße durch das mittelalterliche Mesariá mit seinen verfallenen Turmhäusern und der von Kaiser Emanuel Komnenus erbauten, ziegelgedeckten byzantinischen Kirche **Taxiárchis**, die kürzlich renoviert wurde.

Im grünen Ort **Ménites**, oberhalb von Mesariá, steht ein Brunnen mit Wasser speienden Löwenköpfen aus Marmor. Ménites ist bekannt für Nachtigallen und für die Taverne über dem Fluss. Stufen führen zur schön renovierten Kirche **Panagía i Koúmoulos** (Jungfrau der Fülle), die an der Stelle eines Dionysos-Tempels erbaut sein soll.

Sehenswürdigkeiten auf einen Blick

Andros-Stadt ❶
Gávrio ❻
Mesariá ❷
Moní Panachrántou ❸
Mpatsí ❺
Palaiókastro ❹

Infobox

10 000. Gávrio.
22820 22275. Agios-Panteleïmon-Fest in Moní Panachrántou: 27. Juli.

Moní Panachrántou ❸
Μονή Παναχράντου

12 km südwestl. von Andros-Stadt.
22820 51090. tägl.

Dieses einzigartige Kloster liegt 230 Meter über dem Meeresspiegel in den Bergen südwestlich von Andros-Stadt. Von Mesariá benötigt man zu Fuß zwei, von Andros-Stadt etwa drei Stunden.

Gegründet wurde das Kloster 961 von Nikifóros Fokás, der später dank seiner Hilfe bei der Befreiung Kretas von den Arabern Kaiser von Byzanz wurde. Drei Mönche leben in dem im byzantinischen Stil erbauten Kloster. In der Kirche finden sich viele religiöse und andere Schätze, darunter der angeblich Heilkraft spendende Schädel von Agios Panteleïmon. Am Festtag des Heiligen strömen Besucher hierher, um den Schädel zu sehen.

Blick über Moní Panachrántou ins Tal

Palaiókastro ❹
Παλαιόκαστρο

18 km südwestl. von Andros-Stadt. *freier Zugang.*

Hoch auf einem Felsplateau steht das zerstörte venezianische Palaiókastro (1207–1233). Sein zweiter Name, Burg der alten Frau, verweist auf eine Sage, derzufolge eine Frau im 16. Jahrhundert die Venezianer an die Türken verriet und ihnen die Tore der Burg öffnete. Abgestoßen vom folgenden blutigen Massaker, stürzte sie sich in der Nähe von Kórthio, fünf Kilometer weiter südöstlich, aus Reue von den Klippen. Dieser Felsen wird daher Tis Griás to Pídima (Sprung der alten Frau) genannt.

Mpatsí ❺
Μπατσί

8 km südl. von Gávrio. *200.*

Der hübsche Ort an einer Sandbucht hat einen kleinen Fischerhafen und ein Labyrinth kleiner, enger Gassen, die man über Stufen von der Seeseite mit ihren zahlreichen Cafés erreicht. Trotz des regen Nachtlebens hat sich Mpatsí seine dörfliche Atmosphäre bewahrt. Der Hauptstrand ist bei Familien sehr beliebt, FKK-Anhänger bevorzugen **Delavógias** im Süden. Agía Marína noch weiter südlich hat eine nette Taverne.

Umgebung: Südlich von Mpatsí befindet sich das **antike Palaiópoli**, die ursprüngliche Hauptstadt der Insel, die bis etwa 1000 n. Chr. bewohnt war, ehe die Einwohner nach Mpatsí übersiedelten. Im 4. Jahrhundert wurde der Ort durch ein Erdbeben weitgehend zerstört, doch Teile der Akropolis und unter Wasser gelegene Tempelruinen sind noch sichtbar.

Káto Katákoilos im Landesinneren ist bekannt für seine Musik und Tanzfestivals. Von hier führt eine Schotterstraße nach Norden zum Dörfchen **Aténi** am Ende eines fruchtbaren Tals. Noch weiter nordöstlich trifft man in der windigen Bucht von Aténi auf zwei schöne Strände. Das Blumendorf **Arnás** am Hang des Berges Kouvára hat viele Quellen und ist einer der grünsten Flecken der Insel. Die Umgebung mit den vielen Steinmauern eignet sich wunderbar zum Wandern.

Der Turm von Agios Pétros bei Gávrio

Antikes Palaiópoli
9 km südl. von Mpatsí. *freier Zugang.* *begrenzt.*

Gávrio ❻
Γαύριο

450. *Fellós, 4 km nordwestl.*

Gávrio ist eine Hafenstadt mit wenig Flair. An Wochenenden kommen Athener auf dem Weg zu ihren Feriendomizilen. Es gibt einen Strand, einen guten Campingplatz und zahlreiche Tavernen. Selbst in der Hauptsaison kann man hier noch ein Zimmer ergattern, wohingegen Mpatsí mit Pauschalreisen ausgebucht ist

Umgebung: Von Gávrio geht man eine Stunde bis zum Turm von **Agios Pétros**, dem besterhaltenen hellenistischen Bauwerk der Insel. Der 20 Meter hohe Turm steht in einem Olivenhain unter dem Dorf Káto Agios Pétros. Die oberen Stockwerke erreichte man über Steiglöcher und mittels einer Leiter, das Innere überspannte früher eine Kuppel. Der Zweck des Turms ist unklar. Vielleicht diente er als Wachturm, um die Minen vor Piratenangriffen zu schützen.

Nördlich von Gávrio befinden sich schöne Strände in der Nähe von Varsamiá mit seinen zwei Sandbuchten. Sehr beliebt ist der Strand von **Fellós**, allerdings werden hier Ferienhäuser gebaut.

Acht Kilometer südlich von Gávrio führt eine Straße von der Küstenstraße weg zum Kloster **Zoödóchos Pigí** (»Quelle des Lebens«) aus dem 14. Jahrhundert. Das Kloster, in dem einst tausend Mönche lebten, wird heute von einigen wenigen Nonnen geführt, die Besuchern gern die Ikonensammlung und die byzantinischen Tapisserien zeigen.

Mpatsí-Bucht auf Andros

Hotels und Restaurants auf den Kykladen *siehe Seiten 313–317 und 336–338*

Kykladische Kunst

Die kykladischen Marmor-Idole mit ihren schlichten geometrischen Formen und Linien stammen aus der Bronzezeit *(siehe S. 28f)* und sind erste Zeugnisse griechischer Kunst. Diese Grabbeigaben stellen vermutlich eine Gottheit dar oder waren Opfergaben an sie. Die frühesten Figuren (vor 3000 v. Chr.) sind schlank und violinförmig. Zur Zeit der Keros-Sýros-Kultur (2700–2300 v. Chr.) sind die Formen erkennbar menschlich und meist weiblich. Die Größe variiert von einer Handbreite bis zu Lebensgröße, die Proportionen bleiben dabei gleich. Man fand zudem Obsidianklingen, Marmorschalen, abstrakte Schmuckstücke und Keramiken, darunter auch die »Pfannen«. Die hier gezeigten Beispiele kykladischer Kunstfertigkeit sind im Museum der Kykladischen Kunst in Athen *(siehe S. 291)* zu besichtigen.

»Violinfiguren« *wie diese stammen aus der frühen kykladischen Periode (3300–2700 v. Chr.). Der Zweck dieser oft nur handgroßen, sehr abstrakten Figuren ist bis heute unbekannt. In manchen Gräbern fand man bis zu 14 solcher Idole, andere Gräber waren leer.*

»Pfannenkeramiken« *tragen den Namen aufgrund ihrer Form. Mit ihrer Spiralen- und Sonnendekoration repräsentieren sie eine späte Epoche kykladischer Kunst. Sie hatten möglicherweise eine religiöse Bedeutung.*

Halsvasen *oder* kandelas *aus Marmor zählen zu den Höhepunkten kykladischer Kunst. Sie dienten vermutlich als Vorratsgefäße. An den seitlichen vier Henkeln konnten sie aufgehängt werden.*

Dieses männliche Idol *wurde zusammen mit einem weiblichen gefunden. Der erhobene Arm und das Band an der Brust machen die Figur untypisch. Männliche Idole sind relativ selten.*

Dieses weibliche Idol *mit gekreuzten Armen ist ein typisches Beispiel kykladischer Kunst. Der Kopf ist leicht nach hinten geneigt, die Arme, Beine und das Gesicht sind nur angedeutet.*

Einfluss auf die moderne Kunst

Die Schlichtheit von Form und Dekor wurde zur Zeit ihrer Entdeckung im 19. Jahrhundert als roh und hässlich empfunden. Doch ließen sich Künstler wie Picasso, Moore, Modigliani und Brancusi später davon inspirieren.

Drei stehende Figuren **von Henry Moore**

Der Kuss **von Brancusi**

Tínos
Τήνος

Die felsige und doch grüne Insel wurde von den Ioniern besiedelt. Sie war im 4. Jahrhundert v. Chr. wegen ihres Poseidon- und Amphitrite-Heiligtums bekannt. Seit dem Mittelalter unter venezianischer Herrschaft, war Tínos 1715 die letzte türkische Eroberung. Tínos hat über 800 Kapellen. In den 1960er Jahren erklärte die Militärjunta Tínos zur heiligen Insel. Die Kirche Panagía Evangelístria (Mariä Verkündigung) in Tínos-Stadt zieht viele orthodoxe Pilger an. Die Insel ist auch für ihre vielen Taubenhäuser *(peristeriónas)* bekannt.

Tínos-Stadt mit dem kleinen Hafen

Tínos-Stadt
Die typische Inselhauptstadt präsentiert sich mit engen Straßen, weißen Häusern und einem geschäftigen Hafen mit Restaurants und Hotels.

Panagía Evangelístria
Kirche und Museen *tägl.*
22830 22256.

An der Hauptstraße Megalóchari, die direkt am Fährhafen beginnt, liegt die das Stadtbild dominierende Kirche Mariä Verkündigung. Die Fußgängerzone Evangelístrias, parallel zur Megalóchari, ist voller Stände mit Ikonen und Devotionalien. Die 1830 erbaute Kirche birgt eine wundertätige Ikone. 1822, während des griechischen Unabhängigkeitskriegs, erschien die Muttergottes der Schwester Pelagía, einer Nonne des Moní Kechrovouníou, und zeigte ihr, wo eine Ikone vergraben lag. 1823 entdeckte man nach Anweisungen der Nonne eine Ikone mit der Verkündigung Gabriels an Maria, die 850 Jahre vergraben gewesen war. Unter dem Namen Megalóchari (»die große Freude«) bekannt, erkannte man bald ihre Wunderkräfte. Die Kirche wurde daraufhin zum Pilgerzentrum für orthodoxe

Vase im Archäologischen Museum von Exómpourgo

Christen, die an den Tagen Mariä Verkündigung und Mariä Himmelfahrt zur Ikonenprozession nach Tínos kommen *(siehe S. 49)*. Strenggläubige pilgern auf Knien zur Kirche, die kostbarste Votivgaben dankbarer Pilger aufzuweisen hat, wie etwa einen Orangenbaum aus Gold und Silber. Die Ikone selbst ist beinahe flächendeckend mit Gold und Juwelen verkleidet. In der Krypta (Evresis-Kapelle, »Entdeckungskapelle«) ist die Stelle, an der man die Ikone fand, durch einen silbernen Rahmen kenntlich gemacht. Die heilige Quelle (Zoödóchos Pigí) dort soll Heilkraft geben.

In der Sakristei findet man goldbestickte Messgewänder und kostbare Bibeln. Im Museum innerhalb des Kirchen-

Kniende Pilgerin vor der Panagía Evangelístria

LEGENDE

Symbole siehe hintere Umschlagklappe

Das malerische Dorf Pýrgos im Norden der Insel

komplexes werden Werke regionaler Bildhauer und Maler ausgestellt, darunter Antónios Sóchos, Geórgios Vitális und Ioánnis Voúlgaris. In der Gemäldegalerie sieht man Werke der Ionischen Schule, je eines von Rubens und Rembrandt sowie Kunst des 19. Jahrhunderts aus aller Welt.

Archäologisches Museum

Megalóchari *22830 22670. Di–So. Feiertage.*

Das Archäologische Museum an der Megalóchari in der Nähe der Kirche zeigt Skulpturen von Nereiden und Delfinen aus dem Poseidon- und Amphitrite-Heiligtum. Ebenfalls zu sehen sind eine Sonnenuhr (1. Jh. v. Chr.) von Andronikos Kyrrestes, der den Turm der Winde in Athen baute *(siehe S. 287)*, sowie riesige Vorratsamphoren (8. Jh. v. Chr.) des alten Tínos vom Fels von Exómpourgo.

Umgebung: Der Kiesstrand von **Agios Fokás** östlich der Stadt liegt am nächsten. Der beliebte Strand von **Stavrós** im Westen hat eine Mole aus klassischer Zeit. Im Norden, in der Nähe von Kiónia, stößt man auf die Ruinen des **Heiligtums von Poseidon und Amphitrite**. Bei Ausgrabungen entdeckte man hier viele Säulen *(kiónia)*, die dem Ort ihren Namen gaben.

Inselerkundung

Tínos kann man bequem erkunden, da zahlreiche Taxis und ausgezeichnete Busverbindungen zur Verfügung stehen. Nördlich von Tínos-Stadt steht das **Moní Kechrovouníou**, eines der größten Klöster Griechenlands. Die Zelle, in der Schwester Pelagía ihre Visionen hatte, und ihre Kopfreliquie können besichtigt werden.

In 640 Metern Höhe auf dem Fels von **Exómpourgo** befand sich das ursprüngliche Tínos. Später baute die venezianische Familie Ghisi hier die Burg St. Elena, nachdem der Doge ihnen die Insel im Jahre 1207 überlassen hatte. Die Burg galt als wehrhafteste der Kykladen, bis sie von den Türken 1714 eingenommen wurde. Auf der Felsklippe sieht man noch Mauerreste, mittelalterliche Häuser, einen Brunnen und drei Kirchen.

Inneres des Klosters Moní Kechrovouníou (12. Jh.)

Infobox

10 000. Tínos-Stadt. Kai, Tínos-Stadt. Ecke Kionion und Vlacháki, Tínos-Stadt (22830 29146). Mariä Verkündigung u. Himmelfahrt, Tínos-Stadt: 25. März u. 15. Aug.

Von Kómi im Norden führt ein Tal zu den zwei Buchten von **Kolympíthres**. Eine ist verlassen, in der anderen gibt es Übernachtungsmöglichkeiten und Tavernen.

Über dem Hafen von Pánormos im Nordwesten der Insel liegt Pýrgos mit seiner berühmten Bildhauerschule. Das Gebiet ist für seinen grünen Marmor und die kunstvollen Steinarbeiten bekannt. Typische Marmorlünetten und -balkone zieren die Dörfer. Beispiele findet man im **Giannoúlis-Chalepás-Museum** im Haus des bekannten Bildhauers (1851–1938). Das alte Schulhaus beherbergt heute die Schule der Schönen Künste. Die Werke der Studenten werden in einem Laden am Hauptplatz verkauft.

Giannoúlis-Chalepás-Museum

Pýrgos. *tägl. Okt–Apr.*

Tínos' Peristeriónas (Taubenhäuser)

Etwa 1300 weiße Taubenhäuser *(peristeriónas)* finden sich in den Dörfern auf Tínos. Angesichts ihrer reichen Verzierungen sind sie nicht zu übersehen. Sie haben zwei Stockwerke: ein unteres für Vorräte, ein oberes für die Tauben. Letzteres ist oft mit Kreuzblumen oder Taubenfiguren geschmückt. Die Taubenzucht kam mit den Venezianern auf die Insel. Taubenschläge findet man auch auf Andros und Sífnos, doch die von Tínos gelten als die schönsten.

Taubenhaus in Kámpos mit traditionellen Verzierungen

Mýkonos

Μύκονος

Pétros, das Maskottchen der Insel

Obwohl trocken und unfruchtbar, ist Mýkonos wegen seiner Sandstrände und seines regen Nachtlebens eine der beliebtesten Kykladeninseln. Seit 1207 war die Insel unter venezianischer Herrschaft, 1537 wurde sie Teil des osmanischen Reichs. In den frühen Tagen des Tourismus war Mýkonos beliebtes Ziel von Intellektuellen, heute lebt die Insel von ihrem Ruf als Griechenlands aufregendste Insel.

Der Hafen von Mýkonos am frühen Morgen

Mýkonos-Stadt

Mit dem Gewirr blendend weißer Gässchen und kubusförmiger Häuser ist Mýkonos-Stadt (oder Chóra) die Inselstadt schlechthin. Der belebte Hafen mit seinem Labyrinth enger Straßen als Schutz gegen den Wind und Piratenüberfälle ist ein beliebtes Fotomotiv. Noch heute verirrt sich hier so mancher Besucher.

Vom Kai fahren Taxiboote zur Insel Delos *(siehe S. 218f)*. Vielleicht sehen Sie hier auch das Inselmaskottchen, den Pelikan Pétros.

Die Plateía Mavrogénous neben dem Hafen wird von der Büste der Revolutionärin Mantó Mavrogénous (1796–1848) überblickt. Sie wurde für ihren siegreichen Kampf im Unabhängigkeitskrieg gegen die Türken 1821 in den Generalsstand erhoben.

Mantó Mavrogénous

Das **Archäologische Museum** in einem neoklassizistischen Gebäude in der Nähe des Fährhafens besitzt eine umfangreiche Sammlung römischer und hellenistischer Steinmetzarbeiten, Keramiken aus dem 7. und 6. Jahrhundert v. Chr., Schmuck, Grabsteine und Funde aus Delos.

Der älteste Teil der Stadt, das *kástro*, erhebt sich hoch über dem Hafen. Das exzellente **Volkskundemuseum** (eines der besten ganz Griechenlands) wurde auf einem Teil der antiken Burgmauer erbaut. Die elegante ehemalige Kapitänsvilla beherbergt eine sehenswerte Sammlung von Keramiken, Stickereien und modernen Textilien aus Mýkonos. Ungewöhnliches Ausstellungsstück ist der ausgestopfte Pelikan Pétros, 29 Jahre lang das Originalmaskottchen der Insel. Teil des Museums ist eine restaurierte, funktionierende Windmühle aus dem 16. Jahrhundert. Sie ist eine der 30 Windmühlen der Insel, mit denen früher Getreide gemahlen wurde. Auf dem Gelände sind auch ein Dreschboden und ein Taubenhaus zu besichtigen. Das beliebteste Postkartenmotiv, die weithin bekannte Kirche **Panagía Paraportianí**, steht im *Kástro*-Viertel an der Stelle eines Tores der mittelalterlichen Burg. Sie besteht aus vier ebenerdigen Kapellen und einer darüber. Teile stammen von 1425, der Rest aus dem 16. und 17. Jahrhundert.

Amphore (7. Jh. v. Chr.) im Archäologischen Museum

Vom *kástro* führen Straßen hinunter zum Künstlerviertel Venetía (**Klein-Venedig**, offiziell: Alefkándra). Die bemalten Balkone der hohen Häuser ragen über die See. Am Hauptplatz (Plateía Alefkándras) erhebt sich die orthodoxe Kathedrale Panagía Pigadiótissa (Unsere liebe Frau der kleinen Brunnen).

Im **Schifffahrtsmuseum** am Ende der Matogiánni sind Schiffsmodelle von vorminoischer Zeit bis ins 19. Jahrhundert zu sehen, aber auch nautische Instrumente, Gemälde und Münzen mit maritimen Motiven (5. Jh. v. Chr.).

In **Lenas Haus** (19. Jh.) gleich nebenan gewinnt man Einblick in das Leben der Dame Léna Skrivánou, die im 19. Jahrhundert hier wohnte. Von der Stickerei bis zum Nachttopf ist alles erhalten.

In der **Städtischen Gemäldegalerie** an der Matogiánni sind griechische und internationale Künstler vertreten, aber auch Werke von Malern, die auf der Insel wohnen, sind ausgestellt.

Teil des Volkskundemuseums: betriebene Windmühle (16. Jh.)

Die berühmte Kirche Paraportianí

Archäologisches Museum
Am Hafen. *22890 22325.*
Di–So. *Feiertage.*

Volkskundemuseum
Am Hafen. *22890 22591.*
Apr–Okt: Mo–Sa 17–20 Uhr.

Schifffahrtsmuseum
Enóplon Dynámeon. *22890 22700.* *Apr–Okt: tägl.*
Feiertage.

Lenas Haus
Enóplon Dynámeon. *Apr–Okt: tägl.* *begrenzt.*

Städtische Gemäldegalerie
Matogiánni. *22890 22615.*
Juni–Okt: tägl.

Inselerkundung

Die karge Insel Mýkonos ist vor allem wegen ihrer Strände beliebt, von denen sich die schönsten an der Südküste befinden. Drei Kilometer südlich der Stadt **Platýs Gialós** stehen Sonnenanbetern Taxiboote zur Verfügung, die sie von Bucht zu Bucht bringen. Gesäumt von Hotels und Restaurants ist dieser Sandstrand mit seinen Wassersportmöglichkeiten der beliebteste der Insel. FKK-Anhänger zieht es weiter südlich zu den Stränden von **Parágka** oder dem ruhigeren Agía Anna mit seiner netten Taverne. Daran schließt sich **Paradise** mit Campingplatz, Disco und Wassersportangeboten an. Nacktbader schätzen die hübsche Bucht von **Super Paradise**. Endstation ist der im Sommer gut besuchte FKK-Strand **Eliá**.

Ano Merá, 7,5 Kilometer östlich, ist noch sehr ursprünglich und vom Tourismus kaum berührt. Hauptattraktion ist das Mýkonos' Schutzpatronin geweihte Kloster **Panagía i Tourlianí** (16. Jh.). Zwei Mönche aus Páros gründeten das Kloster mit der roten Kuppel, das 1767 wieder aufgebaut wurde. Der Marmorturm stammt von Künstlern aus Tínos. Zu besichtigen sind schöne Ikonen (16. Jh.) und Stickereien. Im Nordwesten der Stadt erhebt sich Palaiókastro, auf dem früher eine venezianische Burg stand, davor vermutlich eine der ersten Städte der Insel und heute das Kloster **Moní Palaiokástrou** (17. Jh.). Nordwestlich, im hübschen **Maráthi**, stößt man auf Moní Panteleïmona (1665). Von dort führt eine Straße zur Pánormos-Bucht und zum Surfparadies **Fteliá**.

Infobox

4500. *3 km südöstl. von Mýkonos-Stadt.* *Mýkonos-Stadt.* *Polykandrióti, Mýkonos-Stadt (für den Norden); Straße nach Ornós, Mýkonos-Stadt (für den Süden).* *Hafen, Mýkonos-Stadt (22890 22201); Plateía Karaóli & Dimitríou.* *Fischerfest, Mýkonos-Stadt: 30. Juni.* **www**.mykonos.gr

Einer der schönsten Strände auf Mýkonos: Platýs Gialós

LEGENDE

Symbole siehe hintere Umschlagklappe

Die alten Häuser von Klein-Venedig, Mýkonos-Stadt ▷

Katerinas
BAR

Delos
Δήλος

Artemis von Delos

Die kleine unbewohnte Insel Delos gehört zu den wichtigsten Kulturstätten Griechenlands. Der Sage nach gebar Leto hier Artemis und Apollo. Die Ionier brachten etwa 1000 v. Chr. den Apollon-Kult hierher und begründeten dem Gott zu Ehren die Delischen Spiele. Um 700 v. Chr. war Delos zu einem wichtigen kultischen Zentrum geworden. Die Pilgerstätte entwickelte sich zu einem florierenden Handelshafen (Blüte im 3. und 2. Jh. v. Chr.). Das heutige Freilichtmuseum mit Mosaiken und Marmorruinen bietet besonders während der Blütenpracht im Frühling einen herrlichen Anblick.

Das Archäologische Museum *präsentiert die Funde der Insel, darunter Vorratsamphoren und koúroi (7. Jh. v. Chr.).*

Das Apollon-Heiligtum hat drei Tempel: einen aus dem 6. Jahrhundert, zwei aus dem 5. Jahrhundert v. Chr.

Zum Dionysos-Heiligtum gehören Reste riesiger Phallusmonumente (300 v. Chr.).

Der Heilige See gilt als Zeuge von Apollos Geburt. Heute ist er ausgetrocknet, doch eine Mauer zeigt den Uferverlauf an.

★ Löwenterrasse

Die berühmten Löwen auf der Terrasse (die Originale sind durch Repliken ersetzt) sollten den Heiligen See bewachen. Von den neun aus Marmor der Insel Náxos gefertigten Löwen (7. Jh. v. Chr.) sind fünf erhalten.

Zeitskala

2000 v. Chr.	1000 v. Chr.	750 v. Chr.	500 v. Chr.	250 v. Chr.
2000 v. Chr. Erste Siedlung am Berg Kýnthos	**1000 v. Chr.** Ionier führen auf Delos den Apollon-Kult ein	**700 v. Chr.** Naxier kontrollieren Apollon-Heiligtum	**550 v. Chr.** Polykrates, Tyrann von Sámos, erobert die Kykladen, respektiert jedoch die Kultinsel Delos	
478 v. Chr. Delos wird Zentrum des ersten Attisch-Delischen Seebundes	**422 v. Chr.** Die Delier werden von Athen ins Exil nach Kleinasien verbannt, kehren aber im Jahr darauf zurück	**426 v. Chr.** Zweite Katharsis	**543 v. Chr.** Erste Katharsis (Reinigung mit Entfernung der Gräber)	**314 v. Chr.** Delos erklärt sich von Athen unabhängig
250 v. Chr. Römer besiedeln Delos	**166 v. Chr.** Römer übergeben Delos an Athen. Handel blüht	**88 v. Chr.** Mithridates plündert Delos	**69 v. Chr.** Römer befestigen Delos	

Hotels und Restaurants auf den Kykladen *siehe Seiten 313–317 und 336–338*

Haus der Delfine
In diesem Haus (2. Jh. v. Chr.) ist ein Mosaik mit zwei Delfinen und geschwungenen Umrandungen zu sehen.

Infobox

2,5 km südwestl. von Mýkonos-Stadt. 22890 22259. *tägl. 8–10 Uhr ab Mýkonos-Stadt, Rückkehr 12–14 Uhr.* *Di–So 8.30–15 Uhr.* *1. Jan, 25. März, Karfreitag vorm., Ostersonntag, Ostermontag, 1. Mai, 25./26. Dez.*

Das Haus der Masken *mit dem Dionysos-Mosaik, in dem der Gott des Theaters auf einer Pantherin reitet, war wahrscheinlich eine Schauspielerherberge.*

★ Theater
Das Theater für 5500 Zuschauer wurde um 300 v. Chr. an der Stelle eines natürlichen Amphitheaters erbaut. Die riesige Zisterne an der Westseite versorgte einen Teil der Stadt mit Wasser.

★ Theaterviertel
In hellenistischer und römischer Zeit bauten die Reichen in der Nähe des Theaters Häuser, viele davon mit prächtigen Innenhöfen.

Haus der Kleopatra
Die zwei Statuen ohne Kopf stellen die Hausbesitzer dar: Kleopatra und ihren Mann Dioskurides (2. Jh. v. Chr.).

Legende

Theaterviertel

Haus des Dionysos
Im Haus findet sich ein Mosaik mit Dionysos auf einem Leoparden. Allein für dessen Auge verwendete man 29 Steinchen.

Nicht versäumen

- ★ Löwenterrasse
- ★ Theater
- ★ Theaterviertel

Sýros
Σύρος

Das felsige Sýros oder Sýra ist Wirtschafts-, Handels- und Kulturzentrum der Kykladen. Bei Ausgrabungen stieß man auf Spuren kykladischer Zivilisation aus der Zeit von 2800 bis 2300 v. Chr. Im Mittelalter konvertierten die Inselbewohner unter den französischen Kapuzinern zum Katholizismus. Im 19. Jahrhundert wurde Sýros zu einem mächtigen Mittelmeerhafen. Obwohl die Insel nicht vorrangig vom Fremdenverkehr lebt, zieht ihr natürlicher Charme immer mehr Besucher an.

Die beiden Hügel Ano Sýros und Vrontádo in Ermoúpoli

Ermoúpoli ❶
Ερμούπολη

13 000. Aktí Ethnikís Antistassis. Thymáton Sperchíon 11 (22810 86725).

Die elegante Stadt (benannt nach Hermes, dem Gott des Handels) ist die größte der Kykladen. Im 19. Jahrhundert zählte der natürliche Hafen mit der florierenden Werft zu Griechenlands wichtigsten Häfen, in dem Schiffe Kohle bunkerten. Wie ein Amphitheater erhebt sich die Stadt über dem Hafen, mit der katholischen Oberstadt Ano Sýros auf dem nördlichen und dem orthodoxen Vrontádo auf dem südlichen Hügel.

Unterstadt
Dank der architektonischen Glanzpunkte der **Plateía Miaoúli** wurde die Stadt zum Nationalen Kulturdenkmal erklärt. Der Platz mit Marmorpflaster, Palmen und Cafés ist Haupttreffpunkt, besonders beim Abendspaziergang, der *vólta*. Es gibt außerdem einen Musikpavillon aus Marmor und eine Statue des Revolutionärs Admiral Andréas Miaoúlis. Den Platz dominiert das neoklassizistische **Rathaus** (1876) des bayerischen Architekten Ernst Ziller.

Das Rathaus von Ernst Ziller

Über Stufen am Rathaus erreicht man das **Archäologische Museum** mit seinen Bronze- und Marmorexponaten aus dem kykladischen Chalandrianí (3000 v. Chr.). Ebenfalls zu sehen sind kykladische Statuetten und römische Funde. Links vom Rathaus findet man das **Historische Archiv**.

An der Plateía Vardáka befindet sich das **Apollon-Theater**, 1864 vom französischen Architekten Chabeau als Kopie der Mailänder Scala errichtet. Das erste Opernhaus Griechenlands ist

Statue von Andréas Miaoúlis

Sehenswürdigkeiten auf einen Blick
Ermoúpoli ❶
Galissás ❸
Kíni ❷
Poseidonía ❹
Vári ❺

Legende
Symbole siehe hintere Umschlagklappe

Márkos Vamvakáris

Márkos Vamvakáris (1905–1972), einer der größten Vertreter des griechischen Blues *(rempétika)*, kam in Ano Sýros zur Welt. *Rempétika* war die Musik der städtischen Unterklasse, mit starken byzantinischen und islamischen Einflüssen. Oft wurde sie auf der *baglama* oder Bouzouki gespielt. Vamvakáris war nicht nur als Musiker ein Meister, sondern auch als Komponist. Über 20 Aufnahmen seiner Musik wurden gemacht, die frühesten stammen aus den 1930er Jahren. Seine Büste blickt von einem nach ihm benannten Platz in Ano Sýros aufs Meer.

bekannt für seine schönen Wandmalereien. Hier finden immer noch Aufführungen und Konzerte statt.

Gegenüber steht die **Velissarópoulos-Villa** (1871), heute Sitz der Gewerkschaft, mit Marmorfassade und herrlichen Wand- und Deckenmalereien. Gleich in der Nähe findet man die Kirche **Agios Nikólaos** (1848) mit einer Marmor-Ikonostase des Bildhauers Vitális (19. Jh.). Ebenfalls sein Werk ist das erste Denkmal eines Unbekannten Soldaten vor der Kirche.

Oberstadt

Bei den beiden Glockentürmen und der blau-goldenen Kuppel von Agios Nikólaos beginnt der Bezirk **Vapória**. Hier errichteten Reeder neoklassizistische Villen mit einigen der schönsten Stuck- und

Marmor-Ikonostase von Vitális in der Kirche von Agios Nikólaos

Marmorarbeiten Griechenlands. Über den Kais schmiegen sich die Häuser von Tálira, Evangelístria und Agios Nikólaos die Küste entlang.

Das charmante Viertel **Vrontádo** am östlichen Hügel ist voller Tavernen. Von der byzantinischen Kirche **Anástasis** auf dem Hügel blickt man nach Tínos und Mýkonos.

Decke einer Villa in Ermoúpoli

Nach etwa 30 Minuten zu Fuß oder einer kurzen Busfahrt entlang Omiroú erreicht man das befestigte mittelalterliche Viertel **Ano Sýros** (auch Apáno Chóra oder *kástro*) am westlichen Hügel. Auf dem Weg liegt der orthodoxe Friedhof von **Agios Geórgios** mit schönen Marmormausoleen. Ano Sýros ist ein Labyrinth weißer Gassen und Häuser, Bogen und Stufen. Die einzigartige Architektur macht das Beste aus dem begrenzten Platz mit *stegádia* (Schiefer- oder Strohdächern) und engen Ecken. Hauptzugang zu Ano Sýros ist der alte Durchgang Kamára, der in die Hauptstraße Piatsa mündet. Dort stößt man auf das **Vamvakáris-Museum**, das sich dem Leben und Werk des Künstlers widmet. Am höchsten Punkt des

Infobox

23 000. 1 km südöstl. von Ermoúpoli. Ermoúpoli. Ermoúpoli (22810 86725). Meeresfestival in Ermoúpoli: Juli; Agios-Nikólaos-Prozession in Ermoúpoli: 6. Dez.

Viertels steht die Barockkirche **Aï-Giórgis** (St. Georg). Sie wurde an der Stelle einer Kirche aus dem 13. Jahrhundert errichtet. Das Jesuitenkloster um die Kirche Unserer lieben Frau von Karmilou (1581) wurde 1744 gegründet. Die Bibliothek birgt 6000 Bücher und Manuskripte. Das vom französischen König Ludwig XIII. als Armenhaus gegründete Kapuzinerkloster **Agios Ioánnis** war Versammlungsort und bot Schutz vor Piratenangriffen.

Archäologisches Museum
Plateía Miaoúli. *22810 88487. Di–So. Feiertage.*

Historisches Archiv
Plateía Miaoúli. *22810 86891. Mo–Fr 8.30–14.30 Uhr. Feiertage.*

Vamvakáris-Museum
Plateía Vamvakári, Ano Sýros. *22813 60900. Juni–Sep: tägl. Feiertage.*

Typische Straße im Viertel Ano Sýros

Überblick: Sýros

Sýros hat viele schöne Buchten und Ferienorte wie Galissás und Kíni. Palmen und kultivierte Terrassenlandschaften wechseln einander ab. Die typischen Bauernhäuser im nördlichen Apáno Meriá stehen in krassem Gegensatz zu den Villen und Ferienhäusern im Süden. Die Insel hat gut befahrbare Straßen und lässt sich leicht mit einem Fahrzeug erkunden. Vom Hafen gibt es regelmäßige Busverbindungen nach Ano Sýros, zu den wichtigsten Ferienorten und Dörfern.

Bucht und Hafen von Kíni

Kíni ❷
Κίνι

9 km nordwestl. von Ermoúpoli.
300. *Delfíni, 3 km nördl.*

Das Fischerdorf Kíni liegt in einer hufeisenförmigen Bucht und hat zwei schöne Sandstrände und einige gute Fischtavernen. Hier trifft man sich gern und beobachtet die untergehende Sonne bei einem Gläschen Ouzo.

Im Norden liegt der preisgekrönte Strand von **Delfíni**, der größte der Insel (FKK).

Inmitten von Pinienhügeln zwischen Ermoúpoli und Kíni erhebt sich die rote Kuppel des Klosters **Agía Varvára** mit herrlichem Blick nach Westen. Das Kloster, einst ein Waisenhaus für Mädchen, beherbergt heute eine Webschule. Die Erzeugnisse werden im Kloster verkauft. Die Fresken in der Kirche zeigen das Martyrium der heiligen Barbara.

Rote Ziegeldächer des Klosters Agía Varvára bei Kíni

Umgebung: Von Kíni fahren Boote einige der entfernteren Strände im Norden der Insel an. Die **Grámmata-Bucht** mit ihrem goldenen Sand und den im Herbst blühenden Seerosen ist wohl eine der beeindruckendsten. Einige der Steine dort tragen hellenistische Inschriften zum Schutz vor Schiffsunglücken.

Auf einem Bootsausflug um die Inselspitze am Kap Diapóri vorbei zur Ostküste gelangt man zum Strand von **Sykamiá**. Hier befindet sich die Höhle, in der der Philosoph Pherekydes von Sýros während der Sommermonate gelebt haben soll. Der Physiker und Astronom revolutionierte die Philosophie des 6. Jahrhunderts v. Chr. und erfand das Heliotrop, einen Vorläufer der Sonnenuhr. Von Sykamiá sieht man die Ruine der bronzezeitlichen Zitadelle **Kastrí**, deren sechs Türme sich an einen steilen Felsen klammern.

Galissás ❸
Γαλησσάς

7 km westl. von Ermoúpoli.
500. *Armeós, 1 km nördl.*

Das fröhliche Galissás besitzt den bestgeschützten Strand der Insel. Der Strand von **Armeós** weiter nördlich gilt als FKK-Paradies. Beide Campingplätze der Insel befinden sich in Galissás, weshalb der Ort bei Rucksackurlaubern sehr beliebt ist. In der Hochsaison kann es mit den vielen Bikern recht laut werden. Das antike Galissás befand sich an der Stelle von **Agía Pakoú** im Süden der Bucht.

Die riesige Bucht von **Foínikas** drei Kilometer weiter südlich wurde von den Phöniziern besiedelt. Heute wohnen hier mehr als tausend Menschen. Der beliebte Ferienort hat einen Pier und Anlegestellen für Yachten und Fischerboote.

Lang gestreckte Bucht von Foínikas an der Südwestküste von Sýros

Poseidonía ❹
Ποσειδωνία

12 km südwestl. von Ermoúpoli.
700. *Agathopés, 1 km westl.*

Das reiche Poseidonía oder Dellagrázia bietet als größter Urlaubsort der Insel internationale Hotels und Restaurants. Die erste große Straße

Herrenhaus in Poseidonía im italienischen Stil

der Insel (1855 gebaut) verlief von Ermoúpoli durch Poseidonía nach Foínikas. Reiche Inselbewohner haben hier ihre Feriendomizile. Ein Spaziergang nach Südwesten führt ins ruhigere **Agathopés** mit einem Strand, an dem der Gezeitenwechsel relativ schwach ist. Der drei Kilometer südöstlich liegende Küstenort Mégas Giolós hat einen hübschen, schattigen Strand mit Tamariskenbäumen.

Vári ❺

Βάρη

8 km südl. von Ermoúpoli.
1150. Vári.

Trotz regen Besucherstroms gibt es hier noch ursprüngliche Häuser. Auf der Chontrá-Halbinsel westlich des Strandes befindet sich die älteste prähistorische Siedlung der Insel (4000–3000 v. Chr.).

Kéa

Κέα

1600. Korissía.
22880 21100. Gialiskári, 6 km nordwestl. von Ioulís.

Kéa wurde um 3000 v. Chr. und später von Phöniziern und Kretern besiedelt. In der Antike gab es vier Städte: Ioulís, Korissía, Poiíessa und Karthaía. Reste von Karthaía sind auf der Landzunge gegenüber von Kýthnos erhalten. Wegen der Nähe zu Attika ist die Insel bei den Athenern sehr beliebt. Mit Bergen und fruchtbaren Tälern war Kéa bereits im Altertum für Wein, Honig und Mandeln berühmt.

Ioulís

Die Hauptstadt Ioulís oder Ioulída mit ihren aus Terrakotta gefertigten Hausdächern und dem Labyrinth verschlungener Gässchen thront fünf Kilometer über Korissía. Die 26 Windmühlen der Stadt stehen auf dem Berg der Mühlen. Das neoklassizistische **Rathaus** (1902) krönen die Statuen von Apollo und Pallas Athene. An der Westfassade sieht man antike Basreliefs, beim Eingang die Figur einer Frau mit Kind aus dem antiken Karthaía.

Das Kástro-Viertel erreicht man durch einen weißen Bogengang, der an der Stelle der Akropolis steht. Die Venezianer verwendeten beim Bau ihrer Burg (1210) die Steine des Apollon-Tempels. Von hier hat man eine herrliche Aussicht.

Das **Archäologische Museum** ist in einem neoklassizistischen Gebäude untergebracht. Zu sehen sind hier minoische Funde von Agía Eiríni, Gebrauchsgegenstände der vier antiken Städte der Insel, kykladische Figuren und Keramiken und eine Kopie des marmornen *koúros* von Kéa (6. Jh.). Der »lächelnde« **Löwe von Kéa** (6. Jh.) ist 400 Meter nördlich der Stadt in Stein gehauen.

Archäologisches Museum
22880 22079. Di–So. Feiertage.

Inselerkundung

Im Hafen von **Korissía** genießen viele griechische Familien die Feiertage. Das Gleiche gilt für **Vourkári**, ein beliebtes Urlaubsziel im Norden der Insel, das für seine guten Fischtavernen bekannt ist.

An der Ausgrabungsstätte **Agía Eiríni** steht die gleichnamige Kapelle. Die bronzezeitliche Siedlung wurde 1450 v. Chr. von einem Erdbeben zerstört und 1960–68 freigelegt. Erstmals besiedelt wurde die Stadt gegen Ende des Neolithikums um 3000 v. Chr. In der Bronzezeit wurde sie zweimal befestigt. Reste der großen Mauer mit Tor und Turm sowie Straßen sind noch erhalten. Viele Funde können im Archäologischen Museum in Ioulís besichtigt werden.

Kéas beeindruckendstes Bauwerk ist der hellenistische Turm von Moní Agías Marínas. Er steht fünf Kilometer südwestlich von Ioulís.

Hellenistischer Turm von Moní Agías Marínas auf Kéa

Kýthnos

Κύθνος

1500. Mérichas.
22810 31201.

Die karge Insel ist ein beliebter Ankerplatz für Yachturlauber, sie zieht aber vor allem Griechen und nur wenige Urlauber an, was sie zusammen mit dem dramatisch zerklüfteten Landesinneren zu einem Paradies für Wanderer macht. Die Tonvorkommen der Insel wurden zum Töpfern, aber auch für die roten Dachziegel verwendet, die charakteristisch für die Inseldörfer sind.

Wegen ihrer heißen Quellen (z. B. das Thermalbad von Loutrá) trägt die Insel auch den Beinamen Thermiá. Seit der Schließung der Eisenminen in den 1940er Jahren leben die Bewohner hauptsächlich von Fischfang, Landwirtschaft und Korbflechten. Zu festlichen Anlässen, wie dem Karneval vor der Fastenzeit, tragen sie noch ihre traditionelle Tracht.

Chóra

Die Hauptstadt (auch Messariá) ist ein charmantes Gewirr roter Dächer und kubusförmiger Häuser. Die Kirche **Agios Sávvas** wurde 1613 von der venezianischen Familie Cozzadini gestiftet und trägt ihr Wappen. Die älteste Kirche ist **Agía Triáda** (Heilige Dreifaltigkeit), eine einschiffige Basilika mit Kuppel.

Hauptraum der Kirche Panagía Kanála in Kanála auf Kýthnos

Inselerkundung

Das Straßennetz ist ziemlich dünn, doch Busse verbinden den Hafen Mérichas mit Kanála im Süden und Loutrá im Norden. Der Rest der Insel liegt von diesen beiden Punkten in Gehdistanz. Der kleine Ort **Mérichas** an der Westküste hat einen von Bäumen gesäumten Strand mit kleinen Hotels und Tavernen. Der Sandstrand von **Martinákia** ist besonders bei Familien beliebt. Weiter die Küste entlang stößt man auf die hübschen Strände von **Episkopí** und **Apókrisi** unterhalb von **Vryókastro**, den hellenistischen Ruinen des antiken Kýthnos. Die antike gepflasterte Straße mit herrlicher Aussicht führt von Chóra nach **Dryopída** (60 Gehminuten). Die Stadt hat ihren Namen vom Stamm der Dryopen, deren König Kýthnos der Insel ihren Namen gab. Der Fluss teilt die Stadt in zwei Teile: in das fruchtbare Péra Roúga und das einstige Keramikzentrum Galatás, in dem heute nur noch eine Töpferei arbeitet.

In **Kanála**, fünf Kilometer südlich, sind in den letzten Jahren viele Ferienhäuser in der Nähe der Kirche Panagía Kanála gebaut worden. Die Kirche ist der Schutzpatronin der Insel, der Jungfrau Maria, geweiht und beherbergt die am höchsten verehrte Marien-Ikone der Insel, vermutlich vom Ikonenmaler Skordílis, da Kýthnos im 16. Jahrhundert ein Zentrum der Ikonenmalerei war. Vom Strand bietet sich eine schöne Aussicht nach Sérifos und Sýros. In der Nähe gibt es weitere Strände. **Loutrá** ist ein weitläufiger Ferienort an der Nordostküste mit windigen Stränden. Die stark eisenhaltigen Heilquellen von Kákavos und Agioi Anárgyroi galten schon im Altertum als wirksam gegen Krankheiten wie Gicht, Rheumatismus, Ekzeme und verschiedene Frauenleiden. Das Xenía-Hotel neben dem Hydrotherapiezentrum verwöhnt seine Gäste mit Marmorbädern (19. Jh.). Im Norden befindet sich die älteste mesolithische Siedlung der Kykladen (7500–6000 v. Chr.).

Töpfer bei der Arbeit in Dryopída

Rote Dächer von Dryopída auf Kýthnos

Sérifos

Σέριφος

1500. Livádi.
22810 51210.

Der Sage nach strandeten Perseus und seine Mutter Danae an der Felsküste von Sérifos, auch die »Unwirtliche« genannt. Die Insel mit den kahlen Hügeln, fruchtbaren Tälern und langen Stränden

Hotels und Restaurants auf den Kykladen *siehe Seiten 313–317 und 336–338*

Sérifos: die weißen Häuser von Chóra

war früher reich an Eisen- und Kupfervorkommen.

Die Fähren landen in **Livádi** an der südöstlichen Küste. Die Stadt liegt an einer schattigen Sandbucht mit Hotels und Tavernen. Über steile Treppen oder mit sporadisch verkehrenden Bussen erreicht man das blendend weiße **Chóra** hoch auf einem Hügel, der von den Ruinen des venezianischen *kástro* gekrönt wird. Viele der mittelalterlichen kubusförmigen Häuser, teilweise aus Steinen der Burg erbaut, wurden von griechischen Künstlern und Architekten zu Ferienhäusern umgebaut. Die Stadt mit ihren Kapellen und Windmühlen und dem herrlichen Blick hat einen ganz besonderen Reiz.

In der Nähe von Galaní im nördlichen Landesinneren steht das befestigte, 1500 erbaute Kloster **Moní Taxiarchón** (Erzengel) mit schönen Fresken von Skordílis und wertvollen byzantinischen Manuskripten. Heute lebt dort nur noch ein Mönch.

Sífnos

Σίφνος

1950. Kamáres.
22840 31977. **www**.sifnos.gr

Berühmt für Küche, Keramik und Dichter, zählt Sífnos zu den beliebtesten Zielen der westlichen Kykladen. Tausende von Besuchern strömen hierher, angelockt von den malerischen Dörfern, den langen Sandstränden und der terrassierten Landschaft mit ihren alten Türmen und venezianischen Taubenhäusern. Im Altertum war Sífnos für seine Goldminen bekannt. Jedes Jahr opferten die Inselbewohner Apollo in Delphi ein Goldei. Einmal jedoch sandten sie stattdessen einen bemalten Stein und zogen sich damit Apollos Zorn zu. Die Goldminen wurden daraufhin überflutet, die Insel verfiel und heißt seitdem *sífnos* – »leer«.

Brunnen in Kástro (Sífnos)

Apollonía

Die Hauptstadt liegt über dem Hafen Kamáres. Das Labyrinth aus weißen Häusern, Blumen und Glockentürmen wurde nach dem Apollon-Tempel (7. Jh. v. Chr.) benannt, an dessen Stelle heute die Kirche **Panagía Ouranofóra** steht. Im **Museum für Volkskunst und Folklore** findet man eine Sammlung lokaler Töpfer- und Stickarbeiten.

Museum für Volkskunst und Folklore
Plateía Iróón. *Apr–Okt: tägl. 9–22 Uhr.*

Inselerkundung

Die kleine, hügelige Insel ist bei Wanderern sehr beliebt. Vom Hafen Kamáres fahren Busse nach Apollonía und Kástro an der Ostküste. **Artemónas**, die zweitgrößte Stadt der Insel, besitzt beeindruckende venezianische Bauten mit typischen Rauchfangformen. Die Kirche Agios Geórgios tou Aféndi (17. Jh.) hat einige schöne Ikonen aus der Zeit ihrer Entstehung. Die kuppelreiche Panagía Kónchi steht an der Stelle eines Artemis-Tempels. Drei Kilometer östlich von Artemónas erhebt sich **Kástro**, dessen Häuser an der Stadtgrenze einen massiven Wall bilden *(siehe S. 22f)*. An einigen Gebäuden der engen Gassen sieht man venezianische Wappen, auch Reste der Akropolis sind erhalten. Das **Archäologische Museum** verfügt über eine Sammlung archaischer und hellenistischer Skulpturen und geometrische und byzantinische Gefäße. Der Hafenort **Kamáres** ist ein weitläufiger Ferienort mit vielen Cafés und Tavernen. Im Norden reihte sich früher Töpferei an Töpferei mit den typischen blau-braunen Keramiken. Heute gibt es nur noch zwei Betriebe. Taxiboote fahren von Kamáres zum hübschen Töpferort **Vathý** im Süden. Etwa 60 Gehminuten westlich trifft man auf das geschäftige **Platýs Gialós** mit seinem langen Sandstrand. Von hier fahren Busse nach Apollonía und Kamáres.

Archäologisches Museum
Kástro. 22840 31022. *Di–So. Feiertage.*

Kapelle mit Stufen zum Kai in Platýs Gialós (Sífnos)

Páros

Πάρος

Das fruchtbare Páros mit seinem Thymianduft ist die drittgrößte Kykladeninsel. Der berühmte weiße Marmor sorgte von der Kykladenzeit bis zu den Römern für großen Reichtum. Im 13. Jahrhundert unterstand die Insel den venezianischen Herzögen von Náxos, 1537 bis zum Unabhängigkeitskrieg *(siehe S. 42f)* den Türken. In dem wichtigen Fährenknotenpunkt geht es im Sommer hoch her. Die starken Juli- und Augustwinde machen Páros zu einem Surferparadies. Der Tourismus hat das ursprüngliche Flair der Hügeldörfer, Weingärten und Olivenhaine nicht getrübt.

Die berühmte Windmühle am belebten Hafen von Paroikiá

Paroikiá ❶

Παροικιά

3000. Hafen.
22840 21673. Apr–Okt.
Kriós, 3 km nördl.

Die Stadt Paroikiá oder Chóra verdankt ihre Gründung dem Marmorhandel. Einst war sie eine bedeutende Kykladenstadt, und unter den Römern wurde sie zum Zentrum des Marmorhandels. Trotz einiger Erdbeben findet man hier noch byzantinische und venezianische Bauten.

Dem florierenden Fremdenverkehr wird am Hafen mit der Windmühle entsprochen: Ticketbüros, Cafés und Bars prägen das Bild. Hinter dem Hafen beginnt die kykladische Stadt mit engen Gassen, mittelalterlichen Torbogen und weißen, jasminüberwucherten Häusern.

Ekatontapylianí

Paroikiá. 22840 21243. tägl.

Die byzantinische Kirche Ekatontapylianí (»Kirche der hundert Türen«) im Westen der Stadt ist die älteste Kirche Griechenlands, die ununterbrochen in Gebrauch war. Ihr offizieller Name lautet »Entschlafung der Jungfrau«.

Der Legende nach wurde sie von Helena, der Mutter Konstantins, des ersten christlichen Kaisers von Byzanz, gegründet. Nach einer Vision vom Weg zum wahren Kreuz gelobte sie, an dieser Stelle eine Kirche zu bauen. Sie starb, bevor sie ihren Schwur einlösen konnte. Kaiser Justinian erfüllte ihn im 6. Jahrhundert n. Chr. Er beauftragte den Architekten Ignatius mit dem Bau. Der Schüler von Isidor von Milet erfüllte den Auftrag so gut, dass ihn sein Meister vor Neid vom Dach stieß. Ignatius bekam Isidors Fuß zu fassen, und so stürzten beide in den Tod. Im Norden des Friedhofs vor der Kirche befindet sich ihr Grabstein.

Theoktístis Fußabdruck

Die Kirche besteht aus drei verschachtelten Gebäuden und hat angeblich 99 Türen und Fenster. Es heißt, Konstantinopel (Istanbul) wird an die Griechen zurückfallen, wenn die 100. Tür gefunden wird. Erdbeben machten immer wieder aufwendige Renovierungen notwendig. Das Hauptgebäude wurde im 10. Jahrhundert über dem Grundriss eines griechischen Kreuzes umgebaut. Die Säulen stammen noch aus vorchristlicher Zeit. Lettner, Kapitelle und Ikonostase sind byzantinischen Ursprungs. In der mit Schnitzwerk verzierten Ikonostase findet sich eine Marien-Ikone, die wegen ihrer Wunderkräfte verehrt wird. Der steinerne Fußabdruck soll von Agía

Reich verzierter Lüster in der Kirche Ekatontapylianí

Fischerboote in Paroikiá

Infobox

13 000. Alykí. Paroikiá. Paroikiá (22840 21673). Fisch- und Weinfest in Náousa: 6. Aug; Fest der Entschlafung Mariens in Paroikiá: 15. Aug; Feier der Agia Theoktísti: 9. Nov. **www**.paros.gr

Sehenswürdigkeiten auf einen Blick

Léfkes 4
Náousa 3
Paroikiá 1
Petaloúdes 6
Píso Livádi 5
Trís Ekklisíes 2

Theoktísti stammen, der Schutzpatronin der Insel. Es soll Glück bringen, seinen Fuß hier hineinzustellen. Zu besichtigen ist auch ihre abgetrennte Hand.

Hinten führt eine Tür in die römische Agios-Nikólaos-Kapelle (4. Jh. v. Chr.) mit einer Doppelreihe ionischer Säulen, Marmorthron und Ikonostase (17. Jh.). Das Baptisterium nebenan hat ein marmornes Taufbecken mit einem Fries griechischer Kreuze. Es gibt keinen Glockenturm. Die Glocken hängen deshalb draußen an einem Baum.

Archäologisches Museum

Paroikiá. 22840 21231. Di–So. Feiertage.

Das Museum befindet sich hinter der Kirche. Eines der bedeutendsten Ausstellungsstücke dort ist ein Teil des Pariums, einer in Marmor eingemeißelten Chronik, die über 1000 Jahre griechischer Geschichte bis zum Jahr 264 v. Chr. illustriert. Sie wurde im 17. Jahrhundert in den Mauern des *kástro* entdeckt. Kostbare Funde vom Apollon-Tempel sind zu sehen, etwa die geflügelte Nike-Statue, ein Herakles-Mosaik und ein Fries von Archilochus, einem hiesigen Dichter und Soldaten, der im 7. Jahrhundert v. Chr. lebte.

Griechisch-römisches Fries im Archäologischen Museum

Kástro

Das venezianische *kástro* auf einem kleinen Hügel am Ende der Hauptstraße wurde 1260 über den Grundmauern der antiken Akropolis errichtet. Die Venezianer verwendeten für die Befestigung des noch erhaltenen östlichen Teils Reste der Marmortempel von Apollo und Demeter. Die antiken Säulen wurden ebenfalls teilweise für den Bau der angrenzenden Häuser verwendet. Unweit der Stelle des Apollon-Tempels erhebt sich die 300 Jahre alte Kirche **Agía Eléni und Agios Konstantínos** mit ihrer blauen Kuppel.

Umgebung: Taxiboote überqueren die Bucht von Paroikiá zu den windgeschützten Stränden von Kamínia und Kriós. Die Ruinen eines archaischen delischen Apollon-Heiligtums sind auf dem Berg darüber zu sehen.

Legende der Agía Theoktísti

Die Schutzpatronin der Insel wurde im 9. Jahrhundert als junge Frau von Piraten entführt. Später konnte sie nach Páros fliehen, wo sie 35 Jahre in den Wäldern als Einsiedlerin lebte. Den Jäger, der sie fand, bat sie um die heilige Kommunion. Als er mit dem Brot zurückkam, lag sie im Sterben. Er erkannte in ihr eine Heilige und schnitt ihre Hand als Reliquie ab. Er konnte Páros jedoch erst verlassen, als er Hand und Körper wieder vereint hatte.

Überblick: Páros

Páros lässt sich leicht erkunden. Die drei wichtigsten Orte der Insel werden durch Busse verbunden: die Hauptstadt Paroikiá, das beliebte Fischerdorf Náousa im Norden und Léfkes in den Bergen. Es gibt ein großes Angebot an Mietfahrzeugen, um zu Stränden und Dörfern abseits der frequentierten Wege zu gelangen. Entlegene Strände werden von Booten angefahren.

Bergstadt Léfkes, die mittelalterliche Hauptstadt von Páros

Trís Ekklisíes ❷

Τρεις Εκκλησίες

3 km nordöstl. von Paroikiá.

Nördlich von Paroikiá führt die Straße nach Náousa an Trís Ekklisíes, den Resten dreier Kirchen (17. Jh.), vorbei. Sie sind eine Erweiterung einer Basilika (7. Jh.), die wiederum den Marmor eines *heróon* (Heldenschrein) des Dichters Archilochus verwendete.

Im Kloster **Moní Longovárdas** (17. Jh.) weiter nördlich in den Bergen herrscht rege Betriebsamkeit: Die Mönche produzieren Wein und Bücher oder arbeiten auf den Feldern. Der Abt ist für seine Ikonenmalerei berühmt. Doch Besucher sind unerwünscht.

Haupttor von Moní Longovárdas

Náousa ❸

Νάουσα

12 km nordöstl. von Paroikiá.

2100. *Lágeri, 5 km nordöstl.*

Mit seinen bunten Fischerbooten, den verschlungenen Gassen, teuren Boutiquen und lässigen Bars wurde Náousa ein beliebtes Ziel des internationalen Jetsets. In der zweitgrößten Stadt der Insel tummeln sich die Reichen und die Schönen und lassen sich gern in ihrer Designer-Kleidung an der Hafenpromenade bewundern.

Die venezianische Burg im Hafen, die nach dem Sinken der ufernahen Bereiche zur Hälfte im Wasser steht, dient als einzigartiger Wellenbrecher. Alljährlich am Abend des 23. August stellen hundert von Fackeln beleuchtete Fischerboote die Schlacht zwischen den Inselbewohnern und dem Piraten Barbarossa nach, die im Jahr 1536 stattfand. Das Fest endet mit Musik und Tanz.

Léfkes ❹

Λεύκες

10 km südöstl. von Paroikiá.

850.

Die Bergstraße zum höchsten Ort der Insel, Léfkes, führt an einem alten Marmorsteinbruch vorbei, von dem zuletzt für Napoléons Grab Marmor gebrochen wurde. Die alten Stollen können mit Fackeln besichtigt werden.

Léfkes, das nach seinen Pappeln benannt ist, war unter den Türken Hauptstadt. Das Dorf mit mittelalterlichen Häusern, verwinkelten Gassen, schattigen Cafés *(kafeneía)* und Restaurants mit herrlichem Blick hat ein kleines **Volkskundemuseum**. In den Läden werden Web- und Keramikarbeiten verkauft.

Volkskundemuseum

22840 52284. Apr–Okt: tägl.; Nov–März: Schlüssel im Rathaus erhältlich.

Umgebung: Von den Windmühlen über Léfkes führt eine drei Kilometer lange byzantinische Marmorstraße gen Südosten in das Bauerndorf **Pródromos**. Nach 15 Minuten Weg durch Olivenhaine erreicht man **Mármara** mit seinen marmornen Gassen. Das hübsche **Márpissa** liegt eineinhalb Kilometer südlich.

Am Hügel Kéfalos, zwei Kilometer östlich, stehen die Ruinen einer venezianischen Burg (15. Jh.) und das Kloster **Moní Agíou Antoníou** (16. Jh.), in dessen Kirche das Fresko *Wiederkunft des Herrn* (17. Jh.) zu sehen ist.

Malerischer Fischerhafen von Náousa

Kloster Moní Christoú tou Dásous bei Petaloúdes

Píso Livádi ❺

Πίσω Λιβάδι

15 km südöstl. von Paroikiá. 50. nach *Márpissa.* *Poúnta, 1 km südl.*

Zu Füßen von Léfkes an der Ostküste hat sich das Fischerdorf Píso Livádi mit seinem geschützten Sandstrand zu einem ansprechenden, lebendigen Ferienort entwickelt. Es diente einst als Hafen für die Dörfer in den Bergen und die Marmorsteinbrüche. Heute erreicht man von hier Agía Anna *(siehe S. 230)* auf der Insel Náxos. Der kleine Hafen verfügt über eine reichhaltige Auswahl an Bars und Tavernen, gelegentlich werden Veranstaltungen geboten.

Der schöne und beliebte Strand von Poúnta

Umgebung: Mólos, sechs Kilometer nördlich, verfügt über einen langen Sandstrand mit Dünen, Tavernen und ein Surfzentrum. Im Süden liegt der Strand **Poúnta** (nicht zu verwechseln mit Poúnta an der Westküste), einer der besten und beliebtesten Strände der Kykladen mit einer überaus lässigen Beach-Bar. Der berühmteste Strand der Ostküste liegt drei Kilometer weiter südlich: Der 700 Meter lange **Chrysí Aktí** (Goldener Strand) wird v. a. von Familien geschätzt und ist ein bekanntes Wassersportzentrum. Hier fand schon die Weltmeisterschaft im Windsurfen statt.

Dryós, zwei Kilometer weiter südwestlich, ist ein aufstrebender Urlaubsort mit nettem Dorfzentrum samt Ententeich, Tavernen, einem kleinen Hafen mit Kiesstrand und einer Reihe sandiger Buchten.

Petaloúdes ❻

Πεταλούδες

6 km südwestl. von Paroikía. *1. Juni–20. Sep: tägl.*

Petaloúdes, oder das »Tal der Schmetterlinge«, am Hang von Psychopianá, ist leicht von Paroikiá zu erreichen. Das saftig grüne Tal bietet von Mai bis August Lebensraum für Jersey-Tigermotten, die von den Blättern aufflattern, wenn sie gestört werden. Man kann auch auf Maultieren durchs Tal reiten.

Das zwei Kilometer nördlich von Petaloúdes entfernte Kloster **Moní Christoú tou Dásous** (»Christus vom Wald«) ist auf jeden Fall einen Abstecher wert, obwohl nur Frauen Zutritt zum Heiligtum haben. Agios Arsénios, der zweite Patron der Insel, liegt hier begraben.

Vorgelagerte Inseln: Früher war **Antíparos** durch einen Damm mit Páros verbunden. Heute verbindet eine Fähre von Poúnta an der Westküste die beiden Inseln. Es gibt auch Bootstouren von Paroikiá. Wer den Massen in Páros entfliehen will, findet in Antíparos-Stadt eine nette Cafészene am Kai und im Kástro-Viertel. Das **Kástro** ist ein gutes Beispiel für eine befestigte Stadt des 15. Jahrhunderts, mit Innenhöfen und engen Straßen zum Schutz vor Piratenüberfällen *(siehe S. 22f)*. Der Ort verfügt auch über zwei Kirchen, Agios Nikólaos und Evangelismós (beide 17. Jh.).

Neben den schönen Stränden ist die **Tropfsteinhöhle** mit atemberaubenden Stalaktiten- und Stalagmitenformationen die Hauptattraktion der Insel. Sie wurde zur Zeit Alexanders des Großen entdeckt. Im Sommer fahren Boote die Höhle von Antíparos-Stadt und Poúnta auf Páros an. Von der Anlegestelle geht man 30 Minuten den Berg Ioánnis hinauf bis zum Höhleneingang. Dem Aufstieg folgt ein steiler 70-Meter-Abstieg zur Höhle. Lord Byron und andere haben sich an den Wänden verewigt. 1673 hielt der französische Botschafter Marquis de Nointel hier die Christmette für 500 Freunde. Die Kirche Agios Ioánnis Spiliótis wurde 1774 erbaut.

Bougainvilleen in Antíparos-Stadt

Náxos

Νάξος

Die größte Kykladeninsel wurde schon 3000 v. Chr. besiedelt. Als wichtiges Zentrum der Kykladenkultur *(siehe S. 28f)* war sie eine der ersten Inseln, die Marmor verwendete. 1207 fiel Náxos an die Venezianer. Die zahlreichen Wehrtürme *(pýrgoi)* stammen aus dieser Zeit. Die Landschaft ist reich an Zitrusbäumen und Olivenhainen. In der Mythologie kennt man Náxos als die Insel, an der Theseus Ariadne aussetzte.

Mosaik im Archäologischen Museum, Náxos-Stadt

Portára des unvollendeten Apollon-Tempels

Náxos-Stadt ❶

Χώρα

15 000. Hafen.
Hafen (22850 25201).

Den Norden des Hafens von Náxos (Chóra) dominiert das Inselchen Palátia, das man über einen Steindamm erreicht. Die große antike Tempeltür *(portára)* aus Marmor (522 v. Chr.) stammt von einem unvollendeten Apollon-Tempel.

Die Stadt gliedert sich in vier Teile. Der Hafen mit seinen Cafés wimmelt von Fischern bei der Arbeit. Néa Chóra oder Agios Geórgios im Süden ist voller Hotels, Apartments und Restaurants. Die Altstadt oberhalb des Hafens gliedert sich in das venezianische *kástro*, einst Sitz des katholischen Adels, und die mittelalterliche Altstadt, in der in früheren Zeiten die Griechen lebten.

Die gewundenen Gassen dieses Griechenviertels werden gesäumt von Restaurants und Souvenirläden. Die schöne orthodoxe Kathedrale **Mitrópoli Zoödóchou Pigís** aus dem 18. Jahrhundert hat eine beeindruckende Ikonostase von Dimítrios Válvis (Kretische Schule, 1786).

Weiter oben am Hügel stößt man auf das imposante Nordtor (1207 von Marco Sanudo erbaut) des *kástro*. Nur zwei der sieben Tortürme haben überdauert. Auch von den Außenmauern (13. Jh.) ist wenig übrig, die Innenmauern jedoch stehen noch und schützen nach wie vor 19 imposante venezianische Häuser mit Wappen der Adelsfamilien, deren Nachkommen teilweise noch in den Häusern wohnen. Ihre Vorfahren liegen in der katholischen **Kathedrale** (13. Jh.) unter marmornen Grabsteinen begraben.

Engel in der katholischen Kathedrale

Während der Zeit der türkischen Besatzung war Náxos für seine Schulen berühmt. Der herrliche Palazzo Sanoúdo (1627) mit Teilen der venezianischen Befestigung beherbergte das Collège Français. Berühmtester Schüler war Níkos Kazantzákis *(siehe S. 276)*, der Autor von *Alexis Sorbas*. Heute findet sich hier das **Archäologische Museum** mit einer der besten Sammlungen kykladischer Marmor-Idole *(siehe S. 211)* der Inseln und einigen schönen römischen Mosaiken.

Archäologisches Museum
Palazzo Sanoúdo. 22850 22725.
Di–So. *Feiertage.*

Umgebung: Ein Damm führt zu den Höhlen im Norden der Stadt **(Grótta)**. Die lagunenartige Bucht **Agios Geórgios** im Süden mit goldenem Sand und seichtem Wasser ist ein beliebtes Urlaubsziel.

Die besten Strände finden sich an der Westküste außerhalb der Stadt. **Agía Anna** ist ein netter kleiner Ort mit silbernem Sand und Wassersportmöglichkeiten. Einsamer sind die Dünen von **Pláka** zwei Kilometer südlich, der beste Strand der Insel (hauptsächlich FKK). Noch weiter südlich liegen die weißen Strände **Mikrí Vígla** und der nach einer mykenischen Burg benannte **Kastráki**, ideal für Baden und Wassersport.

Pláka: ein schöner, abgeschiedener Strand südlich von Náxos-Stadt

Überblick: Náxos

Das Landesinnere bietet ein reizvolles Nebeneinander von Gärten, Wein- und Obsthainen, venezianischen Wachtürmen, Dörfern, Bergschluchten und historischen Stätten. Trotz Führungen und guter Busverbindungen empfiehlt sich für gründliche Erkundungstouren ein Leihwagen. Das Tragaía-Gebiet ist jedoch ein wahres Paradies für Wanderer.

Umgeben von Olivenhainen: Moní im Tragaía-Tal

Mélanes-Tal ❷

Κοιλάδα Μελάνων

10 km südl. von Náxos-Stadt. *nach Kinídaros.*

Die Straße südlich von Náxos führt durch das Livádi-Tal (früher das Marmor-Zentrum) zu den Dörfern von Mélanes. Im ersten Dorf **Kournochóri** steht der venezianische Della-Rocca-Turm. In **Mýloi**, in der Nähe des alten Marmorsteinbruchs bei Flerió, liegen zwei *koúroi* (6. Jh. v.Chr.). Eine der riesigen Marmorstatuen (8 m) befindet sich in einem Garten, die andere (5,5 m) in einem nahen Feld.

***Koúros* in einem Privatgarten in Mýloi (Mélanes-Tal)**

Umgebung: Südöstlich von Náxos befindet sich **Glinádo** mit seinem venezianischen

Sehenswürdigkeiten auf einen Blick

Apeíranthos ❹	Mélanes-Tal ❷
Apóllon ❻	Náxos-Stadt ❶
Komiakí ❺	Tragaía-Tal ❸

Legende

Symbole siehe hintere Umschlagklappe

Infobox

20 000. 2 km südl. von Náxos-Stadt. Náxos-Stadt. Náxos-Stadt (22850 25201). Agios-Nikódimos-Folklorefest, Náxos-Stadt: 14. Juli; Dionysos-Fest, Náxos-Stadt: erste Woche im Aug; Diorvoia-Fest: Juli–Aug.

Bellonias-Turm, dem ersten Wohnturm auf Náxos. Die Kuppel der Kirche Agios Ioánnis Gýroulas in **Ano Sagrí** steht auf den Ruinen eines Demeter-Tempels.

Tragaía-Tal ❸

Κοιλάδα Τραγαίας

15 km südöstl. von Náxos-Stadt.

Von Ano Sagrí schlängelt sich die Straße zum Tragaía-Tal. Einen Abstecher lohnt **Chalkí** mit seiner venezianischen Architektur und dem byzantinischen Fragópoulos-Turm im Zentrum.

Von Chalkí führt eine Straße nach Moní mit der ungewöhnlichsten Kirche der Insel, **Panagía Drosianí** (6. Jh.), errichtet aus Steinen der umliegenden Felder. Der noch ursprüngliche Ort **Filóti**, der größte Ort der Umgebung, liegt am Hang des Berg Zas (mit 1000 m höchste Erhebung der Kykladen).

Terrassierte Felder außerhalb von Komiakí

Apeíranthos ❹

Απείρανθος

25 km südöstl. von Náxos-Stadt.
1500.

Das Dorf Apeíranthos wurde im 17. und 18. Jahrhundert von kretischen Flüchtlingen errichtet, die vor den Türken flohen und in den nahen Korundminen arbeiteten. Mit seinen marmorgepflasterten Straßen und Wehrtürmen (*pýrgoi*, 14. Jh.) der venezianischen Familie Crispi hat es von allen Dörfern das meiste Flair. Hier trägt man noch Tracht, und Bauern bieten ihre Waren auf Eseln an.

Das kleine **Archäologische Museum** beherbergt eine Sammlung proto-kykladischer Marmorplatten mit Alltagsszenen und neolithische Funde. Es gibt auch ein kleines **Geologisches Museum** im ersten Stock der Schule. Unterhalb des Dorfes liegt der Hafen von **Moutsoúna**, wo die Schiffe mit Korund beladen wurden, bevor er an Bedeutung verlor. Den schönen Strand säumen Ferienvillen.

Archäologisches Museum
An der Hauptstraße. 22850 61725. tägl. Feiertage.

Geologisches Museum
Dorfschule. 22850 61724. tägl. Feiertage.

Komiakí ❺

Κωμιακή

42 km östl. von Náxos-Stadt.
500.

Von Kóronos windet sich die Straße in engen Haarnadelkurven bergauf, bevor man schließlich das hübsche Dorf Komiakí (auch: Koronída) erreicht. Das höchstgelegene Dorf der Insel und ehemaliger Wohnort der Korund-Bergarbeiter ist mit Weingärten bedeckt und als Herkunftsort des beliebten *Kítro*-Likörs bekannt. Man hat von hier einen wundervollen Blick auf die terrassierten Weingärten. Von Kóronos beginnt auch einer der schönsten Spaziergänge auf Náxos: über Marmorstufen hinab in ein üppig grünes Tal und zum reizenden Dörfchen **Myrsíni**.

Apóllon ❻

Απόλλων

49 km nordöstl. von Náxos-Stadt.
100.

Das ursprüngliche Fischerdorf wandelt sich langsam zu einem Ferienort, der sich im Sommer mit Busreisenden füllt, die von den Fischtavernen und dem riesigen *koúros* angezogen werden. Stufen führen den Hügel hinauf zum antiken Marmorsteinbruch über der Stadt, wo die riesige unvollendete Marmorfigur seit 600 v. Chr. verlassen daliegt. Die Figur mit dem Bart stellt angeblich Apollon dar. Sie ist 10,50 Meter hoch und wiegt stattliche 30 Tonnen. Der Tag des heiligen Johannes des Täufers am 28. August wird im Dorf festlich begangen.

Umgebung: In Agiá, zehn Kilometer westlich von Apóllon, steht **Cocco Pýrgos**, 1770 erbaut vom venezianischen Clan der Cocco zu Beginn ihrer Herrschaft über den Norden von Náxos (*pýrgoi* sind venezianische Wehrtürme, die nur auf Náxos zu finden sind). An der Nordküste liegt der idyllische Strand von **Ormos Abrám** mit einer gemütlichen Taverne.

Die Straße ins verlassene **Moní Faneroménis** (1606) windet sich über eine Strecke von 13 Kilometern südlich von Apóllon die Westküste hinunter. Unweit südlich in Richtung Galíni führt eine Straße zum berühmtesten *pýrgos* der Insel, dem **Hohen Turm** des Cocco-Clans, 1660 an strategischer Stelle über einem Tal erbaut. Im 17. Jahrhundert brach zwischen der orthodoxen Familie Cocco und den katholischen Barozzi wegen

Hafen von Moutsoúna auf Náxos

Hotels und Restaurants auf den Kykladen *siehe Seiten 313–317 und 336–338*

Riesiger *koúros* im antiken Marmorsteinbruch von Apóllon

einer Beleidigung eine Familienfehde aus. Dieser Streit führte zur Bombardierung des Hohen Turms, als eine Frau aus der Familie der Barozzi ihren Mann, einen Freibeuter, überredete, den Turm zu belagern. Die Cocco überstanden die Belagerung, doch die Blutrache tobte noch weitere 20 Jahre, bis eine Heirat die beiden Familien versöhnte.

Venezianischer Wehrturm *(pýrgos)* westlich von Apóllon

Vorgelagerte Inseln: Zwischen Náxos und Amorgós liegen die »einsamen Inseln« **Donoússa**, **Koufoníssi**, **Irakliá** und **Schinoússa**. Es gibt dort Fremdenzimmer, ein Postamt und ein Informationsbüro, aber keine Banken.

Auf der größten Insel Irakliá besitzt die Tropfsteinhöhle Aï-Giánni eindrucksvolle Stalaktiten und kykladische Funde. Koufoníssi besteht aus der Insel Ano mit schönen Sandstränden und guter Infrastruktur sowie der unbewohnten Insel Káto. Schinoússa hat Strände und Wanderrouten über gepflasterte Maultierpfade. Die nördlichste Insel Donoússa liegt noch heute recht isoliert. Hier wurde eine Siedlung aus geometrischer Zeit entdeckt, doch die meisten Besucher kommen wegen der schönen Sandstrände in **Kéntros** und **Livádi**.

Amorgós

Αμοργός

1800. Katápola und Aigiáli. Häfen von Katápola und Aigiáli. Hafen von Katápola (22850 71278). Ormos Aigiális, 12 km nordöstl. von Amorgós-Stadt.

Die wild zerklüftete Insel Amorgós ist schmal und lang und hat einige Strände. Seit 3300 v. Chr. bewohnt, erlebte sie während der Kykladenkultur ihren Höhepunkt. Damals gab es drei Städte: Minoa, Arkesini und Egiali. Keramik- und Marmorfunde (1885) wanderten ins Archäologische Museum in Athen *(siehe S. 286)*.

Chóra

Der Hauptort Chóra (Amorgós-Stadt) ist ein Gewirr weißer Häuser mit Windmühlen in der Nähe. Über der Stadt erhebt sich die venezianische Festung **Apáno Kástro** (1290 erbaut von Geremia Ghisi). Hier findet sich auch die kleinste Kirche Griechenlands: **Agios Fanoúrios**.

Umgebung: Die Hauptattraktion der Insel ist das einzigartige Kloster **Moní Panagías Chozoviótissas** unterhalb von Chóra an der Ostküste. Das kahle byzantinische Wehrkloster (1088 von Kaiser Alexios I. Komnenos gegründet) klammert sich an die 180 Meter hohen Klippen. Es beherbergt eine wundertätige Ikone der Gottesmutter. Die Klosterbibliothek besitzt einige antike Manuskripte.

Inselerkundung

Die Insel erforscht man am besten zu Fuß oder per Boot, obwohl es einige Busverbindungen gibt. Haupthafen ist **Katápola** im Südwesten in einer hufeisenförmigen Bucht mit Tavernen, Pensionen, Fischerbooten und einem kleinen Kiesstrand. Das Hafenareal verbindet drei Dörfer: den Fährhafen Katápola, das ruhigere **Xylokeratídi** im Norden und **Rachídi** auf dem Hügel. Von Katápola führt ein Pfad zu den Ruinen der antiken Stadt **Minoa** auf der Hügelkuppe. Zu sehen sind die zyklopischen Mauern, das Gymnasion und Fundamente eines Apollon-Tempels.

Der nördliche Hafen **Ormos Aigiális** ist wegen seines Sandstrandes der wichtigste Ferienort. Es lohnt sich, den Maultierpfaden nach Norden zu den Hügeldörfern von **Tholária** mit römischen Gräbern *(tholos)* zu folgen. Ebenfalls empfehlenswert ist das hübsche Dorf **Lagáda** mit seiner Blütenpracht an der gestuften Hauptstraße.

Felskloster Moní Panagías Chozoviótissas

Ios-Stadt: weiße Mauern und blaue Kirchenkuppeln

Ios

`Ιος

1650. Gialós. Ios-Stadt. Ano Chóra, Ios-Stadt (22860 91505). Mylopótas, 2 km östl. von Ios-Stadt.

Zu antiker Zeit war Ios von Eichenwäldern bedeckt, die später zum Schiffsbau abgeholzt wurden. Die Ionier bauten Städte am Hafen von Gialós und an der Stelle von Ios-Stadt, die später als venezianische Bollwerke dienten. Auf Ios liegt Homer begraben. Am 15. Mai findet die Omíria statt, das Homer-Fest. Eine Spezialität ist *myzíthra*, ein weicher, cremiger Käse.

Ios' reges Nachtleben zieht vor allem die Jugend an. Die Insel hat weitere Reize zu bieten. An der bergigen Küste finden sich über 400 Kapellen und einige der schönsten Sandstrände der gesamten Kykladen.

Ios-Stadt ist eine umwerfende Mischung weißer Häuser und blauer Kuppeln, wird aber seit einigen Jahren leider immer mehr von Diskotheken und Bars überschwemmt. Sehenswert sind die Ruinen der venezianischen Festung (1400 von Marco Crispi erbaut), Reste antiker Mauern und zwölf Windmühlen oberhalb der Stadt.

Gialós mit seinem geschäftigen Hafen voller Yachten und Fischerboote, guter Fischtavernen und Pensionen ist ruhiger als Ios-Stadt. Der Strand ist recht windig, doch 20 Minuten westlich liegt die sandige Bucht von Koumpará. Von hier gibt es Busverbindungen nach Ios-Stadt und zum herrlichen Strand von **Mylopótas** mit zwei Campingplätzen. Ausflugsboote fahren von Gialós die Buchten von **Manganári** im Süden und **Psáthi** im Osten an. Den Strand von **Agías Theodótis** an der Nordostküste dominieren die Ruinen der mittelalterlichen Burg Palaiókastro. Am 8. September findet in **Moní Agías Theodóti** ein Fest zum Gedenken an den Sieg über Piraten statt. Das Tor, das die Piraten stürmten, ist noch zu sehen. Die Bewohner konterten mit heißem Öl. Homers Grab liegt vermutlich nördlich der ionischen Stadt **Plakotós**, die im Lauf der Zeit die Klippen hinunterrutschte. Homer starb auf Ios, als er auf der Reise nach Athen hier anlegte. Man sieht den Grabeingang, Ruinen von Häusern und des hellenistischen Turms **Psarópyrgos**.

Windmühle über Ios-Stadt

Síkinos

Σίκινος

300. Alopronóia. Síkinos-Stadt. Kástro, Síkinos-Stadt (22860 51222). Agios Geórgios, 7 km nordöstl. von Síkinos-Stadt.

Die ruhige, typisch griechische Insel zählt zu den rauesten Schönheiten der Kykladen. In klassischer Zeit war sie als Oinoe (Weininsel) bekannt, sie blieb aber stets unbedeutend und provinziell. Die etwa 300 Inselbewohner leben hauptsächlich von Fischfang und Ackerbau. Obwohl es einige Ferienhäuser gibt, ist die Insel vom Massentourismus noch weitgehend verschont.

Die Ortschaft **Síkinos** teilt sich in zwei Teile: Kástro und Chóra hoch auf einem Berggrat über dem Meer. Kástro ist ein Gewirr von Straßen und *kafeneía* (Cafés). Am Eingang zum Ort quert man die Plateía Kástrou, wo die Mauern der Steinhäuser des 18. Jahrhunderts eine Bastion zur Verteidigung bildeten. Wichtigste Sehenswürdigkeit ist die Kirche Pantánassa. Inmitten der Häuserruinen erhebt sich ein riesiges marmornes Tor.

Das gegen Piraten befestigte und teilweise zerstörte Wehrkloster Moní Zoödóchou Pigís wacht auf den Felsen über Chóra und besitzt Ikonen von Skordílis (18. Jh.).

Im mittelalterlichen Chóra findet sich im Haus eines amerikanischen Auswanderers ein privates **Volkskundemuseum** mit einer Olivenpresse und einer breiten Auswahl an Geräten des Alltags.

Von Chóra aus führt ein etwa einstündiger Weg an den zyklopischen Mauern entlang

Goldener Strand von Mylopótas auf Ios

nach **Moní Episkopís**. Mit den dorischen Säulen und Inschriften vermutet man hier ein Mausoleum (3. Jh. n.Chr.), das im 7. Jahrhundert zur Kirche Koímisis Theotókou umgebaut wurde. Im 17. Jahrhundert wurde ein Kloster angebaut, das heute leer steht.

Drei Kilometer südöstlich von Síkinos stößt man an der Ostküste auf **Aloprónoia** (auch Skála) mit kleinen Café-Läden, einem neuen Hotelkomplex und einem kindersicheren großen Sandstrand.

Volkskundemuseum
Ano Chorió, Síkinos-Stadt.
Mai–Sep: tägl.

Aloprónoias verschlafener Hafen

Folégandros
Φολέγανδρος

650. Karavostási.
Chóra (22860 41249). Agáli, 2 km westl. von Folégandros-Ort.

Das kahle und trockene Folégandros (phönizisch für »felsig«) gehört zu den kleinsten bewohnten Kykladeninseln. Die klassische Verbannungsinsel blieb von den Wirren der ägäischen Geschichte weitgehend unberührt und hatte nur von Zeit zu Zeit mit Piratenüberfällen zu kämpfen. Beliebt wegen der herben Landschaft und schönen Chóra, kann die Insel im Sommer recht lebhaft werden, doch auch Wanderfreunde kommen voll auf ihre Kosten.

Koímisis tis Theotókou in Folégandros

Den Ort **Folégandros** sollte man sich keinesfalls entgehen lassen. Zum Schutz vor Piraten wurde er 300 Meter über dem Meer erbaut. Er besteht aus dem Hauptort Chóra und dem befestigten *kástro* *(siehe S. 22)*. Die im 13. Jahrhundert von Marco Sanudo, dem Herzog von Náxos, erbaute Festung erreicht man durch ein Tor. Die hohen Steinhäuser stehen so knapp an den Klippen, dass ihre Wände ein unüberwindliches Hindernis darstellen und das Labyrinth von Gassen und kubischen Häusern mit bunt bemalten Holzbalkonen sicher umschließen.

In der Chóra spielt sich das Leben um vier Plätze mit ihren Kunsthandwerksläden und Tavernen ab. Der Weg vom Busbahnhof führt zur Kirche Koímisis tis Theotókou (Mariä Himmelfahrt). Sie wurde gebaut, nachdem eine Silberikone auf wundersame Weise vor Piraten gerettet wurde, die ihrerseits in einem Sturm umkamen. Als Teil der antiken Stadtmauer steht die Kirche wahrscheinlich auf einem Artemis-Tempel.

Fähren legen in **Karavostási** an der Ostküste an. Der kleine Hafen hat einen schattigen Kiesstrand, Restaurants, Hotels und Pensionen. Es gibt einen Bus nach Chóra. Den Strand von **Livádi** erreicht man zu Fuß. Im Sommer werden Ausflüge zu den westlichen Stränden **Agáli**, **Agios Nikólaos** und **Latináki** sowie zur beliebten Goldenen Höhle (so genannt, weil die Tropfsteine golden schimmern) **Chrysospiliá** angeboten. Die Grotte liegt knapp unter dem Meeresspiegel bei den nordöstlichen Klippen.

Ano Meriá fünf Kilometer westlich des Ortes Folégandros besteht aus Bauernhöfen zu beiden Seiten der Hauptstraße, die von terrassierten Feldern umgeben sind. Die Sonnenuntergänge hier sind herrlich, an klaren Tagen erkennt man Kreta in der Ferne.

Im örtlichen **Ökologie- und Volkskundemuseum** sieht man landwirtschaftliche Geräten sowie Szenen traditionellen bäuerlichen Lebens. Den Namenstag von Agios Panteleïmon feiert man am 27. Juli.

Von Ano Meriá winden sich steile Pfade zu den entlegenen Stränden von **Agios Geórgios** und **Vígla** hinunter.

Ökologie- und Volkskundemuseum
Ano Meriá. *22860 41370.* *Juli–Mitte Sep: tägl.*

Traditionelle Häuser im Kástro (Folégandros)

Mílos
Μήλος

Die Vulkaninsel mit ihren bizarren Felsformationen, heißen Quellen und weißen Dörfern auf den Klippen ist die spektakulärste der Kykladen. Unter den Minoern und Mykenern kam die Insel durch Obsidianhandel zu großem Reichtum. Im 4. Jahrhundert v. Chr. wurde Mílos von Athen kriegerisch erobert und kolonialisiert. Im Mittelalter wurde die Insel von den Crispi regiert, ab 1580 von den Türken. Die Insel lebt heute vorwiegend vom Mineralienhandel, doch der Fremdenverkehr gewinnt zusehends an Bedeutung.

Blick über die Häuser von Pláka in der Vormittagssonne

Pláka
Das Felsendorf Pláka vier Kilometer oberhalb des Hafens von Adámas präsentiert sich als hübsches Nebeneinander von Kirchen und weißen kubischen Häusern. Unweit von Pláka liegt Trypití mit seinen Windmühlen.

Man nimmt an, dass Pláka auf den Ruinen der Akropolis von Mílos steht (von den Dorern 1100–800 v. Chr. erbaut). Pláka wurde später von den Athenern zerstört und von den Römern neu besiedelt.

Die Hauptattraktion ist das **Archäologische Museum**. Die Eingangshalle wird von einer Kopie der *Venus von Milo* dominiert, die hier gefunden wurde. Es gibt neolithische Funde (Obsidian), mykenische und bemalte Keramiken und Terrakotta-Tierfiguren (3500 v. Chr.) aus der antiken Stadt Phylakopí. Die berühmteste Keramikfigur ist eine frühe kykladische Gottheit im minoischen Stil. Der hellenistische Poseidon (4. Jh. v. Chr.) und der *koúros* von Mílos (560 v. Chr.) sind heute im Archäologischen Nationalmuseum in Athen *(siehe S. 286)* zu sehen. Funde der Nachbarinsel Kímolos sind ebenfalls ausgestellt. Das **Museum für Geschichte und Volkskunde** mit Trachten und Kunsthandwerk befindet sich im Ortszentrum in einer Villa des 19. Jahrhunderts.

Die *Göttin von Phylakopí* im Archäologischen Museum

Über Stufen erreicht man die Ruinen des *kástro*, das die Venezianer auf einem Vulkankegel 280 Meter über dem Meer erbauten. Nur die Häuser, die die Außenmauer bildeten, sind erhalten.

Die Kirche Mésa Panagía über dem *kástro* wurde während des Zweiten Weltkriegs bombardiert. Die wieder errichtete Kirche heißt **Panagía Schiniótissa** (Unsere liebe Frau im Busch), weil in einem Busch an der Stelle der alten Kirche eine Marien-Ikone gefunden wurde.

Ikonen in der Kirche **Panagía Thalassítra** (Unsere liebe Frau vom Meer, 1728) stellen Christus und Maria und den heiligen Elefthérios dar.

Die massiven Steinblöcke der zyklopischen Mauer des Osttors (450 v. Chr.) sind erhalten. 15 Meter westlich sieht man Marmorfunde und einen Taufbrunnen aus einer byzan-

Zwillingsfelsen (»Die Bären«) bei Adámas

tinischen Basilika. Das nahe gelegene römische Amphitheater wird noch für Aufführungen genutzt.

Archäologisches Museum
Hauptplatz. 22870 28026. Di–So. 1. Mai.

Museum für Geschichte und Volkskunde
Pláka. 22870 21292. Di–Sa, So vormittags. Feiertage.

In den Christlichen Katakomben

Umgebung: In der nahen Stadt Trypití befinden sich gut erhaltene **Christliche Katakomben** (1. Jh. n. Chr.), die einzigartig in Griechenland sind. Der massive Komplex von Grabnischen mit 291 Gräbern führt über eine Gesamtlänge von 184 Metern in den Berg. In jeder einzelnen Gewölbenische sind bis zu sieben Tote bestattet. Archäologen schätzen die Zahl der Begrabenen auf etwa 8000.

Von den Katakomben führt ein Pfad zu einem Gedenkstein, wo die *Venus von Milo* am 8. April 1820 vom Bauern Geórgios Kentrótas entdeckt wurde. Er stieß in seinem Feld auf eine Höhle mit der halben Statue darin. Die andere Hälfte fand ein französischer Offizier. Die beiden Teile wurden am 1. März 1821 als Geschenk für Ludwig XVIII. gekauft. Die Venus steht heute im Louvre in Paris. Die Arme sind wahrscheinlich im Streit um den Besitz der Statue verloren gegangen.

Christliche Katakomben
Trypití, 2 km südöstl. von Pláka. 22870 21625. Di–So.

Inselerkundung
Die zerklüftete Insel ist übersät von Spuren vulkanischer Tätigkeit und von langen Stränden gesäumt. Die sehenswerte große Bucht von Mílos (einst ein Vulkankrater) ist einer der schönsten natürlichen Häfen des Mittelmeers.

Der schmale Sandstrand von **Langáda** westlich von Adámas ist bei Familien sehr beliebt. Auf dem Weg dorthin passiert man öffentliche Bäder mit warmem Thermalwasser.

Südlich von Adámas gibt es in der Bucht von Mílos eine Reihe schöner Strände, darunter **Chivadolímni** mit einem türkisblauen Salzwassersee. An der Südküste nahe Provatás stößt man auf den Strand von Agía Kyriakí.

Am nordöstlichen Inselende liegt der beliebte Ferienort **Apollonía** mit schattigem Strand. Von hier fahren Wassertaxis zur Insel **Kímolos** (nach dem dort abgebauten Kalk – *kimolía* – benannt).

Vom antiken Kulturzentrum **Phylakopí** südwestlich von Apollonía ist nur mehr wenig erhalten. Zu sehen sind die mykenischen Stadtmauern, Ruinen von Häusern sowie einige Grabstätten, doch ein Großteil der Stadt ist im Meer versunken.

INFOBOX

4500. 7 km südöstl. von Adámas. Adámas. Adámas. Hafen, Adámas (22870 21370). Nautische Woche: Ende Juni–Anfang Juli; Panagía in Zefyría: 15. Aug. **www**.milos.gr

Mílos' Geologie

Die Insel ist vulkanischen Ursprungs und deshalb reich an Mineralien und Felsformationen. Von Adámas gibt es Boote zur Bimsstein-Mondlandschaft von Sarakíniko (vor drei Millionen Jahren entstanden), den als »Orgelpfeifen« bekannten Lavaformationen von Glaronísia (bei Phylakopí) und dem schwefelgrünen Wasser bei Papáfragkas. Wegen der geothermalen Tätigkeit gibt es heiße Quellen. Das Meer erreicht an manchen Stellen (z. B. bei den Klippen von Mávra Gkrémna) knapp unter der Oberfläche bis zu 100 °C.

Mineralienmine bei Voúdia (noch in Betrieb)

Bimsstein-Landschaft bei Sarakíniko

Schwefelgrünes Wasser bei Papáfragkas

Santoríni (Thíra)

Σαντορίνη

Frühes Kykladenidol

Die Minoer kolonisierten die Insel Santoríni 3000 v. Chr. Um 1500 v. Chr. brach der Vulkan aus – daraus resultiert die Halbmondform. Die von den Dorern (8. Jh. v. Chr.) Thíra genannte Insel wurde im 13. Jahrhundert von den Venezianern erobert und nach der heiligen Irene in Santoríni umbenannt. 1537 nahmen die Osmanen die Insel ein. Santoríni mit den strahlend weißen Dörfern hoch über den schwarzen Sandstränden ist heute ein faszinierendes Urlaubsziel.

Eine der vielen Bars an den Klippen von Firá mit Caldera-Blick

Firá ❶

Φηρά

1550. 50 m südl. vom Hauptplatz. 22860 22231. Monólithos, 5 km östl.

Der Hauptort Firá (Thíra) überblickt die Caldera und die Insel Néa Kaméni. Er wurde im späten 18. Jahrhundert gegründet, als die Bewohner von der venezianischen Festung Skáros (bei Imerovígli) wegen des besseren Zugangs zum Meer auf die Hochebenen der Klippen zogen.

Nachdem die Stadt 1956 durch ein Erdbeben zerstört worden war, baute man die Kirchen mit den Kuppeln und die Höhlenhäuser *(skaftá)* wieder auf. Die terrassierte Stadt am Rand der Caldera ist heute dicht mit Hotels, Bars, Cafés und Restaurants bebaut. Von hier genießt man herrliche Ausblicke, vor allem bei Sonnenuntergang. Den winzigen Hafen von Skála Firón 270 Meter darunter erreicht man über eine Seilbahn oder 580 Stufen. Firá hat Fußgängerzonen und schmale Gassen. An der Plateía Theotokopoúlou befindet sich der Busbahnhof. Alle Straßen von hier in Richtung Norden und vom Hafen treffen bei der Plateía Firostefáni aufeinan-

An den Hang gebaute Häuser in Firá

Sehenswürdigkeiten auf einen Blick

Akrotíri ❹

Antikes Thíra ❸

Firá ❶

Oía ❷

Legende

Symbole siehe hintere Umschlagklappe

0 Kilometer 5

Hotels und Restaurants auf den Kykladen *siehe Seiten 313–317 und 336–338*

der. Die spektakulärste Straße, Agíou Miná, verläuft am Rand der Caldera südlich zur Kirche **Agíos Minás**. Mit der blauen Kuppel und dem weißen Glockenturm ist sie das Wahrzeichen von Santoríni.

Das **Archäologische Museum** zeigt Funde von Akrotíri *(siehe S. 241)* und Mésa Vounó *(siehe S. 240)*, u.a. frühe Kykladenidole aus Bimssteinbrüchen der Insel sowie eine Sammlung attischer schwarzfiguriger Vasen. Im **Neuen Archäologischen Museum** gibt es farbige Fresken, von denen man einst glaubte, sie stammten aus Atlantis.

Das **Mégaro-Ghísi-Museum** in einer schönen Villa (17. Jh.) im nördlichen Teil der Stadt beherbergt Manuskripte vom 16. bis 19. Jahrhundert und Karten, Gemälde und Fotografien der Stadt vor und nach dem Erdbeben.

Trotz des Erdbebens gibt es noch architektonische Spuren aus dem 17. und 18. Jahrhundert. Einige Villen konnten restauriert werden (Nomikoú und Erythroú Stavroú). Auf dem Weg nach Frangika (Frankenviertel) mit dem Gassen-Labyrinth ist die hübsche Kapelle **Agios Stylianós** am Rand der Klippen einen Abstecher wert.

Die orthodoxe **Ypapantí-Kathedrale** (Darstellung Jesu im Tempel) im Süden wurde 1827 erbaut. Das imposante Gebäude hat zwei Glockentürme und Wandgemälde von Christóforos Asimís (19. Jh.). Der Glockenturm des **Dómos** von Agíou Ioánnou dominiert den Norden der Stadt. Obwohl das Erdbeben großen Schaden anrichtete, sind weite Teile des barocken Inneren erhalten und restauriert.

Detail farbiger vulkanischer Klippen in Firá

Auf dem Eselsrücken von Skála Firón nach Firá

INFOBOX

13 500. 5 km südöstl. von Firá. Skála Firón. Firá (22860 23021). Klassische Konzerte in Firá: Aug, Sep.

Archäologisches Museum
Bei der Seilbahnstation. 22860 22217. Di–So 8.30–15 Uhr. Feiertage.

Neues Archäologisches Museum
Nahe dem Hauptplatz von Firá. 22860 23217. Di–So 8.30–15 Uhr. Feiertage.

Mégaro-Ghísi-Museum
Nahe der Seilbahnstation. 22860 22244. Mai–Ende Okt: tägl.

GEOLOGISCHE GESCHICHTE VON SANTORÍNI

Santoríni ist einer von mehreren Vulkanen des Südägäischen Vulkanbogens. Während der minoischen Zeit (um 1500 v.Chr.) fand eine riesige Eruption statt, durch die Santoríni seine heutige Form annahm.

1 *Santoríni war eine kreisförmige Insel, bevor die massive Eruption ihr Inneres heraussprengte.*

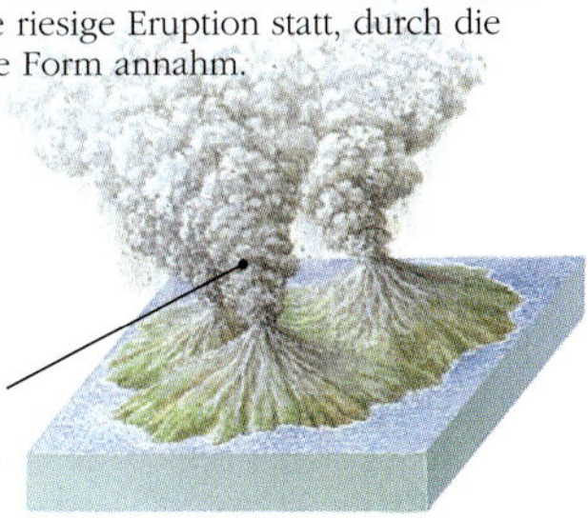

Jahrhundertelange **vulkanische Aktivität** führt um 1500 v.Chr. zum Ausbruch.

Wolken mit flüssigem Gestein breiten sich 30 Kilometer weit aus.

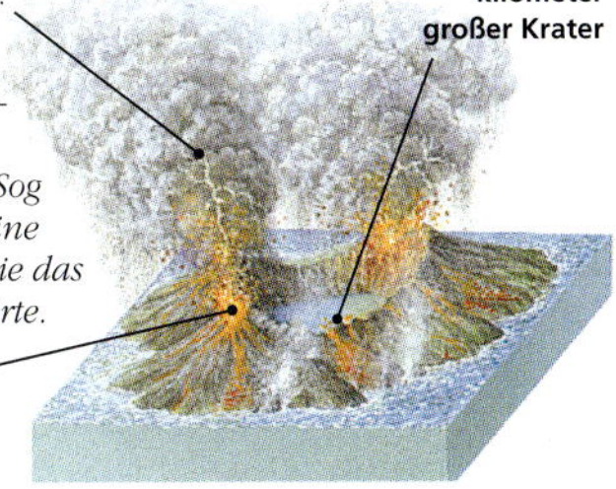

22 Quadratkilometer großer Krater

2 *Die Eruption hinterließ einen riesigen Krater (Caldera). Der Sog des Wassers erzeugte eine Springflut* (tsunami), *die das minoische Kreta zerstörte.*

Riesige Lavamengen begraben Akrotíri *(siehe S. 241)*.

3 *Die Inseln Néa Kaméni und Palaiá Kaméni entstanden durch spätere vulkanische Tätigkeit (197 v.Chr. und 1707). Die Vulkane sind noch immer aktiv.*

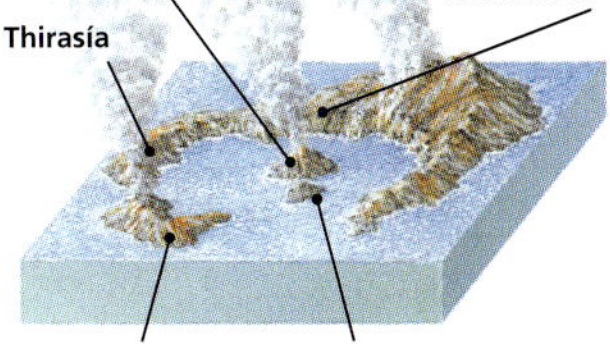

Néa Kaméni mit aktiven Vulkankegeln

Der Vulkan erhebt sich 300 Meter hoch

Thirasía

Aspro Nisí

Palaiá Kaméni

Überblick: Santoríni

Santoríni hat mehr zu bieten als die oft fotografierten Attraktionen von Firá, die hübschen Dörfer im Landesinneren und herrliche schwarze Sandstrände bei Kamári und Períssa. Sie können auch die eine oder andere Weinkellerei besuchen oder einen Abstecher auf die kleineren Inseln machen. Es gibt gute Busverbindungen, ein Mietfahrzeug erweitert aber Ihren Radius. Zu wichtigen Sehenswürdigkeiten wie Thíra oder Akrotíri bringen Sie Busse und organisierte Touren.

Blau und ockerfarben gestrichene Hausfront in Oía

Oía ❷

Οία

11 km nordwestl. von Firá. 400.

Die Stadt Oía an der Nordspitze der Insel ist berühmt für ihre atemberaubenden Sonnenuntergänge. Beliebtes Programm ist ein Abendessen in einem der vielen Restaurants an den Klippen, während die Sonne hinter der Caldera versinkt. Achtung: In der Stadt treiben der Sage nach Geister und Vampire ihr Unwesen.

Oía erreicht man über eine der kurvenreichsten Straßen der Kykladen. Der drittwichtigste Hafen war einst ein reiches Wirtschaftszentrum, bevor Oía beim Erdbeben 1956 zum Teil zerstört wurde. Nach dem Erdbeben wurde die Stadt sorgfältig wieder aufgebaut. Heute präsentiert sie sich in regionaltypischem Stil. Die weißen und pastellfarbenen Häuser klammern sich an die Klippen mit den berühmten Felshäusern *(skaftá)*. Einige der neoklassizistischen Häuser reicher Reeder sind noch erhalten. Am Rand der Caldera verläuft ein marmorgepflasterter Weg nach Firá. Über Treppen erreicht man Arméni und den Fischerhafen **Ammoúdi** mit den schwimmenden Bimssteinen und dem roten Kiesstrand. Die Tradition des Schiffsbaus wird im Dock von Arméni am Fuß der Klippen fortgeführt, obwohl der Hafen heute hauptsächlich für den Fährverkehr zur kleinen Insel Thirasía genutzt wird.

Fischerdorf Ammoúdi mit Oía auf den Klippen

Antikes Thíra am Ende der Halbinsel Mésa Vounó

Antikes Thíra ❸

Αρχαία Θήρα

11 km südwestl. von Firá. *nach Kamári.* *Di–So 8–14 Uhr.* *Feiertage.* *Períssa, 200 m darunter.*

Strategisch günstig auf der 370 Meter hohen felsigen Landzunge von Mésa Vounó an der Südostküste stehen die Ruinen der antiken Dorerstadt Thirá. Die nach dem großen Vulkanausbruch *(siehe S. 239)* rekolonisierten Ruinen erheben sich auf Terrassen über dem Meer.

Bildhauerarbeit aus Thíra

Der Großteil der Ruinen (um 1860 vom deutschen Archäologen Hiller von Gaertringen freigelegt) stammt von den Ptolemäern, die im 4. und 3. Jahrhundert v. Chr. den ägyptischen Göttern Tempel bauten. Es gibt auch hellenistische und römische Funde. Die Vasen aus dem 7. Jahrhundert v. Chr., die hier entdeckt wurden, stehen im Archäologischen Museum von Firá *(siehe S. 239)*.

Auf dem Gelände sieht man eine frühchristliche Basilika, Reste privater Häuser (einige mit Mosaik), die Agora (Marktplatz) und ein Theater mit direktem Blick aufs Meer. Am westlichen Ende findet man ein Heiligtum (3. Jh. v. Chr.) mit Reliefs eines Adlers, eines Löwen, eines Delfins und eines Phallus als Symbole für Zeus, Apollo, Poseidon und Priapus, errichtet von Artemídoros, Admiral der ptolemäischen Flotte.

Im Osten, auf der Zeremonienterrasse, trifft man auf In-

Blick vom antiken Thíra nach Kamári

schriften aus dem 8. Jahrhundert v. Chr. Sie preisen die Teilnehmer und Tänzer der Gymnopädien – kultischen Festen, in denen Jungen nackt tanzten und Hymnen an Apollo sangen oder ihre Kräfte im sportlichen Wettkampf maßen.

Umgebung: Der Felsrücken von Mésa Vounó mit dem Profítis-Gipfel ragt zwischen den Stränden von Kamári und Períssa ins Meer. Der beliebteste Ferienort **Kamári** liegt unterhalb des antiken Thíra. Den Strand mit Steinen und schwarzem Vulkansand umgeben Bars, Tavernen und Apartments. In **Períssa** findet man auf acht Kilometern schwarzen Sand, einen Campingplatz und ein breites Wassersportangebot. Auf den Ruinen der byzantinischen Kapelle der heiligen Irene, nach der die Insel benannt ist, steht heute eine moderne Kirche.

Akrotíri ❹

Ακρωτήρι

12 km südwestl. von Firá. 350. *Kókkini Ammos, 1 km südl.*

Der ehemalige minoische Vorposten im Südwesten der Insel zählt heute zu den wichtigsten Fundstätten der Kykladen. Nach einem Vulkanausbruch im Jahr 1866 entdeckten französische Archäologen hier minoische Amphoren. Professor Spyrídon Marinátos legte schließlich 1967 die gesamte Anlage frei, die nach 3500 Jahren unter vielen Tonnen vulkanischer Asche wunderbar erhalten war. Bedeutendste Entdeckung waren die Fresken, die heute im Nationalmuseum von Athen zu sehen sind *(siehe S. 286)*. Marinátos verunglückte bei den Ausgrabungsarbeiten und liegt hier bei seinem Lebenswerk bestattet. Die Ausgrabungen umfassen zwei- bis dreistöckige Häuser aus dem 16. Jahrhundert v. Chr. mit riesigen *pithoi* (Vorratsgefäßen aus Ton). Hier wurde auch das bekannte Fresko mit den beiden boxenden Jünglingen entdeckt. Außerdem wurden eine Mühle, eine Töpferei sowie ein Lagerraum mit *pithoi* für Getreide, Mehl und Öl ans Tageslicht gebracht. Von einer Aussichtsbrücke aus kann man den Grundriss der Stadt gut erkennen. Das dreistöckige »Haus der Damen« trägt seinen Namen wegen eines Freskos mit zwei üppigen dunklen Frauen. Die Fresken von Fischerjungen und Schiffen des dreieckigen Hauptplatzes sind heute im Neuen Archäologischen Museum von Firá untergebracht.

Das Abwassersystem der Stadt lässt den hohen Entwicklungsstand der Kultur erkennen. Es wurden keine menschlichen oder tierischen Funde gemacht, was darauf schließen lässt, dass die Bewohner durch Beben vorgewarnt und rechtzeitig geflohen waren.

Vorgelagerte Inseln

Von Athiniós (12 km südlich von Firá) verkehren Boote zu den Nachbarinseln. Die nächsten sind **Palaiá Kaméni** und **Néa Kaméni** (die »versengten Inseln«). Auf Palaiá Kaméni können Besucher ein heißes Schlammbad nehmen, auf Néa Kaméni den Krater erklimmen. **Thirasía** hat einige Tavernen und Hotels. Vom malerischen Hauptort Manólas genießt man einen schönen Blick über die Caldera nach Firá. Die etwas abgelegene, friedliche Insel **Anáfi** (die südlichste der Kykladeninseln) teilt die Geschichte der Inseln um Santoríni und hat herrliche Strände. Es gibt antike Ruinen, doch von den Apollon- und Artemis-Heiligtümern, die hier standen, ist nichts erhalten.

Pithoi (Vorratskrüge) aus Akrotíri

Akrotíris Fresken

Die um 1500 v. Chr. entstandenen minoischen Wandgemälde ähneln denen von Knosós *(siehe S. 272f)*. *Der junge Fischer* stellt einen Knaben mit blauen und gelben Fischen dar, *Die boxenden Knaben* sind zwei junge Boxer mit langem, schwarzem Haar und Mandelaugen. Durch die Lava geschützt, blieb die Farbe der Fresken erhalten. Ein Großteil ist im Neuen Archäologischen Museum in Firá ausgestellt *(siehe S. 239)*.

Atemberaubende Lage von Firá auf den Klippen von Santoríni ▷

KRETA

CHANIÁ · RÉTHYMNO · IRÁKLIO · LASÍTHI

Die Insel Kreta (Kriti) ist von rauen, hohen Bergen geprägt, deren scheinbare Unbezwingbarkeit sich tief in die Seele der Kreter gegraben hat. Die jahrhundertelange Isolation durch Berge und Meer formte den stolzen, freiheitsliebenden Charakter der Kreter. Eroberer kamen und gingen, doch die Leidenschaft der Kreter für Individualität und Unabhängigkeit blieb bestehen.

Fast 3000 Jahre lagen die Ruinen der minoischen Zivilisation an der Küste Kretas begraben und vergessen da. Erst Anfang des 20. Jahrhunderts legte man die Ruinen der großartigen minoischen Paläste von Knosós, Zákros, Mália und Phaestos frei. Die Pracht ist Ausdruck des hohen Niveaus der minoischen Kultur, die man heute für die Wiege der europäischen Zivilisation hält.

Kreta durchlebte Zeiten der religiösen Unterdrückung und der Besetzung durch fremde Mächte. Die Römer brachten Kreta ihr Verwaltungssystem, der antike Stadtstaat Górtys wurde 65 v. Chr. Hauptstadt der römischen Provinz auf Kreta. Der byzantinischen Herrschaft folgte die venezianische (1204–1669), wovon die herrlichen Festungen wie etwa Frangokástello und elegante Gebäude in Réthymno und Chaniá noch heute zeugen. Unterdrückung und religiöse Verfolgung durch die Türken (1669–1898) führten zu einer starken Unabhängigkeitsbewegung. Unter Elefthérios Venizélos (1864–1936) wurde Kreta 1913 griechisch. Ein ruhmreiches Kapitel ist der Widerstand der Insel gegen die deutsche Besatzung (1941).

Teppichdetail, Anógeia

Heute verbinden sich Berge, Meer und Geschichte zusammen mit der gelassenen Haltung der Kreter zu einer speziellen Mischung, die alljährlich zahlreiche Urlauber auf die idyllische Insel lockt.

Kreter in Réthymno in traditionellen kretischen Schuhen und Kopfbekleidung

◁ Palmengesäumte Flussmündung am Préveli-Strand an Kretas Südküste *(siehe S. 264)*

Kretas Flora und Fauna

Die Natur auf Kreta ist so vielfältig wie die Insel selbst. Im Frühling ist ganz Kreta von Pflanzen übersät: Blumen an den Küsten, Olivenhaine, Wiesen und Obstgärten im Inselinneren. Als *phrygana* bezeichnete Felsheiden sind häufig, daneben gibt es in entlegenen Schluchten auch Flecken immergrüner Wälder. Süßwassersümpfe ziehen Wasservögel an, und Kretas Lage zwischen Nordafrika und dem griechischen Festland macht es im Frühling und Herbst zum idealen Rastplatz für Zugvögel. Durch die relative Isolation der Insel entstanden verschiedene einzigartige Pflanzenarten.

Die Samariá-Schlucht (siehe S. 254f) *entstand durch winterliche Sturzbäche vom Omalós-Plateau. Besucher sollten nach Pfingstrosen, Zyklamen und dem kretischen Ebenholzstrauch Ausschau halten. Mit Glück sieht man auch die kretische Wildziege* Kri-Kri, *die sich geschickt über die steilen Abhänge bewegt.*

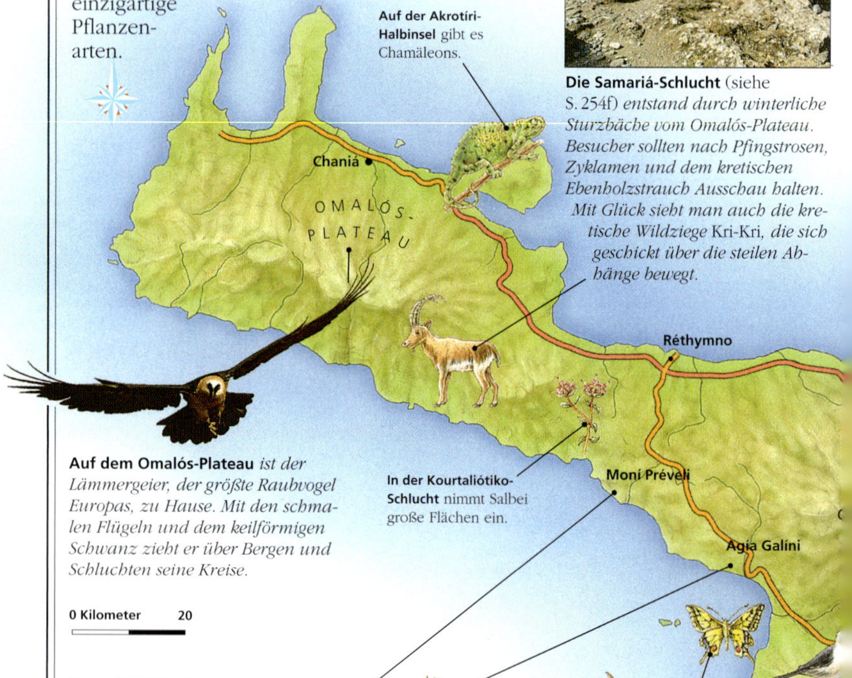

Auf der Akrotíri-Halbinsel gibt es Chamäleons.

Auf dem Omalós-Plateau *ist der Lämmergeier, der größte Raubvogel Europas, zu Hause. Mit den schmalen Flügeln und dem keilförmigen Schwanz zieht er über Bergen und Schluchten seine Kreise.*

In der Kourtaliótiko-Schlucht nimmt Salbei große Flächen ein.

Speer- und Schwertfische sind die größten Fische um Kreta.

In Agía Triádas Sümpfen leben Stelzenläufer.

Am Golf von Mesará mit seinem rauen Grasufer findet der Schwalbenschwanz Lebensraum.

Moní Préveli (siehe S. 260) *wird zwischen Mai und August von Teichrohrsängern aufgesucht. Das Männchen hat eine schöne schwarz-weiße Kopfzeichnung und rote Knopfaugen.*

In Agía Galíni (siehe S. 263) *kann man herrliche Frühlingsblumen entdecken, darunter die berühmte Riesenorchidee. Sie wird bis zu 60 Zentimeter hoch und blüht von Februar bis Anfang März.*

Gelbe Bienen-Ragwurz

Pechnelke mit klebrigen Stängeln

Kretischer Ebenholzstrauch

Wildblumen auf Kreta

Jedes Jahr besuchen zahlreiche Botaniker und Naturliebhaber Kreta wegen der spektakulären Flora. Von Februar bis Mai steht die Insel in voller Blütenpracht, gegen Ende Juni sind die meisten Blumen bereits verblüht und viele verdorrt. Den Sommer über leben sie gegen Hitze geschützt als Zwiebeln oder Knollen unter der Erde, wo sie neue Kräfte sammeln.

Naturkundliche Studienreisen

NATOURS-Reisen
Reiseveranstalter für aktives und umweltbewusstes Reisen
Untere Eschstraße 15,
49179 Ostercappeln.
05473 92290.
www.natours.de

Studiosus Reisen
Rießstraße 25,
80992 München.
089 500600.
www.studiosus.de

EGUS Reisen
James-Franck-Ring 27,
37077 Göttingen.
0551 3075511.

Mália (siehe S. 277) *ist eines der vielen Küstengebiete, wo Wat- und Stelzvögel im Frühling und Herbst Station machen. Diese Waldschnepfe wird hier einige Tage am Rand von Teichen und Marschlandschaften auf Futtersuche gehen.*

Auf den steilen Klippen von Siteía (siehe S. 280) *wächst der kretische Ebenholzstrauch. Ihn gibt es nur auf Kreta. Im Frühling treibt er lilafarbene Blüten.*

Delfine sieht man von Landzungen im Norden aus.

Die Hänge des Berges Díkti sind im Frühling von Blumen wie der Bienen-Ragwurz übersät.

Die Salzpfannen von Eloúnta werden von Säbelschnäblern geschätzt.

In den Feldern von Lasíthi entdeckt man Wiedehopfe.

In Agios Nikólaos machen Zugvögel wie die Bachstelze Rast.

Geckos leben im Osten der Insel an Steinmauern neben den Straßen.

In Ierápetra (siehe S. 279) *fühlen sich Rotkopfwürger wohl. Sie ernähren sich von Insekten und kleinen Wirbeltieren, die sie manchmal auf Dornen aufspießen, damit sie sie leichter fressen können.*

An den steilen Klippen von Zákros (siehe S. 281) *führen Falken im Sommer wahre Kunststücke vor.*

Überblick: Kreta

Die südlichste griechische Insel ist für tiefblaues Wasser, Sandstrände und strahlenden Sonnenschein bekannt. An der Nordküste von Kreta findet man zahlreiche Ferienorte und ebenso viele historische Stätten wie Réthymno und Chaniá. Die zerklüftete Südküste ist, vor allem im Südwesten, weniger erschlossen. Vier große Bergketten ziehen sich von Ost nach West über die 250 Kilometer lange Insel – mit herrlicher Landschaft und Schluchten ein Wanderparadies. Die Hauptstadt Iráklio mit ihrem Historischen Museum bietet sich als Basis für einen Abstecher nach Knosós an, zum größten minoischen Palast Kretas.

Kartenspieler in der Altstadt von Réthymno

Blick auf den Hafen von Sfakiá

SIEHE AUCH

- ***Übernachten*** S. 317–320
- ***Restaurants*** S. 338–340
- ***Reiseinformationen*** S. 366–369

AUF KRETA UNTERWEGS

Die Provinzhauptstädte Chaniá, Réthymno, Iráklio und Agios Nikólaos sind Verkehrsknotenpunkte für die jeweilige Region. Die Busverbindungen mit regelmäßigem Linienverkehr entlang der Nordküste sind recht gut. Auch mit dem Auto kommt man zügig voran. Taxis fahren zu günstigen Preisen. Die Bergstraßen zwischen den Dörfern sind meist asphaltiert.

Überkuppelte Moschee (venezianische Fortétsa in Réthymno)

Sehenswürdigkeiten auf einen Blick

Agía Galíni 16
Agía Triáda 17
Agios Nikólaos 28
Akrotíri-Halbinsel 5
Anógeia 15
Archánes 23
Chaniá S. 252f 4
Chersónisos 24
Eloúnta 27
Frangokástello 9
Górtys 20
Gourniá 31
Idi-Gebirge 14
Ierápetra 30
Iráklio S. 268–271 21
Kastélli Kissámou 1
Kritsá 29
Lasíthi-Plateau 26
Mália 25
Mátala 18
Moní Arkadíou 12
Moní Préveli 11
Moní Toplioú 33
Palaióchora 2
Palast von Knosós S. 272–275 22
Phaestos S. 266f 19
Plakiás 10
Réthymno S. 258f 7
Samariá-Schlucht S. 254f 6
Sfakiá 8
Siteía 32
Soúgia 3
Váï-Strand 34
Zákros 35

Tour

Amári-Tal 13

Zur Orientierung

Nordtor des Palastes von Knosós

Pelikan im malerischen Hafen von Siteía

Legende

- Autobahn
- Hauptstraße
- Nebenstraße
- Panoramastraße
- Unbefestigte Straße
- Fähre (nur Hauptsaison)
- Gipfel

Herrlich langer Sandstrand von Falásarna mit seinem türkisblauen Wasser

Kastélli Kissámou ❶

Καστέλλι Κισσάμου

Chaniá. 3000. Kastélli Kissámou.

Die kleine, bescheidene Stadt Kastélli Kissámou (oder einfach nur Kastélli) liegt südöstlich der nahezu unbewohnten Halbinsel Gramvoúsa, einst ein Seeräubernest. Der Tourismus spielt in Kastélli keine große Rolle, es gibt jedoch einige Hotels und am Kiesstrand auch Restaurants. Am Rathausplatz residiert das erstklassige **Archäologische Museum** mit einigen prächtigen römischen Mosaiken, die in der Gegend gefunden wurden. Von Kastélli lässt sich die Westküste gut erkunden. Lohnenswert sind Bootsausflüge zur Spitze der **Halbinsel Gramvoúsa** mit ihren einsamen Sandstränden.

Archäologisches Museum
Platía Tzanakáki (Nähe Busbahnhof). *Di–So 8.30–15 Uhr.*

Umgebung: Sieben Kilometer südlich von Kastélli liegen oberhalb von Ano Palaiókastro (auch: Polyrínia) die Ruinen des antiken **Polyrínia** (»Stadt der vielen Herden«, 6. Jh. v. Chr.). Der befestigte Stadtstaat wurde von den Römern ausgebaut, später von Byzantinern und Venezianern.

Die Kirche **Enenínta ennéa Martýron** (99 Märtyrer) aus dem Jahr 1894 steht auf den Ruinen eines großen hellenistischen Bauwerks.

An der Westküste der Gramvoúsa-Halbinsel, 16 Kilometer westlich von Kastélli, windet sich eine Straße zum herrlichen und einsamen Strand von **Falásarna** hinab. Erdbeben haben nahezu alle Spuren der einst wohlhabenden Hafenstadt vernichtet. Heute findet man hier einige Gästehäuser und Tavernen, die verstreut am nördlichen Strandende stehen.

Etwa 20 Kilometer östlich von Kastélli, am Beginn der Rodopós-Halbinsel, liegt das malerische Fischerdorf **Kolympári**. Einen Kilometer nördlich des Ortes stößt man auf das eindrucksvolle Kloster **Moní Panagías Goniás** (17. Jh.), in herrlicher Lage am Meer mit schönen Ikonen aus dem 17. Jahrhundert. Jedes Jahr am Fest Johannes' des Täufers (29. August) legen zahlreiche Pilger den dreistündigen Fußmarsch zur Kirche **Agios Ioánnis** zurück. Dort findet eine Massentaufe für Jungen mit dem Namen Johannes statt.

Palaióchora ❷

Παλαιόχωρα

Chaniá. 1800. *Elafonísi, 14 km westl.*

Palaióchora wurde in den 1960er Jahren von den Hippies entdeckt und ist noch heute ein Paradies für Rucksackurlauber sowie für Pauschalreisende. Die kleine Hafenstadt entstand um eine venezianische Burg, die 1279 erbaut wurde. 1539 von Piraten zerstört, sieht man heute nur mehr ihre Ruinen auf der kleinen Halbinsel, die die beiden schönen Strände des Dorfes voneinander trennt. Der weite Sandstrand im Westen umfasst eine Windsurfschule, der östliche ist felsig und gut geschützt.

Umgebung: In den Lefká Ori (Weiße Berge) windet sich ein Netz kleiner Straßen durch atemberaubende Terrassen-

Moní Chrysoskalítissas in der Nähe von Palaióchora

Hotels und Restaurants auf Kreta *siehe Seiten 317–320 und 338–340*

Schlacht von Kreta (1941)

Nach der Besetzung Griechenlands im Zweiten Weltkrieg landeten deutsche Truppen auf Kreta. Tausende sprangen über dem Gebiet von Chaniá ab, der Flughafen von Máleme wurde am 20. Mai 1941 eingenommen. Die Schlacht von Kreta dauerte zehn Tage, begleitet von hohen Verlusten auf beiden Seiten. Alliierte Truppen zogen sich mithilfe der Einheimischen durch die Lefká Ori (Weiße Berge) in den Süden zurück, wo sie von der Insel evakuiert wurden. In den vier Jahren deutscher Besatzung bis 1945 leisteten die Kreter ungebrochenen Widerstand.

Deutsche Fallschirmjäger auf Kreta, 1941

landschaft und Bergdörfer, die für ihre byzantinischen Kirchen bekannt sind. Nächstes Dorf ist **Anýdri**, fünf Kilometer östlich von Palaióchora, mit seiner zweischiffigen Kirche **Agios Geórgios** mit Fresken aus dem Jahr 1323 von Ioánnis Pagoménos (»der Erfrorene«).

Im Sommer fahren täglich Boote nach **Elafonísi**, einem lagunenartigen Strand mit goldenem Sand und klarem Wasser. Von hier führt ein fünf Kilometer langer Weg nach Norden zu **Moní Chrysoskalítissas** (Goldene Stufe, wegen der 90 Stufen, die zur Kirche führen und von denen eine golden scheint – zumindest in den Augen der Tugendhaften). Zu erreichen ist es auch über eine Straße 28 Kilometer südlich von Kastélli Kissámou. Von Palaióchora aus geht eine stürmische, 64 Kilometer lange Überfahrt zum südlichsten Punkt Europas, der Insel **Gávdos**.

Soúgia ❸
Σούγια

Chaniá. 270. Soúgia; Lissós, 3 km westl.

Das Dörfchen am Eingang zur Agía-Eiríni-Schlucht war einst völlig von der Welt abgeschnitten. Heute führt eine gute Straße nach Chaniá und zur Nordküste. Im aufstrebenden Ferienort gibt es Zimmer, einige Tavernen und Bars. Über dem langen Kiesstrand erhebt sich die Dorfkirche auf den Ruinen eines byzantinischen Bauwerks, dessen Mosaikböden größtenteils entfernt wurden.

Fresko von Ioánnis Pagoménos, Agios Geórgios

Umgebung: 60 Gehminuten westlich von Soúgia trifft man auf den antiken Stadtstaat **Lissós**, ein florierendes Handelszentrum in hellenistischer und römischer Zeit. Hier gibt es zwei schöne Basiliken (13. Jh.), die Ruinen eines Asklepieions (Heilungstempel, 3. Jh. v. Chr.) und eines Heiligtums zu sehen. Der Weg nach Lissós führt durch die **Agía-Eiríni-Schlucht**. Die bei erfahrenen Wanderern durchaus beliebte Schlucht soll ähnlich der von Samariá besser erschlossen werden.

Chaniá ❹

Siehe S. 252f.

Akrotíri-Halbinsel ❺
Χερσόνησος Ακρωτηρίου

6 km nordwestl. von Chaniá.
Soúda. Chaniá und Soúda.
Stavrós, 14 km nördl. von Chaniá; Maráthi, 10 km östl. Chaniá.

Die für Kreta recht flache Halbinsel liegt zwischen Réthymno *(siehe S. 258f)* und Chaniá *(siehe S. 252f)*. Am Beginn, auf dem Profítis-Ilías-Berg, steht die Gedenkstätte des kretischen Nationalhelden Elefthérios Venizélos *(siehe S. 43)*. Sein Grab ist ein nationales Heiligtum, denn hier hissten die Rebellen 1897 als Protest gegen die Großmächte die griechische Fahne.

Bei den Hügeln im Nordosten der Insel gibt es viele Klöster. **Moní Agías Triádas** mit eindrucksvollen Kuppeln stammt aus dem 17. Jahrhundert, während **Moní Gouvernétou** auf die frühe venezianische Zeit zurückgeht. Beide sind noch von Mönchen bewohnt. Das verlassene **Moní Katholikoú** ist teilweise in Fels gehauen und nur zu Fuß erreichbar.

Im Osten der Halbinsel befindet sich der **Commonwealth-Soldatenfriedhof** mit den Gräbern von über 1500 britischen, australischen und neuseeländischen Soldaten, die in der Schlacht von Kreta fielen.

Commonwealth-Soldatenfriedhof
4 km südöstl. von Chaniá. *tägl.*

Ziegenherde auf der Halbinsel Akrotíri

Chaniá ❹

Χανιά

Olivenöl, Markthalle in Chaniá

Majestätische Berge und tiefblaues Wasser – Chaniá ist eine der anziehendsten Städte der Insel und guter Ausgangspunkt für Ausflüge in den Westen Kretas. Die neoklassizistischen Gebäude und die massiven venezianischen Festungen zeugen neben weiteren Bauwerken von der turbulenten und vielfältigen Vergangenheit der Stadt. Um die minoische Siedlung Kydonia kämpften Römer, Byzantiner, Venezianer, Genuesen, Türken und Ägypter. Nach der Vereinigung mit Griechenland 1913 erlebte die Insel während des Zweiten Weltkriegs eine weitere Eroberung – dieses Mal durch die deutsche Armee 1941, als um Chaniá die Schlacht von Kreta tobte *(siehe S. 251)*.

Venezianischer Firkás-Turm am äußeren Hafenbecken (Chaniá)

Hafen

Im alten venezianischen Viertel rund um den Hafen finden sich die interessantesten Sehenswürdigkeiten der Stadt. In der Nordwestecke des Hafens bietet das **Marinemuseum** im gut restaurierten venezianischen Firkás-Turm eine Sammlung von Schiffsmodellen und nautischen Instrumenten. Hier finden im Sommer auch Theater- und Tanzaufführungen statt.

Auf der anderen Seite des äußeren Hafenbeckens steht aus der Zeit der türkischen Eroberung 1645 das älteste türkische Bauwerk Kretas, die **Janitscharen-Moschee**. Sie wurde im Zweiten Weltkrieg zerstört und bald danach wieder aufgebaut. Hinter der Moschee erhebt sich der älteste Teil der Stadt, Kastélli mit der minoischen Siedlung **Kydonia**, wo derzeit Grabungen stattfinden. Sie ist zwar nicht zugänglich, aber von der Straße deutlich zu sehen. Man erreicht sie über Líthinon, eine Straße mit reich verzierten venezianischen Portalen. Viele Funde sind im Archäologischen Museum zu sehen, darunter eine Sammlung von Tontafeln mit minoischer Linear-A-Schrift.

Janitscharen-Moschee

Am inneren Hafen stehen die heute verlassenen venezianischen Arsenale, in denen Schiffe einst deponiert und repariert wurden. Vom venezianischen Leuchtturm am Ende der Mole hat man einen herrlichen Blick über Chaniá.

Marinemuseum

Fort Firkás, Aktí Kountourióti.
28210 91875. *tägl.* *Feiertage.*

Rund um die Markthalle

Über die Chálidon-Straße erreicht man die Markthalle aus der Zeit um die Jahrhundertwende mit ihrer großen Auswahl an heimischem Obst und Gemüse, aber auch an Souvenirs aus Kreta. Die Skíydlot- oder Stivanádika-Straße am Markt entlang quillt

Der alte Hafen von Chaniá kommt bei einbrechender Dämmerung zur Ruhe

Hotels und Restaurants auf Kreta *siehe Seiten 317–320 und 338–340*

Stimmungsvoll: Straßen im alten Spláantzia-Viertel

über vor Läden mit Lederwaren. Das nahe **Archäologische Museum** in der venezianischen Kirche San Francesco präsentiert Funde aus dem Westen Kretas, z. B. Keramiken, Skulpturen, Mosaiken und Münzen. Am Platz schräg gegenüber steht die Kathedrale **Agía Triáda** (19. Jh.). Von hier ist es nicht weit zur restaurierten **Synagoge Etz Hayyim** aus dem 15. Jahrhundert. Sie wurde von der jüdischen Gemeinde der Stadt genutzt, bis deutsche Truppen die Insel 1941–1945 besetzten und die jüdischen Einwohner in Konzentrationslager deportierten.

Dionysos-und-Ariadne-
Mosaik (Archäologisches Museum Chaniá)

Archäologisches Museum
Chálidon 21. 28210 90334.
Di–So 8.30–15 Uhr. Feiertage.

Synagoge Etz Hayyim
Parados Kondylaki. 28210 86286. Mo–Fr 8–18 Uhr.

Spláantzia-Viertel

Das Altstadtviertel Spláantzia nordöstlich der Markthallen bezaubert mit hölzernen Balkonen, die von alten Häusern über gepflasterte Gassen herausragen. Der von Bäumen umgebene Platz **Plateía 1821** erinnert an den Aufstand gegen die türkische Besetzung, bei dem ein orthodoxer Bischof erhängt wurde. Den Platz überblickt die venezianische Kirche **Agios Nikólaos**. In der Nähe befinden sich die **Agioi Anárgyroi** (16. Jh.) mit frühen Ikonen und Gemälden sowie **San Rocco** (1630).

Außerhalb der Stadtmauern

Südlich der Markthallen entlang der Tzanakáki-Straße befindet sich der öffentliche **Park**. Er wurde im 19. Jahrhundert vom türkischen Pascha angelegt. Es gibt dort auch einen netten Zoo mit einigen Tieren, darunter die kretische Wildziege Kri-Kri, einen Kinderspielplatz, ein Café und eine Freilichtbühne, die meist für Festlichkeiten und Kulturveranstaltungen genutzt wird. Das nahe gelegene **Historische Museum und Archiv** ist in einem neoklassizistischen Gebäude untergebracht und widmet sich dem Freiheitskampf Kretas. Unter den Exponaten befinden sich Fotoaufnahmen und Briefe des berühmten Staatsmannes Elefthérios Venizélos (1864–1936) sowie zahlreiche andere historische Dokumente.

INFOBOX

Chaniá. 55 000. 16 km östl. von Chaniá. Soúda-Bucht. Kydonías (Langstrecken), Plateía Agorás (um Chaniá). Kriári 40 (28210 92943). Mo–Do, Sa (Gemüse und Kleidung). Nautische Woche: Ende Juni. Agía Marína, 9 km westl.; Plataniás, 11 km westl.

Historisches Museum und Archiv
Sfakianáki 20. 28210 52606.
Mo–Fr. Feiertage.

Umgebung: Von Chaniá nach Westen bis ins 21 Kilometer weit entfernte Tavronítis erstreckt sich fast nahtlos eine Reihe von Sandstränden. Eine gute Alternative zu den Stränden in der Stadt bietet einer der ersten entlang dieser Strecke, der ruhige Strand von **Agioi Apóstoloi**.

Weiter westlich erinnert der **Deutsche Soldatenfriedhof** an die Fallschirmlandung der deutschen Armee bei Máleme im Jahr 1941 *(siehe S. 251)*. Der Friedhof am Hügel zählt über 4000 Gräber mit schlichten Grabsteinen. In einem kleinen Pavillon am Eingang gibt es eine kurze Dokumentation zu sehen, die an dieses Ereignis erinnert.

Deutscher Soldatenfriedhof
19 km westl. von Chaniá.
28210 62296. tägl.

Sandstrand von Agioi Apóstoloi westlich von Chaniá

Samariá-Schlucht ❻

Φαράγγι της Σαμαριάς

Paeonia clusii, Samariá-Schlucht

Die längste Schlucht Europas ist zweifellos der landschaftliche Höhepunkt Kretas. Nach der Errichtung des Nationalparks im Jahr 1962 zogen die Bauern, die hier wohnten, weg und hinterließen die heute noch bestehenden kleinen Kapellen. Ausgehend von Xylóskalo 44 Kilometer südlich von Chaniá, führt ein viel begangener Weg durch die Schlucht zum Meer hinunter. Nach einem anstrengenden, fünf- bis sechsstündigen Fußmarsch von 18 Kilometern Länge erreicht man Agía Rouméli. Am Weg findet man Trinkwasserquellen. Für Wanderungen empfiehlt sich festes Schuhwerk.

Blick über die beeindruckende Samariá-Schlucht

★ Xylóskalo

Die Samariá-Schlucht erreicht man über Xylóskalo, einen Zickzackpfad mit Holzgeländer, der auf den ersten zwei Kilometern um atemberaubende 1000 Höhenmeter abfällt.

Agios Nikólaos

Am Beginn von Xylóskalo steht die kleine Kapelle im Schatten von Pinien und Zypressen.

Kri-Kri (Kretische Wildziege)

Von der kretischen Wildziege Kri-Kri nimmt man an, dass sie eine wilde Verwandte der im Mittelmeerraum allgegenwärtigen Hausziege ist. Als geschützte Art darf sie nicht gejagt werden und kommt in nur wenigen Gebieten auf Kreta vor – u. a. in der Samariá-Schlucht. Auf felsigem Untergrund bewegt sie sich äußerst geschickt und sicher, wodurch sie ihren Feinden gegenüber im Vorteil ist. Viele ausgewachsene Ziegen haben schön gezeichnetes Fell und Hörner mit drei Ringen.

Kri-Kri im Fels

Hotels und Restaurants auf Kreta *siehe Seiten 317–320 und 338–340*

★ Samariá-Dorf
Die Bewohner verließen das Dorf 1962, als die Schlucht zum Nationalpark erklärt wurde.

INFOBOX

44 km südl. von Chaniá. nach Xylóskalo. Agía Rouméli nach Sfakiá (via Loutró), nach Palaióchora (via Soúgia); letzte Fähre zurück um 17 Uhr.
Schlucht *Mai–Mitte Okt: tägl. 6–16 Uhr (Anfang Mai–Ende Okt: bei guter Witterung).*

Osía María, eine kleine Kirche am Fuß einer steilen Felswand, birgt Fresken aus dem 14. Jahrhundert.

★ Siderósportes (Eiserne Pforte)
Nach zwölf Kilometern verengt sich der Weg zwischen zwei hoch aufragenden Felswänden auf nur drei Meter. Die »Eiserne Pforte« ist die engste Stelle der Schlucht.

Agía Rouméli (Neues Dorf)
Das ehemalige Piratennest Agía Rouméli war einst auch Exporthafen für Zypressen nach Ägypten. Heute bietet es Tavernen und domátia *(Gästezimmer).*

LEGENDE

- Information
- Parken
- Quelle mit Trinkwasser
- Asphaltierte Straße
- Parkgrenze
- Wanderpfad
- Aussichtspunkt

NICHT VERSÄUMEN

- ★ Samariá-Dorf
- ★ Siderósportes (Eiserne Pforte)
- ★ Xylóskalo

EROTOKRITOS
EROTOCRITOS
TAVERNA SNACK BAR

Réthymno ❼

Ρέθυμνο

Réthymno (hellenisch-römisch: Ríthymna) ist bereits seit minoischer Zeit besiedelt. Unter venezianischer Herrschaft entwickelte sich die Stadt im 16. Jahrhundert zu einem literarischen und künstlerischen Zentrum, in das viele Gelehrte aus Konstantinopel kamen. Trotz des stark zunehmenden Fremdenverkehrs hat die Stadt ihren Charme bewahrt und ist auch heute noch die intellektuelle Hauptstadt Kretas. In der Altstadt finden sich viele gut erhaltene venezianische und türkische Gebäude. Eine riesige venezianische Festung *(Fortétsa)*, im 16. Jahrhundert zum Schutz gegen Piraten erbaut, überblickt den Hafen und den malerischen Leuchtturm aus dem 13. Jahrhundert.

Nerantzés-Moschee (17. Jh.)

Überblick: Réthymno

Réthymnos geschäftiger Hafen ist ein einziges großes Straßencafé. Viele Urlauber kehren hier ein. Er wird von einem schönen Sandstrand gesäumt, den im Westen ein inneres Hafenbecken mit einem restaurierten **Leuchtturm** (13. Jh.) auf der Mole abschließt.

Das Stadtbild dominiert die **Fortétsa** über dem inneren Hafen. Sie wurde um 1570 von Pallavicini zum Schutz gegen Piraten (Barbarossa hatte die Stadt 1538 zerstört) und türkische Expansionsbestrebungen erbaut. Die Außenmauern sind weitgehend erhalten. Im Inneren stehen eine Moschee, eine kleine Kirche und Teile der Gebäude des Burgherrn. Vieles ist jedoch zerstört. Im Sommer finden hier Open-Air-Konzerte statt.

Webarbeit im Museum für Geschichte und Volkskunst

Gegenüber dem Haupteingang der Fortétsa steht das **Archäologische Museum** in einer ehemaligen türkischen Bastion. Die Exponate sind chronologisch von der neolithischen über die minoische bis zur römischen Zeit geordnet und umfassen Funde aus Gräbern, Heiligtümern und Höhlen der Umgebung. Hervorzuheben sind späte minoische Sarkophage *(larnakes)* und Grabbeigaben.

Die Altstadt hinter der Fortétsa ist ein Gassengewirr mit venezianischen und türkischen Gebäuden mit schmiedeeisernen Balkonen. Nahe der Plateía Peocháki steht die **Nerantzés-Moschee** (17. Jh.), die am besten erhaltene der Stadt. Die venezianische Kirche wurde von den Türken 1657 in eine Moschee umgewandelt. Heute dient sie als Konzerthalle.

An der Palaiológou-Straße sprudelt der venezianische **Rimóndi-Brunnen** mit Löwenköpfen, umringt von Gemüseläden und Cafés. Hier findet man auch die elegante venezianische **Loggia** (Lótzia) aus dem 16. Jahrhundert.

Das kleine **Museum für Geschichte und Volkskunst** ist in einer venezianischen Villa untergebracht. Zu sehen ist lokales Kunsthandwerk, darunter Webarbeiten, Keramik, Spitze und Schmuck.

Fortétsa
Katecháki. *28310 28101.*
Mai–Okt: tägl. *Feiertage.*

Archäologisches Museum
Cheimárras. *28310 54668.*
Di–So. *Feiertage.*

Loggia
Palaiológou und Arkadíou.
28310 53270. *März–Sep: Mo–Fr.* *Feiertage.*

Museum für Geschichte und Volkskunst
Vernárdou 30. *28310 23398.*
Apr–Okt: Mo–Sa.
Feiertage.

Beliebter Treffpunkt: Tavernen und Bars entlang der Promenade von Réthymno

◁ Fischerboote im malerischen venezianischen Hafen von Réthymno

INFOBOX

Réthymno. 32 000. nahe Plateía Karaolí. Kefalogiánnidon. Elefthériou Venizélou (28310 29148). Mo in Askoútsi. Weinfest: Mitte Juli; Renaissance-Festival: Mitte–Ende Juli. **www**.rethymno.gr

Umgebung: Östlich von Réthymno in Richtung Pánormos gehen die Feriensiedlungen nahtlos ineinander über, während der 20 Kilometer lange, relativ einsame Strand im Westen in **Georgioúpoli** endet. Trotz großer Ferienanlagen hat sich der kleine Ort seine ursprüngliche Atmosphäre bewahrt. Die Straßen säumen große Eukalyptusbäume, ein malerischer Fluss mit Schildkröten plätschert friedlich zum Meer. Der **Kournás-See** fünf Kilometer landeinwärts liegt in einer Mulde, umgeben von steilen Hügeln. Es gibt dort Tretboote, Surfbretter, Kanus und schattige Tavernen.

In Arménoi an der Hauptverbindungsstraße zwischen Réthymno und Agía Galíni liegt eine weitläufige **minoische Nekropole**, auf der zahlreiche Gräber freigelegt wurden. Einige weisen einen beeindruckend langen Eingang auf. Unter den Fundstücken sind Bronzewaffen, Vasen, Sarkophage *(larnakes)*, die heute in den Archäologischen Museen von Chaniá *(siehe S. 253)* und Réthymno ausgestellt sind.

Minoische Nekropole
9 km südl. von Réthymno.
Di–So. Feiertage.

Sfakiá 8

Σφακιά

Chaniá. 400. 28250 91205. Sweetwater, 3 km westl. von Loutró.

Am Eingang zur imposanten Impros-Schlucht und mit Blick auf das Libysche Meer genießt Sfakiá (oder Chóra Sfakíon) als letzte Siedlung an der Küste bis Palaióchora *(siehe S. 250f)* eine Vormachtstellung, obwohl der Ort lange von der Welt abgeschnitten war. Es verwundert kaum, dass die Männer der Clans von Sfakiá für ihren kompromisslosen Drang nach Unabhängigkeit und Eigenständigkeit berühmt waren, aber ebenso für notorische Fehden. Heute spielt der Fremdenverkehr eine große Rolle. Das Dorf liegt sehr günstig für Abstecher an die Südwestküste.

Sfakiote in traditioneller Kleidung

Beeindruckendes Frangokástello vor grandiosem Hintergrund

Umgebung: Westlich von Sfakiá fallen die Berge jäh zum Libyschen Meer ab. Es bleibt gerade genug Platz für kleine Siedlungen, die man nur per Boot oder zu Fuß über die Küstenstraße E4 erreicht. Das nächste Dorf ist **Loutró**, ein bezaubernd gelegener Ort, dessen geschützte Bucht mit dem geschwungenen Strand und kleinen weißen Häusern keine Wünsche an ein »echtes« griechisches Dorf offenlässt. Im Sommer sorgen Tavernen und Gästehäuser für Verpflegung und Unterkunft. Boote setzen zur Insel Gávdos und zum herrlichen Strand Sweetwater über.

Stille Bucht von Loutró mit weiß gekalkten Häusern

Frangokástello 9

Φραγκοκάστελλο

14 km östl. von Sfakiá, Chaniá.
tägl.

Frangokástello wurde 1371 von den Venezianern als Bollwerk gegen Piraten und rebellische Sfakioten erbaut. Vom Inneren ist wenig übrig, doch die Ringmauern sind erstaunlich gut erhalten. Oberhalb des Südtores blickt der venezianische Markuslöwe aufs Meer hinaus.

Hier ergab sich 1770 der Sfakiotenführer Ioánnis Daskalogiánnis und wurde von den Türken in Iráklio bei lebendigem Leib gehäutet. 50 Jahre später besetzte der griechische Freiheitskämpfer Chatzimichális Daliánis die Festung und versuchte sie mit nur 385 Mann zu halten. Sie wurden von den überlegenen Türken gnadenlos massakriert. Der Legende nach sieht man Ende Mai ihre Schatten im Morgengrauen zur Festung hochsteigen. Der Sandstrand mit seichtem Wasser unter der Festung ist ideal für Familien mit kleinen Kindern. Für Urlauber und Motorradfahrer gibt es einige verstreut liegende Hotels und Tavernen.

Hotels und Restaurants auf Kreta *siehe Seiten 317–320 und 338–340*

Boote im kleinen Hafen von Plakiás

Plakiás ⑩

Πλακιάς

Réthymno. 100.
Damnóni, 3km östl.

Das einfache Fischerdorf Plakiás hat sich zu einem gut ausgestatteten Ferienort entwickelt. Der graue Sandstrand ist fast zwei Kilometer lang. Der Ort am Eingang der Kotsyfoú-Schlucht ist idealer Ausgangspunkt, um diese Region zu erkunden. In alle Richtungen gibt es gute Verbindungsstraßen.

Umgebung: Fünf Minuten Fahrt oder ein Spaziergang um die Halbinsel führen zum Strand von **Damnóni** mit einladenden Buchten. Am angrenzenden Hügel werden Ferienhäuser gebaut. Drei Kilometer westlich von Plakiás erstreckt sich der Strand von **Soúda**.

Moní Préveli ⑪

Μονή Πρέβελη

14 km östl. von Plakiás, Réthymno.
28320 31246. *tägl.*
nur für das Museum.

Durch die Kourtaliótiko-Schlucht erreicht man das Mönchskloster Préveli in isolierter, aber reizvoller Lage über dem Meer. Bei der Evakuierung der alliierten Truppen spielte es im Zweiten Weltkrieg eine wichtige Rolle *(siehe S. 251)*.

Die Gebäude stehen um einen großen Innenhof (1731). Die Kirche stammt aus dem 19. Jahrhundert. Im Museum ist der Klosterschatz ausgestellt, darunter silberne Kerzenhalter und kostbare Messgewänder. Das landeinwärts gelegene Kloster **Moní Agíou Ioánnou** (16. Jh., auch Káto Préveli) wurde von Abt Préveli gegründet und im 17. Jahrhundert zugunsten der besseren strategischen Position des heutigen Klosters verlassen. Etwa einen Kilometer östlich von Moní Préveli führt ein steiler Pfad zum Palmenstrand von **Préveli** (auch Kourtaliótiko), einer palmengesäumten Oase mit kristallklarem Wasser.

Venezianische Kirchenfassade (Moní Arkadíou)

Moní Arkadíou ⑫

Μονή Αρκαδίου

24 km südöstl. von Réthymno.
nach Réthymno. *tägl.*
nur für das Museum.

Das Kloster (5. Jh.) steht am Ende einer kurvenreichen Schlucht, die zu einer fruchtbaren Hochebene mit Obstbäumen und Zypressen führt. Eindrucksvollster Teil des am Ende des 16. Jahrhunderts erneuerten Komplexes ist die zweischiffige Kirche mit reicher venezianischer Fassade aus dem Jahr 1587. Vor der Verfolgung durch hier ansässige Muslime bot das Kloster sicheren Schutz. Am 9. November 1866, als sich hier Hunderte Flüchtlinge verschanzten, wurde es von der türkischen Armee angegriffen. Vor die Wahl zwischen Tod oder Niederlage gestellt, entzündeten die Kreter ihr Munitionslager, wobei Christen und Muslime getötet wurden. Die Opfer des Blutbads wurden zu unvergessenen Märtyrern für die Freiheit. Ein Denkmal erinnert an die einzigen Überlebenden. Es waren ein Mädchen und der Abt, der das Schießpulver entzündete. Ein kleines Museum zeigt sakrale Gefäße, Ikonen, Gebetbücher und Andenken an die Freiheitskämpfer.

Umgebung: Zehn Kilometer nordöstlich von Moní Arkadíou, bei Archaía Eléftherna, liegen die Ruinen des im Jahr 700 v. Chr. gegründeten Stadtstaates **Eléftherna**. Heute sind noch ein Turm auf einem Felskamm und eine zerstörte hellenistische Brücke im Tal darunter zu sehen. **Margarítes** im Nordosten ist für seine Töpferarbeiten berühmt.

Das abgelegene Kloster Moní Préveli schmiegt sich an die Felsen

Tour durch das Amári-Tal ⓭

Das Amári-Tal wird von den Gipfeln des Idi-Gebirges im Osten beherrscht. Es bietet herrliche Ausblicke auf Felsgipfel, grüne Täler und tiefe Schluchten. Gewundene, aber gut befahrbare Straßen verbinden die kleinen Bauerndörfer, in denen man auch heute noch vor den Tavernen Männer in hohen Stiefeln und Pluderhosen *(vrákes)* sieht. Das Gebiet ist übersät von Bildstöcken, Kirchen und Klöstern mit schönen byzantinischen Fresken und Ikonen. Die Gegend war schon immer ein Zentrum des kretischen Widerstands. Zahlreiche Dörfer im Amári-Tal wurden im Zweiten Weltkrieg zerstört.

Detail aus der Kirche Panagía in Méronas

Olivenhaine im Amári-Tal

Thrónos ①
Die Kirche Panagía in Thrónos mit schönen Fresken stammt aus dem 14. Jahrhundert. Spuren der Mosaike einer früheren Basilika (4. Jh.) sind noch zu sehen.

Moní Asomáton ②
Heute befindet sich hier inmitten einer fruchtbaren Oase mit Palmen, Eukalyptusbäumen und Platanen eine Landwirtschaftsschule.

Amári ③
Einen schönen Blick auf das Idi-Gebirge hat man vom venezianischen Glockenturm im Ortszentrum. Außerhalb des Dorfes beherbergt die Kirche Agía Anna die ältesten Fresken der Insel (1225).

Vizári ④
Westlich von Vizári befinden sich die Ruinen einer frühchristlichen Basilika (6. Jh.).

Méronas ⑧
Im Zentrum befindet sich die im venezianischen Stil erbaute Kirche Panagía mit schönen Fresken (14. Jh.).

Gerakári ⑦
Der Ort ist für Kirschen und für Kirsch-Branntwein berühmt.

Kardáki ⑥
Die Ruine der Kirche Agios Ioánnis Theológos steht an der Straße nördlich von Kardáki.

Ano Méros ⑤
Ein großes Denkmal außerhalb des Ortes zeigt eine Frau, die die Namen von Widerstandskämpfern in Stein haut.

Routeninfos

Länge: *92 km.*
Rasten: *Es gibt in jedem Dorf Tavernen. Von der Taverne in Ano Méros bietet sich ein herrlicher Blick über das Tal. Gegenüber der Kirchenruine außerhalb von Kardáki ist ein idealer Rastplatz für heiße Sommertage mit Schatten und Trinkwasser* (siehe S. 356).

Legende

- Routenempfehlung
- Andere Straße
- Aussichtspunkt

0 Kilometer 5

Idi-Gebirge ⓮
Ψηλορείτης

Réthymno. 🚌 *nach Anógeia und Kamáres.*

Mit 2456 Metern Höhe ist der hoch aufragende Gipfel des Psiloreítis die Krönung des massiven Idi-Gebirges. An diesem höchsten Berg Kretas befinden sich viele Kultstätten, darunter die berühmte Idäische Zeushöhle.

Von Anógeia führt eine gepflasterte Straße 23 Kilometer durch felsiges Gebiet mit verstreuten Hirtenhütten zum **Nída-Plateau**. Eine einsame Taverne steht am Weg zur **Idäischen Zeushöhle** (20 Minuten den Berg hinauf). In der riesigen Höhle, in der Zeus aufgezogen wurde, entdeckte man unter anderem bemerkenswerte Bronzeschilde (700 v. Chr.). Einige Funde sind im Archäologischen Museum von Iráklio zu sehen *(siehe S. 270f)*. Vom Plateau führt ein markierter Weg zum Gipfel des **Psiloreítis**. Unweit vom Plateau gibt es auch ein kleines Skigebiet, das an Wochenenden von Dezember bis März besucht wird, wenn es die Schneelage erlaubt.

Am Südhang des Berges führt eine Drei-Stunden-Tour von Kamáres-Dorf hinauf zur **Kamáres-Höhle**, wo die minoischen Kamáres-Keramiken entdeckt wurden. Beispiele sind im Archäologischen Museum in Iráklio ausgestellt.

Kretische Höhlen und der Zeus-Mythos

Auf der Insel Kreta finden sich an die 4700 Höhlen, von denen nur etwa 2000 erforscht sind. Seit dem Neolithikum dienten Höhlen als Kultstätten und bergen noch so manchen archäologischen Schatz. Eng verbunden mit der antiken kretischen Mythologie ziehen die Diktäische *(siehe S. 277)* und die Idäische Höhle die meisten Besucher an. Der Sage nach gebar Rhea Zeus in der Diktäischen Höhle, wo er von *kourítes* (Kriegern) bewacht und einer Ziege gesäugt wurde. Danach wurde er vor seinem Vater Kronos in der Idäischen Höhle versteckt und aufgezogen. Kronos hatte seine Nachkommen verschlungen, weil einer seiner Söhne ihn entmachten wollte. In klassischer Zeit war die Idäische Höhle wichtiges Pilgerzentrum.

Lasíthi: Stalagmiten in der Diktäischen Höhle *(siehe S. 277)*

Anógeia ⓯
Ανώγεια

Réthymno. 👥 *2300.* 🚌

Das Dorf Anógeia hoch im Idi-Gebirge stammt aus dem 13. Jahrhundert. Es blickt auf eine bewegte Vergangenheit zurück: 1821 und 1826 wurde es von den Türken, 1944 von der deutschen Armee zerstört und danach wieder vollständig aufgebaut.

Das heutige Anógeia erstreckt sich am Bergkamm entlang und hat ein **Kriegerdenkmal** mit einer Bronzefigur in traditioneller Kleidung. Am Denkmal sind die wichtigsten Daten der jüngeren Geschichte Kretas verewigt: 1821 Griechische Unabhängigkeit, 1866 Massaker im Kloster Moní Arkadíou *(siehe S. 260)*, 1944 Ende der deutschen Besetzung. Tavernen, Läden und Banken findet man hier ebenfalls.

Die Altstadt zieht sich den Hang hinab in einem Gewirr enger Gassen, die an einem kleinen Platz mit Ständen und Tavernen zusammenlaufen. An dieser Stelle steht der Politiker Vasíleios Skoulás in Mar-

Nída-Plateau zwischen Anógeia und der Idäischen Höhle (Idi-Gebirge)

Anógeia: Frau mit handgefertigten Teppichen und Spitze

mor neben seinem Freund Venizélos *(siehe S. 43)* in schlichtem Holz (gefertigt vom kretischen Künstler Manólis Skoulás).

Die Stände in der Altstadt (eines der Zentren Kretas für Web- und Stickarbeiten) überbieten sich an folkloristischen Stickereien, Spitze und farbenfrohen Teppichen. In den Tavernen werden gegrilltes Ziegenfleisch und andere kretische Spezialitäten serviert. Musikliebhaber können zum Denkmal von Níkos Xyloúris pilgern, einem früh verstorbenen Volkssänger der 1970er Jahre, dessen kleines Haus den Hauptplatz überblickt.

Agía Galíni ⓰
Αγία Γαλήνη

Réthymno. 1040. *Agía Galíni.*

Das ehemalige Fischerdorf am südlichen Ende des Amári-Tals hat sich zu einem weitläufigen Ferienort entwickelt. Die wenigen alten Häuser und engen Straßen des alten Dorfes gehen zwischen den vielen Ferienapartments entlang der Küste beinahe unter. Der quirlige Hafen mit seinen Tavernen drängt sich am freien Platz zwischen dem Wasser und den Klippen. Der kleine Sandstrand unterhalb des Hafens ist bei Sonnenanbetern beliebt.

Umgebung: Vom Hafen von Agía Galíni fahren Taxiboote die Strände von **Agios Geórgios**, **Agios Pávlos** und die etwas weiter entfernten von **Moní Préveli** *(siehe S. 260)* an. Es gibt auch täglich Ausflüge zu den Paximádia-Inseln mit schönen Sandstränden.

Agía Triáda ⓱
Αγία Τριάδα

3 km westl. von Phaestos, Iráklio. *nach Phaestos. 28920 91564. tägl. Feiertage. Kómo, 10 km südwestl.; Mátala, 15 km südwestl.*

Die minoische Villa von Agía Triáda wurde von Italienern zwischen 1902 und 1914 ausgegraben. Das L-förmige Gebäude entstand um 1700 v. Chr. in der Neuen Palastzeit *(siehe S. 275)* auf älteren Fundamenten. Privat- und Empfangsräume liegen in der Ecke des »L« und blicken auf die Straße, die wahrscheinlich zum Meer führte. Gipsblenden und Fresken schmückten die Wände dieser Räume. Hier wurden wertvolle Funde der minoischen Zeit entdeckt, darunter die Schnittervase, das Boxerrhyton und der Prinzenbecher, die im Archäologischen Museum von Iráklio zu sehen sind *(siehe S. 270f)*. Die Bedeutung des Gebäudes dokumentieren die hier gefundenen Tonsiegel und die seltenen Tontafeln mit der nicht entschlüsselten Linear-A-Schrift.

Nach der Zerstörung der Villa durch ein Feuer um das Jahr 1400 v. Chr. wurde an ihrer Stelle ein mykenisches Megaron (Halle) erbaut. Die zerstörte Siedlung im Norden mit ihren einzigartigen Ladenarkaden stammt zum Großteil aus dieser Zeit, ebenso der herrlich bemalte Sarkophag aus der Nekropole im Norden mit der Darstellung einer Begräbnisprozession. Er ist im Archäologischen Museum von Iráklio zu sehen.

Ausgrabungen bei Agía Triáda

Umgebung: Im Dorf Vóroi, sechs Kilometer nordöstlich von Agía Triáda, steht das faszinierende **Museum für kretische Volkskunde** mit einer gut präsentierten Sammlung von Werkzeugen und Gegenständen des ländlichen Alltagslebens bis ins frühe 20. Jahrhundert.

Museum für kretische Volkskunde
28920 91110. tägl. Feiertage.

Ferienort Agía Galíni zwischen den Felsen am Fuß des Amári-Tals

Stadtstrand von Mátala vor Sandsteinklippen

Mátala ⓲

Μάταλα

Iráklio. 132. Kalamáki, 5 km nördl.; Léntas, 24 km südöstl.

Bis zum Urlauberboom in den 1960er Jahren war Mátala ein kleines Fischerdorf in einer idyllischen Bucht. Danach wurde es zu einem heute pulsierenden Ferienort ausgebaut. Im quirligen Ortszentrum drängen sich Hotels, Bars und Restaurants. Noch immer kommen neue Gebäude hinzu.

Auch wenn es nicht so wirkt, ist die Geschichte nicht spurlos an Mátala vorbeigegangen. Laut Homer strandete hier Menelaos, der Ehemann Helenas *(siehe S. 54)*, auf dem Rückweg von Troja. In hellenistischer Zeit war Mátala der Hafen für den Stadtstaat Górtys. Die Höhlen in den Sandsteinklippen, die sich dramatisch über der Stadt erheben, wurden während der Römerzeit als Gräber aus dem Stein herausgeschlagen. Später fanden hier die ersten Christen Unterschlupf, danach Schäfer und schließlich die Hippies.

Umgebung: Um Mátala gibt es einige wunderschöne Sandstrände, darunter die Bucht von **Kaloí Liménes** im Südosten. Hier soll der Apostel Paulus auf seinem Weg nach Ägypten gelandet sein. Im Norden führt ein sandiger Pfad nach **Kommós**, einem der besten Sandstrände der Südküste. An dieser herrlichen Stelle lag die minoische Siedlung Kommós, wahrscheinlich damals ein wichtiger Hafen für Phaestos *(siehe S. 266f)*. Hier findet eine Ausgrabung statt.

Von Mátala verkehren täglich Boote zu den Paximádia-Inseln und zum palmengesäumten Strand von Préveli *(siehe S. 260)* weiter westlich. Es gibt auch einige Busse zu den historischen Stätten von Phaestos, Agía Triáda *(siehe S. 263)* und Górtys.

Phaestos ⓳

Siehe S. 266f.

Górtys ⓴

Γόρτυς

Iráklio. 28920 31144. tägl. 8–19 Uhr. Feiertage.

Seit minoischen Zeiten war die Gegend des heutigen Górtys durchweg besiedelt. Der antike Stadtstaat florierte unter den Dorern im 6. Jahrhundert v. Chr. Nach dem Sieg über Phaestos im 2. Jahrhundert v. Chr. wurde Górtys die wichtigste Polis Kretas. Ihre Stellung wurde nach der Eroberung durch die Römer 65 v. Chr. gefestigt, als Górtys zur Hauptstadt der neuen römischen Provinz von Kreta und Zyrene (heute Libyen) wurde. Unter byzantinischer Herrschaft ging es der Stadt wegen ihrer strategisch günstigen Lage mit Häfen im Westen und Süden an einem Nebenfluss der Lethe (heute Mitropolianós), die in die fruchtbare Messará-Ebene fließt, weiterhin sehr gut. Erst im späten 7. Jahrhundert n. Chr. konnte die großartige Stadt von arabischen Eroberern zerstört werden.

Statue bei den Ruinen von Górtys

Die meistbesuchten Ruinen des weitläufigen Gebiets liegen nördlich der Hauptstraße.

Teil des Stadtrechts von Górtys im Odeion (Górtys)

Stadtrecht von Górtys

Den umfassendsten Gesetzestext der antiken griechischen Welt fand man bei Ausgrabungen der Stadt Górtys. Er stammt aus dem 5. Jahrhundert v. Chr. Jeder Steinblock des Stadtrechts enthält zwölf Spalten mit Inschriften in dorisch-kretischem Dialekt. Die insgesamt 600 Zeilen laufen abwechselnd von links nach rechts und umgekehrt (*Boustrophedon*-Stil, wörtlich: wie der Pflug die Richtung wechselnd). Der Text war öffentlich zugänglich und behandelt privatrechtliche Dinge wie Ehe, Scheidung, Adoption, Rechte und Pflichten von Sklaven sowie Verkauf und Teilung von Besitz.

Bema **(Raum hinter dem Altar) in der Agios-Títos-Basilika (Górtys)**

Tour durch die Ruinen

In der Nähe des Eingangs befinden sich Parkplatz, Kartenverkauf und Café. Dahinter: Reste der Basilika **Agios Títos** (6. Jh.), einst ein eindrucksvolles, dreischiffiges Gebäude, dessen Grundriss noch deutlich sichtbar ist. In der früher wichtigsten christlichen Kirche Kretas liegt vermutlich der heilige Titus, erster Bischof und Schutzpatron Kretas, begraben. Er wurde vom Apostel Paulus gesandt, um die Heiden zu bekehren. Hinter der Basilika erstreckte sich wahrscheinlich die griechische **Agora** (Marktplatz). Daran schließen die halbrunden Bänke des römischen **Odeion** an, ursprünglich für Konzerte genutzt und heute Standort der berühmten Steinblöcke mit Górtys' Stadtrecht.

Hinter dem Odeion führt ein Weg zum **Akropolis**-Hügel, wo um 1000 v. Chr. eine postminoische Siedlung entstand. Teile der Befestigung sind erhalten. Am Osthang des Hügels stößt man auf die Grundmauern des **Athene-Tempels** (7. Jh. v. Chr.). Eine Statue und andere Votivgaben eines Opferaltars etwas darunter sind im Historischen Museum von Iráklio *(siehe S. 268)*.

Ein großes Gebiet des römischen Górtys südlich der Hauptstraße wurde nur teilweise freigelegt. In einem Olivenhain steht der **Apollon-Pythios-Tempel** (7. Jh. v. Chr.), dem in hellenistischer Zeit ein monumentaler Altar beigefügt wurde. Im 2. Jahrhundert n. Chr. wurde der Tempel in eine christliche Basilika umgewandelt, die bis ins 6. Jahrhundert große Bedeutung hatte. Danach wurde sie von der Basilika Agios Títos abgelöst. Am anderen Ende steht das **Prätorium** (1. Jh. n. Chr.), der großartige Palast des römischen Statthalters.

Umgebung: Unweit östlich von Górtys steht in **Agioi Déka** eine byzantinische Kirche (13. Jh.) gleichen Namens an der Stelle, wo zehn kretische Christen 250 n. Chr. wegen ihrer Opposition gegen den römischen Kaiser Decius gemartert wurden. Eine Ikone in der Kirche erinnert an das Ereignis. Nördlich von Górtys fährt man über eine landschaftlich schöne Straße ins Bergdorf **Zarós**, das beachtlich viele Grünflächen aufweist. Von hier führt ein markierter Wanderweg nach Norden durch die einzigartige **Zarós-Schlucht**. Die Ikonen des Klosters **Moní Vrontisíou** (sie stehen heute im Ikonenmuseum in Iráklio; *siehe S. 268)* drei Kilometer nordwestlich schuf Michaïl Damaskinós (1530–1591), ein bedeutender Vertreter der Kretischen Schule.

Ikone der zehn Märtyrer (13. Jh., Kirche Agioi Déka)

Ruinen des Prätoriums, des großartigen Palastkomplexes des römischen Statthalters (Górtys)

Phaestos ⓳

Το Ανάκτορο της Φαιστού

Das imposant auf einem Höhenrücken oberhalb der fruchtbaren Messará-Ebene gelegene Phaestos war einer der bedeutendsten minoischen Paläste auf Kreta. Der italienische Archäologe Frederico Halbherr legte 1900 zwei Paläste frei. Reste des ersten Palastes (um 1900 v. Chr. erbaut und 1700 v. Chr. durch ein Erdbeben zerstört) sind noch sichtbar. Ein Großteil der Ruinen stammt jedoch vom zweiten Palast, der um 1450 vermutlich von einer Flutwelle schwer beschädigt wurde. Der Stadtstaat wurde schließlich im 2. Jahrhundert v. Chr. von Górtys zerstört *(siehe S. 264f)*. Die Überlagerung der beiden Paläste erschwert heute eine genauere Interpretation.

Blick auf die Messará-Ebene vom Nordhof

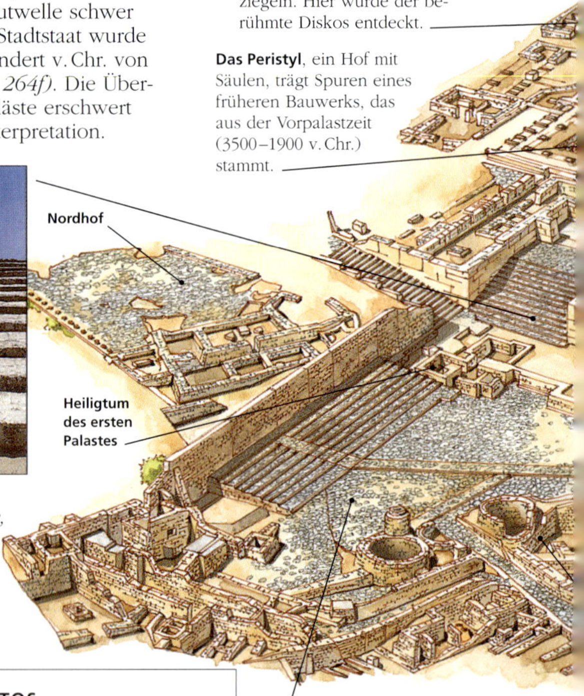

Im Archiv finden sich einige Behälter aus Lehmziegeln. Hier wurde der berühmte Diskos entdeckt.

Das Peristyl, ein Hof mit Säulen, trägt Spuren eines früheren Bauwerks, das aus der Vorpalastzeit (3500–1900 v. Chr.) stammt.

★ Freitreppe
Die monumentale Treppe, der Haupteingang zum Palast, führt zum Propylon (Tor) und zu einem Lichthof mit Säulen.

Westhof und Theaterbezirk
Die Ruinen des Westhofs gehen auf 1900 v. Chr. (Alte Palastzeit) zurück Von den Bänken der Nordseite verfolgte man Rituale und Zeremonien.

Diskos von Phaestos

Diese runde Tonscheibe mit 16 Zentimeter Durchmesser wurde 1903 in Phaestos entdeckt. Sie hat auf beiden Seiten Bildsymbole, die sich spiralförmig von außen nach innen fortsetzen. Ursprung und Bedeutung sind weitgehend unklar. Möglicherweise handelt es sich um eine heilige Hymne. Der Diskos zählt zu den bedeutendsten Stücken im Archäologischen Museum von Iráklio *(siehe S. 270f)*.

Königliche Gemächer
Zu diesen luxuriösen Räumen zählen das Megaron der Königin (links) und des Königs, eine Toilette und ein Lustralbad (überdecktes Becken).

INFOBOX

65 km südwestl. von Iráklio. *28920 42315.* *Juni–Okt: tägl. 8.30–19 Uhr; Nov–Mai: tägl. 8.30–15 Uhr.* *1. Jan, 25. März, Karfreitag vorm., Ostersonntag, 1.Mai, 25., 26. Dez.*

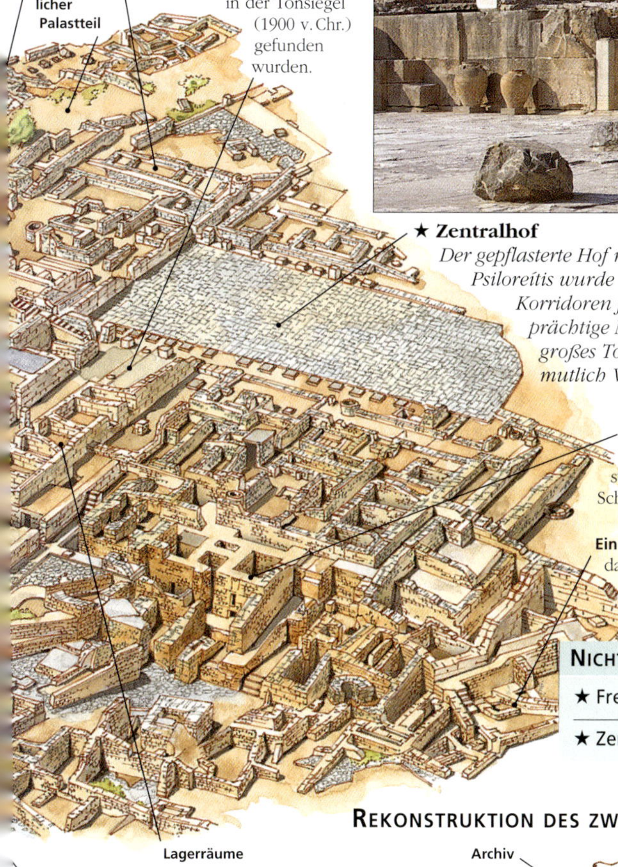

Haupthalle, in der Tonsiegel (1900 v. Chr.) gefunden wurden.

★ Zentralhof
Der gepflasterte Hof mit Blick auf den Psiloreítis wurde von überdachten Korridoren flankiert. Die einst prächtige Nordfassade hat ein großes Tor und Nischen (vermutlich Wachhäuschen).

Reste des ersten Palastes (um 1900 v. Chr.) stehen im Südosten; zum Schutz sind sie eingezäunt.

Ein klassischer Tempel zeigt, dass der Ort auch in nachminoischer Zeit bewohnt war.

NICHT VERSÄUMEN

★ Freitreppe

★ Zentralhof

REKONSTRUKTION DES ZWEITEN PALASTES

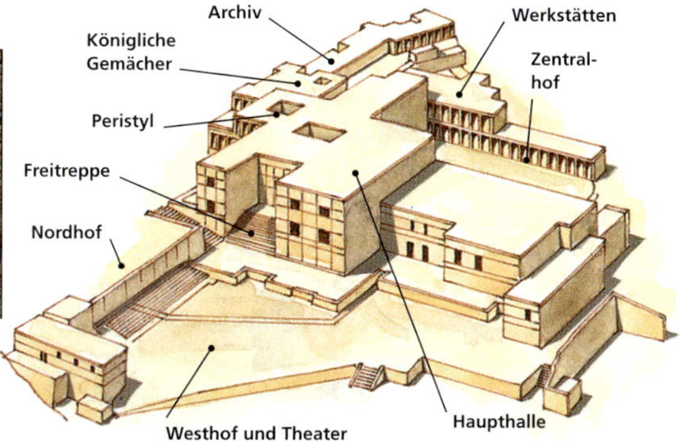

Vorratsbecken
Diese runden Becken von etwa 1900 v. Chr. dienten der Aufbewahrung von Getreide.

Iráklio ㉑

Ηράκλειο

Das schon seit dem Neolithikum besiedelte Iráklio (Iraklion) diente während der Römerzeit als Hafen für Knosós. Als Hauptstadt der venezianischen Besitzungen in der Ägäis hieß es Candia. Heute leidet Iráklios Reiz unter den verstopften Straßen und den Betonburgen. Trotz dieses ersten Eindrucks hat die Stadt eine Vielfalt an venezianischer Architektur zu bieten, darunter die Stadtmauer und die Festung. Das Archäologische Museum beherbergt die weltgrößte Sammlung minoischer Kunst. Es gibt gute Verbindungen zum Palast von Knosós *(siehe S. 272–275)*.

Venezianische Kirche Agios Títos

Überblick: Iráklio

Zentrum der Stadt ist die Plateía Eleftheríou Venizélou mit Fußgängerzone, Cafés und Läden rund um den reich verzierten **Morosini-Brunnen**. Die restaurierte Kirche **Agios Márkos** wurde von den Venezianern 1239 erbaut und dient heute als Konzert- und Ausstellungshalle. Von hier führt die Straße 25 Avgoústou nach Norden zum venezianischen Hafen. Die elegante **Loggia** aus dem 17. Jahrhundert, in dem sich heute das Rathaus der Stadt befindet, war früher Treffpunkt des kretischen Adels. Unweit davon, an einem kleinen Platz etwas abseits der Straße, steht die neu ausgestattete Kirche **Agios Títos**, die dem Schutzpatron der Insel geweiht ist. Der winzige **El-Greco-Park** auf der anderen Seite der 25 Avgoústou erinnert an den berühmtesten Maler Kretas.

Der alte Hafen am Nordende der 25 Avgoústou wird von der venezianischen **Festung** beherrscht, deren einschüchternd massive Mauern den Türken im 17. Jahrhundert erfolgreich Widerstand leisteten. Die venezianische *Rocca al Mare* (Festung am Meer – **Koulés** unter den Türken) wurde zwischen 1523 und 1540 errichtet. Gegenüber der Festung befindet sich das venezianische **Arsenal** (16. Jh.) mit Arkaden, in dem Schiffe gebaut und repariert wurden.

Weiter westlich zeigt das **Historische Museum** die Geschichte Kretas ab der Zeit des frühen Christentums. Zu sehen sind byzantinische Ikonen und Friese, Skulpturen und Material zur Schlacht von Kreta *(siehe S. 251)*. Der Stolz des Museums ist das einzige El-Greco-Gemälde der Insel Kreta, *Landschaft des Götterberges Sinai* (um 1570). Südwestlich der Plateía Venizélou, an der Plateía Agías Aikaterínis, steht die venezianische Kirche (16. Jh.) Agía Aikateríni von Sinai. Sie beherbergt heute das **Ikonenmuseum**, eine herrliche Sammlung byzantinischer Ikonen, Fresken und Manuskripte. Sechs Ikonen von Michaïl Damaskinós, einem Künstler des 16. Jahrhunderts, zu dessen Schülern El Greco zählte, gehören zu den wichtigsten Stücken. Daneben steht die Kathedrale **Agios Minás** (19. Jahrhundert).

Markuslöwe (Detail der Festung)

Weiter östlich führt die Odos 1866 nach Süden zur Plateía Kornárou. Hier kann man bei einem netten ehemaligen türkischen Brunnenhaus Kaffee trinken. Daneben erhebt sich der **Bembo-Brunnen** (16. Jh.) mit einer kopflosen römischen Statue. Die Plateía

El Greco

Domínikos Theotokópoulos (alias El Greco, 1545–1614) wurde auf Kreta geboren. Seine Kunst wurzelt in der Kretischen Schule, die seine dramatische Farbgebung und lang gezogenen Gestalten prägte. Bevor er nach Spanien ging, lernte er bei Tizian in Italien. Seine Werke sind in vielen wichtigen Museen der Welt zu sehen, doch in seiner Heimat Kreta findet man nur ein Bild von ihm, ausgestellt im Historischen Museum von Iráklio.

***Landschaft des Götterberges Sinai* von El Greco (um 1570), Historisches Museum**

Beherrscht von der venezianischen Festung: der Hafen von Iráklio

Hotels und Restaurants auf Kreta *siehe Seiten 317–320 und 338–340*

Der Bembo-Brunnen auf der Plateía Kornárou

Eleftherías (Freiheitsplatz) im Osten wird von einer Statue von Elefthérios Venizélos beherrscht, dem Vater der politischen Vereinigung mit Griechenland. Die Fußgängerzone der Odos Daidálou hat nette Läden und Restaurants. Im Norden befinden sich das **Archäologische Museum** *(siehe S. 270f)* und das Fremdenverkehrsbüro.

Im Süden der Stadt, außerhalb der Stadtmauern, widmet sich das **Naturhistorische Museum** der Fauna und Flora der Ägäis. Zu sehen sind Fossilien, Pflanzen sowie lebende und ausgestopfte Tiere.

Loggia
25 Avgoústou. *28103 99399.*
Mo–Sa. *Feiertage.*

Festung
Venezianischer Hafen. *Di–So.*
Feiertage.

Historisches Museum
Lysimáchou Kalokairinoú 7.
2810 283219. *Mo–Sa.*
Feiertage.

Ikonenmuseum
Agía Aikateríni in Sinai, Plateía Agías Aikaterínis. *2810 288825.*
Mo–Sa. *Feiertage.*

Naturhistorisches Museum
Neória. *2810 285740.*
So–Fr.

Infobox

Iráklio. *45 000.* *5 km östl.* *östl. des venezianischen Hafens.* *Leofóros Papadimitríou (nach Réthymno, Chaniá, Agios Nikólaos und Ierápetra); Plateía Kóraka (nach Mátala).* *Xanthoudídou 1 (2810 246299, dtkritis@otenet.gr).* *Sa.* *Sommerfest: Juli–Sep.* *Amoudára, 10 km westl.*

Umgebung: Auf der Hauptstraße zwischen Iráklio und Réthymno nach Westen zweigt eine Straße Richtung Anógeia *(siehe S. 262f)* nach **Týlissos** ab, wo 1902 die Reste dreier minoischer Villen entdeckt wurden. Nach Westen verläuft die Straße bis nach **Fódele**, wo angeblich El Greco zur Welt kam. Sein Haus steht nordwestlich des Dorfes. Das **CretAquarium** 15 Kilometer östlich von Iráklio zeigt mehr als 200 Arten von Meeresbewohnern.

CretAquarium
Bei Gournes. *Juni–Sep: tägl. 9–21 Uhr; Okt–Mai: tägl. 9–19 Uhr.*

Zentrum von Iráklio

Agios Márkos ⑤
Agios Minás ③
Agios Títos ⑦
Archäologisches Museum ⑧
Bembo-Brunnen ⑩
Denkmal des Elefthérios Venizélos ⑨
Historisches Museum ①
Ikonenmuseum ②
Loggia ⑥
Morosini-Brunnen ④

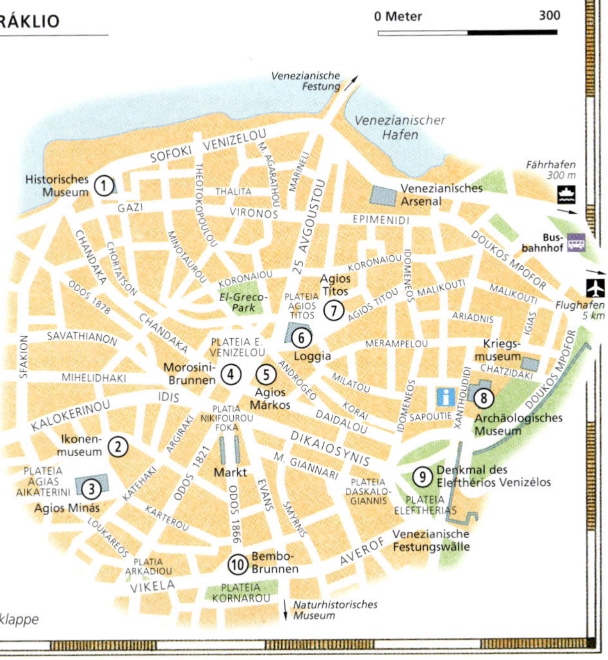

Zeichenerklärung
siehe hintere Umschlagklappe

Archäologisches Museum in Iráklio

Αρχαιολογικό Μουσείο Ηρακλείου

Das Museum beherbergt die weltweit bedeutendste Sammlung minoischer Funde und gewährt einzigartige Einblicke in eine Hochkultur, die sich auf Kreta vor mehr als 3000 Jahren etabliert hatte. Zu sehen sind Funde von der ganzen Insel, die sich seit 1883 angesammelt haben, darunter die berühmten Fresken von Knosós *(siehe S. 272–275)* und der Diskos von Phaestos *(siehe S. 266)*. Kunstvolle Steingefäße, erlesener Schmuck und Doppeläxte stellen nur einen Teil der riesigen Sammlung dar. Das Museum wird derzeit renoviert, einige Bereiche stehen Besuchern offen.

Goldener Bienenanhänger
Der herrliche Bienenanhänger (17. Jh. v. Chr.) mit zwei kunstvollen Bienen stammt aus der Nekropole Chrysólakkos von Mália.

★ Stierkopfrhyton
Dieses Kultgefäß (16. Jh. v. Chr.; siehe S. 63) *aus Knosós diente zum Ausschenken von Wein. Es besteht aus Steatit mit Einlagen aus Bergkristall (Augen) und Perlmutt (Schnauze). Die goldenen Hörner sind rekonstruiert.*

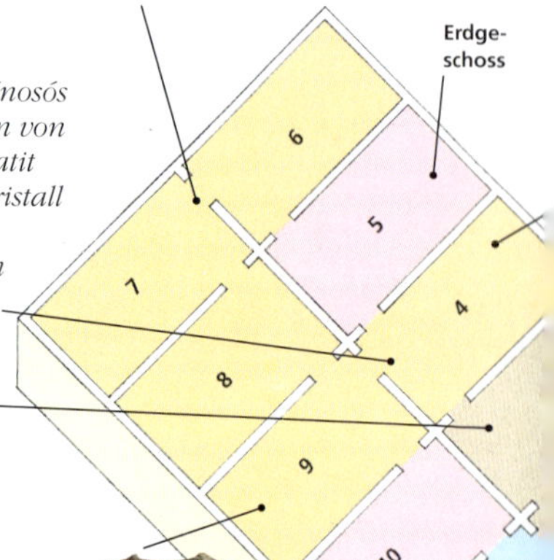

★ Diskos von Phaestos
Die Tonscheibe wurde 1903 im Palast von Phaestos gefunden.

Nicht versäumen

- ★ Diskos von Phaestos
- ★ Saal mit minoischen Fresken
- ★ Schlangengöttinnen
- ★ Stierkopfrhyton

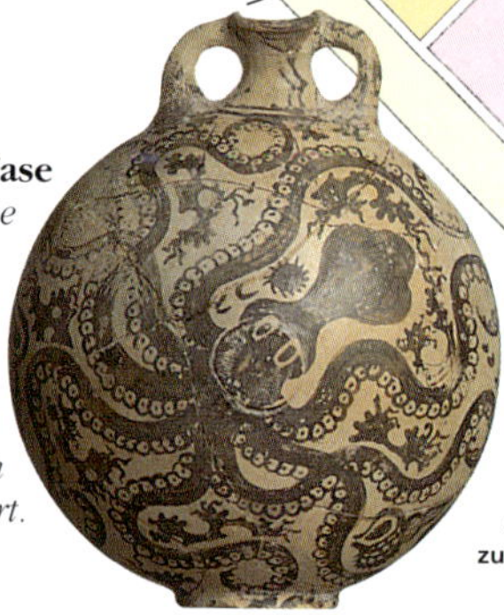

Oktopus-Vase
Die schöne spätminoische Vase aus Palaíkastro (siehe S. 281) *ist mit Meeresmotiven verziert.*

Minoische Vase mit Doppelaxt-Motiv

Minoische Doppelaxt

Die minoische Doppelaxt diente einst Zimmerleuten, Maurern und Schiffsbauern als Werkzeug, sie war aber zugleich ein äußerst bedeutungsvolles religiöses Symbol, das man gemeinhin mit der Muttergottheit in Verbindung bringt. Das berühmte Labyrinth von Knosós *(siehe S. 272–275)* hält man für »den Ort der Doppelaxt«, aufgrund des altgriechischen Wortes *labrys*, das dieses Werkzeug bezeichnete. Seine Bedeutung für die minoische Kultur schließen Wissenschaftler aus der häufigen Darstellung auf Vasen, sogenannten *larnakes* (Tonsarkophagen), Siegeln, Fresken und Säulen. Eine solche Axt schmückte auch die Wände des Palastes von Knosós. Die kultische Doppelaxt wird sehr oft zwischen den Hörnern heiliger Tiere oder in den Händen einer Priesterin dargestellt. Votiväxte waren immer reich verziert und in der Regel aus Gold, Silber, Kupfer oder Bronze gefertigt. Oft findet man darauf auch Linear-A- oder -B-Schriften.

★ Schlangengöttinnen
Die barbusige Frau mit den Schlangen ist die kleinere von zwei Fayence-Figuren (um 1600 v. Chr.) aus Knosós, die angeblich die Schlangengöttin oder eine Priesterin bei einer kultischen Handlung darstellen.

INFOBOX

Ecke Xanthoudídi und Mpofór, Plateía Eleftherías, Iráklio.
2810 279086. Mo 12–17 Uhr, Di–So 8.30–15 Uhr.
Feiertage.
nur Erdgeschoss.

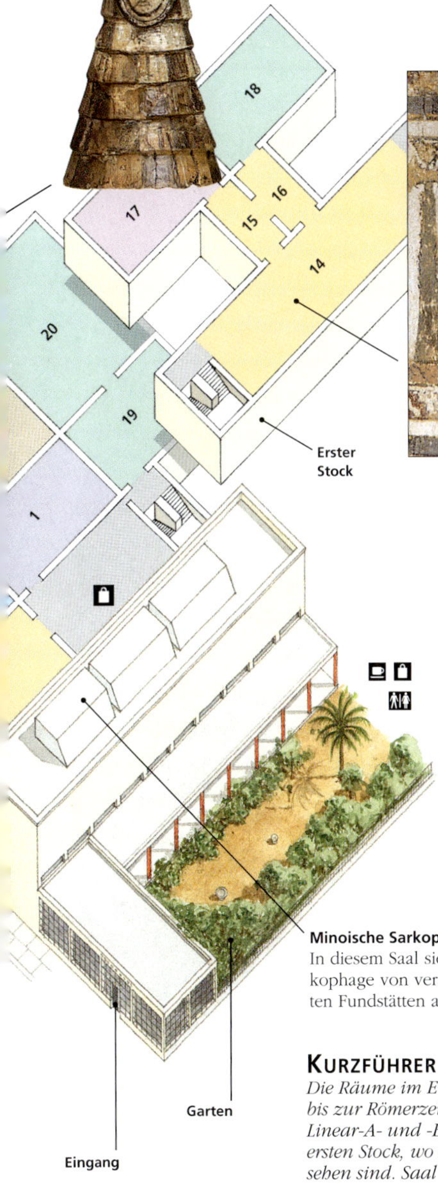

★ Saal mit minoischen Fresken
In diesem Saal finden sich sehr berühmte Fresken und andere hochwertige Exponate, darunter der herrliche Sarkophag von Agía Triáda aus der Zeit um 1400 v. Chr.

LEGENDE

- Neolithisch und frühminoisch
- Mittelminoisch
- Mittel- bis spätminoisch
- Spätminoisch
- Geometrisch
- Ring des Minos und Minoische Goldringe
- Archaisch und hellenistisch-römisch
- Keine Ausstellungsfläche

Minoische Sarkophage
In diesem Saal sieht man Sarkophage von verschiedensten Fundstätten auf Kreta.

KURZFÜHRER

Die Räume im Erdgeschoss sind chronologisch vom Neolithikum bis zur Römerzeit eingerichtet. Saal 5 enthält Tontafeln mit Linear-A- und -B-Schrift. Die Treppe von Saal 13 führt in den ersten Stock, wo in Saal 14, 15 und 16 minoische Fresken zu sehen sind. Saal 14 (Freskensaal) beherbergt ein Modell des Palastes von Knosós.

Palast von Knosós ㉒

Ανάκτορο της Κνωσού

Der erste Palast von Knosós (errichtet um 1900 v. Chr.) wurde um das Jahr 1700 v. Chr. von einem Erdbeben zerstört, aber bald wieder aufgebaut. Die Ruinen stammen fast ausschließlich von diesem zweiten Palast. Zentrum ist der von Nord nach Süd ausgerichtete Zentralhof, an den die wichtigsten Teile des Palastes anschließen. Die Originalfresken befinden sich im Archäologischen Museum von Iráklio *(siehe S. 270f).*

Blick über den Zentralhof nach Nordosten

Weihehörner

Die restaurierten Hörner an der Südfassade sind Symbol des heiligen Stiers und zierten einst das Dach des Palastes.

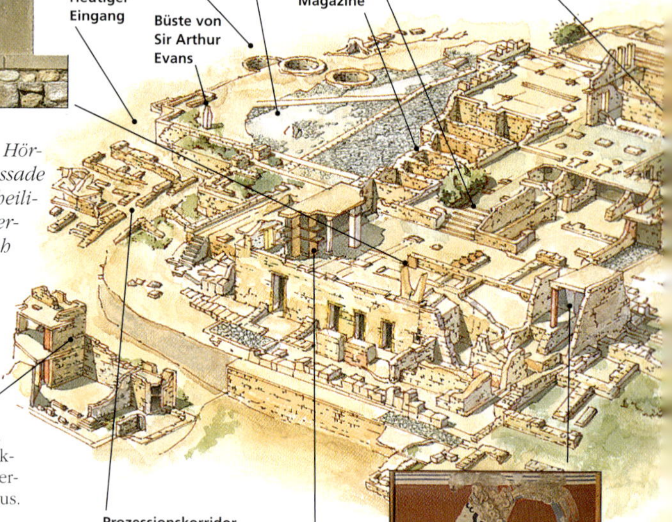

Südpropylon

Den Palast betrat man durch diese monumentale Säulendurchgangshalle mit der Replik eines Opfergefäßträgers (Detail des Prozessionsfreskos).

★ Priesterkönig-Fresko

Das Fresko, auch bekannt als Lilienprinz, *ist ein Detail aus dem Prozessionsfresko und zeigt eine Figur mit einer Krone von Lilien und Federn.*

★ Thronsaal
Der Thronsaal mit Vorraum und Lustralbad war vermutlich ein Heiligtum. Der originale Steinthron, der wahrscheinlich einer Priesterin gehörte, wird von Greifenfresken umgeben, einem heiligen Symbol der minoischen Kultur.

INFOBOX

5 km südl. von Iráklio. *2810 231940. Mitte Mai–Okt: tägl. 8.30–19 Uhr; Nov–Mitte Mai: tägl. 8.30–15 Uhr. 1. Jan, 25. März, Karfreitag vorm., Ostersonntag, 1. Mai, 25., 26. Dez.*

★ Riesen-Píthoi
Über 100 Riesenpíthoi (Vorratsgefäße) wurden in Knosós entdeckt. Sie enthielten Lebensmittelvorräte.

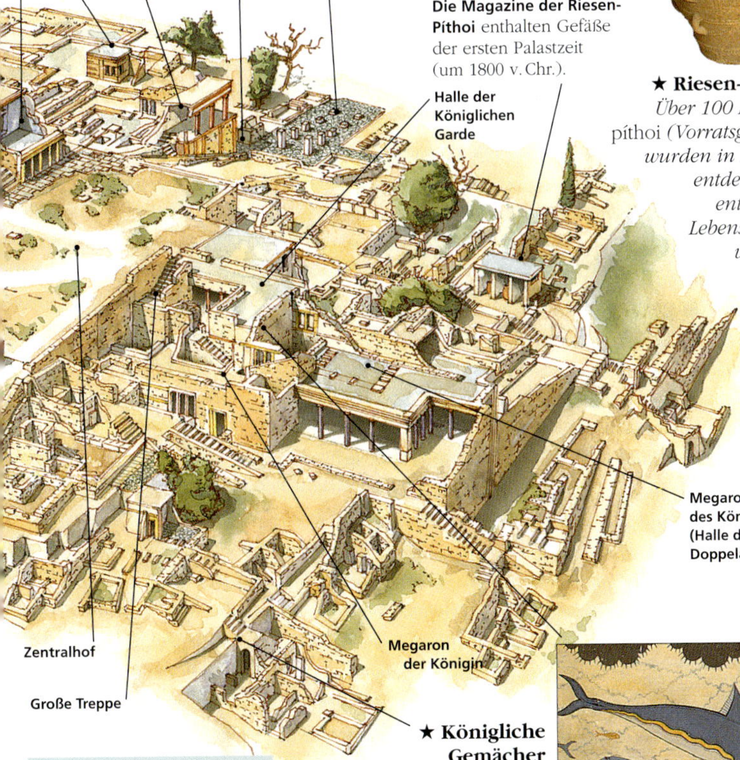

★ Königliche Gemächer
Diese Räume umfassen das Megaron des Königs (auch Halle der Doppeläxte), das Megaron der Königin mit einer Kopie des berühmten Delfin-Freskos und einem Badezimmer sowie die Große Treppe.

NICHT VERSÄUMEN

- ★ Königliche Gemächer
- ★ Priesterkönig-Fresko
- ★ Riesen-Píthoi
- ★ Thronsaal

Palast von Knosós: Aufbau

Der Palast von Knosós wurde als einziger auf Kreta von Sir Arthur Evans 1900–29 mit viel Fantasie wieder aufgebaut. Auch wenn seine Interpretation in akademischen Kreisen umstritten ist, gewinnt man durch die Rekonstruktion des zweiten Palastes einen guten Eindruck vom Leben auf Kreta in der minoischen Zeit, was bei den anderen Palästen nicht so einfach ist.

Rund um das Südpropylon

Man betritt den Palastkomplex über den **Westhof**, in dem der zeremonielle Originaleingang mit einer Büste von Sir Arthur Evans gekennzeichnet ist. Links sieht man drei runde Gruben *(kouloúres)*, in denen wahrscheinlich Getreide aufbewahrt wurde. Die **westlichen Magazine** entlang der Westfassade enthielten zahlreiche große Vorratsgefäße *(píthoi)*. Kontrolle der Ressourcen und Vorratshaltung stellten wesentliche Grundlagen für die überragende Macht des Palastes dar, was auch an den Gruben deutlich wird.

Der westliche Eingang des Westhofs in der hinteren rechten Ecke führt zum **Prozessionskorridor**. Die Wandfresken des heute durch das Abrutschen des Hanges verkürzten Ganges zeigen Opferträger, die wahrscheinlich Teil der Zeremonie bei staatlichen und religiösen Ereignissen waren. Weitere zeremonielle Darstellungen trägt das **Südpropylon**, zu dem eine Abzweigung des Korridors führte. Vom Südpropylon gelangt man über Stufen zum rekonstruierten **Piano Nobile**, so bezeichnet von Sir Arthur Evans, der hier die Staats- und Empfangsräume vermutete. Die in diesem Teil des Palastes gefundenen Steinvasen wurden für kultische Zwecke verwendet und verdeutlichen die zentrale religiöse Bedeutung des Palastes. Der enge Zusammenhang zwischen weltlicher und geistlicher Macht wird auch im **Thronsaal** deutlich, in dessen Lustralbad vermutlich rituelle Reinigungen stattfanden. Vom Thronsaal führen Stufen zum einst gepflasterten **Zentralhof**. Früher von hohen Gebäuden umgeben, ist er heute Wind und Wetter schutzlos ausgesetzt.

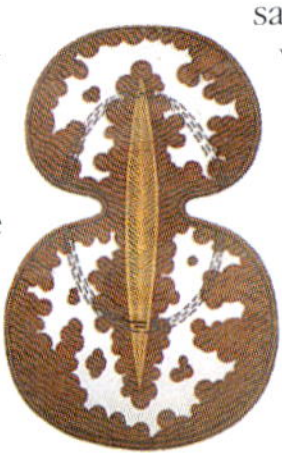

Schildmotiv, Knosós

Königliche Gemächer

Die Räume an der Ostseite des Zentralhofs sind von solcher Größe und Eleganz, dass man in ihnen die Königlichen Gemächer vermutet. Sie sind in den Berg hineingebaut und über die **Große Treppe** zu erreichen, die zu den beeindruckendsten noch erhaltenen Teilen des Palastes zählt. Die Treppe führt hinab in einen Säulenhof, der den darunterliegenden Stockwerken Licht spendet. Diese Lichthöfe sind typisch für die minoische Architektur.

Restaurierte Lehmbadewanne neben dem Megaron der Königin

Das **Megaron der Königin** war nicht nur mit dem Luxus einer Toilette samt Abwassersystem ausgestattet, sondern verfügte sogar über ein kleines Badezimmer mit Lehmbadewanne. Korridore und Räume in diesem Bereich zierten Fresken mit Blumen- und Tiermotiven.

Die **Halle der Königlichen Garde**, die zu den Königlichen Gemächern führt, ist mit Schildmotiven verziert. Das **Megaron des Königs** (»Halle der Doppeläxte«) ist nach den zierlichen Doppelaxtsymbolen benannt, die in die Steinwand geritzt sind. Dieser größte Raum der Königlichen Gemächer konnte mit Türenreihen unterteilt werden, wodurch seine Größe flexibel war. Man stieß auf Reste, von denen man annimmt, dass sie zu einem Thron gehörten, was darauf hindeutet, dass der Raum für Staatsgeschäfte genutzt wurde.

Norden und Westen des Zentralhofs

Der Nordeingang zum Zentralhof war mit bemerkenswerten figurativen Elementen geschmückt. Heute ist hier eine Replik des *Stierfreskos* zu sehen. Der

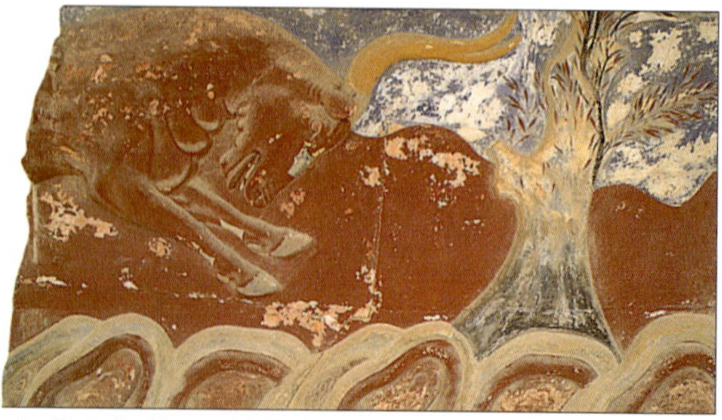

Replik des berühmten Stierfreskos

Nordeingang führt zur **nördlichen Säulenhalle**, die Sir Arthur Evans als Zollhaus bezeichnete, da er annahm, dass hier Waren inspiziert wurden. Die Halle ist ein Anbau aus der Neuen Palastzeit (um 1700 v. Chr.). Unmittelbar westlich führen restaurierte Stufen zu einem Becken, dem **nördlichen Lustralbad**. Brandspuren und Ölgefäße deuten darauf hin, dass Besucher des Palastes hier zuerst gereinigt und gesalbt wurden, bevor sie den Palast betraten. Weiter westlich stößt man auf das **Theater**, einen Hof mit Stufen, dessen Lage am Ende der Königlichen Straße vermuten lässt, dass hier die Rituale, mit denen Besucher empfangen wurden, stattfanden. Die **Königliche Straße** vom Palast weg ins minoische Knosós war von Häusern gesäumt. Etwas abseits liegt der sogenannte Kleine Palast. Das Gebäude wurde zwar freigelegt, ist aber nicht zugänglich. Es ist dem Hauptpalast architektonisch ähnlich und wurde zur selben Zeit zerstört.

Theater: Hof mit Stufen

Geschichte von Knosós

Als Hauptstadt des minoischen Kreta war der Palast von Knosós der größte und reichste der Insel. Er hatte mehr als 1000 Räume und verfügte über den Luxus eines gut entwickelten Abwassersystems, von Wasserklosetts und gepflasterten Straßen. Der Legende nach soll sich das unterirdische Labyrinth des Minotaurus in Knosós befunden haben. Dieser Stiermensch wurde von König Minos' Frau Pasiphaë geboren und von Theseus getötet. Die Rekonstruktion zeigt den zweiten Palast um 1700 v. Chr.

Labyrinthsymbol auf einer Münze aus Knosós

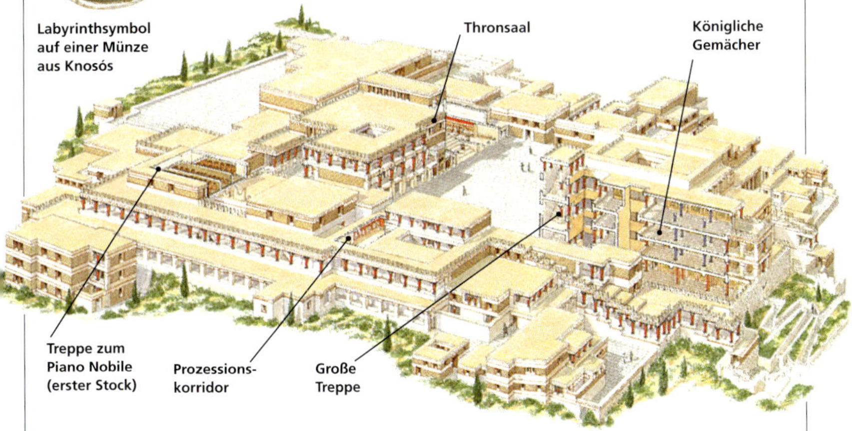

Zeitskala

7000 v. Chr. Ankunft der ersten Bewohner von Knosós

um 2000 v. Chr. Erste Palastzeit: Bau des ersten Palastes

1750–1700 v. Chr. Erster Palast wird durch Erdbeben zerstört. Neue Palastzeit: Bau des zweiten Palastes

um 1450 v. Chr. Zweiter Palast wird zerstört

um 1450–1250 v. Chr. Mykener kontrollieren Knosós

um 1370 v. Chr. Zweiter Palast wird durch Brand zerstört

um 1100 v. Chr. Dorische Invasion. Beginn des Dunklen Zeitalters

um 800 v. Chr. Gründung des Stadtstaates Knosós

67 v. Chr. Römische Eroberung Kretas

1878 n. Chr. Der Archäologe Mínos Kalokairinós beginnt erste Ausgrabungen

1900 n. Chr. Arthur Evans kauft Land und beginnt mit Ausgrabungen

7000 v. Chr. | 2000 v. Chr. | 1500 v. Chr. | 1000 v. Chr. | 500 v. Chr. | 1 n. Chr.

Sir Arthur Evans

Beliebtes Ziel für Pauschalreisende: Chersónisos (Seeseite)

Archánes ㉓
Αρχάνες

Iráklio. 4500.
2810 246299.

Abseits von Kretas Ferienorten an der Küste ist Archánes ein bodenständiges landwirtschaftliches Zentrum mit Olivenhainen und kleinen Weingärten, das sich über die Hügel ausbreitet. Am Fuß des heiligen **Berges Gioúchtas** (hier soll Zeus begraben liegen), war Archánes in minoischer Zeit ein wohlhabender und wichtiger Ort.

1964 wurden Ruinen eines minoischen **Palastes** in Tourkogeitoniá entdeckt. Wenige Schritte außerhalb der Stadt, am Fourní-Berg, liegt die weitläufige **minoische Nekropole**. Zu den hier entdeckten Schätzen zählen das Grab einer Prinzessin samt Spiegel und Golddiadem und wunderschön gravierte Siegelringe. Einige von ihnen sind im **Archäologischen Museum** von Archánes zu sehen.

Minoische Nekropole
Fourní-Berg. *Mo, Mi–So.* *Feiertage.*

Archäologisches Museum
Kalochristianáki. *Mo, Mi–So.* *Feiertage.*

Umgebung: Am Nordhang des Berges Gioúchtas befindet sich das minoische Heiligtum **Anemospiliá**. Ausgrabungen förderten ein schreckliches Menschenopfer zutage. Vermutlich unterbrach um 1700 v. Chr. ein Erdbeben die Zeremonie und tötete alle Anwesenden. Wenig davon ist erhalten, doch man hat einen herrlichen Blick auf den Psiloreítis *(siehe S. 262)*.

Das **Kazantzákis-Museum** in Myrtiá zeigt Memorabilien des weltberühmten Autors von Romanen wie *Alexis Sorbas*. Das Weingut Boutari in Scalani lohnt einen Abstecher.

Kazantzákis-Museum
Myrtiá, 14km östl. von Archánes. *2810 742451.* *März–Okt: tägl.; Nov–Feb: So.* *Feiertage.*

Níkos Kazantzákis

Níkos Kazantzákis (1883–1957) aus Myrtiá ist der bekannteste Schriftsteller Kretas. Er engagierte sich für die Unabhängigkeit seiner Heimat von den Türken und schrieb Gedichte, philosophische Essays, Stücke und Romane, darunter *Alexis Sorbas* und *Die letzte Versuchung* (beide verfilmt). Da ihn die Kirche exkommunizierte, trägt sein Grabstein in Iráklio seine eigenen Worte: »Ich hoffe nichts. Ich fürchte nichts. Ich bin frei.«

Aus den 1960er Jahren: Filmplakat zu *Alexis Sorbas*

Chersónisos ㉔
Χερσόνησος

Iráklio. *4050.* *Chersónisos.*

Von der klassischen bis in die byzantinische Zeit war Chersónisos (genau: Liménas Chersonísou) ein florierender Hafen. Heute ist der Ort ein beliebtes Ziel für Pauschalurlauber aus aller Welt.

Inmitten all der Tavernen, Souvenirläden und Diskotheken spürt man am Hafen noch das Flair des alten Chersónisos. Der pyramidenförmige römische **Brunnen** am Hafen stammt aus dem 2.–3. Jahrhundert n. Chr. Hier sieht man auch noch Reste des weitgehend versunkenen **Römischen Hafens**. Im **Kretischen Freilichtmuseum** (Lychnostátis) im Osten der Stadt versetzen unter anderem eine Windmühle, ein Steinhaus und eine Galerie den Besucher zurück in die Zeit des alten Kreta.

Das **Museum bäuerlichen Lebens** in einer Olivenpresse aus dem 19. Jahrhundert zeigt traditionelle bäuerliche Werkzeuge. Abkühlung bietet der **Aqua Splash Water Park** mit Becken, Wasserrutschen und Wasserfällen.

Kretisches Freilichtmuseum
Lychnostátis. *28970 23660.* *Apr–Okt: Di–So.* *Feiertage.*

Museum bäuerlichen Lebens
Piskopianá. *28970 23303.* *Apr–Okt: tägl.*

Aqua Splash Water Park
5 km südl. der Autobahn. *28970 24950.* *Mai–Okt: tägl.*

Mália 25
Μάλια

36 km östl. von Iráklio. 2700.
Stalída, 3 km nordwestl.

Das Mekka der Pauschalreisenden quillt über vor Sonnenhungrigen, die untertags die überfüllten Strände und abends die dröhnenden Diskotheken bevölkern.

In krassem Gegensatz dazu liegen die Ruinen des weniger besuchten minoischen **Palastes von Mália** abseits des Lärms in einer Niederung im Westen. Der erste Palast wurde 1900 v. Chr. errichtet und wie die anderen 1700 v. Chr. und wieder 1450 v. Chr. *(siehe S. 275)* zerstört. Wie die anderen Paläste verfügt er über die typischen Merkmale eines minoischen Palastes: einen großen Zentralhof mit einem Opferaltar, königliche Gemächer, Lustralbäder und Lichthöfe. In einem Heiligtum im Westflügel findet man auf Doppelsäulen das minoische Kultsymbol der Doppelaxt *(labrys)*.

Riesen-*píthos* im Palast von Mália

In der Nähe des Palastes läuft eine Grabung nach den Resten einer mutmaßlichen Siedlung, im Norden befindet sich die Nekropole von **Chrysólakkos** (Goldgrube). Hier stieß man auf wichtige Funde, darunter auf den berühmten Bienenanhänger, der im Archäologischen Museum in Iráklio *(siehe S. 270f)* zu besichtigen ist.

Vielfältig ist die Landschaft der Lasíthi-Hochebene

Palast von Mália
3 km östl. von Mália. *28970 31597.* *Di–So.* *28. Okt, Feiertage.*

Umgebung: 6,5 Kilometer östlich von Mália liegt der Ort Sísi. Weiter Richtung Westen, hinunter nach Mílatos, eröffnen sich herrliche Ausblicke. Von hier führt ein gut markierter Weg zur Mílatos-Höhle mit einem Glassarg voller Gebeine in Gedenken an das Massaker 1823 im griechischen Unabhängigkeitskrieg gegen die Türken.

Lasíthi-Plateau 26
ροπέδιο Λασιθίου

Díkti-Gebirge, Iráklio.
nach Tzermiádo.

Hoch im herrlichen Díkti-Gebirge liegt Lasíthi in einer kesselförmigen Ebene. Jahrhundertelang war die Gegend von der Außenwelt abgeschnitten. Eine Reihe von Windmühlen am Séli-Ampélou-Pass markiert den Haupteingang zur Ebene, einem flachen bewirtschafteten Gebiet 800 Meter über dem Meeresspiegel, umgeben von Bergen. Dank dem von den Bergen angeschwemmten fruchtbaren Boden gedeihen hier Obst, Kartoffeln und Getreide. Ein paar Windmühlen dienen heute noch der Erzeugung von Energie.

Unter den Dörfern rund um die Ebene ist **Tzermiádo** das größte mit gutem Angebot für Urlauber. Vom Dorfzentrum führt ein markierter Weg zur **Trápeza-Höhle** (auch Króneion-Höhle). Vom westlichen Ende des Dorfes gelangt man über einen holprigen Weg (60 Gehminuten) hinauf zur Ausgrabungsstelle der nachminoischen Siedlung **Karfí**. Am südlichen Ende der Ebene liegt das Dorf **Agios Geórgios** mit einem kleinen **Volkskundemuseum** in zwei alten Häusern. Zu sehen sind dort Stickereien, Bilder und einige Kazantzákis-Memorabilien.

Höhepunkt eines Ausflugs nach Lasíthi ist die **Diktäische Höhle** bei Psychró, der Geburtsort des Zeus *(siehe S. 262)*. Zahlreiche Funde stammen von hier: Votivgaben, Doppeläxte und Bronzestatuetten, die heute in Iráklios Archäologischem Museum stehen *(siehe S. 270f)*.

Volkskundemuseum
Agios Geórgios. *März–Okt: tägl.*

Diktäische Höhle
Psychró. *28440 31316.* *tägl.* *27. Sep, 28. Okt, Feiertage.*

Kleiner Schrein in der verwinkelten Mílatos-Höhle

Befestigte Insel Spinalónga gegenüber von Eloúnta

Eloúnta ㉗

Ελούντα

Lasíthi. *1500.* *Di.*
Eloúnta.

Der antike Stadtstaat Oloús wurde von den Venezianern 1579 zu einem befestigten Hafen ausgebaut. Eloúnta liegt idyllisch am Mirabéllou-Golf und ist heute ein etabliertes Ferienziel. Die Stadt ist mit schönen Sandbuchten gesegnet und verfügt über ein breites Angebot an Unterkünften.

Östlich davon verbindet eine Landenge das Festland mit der Spinalónga-Halbinsel. Hier sieht man unter Wasser Reste des hellenistisch-römischen Stadtstaates **Oloús**, darunter des Zeus- und des Artemis-Tempels. Nördlich der Halbinsel liegt die kleine Insel **Spinalónga**, auf der eine eindrucksvolle venezianische Festung (16. Jh.) heute verlassen dasteht. Sie widerstand lange Jahre der türkischen Belagerung. Zuletzt diente sie bis in die Mitte der 1950er Jahre als Leprakolonie. Heute gibt es von Eloúnta und anderen Orten regelmäßige Bootsverbindungen zur Insel.

Umgebung: Abwechslung vom Trubel in Eloúnta bietet der kleine Ort **Pláka** fünf Kilometer nördlich. In kleinen Tavernen am Meer wird frischer Fisch serviert. Mit Booten kann man auf die Insel Spinalónga übersetzen.

Schädel mit Lorbeerkranz (Archäologisches Museum, Agios Nikólaos)

Agios Nikólaos ㉘

῾Αγιος Νικόλαος

Lasíthi. *10 000.*
Koundoúrou 21 (28410 22357).
Mi. *Almyrós, 2 km östl.; Chavánia, 3 km westl.*

Agios Nikólaos ist dank der herrlichen Lage am Golf von Mirabéllou einer der reizvollsten Ferienorte Kretas. Die Entstehung der Stadt geht auf die hellenistische Zeit zurück, als Lató »pros Kamára« (zum Bogen hin) der Hafen für den Stadtstaat Lató war. Unter den Venezianern verlor der Hafen an Bedeutung. Erst im 19. Jahrhundert setzte die Entwicklung des heutigen Agios Nikólaos ein.

Das Zentrum des beliebten Ferienortes ist der Hafen und, mit einer Tiefe von 64 Metern, der sogenannte »See ohne Boden«, Voulisméni. Das **Volkskundemuseum** mit Blick auf den See beherbergt eine bunte Mischung von kretischer Handwerkskunst und Hausrat. Nördlich der Stadt, beim Mínos-Palast-Hotel, steht die winzige Kirche **Agios Nikólaos** (10./11. Jh. n. Chr.), nach der die Stadt benannt ist.

Das **Archäologische Museum** liegt in der Nähe wichtiger Fundstätten. Es bewahrt wahre Schätze aus der Provinz Lasíthi, z. B. Steinvasen, Goldschmuck von der minoischen Siedlung Móchlos bei Gourniá und Töpferarbeiten, darunter ein Trinkgefäß, das als Göttin von Mýrtos bekannt ist. Ein einzigartiges Exponat ist der Schädel eines Mannes, vermutlich eines Athleten, mit einem goldenen Lorbeerkranz und einer Silbermünze als Obolus für die Fahrt über den Styx, den mythischen Fluss in die Unterwelt.

Im Sommer verkehren Boote zu den Inseln Spinalónga und Agioi Pántes, wo die kretische Wildziege *Kri-Kri (siehe S. 254)* zu beobachten ist.

Volkskundemuseum
Koúndourou 23. *28410 25093.*
Mai–Okt: Di–So. *Feiertage.*

Archäologisches Museum
Palaiológou 68. *28410 24943.*
Di–So. *Feiertage.*

Inneres Hafenbecken von Agios Nikólaos mit dem Voulisméni-See im Vordergrund

Hotels und Restaurants auf Kreta *siehe Seiten 317–320 und 338–340*

Ausschnitt aus dem *Paradies-Fresko* in Panagía Kerá (Kritsá)

Kritsá 29

Κριτσά

Lasíthi. 2500. Mo. Ammoudára, 11 km östl.; Istro, 15 km südöstl.

Der Ort Kritsá am Fuß des Lasíthi-Plateaus ist für seine byzantinische Kirche berühmt. Die Hauptstraße des Zentrums für kretische Handwerkskunst wird während der Sommermonate mit Spitzen, kunstvoll gewebten Teppichen und Stickereien überschwemmt. Von den Cafés und Tavernen des Ortes genießt man einen schönen Blick über das Tal zum Meer hinunter. Etwa ab November geht es in Kritsá wieder deutlich gemächlicher zu.

Östlich von Kritsá, etwas abseits der Straße in einem Olivenhain, steht die **Panagía Kerá** (13. Jh.), geschmückt mit einigen der herrlichsten Fresken Kretas aus dem 13. und der ersten Hälfte des 14. Jahrhunderts. Von den drei Schiffen ist das Mittelschiff das älteste. Im Inneren sieht man schöne Darstellungen aus dem Leben Christi und der Jungfrau Maria.

Umgebung: Nördlich von Kritsá findet man die Ruinen von **Lató Etéra**, einer dorischen Siedlung (7. Jh. v. Chr.). In römischer Zeit verlor sie ihre Bedeutung zugunsten des leichter zugänglichen Hafens Lató pros Kamára (heute Agios Nikólaos). Auf einem Sattel zwischen zwei Gipfeln gelegen, bietet die antike Stadt einen schönen Blick auf den Golf von Mirabéllou. Eine gepflasterte Straße mit Werkstätten und Häusern auf der rechten Seite führt hinauf zur Agora mit einer Regenwasserzisterne und einem Heiligtum. An der Nordseite der Agora führt eine von zwei Türmen flankierte Treppe zum *Prytaneion* (Rathaus), wo sich einst das Stadtarchiv befand. Im Süden der Agora sieht man einen Tempel und ein Theater.

Lató Etéra
4 km nördl. von Kritsá.
Di–So. Feiertage.

Gefragte Spitzen von Kritsá

Ierápetra 30

Ιεράπετρα

Lasíthi. 15 000. Adrianoú (28420 22246). Sa. Agiá Fotiá, 17km östl.; Makrýs Gialós, 30 km östl.

Die Stadt an Kretas Südostküste behauptet von sich, die südlichste Stadt Europas zu sein. Für den seit vorminoischer Zeit besiedelten Ort spielten Handel und kultureller Austausch mit Nordafrika immer eine zentrale Rolle. Sir Arthur Evans *(siehe S. 274)* bezeichnete ihn als »Schnittstelle minoischer und archaischer Zivilisation«. Die einst florierende Stadt mit Villen, Tempeln, Amphitheatern und eindrucksvollen Gebäuden hat ihre beste Zeit lange hinter sich. Die Zeugnisse vergangener Pracht sind verschwunden, teils wegen Plünderungen, teils wegen moderner »Stadtentwicklung«.

Den Eingang zum alten Hafen bewacht eine frühe venezianische **Festung** (13. Jh.). Westlich davon erstreckt sich das sehenswerte türkische Viertel mit einer **Moschee** und einem eleganten türkischen Brunnen. Ebenfalls in diesem Viertel, an der Kougioumtzáki, steht die Kirche **Aféntis Christós** (14. Jh.) und abseits der Samouíl das nicht zugängliche **Haus Napoléons**, in dem er 1798 auf dem Weg nach Ägypten übernachtet haben soll.

Alles, was nicht Plünderungen oder diebischen »Archäologen« zum Opfer fiel, ist im kleinen **Archäologischen Museum** im Stadtzentrum ausgestellt. Die Exponate von minoischer bis römischer Zeit umfassen *larnakes* (Sarkophage), *píthoi* (Vorratsgefäße), Statuen, Bronzeäxte und Steinarbeiten.

Von Ierápetra Richtung Osten erstrecken sich in fast ununterbrochener Linie die von Hotels und Restaurants gesäumten Sandstrände. Vom Hafen gibt es täglich Boote zu den idyllischen weißen Stränden und Zedernwäldern der unbewohnten Insel **Chrysí**.

Festung
Alter Hafen. *tägl. Feiertage.*

Archäologisches Museum
Adrianoú Koustoúla. *28420 28721. Di–So. Feiertage.*

Moschee und Brunnen im alten türkischen Viertel (Ierápetra)

Ausgrabungsstätte von Gourniá

Gourniá 31

Γουρνιά

18,5 km östl. von Agios Nikólaos, Lasíthi. Di–So. Feiertage. *Istro, 8 km westl.*

Die minoische Siedlung Gourniá liegt auf einem kleinen Hügel über der beschaulichen Bucht von Mirabéllou. Sie wurde von der amerikanischen Archäologin Harriet Boyd-Hawes zwischen 1901 und 1904 freigelegt und zählt zu den besterhaltenen Kretas. Ein Mini-Palast (ein Zehntel von Knosós) bildet das Zentrum und ist von einem Labyrinth enger Straßen und kleiner Häuser umgeben. Die Siedlung besteht seit etwa 3000 v. Chr., die Ruinen stammen jedoch aus der Neuen Palastzeit (um 1700 v. Chr., *siehe S. 275*). Ein durch seismische Aktivität ausgelöstes Feuer zerstörte die Siedlung um 1450 v. Chr.

Umgebung: Zwei Kilometer westlich von Gourniá zweigt linker Hand von der Landstraße eine alte Betonstraße ab. Sie führt zum Kloster **Moní Faneroménis** hinauf (6 km nach der Abzweigung). Die Kapelle **Panagía** (15. Jh.) ist in eine Höhle hineingebaut und beherbergt heilige (angeblich wundertätige) Ikonen.

Auf der Landstraße nach Osten führt eine Straße von Sfáka nach links zum reizenden Fischerdorf **Móchlos**. Die kleine Insel Móchlos war einst durch eine Landenge mit dem Festland verbunden. Dort findet sich eine minoische Siedlung mit Nekropole.

Siteía 32

Σητεία

Lasíthi. *7500.* *Di.* *Siteía.*

Zwischen Gourniá und Siteía schlängelt sich die Landstraße durch eine der herrlichsten Landschaften Kretas. In der Nähe von Siteía geht die Landschaft in eher trockenes Hügelland mit Weinbergen über.

Trotz Zeugnissen einer nahen großen hellenistisch-römischen Siedlung stammt das heutige Siteía aus dem 4. Jahrhundert n. Chr. Unter byzantinischer und florentinischer Herrschaft florierte Siteía. Erdbeben und Piratenüberfälle (16. Jh. n. Chr.) setzten dem jedoch ein Ende. Erst durch den Wiederaufbau ging es nach 1870 erneut bergauf.

Heute lebt die Stadt unter anderem von der Herstellung von Wein und Olivenöl. Mit dem Rosinenfest Mitte August feiert Siteía seinen Erfolg als Rosinen-Exporteur.

Das Zentrum der Altstadt bildet ein malerischer Hafen mit dicht gedrängten Cafés und Tavernen. Am Nordende erhebt sich die jetzt restaurierte venezianische **Festung** (sie wird heute als Open-Air-Theater genutzt), einziges Zeugnis der einstigen umfassenden Stadtbefestigung.

Am südlichen Stadtrand liegt das **Archäologische Museum** mit Funden aus dem Umland. Die Exponate reichen von neolithischer bis in römische Zeit und umfassen eine sehenswerte minoische Elfenbeinstatuette, den *Palaíkastro Koúros*. Zu sehen sind auch Funde aus Ton, darunter eine reiche Sammlung aus dem Zákros-Palast.

Das Kornaria-Festival findet alljährlich von Juli bis Mitte August statt. Besuchern bietet es Gelegenheit, die Bräuche und Traditionen von Siteía kennenzulernen. Zu den vielfältigen Veranstaltungen zählen Musik-, Tanz- und Theatervorführungen, Ausstellungen und Sportwettkämpfe.

Archäologisches Museum
Piskokefálou 3. *28430 23917.* *Di–So.* *Feiertage.*

Siteías Altstadt am Hügel über dem baumgesäumten Hafen

Moní Toploú ㉝
Μονή Τοπλού

16 km westl. von Siteía, Lasíthi.
28430 61226. *nach Váï.*
Kloster und Museum *tägl.*
Itanos, 7,5 km nordöstl.

Das Kloster (14. Jh.) ist heute eines der reichsten und einflussreichsten Kretas. Die heutigen Gebäude stammen aus venezianischer Zeit, als das Kloster gegen Piratenüberfälle befestigt wurde. Der türkische Name *toplou* bezieht sich auf die hier aufgestellten Kanonen. Während des Zweiten Weltkriegs unterhielt der kretische Widerstand hier einen Radiosender, wofür Abt Siligknákis von den Deutschen in der Nähe von Chaniá exekutiert wurde.

Drei Ebenen mit Klosterzellen schauen auf den Innenhof, in dem eine kleine Kirche (14. Jh.) mit Fresken und Ikonen steht. Die berühmteste ist die Ikone *Allmächtig bist Du, Herr*, 1770 von Ioánnis Kornáros fertiggestellt. In der Fassade zitiert eine hellenistische Inschrift den Schiedsspruch von Magnesia (132 v. Chr.), der den Streit der rivalisierenden Stadtstaaten Ierapytna (dem heutigen Ierápetra) und Itanos um das Heiligtum des diktäischen Zeus in Palaíkastro regelte. Der Stein war ursprünglich als Grabstein verwendet worden. Das Museum zeigt Steinmetzarbeiten und Ikonen (15.–18. Jh.).

Ikone *Allmächtig bist Du, Herr* von Ioánnis Kornáros (Moní Toploú)

Váï-Strand ㉞
Παραλία Βάι

28 km nordöstl. von Siteía, Lasíthi.

Der exotische Strand von Váï wirkt mit seinen in Europa einzigartigen Palmen, die hier bereits in der Klassik wuchsen, fast tropisch. Die einladende Bucht ist bei Urlaubern sehr beliebt, was leider zu überteuerten Tavernen und viel Besucherandrang führt. Es wird jedoch streng auf den Schutz der einzigartigen Palmen *Phoenix theophrasti* geachtet.

Umgebung: In der einsamen Landschaft zwei Kilometer nördlich von Váï lag auf einer Erhebung zwischen zwei Sandbuchten der antike Stadtstaat **Itanos**. Man fand spärliche minoische, hellenisch-römische und byzantinische Reste, darunter eine byzantinische Basilika und die Überreste mehrerer klassischer Tempel.

Palaíkastro, zehn Kilometer südlich von Váï, ist das Zentrum des expandierenden Olivenölhandels. Am Südende vom Strand von Chióna zwei Kilometer östlich befindet sich die minoische Siedlung Palaíkastro. Hier werden Ausgrabungen durchgeführt.

Ausgrabungen von Zákros hinter Káto Zákros

Zákros ㉟
Ζάκρος

Káto Zákros, Lasíthi. *28430 93338.* *Di–So.* *Feiertage.*
Káto Zákros; Xerókampos, 13 km südl.

Der kretische Archäologe Nikólaos Pláton entdeckte 1961 den ungeplünderten Palast von Zákros. Der viertgrößte kretische Palast entstand etwa 1700 v. Chr. und wurde wie die anderen um 1450 v. Chr. zerstört. Durch seine Lage entwickelte er sich zum Zentrum des Handels mit dem Nahen Osten.

Der zweistöckige Palast erstreckte sich um einen Zentralhof, an dessen Ostseite die königlichen Gemächer anschlossen. Reste einer Säulenhalle mit Zisterne sind noch sichtbar, ebenso ein Wasserbecken, in dem man 1964 3000 Jahre alte Oliven fand. Haupthalle, Werkstätten und Vorratsräume liegen im Westflügel. Zu den Funden gehören das Bergkristallrhyton und Vasen, heute im Archäologischen Museum von Iráklio zu sehen *(siehe S. 270f)*.

Váï-Strand mit seinen einzigartigen Palmen

ATHEN

Die von Bergen umgebene Drei-Millionen-Metropole Athen (Athína) umfasst eine Fläche von 412 Quadratkilometern. Stolz der Stadt sind der 2500 Jahre alte Tempel der Pallas Athene, der Parthenon und hervorragende Museen. Ein kurzer Aufenthalt in Athen auf dem Weg zu den Griechischen Inseln eignet sich ausgezeichnet für eine Besichtigung der Höhepunkte dieser Stadt.

Athen (Athína), die Wiege der europäischen Kultur, ist seit etwa 7000 Jahren besiedelt. Ihre Blütezeit erreichte die Stadt, als Perikles im 5. Jahrhundert v.Chr. monumentale Bauwerke in Auftrag gab, darunter einige Tempel auf dem Akropolis-Hügel. Weitere Zeugnisse aus der Klassik sind auf der antiken Agora zu sehen, einem Komplex öffentlicher Gebäude, die von der rekonstruierten Attalos-Stoa, einem langen Säulengang, dominiert wird.

Évzone auf der Plateía Syntágmatos

Von Athens jüngerer Geschichte gibt es kaum architektonische Zeugnisse. Mit Ausnahme einiger schöner byzantinischer Kirchen in der Pláka, einem der ältesten Viertel, ist aus der Zeit der Kreuzfahrer, Venezianer und Türken so gut wie nichts Bedeutendes erhalten. Im Jahr 1834 erklärte König Otto von Bayern, beeindruckt von der Akropolis, Athen zur neuen Hauptstadt Griechenlands. Unter ihm entstand rund um die antike »Spitze der Stadt« das moderne Athen mit neoklassizistischen öffentlichen Gebäuden, breiten, lang gezogenen Boulevards und eleganten Plätzen.

Das reiche kulturelle Erbe findet sich in den herrlichen Museen der Stadt, wie etwa dem Archäologischen Museum, wo einzigartige Exponate den Glanz des antiken Griechenland wiederauferstehen lassen. Die Nationale Gemäldegalerie zeigt eine reiche Auswahl griechischer und europäischer Kunst.

Auch das Nachtleben in Athen lässt keine Wünsche offen: Tavernen, Clubs und Bars haben bis in die frühen Morgenstunden geöffnet. Im Sommer sind die Open-Air-Kinos und -Theater (z.B. das Herodes-Attikus-Theater am Fuß der Akropolis) besonders beliebt.

Musik gibt es für jeden Geschmack, angefangen von griechischer Volksmusik über Pop und Jazz bis zu Klassik. Flohmärkte, Antiquitätenläden in Monastiráki und Designer-Boutiquen in Kolonáki, häufig in Fußgängerzonen gelegen, laden zum Shopping ein.

Akropolis, vom Philopáppos-Hügel aus gesehen

◁ **Lykavittós-Hügel in Athen zwischen Betonhäusern und byzantinischen Kirchen**

Überblick: Athen

Auch wenn Sie nur einen Nachmittag Zeit haben, lohnt sich die Besichtigung einiger der bedeutendsten Athener Sehenswürdigkeiten, z. B. Akropolis und Agora. Die Sammlung griechischer Kunst im Archäologischen Nationalmuseum beherbergt viele Funde dieser Stätten. Das Benáki-Museum bietet eine glitzernde Auswahl an Schmuck, Kleidung und Keramik aus Griechenland und dem Nahen Osten. Eine Alternative zu den Museen ist Shopping, ob Sie sich nun für den Flohmarkt der Pláka oder die Designer-Läden in Kolonáki entscheiden. Nehmen Sie öffentliche Verkehrsmittel *(siehe S. 292–295)*.

Avyssinías in Monastiráki
(siehe S. 286)

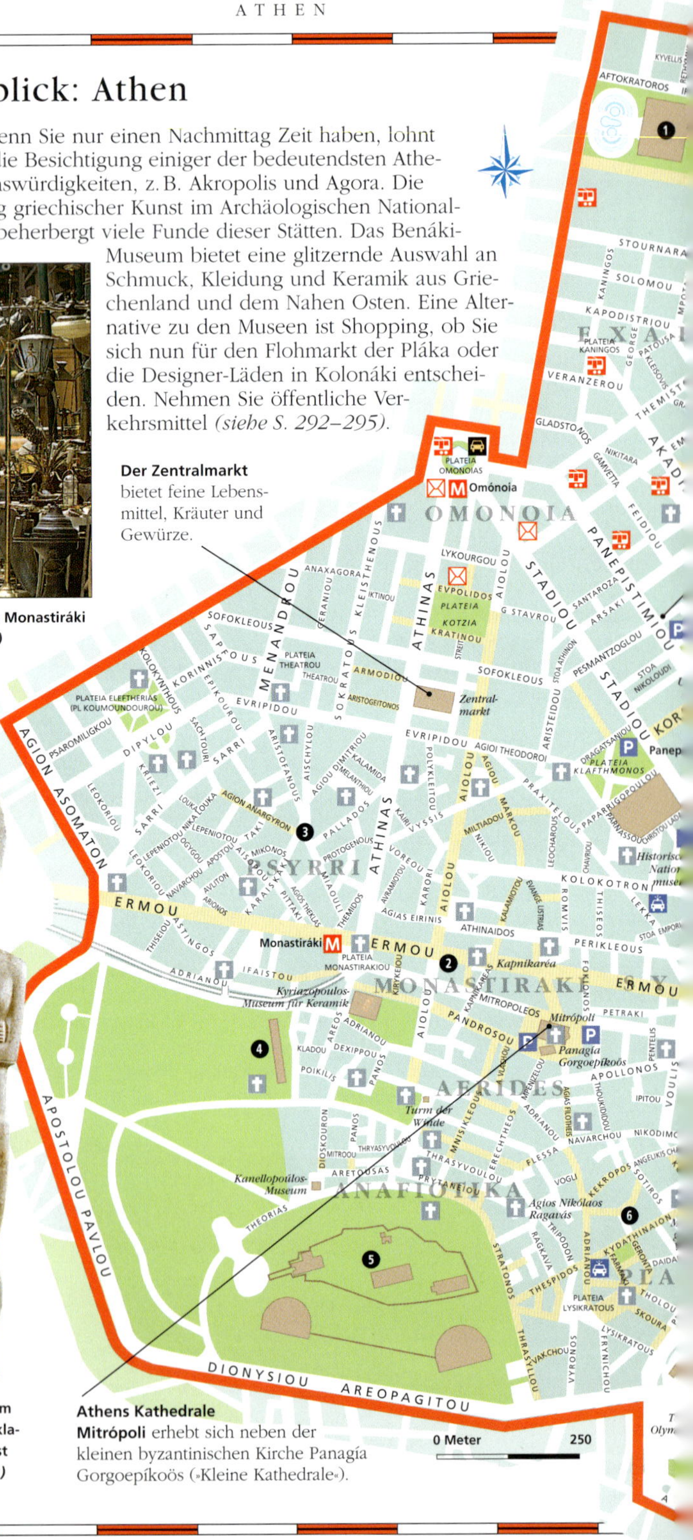

Der Zentralmarkt bietet feine Lebensmittel, Kräuter und Gewürze.

Figur aus dem Museum kykladischer Kunst *(siehe S. 291)*

Athens Kathedrale Mitrópoli erhebt sich neben der kleinen byzantinischen Kirche Panagía Gorgoepíkoös (»Kleine Kathedrale«).

Turm der Winde *(siehe S. 287)*

Zur Orientierung

Die Panepistimíou wird von den schönsten neoklassizistischen Bauwerken gesäumt.

Sehenswürdigkeiten auf einen Blick

Museen und Sammlungen

Archäologisches Nationalmuseum ❶

Benáki-Museum ❼

Museum kykladischer Kunst ❽

Nationale Gemäldegalerie ❾

Historische Viertel

Monastiráki ❷

Pláka ❻

Psyrrí ❸

Antike Stätten

Akropolis *S. 288–290* ❺

Antike Agora ❹

Legende

- Sehenswürdigkeit
- Metro-Station
- Trolleybus-Haltestelle
- Taxi

Das Kolonáki-Viertel präsentiert sich mit vielen Designer-Läden.

An der Plateía Syntágmatos steht das Grab des Unbekannten Soldaten, bewacht von den berühmten *évzones* (Nationalgarde).

- Parken
- Information
- Krankenhaus mit Ambulanz
- Polizei
- Kirche
- Post
- Fußgängerzone

Der Nationalpark wurde im 19. Jahrhundert auf Wunsch von Königin Amalía angelegt. Die Grünflächen bieten in der Sommerhitze angenehme Abkühlung.

Archäologisches Nationalmuseum ❶

Εθνικό Αρχαιολογικό Μουσείο

Patissíon 44, Exárcheia. ☎ 210 821 7717. Ⓜ Omónoia, Viktória. ◯ Mo 13–19.30, Di–So 8.30–15 Uhr.

Die Exponate des 1891 eröffneten Museums waren zuvor über die ganze Stadt verstreut gewesen. 1939 wurden neue Flügel angebaut, während des Zweiten Weltkriegs lagerte man die unbezahlbare Sammlung aus und versteckte sie sicherheitshalber. 1946 wurde das Museum wiedereröffnet, doch weitere 50 Jahre Renovierungsarbeit waren nötig, bis die herrlichen Exponate in gebührendem Rahmen präsentiert werden konnten. Vor den Olympischen Spielen im Jahr 2004 wurde das Museum erneut renoviert.

Mit seiner umfassenden Sammlung an Keramiken, Skulpturen und Schmuck verdient es das Museum zweifellos, zu den besten der Welt gezählt zu werden. Es empfiehlt sich, einen Besuch sehr sorgfältig zu planen und selektiv vorzugehen. Es ist fast unmöglich, alles auf einmal zu besichtigen.

Die Exponate lassen sich in fünf Hauptsammlungen unterteilen: neolithische und kykladische, mykenische, geometrische und archaische Skulpturen, klassische Skulptur, römische und hellenistische Skulptur sowie die Keramiksammlungen. Es gibt außerdem auch kleinere sehenswerte Sammlungen, darunter die faszinierende Schmucksammlung Eléni Stathátou und die kürzlich eröffneten Ägypten-Säle.

Zu den Höhepunkten des Museums zählen die einzigartigen Funde der Königsgräber von Mykene, insbesondere die *Totenmaske des Agamemnon*. Keinesfalls versäumen sollte man auch die archaischen *Koúroi*-Statuen und die unübertroffene Sammlung klassischer und hellenistischer Statuen. Zwei der wichtigsten und schönsten Bronzen sind *Der kleine Reiter* und *Poseidon*. Auch eine umfassende Sammlung antiker Keramiken befindet sich hier, mit eleganten rot- und schwarzfigurigen Vasen (6. und 5. Jh. v. Chr.; *siehe S. 62f*) und einigen Dipylonvasen aus geometrischer Zeit (1000 v. Chr.).

Einkaufsbummel durch das bunte Monastiráki-Viertel

***Agamemnons Totenmaske* im Archäologischen Nationalmuseum**

Monastiráki ❷

Μοναστηράκι

Ⓜ Monastiráki. **Markt** ◯ tägl.

Das nach dem kleinen Kloster an der Plateía Monastirakíou benannte Viertel assoziiert man unweigerlich mit dem berühmten Flohmarkt in der Nähe der Agora zwischen der Sari im Westen und der Straße Aiólou im Osten. In den Läden der Straßen Pandrósou, Ifaístou und Areos, abseits der Plateía Monastirakíou, findet man Gegenstände aller Art von Antiquitäten, Lederwaren und Silber bis hin zu billigen Souvenirs.

Zentrum des Flohmarkts ist die Plateía Avyssinías westlich der Plateía Monastirakíou, wo sich jeden Morgen Händler mit Möbeln und allem möglichen Krimskrams postieren. Unter der Woche und am Sonntagmorgen findet man hier Antiquitäten, gebrauchte Bücher, Teppiche, Lederwaren, Tavernenstühle und Armee-Ausrüstungen.

Vor allem entlang der Straße Adrianoú und auf der Plateía Agíou Filíppou floriert der Handel – dies ist der ideale Ort für Schnäppchen. Bei farbenprächtigen Teppichen, Stickereien und vielerlei gutem Silberschmuck lohnt sich das Zugreifen.

Psyrrí ❸

Ψυρρί

Ⓜ Monastiráki.

In den geschäftigen Gassen von Psyrrí bekommen Sie am ehesten einen Eindruck vom Leben im modernen Athen. Zwischen dem Zentralmarkt und den Straßen Athinas und Ermou entwickelt sich seit einiger Zeit ein ausgesprochenes Trendviertel. In etliche der schönen, renovierten neoklassischen Gebäude sind Galerien und Restaurants eingezogen, täglich eröffnen neue Theater, Weinlokale und Boutiquen. Winzige Läden verkaufen spezielle Handarbeit wie Küchengeräte aus Kupfer, Gürtelschnallen, Ikonen oder Korbwaren. Abends weicht das hektische Treiben den entspannteren Freuden einer interessanten Gastronomie, vieles davon ausgezeichnet und zu moderaten Preisen. Hier ist die typische »athenische« Atmosphäre besonders gut zu spüren.

Hotels und Restaurants in Athen *siehe Seiten 320f und 340f*

Antike Agora ❹
Αρχαία Αγορά

Hauptzugang in Adrianoú, Monastiráki. ☎ *210 321 0185.* Ⓜ *Thiseío, Monastiráki.* **Museum und Stätte** ◯ *tägl. 8–19, Karfreitag 12–15 Uhr.* ● *Feiertage.* *begrenzt.*

Das amerikanische archäologische Institut begann hier in den 1930er Jahren mit den Ausgrabungen. Seitdem wurde eine komplexe Anlage von Gebäuden und Tempeln freigelegt. Die demokratisch organisierte Agora war nicht nur politisches und religiöses Zentrum des antiken Athen, sondern auch Schauplatz des Handels und des täglichen Lebens, mit einer Vielzahl an Schulen und eleganten Stoas mit Läden. Auch das Staatsgefängnis befand sich hier, ebenso wie die Münze, in der die berühmten Münzen mit dem Eulensymbol geprägt wurden. Sogar eine Olivenpresse wurde entdeckt.

Der bedeutendste erhaltene Bau ist die eindrucksvolle zweistöckige Attalos-Stoa, die man von 1953 bis 1956 auf den Originalfundamenten vorwiegend mit antikem Baumaterial rekonstruierte. Sie wurde von König Attalos II. von Pergamon (reg. 159–138 v. Chr.) gestiftet und dominierte bis zu ihrer Zerstörung 267 n. Chr. den östlichen Teil der Agora. Heute sind im darin untergebrachten Museum die Funde der Agora ausgestellt, darunter eine *klepsydra* (Wasseruhr, um die Redezeit bei Gericht festzulegen), Stimmsteine aus Bronze sowie Gegenstände des täglichen Lebens wie Terrakotta-Spielzeug oder Ledersandalen. Die am besten erhaltenen Ruinen der Agora sind das Odeion des Agrippa (ein überdachtes Theater) und das Hephaisteion (Hephaistos-Tempel), auch bekannt als Theseion.

Dach der Kirche Agios Nikólaos Ragavás über den Straßen der Pláka

Fassade des Hephaisteion auf der antiken Agora

Akropolis ❺
Siehe S. 288–290.

Pláka ❻
Πλάκα

Ⓜ *Monastiráki.* 🚌 *1, 2, 4, 5, 9, 10, 11, 12, 15, 18.*

Die Pláka ist das historische Zentrum Athens. Auch wenn nur wenige Bauwerke weiter als bis in die Türkenzeit zurückreichen, ist es das älteste ständig bewohnte Viertel der Stadt. Eine mögliche Deutung des Namens ist, dass albanische Soldaten der türkischen Armee, die sich hier im 16. Jahrhundert niederließen, das Viertel als *pliaka* (alt) bezeichneten. Trotz des unaufhörlichen Stroms von Besuchern und Athenern, die zum Essen in den alten Tavernen oder für einen Bummel durch die Antiquitäten- und Ikonenläden herkommen, hat sich die Pláka die Atmosphäre eines Wohnviertels bewahrt. Das einzige in Athen erhaltene choregische Denkmal ist das **Lysikrates-Denkmal** auf der Plateía Lysikrátous. Es erinnert an den Sieger der Chor- und Tragödienwettbewerbe bei den Dionysischen Spielen im Theater des Dionysos. Die Bauwerke sind nach dem Sponsor *(choregos)* des Sieger-Ensembles benannt.

Detail eines Terrakotta-Dachs (Pláka)

Eine der sehenswerten Kirchen ist die **Agios Nikólaos Ragavás** (11. Jh.) mit antiken Säulen in den Wänden. Auf der römischen Agora im Westen der Pláka steht der **Turm der Winde** (2. Jh. v. Chr.). Gebaut hat ihn der syrische Astronom Andronikos um 100 v. Chr. als Wasseruhr mit Wetterfahne. Auf dem Marmorfries ist auf jeder Seite einer der acht mythologischen Winde dargestellt.

Turm der Winde
Plateía Aéridon. ☎ *210 324 5220.* ◯ *tägl.* ● *Feiertage.*

Akropolis ❺
Ακρόπολη

Mitte des 5. Jahrhunderts v. Chr. überredete Perikles die Athener zu einem groß angelegten Bauprojekt, das heute als Sinnbild der politischen und kulturellen Errungenschaften Griechenlands gewertet wird. Auf der Akropolis wurden drei völlig gegensätzliche Tempel und ein Monumentaleingang errichtet. Das Dionysos-Theater am Südhang wurde im 4. Jahrhundert v. Chr. gebaut, das Theater des Herodes Atticus im 2. Jahrhundert n. Chr. hinzugefügt.

Akropolis mit dem Tempel des Zeus im Vordergrund

★ Halle der Karyatiden
Diese Frauenstatuen ersetzen in der Südhalle des Erechtheion die Säulen. Die Originalfiguren, die heute im Akropolis-Museum zu besichtigen sind, wurden durch Kopien ersetzt.

Ein Olivenbaum wächst an der Stelle, an der Athene im Wettstreit mit Poseidon einen Baum pflanzte.

Die Propyläen wurden 437–432 v. Chr. als neuer Eingang zur Akropolis errichtet.

★ Tempel der Athena Nike
Der Tempel der Sieges-Athene (427–424 v. Chr.) befindet sich an der Westseite der Propyläen.

Das Beulé-Tor war der früheste Eingang zur Akropolis.

Weg von der Kartenverkaufsstelle zur Akropolis

Theater des Herodes Atticus
Das herrliche, auch als Odeion des Herodes Atticus bekannte Theater wurde 161 n. Chr. erbaut und 1955 restauriert. Heutzutage finden hier Freilichtkonzerte statt.

NICHT VERSÄUMEN

- ★ Halle der Karyatiden
- ★ Parthenon
- ★ Tempel der Athena Nike

Hotels und Restaurants in Athen *siehe Seiten 320f und 340f*

★ Parthenon
Nur wenige Figuren dieses berühmten Athena-Tempels sind erhalten. Die abgebildeten sind im östlichen Giebelfeld zu sehen (siehe S. 290).

Infobox

Dionysíou Areopagítou (Haupteingang), Pláka. **Stätte** *210 321 0219.* *Akropolis.* *230, 231.* *Apr–Okt: tägl. 8–19 Uhr; Nov–März: tägl. 8–14.30 Uhr.* *1. Jan, 25. März, Ostersonntag, 1. Mai, 25., 26. Dez.*
www.culture.gr

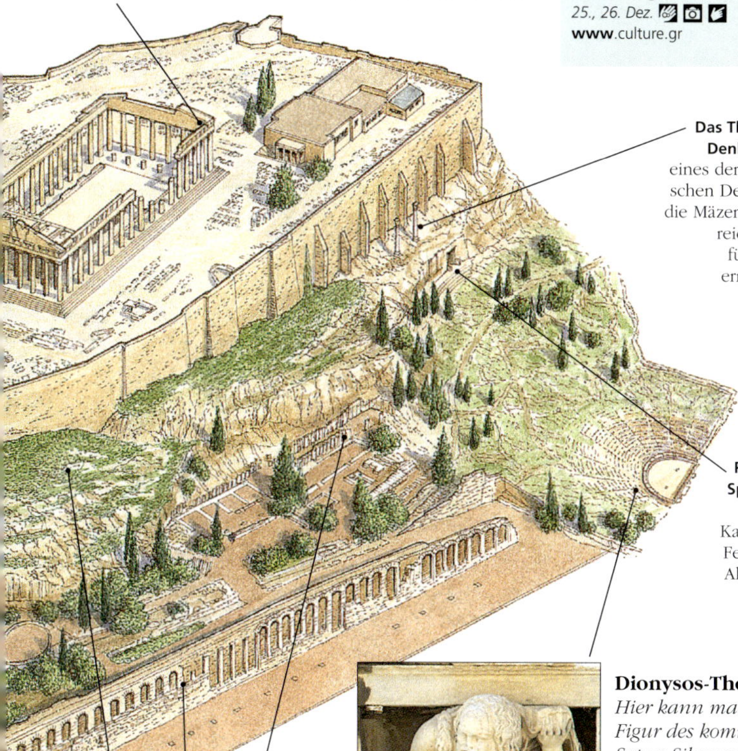

Das Thrasyllos-Denkmal war eines der choregischen Denkmäler, die Mäzene erfolgreicher Aufführungen errichteten.

Panagía i Spiliótissa ist eine Kapelle im Felsen der Akropolis.

Asklepieíon

Eumenes-Stoa

Der Akropolis-Felsen war leicht zu verteidigen und wird seit fast 5000 Jahren genutzt.

Dionysos-Theater
Hier kann man die Figur des komischen Satyrs Silenos sehen. Das Theater wurde von Lykourgos 342–326 v. Chr. erbaut.

Zeitskala

3000 v. Chr. Erste Siedlung auf der Akropolis im Neolithikum

51 n. Chr. Predigt des Apostel Paulus am Areopag

480 v. Chr. Perser zerstören alle archaischen Gebäude

267 n. Chr. Heruler zerstören die Akropolis

Apostel Paulus

3000 v. Chr. | 2000 v. Chr. | 1000 v. Chr. | 1 n. Chr. | 1000 n. Chr.

1200 v. Chr. Zyklopische Mauer ersetzt den alten Mauerwall

510 v. Chr. Orakel von Delphi erklärt die Akropolis zum heiligen Ort und verbietet Sterblichen, dort zu wohnen

447–438 v. Chr. Bau des Parthenon unter Perikles

Perikles (495–429 v. Chr.)

1687 Venezianer beschädigen den Parthenon

1987 Restaurierung des Erechtheion abgeschlossen

Überblick: Akropolis

Sobald man die Propyläen, den Monumentaleingang der Akropolis, durchschritten hat, bietet der Parthenon ein beeindruckendes Bild. Daneben finden sich auf der »Spitze der Stadt« noch das Erechtheion und der Tempel der Athena Nike. Seit 1975 ist der Zugang zu den Tempelbezirken verboten. Es grenzt an ein Wunder, dass auf der Akropolis überhaupt noch etwas erhalten ist. Kriege, Plünderungen und Schäden durch Umweltverschmutzung haben ihren Tribut gefordert.

Teil des Frieses auf der Nordseite des Parthenon

Parthenon

Dieses Bauwerk, wohl eines der weltweit bekanntesten, wurde von Perikles in Auftrag gegeben. 447 v. Chr. begann man mit der Arbeit. Mit der Aufsicht über den Bau des herrlichen neuen dorischen Tempels der Athene, der Schutzgöttin der Stadt, wurde der Bildhauer Phidias beauftragt. Das Bauwerk wurde an der Stelle eines älteren, archaischen Tempels für die Athene Parthenos, Phidias' eindrucksvolle, zwölf Meter große Statue, errichtet. Sie war angeblich mit Elfenbein und Gold verziert.

Nach nur neun Jahren Bauzeit wurde der Tempel der Göttin während der Großen Panathenäen 438 v. Chr. eingeweiht. Die Architekten Kallikrates und Iktinos hatten in der komplexen Struktur des Tempels aus pentelischem Marmor die geraden Linien durch leicht gekrümmte ersetzt. Man nimmt an, dass so optischer Verzerrung entgegengewirkt oder der Eindruck von Größe verstärkt werden sollte. Alle Säulen sind in der Mitte etwas dicker und leicht nach innen geneigt, während das Fundament im Zentrum etwas nach oben gewölbt ist.

Für die Giebelfelder und Friese rund um den Parthenon wurde ein ganzes Heer von Bildhauern und Malern beschäftigt. Die Bildhauer Agorakritos und Alkamenes, beide Schüler von Phidias, arbeiteten an dem berühmten Fries mit Darstellungen von Menschen und Pferden des Panathenäen-Zuges.

Trotz der Schäden und Umbauten (der Tempel wurde in der Zwischenzeit als Kirche, Moschee und als Waffenlager genutzt) beeindruckt der Parthenon auch heute noch und bleibt ein imposantes Symbol für die Macht des antiken Griechenland. Er wurde kürzlich restauriert.

Blick auf den Parthenon von Südwesten bei Sonnenaufgang

Moschophoros (Kalbträger) im Neuen Akropolis-Museum

Neues Akropolis-Museum

Makrigiánni 2–4. *210 923 9381.* *tel. erfragen.*

Nach jahrzehntelanger Planung und einigen Verzögerungen residiert nun das Neue Akropolis-Museum im historischen Stadtteil Makrigiánni am Fuß der Akropolis. Der von Bernard Tschumi entworfene, 130 Millionen Euro teure, mehrstöckige Bau umfasst die zahlreichen, zum Teil unschätzbar wertvollen Funde vom Akropolis-Hügel. Das Gebäude bezieht die Grabungsstellen einer frühchristlichen Siedlung mit ein: Gläserne Wege schweben gleichsam über den Ruinen.

Die Sammlung wurde in den Sälen chronologisch angeordnet und beginnt mit Funden von den Hängen der Akropolis, darunter Statuen und Reliefs vom Asklepios-Schrein.

Die **Antikensammlung** mit Fragmenten aus Giebelfeldern, darunter der *Moschophoros (siehe oben)*, wird in der prächtigen Galerie ausgebreitet. Die von Tageslicht durchströmte **Parthenon-Galerie** im obersten Stock mit Teilen des Parthenon-Frieses ist der Höhepunkt dieses einzigartigen Museums.

Benáki-Museum ❼

Μουσείο Μπενάκη

Ecke Koumpári und Vasilíssis Sofías, Kolonáki. *210 367 1000.* *3, 7, 8, 13.* *Mo, Mi–Fr 9–17 Uhr, Do 9–24 Uhr, So 9–15 Uhr.* *Feiertage.* *(Do frei).* *begrenzt.*

Dieses Museum umfasst eine vielfältige Sammlung von griechischer Kunst und griechischem Kunsthandwerk, Schmuck, regionalen Trachten und politischen Memorabilien vom 3. Jahrhundert v. Chr. bis ins 20. Jahrhundert. Gründer Antónios Benákis (1873–1954), Sohn von Emmanouíl Benákis, hatte sein Vermögen in Ägypten gemacht. Schon früh interessierte sich Antónios für griechische, persische, ägyptische und türkische Kunst und begann mit seiner Sammlung bereits in Alexandria. Als er 1926 nach Athen zog, stiftete er sie dem griechischen Staat. Das Museum in seiner eleganten neoklassizistischen Villa aus dem 19. Jahrhundert, erbaut vom Architekten Anastásios Metaxás, der auch das Kallimármaro-Stadion plante, wurde 1931 der Öffentlichkeit übergeben.

Die Sammlung zeigt neben bis zu 5000 Jahre altem Goldschmuck Ikonen, liturgisches Silber, ägyptische Funde, griechische Stickereien und das Werk des Künstlers Chatzikyriákos-Gkíkas. Es gibt auch Ausstellungen aus anderen kulturellen Bereichen.

Museum kykladischer Kunst ❽

Μουσείο Κυκλαδικής και Αρχαίας Ελληνικής Τέχνης

Neofýtou Doúka 4 (neuer Trakt in Irodótou 1), Kolonáki. *210 722 8321.* *3, 7, 8, 13.* *Mo, Mi, Fr 10–16 Uhr, Do 10–20 Uhr, Sa 10–15 Uhr.* *Feiertage.*

Das 1986 eröffnete Museum bietet dem Besucher die mit Abstand weltbeste Sammlung kykladischer Kunst. Die von Nikólaos und Dolly Goulandrís mit Unterstützung anderer griechischer Sammler zusammengetragenen Kunstwerke gewähren einen Überblick über diese etwa 5000 Jahre alte Kultur.

Im übersichtlichen Museum mit fünf Etagen herrscht eine überaus entspannte Atmosphäre. Der Rundgang beginnt im ersten Stock, in dem sich die Kykladenidole befinden. Sie stammen zumeist aus Gräbern des 3. Jahrtausends v. Chr. Ihre genaue Bedeutung ist immer noch ein Geheimnis.

Zu den wohl schönsten Exemplaren gehört der *Harfenspieler*. Im zweiten Stock befindet sich antike griechische Kunst, im vierten die Sammlung Charles Polítis mit klassischer und prähistorischer Kunst mit einigen herrlichen Terrakotta-Frauenfiguren aus Tanágra (Zentralgriechenland).

Sitzendes kykladisches Idol

Ein neuer Trakt wurde im Jahr 1992 nebenan in der Stathátos-Villa eröffnet. Die Villa ist nach den ursprünglichen Besitzern Otto und Athiná Stathátos benannt. Hier befindet sich die Griechische Kunstsammlung der Akademie Athen. Beide Museumsteile veranstalten regelmäßig Wechselausstellungen.

Nationale Gemäldegalerie ❾

Εθνική Πινακοθήκη

Vasiléos Konstantínou 50, Ilísia. *210 723 5937.* *3, 13.* *Mo, Mi–Sa 9–15 Uhr, So 10–14 Uhr.* *Feiertage.*

Das niedrige Bauwerk beherbergt europäische und rein griechische Kunst.

Der erste Stock des 1971 eröffneten Museums widmet sich hauptsächlich Gemälden von van Dyck, Dürer, Cézanne und Rembrandt. Zu sehen sind hier unter anderem Picassos *Frau in weißem Kleid* (1939) und Caravaggios *Sänger* (1620). Den Großteil der Sammlung bildet griechische Kunst vom 18. bis ins 20. Jahrhundert. Das 19. Jahrhundert wird von Themen des Unabhängigkeitskrieges *(siehe S. 42f)* und des Meeres dominiert. Es gibt einige hervorragende Porträts: *Der Verlierer der Wette*, 1878, von Nikólaos Gýzis (1842–1901), *Warten*, 1900, von Nikifóros Lýtras (1832–1904) und *Der Strohhut*, 1925, von Nikólaos Lýtras (1883–1927).

Ikone *Anbetung der Könige* aus dem Benáki-Museum

In Athen unterwegs

Bushaltestelle

Die Sehenswürdigkeiten im Stadtzentrum liegen alle dicht beieinander und sind meist zu Fuß erreichbar. Auf diese Art ist man am besten unterwegs, besonders angesichts der unzähligen Staus während der Stoßzeiten, wenn sämtliche Verkehrsmittel nur sehr langsam vorankommen. Der Ausbau der U-Bahn ist zwar noch nicht vollständig abgeschlossen, doch bereits jetzt ist die Metro für manche Strecken eine gute Alternative. Dennoch benutzen die meisten Athener und Urlauber immer noch Busse und Trolleybusse. Taxis sind hier EU-weit mit am günstigsten. Sie sollten sie deshalb selbst für längere Fahrten in Erwägung ziehen.

Orange-weißer Regionalbus für die Region Attika

Bus der gelb-blau-weißen Linie

Mit dem Bus

Athen verfügt über ein enges Netz an Buslinien. Busse sind preiswert, können aber langsam und unangenehm überfüllt sein, besonders im Stadtzentrum und während der Stoßzeiten.

Wenn möglich sollten Sie die Zeiten von 7 bis 8.30, von 14 bis 15.30 und von 19.30 bis 21 Uhr meiden.

Es werden Einzelfahrkarten und Zehnerblocks angeboten. Beide müssen Sie sich im Voraus in einem *períptero* (Straßenkiosk) oder bei einer Vorverkaufsstelle besorgen. Die Vorverkaufsstellen erkennen Sie an dem braun-rot-weißen Logo und der Aufschrift *eisitíria edó*. Die Fahrkarten gelten gleichermaßen für Busse und Trolleybusse. Sie müssen jeweils vor Antritt der Fahrt in einem Automaten entwertet werden. Bei Zuwiderhandlung droht eine Geldstrafe. Die Inspektoren haben es bei ihren Fahrscheinkontrollen oft auf unerfahrene Urlauber abgesehen. Die Fahrkarte gilt, unabhängig von der Distanz, nur für eine einzige Fahrt innerhalb der Zone im Zentrum. Beim Umsteigen müssen Sie eine neue Fahrkarte lösen.

Fahrkartenverkauf

Die wichtigsten Linien in Athen

Die Metro wird derzeit beträchtlich erweitert. Näheres entnehmen Sie bitte vor Ort den aktuellen Plänen.

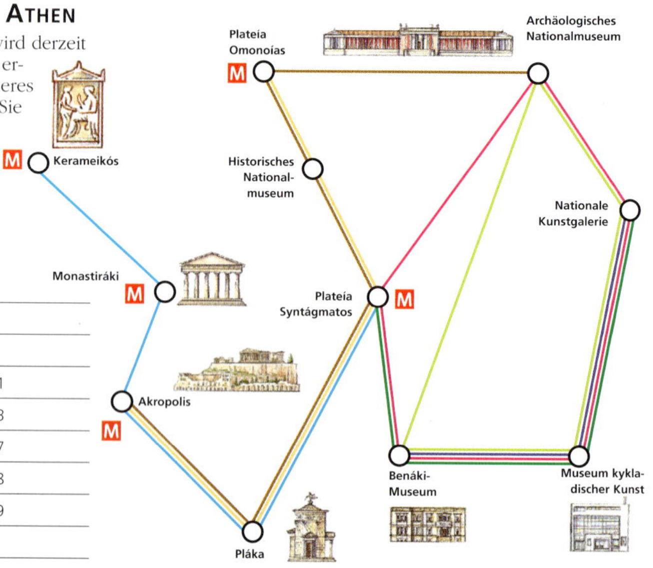

Legende

- Bus A5
- Bus 230
- Trolleybus 1
- Trolleybus 3
- Trolleybus 7
- Trolleybus 8
- Trolleybus 9
- M Metro

Metro-Station Monastiráki

Busnetze

Es gibt in Athen drei wichtige Busnetze, die den Großraum Athen und die Region Attika abdecken. Die Busse sind entweder in Blau, Gelb und Weiß, in Orange und Weiß oder in Grün lackiert. Die Busse in Blau, Gelb und Weiß verbinden mit über 300 Routen die Bezirke des Großraums Athen miteinander und mit dem Zentrum. Um den Athener Smog zu reduzieren, werden Busse zunehmend mit umweltfreundlichem Biogas betrieben.

Die orange-weißen Busse bedienen die Region Attika. In diesen Bussen zahlt man beim Fahrer. Da die Distanzen größer sind, ist auch der Fahrpreis entsprechend höher. Beide Busbahnhöfe für die orange-weiße Linie befinden sich an der Mavrommataión, in der Nähe von Pedío tou Areos (Areos-Park). Auch wenn man an jeder Haltestelle einsteigen kann, kann man üblicherweise erst außerhalb des Zentrums aussteigen. Diese Busse verkehren seltener als die der blau-gelb-weißen Linie, einige stellen den Verkehr schon am frühen Abend ein.

Die grünen Express-Busse verkehren zwischen Athen und dem Hafen Piräus. Die Nummern 040 und 049 fahren häufig – etwa alle sechs Minuten – von Athinas über die Plateía Omonoías (Omónoia) zu verschiedenen Haltestellen in Piräus, u.a. zur Plateía Karaïskáki und zum Hafen.

Mit dem Trolleybus

Das Busnetz wird durch Trolleybusse in den Farben Violett und Gelb ergänzt. Mehr als 20 Linien durchqueren das Stadtzentrum und bieten günstige Verbindungen zu den Sehenswürdigkeiten der Innenstadt. Alle Linien queren die Pláka. Für das Archäologische Nationalmuseum empfiehlt sich die Linie 3 von der Plateía Syntágmatos (Syntágma), Linie 1 verbindet den Lárissis-Bahnhof mit Omónoia und Syntágma, dem Herzen des Stadtzentrums.

Trolleybus in Athen

Mit der Metro

Athens Metro ist ein schnelles, verlässliches Transportmittel. Die Linie 1 von Kifissiá im Norden nach Piräus im Süden bedient die Stationen Thiseío, Monastiráki, Omónoia und Viktória. Großteils verläuft sie oberirdisch, nur die Strecke im Zentrum zwischen Attikí und Monastiráki ist unterirdisch. Die Metro wird hauptsächlich von Pendlern genutzt, Besucher fahren damit nach Piräus *(siehe S. 366)*.

Die Linien 2 und 3 sind Teil eines umfangreichen Ausbaus des Metro-Netzes, der größtenteils zu den Olympischen Spielen 2004 abgeschlossen war. Die neuen Tunnel wurden in 20 Meter Tiefe durch den Untergrund getrieben, um keine archäologisch wichtigen Bodenschichten zu beschädigen. In den Stationen Syntágma und Akropolis stehen Vitrinen mit archäologischen Fundstücken.

Die Linie 2 fährt von Agios Antónios im Nordwesten nach Agios Dimitrios im Südosten. Die Linie 3 führt von Egaleo nach Ethniki Amyna im Nordosten. Einige Züge fahren bis zum Flughafen Eleftherios Venizélos. Zwei weitere Ausbaustrecken wurden 2008 fertiggestellt: nach Westen bis Haidari und nach Nordosten bis Agía Paraskeví.

Eine Fahrkarte ist in allen drei Linien für 90 Minuten in einer Richtung gültig. Sie dürfen Ihre Fahrt allerdings nicht unterbrechen, d.h. aussteigen und später die Fahrt von derselben Station fortsetzen. Einzelfahrten mit der Linie 1 sind etwas billiger. Tickets gibt es an jeder Metro-Station und müssen vor Fahrtantritt in den Automaten entwertet werden.

Züge fahren im Fünf-Minuten-Takt von 5 bis 0.30 Uhr (Linie 1) bzw. von 5.30 bis 0.30 Uhr (Linien 2 und 3).

Antike Mauerreste in der Metro-Station Syntágma

Mit dem Auto

Autofahren in Athen kann eine nervenaufreibende Angelegenheit sein, besonders wenn man die örtlichen Gepflogenheiten nicht gewöhnt ist. Es gibt im Zentrum viele Fußgängerzonen und auch jede Menge Einbahnstraßen, sodass Sie Ihre Route sorgfältig planen sollten. Tun Sie es bei der Parkplatzsuche nicht den Einheimischen gleich: vor Halteverbotsschildern und auf den gelben Markierungen ist das Parken verboten. Es gibt Parkplätze mit Parkuhren und Parkscheinautomaten, aber auch unterirdische Parkhäuser, die allerdings erfahrungsgemäß relativ schnell besetzt sind.

Um die gefährlich hohe Luftverschmutzung einzudämmen, versucht man, den Verkehr im Zentrum zu reduzieren: An geraden Tagen dürfen nur Autos mit gerader Zahl am Ende ihres Kfz-Kennzeichens in den Zentrumsbereich *(daktýlio)*, an ungeraden nur Autos mit ungerader Zahl. Manche Athener haben aus diesem Grund zwei Autos mit den entsprechenden Nummernschildern. Die Regel gilt nicht für ausländische Autos. Meiden Sie aber dennoch, wenn möglich, das Zentrum.

Parken verboten an Tagen mit ungeradem Datum

Parken verboten an Tagen mit geradem Datum

Gelbes Taxi in Athen

Mit dem Taxi

Ganze Schwärme gelber Taxis kurven Tag und Nacht durch Athen. Dennoch ist es oft schwierig, eines zu erwischen, besonders beim Schichtwechsel zwischen 14 und 15 Uhr. Sie werden nur mitgenommen, wenn Sie in die gleiche Richtung wollen wie der Fahrer. Um ein Taxi anzuhalten, stellt man sich an den Rand des Bürgersteigs und ruft jedem Taxi, das langsamer wird, sein Ziel zu. Wenn das »Taxi«-Schild beleuchtet ist, ist der Wagen definitiv frei (doch auch unbeleuchtete Taxis können frei sein).

Es ist allgemein üblich, weitere Kunden zusteigen zu lassen, lassen Sie deshalb auch die besetzten Taxis nicht außer Acht. Wenn Sie nicht der erste Fahrgast im Taxi sind, achten Sie beim Einsteigen auf den Zähler. Der Fahrpreis wird nicht geteilt. Sie sollten nur Ihren Anteil der Strecke oder den Mindestpreis von 2,70 Euro bezahlen müssen, falls dieser höher ist.

Die Taxis in Athen sind am europäischen Standard gemessen extrem billig. Für Fahrten innerhalb des Zentrums sollten Sie nie mehr als 2,70 Euro bezahlen müssen, vom Zentrum nach Piräus zwischen fünf und acht Euro.

Doppelt so teuer wird es zwischen Mitternacht und 5 Uhr morgens und bei Fahrten, die eine gewisse Entfernung vom Zentrum überschreiten. Eine Fahrt zum neuen Flughafen von Spáta, außerhalb von Athen, kostet ungefähr 25 Euro. Es gibt auch kleine Aufpreise für Gepäck mit einem Gewicht über zehn Kilogramm und für Fahrten vom Fährhafen und Bahnhof. Die Gebühren steigen auch während der Weihnachtsferien und um die Osterfeiertage.

Für eine Zusatzgebühr von 1,50 Euro können Sie eines der zahlreichen Funktaxis bestellen, das Sie zu einer bestimmten Zeit an einem bestimmten Ort abholt. Hier sind die Telefonnummern einiger Taxi-Unternehmen aufgelistet:

Express
☎ *01 993 4812.*

Kosmos
☎ *18300.*

Hermes
☎ *210 411 5200.*

Zu Fuss unterwegs

Das Zentrum Athens ist kompakt. Fast alle wichtigen Sehenswürdigkeiten liegen 20 bis 25 Gehminuten von der Plateía Syntágmatos entfernt, die allgemein als Zentrum gilt. Bei Stau, überfüllten Bussen und Problemen, ein Taxi zu finden, sollte man zu Fuß gehen. Athen ist noch immer eine der sichersten Städte zum Spazierengehen, doch sollte man wie in jeder anderen größeren Stadt besonders nachts vorsichtig sein.

Zeichen für Fußgängerzone

Besucher der griechischen Hauptstadt auf dem Weg zum Areopag

Nahverkehrsnetz

An der Plateía Syntágmatos und der Plateía Omonoías läuft das öffentliche Verkehrsnetz zusammen. Von hier fahren Trolley- und andere Busse zum Flughafen, nach Piräus, zu den beiden Bahnhöfen sowie zu den internationalen und nationalen Busbahnhöfen. Außerdem verbinden drei neue Tramlinien das Zentrum mit der Küste.

Der Bus E95 verkehrt zwischen Flughafen und Syntágma, Bus E96 zwischen Flughafen und Piräus. Die Busse 040 und 049 verbinden den Hafen von Piräus mit Syntágma und Omónoia.

Die Metro-Linie 1 benötigt vom Zentrum bis Piräus – je nachdem, wo Sie die Fahrt beginnen – etwa eine halbe Stunde.

Die Trolleybus-Linie 1 hält an der Metro-Station Lárissis und am Lárissis-Bahnhof (von dort ist es zum Bahnhof Peloponnísou nicht weit), während Bus 024 zum Busbahnhof-Terminal B an der Liosíon und Bus 051 zu Terminal A an der Kifisoú fährt.

Die Tramlinie 1 (T1) verbindet Syntágma mit Néo Fáliro an der Küste. Linie T2 fährt von Néo Fáliro in den Athener Vorort Glyfáda, Linie T3 bringt Sie von Glyfáda nach Syntágma.

Trotz des höheren Preises sind Taxis eine bequeme Alternative zu öffentlichen Verkehrsmitteln. Die Fahrzeiten schwanken beträchtlich, vor allem während der Stoßzeiten sollte man auf Staus und zäh fließenden Verkehr vorbereitet sein. Außerhalb der Stoßzeiten benötigt man für die Strecken vom Zentrum zum Flughafen sowie vom Zentrum nach Piräus ungefähr 40 Minuten. Für die Fahrt von Piräus zum Flughafen benötigt ein Taxi rund 60 Minuten. In Athen gibt es Taxis im Überfluss. Im Vergleich zu den meisten europäischen Städten sind die Athener Taxis sehr preisgünstig.

Zu Gast auf den Inseln

Übernachten

Unterkünfte sind auf den Griechischen Inseln in den meisten Fällen zweckmäßig und nur zuweilen fantasievoll ausgestattet. Das Angebot ist groß und deshalb im Vergleich zu anderen europäischen Urlaubszielen recht günstig. Trotz der Kommerzialisierung in den überfüllten Ferienorten gibt es abseits vom Massentourismus noch echte Gastfreundschaft. Auf den nächsten Seiten werden Ihnen verschiedene Möglichkeiten der Unterbringung vorgestellt, darunter auch Campingplätze und Jugendherbergen. Die Hotelliste auf den Seiten 302–321 umfasst mehr als 230 Übernachtungsmöglichkeiten. Sie reichen von einfachen *domátia* (Zimmern) und Berghütten bis hin zu Luxushotels und Hotels in prächtigen restaurierten Gebäuden.

Ferienapartments (Ionische Inseln)

Hotels

Die meisten griechischen Hotels sind in der im Mittelmeerraum üblichen Betonarchitektur gebaut, doch an der Küste sind hohe Gebäudekomplexe verboten. Viele Hotels stammen aus der Zeit der Junta (1967–74), als Investitionen in »modernen« Tourismus gefördert wurden. Einige wenige neoklassizistische oder ältere Hotels bestehen noch und profitieren vom staatlichen Denkmalschutz.

Seit den 1980er Jahren werden Hotels im Allgemeinen mit mehr Fantasie und Gefühl für die Umgebung gebaut. Die teureren Hotels bieten entsprechend besseren Service und verfügen über gut geschultes Personal.

Hotelketten

In Griechenland mit seiner Tradition des Familienbetriebs haben sich Hotelketten nie durchsetzen können. Gleichwohl unterhalten mehrere große griechische und zypriotische Hotelketten auf den wichtigsten Ferieninseln des Landes Luxushotels. Ein Anbieter ist **Louis Hotels** mit Häusern auf Korfu, Kefalloniá, Zákynthos, Kos, Rhodos und Kreta. **Aldemar Hotels** betreibt Häuser auf Kreta und Rhodos. Weitere Anbieter sind **Astir Hotels** und **Capsis Hotels**.

Hotel Alykí *(siehe S. 312)* mit Booten im Vordergrund (Sými)

Hotels in restaurierten Gebäuden

Während der 1970er Jahre begann die EOT (Griechische Zentrale für Fremdenverkehr), die Restaurierung landestypischer Gebäude für touristische Zwecke zu fördern. Man bekommt dort für sein Geld etwas geboten – auch Flair und Atmosphäre. Aus Gründen des Denkmalschutzes haben die Zimmer nicht immer Bad und WC. Anlagen dieser Art findet man in Mestá (Chíos) und Oía (Santoríni). Der Komplex in Mestá wurde kürzlich privatisiert – ein Zeichen dafür, dass auch immer stärkeres kommerzielles Interesse an solchen Projekten besteht.

Auch Privatunternehmer haben erfolgreich viele Jahrhunderte alte Gebäude zu kleinen und mittleren Hotels umgebaut. Solche gelungenen Adaptionen findet man auf Ydra und Kreta (in Chaniá und Réthymno) sowie auf Sými, Mýkonos, Sýros, Lésbos, Folégandros und Kálymnos.

Domátia

Zahlreiche Unterkünfte in Griechenland (besonders auf den kleinen Inseln) bestehen aus sogenannten *domátia* (Privatzimmern). Früher befanden sie sich oft im Haus der Vermieterfamilie, heute

◁ Taverne Stení Valá auf der Insel Alónnisos *(siehe S. 114)*

Hotel Palace auf Skiáthos *(siehe S. 307)*

zunehmend eher in eigens dafür errichteten modernen Gebäuden. Im Vergleich zu Hotels mit gleichem Komfort sind die Zimmer (meist mit neutralen Kiefernmöbeln eingerichtet) sehr preiswert. Immer häufiger kann man mit Dusche/WC im Zimmer rechnen, oft auch mit einer Küche. Aufenthalts- oder Frühstücksräume usw. sind die Ausnahme, für heißes Wasser sorgen entweder ein Tauchsieder oder die Solaranlage.

Kategorien

Hotels und *domátia* werden von der EOT bewertet. Die Kategorien für Hotels reichen von D bis A und de luxe, es gibt jedoch Pläne, die Hotels, wie international üblich, mit Sternen zu bewerten. *Domátia* gibt es in den Kategorien C bis A. An und für sich sollte ein direkter Zusammenhang zwischen Komfort und Kategorie bestehen, was aber aufgrund von Meinungsverschiedenheiten mit den örtlichen Behörden nicht immer der Fall ist.

D-Hotels (1 Stern) sollten zumindest einige Zimmer mit Dusche/WC anbieten. In Hotels der Kategorie C (2 Sterne) müssen alle Zimmer über Dusche/WC verfügen sowie über einen Aufenthaltsraum, etwa eine kleine Bar, in der man auch essen kann, oder einen Raum, in dem ein einfaches Frühstück serviert wird. B-Klasse-Hotels (3 Sterne) brauchen Extras wie Restaurant, umfangreicheres Frühstück und zumindest eine Sportmöglichkeit wie Pool oder Tennisplatz. A-Hotels (4 Sterne) liegen meist am Strand und bieten jeglichen Komfort, darunter Konferenzräume und Telefonanlagen für Geschäftsreisende. Die oft in sich geschlossenen De-luxe-Hotels (5 Sterne) bieten Gleiches auf höherem Niveau.

C-*domátia* mit Bad auf dem Gang und spartanischer Einrichtung sind am Aussterben und werden zusehends von der Kategorie B mit Dusche/WC im Zimmer und manchmal auch mit Gemeinschaftsküche ersetzt. A-Zimmer in schöner Umgebung mit eigenen Küchen in jeder Einheit entsprechen annähernd Apartments.

Preise

Die Hotel- und *Domátia*-Preise sollten ihrer Kategorie angepasst sein, obwohl die Tarife von Saison und Ort abhängig sind. Für etwa 30 Euro findet man zumeist ein C-*domátio* für zwei Personen ohne Dusche/WC oder ein D-Hotel. Für 40 bis 120 Euro bekommt man ein A- oder B-*domátio* für zwei Personen, während C-Hotels bis zu 50 Euro verlangen. B-Hotels kosten pro Doppelzimmer zwischen 50 und 80 Euro, A-Hotels liegen meistens zwischen 80 und 200 Euro. De-luxe-Hotels fallen nicht in das EOT-Preisschema und können durchaus auf 180 Euro kommen. Dies sind die offiziellen EOT-Preise und verstehen sich inklusive Steuern und Frühstück. Bei weniger als drei Nächten Aufenthalt kann sich der Preis in der Hauptsaison etwas erhöhen. Zu Frühlingsbeginn und im Spätherbst fallen die Preise oft um bis zu 50 Prozent.

Fassadendetail, Dodekanes

Saisonbeginn

Die meisten Hotels und alle *domátia* auf den Inseln haben nur während der Hauptsaison geöffnet (Ende April bis Ende Oktober – genaue Zeiten siehe Hotelliste). Fällt das orthodoxe Osterfest in den frühen April, beginnt die Saison oft schon dann. Laut Gesetz dürfen *domátia* im Winter nicht vermietet werden. Die Auswahl beschränkt sich dann oftmals auf nur ein Hotel im Hauptort der jeweiligen Insel.

Buchung

Die häufigsten und kostengünstigsten Methoden, eine Unterkunft zu buchen, ist im Voraus über ein Reisebüro, im Rahmen einer Pauschalreise oder – immer häufiger – direkt übers Internet. Wenn Sie ein Hotel direkt kontaktieren, sollten Sie dies per Fax oder E-Mail tun, damit Ihre Buchung schriftlich fixiert ist.

Sie werden vielleicht um Ihre Kreditkartennummer gebeten oder um einen Scheck im Voraus in der Höhe des Preises für eine Nacht. Das Geld kann einbehalten werden, wenn Sie nicht kommen.

Volissos Traditional Apartments *(siehe S. 307)* in Volissós (Chíos)

Ferienapartments und -villen

Ferienapartments und -villen (Studios oder *garsoniéres*) sind die logische Weiterentwicklung der *domátia*. Der Hauptunterschied besteht darin, dass jede Wohneinheit ihre eigene Küche hat, oft sind auch Swimmingpool und Gartenanlage vorhanden.

Mit wenigen Ausnahmen bucht man die gut ausgestatteten Ferienapartments in einem Pauschalangebot. Viele Ferienvillen werden jedes Jahr weit im Voraus von bestimmten Reiseveranstaltern gebucht und sind im Prinzip für Individualreisende nicht greifbar. In schlechten Jahren, wenn dies nicht der Fall ist, wendet man sich am besten an die Reisebüros vor Ort – man wird Sie dort über den aktuellen Stand informieren und Ihnen für geringes Entgelt ein Apartment vermitteln. **Travel à la Carte** *(siehe S. 347)* und viele weitere Anbieter bieten exzellente Apartments für Selbstversorger.

Jugendherbergen

Auf den Griechischen Inseln gibt es lediglich drei vom IYHF (Internationales Jugendherbergswerk) offiziell anerkannte Jugendherbergen *(xenón neótitos)*, nämlich auf den Inseln Santoríni, Korfu und Ios. Die griechischen Jugendherbergen sind nicht so strikt wie in anderen Ländern. Sogar ohne Jugendherbergsausweis ist es gegen einen Aufpreis möglich, dort zu übernachten – vorausgesetzt natürlich, es sind noch genügend Zimmer frei.

Das Kloster Agiou Georgíou auf Skýros ***(siehe S. 116f)***

Auf den Inseln gibt es auch einige inoffizielle Jugendherbergen, die sehr gut sein können und oft besser ausgestattet sind als die vom IYHF offiziell anerkannten.

Berghütten

Von den Inseln hat nur Kreta gut ausgestattete Berghütten *(katafýgia)*: eine am Psiloreítis (Idi-Gebirge) und zwei in den Weißen Bergen bei Chaniá. Die Hütte bei Kallérgi über der Samariá-Schlucht in den Weißen Bergen ist als einzige fast das ganze Jahr über geöffnet. Für die beiden anderen muss der Schlüssel in Iráklio bzw. Chaniá von den Zweigstellen des **EOS** (Griechischer Bergsteigerverein) besorgt werden. Wenn man die Hütte nicht als Gruppe mietet, kann das ein teures Unterfangen werden.

Apartment für Selbstversorger auf Santoríni

Agrotourismus

Die Idee kam in den 1980er Jahren auf, um Frauen in der Provinz die Möglichkeit zur finanziellen Unabhängigkeit zu geben. Urlauber können in einem Haus auf dem Dorf wohnen (Frühstück inklusive) und haben die Möglichkeit, am täglichen Leben in der Landwirtschaft teilzunehmen. Nähere Informationen zum Agrotourismus erhalten Sie bei der Greek National Tourist Organisation (Griechische Zentrale für Fremdenverkehr, *siehe S. 353*) oder auf der – leider nur griechischsprachigen – Internet-Seite: www.agrotour.gr

Klöster

Die weniger frequentierten Klöster in Griechenland haben Unterkünfte *(xenónes)*, die in erster Linie für die Unterbringung griechisch-orthodoxer Pilger an Wochenenden gedacht sind. Diese haben immer Priorität, doch findet man oft kurzfristig noch Platz.

Die Unterbringung ist spartanisch-schlafsaalartig, mit einem einfachen Abendessen und einem Kaffee zum Frühstück. Es ist üblich, in der Hauptkirche *(katholikón)* eine Spende zu hinterlassen.

Auf den Inseln verliert sich allmählich die Tradition der Gastfreundschaft – eine Folge von Massentourismus und Kommerzialisierung. In den abgelegeneren Gegenden von Rhodos, Kreta und anderen großen Inseln kann man jedoch in den Klöstern leicht noch Unterkunft finden.

Camping

Auf den Griechischen Inseln gibt es fast 80 offiziell anerkannte Campingplätze. Die meisten liegen in Strandnähe und sind für Caravans geeignet. Einige wenige gehören der EOT oder der Gemeinde, die restlichen Plätze werden privat geführt. Der überwiegende Teil ist mit solarbeheizten Warmwasserduschen, schattigen Stellplätzen, Snackbar oder Café und Stromanschluss gegen Extragebühr ausgestattet. Luxuriöse

Anlagen ähneln kleinen Feriendörfern wie Swimmingpool, Tennisplätzen, Waschräumen, Bank- und Postservice sowie Bungalows für Gäste ohne Zelt. Der Boden auf dem Gelände ist meist hart, deshalb empfiehlt sich die Mitnahme kurzer Heringe und eines geeigneten Hammers. Der **Griechische Campingverband** gibt regelmäßig eine Broschüre heraus, in der alle Campingplätze mit Ausstattung aufgeführt sind.

GreenHotel *(siehe S. 320)* in Spíli, Kreta

Behinderte Reisende

Für Informationen zum Thema behinderte Reisende wendet man sich am besten an die Selbsthilfeverbände der jeweiligen Gemeinde.

Campingplatz Lakka Paxi auf den Ionischen Inseln

Für allgemeine Informationen gibt es beim Bundesministerium für Arbeit und Soziales den *Ratgeber für behinderte Menschen*, dem man auch Tipps zum Thema Reise entnehmen kann. Auch beim Bundesverband Selbsthilfe Körperbehinderter erhalten Sie Auskunft. In der nachfolgenden Hotelliste ist angezeigt, welche Einrichtungen (z. B. Aufzüge) für Behinderte zur Verfügung stehen. Informationen von griechischen Stellen sind zumeist rudimentär: EOT gibt nur einen Fragebogen heraus, der individuell verschickt werden kann, um festzustellen, ob ein Hotel behindertengerecht ist.

Weitere Informationen

Der nützliche, aber englischsprachige Hotelführer *Guide to Hotels* wird jährlich von Hellenic Chamber of Hotels herausgegeben. Er umfasst alle offiziell registrierten Hotels – nicht aber Apartments und *domátia* – mit Preisen, Ausstattung, Saisonbeginn und -ende. Den vom Griechischen Campingverband herausgegebenen kostenlosen Führer *Camping in Greece* erhalten Sie in den Büros der EOT. Die deutsche Zentrale hat ihren Sitz in Frankfurt am Main, Neue Mainzer Straße 22, 60311 Frankfurt, Tel. 069-2578270; www.gnto.gr

Auf einen Blick

Hotelketten

Aldemar Hotels
262 Kifissiás, Kifissiá,
14562 Athen.
☎ *210 623 6150.*
www.aldermarhotels.com

Astir Hotels
www.astir-palace.com

Capsis Hotels
10 Parnonos, Marousi,
15125 Athen.
☎ *210 614 2083.*
www.capsis.gr

Club Mediterranée
Syngroú 123,
11721 Athen.
☎ *801 118 0200.*
www.clubmed.com

Louis Hotels
Louis House 20,
Amphipoleos, 2025 Strovolos, Nicosia, Zypern.
☎ *357 225 88211.*
www.louishotels.com

Mamidakis Hotels
Panepistimíou 56,
10678 Athen.
☎ *210 381 9781-6.*

Zante Hotels
PO Box 191,
Laganás 29100,
Zákynthos.
☎ *26950 52310.*
www.zanteweb.gr

Jugendherbergen

Deutsches Jugendherbergswerk
Bismarckstr. 8,
32756 Detmold.
☎ *05231 740 10.*
www.jugendherberge.de

IYHF (Griechenland)
Víktoros Ougó 16,
10438 Athen.
☎ *210 523 2049.*
www.hihostels.com

Berghütten

EOS (Ellinikós Orivatikós Sýndesmos)
Filadelfías 126,
13671 Acharnés, Attika.
☎ *210 246 1528.*

Camping

Griechischer Campingverband
Sólonos 102,
10680 Athen.
☎ *210 362 1560.*

Behinderte Reisende

Bundesministerium für Arbeit und Soziales
Wilhelmstraße 49,
10117 Berlin.
☎ *030 18527-0.*
www.bmas.bund.de
info@bmas.bund.de

Bundesverband Selbsthilfe Körperbehinderter
Altkrautheimer Straße 20,
74238 Krautheim.
☎ *06294 4281-50.*
www.bsk-ev.org
reiseservice@bsk-ev.org

Weitere Informationen

Greek Travel Pages
Psýlla 6, 10557 Athen.
☎ *210 324 7511.*
www.gtp.gr

Hellenic Chamber of Hotels
Stadiou 24, 10564 Athen.
☎ *210 331 2535.*
grhotels@otenet.gr

Tourist Guide of Greece
Patissíon 137,
11251 Athen.
☎ *210 864 1688.*

Hotelauswahl

Die nachfolgenden Hotels wurden aufgrund ihres guten Preis-Leistungs-Verhältnisses, ihrer Ausstattung und Lage ausgewählt. Die Einträge sind nach Inselgruppen und Regionen geordnet, innerhalb der Blöcke sind sie alphabetisch aufgelistet. Rollstuhlzugang ist außer in den Luxushotels eher selten – erkunden Sie sich sicherheitshalber im Voraus.

PREISKATEGORIEN
Die Preise beziehen sich auf ein Doppelzimmer pro Nacht während der Hochsaison; Steuern, Service und Frühstück inklusive:

€ unter 50 Euro
€€ 50–80 Euro
€€€ 80–120 Euro
€€€€ 120–180 Euro
€€€€€ über 180 Euro

IONISCHE INSELN

ITHÁKI Mentor €€€

Paralía, Vathý, 28300 ☎ *26740 33033* FAX *26740 32293* ***Zimmer*** *36*

Kleines, familiengeführtes Hotel mit Hafenblick von einigen Zimmern. Café-Bar, Terrasse mit Hafenblick und Internet-Ecke. Die Zimmer sind klein und bequem, der Service ist gut. Kein Restaurant, dafür eine große Auswahl im nahegelegenen Vathý. Der Sandstrand liegt 800 Meter entfernt. **www.hotelmentor.gr**

ITHÁKI Perantzada 1811 €€€€

Odissea Androutsou, Vathý, 28300 ☎ *26740 23914* FAX *26740 33493* ***Zimmer*** *19*

Neoklassizismus und 21. Jahrhundert treffen in diesem schicken kleinen Hotel am Hafen aufeinander. Hinter der Fassade aus dem 19. Jahrhundert verbirgt sich ein Pop-Art-Interieur. Die Zimmer sind weiß gestrichen und mit bunt leuchtenden, gestreiften Stoffen geschmückt. Toller Service, exzellentes Essen. **www.arthotel.gr**

KEFALLONIÁ Linardos €€

Asos, 28085 ☎ *26740 51563* FAX *26740 51563* ***Zimmer*** *12*

Im Herzen des Dorfes Asos steht das Linardos, das einen herrlichen Ausblick über die Bucht und auf die Ruinen einer venezianischen Burg bietet. Doppel-, Dreibett- und Familienzimmer, allesamt mit gut ausgestatteter Mini-Küche. Mit einem Mietboot können Sie die Küste erforschen. Okt–Mai geschlossen. **www.linardosapartments.gr**

KEFALLONIÁ Olga €€€

Antoni Tritsi 82, Argostóli, 28100 ☎ *26710 24981* FAX *26710 24985* ***Zimmer*** *43*

Ein kleines Haus im Zentrum von Argostóli mit Doppel- und Familienzimmern, alle mit eigenem Balkon. Alle Zimmer haben Kühlschrank, Telefon, Dusche und WC. Preiswert für all jene, die im Zentrum bleiben wollen. Nachteil: Der Strand liegt drei Kilometer entfernt. **www.olgahotel.gr**

KEFALLONIÁ Apostolata Island Resort & Spa €€€€€

Skála, 28082 ☎ *26710 83581* FAX *26710 83583* ***Zimmer*** *137*

Auf einem Hügel drei Kilometer vom Dorf Skála entfernt liegt dieses erste, luxuriöse All-inclusive-Resort von Kefalloniá. Die Zimmer sind ebenso stylisch wie komfortabel und bieten herrliche Panoramablicke. Buffet, Snacks, heimische Getränke und Unterhaltung sind im Preis inbegriffen. Okt–April geschlossen. **www.louishotels.com**

KEFALLONIÁ Emelisse Art Hotel €€€€€

Eblisi, Fiskárdo, 28084 ☎ *26740 41200* FAX *26740 41026* ***Zimmer*** *65*

Vierzehn traditionelle Steinhäuser mit modernen Zimmern, Himmelbetten und privaten Terrassen. Es gibt eine Poolbar nebst Restaurant, eine Frühstücksterrasse, einen Tennisplatz, ein Fitnessstudio und die Möglichkeit, Billard zu spielen. Mountainbike-Verleih. Schöner Blick über die Bucht. Okt–April geschlossen. **www.arthotel.gr**

KORFU Pink Palace €

Agios Gordios, Sinaradhes, 49084 ☎ *26610 53103* FAX *26610 53025* ***Zimmer*** *20*

Unter Spaß suchenden Low-Budget-Urlaubern legendär und definitiv etwas für junge Leute. An einem der besten Sandstrände der Insel bietet das Haus komfortable Einzel-, Doppel-, Mehrbettzimmer und Schlafsäle. Der Preis enthält Frühstück und ein Drei-Gänge-Abendessen. Okt–April geschlossen. **www.thepinkpalace.com**

KORFU Fundana Villas €€

Palaiokastrítsa, 49083 ☎ *26630 22532* FAX *26630 22453* ***Zimmer*** *12*

Eine Anlage von Ferienhäusern und Villen für zwei bis sieben Personen; umgewandelte ehemalige Bauernhofgebäude, in ruhiger Lage und mit herrlichem Blick über Wälder und Weingärten. Von den zwei Pools ist einer für Kleinkinder. Zugang zum Palaiokastrítsa-Strand. Restaurants und Läden mit dem Auto erreichbar. **www.fundanavillas.com**

KORFU Belle Helene €€€

Agios Geórgios, 49081 ☎ *26630 96201-3* FAX *26610 96209* ***Zimmer*** *54*

Der Familienbetrieb liegt an der pittoresken Bucht von Agios Geórgios im Norden der Westküste und 35 Kilometer von Korfu-Stadt entfernt. Das Hotel ist nicht so überfüllt wie andere Anlagen. 50 Meter vor dem Hotel erstreckt sich ein netter Strand. Das Hotel ist auch auf behinderte Gäste vorbereitet. **www.bellehelenehotel.com**

Zeichenerklärung *siehe hintere Umschlagklappe*

KORFU Corfu Secret €€€

Agios Markos, 49083 ☎ *26610 97921* FAX *26610 97931* ***Zimmer*** *23*

Das Boutique-Hotel liegt ruhig in den Hügeln oberhalb des Urlaubsorts Ipsos an der Ostküste, 15 Kilometer von Korfu-Stadt entfernt. Die Aussicht aufs Meer ist bezaubernd. Es gibt einen Pool im Freien sowie in den Zimmern im traditionellen venezianischen Stil alle modernen Komfortmerkmale. **www.corfusecret.gr**

KORFU Fiori €€€

Tzavros, 49100 ☎ *26610 80110/91921* FAX *26610 80111* ***Zimmer*** *29*

Nur zwei Kilometer außerhalb von Dassia bietet das Fiori das Beste zweier ganz unterschiedlicher Welten: die friedvolle Stille seiner Abgeschiedenheit, mit Pool und Gartenanlage, aber auch ein aktives Strandleben im schnell erreichbaren Dassia. Ein (Miet-)Wagen ist empfehlenswert. **www.fiorihotel.com**

KORFU Louis Corcyra Beach €€€

Gouviá, 49100 ☎ *26610 90196* FAX *26610 91591* ***Zimmer*** *370*

Die Gäste dieses großen Luxusresort-Komplexes sind in Zimmern, Studios, Suiten oder Bungalows untergebracht. Fünf semiprivate Strände, drei Pools und Live-Unterhaltung versüßen den Urlaub in den Wäldern acht Kilometer von Korfu-Stadt. All-inclusive-Pakete buchbar. Okt–April geschlossen. **www.louishotels.com**

KORFU Akrotiri Beach €€€€

T Desylla 155, Palaiokastrítsa, 49100 ☎ *26630 41237* FAX *26630 41277* ***Zimmer*** *127*

Das größte und beste Hotel im Umkreis von Palaiokastrítsa mit vielen Leistungen wie zwei Pools, ein Restaurant, drei Bars, Live-Unterhaltung und Wassersportmöglichkeiten, darunter Flaschentauchen ganz in der Nähe. Bequeme, gut ausgestattete Zimmer mit Balkon und einzigartigem Blick. Okt–April geschlossen. **www.akrotiri-beach.com**

KORFU Bella Venezia €€€€

N. Zambeli 4, Korfu-Stadt, 49100 ☎ *26610 46500* FAX *26610 20707* ***Zimmer*** *32*

Das zentrumsnahe neoklassische Herrschaftshaus wurde bei der Restaurierung in ein sympathisches Boutique-Hotel umgestaltet. Geschmackvolle Zimmer ohne Extravaganzen mit hohe Decken und viel Komfort. Gastfreundliches Personal. Die Gemeinschaftsflächen und einige der Zimmer sind rollstuhlgerecht. **www.bellaveneziahotel.com**

KORFU Cavalieri €€€€

Kapodistriou 4, 49100 ☎ *26610 39336* FAX *26610 39283* ***Zimmer*** *50*

Auffälliges venezianisches Stadthaus aus dem 17. Jahrhundert mit Blick über die Hauptgrünfläche von Korfu-Stadt namens Spianádha. Dekoriert mit Antiquitäten und Replika-Möbeln in den Gemeinschaftsräumen. Die mittelgroß bis klein dimensionierten Gastzimmer besitzen hohe Decken, manche Balkon. **www.cavalieri-hotel.com**

KORFU Pelecas Country Club €€€€

Pelekas, 49100 ☎ *26610 52239* FAX *26610 52919* ***Zimmer*** *10*

Prächtige Gärten umgeben dieses Herrenhaus aus dem 19. Jahrhundert, in dem man in luxuriösen Suiten und Studios, alle mit herrlichen Antiquitäten bestückt, wohnt. Der Club wird von den Reichen Griechenlands wegen des Service und der Diskretion geschätzt. Super Pool. Nov–April geschlossen. **www.country-club.gr**

KORFU Corfu Palace €€€€€

Dimoktratias 2, Korfu-Stadt, 49100 ☎ *26610 39485* FAX *26610 31749* ***Zimmer*** *115*

Die »Grande Dame« der korfioter Hotels, 1954 erbaut, ist immer noch die beste Adresse in Korfu-Stadt. Marmorbäder, prächtig gestaltete Zimmer und Suiten sowie große Gemeinschaftsflächen verleihen dem Haus Klasse. Herrlicher Meerblick von den Zimmern der Stirnfront. Großer Pool mit beschatteter Terrasse. **www.corfupalace.com**

KORFU Divani Palace €€€€€

Nafsiká 20, Korfu-Stadt, 49100 ☎ *26610 38996* FAX *26610 35929* ***Zimmer*** *162*

Das wahrscheinlich teuerste Hotel auf Korfu, Angebot und Service rechtfertigen aber den Preis. Man kann unter mehreren Restaurants wählen, sich um Schönheit und Wellness kümmern (lassen). Vom bewaldeten Hügel blickt man über die Lagune von Kanóni. Zwei Kilometer von Korfu-Stadt. Okt–April geschlossen. **www.divanis.gr**

KORFU Grecotel Corfu Imperial €€€€€

Kommeno, 49100 ☎ *26610 88400* FAX *26610 91881* ***Zimmer*** *320*

Eines der luxuriösesten Hotelresorts der Insel, das Bungalows, Villen und Suiten sowie Standard-Doppelzimmer bereithält. Eine ungewöhnlich fantasievolle Einrichtung, viele Wassersportmöglichkeiten und andere Aktivitäten sowie mehrere Bars und Restaurants sprechen für die Wahl des Imperial. Okt–April geschlossen. **www.grecotel.gr**

LEFKÁDA Agios Nikitas €€€

Agios Nikítas, 31100 ☎ *26450 97480-1* FAX *26450 97462* ***Zimmer*** *36*

Das attraktive Hotel besteht aus 28 (Doppel-)Zimmern und acht Suiten, die über große Balkone verfügen. Die Zimmer befinden sich in drei traditionell gehaltenen Gebäuden, mit Blick über den Hafen und den 150 Meter entfernten Strand und von Agios Nikítas. Schöne Gartenanlage. Nov–April geschlossen. **www.hotelagiosnikitas.gr**

LEFKÁDA Odyssey €€€

Agios Nikítas, 31100 ☎ *26450 97351-2* FAX *26450 97421* ***Zimmer*** *40*

Das Hotel im traditionsreichen Ort Agios Nikítas an der Westküste der Insel liegt 12 Kilometer von Lefkáda-Stadt entfernt. In der Umgebung findet man zahlreiche Fischtavernen und Bars. Gäste können im Haupthaus oder aber in einem der Apartments für Selbstversorger übernachten. **www.odyssey-hotel.gr**

LEFKÁDA Porto Fico €€€

Vasilikí, 31100 ☎ *26450 31402* FAX *26450 31467* ***Zimmer*** *20*

Das beste Hotel in der hübschen, ruhigen Ortschaft Vasilikí, 38 Kilometer von Lefkáda-Stadt. Alle Zimmer haben Balkon mit Meer- oder Bergblick. Zu dem lang gezogenen Sand- und Kieselstrand von Pondi sind es nur 60 Meter. Von den zwei Pools ist einer für Kinder geeignet. Okt–April geschlossen. **www.portoficohotel.com**

MEGANÍSI Porto Vathi Studios €€

Vathý, Meganísi, 31083 ☎ *26450 51622* ***Zimmer*** *13*

Auf einer winzigen, in wenigen Minuten mit dem Boot von Lefkáda aus erreichbaren Insel befindet sich diese einfache Unterkunft für Selbstverpfleger. Landestypisch mit weißen Wänden, blau gestrichenem Holz und Piniendecken gestaltet, bietet sie herrliche Aussicht und jede Menge Ruhe. Okt–Mai geschlossen. **panosmeg@otenet.gr**

PAXÓS Paxos Beach Hotel €€€

Gáïos, 49082 ☎ *26620 32211* FAX *26620 32695* ***Zimmer*** *42*

Populäres Hotel in Familienhand mit einfachen, aber gut ausgestatteten und gemütlichen Zimmern, die See- und Bergblick bieten. Für die Gäste stehen ein privater Strand, ein Tennisplatz und Windsurf-Ausrüstung bereit. Am Anlegesteg vor dem Hotel sind Motorboote auszuleihen. Nov–April geschlossen. **www.paxosbeachhotel.gr**

PAXÓS Paxos Club €€€€

Gáïos, 49082 ☎ *26620 32451* FAX *26620 32097* ***Zimmer*** *26*

Dieses komfortable familiengeführte Hotel nennt 26 zweckmäßige Studios und Zwei-Zimmer-Apartments für bis zu fünf Personen sein eigen. Jede Einheit hat Veranda oder Balkon mit Blick auf die Gartenanlagen oder den großen Pool. Die sauberen Zimmer verfügen über gut bestückte Küchen. Okt–April geschlossen. **www.axosclub.gr**

ZÁKYNTHOS Tsivouli Park €€

Lithákia, 29100 ☎ *26950 55018* ***Zimmer*** *7*

Inmitten von intaktem Ackerland kann man hier in traditionellen Steinhütten weiß getünchte Zimmer mit Eisenbetten und Balkon mieten. Die Besitzer halten ihr eigenes Vieh und kultivieren Früchte und Gemüse. Preisgünstige Vollpension nach Voranmeldung. Netter Strand in Gehdistanz. Nov–April geschlossen.

ZÁKYNTHOS Leedas Village €€€

Lithákia, Agios Sóstis, 29092 ☎ *26950 51305* FAX *26950 29934* ***Zimmer*** *20*

Die Apartments für zwei bis neun Personen sind in fünf Steinvillen inmitten eines Blumengartens untergebracht und nur wenige Schritte vom Strand entfernt. Sie sind schlicht gehalten, haben Terrakotta-Böden, Terrasse und Küche. Zur Anlage gehört ein Kinderspielplatz. Nov–April geschlossen. **www.leedas-village.com**

ZÁKYNTHOS Paliokaliva Village €€€

Tragaki, 29100 ☎ *26950 63770* FAX *26950 65144* ***Zimmer*** *18*

Zehn rund um einen Pool angelegte Steinhütten mit eigener Terrasse. Die Zimmer sind mit schmiedeeisernen Betten und schlichten Holzmöbeln eingerichtet. Wer nicht selbst kochen möchte, für den ist das Bar-Restaurant eine gute Alternative. Keine zwei Kilometer bis zum nächsten Sandstrand. **www.paliokaliva.gr**

ZÁKYNTHOS Villa Tzogia €€€

Kambí, 29100 ☎ *26950 92275* FAX *26950 94060* ***Zimmer*** *4*

Im noch ursprünglichen Westen der Insel außerhalb eines Dörfchens liegt die Villa Tzogia, die aus der Villa und Apartments für zwei bis vier Personen besteht. Den Gast erwarten ein prächtiger Garten mit Blick über Hügelland und Weingärten, ein Pool und mehrere nahe gelegene Tavernen. Okt–April geschlossen. **www.tzogia.gr**

Argo-Saronische Inseln

AÍGINA Pension Rena €€

Agia Iríni, Aígina-Stadt, 18910 ☎ *22970 24760* FAX *22970 24244* ***Zimmer*** *8*

Skurril, freundlich und erschwinglich sind die Adjektive, mit denen langjährige Gäste ihre Treue zur Pension Rena begründen. Schlichte, aber ansprechende und luftige Zimmer, von denen man die im ersten Stock mit Balkon und Golfblick frühzeitig buchen sollte. Restaurants vor Ort und ein Strand in der Nähe. **www.pension-rena.gr**

AÍGINA Nafsiká €€

N Kazantzaki 55, Aígina-Stadt, 18910 ☎ *22970 22333* FAX *22970 22477* ***Zimmer*** *36*

Das Nafsiká ist ein Resort im Stil eines Dorfes. Die komfortablen Zimmer bieten zum Teil Golfblick oder Aussicht auf die Ruinen des Apollon-Tempels. Üppig bepflanzte Höfe und ein großer Pool gehören zur Anlage, die nur 50 Meter von dem besten Strand der Insel entfernt liegt. Nov–März geschlossen. **www.hotelnafsika.com**

AÍGINA Aeginitikou Archontiko €€€

Ag. Nikólaou und Thomaidou 1, 18910 ☎ *22970 24968* FAX *22970 26716* ***Zimmer*** *11*

Dieses entzückende Insel-Herrenhaus aus dem frühen 19. Jahrhundert beherbergte bereits orthodoxe Heilige, Schiffskapitäne, Dichter und Musiker. Großartig restauriert lockt es mit wundervoll bemalten Decken, Buntglasfenstern, Böden aus Natursteinplatten und zwei ruhigen Innenhöfen. Nov–März geschlossen.

Preiskategorien *siehe S. 302* **Zeichenerklärung** *siehe hintere Umschlagklappe*

KÝTHIRA Kamares Apartments €€

Aroniadika, 80200 Tel. *27360 33420* FAX *27360 34124* ***Zimmer*** *6*

Von dem Steingebäude mit blauen Fensterläden und gewölbten Decken blickt man über Weinberge und terrassierte Felder. Die Apartments haben einfache Küchen mit Kühlschrank und zweiflammigem Herd. Das Frühstück wird auf dem Zimmer serviert. Zum Strand geht man 15–25 Minuten. Nov–März geschlossen. **www.kamareshotel.gr**

KÝTHIRA Margarita €€€

Chóra, 80100 Tel. *27360 31711* FAX *27360 31325* ***Zimmer*** *11*

Am Rand des schönen Hauptdorfes von Kýthira steht das Margarita mit seinen weißen Mauern und blauen Fensterläden. Der Blick übers Meer ist atemraubend. Die Gästezimmer sind hell, modern und schlicht eingerichtet. Sonnige Terrasse. Die Strände liegen eineinhalb Kilometer unterhalb des Orts. **www.hotel-margarita.com**

KÝTHIRA Nostos Inn €€€

Chóra, 80100 Tel. *27360 31056* FAX *27360 31834* ***Zimmer*** *6*

Im Herzen einer der schönsten Insel der Ägäis ist das Nostos Inn ein Vorzeige-Gasthaus. Die Café-Bar ist ebenso einladend und makellos sauber wie die hohen Zimmer mit ihren polierten Holzfußböden im ersten Stock. Manche haben Meerblick. Moderne Ausstattung. Okt–März geschlossen. **www.nostos-kythera.gr**

KÝTHIRA Vasilis Bungalows €€€

Chóra, 80100 Tel. *27360 31125* FAX *27360 31553* ***Zimmer*** *12*

Zwölf Bungalows, einige mit Selbstversorgung, die inmitten eines Olivenhains außerhalb von Kapsáli liegen. Weiße Wände, farbige Holzelemente, stilvolle Gästezimmer und viel Platz zum Frühstücken. Alle Zimmer mit WLAN und Balkon. In Kapsáli gibt es einige Restaurants und Bars. Nov–März geschlossen. **www.kythirabungalowsvasili.gr**

PÓROS Sto Roloi €€€€

Póros, 18020 Tel. *22980 25808* ***Zimmer*** *7*

Ein typisches Inselhaus mit drei gut ausgestatteten Selbstversorger-Apartments für zwei bis sieben Personen. Man kann die Unterkünfte einzeln oder das Haus im Ganzen mieten. Das separate Anemone-Haus besteht aus zwei Gebäuden, die sich einen Pool teilen. Viele Bars und Restaurants in der Nähe. **www.storoloi-poros.gr**

SPÉTSES Armáta Hotel €€€€

Enouá Agiou Antomiou, Spétses, 18050 Tel. *22980 72683* FAX *22980 75403* ***Zimmer*** *20*

Das elegante Boutique-Hotel präsentiert sich in modernem Design. Es liegt trotz der Nähe zu Läden und Restaurants ruhig. Hafen und Strand erreicht man bequem zu Fuß. Seinen Gästen bietet das Hotel zahlreiche Komfortmerkmale in den Zimmern, darunter TV und WLAN. 16 der Zimmer haben einen eigenen Balkon. **www.armatahotel.gr**

SPÉTSES Zoe's Club €€€€

Spétses-Stadt, 18050 Tel. *22980 74447* FAX *22980 72841* ***Zimmer*** *22*

Reizender moderner Komplex am Rand von Spétses, bestehend aus elf Studios, acht Suiten und vier Maisonetten, die um einen großen Pool gruppiert sind. Schön entworfen, gut geführt und ruhig gelegen – dennoch in unmittelbarer Nähe des Hafens mit seinen Tavernen, Bars und Cafés. Okt–April geschlossen. **www.zoesclub.gr**

SPÉTSES Economou Mansion €€€€€

Kounoupitsa, Spétses-Stadt, 18050 Tel. *22980 73400* FAX *22980 74074* ***Zimmer*** *8*

Herrliches familiengeführtes Luxusgästehaus in einer Villa. Große Zimmer mit Deckenbalken, Marmorböden und pastellfarbenen Läufern. Zwei Zimmer haben eine kleine Küche und Balkon mit Meerblick. Frühstück wird auf der Terrasse serviert. Zehn Gehminuten von Spétses-Stadt. Nov–März geschlossen. **www.spetsesyc.gr**

SPÉTSES Orloff €€€€€

Palió Limáni, Spétses, 18050 Tel. *22980 75444* FAX *22980 74470* ***Zimmer*** *20*

Das neue Hotel in Spétses ist nach einem russischen Abenteurer und Möchtegern-Befreier Griechenlands des 18. Jahrhunderts benannt. Geschützter Pool, Zimmer mit Doppel- und Einzelbetten, Selbstversorger-Studios, Suiten und eine Villa für zehn Personen. Chic dekoriert. Dez–März geschlossen. **www.orloffresort.com**

YDRA Delfini €€

Hafen, Ydra-Stadt, 18040 Tel. *22980 52082* FAX *22980 53828* ***Zimmer*** *11*

Die preiswerteste Unterkunft für einen kurzen Aufenthalt auf Ydra, nur ein paar Schritte von der Fähre entfernt. Die Zimmer sind sauber, aber einfach, manche haben WC und Dusche. Die Zimmer zum Hafen hin sind am Morgen recht laut, wenn Fähren und Tragflügelboote anlegen. Okt–April geschlossen.

YDRA Nefeli €€

Tsamadoú 8–14, Ydra-Stadt, 18040 Tel. *22980 53297* FAX *22980 53297* ***Zimmer*** *9*

Hoch über Ydras hübschem Hafen versteckt sich dieses nette kleine Hotel. Alle Zimmer haben eine schöne Aussicht und liegen über drei kleinen Hofterrassen, wo das Frühstück serviert wird. Da der Aufstieg vom Hafen steil ist, eignet sich das Haus nicht für kleine Kinder und behinderte Reisende. Nov–Februar geschlossen.

YDRA Angelica €€€€

Ydra-Stadt, 18040 Tel. *22980 53202* FAX *22980 53264* ***Zimmer*** *14*

Traditionelles Ydra-Haus, das mit viel Einfühlungsvermögen in ein kleines Hotel umgebaut wurde. Die Zimmer haben Steinwände, Balkendecken, Holz- oder Marmorböden. Manche verfügen über Balkone mit Ausblick auf den Hafen oder die Stadt. Gut geführt, ruhig und mit vielen Lokalen und Restaurants in der Nähe. **www.angelica.gr**

YDRA Leto €€€€

Chóra, Ydra, 18040 22980 53385 FAX 22980 53806 ***Zimmer*** *21*

Argo-Saronische Grandeur strahlt dieses Boutique-Hotel in einer alten Villa aus. Antiquitäten zieren Gemeinschaftsräume wie Gästezimmer. Von den besten blickt man auf den gepflasterten Innenhof. Eines der wenigen Hotels der Inseln, die auf Rollstuhlfahrer eingestellt sind. Nov–März geschlossen. **www.letohydra.gr**

YDRA Miránda €€€€

Ydra-Stadt, 18040 22980 53202 FAX 22980 53264 ***Zimmer*** *14*

Beim Umbau in ein Hotel im Jahr 1992 wurden viele ursprüngliche Elemente der alten Villa erhalten. So finden sich in einigen Zimmern (fragen Sie danach!) authentische Deckengemälde von venezianischen und florentinischen Künstlern. Das Hotel liegt nahe bei Strand und Hafen. Das Frühstück wird im Patio serviert. **www.angelica.gr**

YDRA Orloff €€€€

Ydra-Stadt, 18040 22980 52564 FAX 22980 53532 ***Zimmer*** *9*

Eines der ersten bequemen Hotels auf Ydra. Das Orloff ist nach einem russischen Abenteurer des 18. Jahrhunderts benannt und vereint Stil mit Authentizität. Gästezimmer wie Gemeinschaftsräume sind antik möbliert, die technischen Einrichtungen entsprechen modernstem Standard. Ruhig gelegen. Nov–März geschlossen. **www.orloff.gr**

YDRA Bratsera €€€€€

Chóra, Ydra, 18040 22980 53971 FAX 22980 53626 ***Zimmer*** *28*

Im Vergleich zu anderen Boutique-Hotels ist das Bratsera preisgünstig. Man ist stolz auf den großen Pool, die schicken Gemeinschaftsräume und das exzellente Restaurant. In den individuell gestalteten Zimmern glänzen Holzböden und antike Möbel. Beim Besuch Ydras ein Muss! Nov–März geschlossen. **www.bratserahotel.com**

YDRA Xelidonia €€€€€

Chóra, Ydra, 18040 00 32 234 75814 FAX 00 32 234 36880 ***Zimmer*** *3*

Erstklassige, hoch über Ydras malerischem Hafen gelegene Selbstversorger-Villa mit sechs Betten in drei Schlafzimmern. In den Zimmern stehen mit weißem Leinen bespannte Himmelbetten auf Holz- oder Fließenböden. Von der Terrasse hat man einen atemraubenden Blick. Nov–Februar geschlossen. **www.xelidonia.com**

SPORADEN UND ÉVIA

ALÓNNISOS Konstantintas Studios €

2 km von Patitíri, 37005 24240 66165 FAX 24240 66165 ***Zimmer*** *9*

Traditionell gehaltene Studios und Zimmer im Dorf Alónnisos. Die Einrichtung ist modern, man hat Dusche und WC, Kühlschrank und eine einfache Küche. Gutes Preis-Leistungs-Verhältnis und idealer Ausgangspunkt für Leute, die die Insel erkunden bzw. nur kurz bleiben wollen. Nov–März geschlossen. **www.konstantinasstudios.gr**

ALÓNNISOS Haravgi €€

Patitíri, 37005 24240 65090 FAX 24240 65189 ***Zimmer*** *19 (9 Studios, 10 Zimmer)*

In Alónnisos gibt es nicht allzu viele Unterkunftsangebote. Das Haravgi ist ein unspektakuläres Haus, dessen Zimmer einfach, aber sauber sind und alle über einen Balkon verfügen. Für eine kurzen Aufenthalt geeignet sowie ideal für all jene, die beim Sporaden-Hopping eine kleine Pause einlegen wollen. Nov–März geschlossen.

ÉVIA Apollon €€€

Kárystos-Bucht, 34001 22240 22045 FAX 22240 22049 ***Zimmer*** *36*

Das moderne Hotel liegt am Rand einer wunderschönen Bucht. Es bietet Suiten mit bis zu fünf Betten an. Die Zimmer haben Dusche und WC und überblicken die Bucht. Es gibt auch eine Terrasse, einen herrlichen Garten und ein Restaurant. Wassersportmöglichkeiten werden angeboten. Nahe am Strand. Nov–März geschlossen.

ÉVIA Béis €€€

Kými-Strand, 34003 22220 22604 FAX 22220 29113 ***Zimmer*** *38*

Das komfortable Hotel liegt in Strandnähe und bietet Zimmer mit schönem Hafenblick. In seinem Restaurant serviert das Béis exzellenten fangfrischen Fisch. Alle Zimmer verfügen über Bad und WC. Gute Wassersportmöglichkeiten. Das Hotel ist für Rollstuhlfahrer geeignet.

ÉVIA Candíli €€€€

1 km vom Meer, Prokópi, 34004 69740 62100 ***Zimmer*** *12*

Das herrlich gelegene Candíli ist Hotel und Seminarzentrum, das Kreativkurse in Malen und Mosaiklegen anbietet. Zur Anlage gehören ein Herrenhaus (passend für Familien), zwei Hütten und reizende, in umgebauten Stallungen gelegene Zimmer. Gut bestücktes Atelier, Spielezimmer. Ein Landrover steht zur Verfügung. **www.candili.co.uk**

SKIÁTHOS Atrium €€€€

Paralía Platanias, Agía Paraskeví, 73002 24270 49345 FAX 24270 49444 ***Zimmer*** *75*

Großes gepflegtes Hotel, das auf einem von Pinien gesäumten Hügel und 150 Meter oberhalb des Sandstrands von Paralías steht. Das für Pauschalreisende konzipierte moderne Haus hat einen Riesenpool und bietet zahlreiche Wassersportmöglichkeiten. Etwas entfernt von Skiáthos-Stadt. Nov–April geschlossen. **www.atriumhotel.gr**

Preiskategorien *siehe S. 302* **Zeichenerklärung** *siehe hintere Umschlagklappe*

SKIÁTHOS Aegean Suites €€€€€

Fteliá, 73002 ☎ *24270 24068* FAX *24270 24070* ***Zimmer*** *20*

Ein schickes, mit viel Finesse gebautes Hotel. Die Zimmer blicken auf das Meer oder über den großen Pool. Der Zimmerpreis entspricht dem ausgezeichneten Service und den modernen Einrichtungen. Man richtet das Augenmerk hier eher auf verliebte Paare als auf Familien. Nov–April geschlossen. **www.aegeansuites.com**

SKIÁTHOS Esperides €€€€€

Achládia, 73002 ☎ *24270 22535* FAX *24270 21580* ***Zimmer*** *181*

Resort-Hotel mit Blick auf den Sandstrand und exzellenten Freizeiteinrichtungen, darunter Tennisplätze. Die Zimmer sind geräumig, diejenigen nach vorne hinaus haben schöne Aussicht. Das Esperides ist ein Haus mit Komplettservice und einer guten Auswahl an Restaurants und Bars. Nov–April geschlossen. **www.esperidesbeach.gr**

SKIÁTHOS Palace €€€€€

Koukounariés Strand, 37002 ☎ *24270 49700* FAX *24270 49666* ***Zimmer*** *258*

Am Sandstrand, mit Pinien im Hintergrund, finden Sie das Palace, eine Art Resort-Hotel mit tollem Meerblick. Alle Zimmer verfügen über Bad und WC, Satelliten-TV, Durchwahltelefon, Kühlschrank sowie Balkon oder Terrasse. Zur Anlage gehören ein Mini-Markt, diverse Bars, Tennisplätze und Sauna. Nov–März geschlossen.

SKÓPELOS Thea Home €€

SkópelosStadt, 37003 ☎ *24240 22859* FAX *24240 23556* ***Zimmer*** *12*

Mittelgroßer Komplex mit Selbstversorger-Studios und Apartments, im pseudo-traditionellen Stil gehalten und um einen großen Pool gruppiert. Gute, schön gelegene Anlage vornehmlich für Familien. Vernünftige Preise. Okt–April geschlossen. **www.skopeloshotels.net/theahome**

SKÓPELOS Aegeon €€€

Skópelos-Stadt, 37003 ☎ *24240 22619* FAX *24240 22194* ***Zimmer*** *15*

Ein kleines, fröhliches Hotel mit günstigen Preisen und hellen Balkonzimmern, die Skópelos-Stadt und seine Bucht überblicken. Alle Räume liegen in einem dreistöckigen, im pseudo-traditionellen Stil errichteten Gebäude. Die Zimmer sind einfach, aber sauber, alle haben Dusche und WC. Kinderspielplatz. Okt–April geschlossen.

SKÓPELOS Pleoussa Studios €€€

Ambeliki, 37003 ☎ *24240 23141* FAX *24240 23844* ***Zimmer*** *10*

Kleiner Komplex, bestehend aus zehn hübschen, ockerfarbenen Selbstversorger-Studios. Sie sind um einen Arkadenhof gruppiert, der nach Skópelos-Art geflieβt ist. Die Zimmer der oberen Stockwerke verfügen über schöne Holzbalkone mit Meerblick. 50 Meter zum Kieselstrand. Okt–April geschlossen. **www.pleoussa-skopelos.gr**

SKÝROS Nefeli €€€€

Plagia, Skýros-Stadt, 34007 ☎ *22220 91964* FAX *22220 92061* ***Zimmer*** *22*

Schön entworfenes, aus mehreren Häusern bestehendes Flachbau-Hotel mit gutem Service. Doppel- oder Einzelbettzimmer, zwei Suiten und vier Selbstversorger-Apartments. Attraktiver Pool. Nur einen Katzensprung vom reizenden Hauptort der Insel entfernt. Viele Restaurants und der Strand sind zu Fuß erreichbar. **www.skyros-nefeli.gr**

Nordost-Ägäische Inseln

CHÍOS Aeriko €€

Karfás, 82100 ☎ *22710 32336* FAX *22710 32335* ***Zimmer*** *6*

In Gehdistanz zum Kiesstrand von Karfás finden Sie diese Pension inmitten eines Olivenhains. Traditionelle Gebäude stehen an einem netten Pool, an dem das Frühstück unter Schatten spendenden Bäumen serviert wird. Familiengeführt und freundlich. Ideal für alle, die faulenzen wollen. Nov–März geschlossen. **www.benovias.gr**

CHÍOS Filoxénia Hotel €€

Chios, Roidou 2 und Vaupàlou 8, 82100 ☎ *22710 22813* FAX *22710 28447* ***Zimmer*** *20*

Das Hotel liegt inmitten einer der schönsten Landschaften der Ägäis, gleichzeitig in bequemer Nähe zum Hafen sowie zu den Läden und Restaurants der Stadt. Die Villa aus der Zeit um 1900 wurde im Jahr 2004 renoviert, dabei wurden viele Original-Elemente erhalten, z. B. die 80 Jahre alten Kacheln. Parkplatz beim Hotel.

CHÍOS Volissos Traditional Apartments €€

Volissós, 82100 ☎ *22740 21421* FAX *22740 21522* ***Zimmer*** *16*

Der Künstler Stélla Tsakíri hat diese altmodischen Hütten liebevoll restauriert. Alle sind auf Selbstversorger ausgerichtet. Die größeren haben zwei Gästezimmer, manche Meerblick. Freigelegte Balken, viel Stein und gekalkte Wände sowie Hochbetten und traditionelle Stoffe. Nov–März geschlossen. **www.volissostravel.gr**

CHÍOS Perleas Mansion €€€

Odos Vitiadou, Kámbos, 82100 ☎ *22710 32217* FAX *22710 32364* ***Zimmer*** *7*

Hier wohnt man in großen Zimmern mit Eisenbetten, polierten Holzböden und makelloser Wäsche in Steinhäusern. Der frühere Bauernhof liegt versteckt in einer Landschaft aus Olivenbäumen. Herrliche beschattete Terrassen und ein Lilienteich, wo sich ehemals das Wasserdepot befand, machen das Idyll perfekt. **www.perleas.gr**

CHÍOS Plaka Studios €€€

Karfás, 82100 Tel. *22710 32955* FAX *22710 32966* ***Zimmer*** *10*

Kleine gepflegte Selbstversorger-Studios mit Balkon und Meerblick. Alle Zimmer verfügen über TV sowie Mini-Küche mit Kühlschrank und Herdplatte. Eine kleine Frühstücksbar gibt es vor Ort. Die Anlage liegt direkt neben dem Strand von Karfás, dem schönsten der Insel. Sehr preiswert, vor allem im Vergleich zu anderen Hotels auf Chíos.

CHÍOS Argentikon €€€€€

Odos Argenti, Kámbos, 82100 Tel. *22710 33111* FAX *22710 31645* ***Zimmer*** *8*

Dieser ehemalige Sitz einer Aristokratendynastie ist einer der luxuriösesten Orte auf den Griechischen Inseln. Bei der Gestaltung wurden augenscheinlich keine Kosten gescheut. Elegante Speisesäle, ein Pool in von Steinmauern eingefassten Anlagen sowie die üppige Natur lassen den Aufenthalt zum Genuss werden. **www.argentikon.gr**

CHÍOS Ta Petrina €€€€€

Volissós, 82103 Tel. *22740 21128* FAX *22740 21013* ***Zimmer*** *18*

Eine Ansammlung von Steinhäusern inmitten von Anbauflächen, einem Olivenhain und den Weinbergen oberhalb des Hügeldorfes Volissós. Es können ganze Hütten sowie Zimmer mit modernen Kochmöglichkeiten gemietet werden. Eine charmante Mischung aus Alt und Neu. Dez–März geschlossen. **www.tapetrina.gr**

IKARÍA Cavos Bay €€

Armenistís, 83301 Tel. *22750 71381* FAX *22750 71380* ***Zimmer*** *63*

Das Cavos Bay ist ein preiswertes Hotel in Ortsrandlage mit modernen Leistungen, einem großen Pool und einer betörenden Aussicht. Alle Zimmer weisen Satellitenfernsehen und Balkon auf. Klimaanlagen sind den Studios vorbehalten. Zehn Gehminuten zum erstklassigen Sandstrand. Nov–April geschlossen. **www.cavosbay.com.gr**

IKARÍA Erofili Beach €€€

Armenistís, 83301 Tel. *22750 71058* FAX *22750 71483* ***Zimmer*** *31*

Bescheidenes kleines Hotel in toller Lage über dem riesigen Halbrund des weißen Sandstrands. Ein Balkon mit schöner Aussicht gehört zu jedem Zimmer. Hier am Ortsrand, wo sich viele Cafés, Bars und Restaurants befinden, ist für Abwechslung gesorgt. In der Hauptsaison kann es nachts allerdings etwas laut werden. Okt–April geschlossen.

IKARÍA Messakti Village €€€€

Gialiskari, 83301 Tel. *22750 71331* FAX *22750 71330* ***Zimmer*** *55*

Der nahe gelegene Sandstrand macht diese Anlage ebenso einmalig wie ihr Interieur aus freigelegtem Mauerwerk, Natursteinplatten, Holzbalken und Galerie-Schlafplätzen in den Studios, Apartments und zwei Steinturm-Suiten. Toiletten und Bäder sind Gemeinschaftseinrichtungen. Nov–April geschlossen. **www.messakti-village.com**

LÉSBOS Nassos Guest House €

Mólyvos, 81108 Tel. *22530 71432* ***Zimmer*** *7*

Das Gästehaus steht im Zentrum von Mólyvos, einem der reizendsten Dörfer auf Lésbos. Am besten wählt man aus den einfachen hübschen, in Pastellfarben gehaltenen Zimmern eines mit Blick über die Dächer der Ortschaft bis hin zum Meer. Ein großes Doppelzimmer mit Dusche und WC ist erhältlich. **www.nassosguesthouse.com**

LÉSBOS Vaterá Beach €€

Vaterá Strand, 81300 Tel. *22520 61212* FAX *22520 61164* ***Zimmer*** *24*

Dieser moderne mittelgroße Familienbetrieb liegt an einem wundervollen Strand. Die gemütlichen Zimmer mit hohen Fenstern und Pinienmöbeln haben etwas Leichtes und Luftiges. Einige sind für Familien geeignet, manche verfügen über Einrichtungen für Selbstversorger. Gutes Restaurant und Internet im Haus. Nov–April geschlossen.

LÉSBOS Olive Press €€€

Mólyvos Strand, 81108 Tel. *22530 71205* FAX *22530 71647* ***Zimmer*** *50*

Eine ehemalige Olivenpresse beherbergt heute dieses charmante Hotel. Begrünter, Schatten spendender Innenhof, Zimmer und Selbstversorger-Studios, manche davon mit Balkon direkt über dem sauberen Kieselstrand. Die Bars und Restaurants von Mólyvos sind gleich um die Ecke. Nov–März geschlossen. **www.olivepress-hotel.com**

LÉSBOS Clara €€€€

Avláki, Pétra, 81109 Tel. *22530 41532* FAX *22530 41535* ***Zimmer*** *42*

Unweit des Strandsaums von Pétra und des Dorflebens steht dieses mittelgroße Resort mit vielen Komfortmerkmalen wie Tennisplatz und Pool. Die schlichten, aber gut ausgestatteten Zimmer verfügen allesamt über Balkon mit Blick Richtung Wasser oder Mólyvos. Ein angenehmer Ort für einen längeren Aufenthalt. Okt–März geschlossen.

LÉSBOS Loriet €€€€€

Vareiá Strand, 81100 Tel. *22510 43111* FAX *22510 41629* ***Zimmer*** *35*

Die sieben Luxus-Suiten dieses exquisiten, stilvollen Hotels zwei Kilometer von Mytilíni-Stadt sind in einem restaurierten Herrenhaus aus dem 19. Jahrhundert untergebracht. Kürzlich angebaute Flügel beherbergen weitere Zimmer und Apartments. 24-Stunden-Zimmerservice, zwei Restaurants und eine Cocktailbar am Pool. **www.loriet-hotel.com**

LÍMNOS Porto Myrina Palace €€€€

Mýrina, 81400 Tel. *22540 24805* FAX *22540 24858* ***Zimmer*** *150*

Das ruhige Hotel liegt in der friedvollen Bucht von Avalon und in der Nähe des Strandes. Zu den Attraktionen, darunter das Archäologische Museum und Mýrina-Stadt, hat man es nicht weit. Alle Gästezimmer haben Balkon. Benutzung von Pool, Tennis- und Basketballplatz sowie Fitnessraum im Preis inbegriffen. **www.ellada.net/portomyr**

Preiskategorien *siehe S. 302* **Zeichenerklärung** *siehe hintere Umschlagklappe*

LÍMNOS Villa Afroditi €€€€€

Platí Strand, Platí, 81400 ☎ *22540 23141* FAX *22540 25031* **Zimmer** *24*

Das kleine erfolgreiche Hotel bietet saubere, einfache Zimmer zu erschwinglichen Preisen. Man hat die Wahl zwischen drei Suiten, drei Apartments oder Doppelzimmern, wobei eine Reservierung meist nötig ist. Das angegliederte Restaurant ist ebenfalls äußerst beliebt. Gute Ausstattung. Strandnähe. Nov–April geschlossen.

SÁMOS Kalidon €€

Kokkári, 83100 ☎ *22730 92800* FAX *22730 92608* **Zimmer** *28*

Ein reizendes kleines Hotel mit geschmackvollen Zimmern und freundlichem Service. Die Eigentümer betreiben auch das nahe gelegene, etwas größere und teurere Kalidon Palace, dessen Einrichtungen auch den Gästen des Kalidon offen stehen. Eine preiswerte Basisstation für Inselerkundungen. Nov–April geschlossen. **www.kalidon.gr**

SÁMOS Kerkis Bay €€

Ormos Marathokampos, 83102 ☎ *22730 37202* FAX *22730 37372* **Zimmer** *29*

Inmitten eines herrlich entspannten Hafendorfs bieten die gut ausgestatteten Zimmer des Hotels in einem traditionellen Gebäude mit schattigem Hof jeden modernen Komfort. Sonnenliegen und -schirme auf dem wenige Schritte entfernten Kieselstrand. Exzellente Wassersportmöglichkeiten in der Nähe. Nov–März geschlossen.

SÁMOS Olympia Beach €€

Kokkári Strand, 83100 ☎ *22730 92420* FAX *22730 92457* **Zimmer** *12*

Dieses charmante kleine Hotel, das direkt am sauberen Kiesstrand von Kokkári steht, wurde im traditionellen Stil errichtet. Es offeriert helle luftige Zimmer, manche mit Meerblick. Eine ideale Basis für Bergsteiger, Radfahrer, Paddler, Taucher und Windsurfer. Okt–April geschlossen. **www.olympia-hotels.gr**

SÁMOS Arion €€€€

Kokkári, 83100 ☎ *22730 92020* FAX *22730 92006* **Zimmer** *108*

Großes, gut gestaltetes Flachbau-Resort in den bewaldeten Hügeln am Rand eines der schönsten Resort-Dörfer der Insel. Büfett-Restaurant, Bars und gute Einrichtungen für Familien. Weiße Kiesstrände sowie Restaurants und turbulentes Nachtleben findet man in der Nähe. Kostenloser Shuttleservice. Okt–April geschlossen. **www.arion-hotel.gr**

SAMOTHRÁKI Kastro €€

Palaiópolis, 68002 ☎ *25510 89400* FAX *25510 41000* **Zimmer** *50*

Modernes, gut geführtes Hotel, das mit viel Gespür der örtlichen Architektur angepasst wurde. Großer Pool sowie zahlreiche Sport- und Freizeitmöglichkeiten. Eines der wenigen Häuser auf Samothráki mit internationalem Standard, das jedoch leider keinen Vollservice anbietet. Okt–April geschlossen. **www.kastrohotel.gr**

THÁSOS Arsinoe Cottages €€

Limenária, 64002 ☎ *25930 52796* FAX *25930 52295* **Zimmer** *7*

Wunderschöne, von üppigem Grün umgebene Steinhäuschen, die an einem Hang über dem Sandstrand stehen. Von den fünf weiß gekalkten Hütten haben die kleineren zwei Betten, die größeren vier. Gemauerter Kamin, gusseiserne Betten, gekachelte Böden und einfache Pinienholzeinrichtung. Gemeinschaftsküche. Okt–April geschlossen.

THÁSOS Miramare €€

Skála Potamiás, 64004 ☎ *25930 61040* FAX *25930 61043* **Zimmer** *30*

Ein modernes, gut ausgestattetes Hotel in herrlicher Lage in einem Pinienwald am südlichen Ende von Chryssí Ammoudiá, dem spektakulärsten Sandstrand der Insel. Bequeme Zimmer zu günstigen Preisen. Ein guter Ort für einen Familienurlaub. Okt–April geschlossen. **www.hotelmiramare.gr**

THÁSOS Alexandra Beach €€€€€

Potós Strand, 64004 ☎ *25930 52391* FAX *25930 51185* **Zimmer** *124*

Großes Resort-Hotel am Strand von Potós, nahe Limenária. Untergebracht wird man in Bungalows, Doppel- oder Einzelzimmern. Zur Anlage gehören ein Restaurant, drei Bars sowie eine Vielzahl von Fitness- und Sportmöglichkeiten, wie etwa Tennis, Windsurfen, Volleyball und Wasserski. Nov–April geschlossen.

Dodekanes

ASTYPÁLAIA Australia Studios €

Péra Gialós, 85900 ☎ *22430 61275* FAX *22430 61067* **Zimmer** *15*

Modernes Großraum-Hotel mit Zimmern für zwei bis drei Personen sowie Selbstversorger-Studios für bis zu vier Gäste. Die Balkone blicken aufs Meer, im Garten stehen Schatten spendende Bäume. Unterhalb des Hauses finden Sie ein Restaurant, das frischen Fisch und Grillfleisch serviert. Zum Strand sind es 50 Meter. Nov–April geschlossen.

CHÁLKI Argyrenia €

Nimporió, 85101 ☎ *22460 45205* FAX **Zimmer** *9*

Auf halben Weg zwischen Nimporió und dem Strand von Potamós steht dieses unauffällige und preisgünstige Gästehaus mit seinen einfach eingerichteten, Chalet-artigen Zimmern. Die meisten haben Terrasse. Es gibt auch einen gepflegten, herrlich grünen Garten. Zahllose Bars und Restaurants in der Umgebung. Okt–April geschlossen.

CHÁLKI Captain's House €

Nimporió, 85110 22460 45201 FAX 22460 45201 **Zimmer** 3

Dieses gefragte, winzige Gästehaus verfügt nur über ein Doppelbettzimmer und zwei Zimmer mit zwei Einzelbetten. Die großen, einfachen Räume sind Teil einer Villa mit rot gedecktem Dach, die in einem schattigen Garten liegt. Es gibt eine kleine Terrasse zum Sonnenbaden. Die Zimmer haben Kühlschränke. Okt–April geschlossen.

CHÁLKI Villa Praxithea €€€€

Nimporió, 85110 22410 70172 FAX 22410 70175 **Zimmer** 6

In den beiden Selbstversorger-Apartments kommen acht Personen unter. Sie sind Teil einer Villa am Meer gleich am Rand des Hauptdorfes von Chálki. Die Böden sind aus Fliesen oder Holz, die Zimmer in Pastellfarben gehalten. Kleine Sonnenterrasse. Die oberen Räume haben Hafenblick. Okt–April geschlossen. **www.villapraxithea.com**

KÁLYMNOS Galini €

Póthia, 85200 22430 31241 FAX 22430 31100 **Zimmer** 14

Die familiengeführte Pension hat bessere Einrichtungen als der Durchschnitt und blickt über die Bucht von Vathý und die Werft. Die Zimmer sind einfach, aber bequem und durchaus ihr Geld wert. Auf der schönen Terrasse wird Frühstück serviert. Es gibt auch ein Restaurant mit übersichtlicher Karte und leichter Kost. Okt–April geschlossen.

KÁLYMNOS Panorama €

Póthia, 85200 22430 23138 FAX 22430 23138 **Zimmer** 13

Etwas vom brodelnden Leben von Póthia entfernt liegt das Panorama, das seinem Namen dank des herrlichen Blicks auf die Bucht alle Ehre macht. Die Gästezimmer sind bequem, modern und einfach eingerichtet. Die meisten haben Balkon. Kleine Bar und Frühstücksrestaurant. Viele Restaurants und Cafés in der Nähe. Okt–April geschlossen.

KÁRPATHOS Amoopi Bay €€

Amoopí, 85700 22450 81184 FAX 22450 81105 **Zimmer** 65

Ein gut eingerichtetes, unauffälliges Hotel, das preiswerte Übernachtungsmöglichkeiten bietet. Die Zimmer verfügen über Balkon oder Terrasse, Telefon und Satelliten-TV. Das Haus hat ein Gartenrestaurant (Halbpension möglich). 300 Meter zum Sandstrand von Amoopí. Nov–April geschlossen.

KASTELLÓRIZO Karnayo €€

Kastellórizo-Stadt, 85111 22460 70626 FAX 22460 49266 **Zimmer** 8

Die schickste und attraktivste Herberge, in der man auf Kastellórizo unterkommen kann. Das liebevoll restaurierte traditionelle Haus an einen Platz mit Kopfsteinpflaster, Palmen und Bougainvillea hat vier Zimmer, manche mit Balkon, sowie vier Selbstversorger-Apartments. Eine Badeleiter ermöglicht den Zugang zum Hafen.

KASTELLÓRIZO Mediterraneo €€

25 Martiou, Megísti, 85111 22460 49007 FAX 22460 49007 **Zimmer** 9

Eines der schöneren Hotels des Dodekanes mit in Blau und Terrakotta gehaltenen Gästezimmern sowie einer riesigen Suite im Erdgeschoss. Eine Badeleiter ermöglicht direkten Zugang zum kristallklaren Nass vor dem Haus. Auf der Dachterrasse serviert man Frühstück, auf Nachfrage auch Abendessen. **www.medterraneopension.org**

KOS Afendoulis €€

Evripidou 1, Kos-Stadt, 85300 22420 25321 FAX 22420 25797 **Zimmer** 23

Ein kleines Familienhotel im Zentrum von Kos mit freundlichem, englischsprachigem Management und bequemen, einfachen Zimmern. Für hiesige Verhältnisse ruhig und nur einen Katzensprung vom hübschen Strand der Stadt entfernt. Frühstück und Drinks genießt man am besten in dem herrlichen Garten. Nov–April geschlossen.

KOS Karavia Beach €€€

Aginaropi, Marmári, 85300 22420 41291 FAX 22420 41215 **Zimmer** 295

Ein riesiges, von Italienern, Deutschen, Holländern und Belgiern gern besuchtes All-inclusive-Resort. Das Freizeitangebot ist groß, unter anderem werden Bootsfahrten zu nahen Inseln wie Psérimos angeboten. Frühstück, Mittag- und Abendessen, alkoholische wie alkoholfreie Getränke sind im Preis inbegriffen. Nov–April geschlossen.

KOS Porto Bello Beach €€€€

Kardámaina, 85302 22420 91217 FAX 22420 91168 **Zimmer** 293

Als »ultra all-inclusive«-Resort wird das luxuriöse Porto Bello mit seinem fünf Kilometer langen Strand angepriesen. Es liegt zwei Kilometer von Kardámaina entfernt. Inbegriffen sind täglich drei Mahlzeiten, Snacks, Drinks, motorfreie Wassersport- und zahlreiche Landsportarten sowie Live-Unterhaltung. Nov–April geschlossen.

KOS Grecotel Kos Imperial €€€€€

Psalídi, 85300 22420 58000 FAX 22420 25192 **Zimmer** 384

Vier Kilometer von Kos entfernt liegt diese schöne Anlage mit ihren asymmetrischen Pools, die durch Wasserläufe verbunden sind. Man kommt in Luxusvillen, Familiensuiten, Doppel- oder Einzelzimmern unter. Alle Räumlichkeiten haben Balkon oder Terrasse. Thalassotherapie-Spa. Nov–April geschlossen. **www.grecotel.com**

KOS Grecotel Kos Royal Park €€€€€

Agios Geórgios, Marmári, 85300 22420 41488 FAX 22420 41373 **Zimmer** 268

In diesem gut gelegenen, gepflegten Luxus-Resort am Sandstrand von Marmári kann man zwischen »All inclusive« und »normalen« Angeboten wählen. Pools für Erwachsene und Kinder, Windsurfen, Tretboote, Kanus, Strandspiele und Live-Unterhaltung. Fahrradverleih in der Nähe. Nov–April geschlossen. **www.grecotel.com**

Preiskategorien *siehe S. 302* **Zeichenerklärung** *siehe hintere Umschlagklappe*

KOS Louis Helios Beach €€€€€

Kardámaina, 85300 22420 91602 FAX 22420 91390 ***Zimmer*** *108*

In die Kategorie A (fünf Sterne) wurde dieses Luxus-Resort mit seinem halbprivaten Strand 2001 erhoben. Das Hotel ist ein Ort der Ruhe – zumindest im Vergleich zum Trubel Kardámainas. Exzellente Anlage mit zahlreichen Freizeitangeboten für Familien. All-inklusive-Pakete sind möglich. Nov–März geschlossen. **www.louishotels.com**

LÉROS The Nest €€€€

Agía Marína, 85400 00 39 051 234 974 FAX 00 39 051 239 086 ***Zimmer*** *1*

Vielleicht der schönste Ort, um auf Léros zu übernachten. Dieses Luxushäuschen auf einem Hügel zwischen Hafen und Burg besitzt ein Gästezimmer mit einem Hochbett und einem Schlafsofa. Wunderschön und geschmackvoll eingerichtet. Schöne Aussicht. Mindestaufenthaltsdauer: sieben Tage. Nov–März geschlossen.

NÍSYROS Porfyris €€

Mandráki, 85303 22420 31376 FAX 22420 31176 ***Zimmer*** *38*

Die raffinierteste Option auf Nísyros: ein angenehmes, preiswertes Hotel inmitten des Zitronenhains von Mandráki nahe dem Hafen. Von der Terrasse aus hat man einen herrlichen Blick über die Küste von Kos und auf das winzige Eiland Gialíi. Die Zimmer sind bequem und einfach eingerichtet. Okt–April geschlossen.

PÁTMOS Artemis €€

Gríkos, 85500 22470 31555 FAX 22470 34016 ***Zimmer*** *24*

Ein kleines Hotel im Resortstil. Es liegt am Rand des zweitgrößten Meerdorfes der Insel und bietet Unterkunft in weiß gekalkten Bungalows. Jedes Zimmer hat eine eigene Terrasse oder einen Balkon mit Seeblick. Die Einrichtungen sind zufriedenstellend: Satelliten-TV, Telefon und Kühlschrank. Okt–April geschlossen.

PÁTMOS Asteri €€€

Mérichas, Skála, 85500 22470 32465 FAX 22470 31347 ***Zimmer*** *37*

Das kleine familiengeführte Hotel am Rand von Skála überblickt die Bucht von Mérichas. Seine Zimmer sind bequem und modern, elf neue wurden jüngst angebaut. Das Haus liegt ruhig und in Gehentfernung zu den Bars und Restaurants am Meer sowie zum Fährhafen. Nov–März geschlossen.

PÁTMOS Blue Bay €€€

Skála, 85500 22470 31165 FAX 22470 32303 ***Zimmer*** *25*

Fünf Gehminuten von Skálas Fährhafen finden Sie in ruhiger Lage das Blue Bay, das von einer australisch-griechischen Familie betrieben wird. Die Zimmer sind modern und bequem, neutral möbliert und haben hölzerne Fensterläden. Frühstück auf der Terrasse. Internet-Zugang. Okt–April geschlossen. **bluebayhotel@yahoo.com**

PÁTMOS 9 Muses €€€€

Sapsila, Gríkos, 85500 22470 34079 FAX 22470 33151 ***Zimmer*** *12*

Die Bungalow-Apartments haben Kachelböden, Balkon oder Terrasse mit tollem Blick. Snack-Bar, Restaurant sowie Zimmer für Rollstuhlfahrer. Gríkos mit seinen Tavernen und dem Strand liegt ca. zwei Kilometer entfernt. Rollerverleih. Parkplatz vorhanden. Reservierung empfohlen. Nov–April geschlossen. **www.9muses-gr.com**

RHODOS Apollo €€

Omirou 82, 85100 22410 32003 ***Zimmer*** *5*

Das restaurierte, ruhig gelegene alte Haus verfügt über helle, luftige Zimmer mit Himmelbetten. Nehmen Sie die etwas teureren Zimmer im Obergeschoss mit der herrlichen Aussicht auf die Altstadt. Nur wenige Meter von Sehenswürdigkeiten und Läden entfernt. Nov–April geschlossen. **www.apollo-touristhouse.com**

RHODOS Domus Rodos €€

Plateía Plátonos, Rhodos Altstadt, 85100 2410 25965 FAX 2410 24766 ***Zimmer*** *24*

Gute, ruhige Lage an einem Platz nahe der Altstadt. Die Holztreppen und -decken weisen auf das Alter des Gebäudes hin, dessen Zimmer schlicht eingerichtet sind. Das Haus besitzt kein eigenes Restaurant, aber wenige Schritte vom Hoteleingang gibt es mehrere Lokale. Nov–April geschlossen. **www.domusrodoshotel.gr**

RHODOS Mango €€

Plateía Dorieos 3 (Altstadt), 85100 22410 24811 FAX 22410 24877 ***Zimmer*** *14*

An einem ruhigeren Platz der Altstadt steht das Mango, ein sauberes, preiswertes und fröhliches Haus. Zimmer mit Bad, WC und Kühlschrank. Die Dachterrasse bietet eine herrliche Aussicht. Internet-Zugang und günstige Drinks. Taucher und Segler verkehren hier gerne. Fünf Minuten zur Fähre. Nov–März geschlossen. **www.mango.gr**

RHODOS Annapolis Inn €€€

28 Oktobríou und Ionos Dragoumi, Rhodos Neustadt, 85100 22410 24538 FAX 22410 31910 ***Zimmer*** *44*

Komfortables Hotel in der Neustadt von Rhodos, das aus 44 Studios, Suiten und Apartments mit gut ausgestatteten Mini-Küchen besteht. Alle Zimmer haben Balkon, die meisten Luxusbäder. Suiten für Rollstuhlfahrer sind vorhanden. Mini-Markt. Die Rezeption ist 24 Stunden besetzt. **www.annapolisinn.gr**

RHODOS Camelot €€€

Themistokléous 18, 85100 22410 26649 FAX 22410 26549 ***Zimmer*** *3*

Unweit vom geschäftigen Hauptplatz der Altstadt beherbergt ein mittelalterliches Gebäude das Camelot. Einfache Doppel- und Dreibettzimmer mit Dusche und WC oder Einzelzimmer mit separater Toilette bzw. Dusche. Innenhof, üppiges Frühstück, schöne Umgebung. Nov–April geschlossen. **www.camelothotel.gr**

RHODOS Paris €€€

Agíou Fanouríou 88 (Altstadt), 85100 ☎ *22410 26356* FAX *22410 21095* ***Zimmer*** *20*

Einfache, preiswerte Zimmer umgeben einen kleinen Hof im Herzen der Altstadt. Einzel-, Doppel- und Dreibettzimmer, manche mit eigenem Bad und WC. Zum Fährhafen sind es nur ein paar Schritte. Wenn nachts die Bars geschlossen haben, ist die Gegend sehr ruhig. Viele Restaurants und Tavernen in der Umgebung. Nov–März geschlossen.

RHODOS San Nikolis Hotel €€€

Ipodamou, Rhodos Altstadt, 85100 ☎ *22410 34561* FAX *22410 32034* ***Zimmer*** *18*

Im Schatten der Altstadtmauern befindet sich dieses charmante kleine Hotel in einem alten Inselstadthaus mit von Efeu und Bougainvillea bewachsenen Steinwänden. Sehr komfortable Zimmer mit antiken Möbeln und teilweise mit Balkon. Hervorragender Blick von der Dachterrasse. Nov–April geschlossen. **www.s-nikolis.gr**

RHODOS Aldemar Paradise Royal Mare und Paradise Village €€€€

Koskinoú, 85100 ☎ *22420 67040* ***Zimmer*** *1270*

Dieses All-inclusive-Resort sechs Kilometer von Rhodos-Stadt setzt sich aus dem fünfstöckigen Royal und dem Paradise Village zusammen. Gemeinschaftsräume und fünf Bungalows am Pool sind rollstuhlgerecht. Neun Pools, davon zwei für Kleinkinder, und ein halbprivater Strand. Nov–März geschlossen. **www.aldemarhotels.com**

RHODOS Archontiko Angelou €€€€

Am Wasser, Alínda, 85400 ☎ *22470 22749* FAX *22470 24403* ***Zimmer*** *8*

Die 1895 errichtete rosa-weiße Villa wurde zwischenzeitlich sorgfältig restauriert. Heute ist sie eine familiengeführte Pension mit traditionell ausgestatteten Zimmern. Sie finden das Gästehaus in einem blumenreichen Garten. Kein Restaurant. Wenige Schritte zum Strand. Nov–März geschlossen. **www.hotel-angelou-leros.com**

RHODOS Marco Polo Mansion €€€€

Agíou Fanouríou 40–42, Rhodos Altstadt, 85100 ☎ *22410 25562* FAX *22410 29115* ***Zimmer*** *7*

In den Doppelzimmern dieses wundervoll restaurierten osmanischen Stadthauses aus dem 16. Jahrhundert fühlt man sich in das mittelalterliche Rhodos zurückversetzt. Holzböden, bemalte Decken, prachtvolle Stoffe und ein gutes Restaurant im schattigen Innenhof. Nov–April geschlossen. **www.marcopolomansion.gr**

RHODOS Fashion Hotel Nikos Takis €€€€€

Panetiou 26, Rhodos Altstadt, 85100 ☎ *22410 70773* FAX *22410 24643* ***Zimmer*** *7*

Farbenfrohes und schickes neues Hotel in der Altstadt, unweit des Großmeisterpalasts, das zwei von Griechenlands bekanntesten Modedesignern gehört. Die Suiten haben Himmelbetten, geschnitzte, gepolsterte und seidenbezogene Holzmöbel sowie Luxusbadezimmer. Herrlicher Blick über die Altstadt. **www.nikostakishotel.com**

RHODOS Melenos Lindos €€€€€

Líndos, 85107 ☎ *22440 32222* FAX *22440 31720* ***Zimmer*** *12*

Das Melenos im Ortszentrum ist eine Oase des Stils und des Luxus. Die weißen Zimmer mit Holzmöbeln und bequemen Podestbetten haben einen ländlichen, ganz speziell für dieses Haus kreierten Stil. Üppig bepflanzte Terrassen, elegantes Dachterrassenrestaurant. Nov–April geschlossen. **www.melenoslindos.com**

RHODOS Rodos Palace €€€€€

Leofóros Triádon, Ixia, 85100 ☎ *22410 25222* FAX *22410 25350* ***Zimmer*** *785*

Das Hotel wurde in den 1960er Jahren erbaut und 2001 renoviert. Es ist das Vorzeige-Luxushotel der Insel. Zimmer und Suiten sind in einem 20-stöckigen Turm untergebracht, dessen obere Etagen eine tolle Aussicht bieten. Viele Bars und Restaurants, Innen- und Außenpools, Einrichtungen für Freizeit und Business. **www.rodos-palace.gr**

RHODOS Rodos Park Suites €€€€€

Riga Fereou 12, 85100 ☎ *22410 89100* FAX *22410 24613* ***Zimmer*** *60*

Das luxuriöseste Hotel in Rhodos' Neustadt wurde 1962 eröffnet und 2002 komplett renoviert. Eine schöne Terrassenanlage mit Pool, ein gutes Restaurant, eine stilvolle Bar sowie modern ausgestattete Zimmer mit Satelliten-TV und Internet sind Teil des exzellenten Leistungsumfangs. 24-Stunden-Zimmer-Service. **www.rodospark.gr**

SÝMI Les Catherinettes & Marina Studios €€

Harani, Sými-Stadt, 85600 ☎ *22460 71671* FAX *22460 72698* ***Zimmer*** *11*

Reizendes Herrenhaus mit Blick über den Hafen und traditioneller Taverne im Erdgeschoss. Alle Doppelzimmer haben Kühlschrank, hohe Kassettendecke, große Fenster und einen kleinen Balkon. Ein Gässchen weiter befinden sich Studios und Apartments mit Küche und Veranda. Okt–April geschlossen. **marina-epe@rho.fortnet.gr**

SÝMI Alykí €€€€

Am Wasser, Sými-Stadt, 85600 ☎ *22460 71665* FAX *22460 71655* ***Zimmer*** *15*

Ein entzückend umgebautes Haus eines Reeders direkt am Wasser. Die Zimmer erfüllen nicht ganz die Erwartungen, die die Lobby erweckt; die schönsten haben Balkon und einen hübschen Hafenblick. Über eine Leiter gelangt man von der Café-Terrasse in das saubere Hafenwasser. Ruhige Lage. Okt–April geschlossen.

TÉLENDOS On the Rocks €€

Chochlakas, Télendos, 85200 ☎ *22430 48260* FAX *22430 48261* ***Zimmer*** *3*

Drei komfortable Zimmer mit Balkon und Blick auf die Nachbarinsel Kálymnos. Das On the Rocks liegt direkt am Strand. Ein exzellentes Fischrestaurant und eine kleine Bar gehören dazu. Nur wer wirklich Frieden und Ruhe auf der Insel sucht, wird sich hier wohlfühlen. Okt–April geschlossen.

Preiskategorien *siehe S. 302* **Zeichenerklärung** *siehe hintere Umschlagklappe*

Kykladen

AMORGÓS Lakkí Village — €€€
Lakkí-Strand, Aigiáli, 84008 ☎ *22850 73506* FAX *22850 73244* **Zimmer** *67*

Zauberhaftes Dorf aus blau-weißen Terrassenhäusern mit Doppelzimmern, Suiten, Bungalows und Familienapartments. Im Garten wachsen neben vielen Blumen Bio-Gemüse für die hoteleigene Taverne. Spielplatz und nahe gelegener flacher, sauberer Sandstrand. Shuttle-Bus zum Hafen. Nov–April geschlossen. **www.lakkivillage.gr**

AMORGÓS Aegialis — €€€€
Am Hügel über Aigiáli-Dorf, 84008 ☎ *22850 73393* FAX *22850 73395* **Zimmer** *50*

Dieses Hotel, das schickste in Aigiáli, bietet durch seine Hanglage wunderschöne Ausblicke auf das Meer und die benachbarten Inseln. Ideal für einen ruhigen Urlaub, in dem man auf Sandstrände und Dorftavernen in Gehdistanz nicht verzichten möchte. Guter Ausgangspunkt für Inselerkundungen. **www.amorgos-aegialis.com**

ANDROS Eleni Mansion — €€€€
Empirikou 9, Chóra, 84500 ☎ *22820 22270* FAX *22820 22294* **Zimmer** *8*

Die ehemalige Villa eines Kapitäns aus Andros ist heute ein gemütliches Hotel mit Ein-, Zwei- und Dreibettzimmern. Die Räume sind hoch, haben Holzböden und sind dunkel möbliert. Die Zimmer im Obergeschoss gestatten schöne Ausblicke, alle haben einen Mini-Kühlschrank. Okt–April geschlossen. **www.elenimansion.gr**

ANDROS Paradise Andros — €€€€
Chóra, Andros, 84500 ☎ *22820 22187* FAX *22820 22340* **Zimmer** *44*

Dieses elegante Hotel liegt in einem eleganten klassizistischen Gebäude mit einem Interieur aus Antiquitäten, Kronleuchtern und Spiegeln. Außerhalb von Andros-Stadt, nur 700 Meter zum Strand, ist es bei betuchten Athenern sehr beliebt. Gutes Restaurant. Aufmerksamer Service. Nov–März geschlossen. **www.paradiseandros.gr**

ANTÍPAROS Lilly's — €€€
Chóra, Antíparos, 84007 ☎ *22840 61411* FAX *22840 28328* **Zimmer** *15*

Auf das winzige Antíparos flüchtet, wer dem sommerlichen Treiben auf der Nachbarinsel Páros entkommen möchte. Da passt Lilly's voll ins Konzept. Doppelzimmer, Apartments für Selbstversorger und zwei Hütten für bis zu vier Personen. Helle und luftige Zimmer im Kykladen-Stil. Kleiner Pool. Okt–April geschlossen. **www.lillyisland.com**

FOLÉGANDROS Kifines tou Aegaiou — €€€
Chóra, 84011 ☎ *22860 41274* FAX *22860 41274* **Zimmer** *4*

Drei Studios für vier und ein Terrassenapartment für fünf Personen, von Feldern umgeben, etwas abseits gelegen. Alle Unterkünfte besitzen eine Kochzeile. Auf der Terrasse wird Frühstück serviert, aber auch im 500 Meter entfernten Chóra findet man jede Menge Restaurants, Bars und Cafés. Nov–April geschlossen. **www.kifines.gr**

FOLÉGANDROS Anemomilos — €€€€€
Chóra, 84111 ☎ *22860 41309* FAX *22860 41407* **Zimmer** *17*

Die Aussicht von diesem auf einer Klippe stehenden Komplex aus Ferienhäuser-Apartments braucht den Vergleich mit jeder anderen in der Ägäis nicht zu scheuen. Jedes Studio ist mit einem traditionellen Steinpodest-Bett und einer Sitzecke ausgestattet. Kleine Bar am Pool. Nov–April geschlossen. **www.anemomilosapartments.com**

IOS Liostasi Ios — €€€€
Germanoli, Chóra, 84001 ☎ *22860 92140* FAX *22860 92680* **Zimmer** *27*

Das stilvolle, aber erschwingliche kleine Resort verfügt über einen tollen Pool mit Terrasse und Bar. Alle Zimmer haben Balkon oder Veranda mit Hafenblick. Nur einen Kilometer entfernt lockt das Nachtleben von Chóra. Kinder unter vier Jahren wohnen im Zimmer der Eltern kostenlos. Nov–April geschlossen. **www.liostasi.gr**

KÉA Brillante Zoi — €€€
Korissía, 84002 ☎ *22880 22685* FAX *22880 22687* **Zimmer** *22*

Ein attraktives kleines Hotel auf dem Weg zu einem der besseren Strände von Kéa, das gerne von Athener Wochenendurlaubern gebucht wird. Die Bäder der großen Zimmer mit Meer- oder Gebirgsblick sind bunt gefliest. In dem fünf Kilometer entfernten Dorf Ioulis findet man Bars und Tavernen. **www.hotelbrillante.gr**

KÉA Keos Katikies — €€€
Korissía, 84002 ☎ *22880 21661* FAX *22880 21659* **Zimmer** *15*

Die nach Westen gehenden Zimmer dieses winzigen freundlichen Hotels bieten wunderschöne Sonnenuntergänge. Alle Zimmer haben Veranda oder Balkon mit Blick über die Bucht. Auch von der Café-Bar, in der Frühstück und Snacks serviert werden, genießt man einen herrlichen Panoramablick. Okt–April geschlossen. **www.keos.gr**

KÝTHNOS Porto Klaras — €
Loutrá-Strand, 84006 ☎ *22810 31276* FAX *22810 31600* **Zimmer** *20*

Gepflegter kleiner Apartment-Komplex nahe dem Strand und den heißen Quellen von Kýthnos. Die Thermen werden von Rheumakranken aus ganz Griechenland besucht, weshalb die Zimmer für Rollstuhlfahrer hier meist gut zugänglich sind. Suiten, Doppel- und Einzelzimmer mit Meerblick. Nov–April geschlossen. **www.porto-klaras.gr**

KÝTHNOS Kalypso €€

Loutrá, 84006 ☎ *22810 31418* FAX *22810 31163* **Zimmer** *12*

Über dem für seinen schönen Strand und die heißen Quellen bekannten Dorf Loutrá bietet das Kalypso zwölf Zimmer, einige davon mit Grundausstattung zur Selbstversorgung (Zwei-Platten-Herd und Kühlschrank). Die Gebäude sind im traditionellen blau-weißen Kykladen-Stil gestaltet. Tavernen und Cafés im Ort. Okt–April geschlossen.

MÍLOS Aeolis Hotel €

Provatas, 84801 ☎ *22870 23985* **Zimmer** *12*

Eine Ansammlung neu erbauter Apartments im ländlichen Kykladen-Stil mit Holzbalkonen, kalkgetünchten Terrassen sowie Blick auf Dorf und Meer. Es gibt Einzel-, Doppel- und Familienapartments, jedes mit einer voll ausgestatteten Küchenzeile. Der Strand von Lagada ist 100 Meter entfernt. Okt–April geschlossen.

MÍLOS Alba €€

Adámas, 84801 ☎ *22870 23239* FAX *22870 23239* **Zimmer** *5*

Die Studios des Alba sind winzig, aber bezahlbar sowie freundlich und stilvoll. Die Zimmer besitzen geflieste Böden, Queen-Size-Betten, schöne Bäder und voll ausgestattete Mini-Küchen. Jedes hat eine private Terrasse, von der man eine weite Sicht über die Bucht genießt. Sehr gutes Preis-Leistungs-Verhältnis. Okt–April geschlossen.

MÍLOS Popi's Windmill €€€

Nahe dem Hauptplatz, Trypití, 84801 ☎ *22870 22286* FAX *22870 22396* **Zimmer** *8*

Popi's Windmill, der Name verrät es, ist eine umgebaute Windmühle, in der bis zu fünf Leute in drei Etagen schlafen können. Es gibt eine Veranda mit Hafenblick. Separates Wohn- und Esszimmer sowie eine Küche, Gemeinschafts-WC mit Dusche (kein Bad). Das Zimmermädchen kommt zweimal die Woche. Sep–Januar geschlossen.

MÝKONOS Pension Matina €€€€

Chóra, 84600 ☎ *22890 23049* FAX *22890 26423* **Zimmer** *40*

Am Stadtrand von Mýkonos steht dieser kleine Hotelkomplex, der über alle modernen Annehmlichkeiten verfügt. Die Zimmer haben Klimaanlage und Balkon, der Pool lädt zum Abkühlen ein. Die Restaurants und Läden von Chóra lassen sich zu Fuß leicht erreichen. Okt–April geschlossen. **www.pension-matina.gr**

MÝKONOS Rohari €€€€

Rohari, Chóra, 84600 ☎ *22890 23107* FAX *22890 24307* **Zimmer** *60*

Das mittelgroße Hotel am Stadtrand von Mýkonos hat helle luftige Räume, die schöne Ausblicke über die Dächer gewähren. Relativ ruhig, dennoch hört man ein wenig den Autoverkehr auf der Hauptstraße sowie den Fährbetrieb vom einen Kilometer entfernten Hafen. Nov–März geschlossen.

MÝKONOS Semeli €€€€

Rohari, Chóra, 84600 ☎ *22890 27466* FAX *22890 27467* **Zimmer** *62*

Sehr attraktives Hotel mit der Atmosphäre eines Herrenhauses. Die Zimmer und Gemeinschaftsflächen sind luftig, hell und in Grün- bzw. Weißtönen gehalten. Himmelbetten in manchen Räumen. Großer Pool im ummauerten Hof voller Topfpflanzen und -blumen. Zum Strand sind es 500 Meter. Okt–April geschlossen.

MÝKONOS Villa Konstantin €€€€

Agios Vassílios, Chóra, 84600 ☎ *22890 26204* FAX *22890 26205* **Zimmer** *14*

Von Villa Konstantin mit ihren gepflasterten Wegen und dem mit Geranien und Jasmin bepflanzten Hof kann man über Mýkonos' Dächer schauen. Man wählt zwischen Apartments, Doppel- oder Dreibettzimmern und versorgt sich selbst. Alle Einheiten haben Kühlschrank und Kochplatte. Okt–März geschlossen. **www.villakonstantin.com**

MÝKONOS Zorzis €€€€

Kalogeras, Chóra, 84600 ☎ *22890 22167* FAX *22890 24169* **Zimmer** *10*

Ein reizendes Hotel mit individuellem Charme. Obwohl es mitten in Mýkonos-Stadt in der Fußgängerzone liegt, es es ruhig. Die Zimmer haben WC und luxuriöse (Hochdruck-)Duschen, Louis-XV-Betten sowie Deckenbalken und Ventilatoren. Zwei kleine Terrassen. **www.zorzishotel.com**

MÝKONOS Belvedere €€€€€

Skoli Kalon Technon, Rohari, Chóra, 84801 ☎ *22890 25122* FAX *22890 25126* **Zimmer** *50*

Angenehmes Boutique-Hotel mit freundlichem, professionellem Service. Die Zimmer befinden sich in einem gekalkten Gebäude mit grünen Fensterläden. Nach vorne hinaus schaut man auf Mýkonos und das Meer. Gutes Restaurant, nette Bar, moderne Ausstattung, zum Beispiel Satelliten-TV. Relativ ruhig in der Nacht. **www.belvedere.com**

MÝKONOS Cavo Tagoo €€€€€

Thesi Tagkou, Mýkonos, 84600 ☎ *22890 23692* FAX *22890 24923* **Zimmer** *80*

Auf einem Hügel ca. zwei Kilometer vom Zentrum von Mýkonos entfernt kann man im Cavo Tagoo die Ruhe genießen. Dennoch gelangt man schnell zu Läden, Restaurants und dem Nachtleben der Stadt. Das Haus ist im Landhausstil errichtet. Eukalyptusbäume spenden Schatten. Nov–März geschlossen. **www.cavotagoo.gr**

MÝKONOS Mýkonos Grand €€€€€

Agios Ioánnis, 84600 ☎ *22890 25555* FAX *22890 25111* **Zimmer** *107*

Eins der besten Hotels von Mýkonos. Das Mýkonos Grand thront über der Bucht von Agios Ioánnis. Das zweigeschossige, weiß gekalkte Gebäude steht inmitten von bepflanzten Terrakotta-Töpfen und blühenden Sträuchern. Helle, luftige Zimmer. Exzellenter Service und gutes Essen. Nov–März geschlossen. **www.mykonosgrand.gr**

Preiskategorien *siehe S. 302* **Zeichenerklärung** *siehe hintere Umschlagklappe*

MÝKONOS Mykonos Theoxenia €€€€€

Chóra, 84600 ☎ *22890 22230* FAX *22890 23800* ***Zimmer*** *52*

Stylisches und farbenfrohes Hotel, das von der Louis-Gruppe betrieben wird. Designer-Zimmer mit Luxusbädern und Balkonen, die über den Riesenpool oder die Bucht blicken. Fünf Gehminuten vom Zentrum entfernt. Exzellenter Service, gutes Essen und angenehme Atmosphäre. Nov–März geschlossen. **www.mykonostheoxenia.com**

MÝKONOS Princess of Mýkonos €€€€€

Agios Stéfanos, 84600 ☎ *22890 24713* FAX *22890 23031* ***Zimmer*** *38*

Die Lage an einem der exklusivsten Strände der Insel ist wahrhaft royal. Vier Kilometer von Mýkonos entfernt steht dieses schicke Hotel. Die wenigen Zimmer gestatten einen persönlichen, aufmerksamen Service. Der Pool fällt eher klein aus – aber zum Meer ist es nicht weit. Nov–März geschlossen. **www.princessofmykonos.gr**

NÁXOS Castro €€

Kástro, Chóra, 84300 ☎ *22850 25201* FAX *22850 25200* ***Zimmer*** *2*

Buchen Sie weit im Voraus, wenn Sie in einem der beiden Apartments dieses kalkgetünchten alten Gebäudes innerhalb der Befestigungsmauern einer alten venezianischen Stadt übernachten möchten. Basiseinrichtung für Selbstversorger. Antik möbliert. Gemeinschaftsterrasse mit Blick über die Dächer der Altstadt. Nov–April geschlossen.

NÁXOS Chateau Zevgoli €€€

Bourgos, Chóra, 84300 ☎ *22850 25201* FAX *22850 25200* ***Zimmer*** *9*

Atmosphärische, weiß gekalkte Zimmer in einem alten Inselhaus. Im winzigen Innenhof duften die Blumen, die Räume sind klein und bequem mit Antiquitäten eingerichtet – gestreifte Läufer und alte Holzbetten inklusive. Von der Dachterrasse schaut man über den Hafen. Nov–März geschlossen.

NÁXOS Grotta €€€

Náxos-Stadt, 84300 ☎ *22850 22101* FAX *22850 22000* ***Zimmer*** *40*

Wunderschön, nördlich vom venezianischen Kástro ist dieses Hotel gelegen, das im selben Stil wie die mittelalterliche Burg gebaut wurde. Die Zimmer sind neutral dekoriert, die Betten klassisch mit gestreifter Wäsche bezogen. Zur Ausstattung gehören Satelliten-TV und Kühlschränk. Schöne Aussicht. **www.hotelgrotta.gr**

NÁXOS Kavos €€€€

Agios Prokopios, 84300 ☎ *22850 23355* FAX *22850 26031* ***Zimmer*** *19*

An einem der besten Strände der Ägäis finden Sie das Kavos, eine Anlage bestehend aus sehr guten Studios, Apartments und Suiten für Selbstversorger. Die Zimmer mit bemalten Möbeln und Betten auf Emporen liegen in weißen Hütten, die von kräftigem Grün umgeben sind. Nov–März geschlossen. **www.kavos-naxos.com**

PÁROS Dina €€

Haupteinkaufsstraße, Paroikiá, 84400 ☎ *22840 21325* FAX *22840 23525* ***Zimmer*** *8*

Ein kleines, freundliches Etablissement mitten im geschäftigen Zentrum von Paroikiá. Die Zimmer zieren schmiedeeiserne Balkone; manche blicken über die Dächer des Dorfes, manche zur Kirche von Agía Triáda. Erschwinglicher Komfort in einfachen sauberen Räumen mit Kühlschrank. Nov–April geschlossen. **www.hoteldina.com**

PÁROS Anthippi €€€

Paroikiá, 84400 ☎ *22840 21601* FAX *22840 21601* ***Zimmer*** *9*

Dieses hübsche Gästehaus kann man als echtes Schnäppchen bezeichnen. Die Zimmer sind mit Strandläufer-Utensilien dekoriert – Muscheln, Treibholz, Bootsmodelle – und haben bemalte Wände und Deckenbalken. Viel Grün auf der Gartenterrasse und eine kleine Bar neben dem Pool. Okt–April geschlossen. **www.anthippi.com**

PÁROS Heaven Naoussa €€€€

Náousa, 84401 ☎ *22840 51549* FAX *22840 51575* ***Zimmer*** *9 (5 Suiten, 4 Zimmer)*

Unweit des Zentrums von Náousa werden hier Zimmer in traditionellen weißen Steinhütten vermietet. Diese sind hell, luftig, schön ausgestattet und möbliert. Neben einem Pool gibt es auch noch zwei Selbstversorger-Apartments. Läden und Restaurants findet man ganz in der Nähe. Sep–Mai geschlossen. **www.heaven-naoussa.gr**

PÁROS Petres €€€€

Agios Andréas, Náousa, 84401 ☎ *22840 52467* FAX *22840 52759* ***Zimmer*** *16*

Die Zimmer hier haben hohe Decken mit Holzbalken, weiß getünchte Wände, Messingbetten und antike Garderoben. Die vorderen Zimmer gehen zur Bucht hinaus, die anderen zum Garten oder Pool. Snack-Bar, Tennisplatz und Fitnessraum. Der Strand ist wenige Schritte entfernt. Okt–April geschlossen. **www.petres.gr**

PÁROS Astir of Páros €€€€€

Kolympíthres, 84400 ☎ *22840 51976* FAX *22840 51985* ***Zimmer*** *57*

Luxus wird in diesem dorfartigen Resort neben einem der besten Strände von Páros großgeschrieben. Die Anlage liegt in üppigem Grün, zwischen Bougainvillea und Palmen. Es gibt einen Kinderpool, eine Sauna, Tennisplätze, Bars und Restaurants sowie einen Shuttle-Bus nach Paroikiá. Nov–April geschlossen. **www.astirofparos.gr**

PÁROS Lefkes Village €€€€€

Léfkes, 84400 ☎ *22840 41827* FAX *22840 42398* ***Zimmer*** *20*

Die Lage in den Hügeln von Páros ist toll – dafür liegt der Strand weiter weg. Das wird durch den herrlichen Pool und die Sicht kompensiert. Neoklassische Villen mit großen Zimmern. Jede hat einen Balkon und ein Himmelbett. Gärten umgeben die Häuser. Kleines skurriles Inselmuseum. Okt–April geschlossen. **www.lefkesvillage.gr**

SANTORÍNI Keti €€€

Thira, 84700 22860 22324 FAX 22860 22380 **Zimmer** 7

Direkt neben den steilen Treppen, die von Thíra-Stadt hinunter zum Hafen führen, liegt das preiswerte Boutique-Hotel Keti mit seinem sensationellen Blick auf den Krater. Die weiß gestrichenen Zimmer haben Gewölbedecken, Marmorbäder und sind einfach eingerichtet. Okt–April geschlossen. **www.hotelketi.gr**

SANTORÍNI Chelidonia €€€€

Oía, 84702 22860 71287 FAX 22860 71649 **Zimmer** 18

Acht sogenannte »Höhlen-Häuser«, die seit Beginn der frühen 1980er Jahre von den Besitzern Schritt für Schritt sorgfältig und aufwendig renoviert wurden. Im jedem der schönen Häuser kommen jeweils vier Personen unter. Die Aussicht des Hotels kann sich mit jeder im übrigen Oía locker messen. **www.chelidonia.com**

SANTORÍNI Katikies €€€€

Oía, Santoríni, 84700 22860 71401 FAX 22860 71129 **Zimmer** 27

Die atemraubende Aussicht vom Pool macht dieses Haus zum besten Hotel von Santoríni. Die elegant ausgestatteten, traditionell gehaltenen »Höhlen-Zimmer« sind weiß getüncht und haben alle Privatterrasse, manche sogar einen Whirlpool. Sehr gutes Restaurant und aufmerksamer Service. Nov–April geschlossen. **www.katikies.com**

SANTORÍNI Artemis Villas €€€€€

Imerovígli, 84700 22860 22712 FAX 22860 23638 **Zimmer** 10

Freundlicher, erschwinglicher Komplex bei den *skaftes* (»Höhlen-Häusern«) von Santoríni am Rand der berühmten Caldera mit ihrem sensationellen Blick auf den Krater und seine Inseln. Die Zimmer sind weiß gekalkt und haben einen eigenen Balkon. Die Einrichtung ist eine Mischung aus antik und modern. **www.artemisvillas.gr**

SANTORÍNI Chromata €€€€€

Imerovígli, 84700 22860 24850 FAX 22860 23728 **Zimmer** 26

Entzückende farbenfrohe Zimmer, in Rosa oder Türkis gehalten, mit imitierten Zebra- und Leopardenstoffen dekoriert. Eine Plexiglasplattform umspannt den Pool, ein Tisch kann hier für ein Dinner bei Kerzenschein aufgestellt werden. Die zweigeteilten Zimmer haben kleine Terrassen. Nov–März geschlossen. **www.chromata-santorini.com**

SANTORÍNI Esperas €€€€€

Oía, 84702 22860 71088 FAX 22860 71613 **Zimmer** 20

Die Aussicht auf den Sonnenuntergang ist von hier einmalig. Die Anlage besteht aus Studios, Suiten und Villen, die alle über Bäder verfügen. Einige Gästezimmer sind in den Berg hineingebaut. Jede Einheit hat einen Kühlschrank und eine kleine Küche. Toller Pool mit schattigen Grotten. Nov–März geschlossen. **www.esperas.gr**

SANTORÍNI Notos Therme & Spa €€€€€

Vlycháda, 84703 22860 81115 FAX 22860 81266 **Zimmer** 28

Tolle Hügellage mit Blick über Santoríni und seinen mächtigen Krater. Die Zimmer wirken gleichzeitig luxuriös und einfach, man hat die Wahl zwischen Doppel- oder Einzelzimmern, Junior- oder Senior-Suiten. Herrliche Poolbar und ausgezeichnete Gesundheits- bzw. Schönheitsanwendungen. Okt–Mai geschlossen. **www.snotos.com**

SANTORÍNI Perivolas €€€€€

Oía, 84702 22860 71308 FAX 22860 71309 **Zimmer** 20

Dieses Boutique-Hotel hat maßgeblich dazu beigetragen, dass Oía so »in« ist. Sein Design ist ebenso wie der Service vom Feinsten. Manche Zimmer haben private Whirlpools oder Tauchbecken, zudem gibt es einen Riesenpool mit Blick auf die Caldera. Gourmet-Restaurant. Nov–März geschlossen. **www.perivolas.gr**

SANTORÍNI Sun Rocks €€€€€

Firostefani, 84700 22860 23241 FAX 22860 23991 **Zimmer** 17

Verliebte Paare machen hier Station. Sun Rocks ist eine der schicksten Anlagen auf Santoríni. Weiße Gewölbezimmer mit Himmelbetten. Es gibt einen Pool mit Aussicht nebst bequemer Bar. Zwei Spitzen-Restaurants und ebensolcher Service. Zum Parkplatz kommt man über 150 steile Stufen. Nov–März geschlossen. **www.sunrocks.gr**

SANTORÍNI Zannos Melathron €€€€€

Pýrgos, 84700 22860 28220 FAX 22860 28229 **Zimmer** 19

Prächtiges Hotel in einem Haus aus dem 19. Jahrhundert. (Original-)Wandgemälde und bemalte Decken. Das Haus mit den von Weinbergen umgebenen Terrassen steht im Dorf Pýrgos. Große Zimmer und Suiten. Kaviar steht auf der Karte, in der Bar gibt es feine Zigarren und Weine. Nov–April geschlossen. **www.zannos.gr**

SÍFNOS Noble Apartments €

Kástro, Sífnos, 84003 62589 6953 FAX 13105 455140 **Zimmer** 1

Eine für Sífnos typische Herberge, in der bis zu drei Personen unterkommen. Weiß gekalkte Wände, Möbel aus Olivenholz, gestreifte Inselstoffe und eine gut ausgerüstete Küche. Nur wochenweise zu mieten. Authentische Atmosphäre bei gutem Preis-Leistungs-Verhältnis. Rechtzeitige Reservierung empfohlen. **www.nobleapartments.com**

SÍFNOS Aperanto €€

Fáros, Sífnos, 84003 22840 71473 FAX 22840 71473 **Zimmer** 9

Exzellentes und erschwingliches Gästehaus in guter Lage in einem reizenden Dorf. Die Zimmer sind schön eingerichtet, mit Inselkeramiken und ein paar antiken Möbeln sowie Eisen- oder Podestbetten bestückt. Der friedliche Ort besitzt einige Tavernen. Wenige Schritte zum Strand von Apokoftos. Okt–April geschlossen.

Preiskategorien *siehe S. 302* **Zeichenerklärung** *siehe hintere Umschlagklappe*

SÍFNOS Petali Village
€€€

Ano Petali, Apollonía, 84003 ☎ *22840 33024* FAX *22840 33391* ***Zimmer*** *23*

Die auffallend moderne Anlage am Ortsrand von Apollonía verbirgt sich hinter traditioneller Dorfstil-Architektur. Die Zimmer in einfachen, weiß gekalkten Hütten besitzen Luxusbäder sowie funktionale neutrale Möbel. Satelliten-TV und gemütliches Terrassenrestaurant. Zum Strand ist es ein Stück. **www.hotelpetali.gr**

SÝROS Apollonos
€€€€

Apóllonos 8, Ermoúpoli, 84100 ☎ *22810 81387* FAX *22810 83082* ***Zimmer*** *3*

Ausgesprochen elegant wohnt man in der wunderschönen Sýros-Villa mit schmiedeeisernen Balkonen und mit Blick auf den Hafen. Bemalte Decken, glitzernde Lüster, polierte Holzböden und Antiquitäten wecken Erinnerungen an das reiche Ermoúpoli des 19. Jahrhunderts. Reservieren Sie unbedingt rechtzeitig! **stathopoulosg@syr.forthnet.gr**

TÍNOS Voreades
€€

Foskolou 7, Chóra, 84200 ☎ *22830 23845* ***Zimmer*** *12*

Gekalkte Wände, gewölbte Eingänge, gemustertes Mauerwerk und geflieste Fußböden – dieses Gästehaus ist »typisch« Tínos. Man wählt zwischen Einzel- und Doppelzimmern sowie einer Suite mit zwei Schlafzimmern. Alle Räume haben Kühlschrank und Balkon. Kleine Café-Bar. Nov–Februar geschlossen. **www.voreades.gr**

TÍNOS Carlo
€€€

Agios Ioánnis, 84200 ☎ *22830 24159* FAX *22830 24169* ***Zimmer*** *24*

Der attraktive kleine Bungalow-Komplex in schöner Hügellage ist im traditionellen Kykladen-Stil gehalten. Die Zimmer sind modern ausgestattet und verfügen über einen Kühlschrank nebst Balkon mit Ausblick. Breitband-Internet-Zugang, Shuttle-Bus zum Inselhafen. Nov–März geschlossen. **www.carlobungalows.com**

KRETA

AGÍA ROUMÉLI Tara-Calypso
€

Agía Rouméli, 73011 ☎ *28250 91231* FAX *28250 91431* ***Zimmer*** *30*

Die meisten Leute lassen Agía Rouméli links liegen, nachdem sie die Samariá-Schlucht durchwandert haben. Für diejenigen, die dennoch hier kurz verweilen wollen, ist dieses Hotel eine echte Option. Die einfachen Zimmer sind sauber und unweit des Strandes. Kein eigenes Restaurant, aber viele Tavernen im Dorf. Nov–März geschlossen.

AGIOS NIKÓLAOS Minos Beach Art 'Otel
€€€€€

Ammoudí, 72100 ☎ *28410 22345* FAX *28410 22548* ***Zimmer*** *180*

Ein mittelgroßer Zimmer- und Bungalowkomplex am Rand von Agios Nikólaos. Gästen stehen ein großer Pool, ein halbprivater Strand und eine Gartenanlage mit eigens angefertigten Skulpturen zur Verfügung. Toller Blick auf den Golf von Mirabéllou. Die Suiten am Meer haben einen eigenen Pool. Gutes Restaurant. Nov–März geschlossen.

AGIOS NIKÓLAOS St Nicolas Bay
€€€€€

Agios Nikólaos, 72100 ☎ *28410 25041* FAX *28410 24556* ***Zimmer*** *108*

Der einladende Bungalow- und Luxus-Suiten-Komplex liegt außerhalb von Agios Nikólaos wunderschön am Meer. Landschaftsgärten mit Zitrus- und Olivenbäumen bestimmen das Gelände, zu dem auch ein Privatstrand gehört. Wassersportmöglichkeiten. Acht Restaurants und Bars. Nov–März geschlossen. **www.stnicolasbay.com**

ARCHÁNES Villa Arhanes
€€€€

Ano Archánes, 70100 ☎ *28103 90770* FAX *28103 90778* ***Zimmer*** *9 in 6 Apartments*

Das Bauernhaus aus dem 19. Jahrhundert bietet Halbpension oder Unterkunft mit Frühstück. Die Zimmer sind gemütlich und traditionell mit Antiquitäten eingerichtet. Es gibt einen Gemeinschaftspool mit Blick über die Weinberge. Das Haus wird höchst professionell geführt. Abstecher nach Knosós und Iráklio sind möglich.

CHANIÁ Nostos
€€€

Zamnbeliou 42–46, 73113 ☎ *28210 94743* FAX *28210 94740* ***Zimmer*** *12*

Das charmante, fröhlich angestrichene Hotel liegt in einer verkehrsberuhigten Zone der Altstadt von Chaniá. Von der beschatteten Dachterrasse hat man einen erstklassigen Blick aufs Meer sowie die Weißen Berge. In den Studio-Zimmern mit Balkon schläft man in Stockbetten. Unweit des Hafen gelegen. **www.nostos-hotel.com**

CHANIÁ Palazzo di Pietro
€€€

Agion Déka 13, 73100 ☎ *28210 20410* FAX *28210 58338* ***Zimmer*** *7*

Ein 800 Jahre altes Stadthaus in Chaniás ursprünglichster und zudem verkehrsfreien Straße. Die hübschen Studios und Apartments verfügen über Mini-Küche, Kamin, Himmelbett und Designer-Bad. Auf eine schöne Aussicht allerdings muss man hier verzichten, dafür hat man auch keinen Lärm wie im Hafen. **www.palazzodipietro.com**

CHANIÁ Pandora Suites
€€€

Lithinon 27–29, 73132 ☎ *28210 43588* FAX *28210 57864* ***Zimmer*** *12*

Acht Doppel- und Einzelbettzimmer sowie vier Apartments kleben am Hang hoch über dem Hafen von Chaniá. Sie bieten eine herrliche Sicht auf die Weißen Berge. Dachterrasse, schöner Innenhof mit tropischen Pflanzen, aufmerksames Personal. Unweit der Cafés und Restaurants am Hafen. Nov–März geschlossen. **www.pandorahotel.gr**

CHANIÁ Amfora €€€€

Parodos Theotokopoulou 20, 73131 ☎ *28210 93224* FAX *28210 93226* ***Zimmer*** *21*

Diese venezianische Villa des 13. Jahrhunderts bietet geschmackvolle Zimmer und eine schöne Dachterrasse mit Blick auf Chaniás pittoresken Hafen. Das Haus liegt im Herzen der Altstadt in einer verkehrsarmen Straße und nur ein paar Schritte vom Wasser entfernt. In der Nähe gibt es viele Restaurants, Läden und Bars.

CHANIÁ Villa Andromeda €€€€

Venizelou 150, 73133 ☎ *28210 28300* FAX *28210 28303* ***Zimmer*** *8*

Das Gebäude diente einst als deutsches Konsulat und strahlt den Charme des 19. Jahrhunderts aus. Die acht schörkellos eingerichteten Studios stehen im Kontrast zu den Salons mit seinem gelben Stuck. Die Villa mit Pool und Terrasse ist zwei Kilometer vom Hafen entfernt. Nov–März geschlossen. **www.villandromeda.gr**

CHANIÁ Casa Delfino €€€€€

Theofanou 9, 73100 ☎ *28210 87400* FAX *28210 96500* ***Zimmer*** *22*

Eines der luxuriösesten Boutique-Hotels auf Kreta bietet in einer einstmals hochherrschaftlichen Villa wunderbar gestaltete und ausgestattete Zimmer und Suiten, die um einen Innenhof mit Springbrunnen gruppiert sind. Der Stolz des Hauses sind die polierten Marmorböden. Wahrhaft edel ist das Frühstücksbüfett. **www.casadelfino.com**

CHANIÁ Metohi Kindelis €€€€€

Perivólia, Chaniá, 73100 ☎ *28210 41321* FAX *28210 43930* ***Zimmer*** *3 Apartments*

Jedes der drei in einem großen venezianischen Bauernhaus gelegenen Apartments hat seinen eigenen Pool. Die Räume verfügen zudem über Marmorböden und über einen offenen Kamin für kühlere Abende. Die Küchen sind voll ausgestattet, die Bäder luxuriös. Darüber hinaus gibt es Satelliten-TV und DVD-Spieler. **www.metohi-kindelis.gr**

CHANIÁ La Perle Resort Hotel und Health Spa Marine €€€€€

Stavrós, Akoritíri, 73100 ☎ *28210 39400* FAX *28210 39650* ***Zimmer*** *126*

2002 öffnete das Resort seine Pforten. Geboten wird eine breite Palette an Wellness- und Schönheitsprogrammen sowie zahlreiche Einrichtungen für Kinder. Die Zimmer und Suiten sind makellos. Bar, Restaurant, beheizter Innen- und Außenpool. Vier Kilometer zum Strand von Stavrós. Mitte Okt–März geschlossen. **www.perle-spa.com**

CHERSÓNISOS Creta Maris €€€€

Chersónisos, 70014 ☎ *28970 27000* FAX *28970 22130* ***Zimmer*** *180*

Eins der alteingesessenen Luxusresorts der Gegend mit komfortablen Bungalows in gepflegten Gärten. Die Einrichtungen und der Service sind exzellent. Gute Auswahl an Bars, Restaurants und Unterhaltungsangeboten, darunter Freilufttheater und -kino. Ideal für Familien mit Kindern. Nov–März geschlossen. **www.maris.gr**

CHERSÓNISOS Galaxy Villas €€€€

Agiou Konstantínou, Koutouloufari, 70014 ☎ *28970 22910* FAX *28102 11211* ***Zimmer*** *53*

Das Flachbau-Resort besteht aus Apartments im traditionellen Stil mit naturbelassenen Materialien. Rasen und Palmen umgeben den Komplex, der einen Kilometer von Chersónisos entfernt liegt. Jede Unterkunft hat Veranda oder Patio. Kinderspielplatz, Billard und TV-Zimmer. Nov–März geschlossen. **www.galaxy-villas.com.gr**

ELOÚNTA Eloúnda Island Villas €€

Kolokytha, 72053 ☎ *28410 41274* FAX *28410 41276* ***Zimmer*** *30 in 10 Apartments*

Moderne Terrassenapartments mit Basis-Einrichtungen für Selbstversorger. Die Anlage steht auf einer Insel, die via Brücke mit dem Festland von Eloúnta verbunden ist. Traumhafter Blick aufs Meer und eine fast privater Mini-Strand. Tennisplatz. Bars und Tavernen fünf Gehminuten entfernt. Nov–März geschlossen. **www.eloundaisland.gr**

ELOÚNTA Eloúnda Beach Hotel €€€€€

Eloúnta, 72053 ☎ *28410 63000* FAX *28410 41373* ***Zimmer*** *258*

Die »Grande Dame« der griechischen Resorts. Das Eloúnda Beach bietet luxuriöse Villen – manche mit Privatpool –, die auf einer schönen Landzunge mit Privatstrand zu finden sind. Tolle Wassersportmöglichkeiten, hervorragende Küche und aufmerksamer Service. Nov–März geschlossen. **www.eloundamare.gr**

ELOÚNTA Eloúnda Mare Hotel €€€€€

Eloúnta, 72053 ☎ *28410 41102* FAX *28410 41307* ***Zimmer*** *215 Suiten und Villen*

Eines der luxuriösesten Resort-Hotels Griechenlands. Die Suiten und Villen stehen auf üppig grünem Gelände. Zur Anlage gehören mehrere Bars und Restaurants, geboten werden Wassersportmöglichkeiten sowie im Zimmer Satelliten-TV und DVD-Player. Golfplatz in der Nähe. Exzellenter Service. Nov–März geschlossen. **www.eloundabeach.gr**

IERÁPETRA Eden Rock €€€

Agía Fotiá, 72200 ☎ *28420 61723* FAX *28420 61734* ***Zimmer*** *100*

Sehr bequemes Mittelklasse-Hotel an einem schönen Strand nahe dem Dorf Galíni, 15 Kilometer westlich der Stadt Ierápetra. Man hat die Wahl zwischen Zimmern mit Balkon, Selbstversorger-Studios und -Apartments sowie einer herrlichen Villa. Die Zimmer haben Satelliten-TV. Zum Meer sind es nur ein paar Schritte. **www.edenrock.gr**

IRÁKLIO Lato Hotel €€€€

Epimenidou 15, 71202 ☎ *28102 28103* FAX *28103 34955* ***Zimmer*** *58*

Obwohl bequem, galt das mitten in der Altstadt gelegene Lato früher als nichts Besonderes. Nun hat es als erstes Boutique-Hotel von Iráklio neu eröffnet. Die Zimmer sind chic, haben Balkon, Terrasse oder Mini-Glashaus, Satelliten-TV und Internet-Zugang. Obendrein im Angebot: Dachgarten, kleiner Fitnessraum und Sauna. **www.lato.gr**

Preiskategorien *siehe S. 302* **Zeichenerklärung** *siehe hintere Umschlagklappe*

IRÁKLIO Out of the Blue Capsis Elite Resort €€€€€

Agía Pelagía, 71000 28108 11112 FAX 28018 11314 *Zimmer 4*

Der riesige, abgeschlossene Luxuskomplex nimmt eine Landzunge ein. Er vereint zwei Hotels und ein Konferenzzentrum. Das Wassersportangebot ist umfangreich, obendrein gibt es auch noch einen eigenen Zoo. Die Auswahl an Zimmern ist vielfältig, die großen Suiten haben eigenen Pool und Butlerservice. Privatstrand. **www.capsis.gr**

IRÁKLIO Villa Helidona €€€€€

Episkopí, 70008 69726 23671 *Zimmer 4*

Die Villen mit Pool können wochenweise gemietet werden. Villa Helidona finden Sie am Rand eines kleinen Marktstädtchens inmitten von Feldern und Weingärten nahe Kretas Hauptstadt. Großer Pool und bestens eingerichtete Küche. Läden und Restaurants in der Nähe. Nov–März geschlossen. **www.villahelidona.com**

KASTÉLLI KISSÁMOU Mirtilos €€

Kastélli, 73400 28220 23079 FAX 28220 23079 *Zimmer 35*

Bequem, wenn auch ein wenig fade ist dieses Hotel, das Selbstversorgern schöne Zimmer in Suiten und Apartments offeriert. Die Räume haben Satelliten-TV, Balkon oder Veranda mit Aussicht. Der ausladende Pool ist von Rasen und Palmen umgeben. Internet-Zugang vorhanden. Nov–März geschlossen. **www.mirtilos.com**

LASÍTHI Zeus's House €€€€

Agios Konstantínos, 72052 28102 22218 FAX 28102 288240 *Zimmer 2*

Mitten auf dem Plateau von Lasíthi vermietet man im Zeus's House Apartmentzimmer in einem herrlich renovierten traditionellen Haus mit gekachelten Böden und steinernen Bogen. Die Zimmer für vier Personen sind mit regionalen Antiquitäten bestückt. Guter Pool in riesigem grünem Garten. Nov–März geschlossen. **www.cretanvillas.gr**

LOUTRÓ Hotel Porto Loutró €

Loutró, 73011 28250 91433 FAX 28250 91091 *Zimmer 45*

Das Hotel Porto Loutró liegt im Herzen eines winzigen Dorfs und ist nur per Boot erreichbar. Die Zimmer sind geradezu elegant einfach und sehr bequem. Alle verfügen über Terrasse oder Balkon. Eine perfekte Basis, um die Weißen Berge zu erforschen. Nov–März geschlossen. **www.hotelportoloutro.com**

LOUTRÓ The Blue House €

Loutró, 73011 28250 91337 FAX 28250 91127 *Zimmer 15*

Wer in Loutró preiswert unterkommen möchte, liegt mit diesem hübsch dekorierten, bescheidenen Gästehaus richtig. Es hat eine eigene Taverne und eine Bar, die meisten Zimmer blicken auf die Bucht und die Weißen Berge. Auch sehr praktisch, wenn man nur einmal übernachten will. Nov–März geschlossen.

MAKRÝGIALOS Aspros Potamos €

Aspros Potamós, 72055 28430 51694 FAX 28430 52292 *Zimmer 17*

Einfache solarbetriebene Hütten, etwas landeinwärts vom Makrýgialos' Strand in der malerischen Schlucht von Aspros Potamós gelegen. Die Küchen sind mit dem Nötigsten ausgestattet, es gibt aber auch jede Menge Restaurants und Tavernen in der Nähe. Ein perfekter Ort für einen ruhigen Urlaub. **www.asprospotamos.com**

MAKRÝGIALOS White River Cottages €€€

Aspros Potamós, 72055 28430 51120 FAX 28430 51120 *Zimmer 17*

15 Minuten zu Fuß vom Strand und den Lokalen von Makrýgialos entfernt liegt inmitten von Olivenbäumen, Pinien und Felsen dieses Dorf aus Steinhäusern, die um einen kleinen Pool gruppiert sind. Die Unterbringung mit Möglichkeit zur Selbstverpflegung ist einfach, stilvoll und ruhig. Nov–März geschlossen. **wriver@otenet.gr**

MÁLIA Malia Studios €€

Stalída-Küstenstraße, 70007 28970 31655 FAX 28102 13378 *Zimmer 9*

In dem kleinen komfortablen Hotel verfügen alle Studios, Einbett- und Terrassenapartments über Küchenzeilen. Mália mit seinen Vergnügungs- und Wassersportangeboten ist gut erreichbar. Zum Strand sind es nur 150 Meter. Hoteleigene Snack-Bar und kleiner Supermarkt in der Nähe. Nov–März geschlossen. **www.malistudioshotel.com**

PALAIÓCHORA Hotel Rea €€

Antoníou Peraki, 73001 28230 41307 FAX 28230 41605 *Zimmer 14*

Kleines freundliches, von einer Familie betriebenes Hotel mitten in dem friedlichen Ort Palaióchora. Zum langen Sandstrand ist es ein Spaziergang von fünf Minuten. Frühstück und Erfrischungsgetränke werden auf der schattigen, üppig bepflanzten Terrasse serviert. Ein unprätentiöses, preisgünstiges Plätzchen. Nov–März geschlossen.

RÉTHYMNO Mythos Suites Hotel €€€

Plateía Karáoli 12, 74100 28310 53917 FAX 28310 51036 *Zimmer 15*

Diese Oase der Ruhe, versteckt in einer stillen Gasse, sucht in Réthymno ihresgleichen. Die sympathischen Eigentümer haben mehrere alte Gebäude in ein reizendes Hotel mit stylischen Zimmern umgewandelt. Kleiner erfrischender Pool und hübscher Hof. Mitte Nov–Mitte März geschlossen. **www.mythos-crete.gr**

RÉTHYMNO Palazzino di Corina €€€€

Dambergi 7–9, 74100 28310 21205 FAX 28310 21204 *Zimmer 21*

Eine erst jüngst erfolgte, exzellente Bereicherung der Hotelszene von Réthymno. Im umgebauten venezianischen Gebäude finden sich stilvolle, luftige Suiten – manche zweigeschossig –, die meisten mit Balkon. Die Gemeinschaftsräume zieren Steinbogen, Säulen und antike Möbel. Hof mit Pool. **www.corina.gr**

RÉTHYMNO Palazzo Vecchio €€€€

Iroon Polytechníou/Melissinou, 74100 28310 35351 FAX 28310 25479 **Zimmer** 23

Neu und Alt treffen in diesem Stadthaus des 15. Jahrhunderts aufeinander. Man hat das alte Gemäuer in ein schickes Hotel umgebaut. Zur Zimmereinrichtung gehören Satelliten-TV, Mini-Küche und große Bäder (äußerst rar in den alten Häusern Réthymnos!). Guter Service, zentrale Lage. Nov–März geschlossen. **www.palazzovecchio.gr**

RÉTHYMNO Avli Suites Hotel €€€€€

Xanthoudidou 22, 74100 28310 58250 FAX 28310 58255 **Zimmer** 7

Sieben in verschiedenen Farben gehaltene Suiten verstecken sich in einer alten venezianischen Villa, in deren Erdgeschoss sich auch ein gutes Restaurant befindet. Das Hotel öffnete 2005 – entsprechend modern ist die Ausstattung mit Satelliten-TV und Internet-Anschluss. Dachterrasse mit großem Whirlpool. Nov–März geschlossen.

SPÍLI Green Hotel €€

Spíli, 74100 28320 22225 FAX 28320 22225 **Zimmer** 11

Das kleine einfache Hotel mitten in Spíli bietet einfache Zweibettzimmer mit Dusche und WC. Vom Balkon blickt man über den Hauptplatz des Dorfes. Besonders schön ist es hier, wenn im Sommer in riesigen Töpfen die Geranien blühen. Sauna, Massage und Aromatheraphie. Nov–März geschlossen. **www.greenhotel.gr**

SPÍLI Villa Panorama €€€

Agia Paraskeví, Kerames, 74053 21080 49602 FAX 21080 49602 **Zimmer** 5 in 2 Apartments

Das massive Steinhaus hoch über der Südküste von Kreta gewährt einen atemraubenden Blick übers Libysche Meer. Jedes Apartment verfügt über ein großes Wohnzimmer, eine gut ausgestattete Küche (mit Waschmaschine) und einfache Gästezimmer. Läden und Tavernen gibt es reichlich in der Nähe. **www.villapanorama-crete.gr**

STALÍDA Villa Anna €

PO Box 29, Stalída, 70014 28970 31506 FAX 28970 31985 **Zimmer** 16

Der kleine Apartmentkomplex besticht durch sein gutes Preis-Leistungs-Verhältnis. Zur Anlage gehören ein großer Pool. Die Zimmer haben Safe, Mini-Bar und Kühlschrank. Vor Ort gibt es außerdem eine Snack- bzw. Poolbar und einen Frühstücksraum. Mitte Okt–April geschlossen. **www.villamary-anna.gr**

VLÁTOS Milia Traditional Settlement €€

Vlátos, 73012 28210 46774 FAX 28220 51569 **Zimmer** 14

Hoch oben in den Bergen, in Kretas wildem Westen, stehen diese gemütlichen, wenn auch einfachen, mit alten Holzmöbeln ausgestatteten Steinhütten. Im Restaurant bekommt man ausgezeichnete traditionelle Kost serviert, dazu trinkt man einfachen Wein aus der Region. Die Landschaft ist hier einfach umwerfend. **www.milia.gr**

ATHEN

EKALI Life Gallery €€€€€

Thisseos 103, 14565 21062 60400 FAX 21062 29353 **Zimmer** 30

Dieses ultraschicke Boutique-Hotel in Ekali nordwestlich des Zentrums gehört zur renommierten Mamidakis-Kette. Die Zimmer und Suiten wurden individuell gestaltet und sind technisch auf dem neuesten Stand. Man kann zwischen zwei Pools wählen und in einem exzellenten Restaurant speisen. Rechtzeitig buchen! **www.bluegr.com**

FLUGHAFEN Sofitel Athens Airport €€€€

Flughafen Eleftherios Venizélos, 19019 21035 44000 FAX 20135 **Zimmer** 345

Wer spät ankommt oder früh weiterfliegen muss, steigt am besten hier ab. Entsprechend viele Geschäftsleute trifft man hier. Man kann im Innenpool oder im Fitnessraum entspannen, im Restaurant essen oder im Bürozentrum arbeiten. Alle Zimmer haben Internet-Anschluss. Drei Nichtraucher-Stockwerke. **www.sofitel.com**

KIFISSIÁ Kefalari Suites €€€€€

Pendelis 1, 14562 21062 33333 FAX 21062 33330 **Zimmer** 13

Schrullig, farbenfroh und luxuriös – so lassen sich die Themen-Suiten in dieser exzentrischen Villa des 19. Jahrhunderts am ehesten beschreiben. Sie bieten Mini-Küche, Luxus-Bad und moderne Errungenschaften wie drahtlosen Internet-Anschluss. Auf der Dachterrasse steht ein Gemeinschafts-Whirlpool. **www.kefalarisuites.gr**

KIFISSIÁ Pentelikon €€€€€

Deligiannis 66, 14562 21062 30650 FAX 21080 10314 **Zimmer** 101

Edles Hotel in einem klassizistischen Palast in Kefalari am Rand von Kifissiá. Die Zimmer verfügen über Internet-Anschluss, Satelliten-TV und Mini-Bar. Das Haus liegt inmitten eines herrlichen Gartens und beherbergt Vardis, eines der mit einem Michelin-Stern ausgezeichneten Restaurants Griechenlands. **www.pentelikon.gr**

KOLONÁKI Saint George Lycabettus €€€€€

Kleomenous 2, 10675 21072 90711 FAX 21072 90439 **Zimmer** 162

Das exzellente Hotel ist ein Geheimtipp und in der Nebensaison sogar erschwinglich. Es liegt zu Füßen des Lykavittós-Hügels am oberen Ende von Kolonáki und gewährt von der Dach- und Poolterrasse schöne Ausblicke – genauso wie sein Restaurant Le Grand Balcon. Der Service ist altmodisch-gut. Sehenswürdigkeiten sind zu Fuß gut erreichbar.

Preiskategorien *siehe S. 302* **Zeichenerklärung** *siehe hintere Umschlagklappe*

LAGONISSI Grand Resort Lagonissi €€€€€

Kilometer 40, Athens-Soúnio Highway, 19010 22910 76000 FAX 22910 24514 **Zimmer** 289

Auf rund 485 Hektar erstreckt sich dieses Luxusresort mit Strand, Gärten, schönen Zimmern und Suiten mit Veranda sowie Villen mit beheizten Pools. Spa, Whirlpool, DVD-Spieler etc. gehören zum Angebot wie auch neun Restaurants und Bars sowie der Yacht- und Jet-Charter-Service. Nov–März geschlossen. **www.grandresort.gr**

OMÓNOIA The Alassia €€€

Sokrátous 50, Omónoia, 10432 21052 7400 FAX 21052 74029 **Zimmer** 82

Das im italienischen Stil mit Marmorwänden und -säulen gestaltete Hotel eignet sich gut, um die Stadt zu Fuß zu erkunden. Es liegt unweit einer U-Bahn-Station und bietet Standard-Komfort. Akropolis, Syntágma und Pláka sind allesamt zu Fuß erreichbar. **www.thealassia.com.gr**

PLÁKA Kimon €€

Apóllonos 27, 10557 21033 14658 FAX 21032 14203 **Zimmer** 14

Das Kimon ist eines der preiswertesten Hotels in diesem Teil von Pláka. Dafür muss man allerdings auch weitgehend auf nahe öffentliche Verkehrsmittel verzichten. Die Zimmer sind nett eingerichtet, mit vermeintlich alten Möbeln sowie mit TV-Gerät und Telefon.

PLÁKA Acropolis View €€€

Webster 10, 11742 21092 17303 FAX 21092 30705 **Zimmer** 32

Bequemes Hotel nahe der Akropolis und Pláka, jedoch weit genug vom Lärm des turbulenten Nachtlebens entfernt. Manche Zimmer besitzen Akropolis-Blick, die meisten haben einen Balkon. Es gibt einen Dachgarten. Das Haus ist preiswert und gut geführt.

PLÁKA Art Gallery €€€€

Erechthiou 5, 11742 21092 38376 FAX 21092 33025 **Zimmer** 21

Bezahlbare, freundliche Pension in einer ruhigen Straße, nur wenige Schritte von Akropolis und Pláka entfernt. Einige Zimmerbalkone erlauben einen Blick auf den Parthenon. Die Gemeinschaftsräume zieren Originalgemälde. Einzel-, Doppel- und Dreibettzimmer erhältlich. Hilfsbereites griechisch-kanadisches Management.

PLÁKA Central Hotel €€€€

Apóllonos 21, 10557 21032 34537 FAX 21032 25244 **Zimmer** 84

Eins der erschwinglichsten und dennoch schicken Hotels der Stadt. Viel Glas, Marmor und Designer-Touch. Von der Dachterrasse mit Whirlpool und Bar hat man einen guten Blick auf die Akropolis. Die rückwärtigen Zimmer gehen ebenfalls zur Akropolis hin. Die oberen Räume sind ruhiger. **www.centralhotel.gr**

PLÁKA Magna Grecia €€€€

Mitropoleos 54, 10563 21032 40314 FAX 21032 40317 **Zimmer** 10

Für ein Vier-Sterne-Boutique-Hotel ist dies eine erstaunlich günstige Adresse. Einfache Möblierung, neutrale Farbtöne, Holzböden und Originalgemälde in jedem Zimmer schaffen ein ansprechendes Ambiente. 24-Stunden-Rezeption und Zimmerservice. Exzellente Lage für einen mehrtägigen Besuch Athens. **www.magnagreciahotel.com**

PLÁKA Parthenon €€€€

Makri 6, 11742 21092 34594 FAX 21092 35797 **Zimmer** 79

Mitten in Athen und nahe der U-Bahn-Station Akropolis liegt dieses preiswerte Hotel. Die Zimmer haben Satelliten-TV, Mini-Bar, Hosenpresse, Internet-Anschluss sowie Tee- bzw. Kaffeemaschine. Im Haus befinden sich eine Bar und ein Restaurant, aber es gibt in der Gegend auch viele andere Tavernen und Cafés.

PSYRRÍ Arion €€€€

Agíou Dimitríou 18, 10554 21032 22707 FAX 21032 22412 **Zimmer** 57

Stilvolles, freundliches und auch erschwingliches Hotel im angesagten Viertel Psyrrí. Gut konzipierte Zimmer mit Bad. Die nach vorne gelegenen Räume schauen auf die Akropolis und sind entsprechend begehrter. Von der Dachbar und ihrer Terrasse hat man ebenfalls einen guten Blick auf Athens Wahrzeichen. **www.arionhotel.gr**

SYNTAGMA Athens Hilton €€€€€

Vas. Sofías 46, 11528 21072 81000 FAX 21072 81111 **Zimmer** 524

Zu den Olympischen Spielen 2004 wurde das Hilton renoviert. Es verfügt über zwei große Pools, mehrere Restaurants und liegt gegenüber der Gemäldegalerie. 24-Stunden-Service und ein toller Blick auf Akropolis und Lykavittós – vorausgesetzt, man bewohnt ein höher gelegenes Zimmer oder besucht die Dachbar. **www.hilton.com**

SYNTAGMA Grande Bretagne €€€€€

Plateía Syntágma, 10563 21033 30000 FAX 21033 28034 **Zimmer** 321

Dieses alte Nobelhotel mit seiner klassizistischen Fassade liegt gegenüber dem Parlament an der Syntágma. Die Gemeinschaftsräume und die Zimmer sind mit antiken Möbeln bestückt, überall glänzen Marmor und altes Holz. Innen- und Außenpools, Spa und edles Dinieren. Dachgarten mit herrlichem Ausblick. **www.grandebretagne.gr**

VOULIAGMÉNI The Margi €€€€€

Litous 11, 16671 21089 29000 FAX 21089 **Zimmer** 88

Ideal, zwischen den Sehenswürdigkeiten der Stadt und dem noblen, am Meer gelegenen Vouliagméni, liegt dieses elegante Hotel. Die Zimmer mit Internet-Anschluss, Satelliten-TV und Mini-Bar sind hell und luftig, haben marmorne Bäder und zum Teil auch Ausblick auf den Saronischen Golf. Spitzenrestaurant. **www.themargi.gr**

Restaurants, Cafés und Bars

Wer in Griechenland essen geht, erlebt die Verwirklichung demokratischen Miteinanders: Ob reich, ob arm, ob jung, ob alt – sie alle genießen das Restaurant, die Taverna oder das Café, das ihnen am liebsten ist. Für die Griechen gilt: Man isst dort am besten, wo das Essen frisch, reichlich und gut ist. Ausgefallenes Ambiente ist gar nicht nötig. Auch die Besucher schätzen die einfache, gesunde griechische Küche – Olivenöl, Joghurt, Gemüse, ein wenig Fleisch oder Fisch und Wein in fröhlicher Runde. Das dreistündige Mittagessen mit Siesta ist auf den Inseln Alltag. Nur in den Ferienzentren serviert man ein üppiges Frühstück, ein eher kurzes Mittagessen (13–14.30 Uhr) und ein relativ frühes Abendessen (19.30–23 Uhr). Die Einheimischen dagegen lieben ein schnelles Frühstück, ein opulentes Mittagsmahl und abends *mezédes* *(siehe S. 329)* vor einem oft bis in die Nacht dauernden Abendessen.

Tsikoudiá, ein kräftiger kretischer Schnaps

Restaurants

Das traditionelle griechische Restaurant *(estiatório)* ist einer der schönsten Orte der Welt, um zu essen – freundlich, oft laut und mitunter mit schattigen Innenhöfen oder Terrassen ausgestattet. In einem traditionellen Restaurant bekommt man stets gute, ortstypische Gerichte und Weine. In Griechenland geht oft die ganze Familie gemeinsam essen. Man sucht sich in der Küche etwas aus und nimmt sich viel Zeit zum Genießen.

Viele traditionelle Restaurants haben sich entweder auf eine Regionalküche, eine Zubereitungsart oder eine bestimmte Art von Speisen spezialisiert. Auf einigen Inseln der Nordost-Ägäis wie Lésbos, wo eine Minorität von Griechen aus Kleinasien lebt, isst man gern scharf gewürzt – mit viel Paprika und Gerichten wie *giogurtlú* (Kebab in Joghurtsauce auf Pitabrot).

In einem traditionellen Restaurant umfasst die Speisekarte *(siehe S. 328f)* meist nur ein Dutzend *mezédes* (Vorspeisen oder Häppchen), etwa acht Hauptgerichte, vier oder fünf Gemüsegerichte und Salate, ein Dessert aus Obst oder Süßem sowie regionale und nationale Weine.

Die Palette an Restaurants reicht von sehr teuren in den großen Inselstädten bis zu herrlich preiswerten. Das billigste Traditionsrestaurant ist das *mageirió.* Hier gibt es meist keine Speisekarte und nur wenige Gerichte und Weine, dafür frisch Zubereitetes aus der Heimat des Besitzers. Mit den offenen Weinen der jeweiligen Region liegen Sie fast immer richtig, meist sind sie sogar sehr gut.

Restaurant Windmill, Skiáthos-Stadt *(siehe S. 332)*

Viele Hotelrestaurants kochen nicht nur für Hausgäste. Die Küche der großen Inselhotels ist in der Regel internationaler, aber auch teurer.

Traditionelles Restaurant auf Pátmos

Einige bieten auch verfeinerte Varianten traditionell griechischer Gerichte. In kleineren, ländlichen Hotels sind die Küche und die ortstypischen Weine hingegen oft so vorzüglich, dass man sie sich nicht entgehen lassen sollte.

In den vergangenen Jahren hat eine neue Riege junger griechischer Küchenchefs mit ihren *Kultúra*-Restaurants Bekanntheit erlangt und eine Küche auf der Grundlage der ausgezeichneten regionalen Zutaten, Aromen und Farben Griechenlands entwickelt, die mit hinreißenden neuen griechischen Weinen serviert werden – dem Rosé Erodios, dem Mackedon (einer Mischung aus Sauvignon und Roditis) oder einem Chardonnay.

Tavernen

In der Taverna zu essen oder zu trinken ist ein Hochgenuss, auch wenn man nur *mezédes* bestellt. Traditionelle Tavernen sind vom frühen Abend bis in die Nacht geöffnet, gelegentlich auch mittags. Die Speisekarte ist kurz und saisonabhängig – etwa sechs

In einer Taverna in Plakiás (Kreta)

oder acht *mezédes*, vier Hauptgerichte wie Aufläufe und frisch zubereitete *(tis óras)* Speisen sowie die üblichen Beilagen wie Gemüse, Salate, Obst und Wein.

Tavernen konzentrieren sich teils auf die Gerichte und Weine der Heimat des Besitzers, teils auf eine bestimmte Zubereitungsart oder auf bestimmte Speisen.

In einer *psarotavérna* isst man guten Fisch. In kleinen Fischerdörfern stehen die Tische einer *psarotavérna* oft buchstäblich am Strand. Der Besitzer serviert meist selbst gefangenen Fisch wie rote Meerbarbe, Seebarsch und Oktopus. Große Fischrestaurants in Urlaubsregionen bieten möglicherweise tiefgekühlten oder importierten Fisch, was trotz gesetzlicher Vorschriften nicht immer auf der Speisekarte vermerkt ist.

Akkordeonspieler in einer Taverna auf Sými

Die *psistariá* ist eine Taverna, die sich auf Grillgerichte vom Spieß und vom Holzkohlengrill *(sta kárvouna)* spezialisiert hat. In ländlichen *psistariés* ist das Angebot an gegrilltem Fleisch von Lamm, Schwein, Huhn, Wild und anderen Tieren überaus reichhaltig. Am Hafen werden Fische und Schalentiere gegrillt und mit Zitronensaft und Olivenöl serviert. Auf dem Land sind Tavernen und Cafés oftmals Familienbetriebe. Sie warten den Tag über mit einfachen Mahlzeiten wie Omeletts und Salaten auf, schließen jedoch oft schon am frühen Abend.

Genießen Sie wie die Griechen nach dem Essen in der Taverna Süßigkeiten und Gebäck in einem *zacharoplasteío* *(siehe S. 324)*.

Cafés und Bars

Drehscheibe des öffentlichen Lebens sind die Cafés *(kafeneía)*. Selbst im kleinsten Weiler kann man zu Kaffee oder Wein einkehren. Die Cafés fungieren zudem als wichtige Kommunikationszentrale: Hier wird die Post geholt, telefoniert, Zeitung gelesen und stundenlang debattiert.

In allen *kafeneía* wird griechischer Kaffee serviert. Daneben gibt es *frappé* (kalten Instantkaffee im hohen Glas), alkoholfreie Getränke, Bier, Ouzo und Wein sowie auf Bestellung meist auch einen Imbiss. Die Cafés sind von frühmorgens bis spätabends geöffnet. Als sozialer Mittelpunkt des Dorfes haben ländliche *kafeneía* (wie auch viele in den Inselstädten) sieben Tage in der Woche geöffnet.

In einem *galaktopoleío* oder »Milchladen« kann man Joghurt mit Honig genießen. Ein *kapileió* (Weinladen mit Kaffeebar) ist ideal zum Kosten regionaler Weine (offen oder in Flaschen). Der Besitzer stammt in der Regel aus einem Winzerdorf oder einer Winzerfamilie und bereitet zum Wein mitunter einfache Gerichte.

In einem *mezedopoleío* oder *Mezés*-Laden wird nicht nur ortstypischer Wein mit den entsprechenden *mezédes* serviert, sondern auch Ouzo und der berüchtigte Raki. Die dazu passenden *mezédes* sind weniger salzig als jene, die zum Wein gereicht werden.

Jeder Griechenland-Urlauber muss eine *ouzerí* besucht haben. Dort bestellt man etwa ein Dutzend kleine Teller mit Fleisch, Fisch und Gemüse, man kostet die zahlreichen Ouzo-Varianten mit einem Glas oder einem Krug Wasser – und man hat einfach Spaß.

Das Artemónas auf der Insel Sífnos *(siehe S. 338)*

Restaurant am Meer in Skála Sykaminiás (Lésbos)

Fast Food und Snacks

Ein Besucher könnte leicht denken, Griechen würden pausenlos essen. Fast scheint es, als hätte jede Straße ihre Imbissbude und als würden an jeder Ecke Süßigkeiten, Nüsse, belegte Brötchen, Maiskolben und Esskastanien verkauft.

Obwohl Fast Food in den Urlaubszentren weitverbreitet ist, sollten Sie lieber die traditionellen griechischen Snacks probieren.

Das extrem günstige *souvlatzídiko* bietet *souvláki* zum Mitnehmen – Fleisch, Fisch oder Gemüse auf Spießchen gegrillt, dazu frisches Brot. Im *ovelistírio* bekommt man *gýros* – Fleisch vom Drehspieß in Pitabrot – zum Mitnehmen bzw. auf die Hand *(sto chéri)*. Viele Bäckereien bieten pikante Pasteten und belegte Brötchen an. In den geschäftigeren Vierteln gibt es immer irgendein Café, in dem kräftige Snacks und Salate zu haben sind.

Wenn Sie zu den Naschkatzen gehören, werden Sie das *zacharoplasteío* (wörtlich: »Laden des Zuckerbildhauers«) lieben, in dem traditionelle süße Brotsorten und Pastetchen sowie zahlreiche duftende Honigkuchen entstehen.

Frühstück

Für Griechen ist das Frühstück zweifellos die unwichtigste Mahlzeit des Tages. Zu Hause und in den *kafeneía* gibt es zu einer kleinen Tasse Kaffee meist nur *paximádia* (ein zwiebackähnliches Brot), *koulourákia* (mit reichlich Sesam bestreute Kringel oder Brötchen) oder Kuchen mit Marmelade gefüllt.

In vielen Urlauber-Cafés gibt es stattdessen für die ausländischen Gäste Filterkaffee in großen Tassen und dazu Croissants oder Brioches. Im Sommer servieren manche *kafeneía* nach wie vor frische Feigen, Joghurt, Honig und Rosinenbrot, daneben aber auch englisches oder kontinentales Frühstück, um allen Gästen gerecht zu werden.

Baklava, ein süßes Gebäck mit Nüssen und Honig

Reservierung

Die Restaurants der Griechischen Inseln zeichnen sich meist durch eine lockere Atmosphäre aus und sind sehr beliebt. Es empfiehlt sich, soweit möglich, frühzeitig einen Tisch zu reservieren. Bei den Einheimischen ist es üblich, sich vorab am selben Tag persönlich im Restaurant oder in der Taverna nach den Speisen zu erkundigen. Bei dieser Gelegenheit kann man eventuell auch Sonderwünsche für den Abend äußern.

Wein

Weine aus griechischen Traubensorten unterscheiden sich von den Weinen Westeuropas. Flaschenweine haben in Griechenland noch keine Tradition. Wenn die Karte bessere Flaschenweine wie Ktíma Merkoúri, Seméli oder Strofiliá aufführt, ist der Inhaber vermutlich ein Kenner, bei dem man auch eine teurere Flasche bestellen kann. Günstige Flaschenweine sind z. B. Cambás oder Boutári.

In traditionellen Restaurants und Tavernen bekommt man meist nur offenen, stets preisgünstigen Wein vom Fass. Offene Weine stammen meist aus der Region. Von allen griechischen Weinen ist vor allem der Rosé bekannt für seinen ungewöhnlichen, aber durchaus angenehmen Geschmack.

Wein aus Límnos

Bezahlung

In Griechenland wird noch überwiegend bar bezahlt. Wenn Sie Kreditkarten verwenden, informieren Sie sich vorab, ob man generell Kreditkarten und vor allem Ihre Karte akzeptiert (oft werden nur bestimmte Karten angenommen). *Kafeneía* nehmen praktisch nie Kreditkarten, Café-Bars selten, viele akzeptieren jedoch Reiseschecks. In Tavernen, Restaurants und *kafeneía* auf dem Land bezahlt man ausschließlich bar. In der Restaurantliste auf den Seiten 330–341 steht, ob Kreditkarten akzeptiert werden.

Die Bar Kastro in Mýkonos-Stadt *(siehe S. 337)*

Blick auf die Akropolis von der Dachterrasse des Pil Poul *(siehe S. 341)*

Service und Trinkgeld

Die Griechen nehmen sich Zeit, wenn sie essen gehen, und erwarten einen aufmerksamen Service. Die Bedienung wird deshalb stark beansprucht, bekommt dafür jedoch ein großzügiges Trinkgeld – meistens etwa zehn Prozent, 15 bei sehr gutem Service. In traditionellen Restaurants ist der Service in der Regel im Preis enthalten, aber der Kellner erwartet dennoch ein paar Münzen Trinkgeld. Wasser wird kostenlos gereicht.

Restaurants westlicher Prägung und Tavernen in Urlaubszentren schlagen gelegentlich eine Bedienungspauschale auf die Rechnung auf. Es kann sogar sein, das Sonderposten wie Klimaanlage oder Telefon auf der Rechnung auftauchen.

Kleidung

Die Griechen machen sich fein, wenn sie essen gehen, Besucher dürfen bequeme Kleidung tragen. Knappe Tops und Shorts oder Sportkleidung sind jedoch – außer in Strandbars – verpönt, auch wenn Urlauberlokale solche Kunden kaum abweisen werden. Einige Hotelrestaurants verlangen korrekte Kleidung (im Restaurantverzeichnis wird darauf hingewiesen).

Wer im Freien essen möchte, sollte sich eine Jacke oder einen Pullover mitnehmen – die Abende können auch im Sommer kühl sein.

Mit Kindern essen

In Griechenland werden bereits Kinder zu Stammgästen. Dies ist Teil der griechischen Lebensart. Deshalb sind Kinder in Restaurants und Tavernen – außer in Bars – gern gesehen. In feineren Restaurants erwartet man von ihnen angemessenes Verhalten, doch im Sommer, wenn man draußen isst, können sich Kinder frei entfalten und spielen. Außer in Hotels mit Spitzenservice sind Hochstühle unbekannt, trotzdem kann man in zwanglosen Lokalen und Tavernen problemlos mit Kindern jeden Alters essen.

Frisches Brot aus Rhodos

Rauchen

Rauchen ist in Griechenland gang und gäbe, und noch vor Kurzem waren Lokale mit Tischen für Nichtraucher sehr selten. Neue EU-Richtlinien verpflichten nun die Restaurants, Nichtraucherbereiche einzurichten. In der Praxis wird dies noch kaum umgesetzt – doch zumindest im Sommer sitzt man ja sowieso im Freien.

Behinderte Reisende

Auf dem Land gibt es für Rollstuhlfahrer kaum Probleme in Lokalen. Überfüllte Urlauberrestaurants sind hingegen oft nur eingeschränkt zugänglich. Gehsteige sind häufig uneben, zudem haben viele Lokale am – noch dazu engen – Eingang Stufen. Verschiedene Organisationen leisten behinderten Reisenden Hilfestellung. Auf den Seiten 301 und 353 finden Sie weitere Informationen.

Vegetarische Gerichte

Die griechische Küche bietet dem Vegetarier eine reiche Auswahl. Aufgrund der Vielfalt der Speisen kann man sich in traditionellen Restaurants, Tavernen oder *kafeneía* meist problemlos rein vegetarische Vor- oder Hauptspeisen bestellen. Griechische Gemüsegerichte sind gehaltvoll, preiswert, sättigend und oft fantasievoll zubereitet.

Die griechische Küche verwendet kaum Milchprodukte, deshalb müssen auch Veganer auf den Griechischen Inseln nicht verhungern. Die Auswahl an veganen Speisen ist jedoch sehr klein.

Picknick

Die beste Zeit für ein Picknick ist der Frühling, wenn die Landschaft am schönsten und es noch nicht allzu heiß ist. Die für diese Jahreszeit typischen Speisen wie Fastenbrot aus Olivenöl, süßes Osterbrot, Pasteten mit Blattgemüsefüllung, Käse und junger Retsina eignen sich dafür ideal. Die besten Sommer-Snacks für den Strand sind Obst (z. B. Pfirsiche und Feigen), Joghurt, Hartkäse, Tomaten, Brot und Oliven.

Kaffeetrinken im Liston in Korfu-Stadt

Griechische Küche

Die alten Griechen betrachteten Kochen sowohl als Wissenschaft als auch als Kunst – und führten darüber sogar philosophische Diskurse. In abgelegenen Regionen des Festlands und entfernten Inseln stößt man immer noch auf Gerichte, denen die moderne Küche nichts anhaben konnte. Dann wieder gibt es hellenische Speisen, die ihre ottomanische Herkunft nicht leugen können. In der Vergangenheit wurde die griechische Kost gerne als ländlich und einfach abgetan. Heute schätzt man sie gerade wegen ihrer Einfachheit und der frischen regionalen Zutaten.

Oregano und Thymian

Ein Fischer kehrt mit dem Tagesfang in den Hafen zurück

Athen und Peloponnes

Die Hauptstadt zieht viele Immigranten an. Hier leben Leute, die vom Land, den Inseln und den Küsten des östlichen Mittelmeers stammen. Diese Populationsvielfalt spiegelt sich in den Märkten, der Küche und den omnipräsenten Imbissbuden wider. Auf dem Peloponnes sind die Speisen so divers wie das Land: Es gibt Fisch aus Meer und Seen, Ziegen, Schafe und Wild aus den Bergen. Nicht zu vergessen die vielen Käsesorten, die Oliven und der Honig.

Zentral- und Nordgriechenland

Auf dem griechischen Festland mit seiner turbulenten Geschichte lassen sich keine klaren kulinarischen Grenzen ziehen: Die verschiedenen Kochtraditionen koexistieren. Fleisch- und Obstgerichte aus Thessaloníki zeugen von jüdischem Einfluss, die Ofen-Zubereitung in Ioánnina verweist auf osmanische Tradition, derweilen die Roma-Hirten Ziegenkäse, Pasteten und Innereien in Métsovo und Epirus populär machten. Die scharfe Küche des Nordens ist Erbe der 1922 zugewanderten Emigranten aus Kleinasien, den Balkan-Einfluss spiegeln die sauren Gemüse, Walnüsse und Joghurt wider.

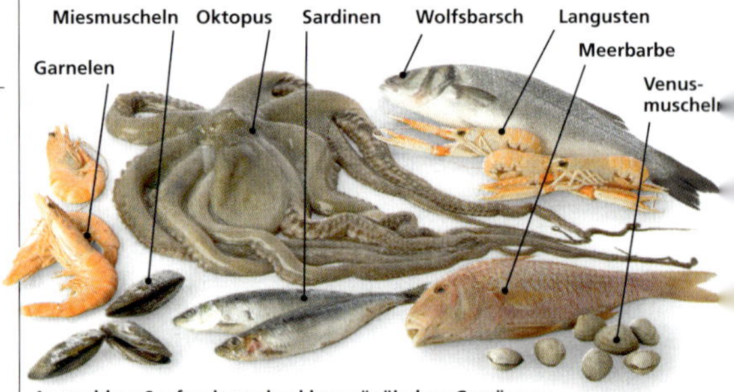

Auswahl an Seafood aus den klaren ägäischen Gewässern

Regionale Gerichte und Spezialitäten

Oliven

Süßigkeiten wie Nougat, *pastéli* (Honig-Sesam-Kekse), *loukoúmia* (Hefe-Krapfen in Sirup) und *chalvás* (Halva) gehören seit Aristoteles' Zeiten zum hellenischen Alltag. Sie werden in kleinen Läden oder Buden verkauft. *Píttes* oder Pasteten sind eine Spezialität der Epirus-Region. Sie werden mit Wild, Innereien, Käse und Gemüse gefüllt, oft in Kombination mit Reis und Nudeln. Aus dem Mittleren Osten stammt *Soutzoukákia*, eine Köstlichkeit aus Nord-Thrakien und Makedonien. Die Fleischpasteten werden mit Koriander, Pfeffer und Kreuzkümmel gewürzt. *Choirinó kritikó* aus Kreta sind gebackene Schweinekoteletts, *Sýka me tyrí* ist ein Sommer-*mezés*, ein Dessert oder Snack, bestehend aus Feigen mit *Mizthýra*-Käse, der aus Molke gemacht wird.

Fakés *ist eine saure Suppe. Zutaten: grünen Linsen, Zitronensaft oder Weinessig, Tomaten, Kräuter und Olivenöl.*

Vielfältiges Angebot auf einem typisch griechischen Markt

Die Inseln

Geografische Lage und Geschichte jeder Inselgruppe haben immer auch eine eigene kulinarische Identität hervorgebracht. Ionische Speisen basieren auf Pasta, Erbe der venezianischen Herrschaft. Auf den Kykladen wird kräftig gewürzt. Die Köche des Dodekanes und der nordöstlichen Ägäis bedienen sich im Meer. Kretas Küche merkt man die lange türkische Besatzung an – man schätzt scharf gewürzte Speisen, einige Gerichte gibt es nur hier. Schweinefleisch, ein Erbe der Antike, kommt häufiger auf den Tisch als anderswo in Griechenland. Küchenutensilien und ungewöhnliche Kochzutaten aus minoischer Zeit wurde hier von Archäologen bei Grabungen gefunden.

Fisch und Seafood

In den warmen, eher ruhigen Gewässern der Ägäis tummeln sich Thun- und Schwertfische, Sardellen und Sardinen. In Höhlen und Buchten der unzähligen Felsinseln schwimmen Meerbarben, Zahnbrassen und Papageifische, während an den langen Küsten Schalen- und Krustentiere beste Bedingungen finden. Fische werden üblicherweise mit Kopf serviert – die Griechen finden, dass dies der leckerste Teil ist.

Hier wird im Freien Brot in einem kommunalen Ofen gebacken

Andere Spezialitäten

In Sachen Olivensorten ist Griechenland Weltmeister. Entsprechend erfahren ist man in Fragen des Anbaus. Das beste Olivenöl, extravirgin, gewinnt man aus auf den Punkt gereiften Oliven. Es gibt Schafs-, Kuh- und Ziegenkäse, die nach dem Geschmack, nicht dem Ursprungsort benannt sind.

Getränke

Wein gehört seit der Antike zum kulturellen Leben Griechenlands. Zu den Hauptanbaugebieten zählen Attika, Makedonien und der Peloponnes. Mavrodaphne ist ein schwerer Dessertwein aus Pátra. Zu den traditionellen Spezialitäten zählen *tsípouro*, ein Grappa-ähnlicher Traubenbranntwein, Retsina, ein mit Harz der Aleppo-Kiefer aromatisierter Wein, und der hochprozentige Anisschnaps Ouzo. Kaffee wird in Griechenland traditionell aus sehr fein gemahlenen Bohnen mit Wasser in einer *mpríki* (Kaffeekanne) mit langem Griff aufgebrüht und aus winzigen Tassen getrunken. Er wird eher in Kaffeehäusern als in Tavernen serviert.

Spetzofáï, *gedünstete, pikante Wurststückchen, gewürzt mit Kräutern und Gemüse, isst man in Zentralgriechenland.*

Barboúnia *oder Meerbarbe gilt seit der Antike als Spezialität. Normalerweise wird sie einfach gebraten serviert.*

Loukoumádes, *ein beliebter Snack, sind in Honig getauchte, frittierte und mit Zimt bestäubte Teigbällchen.*

Speisekarte

Der traditionelle erste Gang besteht aus verschiedenen *mezédes* (Vorspeisen). Man bekommt sie tagsüber in *ouzerí* oder Bars. Fleisch oder Fisch, meist mit Salat, bilden den nächsten Gang. Die Weinkarte ist oft nicht besonders ergiebig. Kaffee und Kuchen genießt man nach dem Essen meist in einer nahen Konditorei. Auf dem Land kann man sich die Gerichte direkt in der Küche aussuchen. Brot gilt als Grundnahrungsmittel und wird zu jeder Mahlzeit gereicht. Dorfbäcker variieren das Brot täglich mit Rosinen, Kräutern, Blattgemüse oder Käse. Zu den orthodoxen Feiertagen werden spezielle Sorten gebacken.

Griechisches Pittabrot

Souvlákia *sind Schweinefleischspießchen vom Grill, mit Zitrone, Kräutern und Olivenöl gewürzt.*

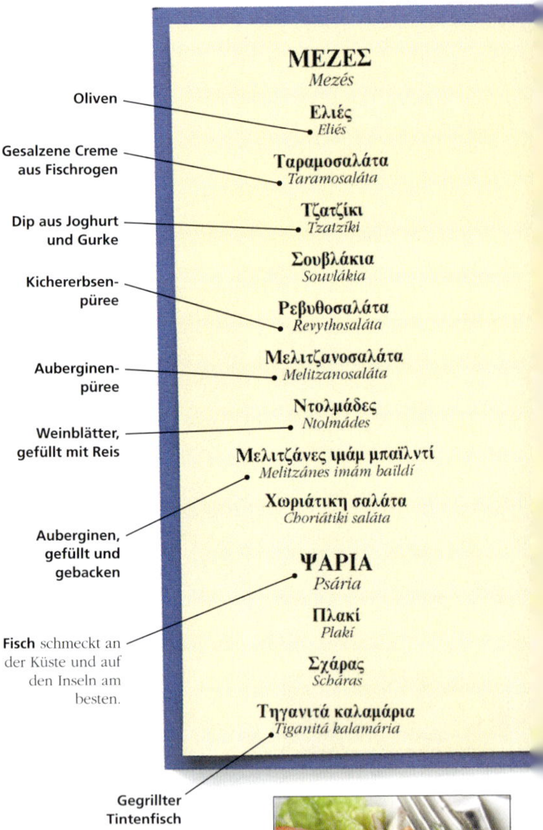

Choriátiki saláta, *griechischer Salat, besteht aus Tomaten, Gurken, Zwiebeln, Oliven, Kräutern und Feta-Käse.*

Psária plakí – *ein ganzer Fisch wird in einer Sauce aus Tomaten und Olivenöl gegart und mit Gemüse serviert.*

Schāras *heißt »vom Grill« und kann mit Fleisch, Fisch oder Gemüse zubereitet werden. Hier wurde Schwertfisch in Zitronensaft, Olivenöl und Kräutern mariniert und über Holzkohle gegrillt.*

Mezédes

Mezédes werden als Vorspeise oder Snack mit Wein oder anderen Getränken serviert. *Taramosaláta* ist ein Püree aus gesalzenem Fischrogen und Semmelbröseln oder Kartoffeln. Das Gericht gehört in die Fastenzeit, steht heute aber auf jeder Speisekarte. *Melitzanosaláta* wird aus gegrillten Auberginen und Kräutern zubereitet. *Revithosaláta* besteht aus Kichererbsen, Koriander und Knoblauch. *Melitzánes imám baïldí* sind Auberginen, gefüllt mit Zwiebeln, Tomaten und Kräutern. Für *ntolmádes* werden Weinblätter mit Korinthen, Pinienkernen und Reis gefüllt.

Typische Auswahl an *mezédes*

ΚΡΕΑΣ
Kréas — **Fleisch** gibt es eher auf dem Festland als auf den Inseln.

Μουσακάς
Mousakás — **Mousaká (Lammhackfleisch und Auberginen, in Schichten gebacken)**

Κεφτέδες
Keftédes

Χοιρινό σουβλάκι
Choirinó souvláki

Κλέφτικο
Kléftiko

ΛΑΧΑΝΙΚΑ ΚΑΙ ΣΑΛΑΤΙΚΑ
Lachaniká kai salatiká — **Gemüse und Salat** sind oft einheimische Produkte.

Μελιτζάνες και κολοκυθάκια τηγανιτά
Melitzánes kai kolokythákia tiganitá — **Gebratene Auberginen und Zucchini**

Αγκινάρες α λα πολίτα
Agkináres a la políta — **Artischocken mit Kartoffeln, Olivenöl, Dill und Zitrone**

Σπαράγγια σαλάτα
Sparángia saláta — **Spargelsalat**

ΓΛΥΚΑ
Glyká — **Desserts** sind oft einfach nur Obst, Gebäck oder Joghurt.

Φρέσκα φρούτα
Fréska froúta — **Frisches Obst**

Σύκα στο φούρνο με μαυροδάφνη
Sýka sto foúrno me mavrodáfni — **Gebackene Feigen in gewürztem Mavrodaphne-Wein mit Orangenblüten-Wasser**

Γιαούρτι και μέλι
Giaoúrti kai méli

Keftédes, *Frikadellen aus Schweinefleisch, Ei, Brot, Kräutern und Kreuzkümmel, werden in Olivenöl gebraten.*

Kléftiko – *meist wird Ziegenfleisch in Pergamentpapier gewickelt und gekocht. So bleibt es saftig und aromatisch.*

Giaoúrti kai méli *(Joghurt mit Honig) gibt es in speziellen »Milchläden« auch zum Mitnehmen.*

Süßes Gebäck, *mit Nüssen und Honig gefüllt, sirupgetränkte Kuchen, Pasteten, Krapfen und* glyká *(kandierte Früchte) werden vorwiegend in Cafés gegessen. Am bekanntesten sind* baklavas *(aus Blätterteig und Nüssen) und* kataïfi *(süße Röllchen mit Sirup).*

Restaurantauswahl

Die folgenden Restaurants wurden wegen ihres guten Preis-Leistungs-Verhältnisses, der Qualität und guten Lage ausgewählt. Sie sind alphabetisch nach Regionen gelistet. Den Anfang machen die Ionischen Inseln. Mehr über die Speisen Griechenlands und das traditionelle griechische Menü finden Sie auf den Seiten 326–329.

PREISKATEGORIEN
Die Preise beziehen sich auf ein Drei-gang-Menü mit einer halben Flasche Hauswein, inkl. Service und Steuern.

€ unter 12 Euro
€€ 12–18 Euro
€€€ 18–24 Euro
€€€€ 24–32 Euro
€€€€€ über 32 Euro

IONISCHE INSELN

ITHÁKI Kantoúni — €€

Limáni ☎ *26740 32549*

Eine einfache Taverne mit ordentlicher Auswahl an typischen Ofengerichten, einigen Fleischspeisen vom Grill und den üblichen Salaten sowie *tzatzíki* und anderen Kleinigkeiten. Hier wartet man nahe der Anlegestelle der Fähre bei einer Mahlzeit oder einem Snack auf das Boot nach Kefalloniá oder zum Festland. Okt–Apr geschlossen.

KEFALLONIÁ Patsouras — €

Ioannou Metaxas 40, Argostóli ☎ *26710 22779*

Die Karte dieser überraschend preiswerten, familiengeführten Taverne im Herzen von Kefalloniás Hauptstadt bietet neben gängigem Kneipenessen Spezialitäten der Insel wie *kreatópita* (eine Art Fleischstrudel) und *krasáto* (Schweinefleisch in Weinsauce). Genießen Sie ein Mittag- oder Abendessen im hübschen Restaurantgarten.

KEFALLONIÁ Platanos — €€

Asos ☎ *26740 51381*

Der Name verrät es bereits: Diese kleine Taverne liegt im Schatten einer Platane im Zentrum des charmanten, noch recht ursprünglichen Fischerdorfes Asos. Hier isst man zu erschwinglichen Preisen einfache Ofengerichte, gegrilltes Fleisch und Salate, bei einem längeren Aufenthalt in Asos sicher mehr als einmal. Okt–Apr geschlossen.

KEFALLONIÁ Tassia — €€€€

Limáni Fiskardou ☎ *26740 41205*

Gleich im Hafen befindet sich dieses international anerkannte Restaurant. Die respektable Weinkarte mit Betonung auf inseleigene Lagen gilt als eine der besten Griechenlands. Der Gast wählt zwischen ausgesuchtem Seafood, einfach, aber lecker zubereitet, Pastagerichten, Salaten, Vorspeisen und Desserts. Okt–Apr geschlossen.

KORFU Rex — €€

Kapodistriou 66, Korfu-Stadt ☎ *26610 39649*

Einen Block hinter den Arkaden und Cafés von Spianádha hat sich in einem Gebäude aus der Mitte des 19. Jahrhunderts dieses griechische Restaurant als Institution etabliert. Unverfälschte Inselküche wie Schwertfisch-*bourthéto*, scharfer Fischeintopf mit Tomaten, Paprika und Kartoffeln, sowie aufmerksamer Service sind garantiert.

KORFU Rouvas — €€

St. Desillas 13, Korfu-Stadt ☎ *26610 31182*

Eines der erschwinglicheren Traditionslokale von Korfu-Stadt, bekannt für seine erstklassige Zubereitung von Inselgerichten sowie griechischer Küche. Die Zentrumslage unweit des großen Obst- und Gemüsemarktes verspricht, dass die verwendeten Zutaten topfrisch sind. Abends und sonntags geschlossen.

KORFU Toula's Taverna — €€€

Agni, südlich von Kalámi ☎ *26630 91350*

Die Taverne residiert in einer Olivenmühle des 19. Jahrhunderts gleich beim Strand. Tische im Freien laden zum Verweilen ein. Spezialitäten sind Seafood und traditionelle Inselgerichte. Das Toula's wurde vor Kurzem als Fischrestaurant ausgezeichnet. Das hauseigene Kochbuch kann man am Tresen kaufen. Nov–Apr geschlossen.

KORFU Eu-Lounge Café — €€€€

Kapodistriou 32, Korfu-Stadt ☎ *26610 80670*

In diesem stilvollen Café-Restaurant wird man drinnen wie draußen mit mediterraner und internationaler Küche bewirtet. Breites Angebot an Pastagerichten, Vorspeisen und Salaten sowie umfangreiche Weinkarte. Ideal für ein Mittagessen, einen Snack während der Stadtbesichtigung oder für einen netten Abend in schicker Umgebung.

LEFKÁDA Sto Molo — €€

Golemi 12, Lefkáda-Stadt ☎ *26450 24879*

Ein attraktives Restaurant mit ideenreichem Angebot an landestypischen kleinen Gerichten aus Fisch, Fleisch, Wurst, Käse, Obst und Gemüse. Entweder stellt man sich einen kleinen Snack zusammen oder probiert sich stundenlang durch die Speisekarte und genehmigt sich den ein oder anderen Schluck Ouzo, Bier oder Wein vom Fass.

Zeichenerklärung *siehe hintere Umschlagklappe*

PAXÓS Nassos €€

Longós ☎ 26620 31604

Auf dem Hauptplatz von Longós liegt dieses Restaurant, das zu den besten der Stadt gehört. Tintenfisch (als Vorspeise vom Grill oder in Wein und Zwiebeln gedünstet), diverse Meeresgerichte, *souvláki* und anderes Grillfleisch stehen hier regelmäßig auf der Karte, daneben Aufläufe, Salate und Pasta. Okt–Apr geschlossen.

PAXÓS Taka Taka €€

Gáïos ☎ 26620 32329

In dem schnörkellosen Grillrestaurant serviert man neben viel Fisch auch Huhn, Lamm, Schweinekoteletts und Rindfleischfrikadellen, dazu Salate und Gemüsegerichte aus dem Ofen. Taka Taka heißt der Dauerbrenner bei den Einheimischen, die gerne im reizvollen weinumrankten Garten essen. Mittags, Okt–Jan geschlossen.

ZÁKYNTHOS Zakanthi €€€

Kalamáki ☎ 26950 43586

Das lebhafte Bar-Restaurant ist ein guter Tipp, um abends einen kleinen Happen und einen Drink oder auch eine etwas reichhaltigere Mahlzeit zu sich zu nehmen. Die vielseitige Karte bietet eine vernünftige Auswahl an griechischen Klassikern, überdies auch Pasta, Burger und andere internationale Speisen.

Argo-Saronische Inseln

AÍGINA Agora €€€

Fischmarkt, Aígina-Stadt ☎ 22970 27308

Dieses exzellente, etwas altmodische Fischlokal, das auf eine über 40 Jahre alte Geschichte zurückblicken kann, ist zweifelsohne das stadtbeste und in jedem Fall einen Besuch wert. Keine ausgefallenen Gerichte, dafür topfrisches Seafood stehen auf dem Programm – die Karte variiert nach dem jeweiligen Fang des Tages. Wein vom Fass.

AÍGINA Antonis €€€€

Pérdikas ☎ 22970 61443

Das Antonis erfreut sich bei den Athener Wochenendausflüglern zu Recht größter Beliebtheit. Es ist das beste und zugleich teuerste von diversen Fischrestaurants an der Küste der malerischsten Ortschaft Aígina. Der Fisch ist immer frisch, wunderbar zubereitet und angerichtet. Wer nach Aígina kommt, sollte wenigstens ein Mal hier essen.

KÝTHIRA To Korali €€

Avlémonas ☎ 27360 34173

Das Speiselokal bei Avlémonas, 26 Kilometer von Chóra, ist der Inbegriff einer Insel-Fischtaverne: winzig, freundlich, preiswert, mit wackeligen Terrassentischen und einer Auswahl an frischem Seafood vom Grill, Ofengerichten und Salaten sowie Wein vom Fass. Gleichermaßen ideal für ein Mittag- oder Abendessen. Okt–Apr geschlossen.

KÝTHIRA Taverna Magos €€€

Kapsáli ☎ 27360 33722

Die Traditionstaverne im hübschen Hafen von Kapsáli ist bei Inselbewohnern und Sommergästen verdientermaßen sehr beliebt. Man bekommt unter anderem fangfrisches Seafood und eine gute Auswahl an Gemüsegerichten. Tipp: Im Juli und August bereits am frühen Abend einen Tisch sichern. Nov–Feb geschlossen.

PÓROS O Karavolos €€

Hinter dem Kino, Póros-Stadt ☎ 22980 26158

Eine traditionelle familiengeführte Taverne, die typische griechische Inselküche und frischen Fisch zu besten Preisen offeriert. Bekannt ist das Restaurant für außergewöhnliche Speisen wie Schnecken, die, viel kleiner als ihre französischen Vertreter, nur saisonal erhältlich sind und übrigens dem Lokal auch den Namen verliehen. Mittags geschlossen.

PÓROS Kathestos €€€

Póros-Stadt ☎ 22980 24770

Direkt an der Promenade bietet die Terrasse des Kathestos eine tolle Aussicht. Den Gast erwarten typisches Tavernenessen aus dem Ofen und eine Reihe von zum Teil fangfrischen Fischgerichten. Ferner leckere Grillspezialitäten vom Huhn und Lamm sowie Schweinekoteletts, dazu Salat und gefüllte Gemüse. Für örtliche Verhältnisse preiswert.

SPÉTSES Exedra €€€

Palió Limáni, Spétses-Stadt ☎ 22980 73497

In dieser traditionellen griechischen Taverne direkt an der Küste erhält man gute regionale Kost wie Garnelen-*saganáki* und Fisch *à la spetsiota* (mit Knoblauch und Tomatensauce im Ofen zubereitet). Gutes Preis-Leistungs-Verhältnis, wobei die Fischgerichte die Rechnung spürbar verteuern. Nov–Feb geschlossen.

YDRA Gitonikó €€

Ydra-Stadt ☎ 22980 53615

Die beliebte Taverne liegt direkt bei der Kirche von Ydra. Unter der Leitung von Manólis und Christina ist sie zu einer örtlichen Institution geworden. Geboten werden heimische Speisen, traditionelle griechische Gerichte wie *pastítsio* und *mousaká* sowie gegrilltes Fleisch und fangfrisches Seafood. Schöne Dachterrasse. Dez–Feb geschlossen.

YDRA Kondylenia
€€€

Kamíni, westlich von Ydra-Stadt 22980 53520

Das Restaurant punktet mit seinem Panoramablick über den Golf bis hin zu den Bergen des Peloponnes. Die Speisekarte mit interessanten Kreationen wie dem Spinat-Tintenfisch-Garnelen-Topf und herrlich gegrilltem frischen Fisch macht der exquisiten Lage zudem alle Ehre. Das Angebot an Weinen ist passabel. Okt–März geschlossen.

Sporaden und Évia

ALÓNNISOS Bambis
€€

Patitíri 24240 66184

Von der kleinen Taverne am Ortsrand von Patitíri genießt man die herrliche Aussicht über Olivenhaine, die bewaldeten Hügel von Alónnisos und benachbarte Inseln. Die Karte führt beste griechische Traditionskost mit gegrilltem Fleisch, Fischspeisen und einem Tagesangebot an herzhaften Ofengerichten. Mittags und Okt–Mai geschlossen.

ÉVIA Kavo d'Oro
€€

Parodos Sachtouri, Kárystos 22240 22326

Einfache und preiswerte, etwas altmodische Taverne mit guter Hausmannskost, die meist herzhaft und sättigend ausfällt. Die kräftigen Gemüse- und Fleischeintöpfe mit heimischem Olivenöl, die gefüllten Weinblätter und die *papoutsákia* (gebackene Auberginen mit Käse, Zwiebeln und Tomaten) sind erstklassig. Nov–Feb geschlossen.

ÉVIA Skýros
€€€

Hafen, Kými 22220 22624

Uferlage und Freundlichkeit kennzeichnen diese hervorragende Taverne mit Terrasse und klimatisiertem Gastraum. Im Angebot: gegrillte Garnelen aus heimischen Gewässern, Tintenfisch und frittierte Baby-*barboúnia* (Meerbarbe) sowie typische Ofengerichte und Salate. Dazu: regionale Weine und Live-Unterhaltung. Nov–Mai geschlossen.

ÉVIA Vráhos
€€€

Leofóros Makaríou 4, Chalkída 22210 87618

Diese traditionelle Taverne verfügt über eine privilegierte Lage direkt am Wasser. Die Hauptvertreter der griechischen Küche sowie frischer Fisch, etwa Seebrasse und Makrele vom Außengrill, dominieren die Speisekarte, derweilen Salate und Gemüsegerichte nebst einer guten Auswahl an regionalen Weinen das Angebot abrunden.

SKIÁTHOS Anemos
€€€€

Alter Hafen, Skiáthos-Stadt 24270 21003

Typisches Lokal am Meer mit Blick auf Hafen, die Festungsinsel Bourtzi und die Bucht. Trotz eher altmodischer Anmutung der Räumlichkeiten ist die Speisekarte modern und stark mediterran beeinflusst. Die Gäste essen aber dennoch am liebsten den teuren gegrillten Fisch. Mittags sowie Nov–Apr geschlossen.

SKIÁTHOS Karnagio
€€€€

Paraliaki, Skiáthos-Stadt 24270 22868

Karnagio wird gerne als das beste Restaurant von Skiáthos bezeichnet, was im Sommer durchaus den einen oder anderen Prominenten anlockt. Man baut auf die schmackhaften, gut zubereiteten griechischen Traditionsspeisen und serviert bekannt exzellentes Seafood. Mittags sowie Okt–Apr geschlossen.

SKIÁTHOS Windmill
€€€€€

Kotroni, Skiáthos-Stadt 24270 24550

Eine charmantes Restaurant in einer alten Windmühle, die auf einem Hügel mit wunderbarem Blick über den Hafen und Skiáthos-Stadt thront. Die Gäste dinieren auf einer reizvollen Stufenterrasse, bestückt mit traditionellen Holzstühlen und -tischen. Serviert wird bevorzugt mediterrane Kost. Mittags sowie Okt–Apr geschlossen.

SKÓPELOS Molos
€€

Paleó Limáni Skópelou 24240 22551

Eine kleine Taverne neben dem Pier von Skópelos-Stadt. Man serviert frischen Fisch und gute Salate zu vernünftigen Preisen. Zum eher ungewöhnlichen Angebot gehören die Ofengarnelen mit Oregano. Von den Tischen im Freien hat man einen herrlichen Blick. Nov–Feb geschlossen.

SKÓPELOS Perivóli
€€€

Skópelos-Stadt 24240 23758

Im Herzen von Perivóli finden Sie diese Restaurant-Bar, die zu Cocktails, Snacks und auch vollen Mahlzeiten einlädt. In der Küche kombiniert man regionale und internationale Einflüsse. Die Weinkarte ist umfangreich, man findet auf ihr auch gute moderne griechische Sorten. Kein Retsina vom Fass! Mittags sowie Okt–Mai geschlossen.

SKÝROS O Liakos
€€

Machairas, Skýros-Stadt 22220 93509

Eine Dachterrassen-Taverne mit schönem Blick über die malerische Stadt Skýros. Landestypische Gerichte werden hier einfallsreich verfeinert. Zu den Spezialitäten gehören *tomatá keftedes* (frittierte Tomaten) und hausgemachter Käsekuchen. Besonders gut lässt sich hier der Aperitif bei Sonnenuntergang genießen.

Preiskategorien *siehe S. 330* **Zeichenerklärung** *siehe hintere Umschlagklappe*

Nordost-Ägäische Inseln

CHÍOS Chotsas €€

Georghiou Kondyis 3, Chíos-Stadt 22710 42787

Eine altehrwürdige, familiengeführte Taverne mit großem Garten im Zentrum von Chíos-Stadt. Die Küche liefert neben Gängigem wie Fleisch vom Grill, Fisch und Ofengerichten eine Reihe von Gemüsespeisen, Dips, Frittiertes und Snacks. Wein und Ouzo, beide vom Fass, stammen aus Eigenproduktion. Mittags und sonntags geschlossen.

CHÍOS Mesaionas €€€

Plateía Meston 22710 76050

Diese vielfach empfohlene Taverne in attraktiver Lage auf dem Hauptplatz des malerischen Dorfes bringt eine interessante Palette örtlicher Spezialitäten wie Auberginen-*pilafi* auf den Tisch, daneben aber auch die üblichen Grill- und Topfgerichte. Ein netter Ort zum Abendessen, bei Einheimischen und Urlaubern gleichermaßen beliebt.

CHÍOS Pýrgos €€€€

Kondari, 2 km nördlich von Karfás 22710 44740

Die Speisekarte kombiniert griechische mit internationalen Gerichten, wie die raffinierten Seafood-Vorspeisen beweisen. Traditionelle Live-Musik macht Mittwochabende zum Erlebnis. Für die Gäste von Karfás, Chíos beliebtestes Strandresort, liegt das Pýrgos besonders günstig. Eher teuer, aber die Preise sind für das gute Essen angemessen.

IKARÍA Atsachas €€

Mesaktí, Armenistís 22750 71226

Diese Taverne, ein Familienbetrieb auf einer Landzunge zwischen zwei Stränden, ist so einfach wie ihre Speisekarte. Bodenständige Auswahl an Fleisch- und Gemüsegerichten aus dem Ofen und das gängige Seafood vom Grill (Tintenfisch, Seebrasse und anderes Fangfrisches). Regionaler Wein vom Fass. Okt–Mai geschlossen.

IKARÍA Anna €€€

Nas 22750 71489

Das beste von einer Reihe kleiner Esslokale hoch über der weißen Kiesbucht von Nas (bekannt für ihre Nudisten). Das Restaurant, das auch Zimmer vermietet, bietet Fisch, gegrilltes Fleisch und Ofengerichte sowie Desserts, Snacks und Wein aus der Region. Ruhige Umgebung und schöne Aussicht inklusive. Okt–Mai geschlossen.

LÉSBOS Frauen-Kooperative Petra für Agrotourismus €€

Pétra 22530 41238

Ein Besuch in dieser von einheimischen Frauen ins Leben gerufenen Kooperative vermittelt jede Menge Wissenswertes über Speisen und Produkte der Region. Herzhafte Gerichte, die man sonst als Urlauber eher selten erhält, kommen aus der Küche, die den Akzent auf Gemüsegerichte und sehr süße Nachspeisen legt. Okt–Apr geschlossen.

LÉSBOS I Skamnia €€

Hafenfront, Skála Sykaminiás 22530 555270

Das Restaurant erfreut sich bei den Einheimischen höchster Wertschätzung. Im Sommer genießt man im Schatten eines altehrwürdigen Maulbeerbaums ursprüngliche Meereskost wie Sardinen und Sardellen aus dem Golf von Plomári, Tintenfisch, gefüllte Zucchiniblüten und Grillspeisen.

LÉSBOS Vafeios €€€

Oikismos Vafeios, an der Straße nach Skaminiá 22530 71752

Regionale Kost in vielerlei Variationen, vernünftige Preise und eine herrliche Sicht von der Terrasse ziehen konstant treue Inselbewohner wie Urlauber aus dem nahen Mólyvos an. Die Gäste, die einen guten Appetit mitbringen sollten, erwartet eine reichhaltige Küche mit Betonung auf herzhaften Ofengerichten. Sa, So geschlossen.

LÍMNOS O Glaros €€€

Limáni, Mýrina-Stadt 22540 22220

Die Fischereiflotte vor dieser Taverne an der Hafenfront von Mýrina liefert mit das beste und frischste Seafood der Ägäis. Auf der Karte: eine riesige Bandbreite an Fischen wie Zackenbarsch, *skathari* (Brasse) – eine Mahlzeit für mehrere Personen –, Sardinen, Garnelen und Langusten, eine gute Auswahl an Vorspeisen sowie regionaler Wein.

SÁMOS I Psarades €€€

Agios Nikólaos, Kontakaiikia 22730 32489

Hier werden vielfältige Meeresgerichte angeboten, während die Auswahl an *mézedes* und Salaten sich im Rahmen hält. Man isst auf einer schönen Terrasse mit Seeblick. Der Fisch stammt großteils aus dem fünf Kilometer östlich gelegenen Hafen von Karlóvasi. Die Auswahl ist im Mai am größten. Okt–Apr geschlossen.

SÁMOS Marina €€€

Am Wasser, Kokkári 22730 92692

Zahlreiche der örtlichen Restaurants sind primär auf Urlauber eingestellt. Das Marina ist eines der wenigen authentischen Lokale, das auch in der Nebensaison öffnet. Die Speisekarte ist umfangreich und bietet regionale Spezialitäten. Viele Gemüse- und Fleischgerichte aus dem Ofen. Mo–Do und Nov–Apr geschlossen.

SAMOTHRÁKI 1900 €€

Plateía, Chóra 25510 41224

Das bessere der beiden Restaurants auf Chóras Hauptplatz. Auf der Karte findet man Raffinierteres wie gefüllter Kalamar und nordägäische Spezialitäten wie Muscheln (aus einer nahe gelegenen Zucht) mit *Saganáki*-Käsesauce. Der herrliche Meerblick und die bewaldeten Hänge rundum tun ihr Übriges. Okt–März geschlossen.

THÁSOS Kraboúsa €€

Skála Potamiás 25930 62312

Diese familiengeführte Taverne mit eigenem Garten lebt vor allem davon, die Gaumen nordeuropäischer Urlauber mit Fischgerichten, einfachen Omeletts und Salaten zu befriedigen. Aber auch traditionelle Gerichte und Klassiker wie *mousaká, stifádo* und *pastítsio* (Makkaroni-Auflauf) kommen auf den Tisch.

THÁSOS O Glaros €€

Alykí-Bucht 25930 31547

Dies ist die älteste von mehreren Tavernen in dem hübschen Weiler. Auf der weinbeschatteten Terrasse mit Blick auf die zwei Buchten von Alykí werden Fisch, Fleisch, Grillspeisen und Salat serviert. In Sichtweite des Strandes ist dies ein hübscher Ort fürs Mittag- wie fürs Abendessen. Freundlicher Service. Zimmer erhältlich. Okt–Mai geschlossen.

DODEKANES

ASTYPÁLAIA Australia €

Paralia tou Péra Yaloú, Chóra 22430 61275

Eine typische Hafentaverne mit einer Fülle an kykladischen Rezepten von Zucchiniplätzchen bis zu frischem gegrilltem Fisch. An Sommerabenden ist jede Menge los, weshalb man reservieren sollte. Hier lässt sich preiswert zu Abend essen und das Ein- und Ausfahren der Fischerboote beobachten. Nov–Apr geschlossen.

CHÁLKI Althemenis €€

Nimporió, 85110 22460 31303

Die populäre Taverne ist ein solides Lokal in dem Fischerdorf Chálki. Die Karte erfüllt die gängigen kulinarischen Erwartungen: Seafood, Huhn, Schwein und Lamm vom Grill, *mousaká, pastítsio* (Makkaroni-Auflauf) und andere Ofengerichte. Während der Hauptsaison kann es abends voll werden. Okt–Apr geschlossen.

CHÁLKI Liros €€

Nimporió, 85110 22460 31264

Dieses preiswerte, lebhafte Restaurant, ein Familienbetrieb beim Hafen von Nimporió, ist eine gute Wahl fürs Mittag- und Abendessen in einer Gegend mit wenig Alternativen. Das Speisenangebot umfasst griechische Standardgerichte und einige Ausflüge in die internationale Küche. Ein angenehmer Platz zum Verweilen. Okt–Mai geschlossen.

KÁLYMNOS Drossia €€

Limanáki Melitsacha, Myrtiés 22430 48745

Abseits eines winzigen malerischen Hafens lockt dieses preisgekrönte Fischrestaurant mit Tintenfisch, Garnelen und anderen Meeresvorspeisen, daneben mit Schwertfisch, Seebrasse, Streifenbarbe und Hummer (einige Tage im Voraus bestellen!). Die Fischgerichte vom Grill werden mit verschiedenen Dips serviert. Regionale Weine, Ouzo und Retsina.

KÁLYMNOS To Limanáki tou Vathý €€

Ŕína 22430 31333

Wer beim Mittag- oder Abendessen Ruhe und schöne Aussicht genießen möchte, sucht dieses kleine oberhalb des Kais von Rína gelegene Restaurant auf, das typische Tavernenkost wie Topfgerichte aus dem Ofen, Fleisch vom Grill sowie gegrillten und gebackenen Fisch offeriert. Die Qualität der Speisen und Getränke ist bemerkenswert.

KÁRPATHOS Anoiksis €€

Diafáni 22450 51226

Eine typische Sommertaverne in charmanter Lage beim Hafen von Diafáni. Altbewährte Inselkost wie Fleisch und Gemüse aus dem Ofen, Salate und gegrillte Fleischspeisen – Lamm, Schwein, Koteletts und Huhn –, gelegentlich auch Fisch, gefüllte Paprika oder Kitz in roter Sauce mit Bratkartoffeln werden angeboten.

KASTELLÓRIZO Lazarakis €€

Hafen, Kastellórizo 22460 49370

In dem netten Restaurant sitzt man unter einer weinumrankten Pergola oder auf dem kleinen Anlegesteg des Yachthafens. Fisch, Garnelen und Hummer, leckere Salate und Inselspezialitäten wie Seeigelrogen verlassen die Küche. Ein Essen in dieser unverfälschten Inseltaverne sollte man nicht versäumen. Nov–März geschlossen.

KOS Limniónas €€

Limniónas 69324 22002

Das traditionelle Fischlokal nahe einem kleinen Fischerhafen in Limniónas, 48 Kilometer von Kos-Stadt entfernt, wird täglich mit frischem Fisch beliefert, den es einfach und perfekt auf dem Grill zuzubereiten weiß. Ein Ausflug hierher lohnt sich in jedem Fall, vor allem mittags für eine gemütliche Mahlzeit am Meer. Nov–Apr geschlossen.

Preiskategorien *siehe S. 330* **Zeichenerklärung** *siehe hintere Umschlagklappe*

KOS O Makis €€

Mastichári 22420 59061

Eine der besten kleinen Fischtavernen der Insel, O Makis, liegt direkt am Fischerhafen, wo auch der Großteil der frischen Ware herkommt. Hier gibt es fangfrisch *tsipoura* und *fagri* sowie Garnelen, Tintenfisch und – zu besonderen Gelegenheiten – Langusten, die aber Tage im Voraus bestellt werden müssen. Mittags geschlossen.

KOS Plátanos €€€

Plateía Platanou 22420 28991

Am Platz neben der Kaiserburg liegt dieses Café-Restaurant, von dem aus man die antike Agora überblickt. Hier geht es wesentlich friedlicher als in den Hafenlokalen von Kos-Stadt zu. Man serviert leichte Speisen, Snacks und Drinks – im Gegensatz zu vielen anderen örtlichen Restaurants auch noch recht preiswert. Nov–Mai geschlossen.

LÉROS Petrino €€

Lakkí 22470 24807

Überraschend schicke Taverne mit Innen- und Außenbetrieb. Die Speisekarte ist traditionell gehalten, Schwerpunkt bilden Ofengerichte und gegrilltes Fleisch. Es gibt aber auch altbekannte, raffiniert variierte Klassiker. Sogar die Pommes frites schmecken hier besser als anderswo.

LÉROS Da Guisie e Marcello €€€

Alínda (3 km vom Dorf Agía Marína) 22470 24888

Klassische Trattoria, die stolz darauf ist, dass man typische italienische Speisen nur mit frischen, vor Ort angebauten organischen Ingredienzien zubereitet. Breite Auswahl an vegetarischen Gerichten und Pizzen. Ausgewählte griechische und importierte italienische Öko-Weine. Gutes Preis-Leistungs-Verhältnis. Nov–Feb geschlossen.

LIPSÍ Kalypso €€

Am Wasser, Lipsí-Stadt 22470 41242

Gegrillter Oktopus und gegrilltes, gefülltes Zicklein (nach Saison) gehören zu den schmackhafteren Gerichten dieses belebten Hafenrestaurants mit seinen Tisch im Schatten von Spalierwein. Auch im Angebot sind die üblichen griechischen Favoriten und ein paar internationale Gerichte. Einfache Weinkarte.

PÁTMOS Aspro €€

Paralía Asprís, Skála 22470 32240

Elegantes Seafood-Restaurant am Stadtrand von Skála mit einer umfangreichen Fischkarte (nach Saison und Fang). Neben dem gegrillten Fisch überzeugen auch die Beilagen, die Vorspeisen und die Desserts. Mittags sowie Okt–Mai geschlossen.

PÁTMOS Gerovoliés tou Mágou €€€

Skála 22470 33226

Unweit vom Hafen hat sich die Taverne einen guten Ruf als Lokal mit etwas kunstvolleren Speisekreationen erarbeitet. Auf der Karte findet man Hühner- und Lamm-*exohiko* (gefüllt mit Gemüse und regionalem Käse), *kokoretsi* (Lamm und Ziege – ein traditionelles Ostergericht) sowie erstklassige saftige Steaks. Bis 2 Uhr nachts geöffnet.

RHODOS La Casa €€

28 Mandilara, Neustadt 22410 32926

Im La Casa gibt es einfache Pizzas und Pastas, eine Auswahl an Grillfleisch-Gerichten sowie die üblichen griechischen Klassiker. Wer die authentische hellenische Küche sucht, liegt hier falsch, dafür sind die Portionen groß, die Preise vernünftig und der Service schnell und freundlich. Nov–März geschlossen.

RHODOS Meltemi €€

Aktí Koundourioti 22410 30480

Frisch renoviertes, unprätentiöses Familienrestaurant direkt am Strand. Die einfache Karte überzeugt mit einer guten Auswahl an kalten wie warmen Vorspeisen, Gegrilltem und Fischspeisen. Zu jedem Gericht wird ein Korb warmes Brot serviert. Die Terrasse mit Meerblick ist ideal fürs Mittagessen. Dez–Jan geschlossen.

RHODOS Alexis €€€€

Sokratous 18, Altstadt 22410 29347

Ein wunderschönes Restaurant mitten in der malerischen Altstadt. Hier ist man seit 1957 auf Seafood spezialisiert. Berühmtheiten kommen hierher, um den perfekt gegrillten Fisch zu essen und die guten Weine zu trinken. Professioneller, freundlicher Service. Zwei Stockwerke, sonnige Terrasse. Nov–März geschlossen.

RHODOS Mavrikos €€€€€

Kentriki Plateía, Líndos 22440 31232

Zwei Brüder führen dieses vielfach ausgezeichnete Restaurant, das gerne von Prominenten besucht wird. Tintenfisch in Safransauce, Rochen mit Pinienkernen, gewürfelter Oktopus mit Muskat und Bulgur werden neben hausgemachtem Eis angeboten. Am Hauptplatz von Líndos hat das Lokal zudem eine tolle Aussicht. Nov–Apr geschlossen.

SÝMI Mylopetra €€€€€

Sými 22460 72333

Ein Gourmet-Lokal mit Faible für mediterrane Fusionküche und die besten »neuen« Weine Griechenlands. Speise- und Weinkarte wissen gänzlich zu überzeugen. Das Restaurant residiert in einem behutsam restaurierten Sými-Haus mit wunderschönem Hof. Teuer, aber unbedingt einen Besuch wert. Mittags und Nov–Apr geschlossen.

TÍLOS Pavlos €

Livádia 22460 44011

Kleine, freundliche Taverne und Snack-Bar in Familienbesitz, mit Blick auf den Kiesstrand. Traditionelle griechische Gerichte gibt es hier neben einigen international angehauchten Kreationen. Alles wird frisch aus lokalen Produkten zubereitet. Eins der besseren Lokale von Tílos. Okt–Apr geschlossen.

Kykladen

AMORGÓS Liotrisi €€

Chóra 22850 71700

Im hübschen Restaurant der Inselhauptstadt bekommt man gut zubereitete traditionelle Ofengerichte sowie Spezialitäten von Amorgós, so etwa mit Kalbfleisch und Käse gefüllte Auberginen, Kaninchen-*stifádo* und andere typische Gerichte. Tische innen und außen (unter Sonnenschirmen).

AMORGÓS Mourágio €€

Katápola 22850 71011

Das seit 1981 bestehende Mourágio hat offenbar alles richtig gemacht: Die freundliche Taverne am Hafen wird von Urlaubern wie Einheimischen besucht. Auf der Karte finden sich Unmengen von regionalen Fischgerichten, immer frisch zubereitet. Spezialität des Hauses sind die Hummer-Spaghetti. Jan, Feb geschlossen.

ANDROS Nona €€

Plakoura, Alter Hafen, Chóra 22820 23577

Diese Fischtaverne liegt am alten Hafen direkt unterhalb des Hauptdorfs von Andros. Hier bekommen Sie die üblichen Favoriten nebst ein paar eher ausgefallenen Seafood-Gerichten wie *fousta* (Seescheiden) und Seeigelrogen. Der Nähe zum Meer entspricht die Frische und Qualität des Fischs. Okt–Apr geschlossen.

ANDROS Sirocco €€€

Über dem Hafen, Mpatsí 22820 41023

Ein 100 Jahre altes Gebäude mit Holzinterieur beherbergt dieses Restaurant, das überraschend viele internationale Gerichte und auch die erwartbaren griechischen Klassiker anbietet. Es gibt Currys wie Biriani-Hühnchen, Pizzas und Pastas. Schöne Lage direkt am Meer und guter Service. Mittags geschlossen.

FOLÉGANDROS I Melissa €€

Plateía Kontarini, Chóra 22860 41067

Das älteste Lokal der Insel besteht schon seit gut einem halben Jahrhundert. Traditionelle Tavernenkost ist angesagt: Ofengerichte wie *mousaká* und *pastítsio*, Zicklein in Zitronensauce, Salate und unterschiedlich zubereitete Fleischspeisen. Omelett und Reispudding gibt es zum Frühstück. Okt–Mai geschlossen.

FOLÉGANDROS Kritikos €€

Hauptplatz, Chóra 22860 41219

Ein fröhliches Freiluft-Grilllokal im Zentrum des malerischen Hauptorts der Insel. Man serviert Hähnchen, Lamm, Schweinekoteletts und Beefburger mit riesigen Salatportionen, *tzatzíki* (Joghurt mit Gurke) und Fasswein per Flasche. Einfach und für jeden Geldbeutel erschwinglich. Okt–Mai geschlossen.

IOS Lordos Byron €€

Chóra 22860 92125

Eine traditionelle *ouzerí* und *mezedopoleío* mit einer interessanten Auswahl an Snacks und kleinen Gerichten, die Sie zu Ouzo, Raki, Bier oder Retsina probieren können. Im Hintergrund läuft die traditionelle *Rembétika*-Musik. Mittags sowie Nov–März geschlossen.

IOS Elpis €€€

Mylopotamós-Strand 22860 91626

Das gut eingeführte Café-Restaurant hat eine treue Stammkundschaft. Seit 1970 ist es ein Fixpunkt der lokalen Sommerszene. Hier gibt es traditionelle Kost, Snacks und Fischgerichte. Am schönsten isst man im Elpis tagsüber: Genießen Sie ein ausgedehntes Mittagessen, bequemerweise nicht weit vom Strand entfernt. Nov–Apr geschlossen.

KÝTHNOS Katerini €€

Loutrá 22810 31418

Die beste Taverne in Loutrá liegt ein kurzes Stück westlich an der benachbarten Bucht. Der Weg lohnt sich allein wegen der schönen Aussicht. Dazu kommen die feinen Ofengerichte wie Zicklein in Rotweinsauce. Regionale Spezialitäten wie *sfougata* (frittierte Eier-Käse-Kroketten) sind ebenfalls köstlich. Nov–März geschlossen.

KÝTHNOS Ostria €€€

Hafen, Mérichas 22810 32263

Eine exzellente Taverne am Hafen, in der Sie frisches Seafood, Gegrilltes und Salate sowie die üblichen traditionellen Gerichte gut zubereitet bekommen. Die Klientel stellen hauptsächlich anspruchsvolle Athener. Spezialitäten sind *sfougata* (Eier-Käse-Kroketten) und *loukánika* (würzige Würstchen). Guter Service. Dez–Feb geschlossen.

Preiskategorien *siehe S. 330* **Zeichenerklärung** *siehe hintere Umschlagklappe*

MÍLOS Kapetan-Nikola €€€

Apollonía 22870 41212

Das Ambiente dieser Fischtaverne macht das hohe Preisniveau wett. Mit einem Angebot an Seafood, den üblichen Ofengerichten und Gegrilltem sowie raffiniert zubereiteten Gemüsespeisen wird sie an den Sommerwochenenden von den Besuchern aus Athen bevorzugt, also eventuell vorbestellen. Dez geschlossen.

MÍLOS Aragosta €€€€€

Adámantas 22870 22292

Das Aragosta gilt gemeinhin als Milos' bestes Lokal. Neben vortrefflichem Seafood, darunter Hummer, Krabben und diverse gegrillte Fische, genießt man von der Terrasse den wunderbaren Blick über die Bucht von Adámantas und nimmt einen Aperitif oder Digestif in der Cocktailbar. Okt–Apr geschlossen.

MÝKONOS Kastro €€€

Kástro, Mýkonos-Stadt 22890 23072

In dieser legendären Schwulenbar mit Blick auf das Kástro-Viertel von Mýkonos-Stadt lässt sich vollkommen entspannt ein Erdbeer-Daiquiri zu den Klängen klassischer Musik schlürfen oder der spektakuläre Sonnenuntergang erleben. Ein populärer und ungezwungener Treffpunkt in Klein-Venedig. Mittags und Mitte Okt–Apr geschlossen.

MÝKONOS Katrine's €€€€€

Agios Nikólaos 1, Mýkonos-Stadt 22890 22169

Katrine's steht für feine französische und griechische Küche, hervorragende griechische und ausländische Weine, für eine Auswahl an leckeren Vorspeisen und eher ausgefallene Hauptgerichte, aufmerksamen Service und gut gekleidetes Publikum. Reservierung wird empfohlen. Nov–März geschlossen.

MÝKONOS Sea Satin €€€€€

Mýloi, Mýkonos-Stadt 22890 24676

Die Terrasse dieses lebendigen Fisch- und Grillrestaurants mit Aussicht auf Klein-Venedig liegt direkt am Meer unterhalb der berühmten Windmühlen des Ortes. Es kommen nicht nur Fisch-, sondern auch Fleischliebhaber auf ihre Kosten, denn hier werden, was selten ist, richtig gute Steaks zubereitet. Mittags sowie Nov–Apr geschlossen.

NÁXOS Manolis €

Bourgos, Náxos-Stadt 22850 25168

Die Gartentaverne im Herzen der Altstadt serviert original griechische Küche in äußerst angenehmem Ambiente. *Melitzánes* (gebratene Auberginen), *skordaliá* (Kartoffel-Knoblauch-Püree) und andere gängige Spezialitäten werden zu Preisen angeboten, die auch der schmale Geldbeutel verkraften kann. Mittags und Nov–März geschlossen.

NÁXOS The Old Inn €

Náxos-Stadt 22850 26093

Wen kulinarisches Heimweh drückt, der ist in diesem Restaurant in der Hafengegend von Náxos-Stadt goldrichtig. Typisch deutsche Kost wie Würstchen, Schwarzbrot, Wiener Schnitzel, aber auch einige internationale Gerichte werden in diesem deutschen Bar-Restaurant offeriert. Kinderportionen erhältlich. Mittags geschlossen.

NÁXOS Il Girasole €€€€

Náxos-Stadt 22850 23326

Das gemütliche italienische Restaurant »Die Sonnenblume« liegt nur 50 Meter vom Strand entfernt. Es bietet rund 30 Pastagerichte und 40 verschiedene Pizzen sowie an Desserts die üblichen Verdächtigen wie Tiramisu und Panacotta. Gute Auswahl an griechischen und italienischen Weinen. Nov–Feb geschlossen.

PÁROS Porfyra €€€

Am Wasser, Paroikiá 22840 23410

Eine freundliche Fischtaverne und eines der preiswertesten Lokale im geschäftigen Paroikiá. Hier findet man die übliche Palette an gängigen Fischgerichten wie *barboúnia* (Meerbarbe) und Seebrasse, aber auch einige ungewöhnliche Fischgerichte wie vielfarbigen *fouska* (Seescheiden) und anderen Meeresfrüchten. Jan, Feb geschlossen.

PÁROS Levantis €€€€

Paroikiá 22840 23613

Die Qualität der regionalen Produkte, die dieses schicke Restaurant für seine internationalen und zeitgemäß-griechischen Gerichte verwendet, ist erstklassig. Eine jahreszeitlich orientierte Speisekarte, leichte und unverfälschte Kost sowie frische Zutaten sind das Motto. Daneben: Exotisch-Mediterranes wie Couscous. Okt–Apr geschlossen.

SANTORÍNI Iliovasilema €€€

Ammoudí, Oía 22860 71614

In diesem entzückend einfachen Hafenrestaurant kommt der Fisch direkt vom Boot auf den Grill. Entsprechend richtet sich die Speisekarte hauptsächlich am Fang des Tages aus. Man isst an wackeligen Holztischen direkt bei einem winzigen Kieselstrand. Die Preise sind extrem günstig. Nov–Apr geschlossen.

SANTORÍNI Nikolas €€€

Erithrou Stavrou, Firá 22860 24550

Eine alteingeführte traditionelle Taverne im Herzen von Thíra mit echt griechischem Speisenangebot, das nur wenige Zugeständnisse an das 21. Jahrhundert macht und mit Fisch, diversen regionalen Käsesorten und Salaten sowie Inselwein vom Fass lockt. Herrlicher Blick und Klimaanlage, aber keine Plätze im Freien. Sonntagmittag geschlossen.

SANTORÍNI 1800 €€€€€

Hauptstraße, Oía 22860 71485

Einen Abend in Oías edelstem Restaurant müssen Sie im Voraus reservieren. Die Speisen sind raffiniert zubereitet und meist ein Mix aus griechischen und europäischen Einflüssen. Die Weinkarte bietet eine gute Auswahl von Santorínis besseren Sorten und Lagen. Wenig formell, aber nichts für Kinder. Mittags sowie Nov–Apr geschlossen.

SÉRIFOS Takis €€€

Am Wasser, Livádi 22810 51159

Takis gefällt als gehobenes Lokal mit viel gut zubereitetem Seafood, Salaten und vegetarischen Gerichten. Die Weinkarte ist lang, man findet einige der besseren von den anderen Inseln sowie dem Festland importierten Sorten. Es gibt allerdings auch einen guten regionalen Wein vom Fass. Dez–Feb geschlossen.

SÍFNOS Artemónas €€

Agíou Kostantínou 3, Artemónas 22840 31303

Im Hotel Artemónas finden Sie dieses Restaurant mit seinen guten hausgemachten Speisen, für deren Zubereitung man vorwiegend Bio-Produkte verwendet. Nehmen Sie innen auf schönen Holzmöbeln Platz, oder genießen Sie ein gepflegtes Essen im ruhigen Garten.

SÍFNOS Odos Oneiron €€€€€

Apollonía 22840 33389

Sífnos' schickstes und teuerstes Restaurant. Man hat die Qual der Wahl: mediterrane Fusionsküche, eine Palette griechischer Lieblingsspeisen und natürlich gegrilltes Seafood. Das Restaurant liegt in einem schön renovierten Herrenhaus aus dem 19. Jahrhundert. Ideal für einen romantischen Abend. Mittags sowie Okt–Apr geschlossen.

SÝROS Archontariki €€

Emmanouíl Roídi 8, Ermoúpoli 22810 86771

Die rustikale Taverne liegt in einer kleinen Straße unweit des Hauptplatzes von Ermoúpoli. Einheimische wie Urlauber schätzen die Live-Musik, die schattige Dachterrasse und natürlich die große Auswahl an traditionellen Gerichten und regionalen Spezialitäten. Auch die angebotenen Weine aus der Gegend sind gut.

SÝROS Iliovasilema €€

Galissás 22810 43325

Diese treffend benannte Fischtaverne in Galissás, neun Kilometer von Ermoúpoli entfernt, verfügt über eine umfangreiche Karte. Interessant sind die Seafood-Pasta-Rezepte oder der gefüllte Tintenfisch. Man kann aber durchaus auch auf die diversen Grill- und Ofengerichte zurückgreifen. Okt–Apr geschlossen.

TÍNOS Paleá Palláda €€

Kontogiorgi 1, Tínos-Stadt 22830 23516

Eine großes, altmodisches Lokal am Hauptplatz von Tínos-Stadt mit Sitzgelegenheiten drinnen und draußen. Traditionelle Tavernenkost mit Ofen- und Grillgerichten, Salaten und *loukánika* (Würste). Der örtliche Fasswein ist besser als der Durchschnitt, die heimische Klientel bürgt für Authentizität. Dez–Ende Feb geschlossen.

TÍNOS Metaxi mas €€€€

Tínos-Stadt 22830 25945

Eines der jüngeren Lokale in Tínos. Das schicke *mezedopoleío* bietet eine gute Auswahl an Snacks und umfangreicheren Gerichten sowie ein Sortiment klassischer Ouzos und Wein vom Fass. Fleischesser wie Vegetarier kommen hier auf ihre Kosten. Sehr lebhafte Atmosphäre, besonders am Abend. Nov, Dez geschlossen.

KRETA

AGÍA ROUMÉLI To Farangi €€

Hauptplatz 28250 91225

Diese familiengeführte Taverne ist der beste Ort, um den Hunger zu stillen, nachdem man die Samariá-Schlucht durchquert hat. Zu den Spezialitäten gehören *sfakaníes pítes* (Honiggebäck, besonders beliebt in der Sfakiá-Region). Außerdem im Angebot: gefülltes Gemüse, Weinblätter, Gegrilltes und frischer Fisch. Okt–Mai geschlossen.

AGIOS NIKÓLAOS To Koutouki €

Lassithíou 4A 28410 26877

Preisgünstige *mezedopoleío-ouzerí* mit einer breiten Palette an *mezédes* und Snacks, die saisonbedingt wechseln. Fast immer zu haben sind Oktopus, Käse, Wurst, Shrimps und Gemüse-Dips. Traditionell trinkt man hier Ouzo und Raki, Wein (Retsina) vom Fass oder aus der Flasche. Gut für ein leichtes Mahl an einem heißen Nachmittag.

AGIOS NIKÓLAOS Itanos €€

Plateía Venizélou 28410 25340

Populäre Taverne in einer Gasse am Hauptplatz von Agios Nikólaos. Auf der Karte stehen am Spieß gebratene Hühnchen, Lamm und Ziege, Ofengerichte sowie eine Auswahl gefüllter und gekochter Gemüse. Gutes Preis-Leistungs-Verhältnis und ein anständiges Angebot regionaler Weine. Innen- und Außenbetrieb.

Preiskategorien *siehe S. 330* **Zeichenerklärung** *siehe hintere Umschlagklappe*

CHANIÁ Tholos €€

Agion Déka 36, 73100 ☎ *28210 46725*

Das Restaurant mit seinen vernünftigen Preisen genießt einen guten Ruf und benutzt in der Küche wenn möglich nur beste regionale Ware. Die Tische des Hauses stehen im schönen Hof eines Gebäudes aus dem 14. Jahrhundert. Die Weinkarte ist umfangreich. Im Sommer wird es hier schnell eng. Nov–März geschlossen.

CHANIÁ To Pigadi tou Tourkou €€

1–3 Kallinikou Sarpaki, Splantzia, 73100 ☎ *28210 54547*

Das gemütliche Restaurant mit den kerzenerleuchteten Tischen liegt im Gewölbekeller eines alten Herrenhauses. Im Hintergrund spielt kretische und levantinische Musik. Die Speisekarte ist einfallsreicher als üblich – probieren Sie die Auberginen-Fleischbällchen oder gefüllten Tintenfisch. Mittags, Mitte Nov–Februar geschlossen.

CHANIÁ Dínos €€€

3 Akti Enoseos, 73100 ☎ *28210 57448*

Eines der besten Seafood-Restaurants von Chaniá. Dínos finden Sie direkt am Kai des wunderschönen inneren Hafens der Stadt. Man sitzt an traditionellen blauen Holztischen mit weißen Tischdecken und wählt aus einer umfangreichen Karte primär Seafood wie Oktopus, Languste oder Seebarsch. Nov–März geschlossen.

CHANIÁ To Karnagio €€€

8 Katehaki, 73100 ☎ *28210 53366*

Eine Taverne im alten Stil. Man serviert hier direkt am Hafen guten Fisch und solide griechische Traditionsgerichte wie *mousaká, pastítsio*, gegrilltes Lamm, Schwein, Huhn und große Salate mit Feta-Käse. Wein zapft man vom Fass. Für Leute mit großem Hunger und kleinem Geldbeutel. Nov–Apr geschlossen.

CHANIÁ Ela €€€€

42 Kondylaki, 73100 ☎ *28210 74128*

Ela finden Sie im gepflasterten Innenhof eines hübsch renovierten venezianischen Hauses im Herzen von Chaniás Altstadt. Die umfangreiche Speisekarte umfasst alle griechischen Klassiker, ein paar authentische Inselgerichte sowie typische internationale Speisen für die zahlreiche ausländische Klientel.

CHANIÁ Tamam €€€€€

49 Zambeliou, 73100 ☎ *28210 96080*

Bei Tamam serviert man griechische Mainstream-Kost sowie kretische und ost-mediterrane Gerichte. Zudem gibt es jede Menge Snacks – Hummus, *fáva, tzatzíki* – und Gemüsespeisen (frittierte Kroketten, Kichererbsen-Bällchen), was das Lokal zu einer der wenigen guten Anlaufstellen für Vegetarier auf Kreta macht.

ELOÚNTA Argo €€€€€

Eloúnta Gulf Villas, Eloúnta ☎ *28410 90300*

Argo heißt das schicke Restaurant im vornehmen Eloúnta Gulf Villas Resort, wo man schmackhafte, einfallsreiche, echt mediterrane Köstlichkeiten auftischt, zum Beispiel Hummer und Langustenrisotto. Wer es traditioneller mag, isst Fleisch in Blätterteig mit Joghurt. Der Service ist professionell, die Weinkarte gut. Nov–März geschlossen.

ELOÚNTA The Old Mill €€€€€

Eloúnta Mare Hotel ☎ *28410 41102*

Eines der Nobel-Hotels der Insel beherbergt The Old Mill, das luxuriöseste Restaurant auf Ost-Kreta. Man kombiniert hier feinste griechische Aromen und frische Inselprodukte mit internationaler Kochkunst. Auf der langen Weinkarte stehen edelste regionale und nationale Weine. Reservierung erforderlich. Nov–März geschlossen.

IERÁPETRA Odeion €

Lasthenous 18 ☎ *28420 27429*

Eine elegante neoklassizistische Villa beherbergt diese stilvolle *mezedopoleío* und Café-Bar. Jüngere Einheimische und Sommergäste schlürfen hier Cocktails und trinken Import-Bier sowie regionalen Wein. Es gibt eine gute Auswahl an *mezédes* und leichten Gerichten. Tische innen und außen. Mittags und an Sonntagen im Winter geschlossen.

IRÁKLIO O Kyriákos €

Leofóros Dimokratías 53 ☎ *28102 22464*

In diesem altmodischen Restaurant werden Sie in die Küche gebeten, um Ihr Essen aus einem der brodelnden Töpfe oder den Glasbehältern voller Fisch, Gemüse oder Fleisch auszuwählen. O Kyriákos ist eine Institution in Iráklio, unprätentiös und urig. Die vielen Stammgäste trinken den Wein vom Fass.

IRÁKLIO Loukoulos €€€€

Korai 5 ☎ *28102 24435*

Hauptsächlich italienische Kost bekommt man hier in noblem Ambiente serviert. Das heißt: weiße Tischtücher, abends Kerzenschein und ein Speisesaal, der mit antiken Drucken und Gemälden dekoriert ist. Das Essen ist exzellent – kein Wunder, dass Loukoulos seit Jahren zu den besten Restaurants von Iráklio zählt.

MAKRÝGIALOS Spilia tou Drakoú €€

Paralía Kaló Neró ☎ *28430 51494*

Oberhalb des Strands von Kaló Neró liegt dieses Lokal, eines der besseren in Makrýgialos. Sofía und Vasíli Drakoú servieren herzhafte, traditionelle Grillspezialitäten und Aufläufe sowie eine Auswahl an Fischgerichten und leichten Snacks. Freundliche Atmosphäre; schöner Blick auf die Hügel und das Meer.

MARÁTHI Pandelis €€

Maráthi-Strand 22470 32609

Eine einfache Strand-Taverne in einer kleinen Bucht, geführt von einem griechisch-australischen Paar. Tische im schattigen Grün. Die Speisekarte ist einfallsreich – probieren Sie Oktopus mit Kapernblättern, Ziege vom Spieß oder das frittierte Gemüse. Zimmer zu vermieten. Frühstück, Mittag- und Abendessen. Nov–Apr geschlossen.

PALAIÓCHORA Oriental Bay €€

Anatoliko Paralía 28230 41322

Ein kleines Familienrestaurant unter Palmen am östlichen Sandstrand von Palaióchora. Man serviert eine Auswahl von Inselgerichten, griechische Standards und internationale Dauerbrenner – und all das zu vernünftigen Preisen. Hier lässt sich schön am Strand zu Mittag essen. Kretische und nationale Weine. Okt–Apr geschlossen.

RÉTHYMNO Kyria Maria €€

20 Moschovitou, 74100 28310 29078

Eine gesellige Taverne in einer engen Gasse im alten Viertel von Réthymno. Auf der Karte stehen einfache kretische Gerichte. Abends ist der Andrang groß, sichern Sie sich also rechtzeitig einen Tisch oder schauen zum Mittagessen vorbei – da ist es ruhiger. Freundlicher Service, gutes Preis-Leistungs-Verhältnis. Nov–März geschlossen.

RÉTHYMNO Avlí €€€

22 Xanthoudidou, 74100 28310 26213

In diesem charmanten Lokal speisen Sie in den Gewölberäumen oder im Hof des alten Herrenhauses. Gegrilltes und gebratenes Fleisch dominieren die Speisekarte. Es gibt eine lange Liste mit einigen der besten griechischen Weine. Aufmerksamer Service, blitzsauberes Interieur.

RÉTHYMNO Veneto €€€€

Epimenidou 4 28310 56634

Das Speiserestaurant gehört zu Réthymnos schickstem Designer-Hotel und darf sich brüsten, einige der besten griechischen Weine auszuschenken. Zu den elegant zubereiteten Speisen zählen Lamm in Weinblättern, Sepia-Spaghetti, Garnelen in Safransauce und würzige Hackbällchen. Tische drinnen und draußen. Nov–Apr geschlossen.

SITEÍA Zorbas €€

Hafenfront, Siteía 28430 22689

Diese traditionelle Taverne direkt am Hafen wird wegen ihrer schönen Lage und des guten Essens aufgesucht. Zur Auswahl stehen die üblichen Grill- und Fischgerichte, *mousaká* aus dem Ofen, Bohnen und Salat. Es gibt aber auch Teureres wie Hummer, Oktopus und *barboúnia* (Meerbarbe). Vernünftige Auswahl lokaler Weine.

VAMOS Sterna tou Bloumofisi €€

Vamos 28250 22932

Vielleicht der beste Ort auf Kreta, um kretisch zu essen. Angeboten werden Schnecken, geschrotete Saubohnen, wilde Artischocken, Tintenfisch in Fenchel, Hahn in Wein, Hase aus dem Ofen, Ziege und Hühnchen. Die authentische Taverne stammt aus dem 19. Jahrhundert. Feine Weinauswahl. Dez–Feb geschlossen.

Athen

EKALI Wine Bar 103 €€€€€

Thisseos 103, 14565 21062 60400

Die moderne, französisch beeinflusste Küche in diesem Restaurant liegt im Trend. Kein Wunder, finden Sie es doch in Athens neuestem »In«-Hotel im aufstrebenden Vorort Ekali. Die Speisekarte wird hier von den griechischen Jahreszeiten diktiert. Man schenkt ausgezeichnete heimische wie importierte Weine aus. So; Mo abends geschlossen.

GAZI Brothel €€€€

Orpheos 33 und Dekeleon, 11853 21034 70505

In diesem Bar-Restaurant im lebhaften, ehemaligen Industrieviertel Gazi (Gaswerk) tobt das (Nacht-)Leben. Entsprechend treffen sich hier vor allem die jungen Athener, denen das rot-schwarze »Gothic«-Dekor sichtlich gefällt. Wer es ruhig mag, meidet den Ort besser. Einfallsreiche Speisekarte. Juni–Aug geschlossen.

KIFISSIÁ Vardis €€€€€

Pendelikón Hotel, Diligiannis 66, Kifissiá, 14562 21062 30650

Wenn Sie in diesem Hotelrestaurant im exklusiven Vorort Kifissiá zu essen planen, sollten Sie sich chic anziehen. Vardis ist eines der wenigen mit Michelin-Stern ausgezeichneten Lokale Griechenlands. Man kocht zeitgenössisch französisch mit griechischem Kniff und verwendet nur beste regionale Zutaten. Mittags und Sonntag geschlossen.

KOLONÁKI Le Grand Balcon €€€€€

St George Lycabettus Hotel, 10675 21072 90711

Ein Besuch von Le Grand Balcon, dem Dachrestaurant und der -bar des St George Lycabettus Hotel, lohnt schon allein wegen der Sicht über Athen bei Nacht. Das Essen ist gut, die Weinkarte hält ein paar bessere Tropfen der neu entstehenden bzw. im Umbruch befindlichen heimischen Sorten und Lagen bereit. Gute Cocktails.

Preiskategorien *siehe S. 330* **Zeichenerklärung** *siehe hintere Umschlagklappe*

LYKAVITTÓS Orizontes Lykavittou €€€€€

Lofos Lykavittou, 10673 ☎ 21072 27065

Ein hauptsächlich aus Athen stammendes Publikum frequentiert dieses exzellente Restaurant wegen seiner modernen Küche und dem guten Weinangebot. Der Service ist aufmerksam (und mehrsprachig), das Essen zeitgemäß mediterran. Wundervoller Blick über die Stadt entsprechend der Lage auf dem Lykavittós-Hügel.

MAKRIGIANNI Strofi €€€

25 Rovertou Galli, 11742 ☎ 21092 14130

Die Aussicht von hier ist umwerfend, vor allem nachts, wenn man beim Essen auf die beleuchteten Säulen der Akropolis schaut. Gutes, solides traditionelles griechisches Essen und flinker Service. Rechtzeitige Reservierung wird empfohlen, vor allem an Sommerabenden. Mittags und Sonntag geschlossen.

MONASTIRÁKI Ydria €€€

Adrianoú 68, Ecke Aiólou, 10555 ☎ 21032 51619

Gleich um die Ecke vom Turm der Winde erweist sich das quirlige Café als beste Wahl unter den vielen Lokalen des Platzes. Besonders im Freien sitzt man sehr angenehm im Schatten der Maulbeerbäume. Die Karte bietet zahlreiche Grillgerichte, aber am meisten geschätzt werden der Kaffee, die Kuchen und die Cocktails.

MONASTIRÁKI To Koutí €€€€

Adrianoú 23, 10555 ☎ 21032 13229

Wenige Schritte vom Flohmarkt ist dies ein schönes Plätzchen für eine Mahlzeit, einen Snack oder auch nur einen Kaffee. Man sitzt im Freien oder im Innern eines charmanten alten Gebäudes an Marmortischen mit Blick auf zart getünchte Wände. Salate und gegrillte Fleischspeisen sind der Hit in dem Lokal, in dem sich tagsüber gut relaxen lässt.

OMÓNOIA Ideal €€€

Panepistemiou 46, 10678 ☎ 21033 03000

Hier erwarten den Gast ein prachtvolles Art-déco-Interieur sowie eine Speisekarte mit internationalen Standardgerichten und griechischen Klassikern wie Milchkalb mit Auberginen, gefüllte Zucchini und Artischocken in Zitronenjus. Das Ideal ist seit seiner Eröffnung 1922 eine feste Größe in Omónoia. Sonntags geschlossen.

PANGRÁTI Spondi €€€€€

Pyrronos 5, 11636 ☎ 21075 20658

Dieses mit einem Michelin-Stern ausgezeichnete Restaurant kombiniert griechische und französische Produkte und Einflüsse zur schmackhaften Fusionsküche. Die Speisekarte wechselt mindestens zweimal im Jahr, die Weinkarte kann sich sehen lassen. Im Sommer Tische im Freien. Sehr stilvoll. Reservierung empfohlen. Nur abends geöffnet.

PLÁKA Scholarchio €

Tripodon 14, 10558 ☎ 21032 47605

Eine preiswerte und fröhliche, zweistöckige *ouzerí-mezedopoleío*, die Sie in einer Fußgängerzone unter der Akropolis finden. Das Essen ist bodenständig und wird auf traditionelle Art serviert – man wählt seine Speise vom Tablett des Kellners. Tische innen und auf der schattigen Terrasse mit schönem Blick.

PLÁKA Klimataria €€

Klepsydras 5, 10558 ☎ 21032 11215

Die rustikale Taverne in unmittelbarer Nähe zur Akropolis präsentiert sich im Stil der 1960er Jahre. Sie bietet typische Gerichte wie *mousaká* und *tzatzíki* sowie langsam gegarte Fleischgerichte. Das Brot wird hier noch selbst gebacken. Am Wochenende erklingt Gitarren- und Akkordeonmusik. Die Einheimischen singen auch gerne mal mit.

PLÁKA O Damigos €€

Kydathinaion 41, 10558 ☎ 21032 25084

Eine Institution in Pláka. Das altehrwürdige Kellerrestaurant, das sich unter der Bar versteckt, ist berühmt für Kabeljau und Fritten, nach Athener Art mit *skordaliá* (zerstampftem Knoblauch) serviert. Heruntergespült wird das Essen mit kräftigem Retsina vom Fass. Antike Steinsäulen stützen die Decke. Mittags geschlossen.

PLÁKA Daphne's €€€€€

Lysikratous 4, 10557 ☎ 21032 27971

Ein elegantes, repräsentatives Restaurant, Ziel vieler Berühmtheiten, darunter zahlreiche Politiker. Die Wände zieren farbenfrohe Fresken, Sitzgelegenheiten gibt es innen und im Hof. Halten Sie sich an die einfacheren Gerichte wie Fleisch oder gegrillten Fisch. Viele heimische Weine. Mittags geschlossen.

THISEÍO Abibagio €€

Iraklidon 3, 11851 ☎ 21034 26794

Eines von Athens besten *Mezedopoleío*-Restaurants. Hier können Sie aus Dutzenden kleiner Gerichte auswählen, von sechs verschiedenen Käsesorten über gesalzene, eingelegte Sardellen und Heringe bis hin zu Gemüsegerichten und Dips wie *taramasaláta*, Hummus, *fáva* und *tzatzíki*. Ouzo, Bier und Retsina sind besonders angesagt.

THISEÍO Pil Poul €€€€€

Ecke Apostolou Pavlou und Poulopoulou, 11851 ☎ 210 342 3665

In einer neoklassizistischen Villa der 1920er Jahre residiert das Pil Poul. Mediterrane Küche mit französischem Einfluss bestimmt die Karte. Der herrliche Akropolis-Blick von der Dachterrasse lockt die Menge in dieses geschäftige und teure Restaurant. Ziehen Sie sich chic an, vergessen Sie nicht zu reservieren. Mittags, So, Mai geschlossen.

SHOPPING

Shopping kann auf den Griechischen Inseln recht unterhaltsam sein, vor allem, wenn man die Waren direkt beim Erzeuger kauft. In den Dörfern ist das (Kunst-)Handwerk heute eine wichtige Einnahmequelle. Hier kann man oft bei der Herstellung von Stickereien, Spitze und Keramik zusehen. Abgesehen von diesen Produkten und den auf den Inseln erzeugten Lebensmitteln sind fast alle anderen Güter Importware und deshalb etwas teurer. Auf den örtlichen Märkten macht das Einkaufen am meisten Spaß.

Honig aus Évia

Olivenholzschüsseln und andere Souvenirs aus der Altstadt von Korfu

In größeren Städten findet der Markt an jedem Tag der Woche in einem anderen Stadtteil statt. Er beginnt meist früh am Morgen. Rechtzeitig zur Siesta, so gegen 13.30 oder 14 Uhr, werden die Waren dann wieder eingepackt.

Die Preise auf den Märkten sind im Allgemeinen niedriger als im Supermarkt. In vielen Fällen haben Sie sogar die Möglichkeit, den Preis noch etwas herunterzuhandeln.

MEHRWERTSTEUER

Auf die meisten Produkte (außer Lebensmittel) und Dienstleistungen wird eine Mehrwertsteuer *(Fóros Prostithemémis Axías – FPA)* von 19 Prozent erhoben.

ÖFFNUNGSZEITEN

Die Öffnungszeiten griechischer Läden sind alles andere als einheitlich. Von zahlreichen Ausnahmen abgesehen, haben Läden und Boutiquen meist am Montag, Mittwoch und Samstag von 9 bis 14.30 Uhr, am Dienstag, Donnerstag und Freitag von 9 bis 14 Uhr sowie von 17 bis 20 Uhr geöffnet. Supermärkte, die man außer in den kleinsten Dörfern überall findet, sind oft Familienbetriebe und in der Regel von Montag bis Samstag von 8 oder 9 bis 20 oder 21 Uhr geöffnet. In den meisten Ferienorten kann man auch sonntags einkaufen. Kioske *(períptero)*, die es in fast jeder Stadt gibt, haben von ungefähr 7 bis 23 Uhr oder auch bis Mitternacht geöffnet und verkaufen alles – vom Aspirin über Zeitungen bis zum Eis. Hier findet man auch oft die bekanntesten ausländischen Tageszeitungen *(siehe S. 361)*.

MÄRKTE

In den meisten Ortschaften gibt es einen Wochenmarkt *(laïki agorá)*, auf dem Obst und Gemüse, Kräuter, Fisch, Fleisch und Geflügel verkauft werden. Oft finden Sie daneben Stände mit Schuhen, Stoffen, Haushaltswaren und sogar diversen Elektrogeräten.

Korb mit Kräutern und Gewürzen auf einem Markt in Iráklio (Kreta)

LEBENSMITTEL UND GETRÄNKE

Pistazien, Oliven und Olivenöl, Kräuter und Gewürze gehören zu den beliebtesten kulinarischen Mitbringseln von den Griechischen Inseln. Zu den guten Käsesorten zählen der salzige *feta* und der süße kretische *anthótyro*. Eine riesige Auswahl an Kuchen und Keksen gibt es im *zacharoplasteío* (Konditorei) zu kaufen.

Griechenland ist auch bekannt für seine Weine und Spirituosen, z. B. für den Weinbrand Metaxa, Ouzo (Anisbranntwein), Retsina (geharzter Wein) und den auf Kreta beliebten Schnaps Raki.

ANTIQUITÄTEN UND AUSFUHRBESTIMMUNGEN

Antiquitäten aus der Zeit des klassischen griechischen Altertums sind in aller Welt sehr begehrt. Allerdings ist es für Privatpersonen beinahe unmöglich, echte Antiquitäten in Griechenland zu kaufen. Ensprechend ihrer Seltenheit sind sie unglaublich teuer. Zudem stellen die zuständigen Behörden hohe Hürden. Der Erwerb und die Ausfuhr von Antiquitäten sind nur mit einer Genehmigung des Kulturministeriums zulässig. Eine solche Genehmigung bekommt man ohne Beziehungen so gut wie nie. Renommierte Antiquitätenläden, die kostbare Stücke führen, findet man vor allem in der Hauptstadt Athen, auf den Inseln hingegen gibt es nur wenige gute Händler. Auf dem unerlaubten Besitz archäologischer Gegenstände und dem Versuch ihrer Ausfuhr drohen hohe Strafen.

Souvenirs

Traditionelles Kunsthandwerk ist ein typisches, aber nicht unbedingt billiges Souvenir aus Griechenland. Die Auswahl ist groß, angefangen mit Goldreproduktionen antiker Stücke bis zu rustikalen Töpfen, Holzlöffeln und Sandalen. Die Insel Kreta ist vor allem bekannt für ihre Lederwaren. In der Stadt Chaniá *(siehe S. 252f)* findet ein großer Ledermarkt statt. Berühmte Keramik wird auf Kreta, Lésbos und Sífnos hergestellt. In vielen Dörfern auf den Griechischen Inseln fertigt man farbenprächtige Stickereien (*kéntima*) und Wandbehänge. Ein beliebtes Mitbringsel sind auch die dicken *Flokáti*-Teppiche aus Schaf- oder Ziegenwolle, die jedoch eher in den Gebirgsregionen des Festlands als auf den Inseln gewoben werden. Auf den kleineren Inseln verdienen sich die einheimischen Familien im Sommer nicht selten mit in Heimarbeit gefertigtem Kunsthandwerk einen Großteil ihres Jahreseinkommens. Wenn man auf dem Dorf einkauft, kann man durch faires Handeln manche Waren günstiger erstehen.

Teppich aus Anógeia auf Kreta

Goldschmuck *ist in größeren Städten erhältlich. Juweliere wie Lalaounis glänzen mit modernem Design, während man in Museumsläden Reproduktionen findet.*

Ikonen, *Miniaturen oder riesige Gemälde, werden in Läden und Klöstern verkauft. Die besten und teuersten entstehen unter Verwendung uralter Techniken und traditioneller Materialien.*

Kunstvolle Gebrauchsgegenstände *wie diese Holzlöffel werden in traditionellen Kunsthandwerksläden angeboten. Wie bei diesen Beispielen entstehen in Handarbeit Formen und Figuren aus dem stark gemaserten Olivenholz.*

Kombolóï, *die weitverbreiteten »Betperlen«, werden zur Entspannung gezählt. Man findet sie in Souvenir- und Schmuckläden.*

Küchenutensilien *bekommt man auf Märkten und in Fachgeschäften. In dieser Kupferkanne* (mpríki) *wird griechischer Kaffee zubereitet.*

Lederwaren *sind überall erhältlich. Taschen, Rucksäcke und Sandalen sind hochwertige Souvenirs.*

Zierkeramik *gibt es in vielen Formen und Ausführungen. Traditionelles, meist schlichtes Tongeschirr wird im Randgebiet Athens und größerer Inselstädte feilgeboten.*

Themenferien und Aktivurlaub

Wer seinem Urlaub auf den Griechischen Inseln einen speziellen Schwerpunkt, gleichgültig ob kreativer oder sportlicher Art, geben möchte, kann unter zahlreichen organisierten Reisen und aus einem umfangreichen Kursangebot wählen: So können Sie etwa unter kompetenter Führung archäologische Stätten besuchen, Ihre literarischen Fähigkeiten oder Kenntnisse der griechischen Sprache verbessern, die heimischen Weine und die Geheimnisse der regionalen Küchen entdecken, malen oder Ihre eigene Spiritualität erkunden. Auf den Inseln können Sie an den unterschiedlichsten Wanderungen sowie botanischen oder ornithologischen Exkursionen teilnehmen. Informationen über Segeln und Wassersport und die schönsten Strände der Inseln finden Sie auf den Seiten 348f.

Mit dem Roller auf Rhodos unterwegs

Besucher des antiken Theaters von Delos *(siehe S. 218f)*

Studienreisen

Für Freunde der ruhmreichen Antike ist die Fahrt zu berühmten Ausgrabungsstätten unter qualifizierter Führung ein faszinierendes und denkwürdiges Erlebnis. Viele Touren berücksichtigen bei der Fahrt zu antiken Ruinen auch venezianische Festungen, byzantinische Kirchen, Höhlen, archäologische Museen und Klöster. Exkursionen und Studienreisen werden z. B. von den Unternehmen **Dr. Tigges**, **Intercontact**, **Rotala Reisen**, **Studiosus Reisen** und **Xenia Reisen** angeboten. Teil des Programms ist meist auch die Insel Kreta mit ihren vielen Sehenswürdigkeiten.

Kreativurlaub

Für künstlerisch ambitionierte Urlauber ist Griechenland mit seiner eindrucksvollen Landschaft und dem berühmten Licht ein inspirierendes Reiseland. Kurse in kreativem Schreiben, Zeichnen und Malen gibt es in allen Schwierigkeitsgraden. Das **Skýros-Zentrum** *(siehe S. 116)* auf der gleichnamigen Insel bietet im Ort Skýros und dem Dorf Atsítsa Urlaub zur persönlichen Weiterentwicklung oder mit therapeutischer Zielsetzung an (Schwerpunkte sind Schreiben und Malen). **Attika Reisen** und **Behringer Touristik** veranstalten diverse Kreativreisen zu Griechischen Inseln. **Vamos**, nach dem kretischen Dorf benannt, bietet Urlaub in authentischen griechischen Häusern mit Kursen für regionale Küche und traditionelles Kunsthandwerk.

Führung durch die Höhlen bei Psychró (Kreta)

Sprachkurse

Ein Sprache lernt man natürlich dort am besten, wo sie auch gesprochen wird. Im Fall der Griechischen Inseln lässt sich das Nützliche eines Sprachkurses vorzüglich mit dem Angenehmen in Form eines Urlaubs verbinden.

Sprachkurse für Anfänger wie Fortgeschrittene werden z. B. in Límni auf Évia und auf Sýros angeboten. Sie lassen sich über **Omilo** in Athen buchen.

Naturreisen

Die Griechischen Inseln sind reich an Naturschönheiten. Man muss beileibe kein Botaniker oder Vogelkundler sein, um die prächtige, farbenfrohe Flora und Fauna bewundern zu können. Der Frühling, wenn die Wildblumen blühen, ist die beste Zeit zur Naturerkundung. Diese Jahreszeit ist auch ideal zur Beobachtung von Zugvögeln.

Die griechische **Hellenic Ornithological Society** informiert generell über Vogelbeobachtung in Griechenland und auf seinen Inseln.

Meistens sind Abstecher zu historischen oder auch archäologischen Sehenswürdigkeiten, die in der Nähe der Tour liegen, im Programm von Naturreisen inbegriffen.

Spezialisierte Veranstalter wie **AK Pegasus Reisen** oder **Dr. Koch Reisen** bieten Pauschalreisen zur Erkundung der griechischen Pflanzen- und Tierwelt an. Dabei setzen die Anbieter immer mehr auf umweltbewusstes, naturnahes Reisen, was sich nicht zuletzt in der Auswahl der Transportmittel und der Unterkünfte wiederspiegelt.

Detaillierte Informationen über die Tierwelt auf Kreta sowie über weitere Anbieter von Naturreisen finden Sie in diesem Buch auf den Seiten 246f.

Chamäleons leben vor allem auf Kreta

Wandern und Trekking

Die griechische Hügellandschaft ist ein Wanderparadies, vor allem von März bis Juni, wenn die Landschaft grünt und blüht und es noch nicht zu heiß ist. Die Szenerie vieler Inseln bietet Wanderfreunden den idealen Rahmen für ihr Hobby. **Trekking Hellas** veranstaltet Wanderurlaub in den Weißen Bergen Kretas sowie auf den Kykladeninseln Andros und Tínos. **Athenogenes** bietet zudem Urlaub auf Kreta sowie auf Ikaría und Sámos an. **Hauser Exkursionen** veranstaltet Trekking-Touren auf Kreta (Nordküste und Südküste). Auch **TDS Reisen** bietet Urlaube mit dem Schwerpunkt Trekking an, so z.B. auf Ikaría und Pátmos.

Die Wanderreisen des Anbieters **Wikinger Reisen** umfassen Inselhüpfen auf den Kykladen mit Wanderungen auf Tínos, Náxos und Santoríni sowie andere Themenschwerpunkte. Ein weiterer Anbieter von Rundreisen ist **e-kolumbus** mit einem umfangreichen Angebot.

Aufstieg zum Berg Idi im Herzen Kretas

Trekking- und Wanderfreunde, die auf eigene Faust unterwegs sind, finden in *Die Berge Griechenlands* von Georg Sfikas (Verlag Efstathiadis, Athen) hilfreiche Informationen.

Heilbäder

In Griechenland gibt es infolge vulkanischer Aktivität zahlreiche heiße Quellen, weshalb man auf einigen Inseln Heilbäder für Hydrotherapie, Physiotherapie und Hydromassage findet. Die wichtigsten Adressen – unter anderem auf Kos und Nísyros im Dodekanes, auf den Nord-Ägäischen Inseln Ikaría, Lésbos und Límnos sowie auf Zákynthos und der Kykladeninsel Kýthnos – finden Sie in der EOT-Informationsbroschüre *Spas in Greece* (Heilbäder in Griechenland).

Auch einige große Hotels bieten ausgezeichnete Kureinrichtungen an. Die renommiertesten Häuser findet man vor allem in Eloúnta *(siehe S. 278)* auf Kreta sowie auf den bekannten Ferieninseln wie Mýkonos und Santoríni.

Kreuzfahrten und Bootsausflüge

Herrliche Natur und faszinierende Geschichte machen eine Kreuzfahrt in Griechenland zu einem entspannenden und interessanten Erlebnis. In den Reisemonaten zwischen April und Oktober reicht die Palette von der Luxuskreuzfahrt bis zu kleineren Bootsausflügen. Kreuzfahrten an Bord großer Luxusliner mit entsprechendem Service, die im Rahmen längerer Reisen von Italien in den Nahen Osten oder zum Schwarzen Meer auch die Griechischen Inseln ansteuern, können Sie über Veranstalter wie **Xenia Reisen** oder **Royal Olympic Cruises** in Athen buchen. Ihr Programm richtet sich auch an Kulturinteressierte, mit Vorträgen von Experten und geführten Ausflügen auf den Inseln.

Das Angebot an Bootsverbindungen ist überaus reichhaltig. Von Ferienzentren aus werden auch zahlreiche kürzere Bootsfahrten zu nahe gelegenen Inseln und Sehenswürdigkeiten angeboten. Diese Fahrten bucht man am besten vor Ort bei Veranstaltern wie **Alpha Yachting**, **Dolphin Hellas Travel & Tourism**, Ghiolman Yachts, Travel for Everyone oder **Viking Yacht Cruises**.

Boot für Tagesausflüge im Hafen von Mandráki, Rhodos

Radfahren und Mopeds

Für den kleinen Ausflug auf der Ferieninsel kann man in der Regel problemlos ein Fahrrad im Hotel oder bei Verleihfirmen mieten. Das Angebot reicht vom normalen Rad bis zum technisch hochgerüsteten Mountainbike für ambitioniertere Fahrer. Vor allem Kreta und Kefalloniá sind bei Bikern sehr beliebt und bieten entsprechendes Gelände.

Selbst im kleinsten Ort findet sich eine Verleihfirma, die laute Mopeds, Motorroller und auch große Motorräder anbietet.

Mopeds sind preiswert und ein bequemes Transportmittel, das vor allem viel Unabhängigkeit verschafft. Gleichwohl sollte man als Fahrer genügend Vorsicht walten lassen, vor allem, wenn man normalerweise andere Verkehrsmittel benutzt. Einige Tourveranstalter raten sogar von der Anmietung ab, da die Straßenverhältnisse auf den Inseln nicht immer die besten sind. Tiefe Schlaglöcher und Schotterstraßen fordern vom Fahrer in der Tat größte Aufmerksamkeit. Griechische Autofahrer zeigen häufig wenig Rücksicht auf Modeds im Straßenverkehr. Die Küstenstraßen sind mitunter sehr kurvig und deshalb unübersichtlich. Mit Gegenverkehr, der das Einhalten der Geschwindigkeitsbegrenzungen oder das Fahren in den Grenzen der Fahrbahn recht großzügig interpretiert, ist jederzeit zu rechnen.

Reiten

Wer hoch zu Pferd die Griechischen Inseln erkunden möchte, kann dies unter kompetenter Anleitung tun. Am besten erkundigt man sich im Hotel oder in kleinen Ortschaften, wo jeder jeden kennt, nach Anbietern. Vor allem auf Kefalloniá gibt es einige Veranstalter, die auch lange Ausritte ans Meer organisieren. Das gebirgige Kreta ist ein beliebtes Reiseziel für Reiter, worauf sich viele Veranstalter vor Ort eingestellt haben. Auf Korfu hat **Equitour** bei den Stallungen von Vassilika in der Rópa-Ebene *(siehe S. 82)* eine Basis, vor der Ausflüge organisiert werden können.

Golf und Tennis

In der Rópa-Ebene auf Korfu gibt es einige der schönsten Golfplätze Europas, die man auch als Gast nutzen kann. Entweder man fragt vor Ort im Clubhaus nach den Konditionen, oder man lässt von einem spezialisierten Veranstalter eine Golfreise organisieren.

Ansonsten gibt es auf den Griechischen Inseln nicht eben viele Golfplätze. **Golf Afandou** bei Afántou auf Rhodos verfügt über einen 18-Loch-Platz. Auf Kreta gibt es zwei Golfplätze: Der **Crete Golf Club** residiert in Chersónisos, während der Golfplatz Porto Elounda in der Hotelanlage des **Porto Elounda Resort** angesiedelt ist.

Weitere Informationen zu den genannten und zu allen anderen Plätzen (auf dem Festland) erhalten Sie bei der **Hellenic Golf Federation**.

Tennisspieler werden auf der Suche nach Tennisplätzen vor allem in den größeren Hotelanlagen fündig. Wer plant, während des Urlaubs öfter ein Match zu spielen oder gar seine Rückhand von einem Lehrer verbessern zu lassen, sollte sich in einem Hotel mit Tennisplatz einquartieren. Als Tagesgast hat man bei der Platzbuchung gegenüber Hotelgästen immer die Nachsicht. Die wenigen öffentlichen Plätze sind oft nicht sehr gepflegt. Das Hotel Portomyrina auf Límnos verfügt über drei Plätze, auf denen zwei Lehrer unterrichten.

Nacktbaden

Nacktbaden ist in Griechenland ausschließlich an entsprechend ausgewiesenen Stränden erlaubt. Allerdings entledigen sich viele Urlauber an den unzähligen entlegenen Stränden und Buchten der Griechischen Inseln gerne all ihrer Kleider. Sofern die Strände wirklich abgeschieden und wenig einsehbar sind, stellt dies meist auch kein Problem dar.

Auf den Griechischen Inseln gibt es ein ausgewiesenes Nudistenhotel, das **Vritomartis Hotel** bei Sfakiá an der Südküste von Kreta. Die Anlage ist bezaubernd. Das Hotel begrüßt durchaus auch Gäste, die nicht wegen des Nacktbadens kommen, zumal die Nudisten ihrer Leidenschaft nur am Swimmingpool und am Strand frönen, nicht aber im Hotel selbst.

Essen und Wein

Im Mittelalter wurde in Griechenland der beste Wein produziert. Nach einer langen wenig inspirierten Zeit schicken sich seit einigen Jahren junge tatkräftige griechische Winzer an, den Ruf Griechenlands als erstklassiges Weinland wieder herzustellen.

Tatsächlich hat Griechenland mehr als 150 autochthone Rebsorten, die in dem vergleichsweise milden Mittelmeerklima optimal reifen können. Einige Winzer haben diese zum Teil uralten Rebsorten wiederentdeckt und kultiviert. Die internationalen Weinexperten sind sich sicher: Der griechische Wein wird in den nächsten Jahren von sich reden machen. Auf Kreta und Santoríni sind schon heute einige überraschend gute Tropfen zu genießen.

Die Weingüter auf den Inseln öffnen für interessierte Besucher gerne ihre Pforten. Viele Winzer bieten gegen eine angemessene Gebühr Verkostungen an, häufig verbunden mit einer Führung durch die Weinberge und die Keller. Auch für einen Snack wird meist gesorgt.

Das Interesse an griechischer Küche ist seit Langem groß, zumal die Zubereitung von schmackhaften Speisen meist nicht sonderlich schwierig ist. Es gibt mittlerweile zahlreiche Veranstalter – in Griechenland selbst wie im deutschsprachigen Raum –, die Ferien in Verbindung mit einem Kochkurs anbieten. Oft werden dabei Führungen über Lebensmittelmärkte, Kochkurse und Verkostungen auf Weingütern kombiniert.

Auf einen Blick

Studienreisen

Dr. Tigges
Holzkoppelweg 19,
24118 Kiel.
0431-544 60.
www.drtigges.de

Intercontact
In der Wässerscheid 49,
53424 Remagen.
02642-200 90.
www.ic-gruppenreisen.de

Rotala Reisen
Ahrstraße 12,
53474 Bad Neuenahr.
02641-947 70.
www.rotala.de

Studiosus Reisen
Riesstraße 25,
80992 München.
089-50 06 00.
www.studiosus.com

Xenia Reisen
Schillerstraße 17,
80336 München.
089-55 52 44.

Kreativurlaub

Attika Reisen
Sonnenstraße 3,
80331 München.
089-54 55 51 00.
www.attika.de

Behringer Touristik
Robert-Bosch-Straße 12,
35398 Gießen.
0641-968 10.
www.behringer-touristik.de

Vamos
Hindenburgstraße 27,
30175 Hannover.
0511-400 79 90.
www.vamos-reisen.de

Sprachkurse

Omilo
P.O. Box 61070,
15101 Maroussi, Athen.
210 612 2896.
www.omilo.com

Naturreisen

AK Pegasus Reisen
Uhlandstraße 33,
73734 Esslingen.
0711-365 52 46.
www.griechenlandreisen.net

Dr. Koch Reisen
Am Stadtgarten 9,
76137 Karlsruhe.
0721-151 151.
www.dr-koch-reisen.de

Hellenic Ornithological Society
Vasileos Irakleiou 24,
10682 Athen.
210 822 7937.
www.ornithologiki.gr/en/enmain.htm

Wandern und Trekking

Athenogenes
Plateía Kolonakíou 18,
10673 Athen.
210 361 4839.

e-kolumbus
Taunusstraße 21,
60329 Frankfurt.
0800 1492 1492.
www.e-kolumbus.de

Hauser Exkursionen
Spiegelstraße 9,
81241 München.
089-235 00 60.
www.hauser-exkursionen.de

TDS Reisen
Müllerstraße 47,
80469 München.
089-260 94 18.
www.tdsreisen.de

Trekking Hellas
Rethimnou 10,
10682 Athen.
210 331 0323.
www.trekking.gr

Wikinger Reisen
Kölner Straße 20,
58135 Hagen.
02331-90 46.
www.wikinger-reisen.de

Kreuzfahrten und Bootsausflüge

Alpha Yachting
Posidonos 67, Glyfáda,
16675 Athen.
210 968 0486.
www.alphayachting.com

Dolphin Hellas Travel & Tourism
Syngrou 16,
11742 Athen.
210 922 7772.
www.dolphin-hellas.gr

Odyssey Sailing Greece
Antonopoulo 158D,
38221 Volos.
24210 36676/58116.
www.odysseysailing.gr

Royal Olympic Cruises
Aktí Miaoúli 87,
18538 Piräus.
210 429 1000.
www.royal-olympic-cruises.com

Viking Yacht Cruises
Athen.
210 898 0792.
www.vikings.gr

Xenia Reisen
Schillerstraße 17,
80336 München.
089-55 52 44.

Reiten

Equitour
Herrenweg 60,
CH-4123 Allschwil.
061-303 31 01 (Schweiz).
0800 505 18 01 (Deutschland, gebührenfrei).
www.reiterreisen.com

Golf und Tennis

Crete Golf Club
P.O. Box 106,
70014 Chersónisos,
Kreta.
28970 2600.
www.crete-golf.com

Golf Afandou
Afántou-Bucht, Rhodos
22410 51451.
www.afandougolfcourse.com

Hellenic Golf Federation
P.O. Box 70003,
Glyfáda.
210 894 1933.
www.hgf.gr

Porto Elounda Resort
Elounda, Kreta 72053
28410 41903.
www.portoelounda.gr

Nacktbaden

Vitromatis Hotel
Chora Sfakion,
Kreta.
282 509 1112.
www.vritomartis.gr

Strände und Wassersport

Es verwundert nicht, dass Wasserratten Griechenland lieben: Es gibt mehrere Hundert Inseln, kristallklares Wasser und Strände jeder Art. Schwimmen kann man fast das ganze Jahr über, doch die eigentliche Wassersportsaison reicht von Ende Mai bis Oktober. In den größeren Ferienzentren werden alle Wassersportarten angeboten, die Mietgebühren für ausgeliehenes Equipment sind recht moderat. Wenn Sie es ruhiger angehen lassen möchten, können Sie sich zum Entspannen einen der zahlreichen Inselstrände aussuchen.

Schutz vor Hitze: Sonnenschirm

Flaggen von Reiseunternehmen am »Golden Beach« von Páros

Strände

Die Griechischen Inseln weisen die unterschiedlichsten Strände auf, von Kies und Vulkangestein über Schotter bis hin zu feinem Sand. Sandstrände gibt es hauptsächlich auf den Kykladen und den Ionischen Inseln (die schönsten jeweils an der Südküste). Auf Kreta findet man überwiegend, wenngleich nicht ausschließlich, Sandstrände. Die Nordost-Ägäischen Inseln, die Sporaden und der Dodekanes verfügen sowohl über Sand- als auch Kiesstrände. Einige winzige Inseln wie Chálki und Kastellórizo haben nur sehr wenige oder gar keine Strände, dafür oft kristallklares Wasser, das zum Schnorcheln einlädt. Jeder Strand mit einer blauen Flagge (die alljährlich von der Griechischen Gesellschaft für Naturschutz zusammen mit der EU verliehen wird) lässt sein Wasser garantiert alle 15 Tage auf Reinheit untersuchen und erfüllt zudem etliche andere Umweltkriterien. Diese Strände zählen zu den schönsten und kindersichersten, sind jedoch oft überfüllt. Auch die Strände, die in den jeweiligen Einträgen dieses Führers empfohlen werden, sind einen Besuch wert. Der Hauptstrand neben einem Inselhafen steht bisweilen unter der Leitung des EOT. Er ist sauber und bietet Duschen, kostet dafür jedoch Eintritt. Oben-ohne-Baden ist weitverbreitet, Nacktbaden mit wenigen Ausnahmen (aber generell in Blickweite einer Kirche) offiziell verboten.

Sprungturm an einem Strand von Rhodos

Die griechischen Küsten ermöglichen grundsätzlich einen sicheren Badegenuss, allerdings gibt es praktisch nirgends eine Wasserwacht oder ähnliche Sicherheitsdienste. Pro Jahr sind leider einige Todesfälle zu verzeichnen, vor allem an stürmischen Tagen, wenn die See rau ist und tückische untermeerische Strömungen starke Turbulenzen auslösen können.

In der Nähe von Stränden sind Haie und Stachelrochen sehr selten. Relativ weit verbreitet sind jedoch Seeigel und Quallen. Der Kontakt mit diesen Tieren ist meist schmerzhaft, aber nicht sonderlich gefährlich.

Wassersport

Angesichts der insgesamt überaus langen Küste gibt es unzählige Wassersportmöglichkeiten. Windsurfen ist sehr beliebt. Besonders geeignet hierfür sind die Ionischen Inseln Korfu, Lefkáda und Zákynthos, Lésbos und Sámos in der Nordägäis, Kos im Dodekanes, die Kykladeninsel Náxos und Kreta. Die **Hellenic Water-ski Federation** liefert die besten Informationen. Für Wasserski oder Jet-Skiing bezahlt man etwas mehr, in den größeren Ferienzentren wird inzwischen auch Parasailing angeboten. Dort, wo man sich Ausrüstung leihen kann, werden meist auch Kurse angeboten.

Urlauber erlernen die Kunst des Windsurfens

Verleih für Wassersportausrüstung (Rhodos)

Tauchen und Schnorcheln

Im erstaunlich klaren Wasser des Mittelmeers und der Ägäis sind eine herrliche Unterwasserwelt und antike Überreste zu bestaunen. Schnorcheln *(siehe S. 24f)* kann man fast überall an der Küste, Gerätetauchen unterliegt jedoch strengen Beschränkungen. Spezielle Zonen gibt es um Kreta, Rhodos, Kálymnos und Mýkonos sowie rund um die meisten Ionischen Inseln. Beim EOT erhalten Sie eine Liste, die alle Zonen aufführt, in denen mit Gerät getaucht werden darf, oder schreiben Sie an das **Department of Underwater Archaeology** in Athen. Wo auch immer Sie schnorcheln oder tauchen: Es ist streng verboten, antike Fundstücke mitzunehmen oder auch nur zu fotografieren.

Segeln

Ein Segelurlaub kann bei Yacht-Charterfirmen innerhalb und außerhalb Griechenlands gebucht werden. Die Saison dauert von April bis Ende Oktober oder Anfang November, das Angebot ist vielfältig. Es gibt vier Kategorien von Boots-Charter: einfache Boots-Charter ohne Skipper oder Crew für jedermann mit Segelerfahrung (wenden Sie sich an die **Hellenic Professional and Bareboat Yacht Owners' Association**). Der Crew-Charter reicht vom Skipper, Assistenten oder Koch bis hin zu einer Yacht mit voller Crew. Wer innerhalb einer Flotille aus meist sechs bis zwölf Booten eine Yacht chartert, kann einerseits unabhängig segeln, andererseits über

Teilnehmer eines Segelkurses

Funk den Rat des Führungsboots einholen. **Sun Yachting Germany**, **Maestros Yachting** und **B+R Yachting** bieten Segeltörns und Yacht-Charter an. Weitere Auskünfte erteilt die **Hellenic Yachting Federation** in Piräus.

Ein Segeltörn vor der griechischen Küste

Auf einen Blick

Organisationen

Department of Underwater Archaeology
Kallispéri 30, 11742 Athen.
210 924 7249.

Greek Yacht Brokers' and Consultants' Association
Marina Zeas, 18536 Piräus.
210 453 3134.

Hellenic Professional and Bareboat Yacht Owners' Association
Marina Zeas, 18536 Piräus.
210 452 6335
oder 210 428 0465.

Hellenic Water-ski Federation
Leofóros Possidónos,
16777 Athen.
210 994 4334.

Hellenic Yachting Federation
Possidónos 51, Piräus.
210 940 4828.

Yacht-Charter

B+R Yachting
Kiefernsteg 6,
14532 Stahnsdorf bei Berlin.
03329-690 10.
www.bur-yachting.de

Maestros Yachting
Meierfeldstraße 12,
92237 Sulzbach-Rosenberg.
09661-94 11.
www.maestros-yachting.de

Sun Yachting Germany
Waldenserstraße 7,
10551 Berlin.
030 395 70 96.
www.syg.de

Variety Cruises
Syngrou 214–216,
17672 Athen.
210 691 9191.
www.varietycruises.com

GRUND-INFORMATIONEN

Praktische Hinweise

Griechenland steht für kulturellen und sinnlichen Genuss. Die Schönheit des Landes, das heiße Klima, das warme Wasser sowie das Savoir-vivre der Einheimischen bürgen für einen entspannten Urlaub. Es zahlt sich jedoch aus, die Eigenheiten des griechischen Lebens zu kennen, um unnötigen Frust zu vermeiden: Wann soll man reisen? Was mitbringen? Wie bereist man das Land? Und was tut man, wenn etwas schiefgeht? Griechenland ist längst nicht mehr das besonders preiswerte Urlaubsland, wenngleich öffentliche Transportmittel, Mietwagen, Restaurants und Hotels immer noch günstig sind. Die Büros des EOT *(siehe S. 354)* beraten Sie eingehend über die praktischen Aspekte Ihres Aufenthalts.

Soldat in Galauniform

Reisezeit

Zur Hauptsaison, Ende Juni bis Anfang September, ist es auf den Griechischen Inseln heiß *(siehe S. 51)*, teuer und zudem überlaufen. Die kältesten und feuchtesten Monate sind Dezember bis März. Dann verkehren Transportmittel nur eingeschränkt, viele Hotels und Restaurants sind geschlossen.

Der Frühling, vor allem die Zeit von Ende April bis Mai, ist mit die schönste Reisezeit: Es ist sonnig, aber noch nicht glühend heiß, man begegnet nur wenigen Urlaubern, und die Landschaft erstrahlt in den intensiven Farben der Wildblumen sowie in frischem, kräftigem Grün.

Reisegepäck

In Griechenland bekommen Sie alles, was Sie für das tägliche Leben brauchen. Medikamente und eine gute Straßenkarte Ihrer Zielregion *(siehe S. 370)* sollten Sie besser bereits zu Hause besorgen, sicherheitshalber auch Mückenschutz sowie eine Sonnencreme mit hohem Lichtschutzfaktor.

Neben der Badekleidung benötigen Sie in der Regel nur leichte Kleidung. Abends, wenn es vor allem außerhalb der Hauptsaison merklich kühler wird, sind eine Jacke oder ein Pullover empfehlenswert. Im Winter und Frühling sollten Sie nicht auf Regenschutz und warme Kleidung verzichten.

In religiösen Gebäuden sollten Sie sich an die Bekleidungsvorschriften halten – sie sind meist auf einem Schild zu lesen *(siehe S. 355)*.

Passkontrolle an einem Flughafen

Reisedokumente

Griechenland gehört als EU-Land zum Schengen-Raum. Bürger aus der EU brauchen bei der Einreise keinen Ausweis mehr vorlegen. Ein Reisepass oder Personalausweis muss freilich mitgeführt werden. Der deutsche Kinderausweis wird anerkannt, der Eintrag des Kindes in den Reisepass eines Elternteils ist ohne Lichtbild bis zum 10. Lebensjahr ausreichend. Wer länger als drei Monate im Land bleiben will, muss beim **Ausländeramt** in Athen oder in entlegenen Gegenden bei der Polizei eine Aufenthaltserlaubnis beantragen. Nicht-EU-Bürger müssen bei der Einreise einen Personalausweis vorlegen. Wer in Griechenland arbeiten oder studieren möchte, sollte sich im Voraus bei einem griechischen Konsulat erkundigen.

Strandleben im Hochsommer

Zoll

Für Besucher aus der EU gibt es keine Zollkontrollen oder Einreiseformalitäten. Dies betrifft auch die Einfuhr von Waren wie Alkohol, Parfüm und Tabak. EU-Bürger können größere Mengen dieser Waren einführen, solange sie für den persönlichen Gebrauch bestimmt sind.

Ausgenommen von der freien Ein- und Ausfuhr sind verbotene Waren wie Drogen oder Waffen und Munition. Auch die nicht genehmigte Ausfuhr von Antiquitäten und archäologischen Kunstwerken gilt als schwerer Verstoß. Die Strafen reichen von hohen Geldbußen bis hin zu Gefängnisstrafen. Wer rezeptpflichtige Medikamente einführt, sollte gegebenenfalls eine Rezeptkopie vorlegen können.

Für die Mitnahme von Hunden und Katzen benötigt man den EU-Heimtierausweis, der von Tierärzten ausgestellt wird. Er bescheinigt, dass das Tier ausreichend geimpft ist.

◁ **Fischer in Skála Sykaminiás auf Lésbos *(siehe S. 141)***

Ankunft einer Familie am Flughafen

Mit Kindern reisen

Kinder sind bei den Griechen sehr beliebt und praktisch überall willkommen. Die meisten Hotels bieten auf Anfrage Babysitterdienste an. Erkundigen Sie sich vor der Buchung *(siehe S. 299)*.

Kinder bis zehn Jahre (gelegentlich auch nur bis acht Jahre) bekommen in öffentlichen Verkehrsmitteln bis zu 50 Prozent Ermäßigung.

Kinder können meist problemlos im Meer baden, doch behalten Sie sie im Auge, da Rettungsschwimmer rar sind. Auch die Gefahren durch zu hohe Sonnenbestrahlung sind nicht zu unterschätzen.

Allein reisende Frauen

Griechenland ist ein sicheres Land. Allein reisende Ausländerinnen werden respektvoll behandelt, sollten sich aber – genauso wie Männer – stets angemessen kleiden *(siehe S. 355)*. In Feriengebieten sind Annäherungsversuche junger Männer nicht ausgeschlossen. Allein per Anhalter zu fahren, ist generell nicht anzuraten.

Studenten und Jugendliche

Innerhalb Griechenlands gibt es keine Ermäßigungen auf Fähren, Bus- und Bahnfahrten, außer für Studenten, die in Griechenland studieren. Sonderangebote ermöglichen jedoch preiswerte Reisen nach Griechenland, vor allem in der Nebensaison. Es gibt etliche Reisebüros für Studenten und Jugendliche wie **STA Travel** mit weltweit 120 Büros. Auch wenn man in griechischen Jugendherbergen den Internationalen Jugendherbergsausweis nur selten braucht, sollte man ihn sich zu Hause besorgen. Für Studenten aus der EU mit einem Internationalen Studentenausweis (ISIC) ist der Eintritt in den staatlichen Museen und Ausgrabungsstätten frei. Studenten, die nicht aus der EU kommen, erhalten mit dem ISIC-Ausweis meist 50 Prozent Rabatt. Für Jugendliche gibt es keine Ermäßigungen. Gelegentlich wird mit der »Go 25«-Karte (im STA-Büro erhältlich) Rabatt gewährt.

Internationaler Studentenausweis

Behinderte Reisende

In Griechenland gibt es vergleichsweise wenige behindertengerechte Einrichtungen. Sorgfältige Planung ist daher unerlässlich. In diesem Führer ist vermerkt, ob eine Sehenswürdigkeit mit dem Rollstuhl zugänglich ist.

Der **Bundesverband Selbsthilfe Körperbehinderter e.V.**, der **FMG Verlag** oder die **Bundesarbeitsgemeinschaft der Clubs Behinderter** beraten Sie gerne und unterstützen Sie bei Ihrer Reiseplanung.

Hinweisschild für Rollstuhlfahrer an einem griechischen Flughafen

Auf einen Blick

Fremdenverkehrsämter (EOT)

Greek National Tourist Organisation
www.gnto.gr

Athen
Tsocha 7, Ambelokipi,
11521 Athen.
210 870 7000.
Amaliás 26.
210 331 0392.

Deutschland
Neue Mainzer Straße 22,
60311 Frankfurt am Main.
069 25 78 270.
info@gzf-eot.de

Österreich
Opernring 8,
1010 Wien.
01-512 53 17.
grect@vienna.at

Schweiz
Löwenstrasse 25,
8001 Zürich.
044-221 01 05.
eot@bluewin.ch

Nützliche Adressen

Ausländeramt
Antigónis 99, Kolonos, Athen.
210 510 2813.

Bundesarbeitsgemeinschaft der Clubs Behinderter und ihrer Freunde
Langenmarckweg 21,
51465 Bergisch Gladbach.
02202 98 99 811.
www.bagcbf.de

Bundesverband Selbsthilfe Körperbehinderter e.V.
Altkrautheimer Straße 20,
74238 Krautheim.
06294 42 810.
www.bsk-ev.org

FMG Verlag
Nordkanalstraße 52,
20097 Hamburg.
040-5480 7877.
www.fmg-verlag.de

STA Travel
30 Filialen in Deutschland,
8 Filialen in Österreich,
8 Filialen in der Schweiz.
069-743 032 92 (D),
01-401 48 6000 (A),
0900 450 402 (CH).
www.statravel.de

Weitere Urlaubsinformationen

Logo der Tourismusorganisation EOT

Für einen sorglosen Urlaub auf den Griechischen Inseln sollte man sich an das Motto *»sigá, sigá«* (»langsam, langsam«) halten. Dazu gehört auch die nachmittägliche Siesta, die man vor allem in den heißesten Monaten, wenn sie physiologisch notwendig wird, ernst nehmen sollte. So gut wie alles hat nach dem Mittagessen einige Stunden geschlossen. Wenn es kühler wird, erwachen die Inseln erneut zum Leben. Die Läden öffnen wieder, die Restaurants füllen sich. In den Küstenorten macht jeder seine *vólta*, den Abendspaziergang – eine nachahmenswerte Gewohnheit.

Information

Eine Auskunft findet man in vielen Inselstädten und -dörfern, sei es in Form der **EOT**-Büros (Ellinikós Organismós Tourismoú, das staatliche griechische Fremdenverkehrsamt), städtischer Fremdenverkehrsbüros, der örtlichen Touristenpolizei *(siehe S. 356)* oder privater Reisebüros. Das EOT veröffentlicht umfangreiches Material wie Karten, Broschüren und Merkblätter über Transportmittel und Unterkünfte. Man muss jedoch wissen, dass nicht alle Informationen aktuell und zuverlässig sind. Adressen und Telefonnummern der EOT- und städtischen Fremdenverkehrsbüros sowie der Touristenpolizei sind in diesem Führer vermerkt.

Eintrittskarte für eine antike Stätte

Zeit

Griechenland ist der Mitteleuropäischen Zeit (MEZ) eine Stunde voraus. Gleichzeitig mit den anderen Ländern werden die Uhren zur Sommerzeit eine Stunde vor- und zur Winterzeit wieder zurückgestellt.

Öffnungszeiten

Die Öffnungszeiten sind in Griechenland sehr vage und ändern sich von Tag zu Tag, von Saison zu Saison und von Ort zu Ort. Deshalb sollten Sie die Zeitangaben dieses Führers nur als grobe Richtlinien sehen und sich bei der Auskunft vor Ort nach den genauen Öffnungszeiten erkundigen. Staatliche Museen und archäologische Sehenswürdigkeiten sind generell von etwa 8.30 bis 14.45 Uhr geöffnet (wichtige Stätten in den Sommermonaten sogar bis 20 oder 21 Uhr). Montags und an Feiertagen *(siehe S. 50)* sind die meisten Besucherattraktionen geschlossen. Regional- oder Privatmuseen bleiben häufig auch in Ferienzeiten und an regionalen Festtagen geschlossen. Klöster sind bis auf einige Nachmittagsstunden von Sonnenaufgang bis Sonnenuntergang geöffnet.

Die Öffnungszeiten der einzelnen Läden finden Sie auf Seite 342, die der Apotheken auf Seite 357, der Banken auf Seite 358, der Postämter auf Seite 361.

Die Schalterzeiten der OTE (Telegrafenämter) stehen auf Seite 360.

Die meisten Läden und Ämter schließen, bis auf einige Geschäfte in Feriendörfern und Urlaubsorten, an Feiertagen und regionalen Festtagen. Daten wichtiger regionaler Feste finden Sie in diesem Führer in der Infobox der jeweiligen Stadt.

Eintrittspreise

Die meisten staatlichen Museen und archäologischen Sehenswürdigkeiten verlangen zwischen 1,50 und sechs Euro Eintritt. Es gibt jedoch Ermäßigungen von etwa 25 Prozent für EU-Bürger über 60 Jahre (nehmen Sie Ihren Pass mit) und 50 Prozent für Studenten aus Nicht-EU-Ländern mit Internationalem Studentenausweis *(siehe S. 353)*.

Die wenigen Museen und Sehenswürdigkeiten, die an Feiertagen geöffnet haben, verlangen an diesen Tagen keinen Eintritt.

Veranstaltungen

Die in englischer Sprache erscheinende Zeitung *Athens News* enthält einen Veranstaltungskalender sowie auch spezielle Tipps für Kinder. Ebenfalls auf Englisch und monatlich erscheint *Now in Athens*, kostenlos erhältlich im Touristenbüro (Tsocha 7). Die wöchentlichen griechischen Programmhefte für Kultur und Unterhaltung heißen *Athinorama* und *Time Out*. Eine detaillierte Übersicht über griechische Feste und kulturelle Ereignisse finden Sie auf den Seiten 46–50. Welche Veranstaltungen vor Ort stattfinden, erfragt man am besten bei der nächsten Auskunft.

Eine im Sommer beliebte Form der Unterhaltung ist »Kino im Freien« (die meisten Filme laufen in englischer Sprache mit griechischen Untertiteln). In den Ferienorten gibt es Bars, Diskos und Nachtclubs. In jedem Dorf bilden Tavernen und *kafeneía* (Cafés) das Zentrum des öffentlichen Lebens.

Períptero **(Kiosk) mit zahlreichen Zeitungen und Zeitschriften**

Hinweis auf Kleidungsvorschriften in einem Kloster

Religion

Die Griechen sind zum überwiegenden Teil griechisch-orthodoxen Glaubens. Die religiösen Symbole und Rituale sind tief in der griechischen Kultur verwurzelt und praktisch allgegenwärtig. In ganz Griechenland feiert man Heiligenfeste *(siehe S. 50)*; manche werden landesweit, manche nur regional begrenzt begangen.

Die größte religiöse Minderheit in Griechenland sind heute die Muslime von Rhodos und Kos sowie die Katholiken von Sýros und Tínos. Ihr Anteil an der Gesamtbevölkerung beträgt allerdings nur etwa ein Prozent. Nicht-orthodoxe Kirchen und andere Gotteshäuser befinden sich vorwiegend in der Hauptstadt Athen.

Griechischer Priester

Etikette

Wie überall wird auch in Griechenland höfliches und respektvolles Verhalten honoriert. Versuchen Sie deshalb, ein paar Wörter Griechisch zu sprechen, und eignen Sie sich bereits vor der Reise einige Grundbegriffe an *(siehe S. 404–408)*.

Formelle Garderobe ist selten nötig, doch beim Besuch von Kirchen und Klöstern sowie in einigen gehobenen Restaurants ist angemessene Kleidung (für Männer Hosen, für Frauen Röcke) zwingend erforderlich.

Oben-ohne-Baden wird allgemein toleriert, FKK ist offiziell auf einige wenige Strände beschränkt. Sie sollten jedoch in jedem Falle die landesweiten oder auch die regionalen Gepflogenheiten respektieren und im Zweifelsfall eher zurückhaltend auftreten *(siehe auch S. 346)*.

In Restaurants ist der Service in der Rechnung inbegriffen, Trinkgelder (meist zehn bis 15 Prozent) sind dennoch stets gern gesehen. Bedenken Sie, dass in vielen auf Urlauber zugeschnittenen Lokalen häufig ein Bedienungszuschlag erhoben wird. Toilettenfrauen sollte man auch ein Trinkgeld geben. Taxifahrer, Portiers und Zimmermädchen erwarten dies nicht, freuen sich jedoch immer über diese Art der Anerkennung.

Fotografieren

In Kirchen und Klöstern darf man offiziell nicht fotografieren. In Museen ist es meist gestattet, jedoch oft ohne Blitz und Stativ. In diesem Buch zeigt ein Symbol *(siehe hintere Umschlagklappe)* beim jeweiligen Eintrag an, ob Fotografieren erlaubt ist.

Typischer zweipoliger Stecker

Wo man fotografieren darf, ist gewöhnlich auch eine Videokamera erlaubt (im Einzelfall kann dabei eine geringe Zusatzgebühr erhoben werden). An Sehenswürdigkeiten, in Museen oder besonders auch religiösen Bauwerken sollte man sich angesichts uneinheitlicher Vorschriften immer erst eine Genehmigung einholen, bevor man mit dem Filmen beginnt. Militärische Einrichtungen dürfen generell nicht gefilmt werden.

Elektrizität

Wie in anderen europäischen Ländern beträgt auch in Griechenland die Stromspannung 230 Volt bei 50 Hertz Wechselstrom. Es werden zwei- oder dreipolige Stecker verwendet. Flachstecker mit zwei Pins passen auch in Griechenland in jede Steckdose.

Masse und Gewichte

In Griechenland gilt das metrische System mit zwei Ausnahmen: Die Entfernungen auf See werden in nautischen Meilen (1,852 km), Flächen in *strémmata*, etwa 0,1 Hektar, angegeben.

Auf einen Blick

Botschaften in Griechenland

Deutschland
Karaóli und Dimitríou 3,
10675 Athen.
Tel. *210 728 51 11.*
FAX *210 728 53 35.*
@ info@athen.diplo.de
www.athen.diplo.de

Österreich
Vass. Sofías 4,
10674 Athen.
Tel. *210 725 72 70.*
FAX *210 725 72 92.*
@ athen-ob@bmeia.gv.at
www.aussenministerium.at/athen

Schweiz
Iassíou 2,
11521 Athen.
Tel. *210 723 03 64.*
FAX *210 724 92 09.*
@ ath.vertretung@eda.admin.ch
www.eda.admin.ch/athens

Sicherheit und Notfälle

Emblem der Feuerwehr

Griechenland ist eines der sichersten europäischen Urlaubsländer. Den traditionell hohen Stellenwert der Gastfreundschaft spürt jeder Besucher des Landes. Dennoch sollte man, wie in anderen Reiseländern auch, vorab eine umfassende Reiseversicherung abschließen. Der Straßenverkehr ist jedenfalls eine ständige Gefahrenquelle. Die Griechen sind sehr impulsive Autofahrer, das Land hat inzwischen die höchsten Unfallzahlen in Europa. Autofahrer wie Fußgänger sollten stets auf der Hut sein.

Persönliche Sicherheit

Im Vergleich zum restlichen Europa ist die Kriminalität in Griechenland relativ gering. Dennoch sind einige Vorsichtsmaßnahmen ratsam: Schließen Sie Auto und Hotelzimmer ab, achten Sie in der Öffentlichkeit auf Ihre Handtasche, und bewahren Sie nicht alle Dokumente am selben Ort auf. Im Falle eines Diebstahls wenden Sie sich an die Polizei oder die Touristenpolizei.

Polizei

In Griechenland gibt es neben der normalen Polizei noch eine Hafen- und eine Touristenpolizei. Letztere ist sowohl Polizei als auch Informationsstelle und deshalb für Urlauber in den meisten Fällen am nützlichsten. Bei Diebstahl, Verlust des Reisepasses oder einer Beschwerde über Läden, Restaurants, Reiseführer oder Taxifahrer können Sie sich zunächst an diese wenden. Da Touristenpolizisten sprachkundig sind, können sie als Übersetzer fungieren, wenn die örtliche Polizei hinzugezogen werden muss. In ihren Dienststellen stehen zudem Karten, Broschüren und Unterkunftshinweise zur Verfügung.

Rechtsbeistand für Urlauber

Das von europäischen Verbraucherorganisationen und der EU-Kommission gegründete Programm **EKPIZO** informiert Reisende über ihre Rechte. Es gibt Urlaubern, die

Ein Polizist hilft Besuchern bei der Orientierung

Probleme mit Hotels, Campingplätzen, Reisebüros etc. haben, Hilfestellung. Sie erhalten Informationen und, falls nötig, Rechtsbeistand durch einen Rechtsanwalt (in Englisch, Französisch oder Deutsch). Regionale Telefonnummern erfragen Sie im Athener EKPIZO-Büro.

Medizinische Behandlung und Versicherung

Bürger aus EU-Ländern haben in Griechenland Anspruch auf kostenlose medizinische Behandlung, sofern sie die Europäische Krankenversichertenkarte (European Health Insurance Card, EHIC) vorlegen. Die Notfallbehandlung in einem öffentlichen Krankenhaus ist für alle Ausländer kostenlos. Auf den Inseln sind öffentliche Gesundheitseinrichtungen jedoch rar, Privatkliniken teuer.

Urlauber sollten vorab eine Reiseversicherung abschließen, die neben medizinischer Behandlung auch Verlust oder Diebstahl von persönlichem Besitz abdeckt. Doch Achtung: Manche Policen gelten nicht für »gefährliche« Aktivitäten wie Motorradfahren und Bergtouren. Nicht alle erstatten Arzt- und Krankenhauskosten direkt, nur wenige enthalten Krankenwagen- oder Rücktransporte per Flugzeug. Wer eine Kreditkarte besitzt, hat je nach Vertrag mit dem Kreditkartenunternehmen eine Auslandsreisekrankenversicherung mit Reiserücktrittskostenerstattung und weiteren Merkmalen. Fragen Sie in Ihrer Hausbank nach den genauen Konditionen.

Gesundheitsvorsorge

Bei Auslandsreisen lassen sich einfache Sicherheitsvorkehrungen meist ohne großen Aufwand treffen. Manche sind angesichts der Hitze unerlässlich. Es liegt auf der Hand, dass man sich mit Sonnenhut, -brille und -creme mit einem hohen Schutzfaktor vor übermäßiger Sonneneinstrahlung schützt (vor allem bei hellem Hauttyp). Halten Sie sich vor allem zu Beginn Ihrer Reise möglichst im Schatten auf. Ein Hitzschlag ist eine echte Gefahr, die umgehend medizinischer Behandlung bedarf; Erschöpfungszustände sollte man niemals unterschätzen. Trinken Sie auch immer reichlich Wasser, selbst wenn Sie nicht durstig sind. Die in jeder griechischen Apotheke erhältlichen Elektrolyttabletten beugen gegebenenfalls einem

Uniform eines Hafenpolizisten

Uniform eines Stadtpolizisten

Krankenwagen mit der Nummer des Notrufes

Feuerwehrfahrzeug

Polizeiwagen

durch Schwitzen verursachten Mineralstoffmangel vor.

Nehmen Sie einen Vorrat an Ihren Standard- oder Dauermedikamenten mit sowie eine Kopie des Rezepts mit der Medikamentenbezeichnung. Dies hilft nicht nur, wenn Ihnen das Medikament ausgeht, sondern auch bei etwaigen Einreiseformalitäten. Beachten Sie, dass das in vielen Kopfschmerztabletten enthaltene Kodein in Griechenland verboten ist.

Das Leitungswasser in Griechenland ist meist trinkbar. In entlegenen Gegenden sollte man sich vor Ort erkundigen. Mineralwasser in Flaschen bekommt man überall (noch dazu oft eisgekühlt).

Warten Sie mindestens zwei Stunden nach einer Mahlzeit, bevor Sie im Meer schwimmen, da Magenkrämpfe mitten auf dem Wasser tödlich enden können. Im Wasser ist Vorsicht vor Weberfischen, Quallen und Seeigeln geboten; Letztere sind keine Seltenheit. Falls Sie auf einen treten, ist der Stachel mit einer sterilisierten Nadel und Olivenöl zu entfernen. Bei Hautrötungen nach der Berührung einer Qualle helfen Essig, Backpulver oder Mittel aus der Apotheke. Der Weberfisch ist zwar selten, doch ein Stich mit seinem giftigen Stachel ist ungemein schmerzhaft. Tauchen Sie die betroffene Stelle sofort in sehr heißes Wasser, um das Gift zu verdünnen.

Für Griechenland sind keine Impfungen erforderlich. Ärzte empfehlen mitunter eine Auffrischungsimpfung gegen Tetanus und Typhus.

Apotheken

Griechische Apotheker sind hochqualifiziert. Sie beraten nicht nur bei harmloseren Beschwerden, sondern verkaufen auch Medikamente, die anderswo rezeptpflichtig sind. Die *farmakeía* (Apotheke) erkennt man am roten oder grünen Kreuz auf weißem Grund. Sie sind in der Regel von 8.30 bis 14 Uhr geöffnet, nachmittags und am Samstag jedoch meist geschlossen. Das Bereitschaftssystem in größeren Städten gewährleistet eine Versorgung über den ganzen Tag und bis spät in die Nacht sowie am Wochenende. Einzelheiten sind im Fenster angeschlagen (in griechischer und englischer Sprache).

Apothekenzeichen

Notdienste

Die Wichtigsten Notfallnummern entnehmen Sie dem Kasten »Auf einen Blick«. Für Unfälle und medizinische Notfälle gibt es in Athen einen 24-stündigen Notarztdienst, außerhalb Athens, in Provinzstädten und auf den Inseln jedoch meist nicht. Patienten können gegebenenfalls per Krankenwagen und Fähre oder Hubschrauber von einem Inselkrankenhaus des ESY (des nationalen griechischen Gesundheitsdienstes) in ein ESY-Zentralkrankenhaus nach Athen gebracht werden.

Eine umfassende Liste mit ESY-Krankenhäusern und Privatkliniken ist bei der Touristenpolizei erhältlich.

Auf einen Blick

Landesweite Notrufnummern

Polizei
100 oder 112.

Krankenwagen
166 oder 112.

Feuerwehr
199 oder 112.

Pannenhilfe
10400.

Küstenwache
108.

Notrufnummern in Athen

Touristenpolizei
171.

Ärztlicher Notdienst
1016.

Apotheken
Informationen über 24-Stunden-Bereitschaft:
14944.

Giftnotruf
01 779 3777.

EKPIZO-Büro

Hauptstelle Athen
Valtetsíou 43–45, 10681 Athen.
210 330 4444.
FAX *210 330 0591.*
www.ekpizo.gr

Banken und Währung

Auch die Griechen haben ihre Währung auf Euro umgestellt, die Drachme ist seit 2002 Geschichte. Geldwechsel aus anderen Währungen ist problemlos. Wo es keine Bank gibt, finden Sie womöglich ein Postamt. Selbst in den kleinsten Ferienorten können Autoverleihfirmen oder Reisebüros Geld und Reiseschecks wechseln – wenngleich gegen stattliche Gebühren. Das Bankwesen in Städten und Ferienzentren entspricht internationalem Standard. Mittlerweile werden es auch immer mehr Geldautomaten, an denen Sie ohne Mühe Geld abheben können.

Geldumtausch in einer der zahlreichen Wechselstuben

Öffnungszeiten

Banken haben Montag bis Donnerstag von 8 bis 14 Uhr und Freitag von 8 bis 13.30 Uhr geöffnet. In größeren Städten und Ferienzentren ist in der Sommersaison in der Regel mindestens eine Bank in den Abendstunden sowie am Samstagvormittag offen.

Geldautomaten, außerhalb von größeren Städten und Ferienorten eher noch eine Seltenheit, sind 24 Stunden in Betrieb. An Feiertagen *(siehe S. 50)* bleiben alle Banken geschlossen.

Banken und Geldautomaten

Banken gibt es in den Städten und Urlaubsorten. Reisende mit Bargeld in anderen Währungen können in Postämtern, Reisebüros, Hotels, Fremdenverkehrsämtern und Mietwagenfirmen Geld wechseln. In größeren Städten und Urlaubszentren findet man genügend Geldwechselautomaten, die Tag und Nacht in Betrieb sind und eine mehrsprachige Bedienungsanleitung haben. Wenn Ihre Karte das Maestro-Zeichen trägt, können Sie jederzeit an Geldautomaten Bares abheben. Fast alle Automaten akzeptieren auch Visa oder MasterCard (wenn sie mit einer PIN gekoppelt sind). Sie können mit der EC-/Maestro-Karte nicht nur Geld abheben, sondern auch direkt bezahlen. Die Karte funktioniert dann als Debit-Card.

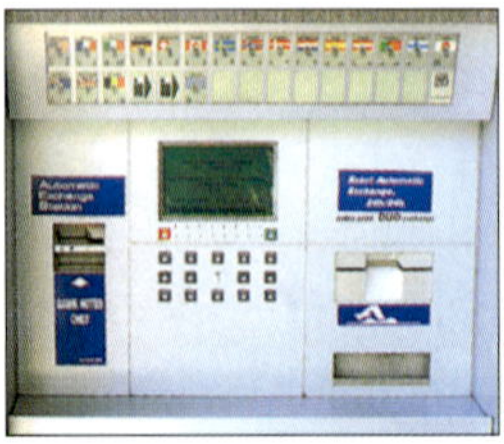

Geldwechselautomat

In manchen Fällen ist eine EU-Standardüberweisung sinnvoll, z. B. bei der Reservierung eines Hotelzimmers oder Leihwagens. Dabei können Sie bis zu 50 000 Euro innerhalb der EU überweisen und zahlen dafür die gleichen Gebühren, wie für eine Überweisung in Ihrem Heimatland. Sie brauchen dazu aber zwingend die IBAN (International Bank Account Number) und die BIC (Bankleitzahl) des Empfängers.

Kreditkarten und Reiseschecks

Visa, MasterCard, American Express und Diners Club sind die meistverbreiteten Kreditkarten und die günstigste Zahlungsweise für Flug- und Fährtickets, Mietwagen und Hotels. Preiswerte Unterkünfte, Tavernen und Läden akzeptieren in der Regel keine Kreditkarten. Bestimmte Kreditkarten umfassen zudem einen Auslandsreiseschutz *(siehe S. 356)*. Einige Mietwagenfirmen vermieten Fahrzeuge mittlerweile ausschließlich bei Vorlage einer Kreditkarte.

In einigen Banken kann man mit der Kreditkarte Bargeld (Minimum 50 Euro) abheben. In der Regel müssen Sie sich ausweisen. Mit Kreditkarte und PIN können Sie auch an Geldautomaten Geld abheben. In Banken wie am Automaten wird immer eine Bearbeitungsgebühr erhoben.

Reiseschecks sind eine sichere Möglichkeit, größere Summen mitzunehmen. In Zeiten von Debit- und Kreditkarten verliert diese Zahlungsmethode allerdings immer mehr an Bedeutung.

Reiseschecks werden bei Verlust oder Diebstahl rückerstattet. Bewahren Sie die Quittung mit den Nummern der Schecks getrennt von den Reiseschecks auf, und melden Sie den Verlust unverzüglich.

Die am weitesten verbreiteten Reiseschecks sind American Express und Travelex. Meist werden auf Reiseschecks zweimal Gebühren erhoben: einmal beim Kauf (1–1,5 Prozent) und einmal beim Einwechseln.

Auf einen Blick

Allgemeiner Notruf
0049 116 116.

American Express
210 326 2626.

Diners Club
210 929 0200.

MasterCard
00 800 118 87 03 03.

Visa
00 800 116 38 03 04.

Maestro-/EC-Karte
0049 69 740 987.

Gestohlene oder verlorene Reiseschecks melden Sie unter diesen Telefonnummern:

American Express
00800 441 27 569.

Travelex
00800 441 31 409.

WÄHRUNG

Die europäische Gemeinschaftswährung Euro (€) gilt in 16 EU-Mitgliedsstaaten: Belgien, Deutschland, Finnland, Frankreich, Griechenland, Irland, Italien, Luxemburg, Malta Niederlande, Österreich, Portugal, Slowakei, Slowenien, Spanien und in der Republik Zypern. Alte Drachmen-Scheine sind ungültig, können jedoch bis zum 1. März 2012 bei der Bank of Greece umgetauscht werden (www.bankofgreece.gr). Die Euro-Scheine sind einheitlich gestaltet, bei den Münzen prägt jedes Land unterschiedliche Rückseiten. Seit 2004 kann jeder Eurostaat einmal jährlich eine Zwei-Euro-Gedenkmünze bedeutender Ereignisse herausgeben. Alle diese Münzen gelten in jedem Staat der Eurozone.

Euro-Banknoten
Euro-Banknoten gibt es in sieben Werten (5, 10, 20, 50, 100, 200 und 500 €). Die unterschiedlich großen Scheine wurden vom Österreicher Robert Kalina entworfen und zeigen Architekturelemente und Baustile verschiedener Epochen, eine Europakarte und die EU-Flagge mit zwölf Sternen.

5-Euro-Schein (Baustil: Klassik)

10-Euro-Schein (Baustil: Romanik)

20-Euro-Schein (Baustil: Gotik)

50-Euro-Schein (Baustil: Renaissance)

100-Euro-Schein (Baustil: Barock und Rokoko)

200-Euro-Schein (Eisen- und Glasarchitektur)

500-Euro-Schein (Moderne Architektur des 20. Jh.)

2-Euro-Münze

1-Euro-Münze

50-Cent-Münze

20-Cent-Münze

10-Cent-Münze

Euro-Münzen
Münzen gibt es in acht Werten (2 €, 1 € sowie 50, 20, 10, 5, 2 und 1 Cent). Die einheitlichen Vorderseiten entwarf der Belgier Luc Luycx; die Rückseiten sind in jedem Land anders gestaltet. Auch San Marino, der Vatikanstaat und Monaco prägen eigene Münzen.

5-Cent-Münze

2-Cent-Münze

1-Cent-Münze

Kommunikation

Das Logo der Post

Die griechische Telefongesellschaft heißt OTE (Organismós Tilepikoinonión Elládos). Die Telekommunikation hat sich in den letzten Jahren erheblich verbessert – inzwischen gibt es Direktverbindungen in alle größeren Länder, die oft besser sind als Nahverbindungen, allerdings auch zu den teuersten in ganz Europa zählen. Die griechische Post ist relativ zuverlässig, besonders in größeren Städten und Ferienorten. Die Kommunikation per Internet läuft problemlos. Die Griechen sind eifrige Zeitungsleser. Neben den vielen griechischen Publikationen gibt es internationale Zeitungen und Zeitschriften.

Telefon und Fax

Öffentliche Telefone finden Sie in Hotelfoyers, in Telefonzellen, Kiosken oder im OTE-Amt vor Ort. Ferngespräche führt man am besten mit Telefonkarte von einer Telefonzelle aus (Karten sind am Kiosk erhältlich). Sie können dafür auch ein Telefon mit Gebührenzähler im OTE-Büro verwenden, von dem aus man auch R-Gespräche führen kann. Die OTE-Büros sind in größeren Städten täglich von 7 bis 22 Uhr oder länger, in Kleinstädten bis 15 Uhr geöffnet. Die Gebühren schwanken. Ortsgespräche sind meist preiswert, Inlandstelefonate und Ferngespräche dagegen teuer. Erkundigen Sie sich bei der Vermittlung nach Gebühren und Tarifzeiten.

Verbindungen zu Schiffen laufen über INMARSAT. Die Vermittlung erreichen Sie unter 158.

Öffentliches Telefon

Die in Europa gängigen GSM-Handys funktionieren problemlos. Der EU-Standardtarif legt folgende Höchstgrenze (zzgl. MwSt.) für Roaming-Gebühren fest: 0,46 €/min. für abgehende Telefonate, 0,22 €/min. für ankommende Gespräche. Zu den günstigsten Mobilnetzbetreibern in Griechenland gehören Panafon und Cosmote. Unter www. tariftip.de finden Sie aktuelle Preise.

Faxen können Sie von OTE-Büros, Stadtpostämtern sowie einigen Reisebüros aus. Bei Letzteren dürfen Sie gelegentlich auch Faxe empfangen.

Internet-Zugang

Die meisten großen Hotels bieten ihren Gästen Internet-Zugang. Auf den Inseln gibt es in den größeren Städten mindestens ein Internet-Café. Hier kostet das Surfen etwa 3–6 Euro pro Stunde.

Radio und Fernsehen

Die drei staatlichen Radiostationen und unzählige Regionalsender übersättigen den Äther über Griechenland. Guter Empfang ist nicht immer garantiert. Viele Sender spielen griechische Musik, aber auch Klassik wie ER-3, einer der drei staatlichen Sender (95,6 MHz). Es gibt einen täglichen Nachrichtenüberblick auf Deutsch, Englisch und Französisch. Mit einem Kurzwellenempfänger haben Sie die Möglichkeit, den BBC World Service zu hören (in Athen auf 107,1 MHz). Galaxy, eine weitere englischsprachige Radiostation, sendet auf der Frequenz 92,1 MHz alle zwei Stunden die wichtigsten CNN-Nachrichten.

Den griechischen Fernsehmarkt teilen sich zwei öffentlich-rechtliche, etliche private und jede Menge Kabel- und Satellitensender aus ganz Europa. Die meisten Sender passen sich dem allgemeinen Geschmack an und bieten ein Programm mit ausländischen Seifenopern, Gameshows, Sport und Filmen (ausländische Filme werden meist mit Untertiteln ausgestrahlt und nicht synchronisiert).

Griechische Telefonkarte

Kartentelefon

Gelber Briefkasten für herkömmliche Sendungen

CNN und Euronews senden rund um die Uhr Nachrichten in englischer Sprache. Alle englischsprachigen Zeitungen enthalten auch ein wöchentliches Fernsehprogramm.

Zeitschriften und Zeitungen

Ausländische Zeitungen und Zeitschriften bekommen Sie am Kiosk *(períptero)*, in den Buchläden der größeren Städte sowie in den Läden der Ferienzentren. Sie sind in der Regel einen Tag alt und meist recht teuer. Viel preiswerter und verbreiteter ist die englischsprachige Zeitung aus Athen: *Athens News* erscheint täglich außer Montag. Auch das zweimonatliche, ebenfalls englische Hochglanzmagazin *Odyssey* bekommen Sie in den meisten Ferienorten und in der Hauptstadt. Diese Publikationen informieren ausführlich über das Unterhaltungsangebot, Festivals und andere kulturelle Ereignisse und bringen Nachrichten aus dem In- und Ausland. Die beliebtesten griechischen Tageszeitungen sind *Eleftherotypía*, *Eléftheros Týpos*, *Kathimeriní* und *Ta Nea*.

Post

Die Postämter *(tachydromeía)* sind zumeist Montag bis Freitag von 7.30 bis 14 Uhr, größere Ämter oft bis 20 Uhr geöffnet (Letztere mitunter auch für ein paar Stunden am Wochenende). An Feiertagen *(siehe S. 50)* sind alle Postämter geschlossen. Unter dem Hinweisschild »Exchange« wird neben dem Angebot an herkömmlichen Dienstleistungen auch Geld gewechselt.

Briefkästen sind in der Regel gelb. Kästen mit zwei Schlitzen tragen die Aufschrift *esoterikó* (Inland) und *exoterikó* (Ausland). Rote Briefkästen sind für Expresssendungen ins In- und Ausland. Solche Sendungen sind teurer, werden dafür aber um einige Tage schneller zugestellt als herkömmliche Sendungen.

Briefmarken *(grammatósima)* erhalten Sie im Postamt und in der *períptero* (die meist zehn Prozent Provision aufschlägt). Luftpostbriefe von den Griechischen Inseln in die meisten europäischen Länder dauern normalerweise etwa drei bis sechs Tage, Sendungen nach Übersee zwischen fünf und acht Tage oder mehr. Postkarten sind sogar noch einige Tage länger unterwegs.

Viele Griechen und auch Besucher des Landes lassen sich ihre Sendungen postlagernd schicken. Die Sendung sollte in diesem Fall deutlich als »Poste Restante« ausgezeichnet sein. Außerdem sollte der Nachname des Empfängers unterstrichen sein, damit die Post richtig einsortiert wird. Wenn Sie die Sendung abholen (sie wird bis zu 30 Tage aufbewahrt und dann zurückgeschickt), müssen Sie sich mit Ihrem Personalausweis oder Ihrem Reisepass ausweisen.

Verschließen Sie Päckchen nicht, wenn Sie diese von Griechenland in einen Nicht-EU-Staat schicken wollen, da der Inhalt auf dem Postamt grundsätzlich erst einmal nach Sicherheitskriterien untersucht wird. Bei Sendungen, die bereits verschlossen abgegeben werden, können Sie davon ausgehen, dass sie der Postbeamte ohne zu zögern wieder aufreißt.

Athener lesen Zeitungen an der Wäscheleine vor einem Kiosk

Auf einen Blick

Inlandsgespräche

151 (Inlandsvermittlung).

131 (Auskunft für Ortsgespräche in Griechenland).

132 (Auskunft für Ferngespräche in Griechenland).

Auslandsgespräche

139 (internationale Auskunft und Vermittlung).

Gespräche nach Griechenland

Wählen Sie 00, anschließend die Vorwahl 30 für Griechenland, dann die jeweilige Ortsnetzkennzahl und schließlich die Durchwahl des griechischen Teilnehmers.

Auslandsgespräche aus Griechenland

Wählen Sie 00, anschließend die Auslandsvorwahl (siehe unten), *die Ortsnetzkennzahl ohne die 0 und die Teilnehmernummer.*

Deutschland *49.*

Österreich *43.*

Schweiz *41.*

Deutschland Direkt

00 800 49 11.

Reiseinformationen

Dank seines heißen und sonnigen Klimas ist Griechenland ein ungemein beliebtes Reiseland. In den wärmeren Monaten (Mai bis Oktober) gelangen Millionen von Besuchern per Charterflug auf eine der Griechischen Inseln, wenngleich man auch per Auto, Bahn oder Bus nach Griechenland reisen und mit Fähren auf die Inseln übersetzen kann. Viele der größeren Inseln werden angeflogen, das Netz der Fährverbindungen erreicht sogar die entlegensten Inseln. Ergänzend versorgt das Busnetz mit gut frequentierten Hauptstrecken auch kleinste Gemeinden. Auf größeren Inseln ist man mit Auto oder Motorrad am flexibelsten und gelangt in Gegenden, die von öffentlichen Verkehrsmitteln nicht angefahren werden. Doch die Straßen in abgelegenen Landesteilen sind meist schwer befahrbar und bergen Gefahren in sich *(siehe S. 370)*. Wenn Sie kein Auto mieten möchten, sind Taxis eine preisgünstige Alternative. Auf vielen Inseln befördern Taxiboote Fahrgäste entlang der Küste.

Passagierflugzeug der Olympic Airlines

Anreise mit dem Flugzeug

Die **Lufthansa** bietet Linienflüge von Düsseldorf, Frankfurt am Main und München nach Athen und Thessaloníki an. Die griechische Fluggesellschaft **Olympic Airlines** hat u. a. Flüge von Berlin, Köln, Düsseldorf, Frankfurt am Main, München, Stuttgart, Salzburg, Wien, Basel und Zürich nach Athen im Angebot.

Athens Flughafen *Elefthérios Venizélos* in Spáta, 25 Kilometer östlich der Hauptstadt, wurde 2001 eröffnet. Hier werden alle Inlands- und internationalen Flüge abgefertigt. Der alte Flughafen *Hellinikon* ist nicht mehr in Betrieb.

Von Europa aus gibt es Direktverbindungen zu etwa 20 internationalen Flughäfen in Griechenland. Von den Inseln wickeln nur Kreta, Rhodos und Korfu, auf dem Festland nur Athen und Thessaloníki Linien- und Charterflüge ab. Die anderen internationalen Flughäfen sind nur per Charterflug auf direktem Weg zu erreichen. Alle Linienflüge von außerhalb Europas landen in Athen, nur wenige Fluglinien bieten Direktflüge an.

Reisende beim Einkauf

Charterflüge und Pauschalreisen

Zwischen Mai und Oktober werden zahlreiche Charterflüge von europäischen Flughäfen aus nach Griechenland angeboten. Sie können separat oder als Teil einer Pauschalreise über das Reisebüro gebucht werden. Charterflüge sind zwar die preiswertesten Flüge überhaupt, unterliegen jedoch bestimmten Auflagen: Nach Buchung kann das Abflugdatum nicht mehr geändert werden, minimale und maximale Aufenthaltsdauer sind meist fix (zwischen drei Tagen und einem Monat). Wer von Griechenland aus die Türkei besuchen will, muss wissen, dass Charterpassagieren nur ein Tagesausflug gestattet ist. Bei längerem Aufenthalt verfällt das Ticket für den Rückflug aus Griechenland.

Abfertigungsschalter in Athens neuem Flughafen

Athens internationaler Flughafen

Flugzeiten

Ein Flug von München, Stuttgart oder Frankfurt am Main nach Athen dauert etwa zweieinhalb Stunden. Die Flugzeit ab Berlin, Köln oder Düsseldorf beträgt rund drei Stunden. Von Salzburg, Wien, Zürich und Basel nach Athen ist die Flugzeit ähnlich kurz

Reisebüro in Athen

(zwischen zwei und drei Stunden). Die geringe Flugdauer führt dazu, dass bei den meisten Flügen kein Zwischenstopp eingelegt wird.

Flugpreise

Flüge nach Griechenland sind in der Regel zwischen Juni und September am teuersten, doch wie viel Sie im Endeffekt bezahlen, hängt vorrangig vom gebuchten Ticket ab. In der Hauptsaison sind Charterflüge normalerweise die preiswerteste Alternative. Linienflüge zu Spartarifen sind jedoch auch üblich und sollten bei längeren Aufenthalten oder in der Nebensaison, wenn Charterflüge rar sind, in Betracht gezogen werden. Am meisten spart man indes beim sogenannten Frühbuchertarif, dann nämlich, wenn man bereits weit im Voraus einen Flug bucht, der jedoch meist mit einer fixen Mindest- und Höchstaufenthaltsdauer sowie anderen Auflagen verbunden ist. Der besondere Nachteil von Frühbuchertarifen generell ist, dass Sie in der Regel hinsichtlich Abflugdatum und Aufenthaltsdauer über so gut wie keine Flexibilität verfügen.

Oftmals kann man in den Wochenendausgaben der Tageszeitungen Schnäppchen entdecken, in Reisebüros und im Internet findet man Last-Minute-Flüge ebenso wie Frühbucher-Rabatte. Unabhängig vom Reiseveranstalter erhalten Sie in Deutschland mit Ihren Flugtickets und anderen Reiseunterlagen einen Sicherungsschein. Dieser Schein gewährleistet, dass Sie wieder nach Hause kommen, falls der Veranstalter bankrott gehen sollte.

Beachten Sie auch, dass alle Inlandsflüge in Griechenland mit einer Flughafensteuer belegt werden *(siehe S. 364)*.

Flugsteigsymbol

Athens Flughafen

Das bis dahin größte und ehrgeizigste Bauprojekt Griechenlands im neuen Jahrtausend öffnete 2001 seine Tore. In Spáta, 27 Kilometer vom Zentrum Athens entfernt, liegt der neue Flughafen, über den der gesamte Passagier- und Frachtverkehr abgewickelt wird. Er besitzt zwei Start- und Landebahnen, die simultan und rund um die Uhr in Betrieb sein können, sowie einen Terminal für Ankunft (Level 1, im Erdgeschoss) und Abflug (Level 2, in der ersten Etage). Ein kleineres Gebäude ist durch einen unterirdisch angelegten Gang mit Laufbändern zu erreichen. Der Flughafen wurde so angelegt, dass für Passagiere bis zu ihrem Anschlussflug eine Aufenthaltsdauer von höchstens 45 Minuten liegt.

Der moderne Geschäfts- und Dienstleistungsbereich verfügt unter anderem über eine Einkaufspassage, Restaurants und Cafés im Hauptgebäude und ein Vier-Sterne-Hotel auf dem Flughafengelände. Autoverleiher, Banken und Reisebüros befinden sich in der Ankunftshalle. Der Athener Flughafen wurde nach Elefthérios Venizélos benannt, dem kretischen Politiker (1864–1936), unter dem die Insel 1913 griechisch wurde *(siehe S. 43)*.

Transfer vom und zum Flughafen

Eine sechsspurige Autobahn verbindet den Flughafen mit dem Athener City-Ring. Der Bus E95 verkehrt alle 15 Minuten zwischen Flughafen und Syntágma (Fahrzeit etwa eine Stunde), der Bus E96 alle 20 Minuten von und nach Piräus (Fahrzeit ca. 1 Stunde 40 Minuten). Die Fahrkarten kosten jeweils um die drei Euro und können wie eine Tageskarte auch zur Weiterfahrt in der City benutzt werden *(siehe S. 295)*. Für eine Taxifahrt in die Innenstadt muss man mit etwa 35 Euro rechnen.

Seit den Olympischen Spielen 2004 ist der Flughafen auch mit der Metro-Linie 3 zu erreichen.

Das ultramoderne Innenleben des Athener Flughafens

Kurzstreckenflugzeug der Olympic Airlines

Athens Airport präsentiert sich in den Nationalfarben Blau-Weiß

Flugverbindungen

Der Flughafen Athen ist das Ziel der meisten internationalen Flüge und bietet die besten Anschlussflüge zu den Griechischen Inseln. Thessaloníki wickelt ebenfalls Linienflüge ab, jedoch nur innerhalb Europas. Die anderen internationalen Flughäfen in Griechenland werden ausschließlich von Chartermaschinen angeflogen.

Inlandsflüge

Das griechische Inlandsflugnetz ist weitverzweigt. **Olympic Airlines** und ihre zweite Fluglinie **Olympic Aviation** (ausschließlich Lufttaxis) betreiben die meisten Inlandsflüge, aber auch eine ganze Reihe privater Gesellschaften wie **Aegean Airways** und **Interjet** bieten Flüge zwischen Athen und einigen größeren Inseln an.

Ein Inlandsflug ist mindestens doppelt so teuer wie der Preis für dieselbe Strecke mit dem Bus oder mit der Fähre (Deckklasse). Tickets und Flugpläne für Olympic-Flüge erhalten Sie bei allen Büros von Olympic Airlines innerhalb und außerhalb Griechenlands sowie in größeren Reisebüros. In der Hauptsaison ist eine Reservierung unerlässlich.

Olympic Airlines unterhält Direktflüge von Athen zu mehr als zwei Dutzend Inseln. Von Thessaloníki aus erreicht man mit dem Flugzeug neun Inseln direkt. Im Sommer bestehen deutlich mehr Verbindungen zwischen den Inseln, aber nur etwa ein Dutzend Inseln werden ganzjährig regelmäßig angeflogen.

Inlandsflüge sind mit einer Flughafensteuer belegt. Sie ist in zwei Kategorien unterteilt: eine für bis zu ca. 730 Flugkilometer, für Flüge darüber hinaus muss man den doppelten Tarif entrichten.

Flugverbindungen in Griechenland

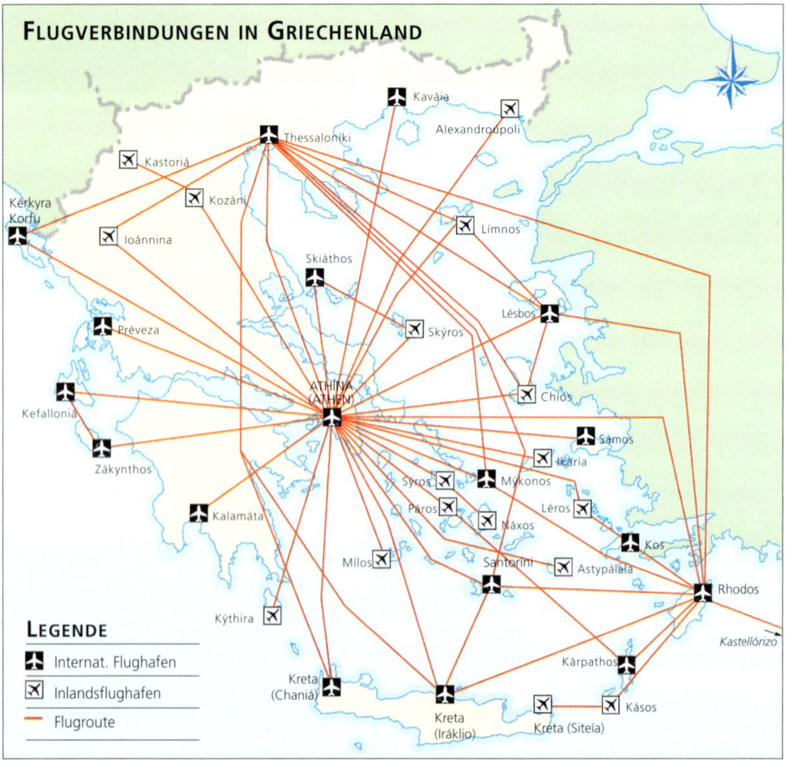

Insel	Entfernung von Athen	Flugzeit	Insel	Entfernung von Athen	Flugzeit
Korfu	381 km	40 Minuten	Kreta (Chaniá)	318 km	45 Minuten
Rhodos	426 km	45 Minuten	Santoríni	228 km	40 Minuten
Skýros	128 km	40 Minuten	Kos	324 km	45 Minuten
Skiáthos	135 km	30 Minuten	Mýkonos	153 km	30 Minuten
Límnos	252 km	45 Minuten	Páros	157 km	35 Minuten

Auf einen Blick

Flughafen Athen

Elefthérios Venizélos – Athens International Airport
Spáta-Loutsa Ave.,
Kilometer 5,
10904 Spáta.
Tel. *210 353 0000.*
FAX *210 353 0001.*
@ airport_info@aia.gr
www.aia.gr

Olympic Airlines

www.olympicairlines.com

Abflug und Ankunft
Tel. *210 353 0000.*
Info *1440.*
Tel. *801 111 4444 (Reservierung).*

Büro Athen
Syngroú 96,
11741 Athen.
Tel. *210 926 9111.*

Büro Kreta
Plateía Eleftherías,
Iráklio.
Tel. *2810 288 073*

Büro Rhodos
Tel. *22410 24571.*

Büro Thessaloníki
Kountouriótou 3,
Thessaloníki.
Tel. *2310 368 311.*

Andere Fluggesellschaften

Aegean Airlines
Viltanóti 31,
16674 Athen.
Tel. *80111 20000.*
www.aegeanair.gr

Air Berlin
Internationaler Flughafen
Elefthérios Venizélos,
Athen.
Tel. *21035 30170.*
www.airberlin.vom

Air France
Leof. Vouliagménis 18,
16674 Athen.
Tel. *210 960 1100.*
www.airfrance.com

Alitalia
Vouliagménis 577,
16451 Argyroupoli,
Athen.
Tel. *21099 88888.*
www.alitalia.com

Austrian Airlines
Vouliagménis 18,
16675 Glyfáda,
Athen.
Tel. *210 960 1240.*
www.aua.com

British Airways
Vouliagménis &
Themistokleous 1,
16674 Athen.
Tel. *801 115 6000.*
www.ba.com

KLM
Megalou Alexandrou 7,
16452 Argyroupoli.
Tel. *21091 10000.*
www.klm.com

Lufthansa
Sorou 18–20,
15125 Marousi.
Tel. *210 617 5200.*
www.lufthansa.de

Swiss
Internationaler Flughafen
Elefthérios Venizélos,
Athen.
Tel. *210 617 5320 oder 210 353 0382.*
www.swiss.com

Privatlinien für Inlandsflüge

Aviator
Syngroú 179,
17564 Athen.
Tel. *210 353 3713.*
www.aviator.gr

Interjet
Elefthériou Venizélou 32,
16675 Athen.
Tel. *210 961 2050.*
www.interjet.gr

Olympic Aviation
Syngroú 96, 11741 Athen.
Tel. *210 356 5202. (Reservierungen; auch über Olympic Airlines).*

Reisebüros in Athen

American Express Travel Services
Mesoghion 318,
15341 Athen.
Tel. *210 324 4975.*

Blue Star Ferries
Attica Premium,
Attica Posidonos, Piräus.
Tel. *210 891 9550.*

Dolphin Hellas Travel
Syngroú 16,
11742 Athen.
Tel. *210 922 7772/3.*
www.dolphin-hellas.gr

Ginis Vacances
Ermoú 23–25,
3. Stock,
10563 Athen.
Tel. *210 325 0401.*

Oxygen Travel
Eslin 4,
11523 Athen.
Tel. *210 641 0881.*
@ info@oxygentravel.gr

Olympic-Airlines-Büros ausserhalb Griechenlands

Deutschland
Direktion:
Baseler Straße 46,
60329 Frankfurt am Main.
Tel. *069-97 06 70.*

Büros:
Tauentzienstraße 7b/c,
10789 Berlin.
Tel. *030-885 69 60.*

Graf-Adolf-Straße 12,
40212 Düsseldorf.
Tel. *0211-32 21 84.*

Minoritenstraße 7,
50667 Köln.
Tel. *0221-920 18 18.*

Österreich
Bösendorferstraße 4,
1010 Wien.
Tel. *01-50 44 16 50.*

Schweiz
Tour de l'Ile 4
1204 Genf.
Tel. *022-319 64 70.*

Mit dem Schiff unterwegs

Die Griechen sind seit je ein Volk von Seefahrern. Angesichts der vielen Inseln und mehrerer Tausend Kilometer Küste spielt das Meer eine wichtige Rolle im Alltag und in der Geschichte des Landes. Heute ist es für Griechenland eine wichtige Einnahmequelle, da Millionen von Besuchern auf den Inseln Urlaub machen. Für die Bewohner ist das Fährnetz eine Lebensader, für die Urlauber eine angenehme Möglichkeit, von Insel zu Insel zu tingeln oder ein spezielles Ziel zu erreichen.

Anreise mit dem Schiff

Ganzjährig bestehen regelmäßige Fährverbindungen zwischen Ancona, Bari und Brindisi in Italien und den griechischen Häfen Igoumenítsa in Epirus und Patras auf dem Peloponnes (im Sommer verkehren zusätzliche Fähren ab Venedig, Triest und Otranto). Je nach Jahreszeit, Verladehafen, Fährgesellschaft, Tickettyp und Ermäßigungen (für Studenten, Jugendliche oder Bahnpassinhaber) schwanken Fahrzeiten und -preise erheblich.

Zu den weiteren ganzjährigen Fährverbindungen zählt auch die Route von Haifa in Israel über Zypern nach Rhodos und Piräus (im Sommer mit Zwischenaufenthalt auf Kreta). Von der türkischen Ägäisküste verkehren das ganze Jahr über Fähren zwischen Kusadasi und Sámos sowie zwischen Çeşme und Chíos (im Sommer außerdem zwischen Bodrum und Kos, Marmaris und Rhodos sowie Ayvalık und Lésbos).

Wenn Sie mit der Autofähre nach Griechenland reisen möchten, müssen Sie sämtliche Fahrzeugpapiere mitführen; im Sommer ist eine Reservierung unbedingt notwendig. Die Anschrift eines deutschen Buchungsbüros finden Sie auf Seite 369.

Eine Autofähre verlässt den Hafen von Mandráki (Nísyros)

Griechisches Fährnetz

Der gute Ruf der griechischen Fährdienste ist durch die Katastrophe von Páros stark erschüttert worden. Im September 2000 ertranken dort 80 Menschen, als ihre Fähre einen Felsen rammte und sank. Die Regierung hat daraufhin die Kontrollen auf allen Fähren verschärft, was einen deutlich höheren Sicherheitsstandard nach sich zog.

In kleineren Häfen stellt sich oft die Frage, ob eine Fähre am gewünschten Tag zum gewünschten Ziel fährt. Sehen Sie bei Ihrer Ankunft im Fahrplan nach.

In größeren Häfen wie dem betriebsamen Athener Hafen Piräus ist die Wahl schon etwas schwieriger: Zahllose Schiffs- und Fährverbindungen beginnen hier. Dreh- und Angelpunkt ist die Plateía Karaïskáki, wo die meisten Agenturen für Fährtickets sowie die Hafenpolizei präsent sind. Das Fährnetz wird von etlichen konkurrierenden Fährgesellschaften unterhalten, die ihre eigenen Agenturen haben. Deshalb ist es nicht einfach herauszufinden, wann und von welchem Dock die Fähren abfahren. Sie gruppieren sich je nach Zielort, doch ist der Hafen überfüllt, legen sie an, wo Platz ist. Auf der Suche nach Ihrer Fähre werden Sie deshalb die Informationstafeln der Agenturen studieren oder die Hafenpolizei *(limenarcheío)* fragen müssen.

In diesem Buch sind die direkten Fährlinien auf den einzelnen Inselkarten, den Regionalkarten sowie auf der Übersichtskarte *(siehe hintere Umschlaginnenseite)* eingezeichnet. Sie gelten für die Hauptsaison (Juni bis August). In der Nebensaison fahren alle Fähren seltener, manche Strecken werden ganz eingestellt. Die Strecken auf diesen Karten dienen nur als Anhaltspunkt. Erkundigen Sie sich am Urlaubsort, bevor Sie eine Fähre nehmen.

Die Wochenfahrpläne des EOT informieren grob über die Abfahrtszeiten. Erkundigen Sie sich im Internet unter www.gtp.gr oder im Reisebüro vor Ort. Englischsprachige Zeitungen wie die *Greek Times* drucken im Sommer den Fahrplan ab. Tragflügelboote, Katamarane, Kajiken und Taxiboote ergänzen den Fährplan (weitere Informationen auf Seite 368f).

Motorradfahrer warten am Hafen von Piräus auf eine Fähre

Kreuzfahrtschiff auf der Fahrt zum Hafen von Zákynthos

Fährtickets

Tickets für alle Fährverbindungen kauft man im Büro der jeweiligen Fährgesellschaft, im Reisebüro, am Kai oder auf der Fähre selbst. Alle Preise, außer für die 1. Klasse, werden vom Verkehrsministerium festgelegt, weshalb dieselbe Strecke bei jeder Gesellschaft den gleichen Preis haben sollte. Autofähren sind in der Hauptsaison vorab zu reservieren. Motorräder und Autos kosten Aufpreis (ein Auto ist oft dreimal so teuer wie eine Person).

Kinder unter zwei Jahren fahren kostenlos, von zwei bis neun zum halben Preis und ab zehn Jahren zum Erwachsenenpreis. Auf den Hauptstrecken gibt es drei Klassen von der Deck- bis zur Luxusklasse (Letztere kostet fast so viel wie ein Flug).

In der ersten Klasse bekommt man eine Zweibett-Außenkabine mit Bad. Die zweite Klasse kostet etwa 25 Prozent weniger und bietet eine Drei- oder Vierbettkabine (meist innen) mit Waschbecken. Bei einer Deckpassage haben Sie Zugang zu einem Salon mit Liegesitzen, wenngleich es in einer sternenklaren Sommernacht auf Deck am schönsten ist.

Die Kamine der Fährgesellschaften

An den auffällig bemalten Kaminen der Fährschiffe können sich Reisende, die den Hafen nach ihrer Fähre absuchen, orientieren. Selbst in der Hauptsaison liegen niemals mehr als zwei oder drei Schiffe einer Fährgesellschaft gleichzeitig im Hafen von Piräus. Anhand der Kamine kann man sich demnach sehr gut zurechtfinden.

Ventouris-Sea-Linie

ANEK-Linie

GA-Fähre

Minoan-Linie

NEL-Linie

Hafen von Piräus

Diese Karte zeigt Ihnen den Haupthafen mit den Kais, an denen die Fähren anlegen.

Hafenpolizei
1441.

Fahrplan
1440.

Legende der Fährziele

- Argo-Saronische Inseln
- Nordost-Ägäische Inseln
- Dodekanes
- Kykladen
- Kreta
- Internationale Fähren
- Tragflächenboote u. Katamarane

Symbole siehe hintere Umschlagklappe

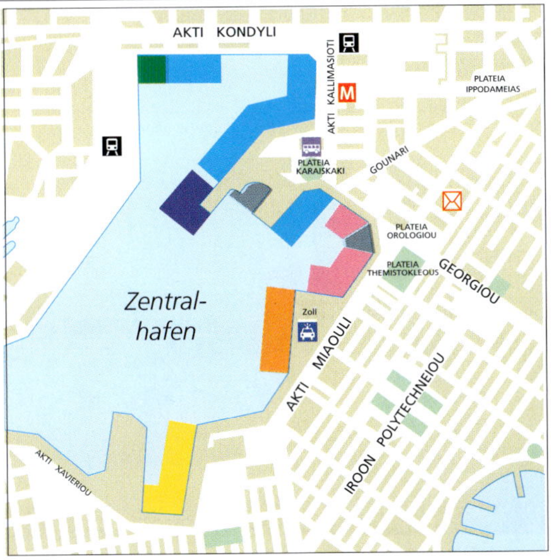

Tragflügelboot (»Flying Dolphin«)

Tragflügelboote und Katamarane

Einige Inseln sind mit dem Tragflügelboot erreichbar. Die ca. 60 Boote werden von **Hellenic Seaways** und **Dodecanese Hydrofoils** betrieben. Daneben gibt es noch einige kleinere Unternehmen, die ebenfalls »Flying Dolphins« (der in der Region gängige Name für Schiffe dieses Typs) unterhalten. Sie sind doppelt so schnell wie die Fähren, aber auch doppelt so teuer.

Katamaran

Tragflügelboote haben den großen Nachteil, dass sie meist nur in den Sommermonaten fahren und bei schlechtem Wetter oft nicht einsatzfähig sind. Wenn die See nicht ruhig ist, sind Tragflügelboote ziemlich langsam und Passagieren, die leicht seekrank werden, nicht zu empfehlen. Ein Tragflügelboot befördert etwa 140 Passagiere, jedoch keine Autos oder Motorräder. Eine Reservierung ist oft unerlässlich. In der Hauptsaison sollte man so früh wie möglich buchen. Tickets bekommt man bei den Agenturen oder am Kai, jedoch nur selten an Bord. Die Boote befahren die Küste des Festlandes und des Peloponnes und steuern die Argo-Saronischen Inseln, Évia, die Sporaden und einige Kykladeninseln an. Es bestehen auch Verbindungen zwischen Rhodos und Sámos.

Katamarane sind in Griechenland noch verhältnismäßig neu. Was Sitze, Bar und Fernsehen an Bord anbelangt, erinnern sie fast an ein Flugzeug. Katamarane sind zudem besser auf behinderte Passagiere eingestellt. Sie sind hauptsächlich zwischen den Ionischen Inseln im Einsatz, etwa ein halbes Dutzend befährt die Ägäis, vor allem zwischen dem Festlandhafen Rafína und den Inseln Ándros, Tínos und Mýkonos. Die Preise entsprechen denen der Tragflügelboote. Tickets sollte man einige Tage vor Abfahrt in einem Reisebüro kaufen. Wenn noch Platz ist, kann man sie jedoch auch noch an Bord erwerben.

Abfahrtszeiten der Katamarane

Ausflüge

In vielen Urlaubsorten können Besucher mit Ausflugsbooten abgelegene Strände oder Höhlen besuchen, Tagesfahrten oder Kurztrips machen. Fahrstrecken und -zeiten können sich ändern.

Passagiere auf einer Fähre

Aktuelle Informationen und Buchungsmöglichkeiten erfragen Sie am besten vor Ort im Reisebüro oder bei der Information (oft im Hafen).

Ausflugs-Kajike auf der Dodekanesinsel Sými

Fähren zwischen den Inseln

Neben den großen Fähren auf den Hauptstrecken verkehren im Sommer auch kleinere Schiffe zwischen den einzelnen Inseln. Diese Fähren unterliegen der Preiskontrolle durch die Regierung. Charterboote von Agenturen verlangen nach Belieben (häufig stattliche Preise), bieten dafür jedoch Direktverbindungen, die lange Umwege über Festlandhäfen ersparen.

Taxiboot an der Küste bei Spétses

Wassertaxis

Taxiboote (oder Kajiken) verkehren – meist nur in der Hauptsaison – entlang der Küste und auf kurzen Strecken zwischen Inseln. Bei rauer See müssen die kleinen Boote jedoch als Erste den Betrieb einstellen. Angesichts der geringen Distanzen sind sie teurer als Fähren, befahren jedoch oft Strecken, die ansonsten abseits von allen Routen liegen.

Routen und Fahrzeiten werden vom Bootsinhaber festgelegt, und Sie können meist nur am Kai erfahren, welches Taxi in die von Ihnen gewünschte Richtung fährt.

Auf einen Blick

Buchung von Fährtickets

Über folgende Internet-Adressen kann man Tickets für Fähren von Italien nach Griechenland und umgekehrt sowie zwischen den Griechischen Inseln buchen:

Epirus
www.epirus.de

Greekferries
www.greekferries.gr

Tragflügelboote und Katamarane

Blue Star Ferries
Attica Premium, Attica Posidonos, Piräus.
210 891 9550.
www.bluestarferries.com

Dodecanese Hydrofoils
Australias 3, 85100 Rhodos.
22410 78052.

Hellenic Seaways
6 Astiggos, Karaiskaki, 18531 Piräus.
210 419 9000.
www.hellenicseaways.gr

Routen der Katamarane und Tragflügelboote

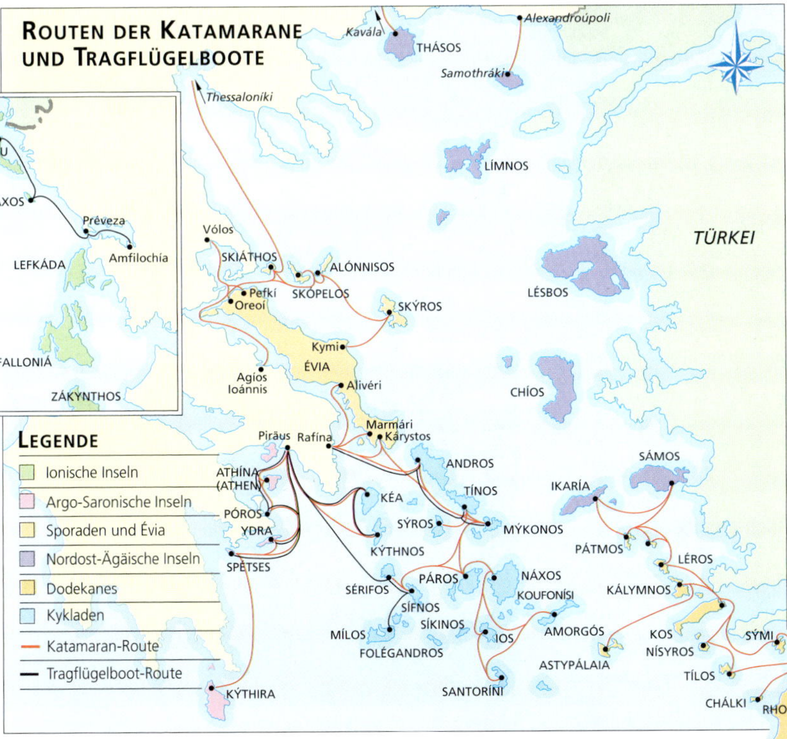

Mit Auto und Bahn

Die Straßen auf den Inseln werden immer besser, doch vor allem in entlegenen Gebieten sind sie oft noch holprig und manchmal nur mit Vierradantrieb zu bewältigen. Autos und Motorräder können problemlos gemietet werden, zahlreiche Taxis ergänzen das gute Busnetz. Da die Straßenkarten der Reisebüros vor Ort kaum zuverlässig sind, sollte man seine eigenen mitbringen (z. B. von GeoCenter oder Freytag & Berndt).

Vorfahrt vor dem Gegenverkehr

Vorfahrtsstraße

Hupen verboten

Wildwechsel

Haarnadelkurve

Kreisverkehr

Anreise mit dem Auto

Die meisten direkten Landverbindungen nach Griechenland durch das ehemalige Jugoslawien sind derzeit nicht zu empfehlen. Die Alternativroute führt über Italien und von dort mit der Fähre nach Griechenland. **ADAC** und sein griechisches Pendant **ELPA** geben Auskünfte zur Reiseplanung. Autofahrer müssen Führerschein, Kfz-Papiere und die grüne Versicherungskarte mitnehmen.

Verkehrsregeln

Griechische Verkehrszeichen entsprechen mit wenigen Ausnahmen auf Nebenstraßen in ländlichen Gebieten dem europäischen Standard. Die Höchstgeschwindigkeit für Pkw beträgt auf Autobahnen 120 km/h, auf Landstraßen 90 km/h, in Ortschaften 50 km/h. Es herrscht Gurtpflicht, Kinder unter zehn Jahren dürfen nicht vorne sitzen.

Mietwagen

In allen Ferienorten bieten Mietwagenfirmen Fahrzeuge vom Kleinwagen bis zum Minibus an. Firmen vor Ort sind meist preiswerter als internationale Unternehmen wie **Avis** und **Budget**. Eine Haftpflichtversicherung ist gesetzlich vorgeschrieben, eine Unfallversicherung sehr zu empfehlen. Man muss seit mindestens einem Jahr den Führerschein haben. Das Mindestalter für Fahrer variiert zwischen 21 und 25 Jahren. Die Anmietung von Fahrzeugen erfolgt oft nur gegen Vorlage einer gängigen Kreditkarte.

Motorrad-, Moped- und Fahrradverleih

Motorräder und Mopeds können auf den Inseln problemlos gemietet werden. Mopeds sind ideal für Kurzstrecken in der Ebene, Motorräder für bergiges Gelände. Ihr Gefährt sollte in gutem Zustand sein, Ihr Versicherungsschutz ausreichend. Überprüfen Sie, ob Ihre eigene Reiseversicherung auch Motorradunfälle abdeckt. Die Höchstgeschwindigkeit beträgt auf Autobahnen für Mopeds bis zu 100 Kubikzentimeter 70 km/h, für größere Motorräder 90 km/h. Es besteht Helmpflicht.

Zweisprachiges Straßenschild

In einigen Ferienorten kann man auch Fahrräder mieten, wenngleich die Hitze und der Straßenzustand oft den größten Radfreund abschrecken. Fahrräder darf man auf den meisten griechischen Fähren und in Bussen kostenlos mitnehmen.

Tankstellen

In Städten fehlt es nicht an Tankstellen, doch auf dem Land sind sie dünn gesät. Fahren Sie sicherheitshalber immer mit vollem Tank los, und nehmen Sie auf jeden Fall einen gefüllten Ersatzkanister mit. An den meisten Tankstellen gibt es drei oder vier Benzinarten: Super (95 Oktan), Bleifrei, Super bleifrei und Diesel, der in Griechenland *petrélaio* heißt. Die Tankstellen bestimmen ihre Öffnungszeiten selbst. Meist haben sie sieben Tage die Woche von etwa 7 oder 8 bis 19 oder 21 Uhr geöffnet.

Tankstellenschild

Fahrradverleih am Strand von Kos-Stadt

Eine Taxifahrt auf der Insel Lipsí

Taxis

Auf den Inseln ist das Taxi ein recht günstiges Transportmittel. In der Regel richtet sich der Preis nach dem Taxameter. Bei längeren Strecken kann man ihn auch pro Tag oder Fahrt aushandeln. Oft kann man sich vom Fahrer irgendwo absetzen und einige Stunden später wieder abholen lassen. In den Dörfern gibt es meistens mindestens ein Taxi (Reservierungen am besten im *kafeneío*). Oft teilen sich mehrere Fahrgäste ein Taxi, wobei jeder seine Teilstrecke bezahlt.

Mit dem Bus unterwegs

Reisebusse verbinden Griechenland mit dem restlichen Europa, obwohl die Preise über den Charterangeboten der Hauptsaison liegen.

Betreiber des griechischen Busnetzes ist **KTEL** (Koinó Tameío Eispráxeon Leoforeíon), ein Verband privater Unternehmen, der praktisch jede Gemeinde versorgt. In Dörfern fährt oft nur ein- oder zweimal pro Tag ein Bus und hält meist an der Taverna oder am *kafeneío*. Die Verbindungen zwischen größeren Städten sind zahlreich und in der Regel effizient. Man kann auch davon ausgehen, dass zwischen dem Hafen und dem abseits der Küste liegenden Hauptort einer Insel ein Bus verkehrt.

Auf vielen größeren Inseln bieten Reisebüros Ausflugsfahrten mit qualifizierten Reiseführern an. Ihr Programm umfasst die Besichtigung archäologischer und historischer Sehenswürdigkeiten, beliebte Städte und Badeorte, Strände, Wanderungen wie etwa durch die Samariá-Schlucht auf Kreta und Veranstaltungen wie einen Abend in einer typisch griechischen Taverne.

Nahverkehrsbus auf Nísyros

Mit dem Zug unterwegs

Eine Zugfahrt von Deutschland nach Griechenland dauert zwei Tage. Die Hauptroute führt nach Italien, weiter mit der Fähre über Korfu nach Pátra auf dem Festland.

Das Bahnnetz (nur auf dem Festland) wird von **OSE** (Organismós Sidirodrómon Elládos) betrieben. Nützlich für Inselurlauber sind die Strecken von Athen nach Pátra, Vólos (Fähren nach Skiáthos und Skópelos) und an die attische Küste.

Markante Spitze eines Expresszugs

Auf einen Blick

Automobilclubs

ADAC
Am Westpark 8,
81373 München.
089-76 760.
www.adac.de

ADAC-Notrufnummern
210 960 1266 (Athen).

ELPA (Ellinikí Léschi Periigíseon kai Aftokinítou)
(Partnerclub des ADAC in Griechenland)
Mesogeíon 395, Erdgeschoss,
11527 Athen.
210 606 8800.
10400 (Pannenhilfe).

Mietwagen

Avis
Internationaler Flughafen Elefthérios Venizélos, Athen.
210 353 0578.
www.avis.com

Budget
Syngroú 8,
11742 Athen.
210 921 4771.
www.budget.de

Busse

Deutsche Touring GmbH
Am Römerhof 17,
60486 Frankfurt am Main.
069 79 03 501.
www.touring.de

Busbahnhöfe in Athen
Terminal A: Kifisoú 100
210 512 4910.
Terminal B: Liosíon 260
210 832 9585.
14 505 (Fahrplan).
www.ktel.org

Züge

OSE (Information und Platzreservierung)
Karólou 1, Athen.
210 529 7002.
www.ose.gr

Bahnhöfe in Athen

Laríssis-Bahnhof
210 529 8829.
Peloponnísou-Bahnhof
210 419 5207.
1440 (Fahrplan).

Textregister

Fett gedruckte Seitenzahlen beziehen sich auf den Haupteintrag.

A

B

E

F

G

N

Q

R

S

T

Danksagung und Bildnachweis

DORLING KINDERSLEY bedankt sich bei allen, die bei der Herstellung dieses Buches mitgewirkt haben.

HAUPTAUTOREN

Marc Dubin ist Amerikaner und pendelt ständig zwischen London und Sámos. Seit 1978 hat er alle griechischen Provinzen besucht. Er ist Autor bzw. Co-Autor zahlreicher Bücher über Griechenland, mit so unterschiedlichen Themen wie Wandern oder traditionelle griechische Musik.

Stephanie Ferguson, freiberufliche Journalistin und Reiseführerautorin, bereiste fast 50 griechischen Inseln. Nach einem Urlaub vor 20 Jahren war sie so begeistert von Griechenland, dass sie seitdem Beiträge für acht Bücher über das Land verfasst hat.

Mike Gerrard ist Reisebuchautor. Er schrieb bereits mehrere Bücher über verschiedene Regionen Griechenlands. Er besucht das Land seit 1964 regelmäßig.

Andy Harris ist Reiseführer- und Kochbuchautor mit Wohnsitz in Athen.

Tanya Tsikas ist eine kanadische Schriftstellerin und Herausgeberin von Reiseführern. Sie ist mit einem Griechen verheiratet und lebt nach einem langen Aufenthalt auf Kreta heute in Oxford.

Deputy Editorial Director
Douglas Amrine

Deputy Art Director Gillian Allan

Managing Editor Georgina Matthews

Managing Art Editor Annette Jacobs

ERGÄNZENDE ILLUSTRATIONEN

Richard Bonson, Louise Boulton, Gary Cross, Kevin Goold, Roger Hutchins, Claire Littlejohn.

GRAFIK- UND REDAKTIONSASSISTENZ

Emma Anacootee, Claire Baranowski, Sonal Bhatt, Hilary Bird, Tony Clark, Elspeth Collier, Michelle Crane, Michele Crawford, Catherine Day, Jim Evoy, Robin Gauldie, Emily Green, Emily Hatchwell, Leanne Hogbin, Kim Inglis, Maria Kelesidi, Lorien Kite, Esther Labi, Felicity Laughton, Andreas Michael, Ella Milroy, Lisa Minsky, Robert Mitchell, Adam Moore, Jennifer Mussett, Tamsin Pender, Eva Petrou, Marianne Petrou, Pollyanna Poulter, Jake Reimann, Ellen Root, Simon Ryder, Collette Sadler, Rita Selvaggio, Liz Sharp, Ellie Smith, Claire Stewart, Claire Tennant-Scull, Amanda Tomeh, Dora Whitaker, Andy Wilkinson.

DORLING KINDERSLEY bedankt sich bei The Greek Wine Bureau, Odysea.

WEITERE AUTOREN

Anna Antoniou, Garifalia Boussiopoulou, Anastasia Caramanis, Michele Crawford, Magda Dimouti, Shirley Durant, Panos Gotsi, Zoi Groummouti, Peter Millett, Tasos Schizas, Garifalia Tsiola, Veronica Wood.

WEITERE ERGÄNZENDE ILLUSTRATIONEN

Ideal Photo S.A., The Image Bank, Melissa Publishing House, Tony Stone Worldwide.

ERGÄNZENDE FOTOGRAFIEN

Jane Burton, Frank Greenaway, Derek Hall, Nigel Hicks, Dave King, Neil Lucas, National History Museum, Ian O'Leary, Stephen Oliver, Roger Philips, Kim Sayer, Clive Steeter, Harry Taylor, Kim Taylor, Mathew Ward, Jerry Young.

GENEHMIGUNG ZUM FOTOGRAFIEREN

DORLING KINDERSLEY bedankt sich bei folgenden Institutionen für die freundlich gewährte Erlaubnis zu fotografieren:

Nelly Dimoglou Folk Dance Theatre, Rhodos; Museum für Griechische Volkskunst, Athen; Kárpathos-Museum; Markos Vamvakaris-Museum, Sýros; Kými Volkskundemuseum, Évia; Stavros Kois' Haus, Sýros. Ein Dank auch an alle Kirchen, Museen, Hotels, Restaurants, Läden, Galerien und anderen Institutionen, die wir aus Platzmangel leider nicht einzeln nennen können.

BILDNACHWEIS

o = oben; ol = oben links; olm = oben links Mitte; om = oben Mitte; orm = oben rechts Mitte; or = oben rechts; mlo = Mitte links oben; mo = Mitte oben; mro = Mitte rechts oben; ml = Mitte links; m = Mitte; mr = Mitte rechts; mlu = Mitte links unten; mu = Mitte unten; mru = Mitte rechts unten; ul = unten links; u = unten; um = unten Mitte; uml = unten Mitte links; ur = unten rechts; d = Detail.

Wir haben uns bemüht, alle Urheber ausfindig zu machen und zu nennen. Sollte dies in einigen Fällen nicht gelungen sein, bitten wir dies zu entschuldigen. In der nächsten Auflage werden wir versäumte Nennungen nachholen.

Folgende Kunstwerke wurde mit freundlicher Genehmigung der Copyright-Inhaber reproduziert: © ADAGP, Paris und DACS, London 1997 *Der Kuss,* Constantin Brancusi 211ur. Das Kunstwerk *Drei stehende Figuren,* Henry Moore (1947) 211ul wurde mit freundlicher Genehmigung der Henry Moore Foundation reproduziert.

Der Verlag bedankt sich bei folgenden Personen, Vereinigungen und Bildarchiven für die freundliche Genehmigung zur Reproduktion ihrer Fotografien:

AISA ARCHIVO ICONGRAFICO, Barcelona: Museo Archeologique, Bari 59ur; Museo Archeologique, Florenz 56ol; AKG, London: 190u, 324o; Antiquario Palatino 55ul; British Museum 289u; Erich Lessing Akademie der Bildenden Künste, Wien 56m; Musée du Louvre 55ol; Archäologisches Museum, Neapel 145u; Archäologisches Nationalmuseum, Athen 28–29(d), 29o; Staatliche Kunstsammlungen, Albertinum, Dresden 33mru, Liebighaus, Frankfurt/Main 35m; Staatliche Antikensammlungen und Glyptothek, München 54u; Mýkonos Museum 57o; Alamy Images: Jan Baks 10om; Peter Horree 327ol; Imagebroker/Egmont Strigl 10ur; IML Image Group Ltd 10ml, 11ur; naglestock.com 11mr; Robert Harding World Imagery 327m; Terry Harris just greece photo library 12ul; ANCIENT ART AND ARCHITECTURE: 31mo, 32o, 36o, 36mo, 37ml, 39o, 58mu, 58u(d), 99u; ANTIKENMUSEUM BASEL UND SAMMLUNG LUDWIG: 62–63; APERION: John Hios 47m; ARGYROPOULOS PHOTO PRESS: 47o, 49mr, 50o, 50mu; Athens International Airport: 362mr/u, 363mr, 364; ATHENS URBAN TRANSPORT ORGANIZATION (OASA): 292mlo, 293m.

BENAKI-MUSEUM: 27u, 38mo, 41o, 41m, 43mo, 291u; PAUL BERNARD: 35o; BIBLIOTHÈQUE NATIONAL, Paris: Caoursin folio 175 4m(d), 40–41(d), Caoursin folio 33 189ul, Caoursin folio 79 189ur; BODLEIAN LIBRARY, Oxford: MS Canon Misc 378 170v 36mu; BRIDGEMAN ART LIBRARY, London: Birmingham City Museums and Art Galleries *Pheidias vollendet den Parthenon-Fries,* Sir Lawrence Alma-Tadema 60o; Bibliothèque Nationale, Paris *Der Autor Guillaume Caoursin, Vizekanzler des Jerusalemer Johanniterordens, widmet sein Buch Pierre d'Aubusson, dem Großmeister des Johanniterordens, der von hohen Würdenträgern des Ordens umringt ist* (1483), illustriert vom Meister des Kardinals von Bourbon Lat 6067 f 3v 26(d); British Museum, London *Becher, Tondo, Szene mit heimkehrenden Jägern* 31mu, *Griechische Vase mit Schwammtaucher* (um 500 v. Chr.) 169ur; Fitzwilliam Museum, University of Cambridge *Figurine des Demosthenes* Enoch Wood of Burslem (um 1790) 59ol, *Attisches Gefäß: Schweine und Odysseus* (470–460 v. Chr.) 87ul; Freud Museum, London *Figur der Artemis von Myrina,* Griechenland, Hellenistische Periode (2. Jh. v. Chr.) 218ol; Giraudon/Louvre, Paris *Alexander der Große, Porträt* (3. Jh. v. Chr.) Griechenland (Marmor) 34or; Haus der Masken, Delos *Mosaik des Dionysos auf einem Leoparden* (um 180 n. Chr.) 37o; Kunsthistorisches Museum, Wien *Elisabeth von Bayern, Gattin des Kaisers Franz Josef I. von Österreich,* Franz Xavier Winterhalter 83m(d); Lauros-Giraudon/Louvre, Paris *Geflügelte Nike von Samothrake* (2. Jh. v. Chr.) 132m; Louvre, Paris *Doppelbüste von Aristophanes und Sophokles* (15. Jh.) 58o; Archäologisches Nationalmuseum, Athen *Bronzestatue des Poseidon* (um 460–450 v. Chr.) Photo Bernard Cox 54m; Privatsammlung *Zweiflügelige Ikone der Jungfrau mit Kind und zwei Heiligen* Kretische Schule (15. Jh.) 40ml; Victoria and Albert Museum, London *Korfu,* Edward Lear 81u; © THE BRITISH MUSEUM: 28mlu, 29mu, 30ol, 32mu, 33mlu, 55or(d), 55ur, 57m(d), 62ol, 63ol, 63or, 139mro.

CAMERA PRESS, London: ANAG 45ol, 45ul; Christopher Simon Sykes 77o; Wim Swaan 219o; BRUCE COLEMAN LTD.: Philip van de Berg 247ml; Luiz Claudio Marigo 91o; Natalio Feneck 115mo; Gordon Langsbury 247ul; Andrew J. Purcell 24mo; Kim Taylor 115ul; World Wildlife Fund for Nature 115o; Konrad Wothe 247ur; CORBIS: John Heseltine 326ml; Gail Mooney 11ol.

C. M. Dixon Photo Resources: 29mo; Glyptothek, München 34or; Marc Dubin: 22o, 23ulo, 23uro, 48ol, 174o, 199o, 199u, 223u, 233m, 235u, 252u.

Ecole Française d'Athènes: 218or; Ecole Nationale Superieure Des Beaux-Arts, Paris: *Delphes Restauration du Sanctuaire Envoi,* Tournaire (1894) 32–33; Ekdotiki Athinon: 3, 28mru, 164u, 187u(d), 188ul(d); ELIA: 109u; Janice English: 192o, 193o, 193u, 194m, 194u; ET Archive: Archäologisches Nationalmuseum, Neapel 34mo; European Commission: 359; Mary Evans Picture Library: 87mr, 87um, 87ur, 133u, 156u.

Ferens Art Gallery: Hull City Museums and Art Galleries and Archives *Elektra am Grab des Agamemnon* (1869), Lord Frederick Leighton 57u.

Giraudon, Paris: Chateau Ecouen *Retour d'Ulysse* Ecole Siennoise 87ml; Louvre, Paris 62m, *Scène de Massacres de Scio,* Eugène Delacroix 42mo(d), 147u(d); Musée Nationale Gustave Moreau *Hesiode et Les Muses,* Gustave Moreau 58mo; Musée d'Art Catalan, Barcelona 289mu; Nicholas P Goulandris Foundation Museum of Cycladic and Ancient Greek Art: 211ol, 211om, 211or, 211ml, 211mr, 284u, 291o; Ronald Grant Archive: *Alexis Sorbas*, 20th Century Fox 276u.

Griechische Nationale Tourismusbehörde: 354ol.

Robert Harding Picture Library: David Beatty 46ur; Tony Gervis 46mo, 46ul; Adam Woolfitt 48m; Helio Photo: 98mo; Hellenische Post: 45mlo, 360ol, 361ol; Hellenisches Kriegsmuseum, Athen: 251o; Kretisches Historisches Museum, Iráklio: *Landschaft des Götterberges Sinai,* El Greco 269or; Michael Holford: British Museum 34mu, 54o; Hulton Getty Collection: 43mu(d); Central Press Photo 44mlu(d).

Ideal Photo SA: T Dassios 301m; A. Pappas 235o; C. Vergas 47mlu, 47ur, 48or, 83u, 117u, 161o; Images Colour Library: 94o, 270ul; Impact Photos: Jeremy Nicholl 344u; Caroline Penn 47ul.

Carol Kane: 198ur; Gulia Klimi: 49o; Kostos Kontos: 28mr, 44mro, 44mlo, 47mru, 50mo, 163u, 164m, 188ur, 293u, 357o, 349m.

Frank Lane Pictures: Eric und David Hoskings 246ul; Ilias Lalaounis: 343mlo.

Magnum Photos Ltd.: Constantine Manos 46o; Mansell Collection: 54–55.

National Gallery of Victoria, Melbourne: *Greek by the Inscriptions Painter Challidian* Felton Bequest (1956) 56u; Historisches Nationalmuseum: 40o, 42o, 42–43(d), 43o, 44u; Natural Image: Bob Gibbons 247ol; Peter Wilson 254ol; Nature Photographers: Brinsley Burbridge 247or; Robin Bush 247mr; Michael J. Hammett 24or; Paul Sterry 115ur, 247om; Antonis Nicolopoulos: 348m, 349u.

Olympic Airways: 362o; Oronoz Archivo Fotografico: Biblioteca National Madrid *Invasiones Bulgares Historia Matriksiscronica FIIIV* 38mu(d); Charlottenburg, Berlin 56or; El Escorial, Madrid *Schlacht von Lepanto,* Cambiaso Luca 40mr(d); Museo Julia 55m(d); Musée du Louvre 62u; Museo Vaticano 59u, 63ul; Oxford Scientific Films: Paul Kay 25or.

Romylos Parisis: Stadtmuseum Athen 42mu; Pictor International: 48u; Pictures: 46mru, 348ur; Planet Earth Pictures: Wendy Dennis 246m; Jim Greenfield 25mu; Ken Lucas 115mu; Marty Snyderman 25ol; Privatsammlung: 281m; Popperfoto: 44mru, 45mro, 45ur.

Rex Features: Sipa Press/C. Brown 45or.

Scala, Florenz: Gallerie degli Uffizi 30mu; Museo Archeologico, Florenz 31o; Museo Mandralisca Cefalu 32mo; Museo Nationale Tarquinia 63ur; Museo de Villa Giulia 30–31, 62or; Spectrum Colour Library: 254ol; Maria Stefossi: 20ul.

Tap (Service Archaeological Receipts Fund) Griechisches Kulturministerium: 1st Epharat of Antiquities 44mu, 60ur, 288mu, 288u, 289o, 289mo; Akropolis-Museum 290ol, 290or; Archäologisches Museum

Andros 208ml; Archäologisches Museum Agios Nikólaos 278m; 2nd Epharat of Antiquities 66ul, 98o, 98mu, 98u, 99o, 99m; Archäologisches Museum Chalkída 120m; Archäologisches Museum Chaniá 253m; Archäologisches Museum Korfu 69o, 79m; Archäologisches Museum Eretreia 5o, 119u, 121m; 5th Epharat of Byzantine Antiquities 39m; 14th Epharat of Byzantine Antiquities 137o, 140o, 144u; 4th Epharat of Byzantine Antiquities 18m, 165or, 165m, 165u, 199m; 18th Epharat of Antiquities 128o, 129o, 129u; 19th Epharat of Antiquities 132u, 133mo, 133mu; Ikia Varelizidenas 125m; Archäologisches Museum Iráklio 266ul, 270o, 270mo, 270mu, 271o, 271m, 272ur; 20th Epharat of Antiquities 135u; 21st Epharat of Antiquities 67o, 156o, 156m, 218u, 219mo, 219ul, 219ur, 227m, 230ml, 240mu, 241m, 344mo; 22nd Epharat of Antiquities 171u, 172o, 172m, 180o, 186ol, 186or, 186m, 186u, 187o, 187m, 196o, 196mr; 23rd Epharat of Antiquities 221o, 249o, 263m, 264m, 264u, 265, 266o, 266m, 266ur, 267, 272o, 272m, 272ul, 273ol, 273or, 273u, 274o, 274m, 274u, 275u; 24th Epharat of Antiquities 277m; Archäologisches Museum Kos 172u; Archäologisches Museum Mílos 236o; Archäologisches Museum Mýkonos 214or; Archäologisches Nationalmuseum, Athen 28o, 30or, 241u, 286m; Archäologisches Museum Náxos 230o; Archäologisches Museum Néa Moní 67mo; Münzmuseum, Athen 275m; Archäologisches Museum Rhodos 184mu; Archäologisches Museum Vathý, Sámos 154mr; 2nd Epharat of Byzantine Antiquities 213m, 221o, 224o, 227u, 251m; 7th Epharat of Byzantine Antiquities 109o; 6th Epharat of Byzantine Antiquities 89m; Archäologisches Museum Thessaloníki 33o; Archäologisches Museum Thíra 238ol; 3rd Epharat of Byzantine Antiquities 144u, 152ol, 153m, 155u; 13th Epharat of Byzantine Antiquities 150–151 alle, 261mro, 277u, 279o; Archäologisches Museum Tínos 212o; 3rd Epharat of Antiquities 287u; TERIADE-MUSEUM: *Dafnis und Chloe,* Marc Chagall ©ADAGP, Paris und DACS, London 1997 138ur; TRAVEL INK: Nigel Bowen-Morris 242–243; TRAVEL LIBRARY: Faltáits-Museum 116or; YANNIS TSAROUCHIS FOUNDATION: Privatsammlung *Barbier in Marousi,* Yannis Tsarouchis (1947) 44or.

WERNER FORMAN ARCHIVE: Archäologisches Museum Thessaloníki 38o; LORRAINE WILSON: 66ur; PETER WILSON: 20m, 61ul, 67u, 288mo; BRIAN WOODYATT: 18u.

UMSCHLAG

Vorne – ALAMY IMAGES: Jon Arnold Images/ Gavin Hellier Hauptbild; DK IMAGES: mlu; Matthew Ward mlu.

Hinten – ALAMY IMAGES: Andre Jenny ul; DK IMAGES: Joe Cornish ol; Rupert Horrox mlo, Rob Reichenfeld mlu.

Rücken – ALAMY IMAGES: Jon Arnold Images/Gavin Hellier o; DK IMAGES: Linda Whitwam u.

Sprachführer Griechisch

Es gibt kein allgemein gültiges System, die (neu-)griechische Sprache in römischen Buchstaben darzustellen. Das in diesem Reiseführer verwendete System wird von der griechischen Regierung benutzt. Obwohl noch nicht überall im Land angewendet, wurden die meisten Straßen und Plätze nach diesem System umgeschrieben. Klassische Namen haben hier keine Akzente. Wo ein allgemein bekannter deutscher Name existiert (zum Beispiel Korfu), wurde dieser auch verwendet. Abweichungen werden im Textregister genannt.

Ausspracheregeln

Der Akzent in griechischen Wörtern zeigt an, welche Silbe betont wird. In der rechten Aussprache-Spalte wird die betonte Silbe durch einen fett gedruckten Buchstaben angezeigt.

Das griechische Alphabet

Α α	A a	**A**rm
Β β	V v	**W**o
Γ γ	G g	**j**a (folgt danach ein e oder i) **n**ein (folgt ein ĺ oder γ)
Δ δ	D d	**th** wie im Englischen
Ε ε	E e	**E**i
Ζ ζ	Z z	**s**o
Η η	I i	**I**gel
Θ θ	Th th	**th** wie im Englischen
Ι ι	I i	**I**gel
Κ κ	K k	**K**ind
Λ λ	L l	**L**and
Μ μ	M m	**M**ann
Ν ν	N n	**N**ein
Ξ ξ	X x	Ta**x**i
Ο ο	O o	**O**chse
Π π	P p	**P**artei
Ρ ρ	R r	**R**aum
Σ σ	S s	**süß** (**S**onne, wenn danach ein μ folgt)
ς	s	(am Ende des Wortes)
Τ τ	T t	**T**ee
Υ υ	Y y	**I**gel
Φ φ	F f	**F**isch
Χ χ	Ch ch	Lo**ch**, aber **h**ier, wenn danach ein a, e oder i-Laut folgt
Ψ ψ	Ps ps	Ma**pp**e
Ω ω	O o	**O**chse

Buchstabenkombinationen

Im Griechischen gibt es Kombinationen von zwei Vokalen, die wie ein Laut ausgesprochen werden:

Αι αι	Ai ai	**E**i
Ει ει	Ei ei	**I**gel
Οι οι	Oi oi	**I**gel
Ου ου	Ou ou	Fl**u**t

Es gibt ebenso Kombinationen von zwei Konsonanten, die wie ein Laut ausgesprochen werden:

Μπ μπ	Mp mp	**B**all, manchmal La**mp**e in der Wortmitte
Ντ ντ	Nt nt	**D**ach, manchmal Hu**nd** in der Wortmitte
Γκ γκ	Gk gk	**G**rill, manchmal Ha**ng** in der Wortmitte
Γξ γξ	nx	A**ng**st
Τζ τζ	Tz tz	Hi**tze** (hart)
Τσ τσ	Ts ts	Hi**tze** (weich)
Γγ γγ	Gg gg	Ha**ng**

Notfälle

Hilfe!	Βοήθεια!	Voítheia
Halt!	Σταματήστε!	Stamatíste
Rufen Sie einen Arzt!	Φωνάξτε ένα γιατρό	Fonáxte éna giatró
Einen Krankenwagen/ die Polizei/ die Feuerwehr	Καλέστε το ασθενοφόρο/την αστυνομία/την πυροσβεστική	Kaléste to asthenofóro/ tin astynomía/ tin pyrosvestikí
Wo ist das nächste Telefon/ Krankenhaus/ Apotheke?	Πού είναι το πλησιέστερο τήλεφωνο/ νοσοκομείο/ φαρμακείο	Poú eínai to plisiéstero tiléfono/ nosokomeío/ farmakeío?

Grundwortschatz

Ja	Ναι	Nai
Nein	Οχι	Ochi
Bitte	Παρακαλώ	Parakaló
Danke	Ευχαριστώ	Efcharistó
Gern geschehen	Παρακαλώ	Parakaló
In Ordnung	Εντάξει	Entáxei
Entschuldigung	Με συγχωρείτε	Me synchoreíte
Hallo	Γειά σας	Geiá sas
Auf Wiedersehen	Αντίο	Antío
Guten Morgen	Καλημέρα	Kaliméra
Gute Nacht	Καληνύχτα	Kalinýchta
Vormittag	Πρωί	Proí
Morgen	Απόγευμα	Apógevma
Abend	Βράδυ	Vrádi
Heute Morgen	Σήμερα το πρωί	Símera to proí
Gestern	Χθές	Chthés
Heute	Σήμερα	Símera
Morgen	Αύριο	Avrio
Hier	Εδώ	Edó
Dort	Εκεί	Ekeí
Was?	Τί;	Tí?
Warum?	Γιατί;	Giatí?
Wo?	Πού;	Poú?
Wie?	Πς;	Pós?
Warten Sie!	Περίμενε!	Perímene!

Nützliche Redewendungen

Wie geht's?	Τί κάνεις;	Tí káneis?
Danke, gut	Πολύ καλά, ευχαριστώ	Poly kalá, efcharistó
Hallo?	Πς είστε;	Pós eíste?
Sehr erfreut	Χαίρω πολύ	Chaíro polý
Wie ist Ihr Name?	Πς λέγεστε;	Pós légeste?
Wo ist/sind ...?	Πού είναι;	Poú eínai?
Wie weit ist es bis ...?	Πόσο απέχει ...	Póso apéchei ...?
Wie komme ich nach ...?	Πς μπορώ να πάω ...;	Pós mporó na páo ...?
Sprechen Sie Englisch?	Μιλάτε Αγγλικά;	Miláte Angliká?
Ich verstehe	Καταλαβαίνω	Katalavaíno
Ich verstehe nicht	Δεν καταλαβαίνω	Den katalavaíno
Könnten Sie langsamer sprechen?	Μιλάτε λίγο πιο αργά παρακαλώ;	Miláte lígo pio argá parakaló?
Tut mir leid	Με συγχωρείτε	Me synchoreíte
Hat jemand einen Schlüssel?	Εχει κανένας κλειδί;	Echei kanénas kleidí?

Nützliche Wörter

groß	Μεγάλο	Megálo
klein	Μικρό	Mikró
heiß	Ζεστό	Zestó
kalt	Κρύο	Krýo
gut	Καλό	Kaló
schlecht	Κακό	Kakó
genug	Αρκετά	Arketá
gut	Καλά	Kalá
geöffnet	Ανοιχτά	Anoichtá
geschlossen	Κλειστά	Kleistá
links	Αριστερά	Aristerá
rechts	Δεξιά	Dexiá
geradeaus	Ευθεία	Eftheía
zwischen	Ανάμεσα / Μεταξύ	Anámesa/ Metaxý
an der Ecke ...	Στη γωνία του ...	Sti gonía tou ...
nahe	Κοντά	Kontá
weit	Μακριά	Makriá
hinauf	Επάνω	Epáno
runter	Κάτω	Káto
früh	Νωρίς	Norís
spät	Αργά	Argá
Eingang	Η είσοδος	I eísodos
Ausgang	Η έξοδος	I éxodos
Toilette	Οι τουαλέτες / WC	Oi toualétes / WC
besetzt	Κατειλημμένη	Kateiliméni
nicht besetzt/ frei	Ελεύθερη	Eléftheri
frei/kein Eintritt	Δωρεάν	Doreán
hinein/hinaus	Μέσα /Εξω	Mésa/ Exo

Telefonieren

Wo ist die nächste Telefonzelle?	Πού βρίσκεται ο πλησιέστερος τηλεφωνικός θάλαμος;	Poú vrísketai o plisiésteros tilefonikós thálamos?
Ich möchte ein Ferngespräch führen.	Θα ήθελα να κάνω ένα υπεραστικό τηλεφώνημα	Tha íthela na káno éna yperastikó tilefónima
Ich möchte ein R-Gespräch führen.	Θα ήθελα να χρεώσω το τηλεφώνημα στον παραλήπτη	Tha íthela na chreóso to tilefónima ston paralípti
Ich werde es später nochmals versuchen.	Θα ξανατηλεφωνήσω αργότερα	Tha xanatilefoníso argótera
Kann ich eine Nachricht hinterlassen?	Μπορείτε να του αφήσετε ένα μήνυμα;	Mporeíte na tou afí sete éna mínyma?
Könnten Sie lauter sprechen, bitte?	Μιλάτε δυνατότερα, παρακαλώ;	Miláte dynatótera, parakaló
Ortsgespräch	Τοπικό τηλεφώνημα	Topikó tilefónima
Warten Sie bitte	Περιμένετε	Periménete
OTE-Telefonamt	Ο ΟΤΕ/ Το τηλεφωνείο	O OTE/To tilefoneío
Telefonzelle/ Kiosk	Ο τηλεφωνικός θάλαμος	O tilefonikós thálamos
Telefonkarte	Η τηλεκάρτα	I tilekárta

Einkaufen

Wie viel kostet das?	Πόσο κάνει;	Póso kánei?
Ich hätte gerne ...	Θα ήθελα ...	Tha íthela ...
Haben Sie ...?	Εχετε ...;	Echete ...?
Ich schaue nur.	Απλώς κοιτάω.	Aplós koitáo.
Nehmen Sie Kreditkarten/ Reiseschecks?	Δέχεστε πιστωτικές κάρτες/ travellers' cheques;	Décheste pistotikés kártes/ travellers' cheques?
Wann öffnen/ schließen Sie?	Ποτέ ανοίγετε/ κλείνετε;	Póte anoígete/ kleínete?
Verschicken Sie auch ins Ausland?	Μπορείτε να το στείλετε στο εξωτερικό;	Mporeíte na to steílete sto exoterikó?
dieser	Αυτό εδώ	Aftó edó
jener	Εκείνο	Ekeíno
teuer	Ακριβό	Akrivó

preiswert	Φθηνό	Fthinó
Größe	Το μέγεθος	To mégethos
weiß	Λευκό	Lefkó
schwarz	Μαύρο	Mávro
rot	Κόκκινο	Kókkino
gelb	Κίτρινο	Kítrino
grün	Πράσινο	Prásino
blau	Μπλε	Mple

Shopping

Antiquitätenladen	Μαγαζί με αντίκες	Magazí me antíkes
Bäckerei	Ο φούρνος	O foúrnos
Bank	Η τράπεζα	I trápeza
Basar	Το παζάρι	To pazári
Buchhandlung	Το βιβλιοπωλείο	To vivliopoleío
Metzger	Το κρεωπωλείο	To kreopoleío
Konditor	Το ζαχαροπλαστείο	To zacharoplasteío
Käseladen	Μαγαζί με αλλαντικά	Magazí me allantiká
Kaufhaus	Πολυκάταστημα	Polykatástima
Fischmarkt	Το ιχθυοπωλείο/ ψαράδικο	To ichthyopoleío/psarádiko
Gemüsehändler	Το μανάβικο	To manáviko
Friseur	Το κομμωτήριο	To kommotírio
Kiosk	Το περίπτερο	To períptero
Lederwaren	Μαγαζί με δερμάτινα είδη	Magazí me dermátina eídi
Straßenmarkt	Η λαϊκή αγορά	I laïkí agorá
Zeitungshändler	Ο εφημεριδοπώλης	O efimeridopólis
Apotheke	Το φαρμακείο	To farmakeío
Post	Το ταχυδρομείο	To tachydromeío
Schuhgeschäft	Κατάστημα υποδημάτων	Katástima ypodimáton
Souvenirladen	Μαγαζί με »souvenir«	Magazí me »souvenir«
Supermarkt	Σουπερμάρκετ/ Υπεραγορά	»Supermarket«/ Yperagorá
Tabakladen	Είδη καπνιστο	Eídi kapnistoú
Reisebüro	Το ταξειδιωτικό γραφείο	To taxeidiotikó grafeío

Sehenswürdigkeiten

Auskunft	Ο ΕΟΤ	O EOT
Touristenpolizei	Η τουριστική αστυνομία	I touristikí astynomía
archäologisch	αρχαιολογικός	archaiologikós
Galerie	Η γκαλερί	I gkalerí
Strand	Η παραλία	I paralía
byzantinisch	βυζαντινός	vyzantinós
Burg	Το κάστρο	To kástro
Kathedrale	Η μητρόπολη	I mitrópoli
Höhle	Το σπήλαιο	To spílaio
Kirche	Η εκκλησία	I ekklisía
Volkskunst	λαϊκή τέχνη	laïkí téchni
Brunnen	Το συντριβάνι	To syntriváni
Hügel	Ο λόφος	O lófos
historisch	ιστορικός	istorikós
Insel	Το νησί	To nisí
See	Η λίμνη	I límni
Bibliothek	Η βιβλιοθήκη	I vivliothíki
Haus	Η έπαυλις	I épavlis
Kloster	Μονή	moní
Berg	Το βουνό	To vounó
Stadt	δημοτικός	dimotikós
Museum	Το μουσείο	To mouseío
national	εθνικός	ethnikós
Park	Το πάρκο	To párko
Garten	Ο κήπος	O kípos
Schlucht	Το φαράγγι	To farángi
Grab von …	Ο τάφος του …	O táfos tou …
Fluss	Το ποτάμι	To potámi
Straße	Ο δρόμος	O drómos
Heiliger	άγιος/άγιοι/αγία/ αγίες	ágios/ágioi/agía/ agíes
Quelle	Η πηγή	I pigí
Platz	Η πλατεία	I plateía
Stadion	Το στάδιο	To stádio
Statue	Το άγαλμα	To ágalma
Theater	Το θέατρο	To théatro
Rathaus	Το δημαρχείο	To dimarcheío
geschlossen an Feiertagen	κλειστό τις αργίες	kleistó tis argíes

Transport

Wann fährt … ab?	Πότε φεύγει το …;	Póte févgei to …?
Wo ist die nächste Bushaltestelle?	Πού είναι η στάση του λεωφορείου;	Poú eínai i stási tou leoforeíou?
Fährt ein Bus nach …?	Υπάρχει λεωφορείο για …?	Ypárchei leoforeío gia …?
Fahrkartenschalter	Εκδοτήρια εισιτηρίων	Ekdotíria eisitiríonfi
Rückfahrkarte	Εισιτήριο με επιστροφή	Eisitírio me epistrofí
einfache Fahrt	Απλό εισητήριο	Apló eisitírio

Bushaltestelle	Ο σταθμός λεωφορείων	O stathmós leoforeíon
Busticket	Εισιτήριο λεωφορείου	Eisitírio leoforeíou
Oberleitungsbus	Το τρόλλεϋ	To trólley
Hafen	Το λιμάνι	To limáni
Zug/U-Bahn	Το τρένο	To tréno
Bahnhof	σιδηροδρομικός σταθμός	sidirodromikós stathmós
Motorrad	Το μοτοποδήλατο/ το μηχανάκι	To motopodílato/ To michanáki
Fahrrad	Το ποδήλατο	To podílato
Taxi	Το ταξί	To taxí
Flughafen	Το αεροδρόμιο	To aerodrómio
Fähre	Το φερυμπότ	To »ferry-boat«
Luftkissenboot	Το δελφίνι/ Το υδροπτέρυγο	To delfíni/ To ydroptérygo
Katamaran	Το καταμαράν	To katamarán
zu vermieten	Ενοικιάζονται	Enoikiázontai

Im Hotel

Haben Sie ein freies Zimmer?	Εχετε δωμάτια;	Echete domátia?
Doppelzimmer mit Doppelbett	Δίκλινο με διπλό κρεβάτι	Díklino me dipló kreváti
Doppelzimmer	Δίκλινο με μονά κρεβάτια	Díklino me moná krevátia
Einzelzimmer	Μονόκλινο	Monóklino
Zimmer mit Bad	Δωμάτιο με μπάνιο	Domátio me mpánio
Dusche	Το ντουζ	To douz
Portier	Ο πορτιέρης	O portiéris
Schlüssel	Το κλειδί	To kleidí
Ich habe reserviert	Εχω κάνει κράτηση	Echo kánei krátisi
Zimmer mit Meerblick/ Balkon	Δωμάτιο με θέα στη θάλασσα/ μπαλκόνι	Domátio me théa sti thálassa/ mpalkóni
Gilt der Preis inklusive Frühstück?	Το πρωινό συμπεριλαμβάνεται στην τιμή?;	To proïnó symperilamvánetai stin timí?

Im Restaurant

Haben Sie einen Tisch frei?	Εχετε τραπέζι;	Echete trapézi?
Ich möchte einen Tisch reservieren	Θέλω να κρατήσω ένα τραπέζι	Thélo na kratíso éna trapézi
Die Rechnung bitte	Τον λογαριασμό, παρακαλώ	Ton logariazmó parakaló
Ich bin Vegetarier	Είμαι χορτοφάγος	Eímai chortofágos
Was ist heute frisch?	Τί φρέσκο έχετε σήμερα;	Tí frésko échete símera?
Kellner/ Kellnerin	Κύριε/Γκαρσόν/ Κυρία (weiblich)	Kýrie/Garson/ Kyría
Speisekarte	Ο κατάλογος	O katálogos
Gedeck	Το κουβέρ	To »couvert«
Weinkarte	Ο κατάλογος με τα οινοπνευματώδη	O katálogos me ta oinopnevmatódi
Glas	Το ποτήρι	To potíri
Flasche	Το μπουκάλι	To mpoukáli
Messer	Το μαχαίρι	To machaíri
Gabel	Το πηρούνι	To piroúni
Löffel	Το κουτάλι	To koutáli
Frühstück	Το πρωινό	To proïnó
Mittagessen	Το μεσημεριανό	To mesimerianó
Abendessen	Το δείπνο	To deípno
Hauptgericht	Το κυρίως γεύμα	To kyríos gévma
Vorspeise	Τα ορεκτικά	Ta orektiká
Nachtisch	Το γλυκό	To glykó
Tagesgericht	Το πιάτο της ημέρας	To piáto tis iméras
Bar	Το μπαρ	To »bar«
Taverne	Η ταβέρνα	I tavérna
Café	Το καφενείο	To kafeneío
Fischrestaurant	Η ψαροταβέρνα	I psarotavérna
Grillrestaurant	Η ψησταριά	I psistariá
Weinhändler	Το οινοπωλείο	To oinopoleío
Milchgeschäft	Το γαλακτοπωλείο	To galaktopoleío
Restaurant	Το εστιατόριο	To estiatório
Ouzerie	Το ουζερί	To ouzerí
Mezés-Laden	Το μεζεδοπωλείο	To mezedopoleío
Kebab zum Mitnehmen	Το σουβλατζίδικο	To souvlatzídiko
blutig (Steak)	Ελάχιστα ψημένο	Eláchista psiméno
medium	Μέτρια ψημένο	Métria psiméno
durchgebraten	Καλοψημένο	Kalopsiméno

Speisen und Getränke

Kaffee	Ο καφές	O Kafés
mit Milch	με γάλα	me gála
schwarzer Kaffee	σκέτος	skétos
mit Zucker	χωρίς ζάχαρη	chorís záchari
nicht so süß	μέτριος	métrios
sehr süß	γλυκύς	glykýs
Tee	τσάι	tsái
Kakao	ζεστή σοκολάτα	zestí sokoláta

Wein	κρασί	krasí
rot	κόκκινο	kókkino
weiß	λευκό	lefkó
rosé	ροζέ	rozé
Raki	Το ρακί	To rakí
Ouzo	Το ούζο	To oúzo
Retsina	Η ρετσίνα	I retsína
Wasser	Το νερό	To neró
Tintenfisch	Το χταπόδι	To chtapódi
Fisch	Το ψάρι	To psári
Käse	Το τυρί	To tyrí
Halloumi	Το χαλούμι	To chaloúmi
Feta	Η φέτα	I féta
Brot	Το ψωμί	To psomí
Bohnensuppe	Η φασολάδα	I fasoláda
Getreidegericht (Bulgur)	Το χούμους	To houmous
Halwa	Ο χαλβάς	O chalvás
Gyros	Ο γύρος	O gýros
Türkischer Honig	Το λουκούμι	To loukoúmi
Baklawa	Ο μπακλαβάς	O mpaklavás
Klephtiko	Το κλέφτικο	To kléftiko

Zahlen

1	ένα	éna
2	δύο	dýo
3	τρία	tría
4	τέσσερα	téssera
5	πέντε	pénte
6	έξι	éxi
7	επτά	eptá
8	οχτώ	ochtó
9	εννέα	ennéa
10	δέκα	déka
11	έντεκα	énteka
12	δώδεκα	dódeka
13	δεκατρία	dekatría
14	δεκατέσσερα	dekatéssera
15	δεκαπέντε	dekapénte
16	δεκαέξι	dekaéxi
17	δεκαεπτά	dekaeptá
18	δεκαοχτώ	dekaochtó
19	δεκαεννέα	dekaennéa
20	είκοσι	eíkosi
21	εικοσιένα	eikosiéna
30	τριάντα	triánta
40	σαράντα	saráranta
50	πενήντα	penínta
60	εξήντα	exínta
70	εβδομήντα	evdomínta
80	ογδόντα	ogdónta
90	ενενήντα	enenínta
100	εκατό	ekató
200	διακόσια	diakósia
1000	χίλια	chília
2000	δύο χιλιάδες	dýo chiliádes
1 000 000	ένα εκατομμύριο	éna ekatommýrio

Zeit, Tage und Monate

eine Minute	ένα λεπτό	éna leptó
eine Stunde	μία ώρα	mía óra
eine halbe Stunde	μισή ώρα	misí óra
Viertelstunde	ένα τέταρτο	éna tétarto
halb eins	μία και μισή	mía kai misí
Viertel nach eins	μία και τέταρτο	mía kai tétarto
zehn nach eins	μία και δέκα	mía kai déka
Viertel vor zwei	δύο παρά τέταρτο	dýo pará tétarto
zehn vor zwei	δύο παρά δέκα	dýo pará déka
ein Tag	μία μέρα	mía méra
eine Woche	μία εβδομάδα	mía evdomáda
ein Monat	ένας μήνας	énas mínas
ein Jahr	ένας χρόνος	énas chrónos
Montag	Δευτέρα	Deftéra
Dienstag	Τρίτη	Tríti
Mittwoch	Τετάρτη	Tetárti
Donnerstag	Πέμπτη	Pémpti
Freitag	Παρασκευή	Paraskeví
Samstag	Σάββατο	Sávvato
Sonntag	Κυριακή	Kyriakí
Januar	Ιανουάριος	Ianouários
Februar	Φεβρουάριος	Fevrouários
März	Μάρτιος	Mártios
April	Απρίλιος	Aprílios
Mai	Μάιος	Máios
Juni	Ιούνιος	Ioúnios
Juli	Ιούλιος	Ioúlios
August	Αύγουστος	Avgoustos
September	Σεπτέμβριος	Septémvrios
Oktober	Οκτώβριος	Októvrios
November	Νοέμβριος	Noémvrios
Dezember	Δεκέμβριος	Dekémvrios

Fährrouten zwischen den Griechischen Inseln

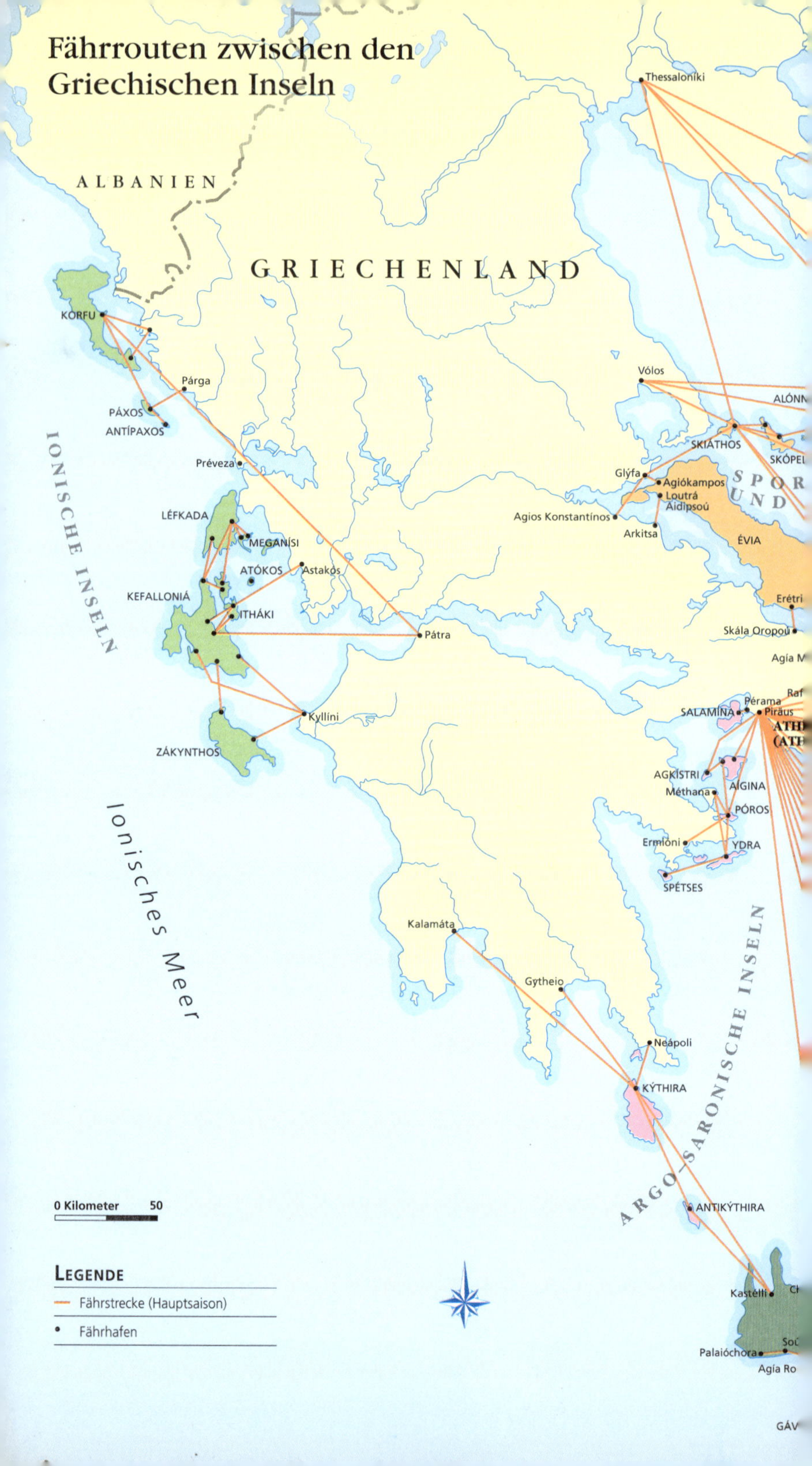